万柏林年鉴

WANBAILIN YEARBOOK

2020

《万柏林年鉴》编纂委员会　编

方志出版社
Publishing House of Local Records

图书在版编目（CIP）数据

万柏林年鉴.2020 / 《万柏林年鉴》编纂委员会编.
-- 北京：方志出版社，2020.12
ISBN 978-7-5144-4645-6

Ⅰ.①万… Ⅱ.①万… Ⅲ.①区（城市）—太原—2020—年鉴 Ⅳ.①Z522.54

中国版本图书馆CIP数据核字（2021）第190957号

万柏林年鉴（2020）

编　　者：《万柏林年鉴》编纂委员会
责任编辑：黄　彦

出 版 者：方志出版社
地址　北京市朝阳区潘家园东里 9 号（国家方志馆 4 层）
邮编　100021
网址　http://www.zgfzcb.cn
发　　行：方志出版社图书经销中心
电话（010）67110500
经　　销：各地新华书店
印　　刷：山西基因包装印刷科技股份有限公司

开　　本：889 × 1194　　1/16
印　　张：32
字　　数：705.6千字
版　　次：2020年12月第1版　　2020年12月第1次印刷
印　　数：001～600册

ISBN 978-7-5144-4645-6　　定价：398.00元

《万柏林年鉴（2020）》
编纂委员会

《万柏林年鉴（2020）》
编纂委员会办公室

主　　　任：梁红根

副 主 任：冯　华　包　毅　梁文青

《万柏林年鉴（2020）》
编 纂 人 员

主　　　编：梁文青

编　　　辑：武超龙　王仰东　赵晓丽

审　　　稿：中共太原市委党史研究室（太原市地方志研究室）

委托策划：山西基因包装印刷科技股份有限公司

2019 年 10 月 11 日，中共山西省委副书记林武（前排右二）到太原理工大学调研指导

2019 年 8 月 8 日，中华人民共和国第二届青年运动会"山西燃气杯"火炬传递太原市万柏林站起跑仪式

2020 年 12 月 16 日，区委书记杨俊民（左三）调研安全生产，区委常委、武装部部长刘仍雁（左二），区委常委、区委办主任梁红根（左一），区委常委、副区长陈俊峰（左四）等陪同

2021 年 3 月 31 日，区委副书记、区长张喆（前排中间）在玉泉山调研

2021 年 6 月 28 日，区委副书记李博雅（左一）等领导调研街道建设

2021 年 5 月，区人大常委会党组书记、主任张振鹏（中排右二）接待内蒙古自治区巴彦淖尔市磴口县人大常委会主任秦霞等考察团一行观摩万柏林区教育改革等文化建设工作

2019 年 7 月 30 日，“二青会”火炬传递第一棒万柏林站圆满结束

工业发展

公园群众文化活动

元宵节文艺活动

舞龙活动

“新时代·美丽东社”群众文体活动

锣鼓大赛

万亩生态园

桃花沟

汾河中海国际大厦

2019 年，万柏林区开展“改善人居环境，纵深推进创城”民生工程

城中村改造工程

漪汾桥汾河西岸

玉泉山公园一景

玉泉山公园一景

玉泉山公园全景

万柏林区王封一线天

科技让荒山变绿地

玉泉山国际自行车赛道

万柏林区小游园秋色

2019 年，万柏林区开展了“一墙一文化、一街一风景”活动

万柏林王封神龙湾

蓝天白云亭悠悠

万柏林区西中环立交桥

俯瞰万柏林

汾水宝地

华润万象城

数字万柏林

综合经济

地区生产总值 4759791 万元
　第一产业 3116 万元
　第二产业 2484074 万元
　　工业 1409730 万元
　　　采矿业 843412 万元
　　　制造业 521285 万元
　　　电力等 45033 万元
　　　建筑业 1074344 万元
　第三产业 2272601 万元
　　交通运输、仓储和邮政业 28892 万元
　　批发和零售业 293520 万元
　　住宿和餐饮业 46623 万元
　　金融业 253016 万元

人口

常住人口 805338 人
　男性人口 396973 人
　女性人口 408365 人
户籍人口 592184 人
　城镇人口 563731 人
出生人口 9701 人
人口出生率 12.13‰
死亡人口 3025 人
人口死亡率 3.78‰
人口自然增长率 8.35‰

居民生活与社会保障

城镇居民人均可支配收入 36171 元
基本养老保险参保人数 121891 人
　城镇职工基本养老保险参保人数 58732 人
　城乡居民基本养老保险参保人数 63159 人
城镇居民基本医疗保险参保人数 278425 人
失业保险参保人数 35348 人
工伤保险参保人数 18067 人
生育保险参保人数 17252 人
城镇居民最低生活保障人数 2114 人
农村居民最低生活保障人数 1732 人
城镇新增就业 18251 人
社会福利支出 525.7 万元
社会救助支出 3805.6 万元

固定资产投资

固定资产投资 2229803 万元

第一产业 8931 万元

第二产业 97517 万元

第三产业 2123355 万元

房地产投资

房地产开发投资 1765369 万元

住宅投资 1239000 万元

办公楼投资 141000 万元

商业营业用房投资 166000 万元

房屋施工面积 1607.93 万平方米

房屋竣工面积 146.07 万平方米

商品房销售面积 168.96 万平方米

保障性住房投资 48000 万元

建成保障性住房 5327 套

农村经济

农林牧渔业总产值 6832.47 万元

耕地面积 1709 公顷

耕地灌溉面积 500 公顷

农作物播种面积 281.9 公顷

粮食作物播种面积 265.8 公顷

粮食总产量 507.[illegible] 吨

蔬菜播种面积 14.1 公顷

蔬菜产量 270.4 吨

肉类总产量 17 吨

禽蛋总产量 145 吨

奶类总产量 120 吨

森林面积 10[illegible] 公顷

规模以上工业企业

规模以上工业 26 个

工业总产值 2720100 万元

采矿业规模以上工业总产值 1865800 万元

制造业规模以上工业总产值 840000 万元

电力、热力和供应业 14200 万元

贸易与外贸

社会消费品零售总额 2069296.3 万元

限额以上消费品零售额 978800 万元

亿元及以上商品交易市场 3 个

出口总额 4.6 亿元

财政收支

一般公共预算收入 232645 万元

税收收入 214192 万元

非税收入 18453 万元

一般公共预算支出 388678 万元

一般公共服务支出 58398 万元

医疗卫生支出 2.4 亿元

教育支出 95290 万元

社会保障和就业支出 40624 万元

城乡社区支出 102300 万元

农林水利支出 21686 万元

公路交通

公路通车里程 453.47 千米

县道 56.01 千米

乡道 75.88 千米

村道 307.66 千米

专用公路 14.01 千米

教育与科技

普通中学 12 所

普通中学在校学生 8363 人

普通中学专任教师 810 人

小学校 68 所

小学在校学生 55458 人

小学专任教师 4108 人

全年专利授权 1400 件

文化体育卫生环保

剧院和影剧院 2 个

公共图书馆图书藏量 55000 册

体育场馆 13 个

各类医疗卫生机构 610 个

医疗卫生机构床位 5243 床

医疗卫生机构技术人员 9677 人

污水处理厂 1 座

垃圾处理站 28 个

（万柏林区统计局供）

编　辑　说　明

一、《万柏林年鉴》是由中共太原市万柏林区委主办、《万柏林年鉴（2020）》编纂委员会编纂的县（区）级综合年鉴。创编于2015年，每年一部，《万柏林年鉴（2020）》为第6部。

二、《万柏林年鉴（2020）》坚持以马克思列宁主义、毛泽东思想、邓小平理论、“三个代表”重要思想、科学发展观、习近平新时代中国特色社会主义思想为指导，坚持辩证唯物主义和历史唯物主义的立场、观点和方法，全面、客观、系统地记载万柏林区境内自然、政治、经济、文化、社会和生态建设等各个领域的基本情况，反映年度重要事项和发展变化。

三、《万柏林年鉴（2020）》记述时限为2019年1月1日至12月31日，特载延至2020年，部分彩图延伸至2021年。

四、《万柏林年鉴（2020）》遵循年鉴通例，分类编排、设条记述，全书分类目、分目、次分目、条目4个层次，共设27个类目、130个分目、114个次分目和1202个条目。收录彩页28页，地图1幅，随文插图137幅。

五、《万柏林年鉴（2020）》由区直各单位、乡（街道）和部分驻区市级以上机关企事业单位供稿，稿件经供稿单位主要领导审核。“2019年万柏林数据”收录于《万柏林区统计年鉴（2019）》，“国民经济和社会发展”数据和统计表收录于《2019年万柏林区经济和社会发展公报》，“2019年万柏林区国民经济主要指标”收录于《太原年鉴（2020）》；彩版照片由区新闻中心提供。计量单位一般采用法定计量单位，个别遵从习惯。2019年机构改革中，单位主要领导未任命者统称为负责人。

六、简称的使用，每个类目中，单位名称首次出现时用全称，之后用简称。如“太原市万柏林区×××”第二次出现时表述为“万柏林×××”；全国第二次青年运动会简称为“二青会”；“省”系指山西省，“市”系指太原市等。

七、为方便查阅，末附音序索引，索引只收分目、次分目和条目。

总 目

ZONG MU

特 载

大事记

区情概览

中国共产党太原市万柏林区委员会

太原市万柏林区人民代表大会常务委员会

太原市万柏林区人民政府

中国人民政治协商会议太原市万柏林区委员会

中国共产党太原市万柏林区纪律检查委员会　万柏林区监察委员会

群众团体

法　治

军 事

经济管理

财政 税务

农林水利

工业　贸易

交通　通信

城建　城管

生态建设

教育　科技

文化　旅游

卫生　体育

社会生活

乡（街道）概览

驻区单位概览

人 物

附 录

索　引

在中共太原市万柏林区委五届九次全会暨经济工作会议上的讲话

中共太原市万柏林区委书记 杨俊民

（2020 年 1 月 14 日）

区委五届七次全会以来，区委常委会坚持以习近平新时代中国特色社会主义思想为指导，全面贯彻落实中共十九大、十九届四中全会精神、习近平总书记视察山西重要讲话精神和省、市委全会精神，认真贯彻《关于坚决维护党中央集中统一领导的规定》，不断增强“四个意识”、坚定“四个自信”、践行“两个维护”，团结带领全区广大干部群众持续以“五大行动”为统领，以建设“四大片区”为抓手，以实施“三化工程”为载体，全力以赴稳增长、促改革、调结构、惠民生、防风险、保稳定，召开 32 次区委常委会会议，围绕全面从严治党、创新转型发展、文明创建、生态环保、保障和改善民生等方面研究议题 154 个，坚持“一线工作法”，严格执行中央“八项规定”精神，坚决反对形式主义、官僚主义，以“革命加拼命”的精神状态开拓奋斗，勇于担当作为，敢于迎难而上，努力把区委常委班子打造成政治坚定、作风过硬、奋发有为、担当作为的坚强领导集体。巩固发展团结共事、昂扬向上的良好氛围。扎实推进党的建设和党领导的各项事业取得明显成效。

2019 年预计完成地区生产总值 450 亿元，增长 6%；社会消费品零售总额 227 亿元，增长 4%；规模以上工业增加值 130 亿元，增长 4%；固定资产投资 230 亿元，增长 10%；全年一般公共预算收入完成 23.26 亿元，增长 5.2%，继续保持全省“第一方阵”，经济运行保持在合理区间，总体平稳、稳中有进态势持续显现。

一、坚持党建引领，全面构建风清气正的政治生态

区委常委会深入贯彻落实新时代党的建设总要求，坚决扛起管党治党政治责任，结合“不忘

初心、牢记使命”主题教育，坚持思想建党、理论强党和制度治党同向发力，切实解决违背初心和使命的各种问题，全面推动从严治党，实现党内政治生态持久风清气正。

（一）扎实开展“不忘初心、牢记使命”主题教育。紧紧围绕“守初心、担使命、找差距、抓落实”总要求和具体目标，认真落实“四个到位”“四个注重”要求，抓整体谋划、抓关键动作、抓督促指导、抓持续引深；坚持目标导向，组织4次集中学习研讨，召开调研成果交流会、学用新思想交流会、警示教育会，在学习教育中筑牢党员干部的初心使命；坚持实践导向，扎实开展调查研究和“三服务”活动，发现问题1278条，立行立改823条，为基层、群众和企业办实事解难事1570余件；坚持问题导向，组织召开对照党章党规找差距专题会、专题民主（组织）生活会，以刀刃向内的勇气检视问题858条，立行立改728条；坚持效果导向，聚焦“8+2+5”专项整治整改，召开部署会、推进会、调度会、整改落实成效评价座谈会强力推进，173项承诺整改服务事项全部整改完成，广大干部群众切实感受到主题教育带来的新成效新变化。区人大常委会、区政府、区政协党组及时跟进、同频共振；全区538个党组织1.4万余名党员积极参与，经受思想淬炼、政治历练和实践锻炼，主题教育取得明显成效。同时，扎实开展“改革创新、奋发有为”大讨论，聚焦“六个破除”“六个着力”“六个坚持”，组织“我为改革创新做什么”大家谈、万名干部入企进村服务等活动，推出一批重大改革举措和重点转型项目，开展对标一流述职评议，制定“对标一流整改提升清单”，树牢“以一流标准创一流业绩”的理念，全区党员干部经受了一场学习的革命、思想的革命、工作的革命，经受了一次严格的党性锻炼和深刻的精神洗礼，实现“思想再解放、改革再深入、创新再发力、开放再提质、工作再抓实”目标要求，带动全区党的建设和党的事业实现新突破。

（二）坚决做到“两个维护”。坚持以党的政治建设统领党的各项建设，持续把深入学习贯彻习近平新时代中国特色社会主义思想和中共十九届四中全会精神作为重要政治任务，重温习近平总书记视察山西重要讲话精神、推动中部地区崛起、黄河流域生态环保和高质量发展“三篇光辉文献”，进一步增强“四个意识”、坚定“四个自信”、做到“两个维护”。全面落实中央和省、市委关于加强党的政治建设有关规定，进一步加强党内政治文化建设，严肃党内政治生活，严格落实民主集中制、“三会一课”、双重组织生活会等各项制度，营造风清气正的政治生态。加强党对意识形态工作的领导，严格落实意识形态工作责任制，营造健康的网络舆论生态；隆重举办中华人民共和国成立70周年系列庆祝活动，全方位展示万柏林新时代新形象，《我和我的祖国》在大街小巷传唱；持续引深时代新人讲述和访谈主题活动，大力培育践行社会主义核心价值观，筑牢全区上下团结奋斗干事创业的共同思想基础。

（三）压实全面从严治党责任。坚持把管党治党政治责任扛在肩上、落实在行动上，召开区委常委会议及时传达学习上级精神，专题研究全面从严治党工作，定期听取“两个责任”落实、重要案件查办情况汇报，扎实开展“两个责任”述责测评、在线考核，进一步压实各级主体责任，2019年严肃问责党组1个、党员领导干部14人。加强党对反腐败工作的集中统一领导，多次组织召开重大疑难案件协调推进会。积极支持区纪委监委履职尽责，持续深化监察体制改革，健全和完善党内监督体系，形成纪律监督、监察监督、派驻监督、巡察监督“四个全覆盖”权力监督新格局；扎实做好中央第十五巡视组、中央纪委国家监委第五监督检查室和省委巡视反馈意见整改工作，切实把党中央和省委决策部署落到实处；认真开展区委第七轮巡察，发现问题86个、问题线索16条；充分利用《忏悔录》、警示教育片和张茂才等典型案例开展经常性警示教育，筑牢党员干部思想防线。坚持一体推进不敢腐、不能腐、不想腐，坚持不懈狠刹“四风”，坚决整治群众身边的不正之风和腐败问题，严肃查处公职人员涉黑涉恶腐败及“保护伞”问题。2019年处置腐败问题线索443件，立案审查191件，结案171件，给予党纪政务处分161人，运用审查调查措施719人次，运用监督执纪“四种形态”处理471人次，8名涉嫌违纪违法的公职人员主动投案，全区反腐败斗争压倒性态势进一步巩固发展。

（四）加强干部队伍建设。坚持把担当创业与守廉干净贯彻干部选育管用全过程，多岗位锤炼干部过硬本领，全方位培养各年龄段干部，大力选用心中有责、眼里有活、手上有招的干部，2019年结合全区党政机构改革，调整干部295人，选拔优秀年轻干部40名，增设并配齐乡（街）副科级事业干部44名，各级领导班子进一步选优配强。稳步有序推行公务员职务与职级并行制度，晋升职级148人（含转隶71人）、职级套转435人。举办科级以上干部主体培训班、读书班、轮训班和司法等系统专业培训班，打造王封乡圪垛村知青大院、玉泉山城郊森林公园2个党性教育基地，选派7名专业干部对口援疆，干部队伍状态和素质实现双提升。加强干部日常管理监督，认真落实干部提醒函询诫勉和激励担当作为、合理容错纠错、能上能下等制度，函询党工委2个、干部2人，诫勉干部2人，离任审计32人，选树勇于担当、奋发有为领导干部典型13名，想干事、能干事、干成事的氛围日益浓厚。实施人才强区战略，不断集聚各方面优秀人才，为全区发展提供坚强人才保证和智力支撑。

（五）持续夯实基层基础。坚持以提升组织力为重点，以打牢做实基础为抓手，以提升能力为目标，制定《关于深化“三基建设”进一步加强基层工作的二十条措施》，完成区直属党工委、党组的规范设立和非公经济党组织、社会党组织的调整工作。积极开展支部规范化达标建设，区直机关党建质量不断提高。大力实施街道管理体制改革，规范设置“五办两中心一站”，积极推行街道大工委、社区大党委制，社区党群服务中心面积全部达到500平方米以上，其中1000平方米以上占比68.5%。扎实开展软弱涣散基层党组织专项整治，落实“4+1”工作机制，推行村（社区）党组织书记“一肩三挑”，抽调7名机关干部担任村党组织书记，17个软弱涣散党组织全部完成整顿并进入转化提升阶段。全面提升农村党建凝聚力，不断增强农村带头人能力素质，清查清退19名曾受刑事处罚“两委”干部，村级集体经济全部达到20万元以上。深入推进企业、学校、楼宇、信教群众聚居村等领域党建工作，精心培育和选树了一批先进典型。严把党员发展质量关，认真落实党内激励关怀帮扶机制，党员队伍战斗力持续提高。

（六）大力推进民主政治建设。区委常委会充分发挥总揽全局、协调各方的领导核心作用，加强对人大、政府、政协和法院、检察院工作的领导，积极支持人大代表和政协委员围绕城中（边）村改造、转型项目建设、文明城市创建等重点工作建言献策，积极推动办理各类建议和提案373件。全面推进依法治区，不断深化司法体制改革，为全区经济社会发展提供坚实的法治保障，区法院全年受理案件数量突破万件、审判执行质效稳居全省第一方阵，区检察院办理捕诉各类刑事犯罪案件数量位居全市第二，区司法局荣获“全国法律援助工作先进集体”称号。认真做好新形势下统战工作，突出抓好党外代表人士思想政治引领，积极推动非公经济、港澳台侨、党外知识分子和新的社会阶层人士等各领域统战工作；认真抓好中央宗教工作督查问题整改，进一步强化宗教活动场所规范化管理。积极推动工会、共青团、妇联等群团组织发挥优势积极作为，完成区科协换届。坚持党管武装，扎实开展基地化集训、规范化备勤、国防教育和“双拥”等工作，区人武部被山西省军区评为先进人武部和战备训练工作先进单位。

二、坚持创新转型，持续夯实高质量转型发展基础

区委常委会始终把发展作为第一要务，坚持以改革破难题、以开放创优势、以创新增动力、以项目促转型，持之以恒、锲而不舍，突出重点、补齐短板，推动全区高质量转型发展迈出坚实步伐。

（一）加快转型升级步伐。坚持党对经济工作的领导，全面落实省委推进“国家资源型经济转型综合配套改革试验区和能源革命综合改革试点”重大部署，聚焦打造高端装备制造、轨道交通、新能源汽车三大产业集群，积极实施创新驱动发展和工业强区战略，大力改造提升重型机械、建材等传统产业，加快发展轨道交通、新能源、新材料等先进制造业，西山煤电、太重集团、煤气化集团总量占规上工业总产值的91.4%，中车轨道交通产业基地项目完成投资4.8亿元，大众电子国产不锈钢笔头、汾西重工船用直流组网电力推进系统建设项目进展有序，国营金阳器材厂同济大学国家磁浮中心山西直线驱动研发中心项目获得老工业区搬迁改造专项中央预算内资金支持1476万元。聚焦打造太原新型商业商务中心，积极培育网络消费、金融服务、楼宇经济、智慧物流、康养医养等现代服务业，中海国际中心、信达国际金融中心、绿地中央广场等陆续建成，华润万象城、公元时代城商圈效应逐渐显现。聚焦打造宜业、宜居、宜乐、宜游的“西花园”，大力培育发展“文化＋创意”“旅游＋都市农业”等西山生态文化旅游产业和新兴农业，玉泉山城郊森林公园、九润现代都市农业园等项目建设有序推进，全区三次产业结构更趋合理。

（二）持续增强发展后劲。认真落实“深化转型项目建设年”各项部署，立足政策利好和资源优势、区位优势，瞄准国内大企业、名企业，实施“一对一”“点对点”精准招商、园区招商，成功举办万柏林区第四届招商推介会，现场签约大悦城、58集团、春蕾实业等18个项目，签约金额达405.6亿元。认真落实区级领导对接服务转型项目等制度，推动实施企业投资项目承诺制和网上审批、并联审批，扎实做好项目落地建设、要素支撑、环境优化、定期调度等工作，为项目落地、建设提供坚实保障。2019年，全区138个重点工程项目预计完成投资230亿元，重点项目支撑作用持续显现。

（三）强化创新支撑引领。积极实施创新驱动发展战略，健全完善创新创业孵化全链条服务体系，大力引进国内外知名孵化运营品牌，成功举办互联网＋创新创业峰会，建成省级以上科技企业孵化器4家、众创空间18家、重点实验室

和工程技术研究中心38家，猪八戒网山西总部、北控等国家级“双创”载体入驻万柏林区，省级“双创”示范基地顺利通过中期评估。全力支持高新科技创新发展，出台《促进科技成果转移转化工作实施方案》，不断促进科技成果转化、大中小企业融通，新增高新技术企业60家，36家企业研发投入达4%且销售收入达300万元，全区专利申请量1123件、发明专利申请量615件，“双创”逐渐成为引领万柏林区经济发展的新引擎。

（四）加大改革攻坚力度。认真落实“三个三”抓改革具体方法，健全完善党政主要负责抓改革机制，实施清单化管理、项目化推进、精细化落实，全区6大方面50项重点改革事项基本完成，其中，党政机构改革、科技体制改革、街道管理体制改革、纪检监察体制改革取得明显成效，全区69个村（居）的农村集体产权制度改革试点工作取得阶段性成果，城市困难群体帮扶救助体制改革、“放管服”改革形成可复制推广经验，教育体制改革、医疗卫生体制改革、环卫体制改革、人才发展体制机制改革呈现区域特色，以改革促党建、促转型、促民生、促社会治理的发展态势更加强劲。

三、坚持改造提升，率先推进城乡融合发展

区委常委会坚持以城中（边）村改造为突破口，分类指导、精准施策，充分释放空间活力，不断激发内生动力，推动城乡融合发展走在全市前列。

（一）“城中村”改造深入实施。全力推进“城中村”改造拆迁扫尾清零和回迁安置工作，大王、后王、瓦窑公建拆除全部完成，回迁安置房累计完工或封顶2.75余万套316.85万平方米，在建约8964套86.45万平方米，货币安置3.47余万套。加快项目手续办理进度，24个村完成133土地划定，22个村完成集体经济改制，15个村完成土地确权，19个村完成控规方案批复，智诚御河骏景、远大凤玺湾等25个“城中村”改造项目五证齐全。加快推动“城中村”改造项目建设，远大购物广场、新城吾悦广场等城改重点项目扎实推进，为全区经济转型升级注入了强大动力。

（二）城边村改造提升稳步推进。积极实施乡村振兴战略，加大城边村改造提升力度，15个城边村完成9个村的整村拆除，拆除各类建筑约84.37万平方米，风声河村正在细化完善整村拆除方案。同时，全面加快“四大片区”建设，东社高端装备制造产业园与山西国信等多家公司签订合作意向协议；西铭文旅项目整体规划设计方案全部完成，西铭文旅小镇、西山枫情城郊森林公园、王封一线天景区等项目扎实推进；白家庄片区正在制定总体规划方案，西山国家矿山公园项目签订合作框架协议；神堂沟温泉度假产业规划、招商引企工作进展有序。

（三）基础设施建设日趋完善。加大基础设施投入力度，配合实施九院沙河、虎峪河快速化改造西延工程，扎实推进南上庄片区路网完善、前进路改造等7条道路新建工程和安全生命防护、王封一线天旅游公路、护林防火通道等农村公路建设，城市路网不断延伸。加快推进保障性住房建设，新开工252套，基本建成5327套，完成投资8.37亿元。大众棚户区、窑沅片区棚户区、石膏矿棚户区改造进展有序。“大棚房”和违建别墅问题清理整治迅速彻底，农地非农化乱象得到有效遏制。城区供电、给排水、燃气等配套设施不断完善，城市承载能力和宜居水平大幅提升。

四、坚持文明创建，大力推动城市品质提档升级

区委常委会坚持以创建全国文明城市为抓手，按照“建机制、立标杆、提效率、全覆盖”要求，以“绣花”精神精雕细琢，补齐城市管理短板，全力推动城市环境面貌、基础设施、人文素质、社会风气实现新提升。

（一）全面攻坚创城工作。大力推行“五三三”工作机制，创新实施攻坚每日调度、街路长制、小巷管家、万管家、“门前三包”共建共管、“星级评定”奖惩等制度办法，按照“严、细、实、常、长、特、优”标准，持续加大“九乱”整治提档升级和“十三个专项攻坚行动”力度，选树了兴华街道和区市场监督管理局两个先进典型，重点整治的133条背街小巷完成125条并高标准打造29个示范点，老旧小区整治完成170个并打造示范小区15个，全区集贸市场点位28个全面进行整治并打造示范点5个，较好解决停车难、交通拥堵等问题，九院新村、小西铭村等农村环境综合整治成效明显，背街小巷整治、文明交通整治、小广告整治等多项工作走在全市前列。

（二）大力实施城市精细化管理。坚持以“三化工程”为抓手，扎实推进环卫体制改革，以市场化运作引入蓝泰等5家专业管理公司实现“管干分离”，将81个无人管理楼院纳入社会化保洁范围。着力打造智慧城管平台，运用信息化手段对园林、环卫、城建、交通、环保等工作实施长效管理，构建起自上而下、闭环跟踪、沟通顺畅、快速反应的协调机制。健全完善“街乡吹哨、部门报到”机制，推动城市管理重心下移、城管执法力量下沉。坚持“部门联动、属地管理、基层自治、社会参与”原则，引导居民对无物业管理小区实施“居民自治”，打造玉园翠景小区等20余个居民自治小区。2019年累计完成各类整治项目314个、投入1.78亿元，城市管理模式由粗放式逐步向精细化管理转变，在中国城市环境卫生协会年会上，“环卫体制改革、智慧平台建设、公厕革命推进、垃圾分类处置”四个案例获得全国环卫行业颁发的最高奖项。

（三）扎实推进生态建设。持续巩固西山造林绿化和采煤沉陷区生态修复成果，实施提档升级造林3500亩、栽植各类苗木18万余株，建成90余千米“网红赛道”，积极推动万亩生态园、高家河、狼坡（狮子崖）提档升级申报AAA级景区，开工建设偏桥沟景区主题文化园，全区森林覆盖率超过38.03%。继续实施城区绿化增彩创景工程，采取植树增绿、拆旧建绿、见缝插绿、边角补绿等多项措施，新建游园6个、街头绿地6块，新增园林绿地25.85万平方米、公共绿地19.75万平方米，人均公共绿地达12.15平方米，建成区绿地率、绿化覆盖率分别为38.26%、44.34%，城市面貌逐步改善。

（四）持续抓好污染防治。坚定打赢蓝天、碧水、净土保卫战的信心决心，以扬尘污染防治为重点，突出“治污、控煤、管车、降尘”，全面开展违法排污大整治“百日清零”专项行动、秋冬大气治理攻坚行动和中央、省环境保护督察及“回头看”工作，中央、省环保督察反馈的49个整改项目完成39个，群众反映的31批117件案件全部办结，2019年空气质量优良天数233天，空气质量综合指数5.34，SO_2浓度和$PM_{2.5}$浓度实现同比双下降，大气环境质量持续改善。扎实开展农村生活污水治理、入河排污口排查整治和矿山生态恢复治理等工作，水和土壤环境质量明显改善。

五、坚持服务群众，多措并举切实保障和改善民生

区委常委会始终围绕民生大事难事急事，精准发力尽力而为，努力让群众美好生活更有温度、惠民答卷更有厚度。

（一）教育强区建设迈出新步伐。积极实施教育强区战略，发展公平而有质量的教育，山西中心实验小学等4所学校投入使用，开城街等3所学校完成改造，万柏林二中等45所中小学校园文化升级改造工程进展有序。不断深化教育教学、优秀教育人才引进和奖励、中小学校校长和幼儿园园长职级制等改革，持续完善教师分配激励机制和名校（园）长、名教师工作室培养机制，教育教学质量稳步提高，公园路小学等18所学校获得“太原市特色小学示范校”称号，2017年以来全区中考保持全市十县区第二名的好成绩。

（二）卫生医疗等社会事业取得新成效。扎实推进公立医院改革，组建万柏林区医疗集团，与山西医科大学第一医院合作共建“紧密型医联体”，不断探索城区综合医改新模式。全面建设智慧医疗系统，稳步实施基本药物制度、家庭医生签约服务制度，推动分级诊疗、资源下沉，全区基本公共卫生服务均等化水平明显提升。积极创建全省慢性病防控示范区，疾病防控能力显著提高。大力发展文化体育事业，健全完善城乡公共文化服务体系，扎实开展“礼赞中华人民共和国成立、奋进新时代”文化月、放映公益电影等群众性文体活动和文化惠民活动，加强非物质文化遗产保护，积极参与举办全国第二届青年运动会、环太原国际公路自行车赛等大型活动，全区人民群众的自豪感荣誉感进一步增强。

（三）社会保障水平有了新发展。积极实施各项就业政策，城镇新增就业1.82万余人，城镇登记失业率为3.32%。突出抓好社保“全覆盖”工程，建立完善社保服务长效机制，努力实现应保尽保。不断提高社会救助资金保障水平，在全市率先开展支出型困难家庭社会救助综合改革试点，城乡低保标准由每人每月600元提高至650元，村（社区）社会救助经办人员全部配齐，为采煤沉陷区移民搬迁困难群众发放临时救助817万元。按照“四不摘”要求进一步巩固提升帮扶娄烦脱贫攻坚成效。稳步推进社区建设和养老工作，启动化客头、西铭两所公办敬老院合并改造，建成29个社区养老服务中心和45个日间照料中心，以区域化统筹养老服务为特色的万柏林街道入选全国第三批智慧健康养老示范街道。围绕“三个清零”目标，积极推进“无欠账”市区创建工作，有效维护劳动者合法权益。

（四）社会治理能力得到新加强。深入贯彻落实中共十九届四中全会精神，积极推进区域治理能力现代化，按照“打造共建共治共享的基层社会治理格局”要求，学习推广新时代“枫桥经验”，健全完善群众参与基层社会治理制度、社会矛盾纠纷多元预防调处化解综合机制、社会治安防控体系，探索建立司法调解进派出所模式，打造社区综治工作站27个，不断推进自治、法治、德治“三治融合”，和平南路派出所荣获全国首批“枫桥式公安派出所”称号，万柏林区被评为全市综治工作先进县区，区域社会治理现代化水平明显提升。坚持以“三打三治”为重点、以“深挖根治”为目标，巩固扩大“扫黑除恶”专项斗争成果，2019年打掉黑社会性质犯罪组织2个、恶势力犯罪集团1个、恶势力犯罪团伙5个，各项战绩始终在全市处于领先位置。全面贯彻落实总体国家安全观，坚决扛起防范化解重大风险政治责任，坚守“三个坚决防止”“三个不

发生”底线，围绕8大领域50项具体工作压实责任、精准发力，全面系统排查政治、意识形态、社会、民生、安全生产等各领域风险隐患。2019年上级交办万柏林区83件“四个重点”疑难信访事项化解70件，接访3054人次、化解信访案件481件；整改各类安全生产隐患问题3627个，生产安全事故起数、死亡人数分别下降62.5%、70%，无较大安全生产事故发生；完成中华人民共和国成立70周年、全国“两会”和“二青会”等安保维稳任务，全区政治社会大局稳定向好，经济金融健康发展，信访形势持续好转，人民群众安居乐业。

一年来，区委常委会结合主题教育，全面加强自身建设，充分发挥总揽全局、协调各方的坚强领导作用，为全区各级党组织和广大党员干部做出表率。坚持以政治建设为统领，持续带头学习贯彻习近平新时代中国特色社会主义思想和中共十九大、十九届四中全会精神以及“三篇光辉文献”，自觉在思想上政治上行动上同以习近平为核心的党中央保持高度一致。坚持遵守党的政治纪律和政治规矩，自觉提高政治觉悟和政治能力，高标准严要求召开区委常委班子专题民主生活会，认真开展批评和自我批评，不断增强党内生活的政治性、时代性、原则性和战斗性。坚持民主集中制，严格遵守区委常委会议事规则和决策程序，坚持抓大事、抓难事，改革创新、克难攻坚，谋划布局事关万柏林全局和长远发展的重大战略和举措，集中精力解决城乡融合发展、产业转型升级等全局性、战略性的重大问题，全面攻坚解决小王、新庄、沙沟、前北屯等“城中村”改造历史遗留问题，全力处置、彻底化解“城中村”改造政府融资平台100多亿元的融资风险，强力度多举措推进软弱涣散基层党组织整顿提升，为推动全区高质量转型发展凝聚强大力量。各位委员和候补委员，各级各部门负责，对常委会工作给予大力支持和帮助。在此，我代表区委常委会，向大家表示衷心的感谢！

同时，我们也清醒地认识到，全区的发展还面临许多困难和挑战，工作中还有不少差距。一是全区创新发展、转型发展的动能不足，经济结构调整还需进一步加快；二是干部改革创新和依法办事能力需要强化，先行先试、推动高质量转型发展的水平还需进一步提高；三是城市精细化管理任重道远，城市功能品质还需进一步提升；四是区域发展不平衡的现象依然存在，就业、教育、医疗、养老等民生领域仍存在短板，城乡社会保障和公共服务水平还需进一步提高；五是安全生产、信访稳定基础仍需不断夯实，基层社会治理水平还需进一步提升；六是反腐败斗争形势依然严峻，全面从严治党还需进一步加强。对此，区委常委会将高度重视、认真研究，以非常之力、恒久之功切实加以解决。

2020年是全面建成小康社会和“十三五”规划收官之年。我们将坚持以习近平新时代中国特色社会主义思想为指导，认真学习贯彻中共十九届四中全会精神和习近平总书记“三篇光辉文献”，在省、市委的坚强领导下，团结带领全区广大干部群众牢记初心使命、持续接力奋斗，只争朝夕、不负韶华，奋力谱写文明、开放、富裕、美丽万柏林新篇章。

太原市万柏林区人民代表大会常务委员会工作报告

——在太原市万柏林区第五届人民代表大会第五次会议上

太原市万柏林区人大常委会副主任　孔一龙

（2020 年 4 月 23 日）

过去一年工作回顾

2019 年是中华人民共和国成立 70 周年，也是万柏林区在高质量发展道路上稳步前行的一年。一年来，区人大常委会坚持以习近平新时代中国特色社会主义思想为指导，深入学习中共十九大和十九届二中、三中、四中全会精神，全面贯彻落实习近平总书记关于坚持和完善人民代表大会制度重要思想，坚持党的领导、人民当家做主、依法治国有机统一，在区委的坚强领导下，紧紧围绕全区中心工作，认真履行法定职责，地完成区五届人大四次会议确定的各项目标任务。全年召开 8 次常委会会议、25 次主任会议，听取和审议“一府两院”专项工作报告 13 项，作出决议、决定 13 项，组织代表开展调研视察和执法检查 17 次，任免国家机关工作人员 74 人、人民陪审员 160 人，为推动全区经济社会发展和民主政治建设做出了积极贡献。

一、突出政治引领，坚持把党的领导贯穿人大工作全过程

常委会始终坚持和依靠党的领导，积极推进人大依法履职的过程成为贯彻党委决策、体现党委意图、服务中心大局的过程。

坚持党的领导毫不动摇。一年来，常委会坚持把党对人大工作的领导作为实行人民代表大会制度的内在要求，作为人民代表大会制度的优势所在，作为做好人大工作的根本保证，自觉主动接受区委领导，严格执行重大事项向区委请示报告制度，保证人大工作正确的政治方向。常委会在全局中定位、在大局下行动，紧跟区委重大决策部署，谋划推动人大工作，依法履行职权，通过法定程序将区委决策部署转化为全区人民的共同意志，汇聚成全区经济社会发展的合力。坚持党的领导和人大依法行使重大事项决定权相统一，保证人大重点工作与区委重大部署同心同向、同步同行。

坚持预算审查监督正确有效。一年来，常委会围绕保障经济平稳运行，坚持全口径监督、全过程监督，把方向、谋大局，保证党的路线方针政策和决策部署在人大预算审查监督工作中得到全面贯彻和有效执行。听取和审议 2019 年上半年国民经济和社会发展计划执行情况报告和财政预算执行情况报告、2018 本级预算执行和其他财政收支的审计报告，建议不断加强绩效管理、提高财政资金使用效益，切实发挥审计监督职能，加强财政监管，进一步增强预算审查监督的时效性和针对性。

坚持人事任免依法规范。坚持党管干部原则

与人大依法行使任免权相统一，严格依照法定职权和法定程序任免国家机关领导人员、组成人员和有关工作人员，实现区委的重要人事意图。组织实施任前法律知识考试和宪法宣誓，切实增强国家机关工作人员的法治意识、使命意识、履职意识。全年任免国家机关工作人员74人，组织50人次进行宪法宣誓。

二、围绕中心工作，助推全区经济社会事业高质量发展

常委会始终坚持围绕中心、服务大局，坚持民有所呼、我有所应，加强和改进监督工作，力求做到重点更突出、内容更精准、效果更明显。

聚力助推经济高质量发展。一年来，区人大常委会紧紧围绕“深化转型项目建设年”决策部署以及区委经济工作会议精神，组织代表对中海国际社区、万科春和景明、万科田园牧歌等项目进行视察，听取重点项目进展情况汇报，支持区政府不断夯实转型基础，增强发展后劲，以科技创新推动高质量发展；加大对民营企业转型的扶持力度、服务企业的扶持力度，持续优化营商环境，全方位提升服务效能，推动全区实施项目带动战略，确保区域经济稳健前行。组织代表对万柏林区“城中村”回迁安置、城边村改造提升情况进行视察，指出要加快解决规划手续办理速度；增强质量意识，打造回迁安置精品工程。长风、兴华、东社、西铭街道人大工委组织代表调研视察产业发展、项目发展、片区建设等工作。区人大常委会助力抓好工业创新转型、现代服务业项目群建设、四大片区建设、推动经济高质量发展，成为“改革创新、奋发有为”大讨论的“主旋律”和落实省委“四为四高两同步”总体思路和要求的“最强音”。

高度关注生态文明建设。一年来，区人大常委会自觉践行“绿水青山就是金山银山”理念，组织市、区代表对万柏林区创建全国文明城市、精细化管理工作进行视察，代表们对区政府以“五大行动”为统领，以“三化工程”为载体，坚持“严细实常长特优”七字标准，持续推动“九乱”整治和“十三个专项攻坚行动”，在加强环卫体制改革、改变城市面貌、提升城市品质方面做的一系列工作给予充分肯定，同时希望区政府继续坚持“领先领跑”目标，抓好项目整治，不断提高城市管理水平，进一步增强群众的幸福感获得感。小井峪、万柏林、南寒、神堂沟街道人大工委以实地调研、召开座谈会、征求意见等多种形式组织代表开展助力创城活动，人大代表在“干部到一线、万民齐创城”活动中成为重要的组成部分。区人大常委会组织代表对万柏林区护林防火通道和旅游公路建设情况进行视察，提出加强协作，科学养护；在道路两旁设立公益广告，加强道路景观建设；利用护林防火道路和旅游公路为万柏林区经济建设服务等要求。对全区贯彻《中华人民共和国环境保护法》《中华人民共和国大气污染防治法》情况进行执法检查，推动政府坚决贯彻习近平生态文明思想，大力推动环境保护法律法规的全面有效实施，不断加大监管力度，广泛动员人民群众积极参与大气污染防治工作，努力在全社会形成崇尚生态文明、保护生态环境的社会氛围。

持续推进民生事业改善。一年来，区人大常委会顺应民心、尊重民意、关注民情、发展民生，把民之亟须、民之所望作为履职所向，推动解决好人民普遍关注的问题和急切需要解决的问题。常委会听取和审议万柏林区医疗保障工作情况报告，提出不断深化医疗保险制度改革，深入推进城乡居民医保制度整合等要求。组织代表对万柏林区医疗卫生体制改革情况进行视察，建议进一步深化公立医院改革，建立现代医院管理制度；推进医联体间成员互动，提升全区整体医疗水平；建设特色专科，提高基层医疗机构服务能力，助力分级门诊，让百姓享有更多的医疗资源。区政府积极回应，大力推进公立医院改革，组建万柏林区医疗集团，与山西医科大学第一医院合作共建“紧密型医联体”，积极探索城区综合医改新模式。区人大常委会主任会议专题听取万柏林区劳动就业工作情况汇报，要求全面促进以创业带动就业，统筹做好各类群众就业工作；加强职业培训，缓解结构性矛盾；夯实基层建设，努力实现平台信息全覆盖。常委会组织市、区两级代表对万柏林区义务教育小学阶段发展情况进行专题调研，形成《万柏林区人大常委会关于万柏林区义务教育小学阶段发展情况的调研报告》。下元、和平、白家庄、杜儿坪街道人大工委组织代表就民生改善、惠民项目推进及“送温暖”活动进行视察调研，开展督查督导，推动政府把民生实事抓实、抓细、抓落地。

不断推动法治万柏林建设。一年来，区人大常委会深入学习贯彻中共十九届四中全会精神，不断深化对坚持和完善中国特色社会主义制度、推进国家治理体系和治理能力现代化的认识，努力在不断健全和完善决策科学、执行有效、监督有力的权力运行机制方面展现人大作为。听取和审议区政府《关于2018年度法治政府建设情况的报告》，对全面规范行政行为，不断提高行政执法水平；自觉接受监督，提高法治政府建设的质量和效率；创新普法方式，加大法制宣传力度，营造浓厚的法治氛围等方面提出新的要求，并实地视察区行政审批服务管理工作。专题视察扫黑除恶专项斗争开展情况，建议进一步加大打击力度，有力震慑黑恶犯罪；进一步健全协调工作机制，形成工作合力；进一步增强治本意识，完善治理体系。组织代表视察区法院民事审判工作，听取工作汇报，积极推动区法院规范司法行为，提高办案质效；深入推进简繁分流机制改革；加强队伍建设，加快智慧法院建设。视察全区安置帮教和社区矫正工作情况，要求区政府加大教育宣传力度，提高社区矫正工作社会认知水平；强化工作措施，不断提高社区矫正工作质量；强化衔接、安置、帮教多元化建设，创新帮教模式，建设好安置帮教基地。千峰、化客头街道人大工委和王封乡人大主席团因地制宜开展法制宣传等活动，起到良好的社会效果。

积极改进监督工作方式方法。一年来，区人大常委会在提高常委会会议质量上积极探索、创新方法，从“会前、会中、会后”入手，提高监督工作实效。抓好监督计划制定，深入到信访局等部门了解群众诉求和群众最急最忧最盼的问题，为议题确定提供参考依据；抓好会前调研工作，根据调研题目的类别，提前开展常委会议题的调研，保证议题质量。对安全生产工作的视察、对护林防火通道和旅游公路的视察，均是提前征集调研议题，认真进行调查研究；抓好会中审议，更加注重专业性，在组织代表对万柏林区非物质文化遗产保护和传承工作视察后，文化产业的代表进行重点发言，提高会议审议质量；抓好会后审议意见跟踪督办，必要时在隔次常委会听取和审议区政府对审议意见研究处理情况的报告，较好地保证意见办理质量。

三、筑牢代表工作基础，在支持保障中激发活力

区人大常委会始终坚持代表主体地位，积极探索新时代代表工作的有效途径，更好地发挥代

表作用。

通过“双联”制度优化履职服务保障。落实常委会组成人员联系代表、联系群众制度，坚持邀请区人大代表列席常委会会议，参与常委会组织的专题调研、执法检查和集中视察等活动，切实保障代表参政议政的知情权和监督权。落实代表密切联系群众制度，有序组织代表向选民述职，增强代表履职的自觉性和责任感。扎实开展“向申纪兰学习，做人民好代表活动”，号召全区人大代表汲取榜样力量，见贤思齐作表率，不忘初心勇担当。加强代表学习培训，不断提升代表理论水平和业务素质，激发代表活力，为进一步发挥代表主体作用提供强有力的支撑。

通过“站点建设”拓展代表履职空间。全面推进人大代表联络站点建设，按照要求，投资360万元建设区代表活动中心1个，乡（街）代表联络站15个，社区、村代表联络点31个，316名全国、省、市、区、乡五级人大代表走进46个联络站点开展活动。全国人大代表和省、市、区人大代表纷纷走进联络站点接待选民、联系群众、收集民意，充分发挥联络站点“联系群众、为民代言”的阵地作用，人大代表联络站点成为代表了解民情的“直通车”，架起了代表联系群众的“连心桥”。

通过“多形式督办”提升建议办理实效。把提高代表建议办理质量作为尊重代表、激发代表履职积极性的一件大事来抓。坚持常委会领导重点督办、各工委分块督办，督促承办部门对代表反馈不满意的建议进行再次办理，努力提升代表建议“解决率”。常委会向区政府等交办的165件代表建议、意见，全部办理完毕。

四、着力加强自身建设，努力提高工作效能

常委会始终把加强自身建设摆在突出位置，主动适应新形势、新任务、新要求，建立健全组织制度和工作制度，塑造人大机关良好形象。

理论武装常抓不懈。一年来，区人大常委会始终把思想政治建设摆在首位，强化常委会党组在人大工作中的政治领导责任，发挥好把方向、管大局、保落实作用。深入开展“不忘初心、牢记使命”主题教育活动，结合思想和工作实际，深刻剖析原因，明确整改方向，提出切实可行整改措施，常委会组成人员“四个意识”更加牢固，“四个自信”更加坚定，“两个维护”更加自觉。加强对习近平新时代中国特色社会主义思想，尤其是习近平总书记关于坚持和完善人民代表大会制度重要思想，以及“三篇光辉文献”的学习领会，自觉把党的理论和思想融入人大工作的各个方面。常委会党组落实全面从严治党责任，严肃党内政治生活，狠抓党风廉政建设，为做好常委会各项工作提供组织保证。

履职水平稳步提升。一年来，区人大常委会致力于提升常委会组成人员和人大机关干部的整体素质，深入学习贯彻习近平新时代中国特色社会主义思想和中共十九大、十九届二中、三中、四中全会精神，组织学习《中华人民共和国宪法》《中华人民共和国监察法》等法律法规，常委会组成人员和人大机关干部结合自身职能定位、体现人大担当作为的认识进一步深化。组织部分人大常委会委员和人大代表及相关部门人员外出学习兄弟县区人大常委会依法履职的好经验、好做法，赴四川绵阳等地参观学习国有资产监督管理和现代农业建设等工作，开阔了眼界、拓展了思路。坚持把调查研究作为提高审议质量、增强监督实效、提升人大工作水平的基础性工作来抓，同时按照省、市要求，实行预算联网监督，进一步增强监督工作的针对性、实效性。

工作运行不断规范。健全完善有关工作制度，严格按规章制度办事，促进常委会和机关工作的制度化、规范化。加强人大机关建设，切实履行全面从严治党主体责任，抓好党风廉政建设。“七一”前夕，党员领导干部讲专题党课，发挥带头示范作用。组织机关党员干部赴延安开展“不忘初心、牢记使命”主题党日活动。坚持以上率下，努力建设一支忠诚干净担当的人大干部队伍。加大对乡（街）人大工作的指导，不断提升基层人大工作水平，提升全区人大工作的整体实效。

回顾过去一年工作，我们深切地体会到，做好新形势下的人大工作，必须深入贯彻习近平总书记坚持和完善人民代表大会制度重要思想，牢牢把握人大工作正确政治方向；必须坚持党中央集中统一领导，与区委同频共振、同心共进；必须坚持以人民为中心，接地气、察民情、聚民智、惠民生，推动解决群众关心的突出问题；必须坚持围绕中心、服务大局，从实际出发，充分发挥人大在推动经济社会发展中职能作用；必须坚持全面依法治区，保证宪法法律的贯彻实施，推动“一府一委两院”在法治轨道上开展工作；必须坚持不断完善体制机制，注重发挥代表作用，积极探索、勇于实践，持续增强人大工作活力。一年来，区人大常委会工作取得新的进展和成效。这是习近平新时代中国特色社会主义思想科学指引的结果，是区委正确领导的结果，是常委会组成人员和全体代表共同努力、“一府一委两院”密切配合、全区人民和社会各界大力支持的结果。在此，我代表区人大常委会，向支持和关心人大工作的各位，表示崇高的敬意和衷心的感谢！

面对新时代新使命新要求，我们工作还存在不少差距，主要是：监督的方式和手段尚未充分有效运用，监督实效需要进一步增强；代表履职的服务保障还有差距，代表主体作用发挥得还不充分；常委会履职能力和水平还有待进一步提高等。这些问题，我们将认真研究，切实加以改进。

今年的主要任务

2020年是决胜全面建成小康社会、打赢精准脱贫攻坚战、实现“十三五”规划收官之年，是实现第一个百年奋斗目标、为“十四五”发展和实现第二个百年奋斗目标打好基础的关键之年。区人大常委会工作总体要求是：以习近平新时代中国特色社会主义思想为指引，全面贯彻中共十九大和十九届二中、三中、四中全会精神，以习近平总书记关于坚持和完善人民代表大会制度重要思想统领工作，按照省委“四为四高两同步”的总体思路和市委相关部署要求，紧紧围绕区委五届九次全会决策部署，不忘初心、牢记使命，聚焦全区经济社会发展重大事项、人民群众关心热点难点，更好地发挥人大工作在推进治理体系和治理能力现代化中的职能作用，奏响“监督”主旋律，书写“监督”新篇章，以常委会工作的新作为、新成效，提升人民群众的获得感、幸福感、安全感，奋力谱写文明、开放、富裕、美丽万柏林新篇章。

一、高举旗帜，把牢方向，始终与党委同向同力

常委会要始终把政治建设摆在首位，旗帜鲜明讲政治，深入学习贯彻习近平新时代中国特色社会主义思想，学习好、研究好、宣传好、贯彻好习近平总书记关于坚持和完善人民代表大会制度重要思想，把理论学习和工作实践有机结合，

确保学思用贯通、知信行统一。积极巩固“不忘初心、牢记使命”主题教育成果，进一步增强“四个意识”，坚定“四个自信”，做到“两个维护”。自觉把党的领导贯穿人大工作始终，紧紧围绕区委决策部署，做到区委决策到哪，常委会工作就跟进到哪；区委交办什么，常委会就做成什么。进一步坚定中国特色社会主义制度优势，发挥人大代表大会制度优势，在改革发展大局中找准人大代表依法履职的着力点，确保区委意图贯彻到位，区委主张落实到位。

二、围绕中心，服务大局，不断提高监督实效

常委会要聚焦经济社会发展重点领域，对重大问题重点监督、对复杂问题持续监督、对困难问题联动监督，做到正确监督、有效监督，坚决反对形式主义、官僚主义，有力地推动经济社会持续健康发展，推动发展成果更多更公平惠及全体人民。

*在坚持创新转型，全面推动高质量发展上善作为。*围绕推动全区经济高质量发展，重点关注以项目支撑转型发展，加快产城融合进展情况。适时听取“四大片区”建设进展情况工作报告，推动万柏林区主动融入山西中部盆地城市群一体化发展战略。组织代表对宝能新能源汽车产业园项目、太重焦化产品绿色化、大型化、智能化升级技术改造等大项目、新项目进行视察调研，全力支持国企国资改革和传统产业升级改造。高度关注省级“双创”示范基地、楼宇经济、数字经济、科技企业孵化器等新兴业态，专题调研58集团、北控晋马等新型服务企业和支点科技、润享众创、三益电子、艾瑞达等双创精英企业，着力推进实体经济与新技术、新业态、新模式融合发展。视察中铁建花语堂、中铁建山语城、锦绣山河博物馆项目建设和发展，为稳步推进第三产业中尤其是新兴文化产业建设助力。与有关部门积极沟通，鼓励培育新型农业试点企业，组织代表对万柏林区现代农业生产情况进行视察。同时，加强对支出预算和政策的审查监督，保障党中央重大方针政策和决策部署及省、市、区委要求在政府预算编制、预算执行中得到贯彻落实。通过听取审议国民经济和社会发展计划执行情况和财政预算执行情况报告，严格落实预算法，代表人民管好“钱袋子”；制定出台《关于建立区政府向区人大常委会报告国有资产管理情况制度的意见》，加强人大和全社会对国有资产的监督，推进国有资产管理公开透明。

*在坚持改造提升，全面实现高水平崛起上勇担当。*围绕实施乡村振兴战略、区域发展战略，持续跟踪“城中村”改造、城边村改造提升、棚户区改造情况，推动城乡融合发展。关注圪獠沟村等9个村的整村拆除和扫尾清零任务完成情况，视察村民回迁安置房开工建设情况，听取区政府破解手续办理、资金引入等难题工作汇报。视察大众、窊流片区、石膏矿及周边、西山281号、中央下放煤矿等重点棚户区改造情况，力求督促棚户区改造取得实质性突破。加强对背街小巷、九院沙河、虎峪河西延道路改造及综合治理，持续推进基础设施建设。

*在坚持文明创建，全面加强高标准保护上下功夫。*围绕打赢创城收官战，重点对创城“八大行动”进展情况进行跟踪监督，努力督促整治项目全面达标。围绕打赢城市精细化管理持久战，重点听取深化环卫体制改革、环卫作业标准化管理、街路长管理等体制机制工作报告，实地视察数字化城管管理中心运行情况和街路长制、“门前三包”等精细化管理制度的落实情况、游园绿

地建设工作。围绕打赢污染防治攻坚战，对万柏林区重污染天气的大气污染综合治理情况进行专题视察。

*在坚持服务群众，全面创造高品质生活上求实效。*组织代表对万柏林区义务教育初中阶段发展情况进行视察，促进义务教育均衡、优质发展。对万柏林区医疗卫生机构公共卫生应急管理和服务能力情况进行视察，助力完善重大疫情防控体制机制，进一步推动健全公共卫生应急管理体系，切实提高应对突发重大公共卫生事件的能力和水平。听取和审议区政府公共文化设施建设情况报告。视察万柏林区公建民营等社区和居家养老建设，进一步推动构建新型社区养老新模式。开展社区治理、社会治安防控体系建设、多元化解矛盾纠纷机制建设等调研，力促自治、法治、德治“三治融合”在基层进一步落地生根；对全区“七五”普法工作进行视察。深入开展“扫黑除恶”专项斗争监督，坚决打赢扫黑除恶专项斗争攻坚战。对区政府、王封乡人大规范性文件备案审查工作进行监督检查，着力推进备案审查工作制度化、规范化。听取和审议区政府、区法院和区检察院有关专项工作报告，推动依法决策、严格执法、公正司法、全民守法进程，支持检察机关依法开展公益诉讼，为万柏林区经济社会发展保驾护航。

三、强化服务，提升素质，进一步发挥代表主体作用

要把尊重代表主体地位、提升代表素质能力、发挥代表履职作用摆到更加重要的位置，倾心服务代表，为代表履职提供保障。

*拓宽代表履职渠道。*不断落实“双联”制度，持续深化“双联”工作，努力推动区人大常委会组成人员联系代表和代表联系选民常态化、零距离。完善乡（街）人大代表联络站点、软硬件设施，推进“五级”人大代表进站工作，打造代表履职活动新阵地。拓展代表参与常委会工作的广度和深度，围绕全区中心工作和区人大常委会工作重点，有计划地组织人大代表参加各种调研视察、执法检查和工作评议等活动，更好地发挥代表在了解民情、反映民意、集中民智方面的独特作用，使人大工作更接地气、更得民心、更具活力。

*提升代表履职水平。*健全代表闭会期间履职机制，加强对人大代表闭会期间活动的组织和指导。增加对代表的教育培训，不断提高代表的政治素质，法律意识，强化法治思维。持续深入开展“向申纪兰学习，做人民好代表”活动，把学习榜样和推进新时代代表工作有机结合起来，真正把学习成果转化为代表履职的工作成效。建立健全代表履职档案库，探索建立代表履职激励机制，切实增强代表的荣誉感和责任感，让代表围绕中心和大局更好发挥作用。

*提高建议意见办理质效。*抓好代表建议分类交办，加强和改进建议督办工作，强化挂牌督办、分工督办、重点督办、跟踪督办力度，不断提高办理工作的实效和质量。发挥代表履职服务平台作用，逐步推进代表建议办理公开工作。开展重点建议办理督办评价活动，不断提高代表建议办结率和满意度。

四、全面加强自身建设，提高依法履职水平

常委会党组要扎实推进“不忘初心、牢记使命”主题教育常态化、制度化，不断加深对坚持党的领导、人民当家做主、依法治国有机统一的认识和把握，切实提升政治站位，始终确保正确的政治方向，确保党中央和省、市、区委决策部署在区人大落实落地。常委会组成人员要自觉加强理论学习，不断提高履职素养，依法履行职权，展现担当作为。要始终严守政治纪律和政治规矩，严格贯彻执行党内各项法律和纪律规定，严格执行中央“八项规定”精神实施细则。区人大机关要带头学习政治理论和法律业务知识，提升调研能力，做到学以致用。要继续抓好人大宣传工作，讲好人大故事，传播人大声音。要统筹推进工作机制创新和制度完善，以制度管人管事，靠机制释放活力。要进一步加强对乡（街）人大工作的指导，进一步增强人大工作整体合力。

自新冠肺炎疫情防控以来，区人大常委会按照区委部署要求，带头执行疫情防控的各项要求，积极履行责任，充分发挥人大工作根植于人民、密切联系群众的优势，组织调动人大机关党员干部和全区人大代表积极投身疫情防控工作中。人大代表积极响应，结合自身实际，以不同的形式助力疫情防控工作，共同构筑群防群治的严密防线。担任企业负责人的人大代表，带头做好自身所在单位员工摸排、防疫等工作，并积极协调防控物资，奉献爱心；工作在基层一线的人大代表，带头做好本村、社区的疫情防控工作，起到模范带头作用；其他各行业的人大代表也都纷纷立足自身优势，带头捐款捐物、做好应急保障，积极参与防控志愿服务、宣传防治信息，体现了人大代表的社会责任和应有担当。在此，我代表区人大常委会向在疫情防控期间做出贡献的人大代表再次致以崇高的敬意和深深的感谢！

人民代表大会制度是我国的根本政治制度，深深植根于人民之中，集中体现社会主义民主政治的特点和优势。岁月不居，天道酬勤，新时代的人大工作大有可为，大有作为，新的一年里，我们将躬身实践，努力使人民代表大会制度在新时代焕发出更加强大的生机和活力。让我们紧密团结在以习近平为核心的党中央周围，以习近平新时代中国特色社会主义思想为指导，在区委的坚强领导下，始终与全区人民群众同呼吸、共命运，牢记使命担当，坚持实干作为，努力为建设文明、开放、富裕、美丽万柏林做出新的更大的贡献！

政府工作报告

——在太原市万柏林区第五届人民代表大会第五次会议上

太原市万柏林区人民政府区长　袁尔铭

（2020 年 4 月 23 日）

一、2019 年工作回顾

2019 年是中华人民共和国成立 70 周年，也是决胜全面建成小康社会的关键之年。一年来，全区上下坚持以习近平新时代中国特色社会主义思想为指导，深入贯彻中共十九大、十九届四中全会和习近平总书记“三篇光辉文献”精神，坚定贯彻新发展理念，坚持稳中求进工作总基调，以省委“示范区”“排头兵”“新高地”三大目标为牵引，在市委、市政府和区委的坚强领导下，以“五大行动”为统领，以建设“四大片区”为抓手，以实施“三化工程”为载体，围绕山上山下两个主战场，全力做好稳增长、促改革、调结构、惠民生、防风险各项工作，推动全区经济社会持续健康发展。

2019 年，全区地区生产总值完成 476 亿元，增长 2.6%；社会消费品零售总额完成 222.3 亿元，增长 1.8%；服务业增加值完成 227.3 亿元，增长 1.9%；规模以上工业增加值完成 128.6 亿元，增长 3.7%；固定资产投资完成 223 亿元，增长 6.7%；一般公共预算收入完成 23.3 亿元，增长 5.2%；较好完成市下达的约束性指标，经济运行保持在合理区间，继续稳居全省“第一方阵”。

（一）抓项目促转型，经济发展质量稳步提升

以深化转型项目建设为牵引，加大经济运行调度，创新服务管理模式，围绕全区 138 个重点项目，召开攻坚推进会 40 余次，为企业发展创造优良环境。加快传统产业提质升级，汾机船用直流组网电力推进系统完成投资 1.2 亿元，大众不锈钢圆珠笔尖项目加快产业化，西山煤电、太重等大型国企技改项目稳步推进。建立小升规企业信息资源库，成功培育凯钟电气等 5 家小升规企业。现代服务业发展势头强劲，华润万象城实现零售额 19 亿元，公元时代城购物广场如期开业，信达国际金融中心全面完工，远大购物广场、新城吾悦广场加快建设；大力发展楼宇经济，建立信息管理平台，成功引入猪八戒网、支点科技等高科技、高附加值企业，推动全区产业结构持续优化。创新创业蹄疾步稳，设立双创专项资金 7000 万元，带动社会投资 6 亿元，建立省级以上科技企业孵化器 4 家、众创空间 18 家，在孵企业 1703 个，高新技术企业达 121 家，省级双创示范基地建设顺利通过中期评估。认真落实减税降费政策，1—12 月累计减税 16.64 亿元，惠及市场主体 9.48 万户次。招商引资成效显著，成功举办万柏林区第四届招商推介会，签约大悦城、天津博奥赛斯等 19 个重大项目，总金额 405.5 亿元，为经济转型跨越、提质升级、高水平崛起汇聚起强大合力。

（二）优布局引产业，四大片区建设稳步推进

将“四大片区”作为转型发展的主战场，聚焦功能定位，优化产业布局，实施精准招商，为经济高质量发展提供有力支撑。东社产业转型示范区，新能源汽车项目深度对接；58 同城山西总

部项目、龙湖城改项目签订框架协议；中车轨道交通产业基地完成投资4.8亿元，即将交付首列样车，新能源电动大巴和智轨快运、中车区域售后服务“4S店”项目加快推进；西山石膏矿棚改项目正在完善手续。西铭文化旅游特色区，万科春和景明项目累计投资达16亿元；春蕾小镇项目占地规模约1700亩，正在办理土地转征等建设手续，风声河村拆迁补偿方案基本完成；西山枫情城郊森林公园完成整体规划和设计；王封“一线天”旅游公路完工通车，累计投资1.07亿元，“一线天”景区正在进行总体规划。白家庄生态修复样板区，加快制定总体规划方案，全力打造国家级新旧动能转换示范基地；桃杏村、白家庄村回迁安置项目稳步推进；偏桥沟、狮子崖景区配套设施和功能布局进一步完善。神堂沟温泉休闲度假区，与合作企业正在优化方案，全力打造高品质休闲旅游度假区，2020年启动项目建设。

（三）抢先机争前列，改革创新步伐坚定有力

以先人一步的勇气、快人一招的作风，强力推进医疗、教育、城市管理“三大改革”。医疗方面，探索城区综合医改新模式，组建万柏林区医疗集团，加快推进公立医院改革，发挥山西医科大学第一医院“全托管”优势，由山医大一院业务骨干担任万柏林分院领导班子，聘请25位省级专家主抓临床诊疗和科室建设，新增慢病中心和肿瘤科，分院诊疗水平和管理能力大幅提升。1—12月，门诊急诊量、入院出院人数同比增长10%以上，手术人次、手术例数同比增长20%左右，群众“看病难、看病贵、看病远”的状况显著改善。教育方面，积极构建能上能下、能进能出、优胜劣汰的用人机制，在全市率先启动中小学校长、幼儿园园长职级制改革，通过遴选评审，63名优秀人才走上校（园）长管理岗位；同步推进区管校聘、绩效工资改革，全区2916名一线教师实现满工作量聘用，占比84.27%；充分发挥名校（园）长、名师引领作用，建成“双名”工作室217个，开展各类研究课题132项，带动教育教学质量稳步提升，中考成绩连续三年保持全市十县区第二。城市管理方面，深入推进环卫体制改革，实行城管、街办双重监管机制，综合运用人防、技防、物防手段，确保“管干分离”落实落地，全区清扫保洁社会化率达76.48%，主次干道清扫保洁实现全覆盖。对标北京市东城区，完善“街道吹哨、部门报到”机制，建成全省一流的智慧城管平台，配齐配强乡（街）执法力量，严格落实街路长制和“门前三包”责任制，着力构建职责明确、协调联动、反应迅速的“大城管”格局，全面提升城市精细化管理水平。“环卫体制改革、智慧平台建设、公厕革命推进、垃圾分类处置”4个案例，荣获全国环卫行业最高奖项。

（四）抓创城夯基础，城乡生活环境持续改善

以“三化工程”为引领，持续开展“九乱”整治和“十三个专项攻坚行动”。背街小巷、老旧小区整治分别完成125条、192个；新建西兴苑等5个便民市场，规范整治28个集贸市场，打造玉门河菜市场、九州农副产品批发市场等5个示范点；新建公厕22座；配备分类垃圾亭200余个，分类垃圾桶1.2万个；整治广告牌匾3.9万处，规范门头牌匾2.9万处；设置隔离设施1430米，增加停车位620余个，打造文明交通示范街巷25条；创新治理模式，全力破解无物业管理小区整治难题，成功打造兴龙苑社区、玉园翠景小区等20余个居民自治小区。在市创城办组织的12次测评中，万柏林区总分排名第一，背街小巷整治、文明交通治理、小广告整治等工作走在全市前列。有序推进“城中村”改造，回迁安置房累计完工或封顶316.85万平方米，远大凤玺湾等25个城改项目五证齐全。深入推进农村环境综合整治，九院村、小西铭村被评为美丽宜居示范村。加快道路基础设施建设，九院沙河、虎峪河西延工程拆除各类建筑6.8万平方米，南上庄片区、煤气化片区路网配套工程及西机东路等8条道路建设进展顺利，40余条土路硬化全面完成，小虎峪、小西铭等护林防火通道相继完工，全区城乡路网进一步完善，承载能力和宜居水平大幅提升。

（五）美环境增绿色，生态文明建设成效显著

深入贯彻可持续发展理念，全面完成中央、省环保督察及“回头看”整治任务。以“治污、控煤、管车、降尘”为重点，构建环保、城管、公安、交警、乡（街）等多部门参与的常态化联动执法机制，召开攻坚调度例会60次，工地“六个百分百”要求实现全覆盖，全区空气质量优良天数233天，空气质量综合指数5.34，均在城六区排名第一。全力推进山水林田湖草生态修复、地质灾害防治、关井压采、河道“清四乱”等专项行动，黑臭水体治理工程、县域节水型社会达标建设通过省级验收。严厉打击土地违法行为，违建别墅和“大棚房”清理整治迅速彻底，农地非农化现象得到有效遏制。以“二青会”和太原国际公路自行车赛为契机，强力推进环境整治，种植油菜花、薰衣草等80余万株，建成100千米“网红打卡赛道”。偏桥沟主题文化园建设初具规模，玉泉山城郊森林公园设施进一步完善，桃花节、樱花节接待游客110余万人次，生态旅游潜力逐步释放。持续巩固绿化成果，高标准完成提档升级造林3500亩，全区森林覆盖率达38.03%。新建公园游园6个、绿地6块，新增绿地面积25.85万平方米，人均公共绿地面积12.15平方米，建成区绿地率、绿化覆盖率分别达38.26%、44.34%，绿色正在成为万柏林区一张全新“名片”。

（六）补短板惠民生，社会公共事业全面发展

坚持以人民为中心的发展思想，将80%以上的财政支出用于民生领域，教育、医疗、社保、就业、住房等公共事业取得新进步。教育基础条件持续改善，开城街学校重建全面完成，山西中心实验小学等4所学校投入使用，公园路小学等18所学校获得“太原市特色小学示范校”称号。退役军人服务保障体系全面构建。社区建设稳步推进，办公场所实现500平方米以上全覆盖，29个社区养老服务中心和45个日间照料中心全面建成，万柏林街道荣获全国第三批智慧健康养老示范街道。城镇居民人均可支配收入增长7.3%，城镇新增就业1.83万人。城乡低保标准由每人每月600元提高至650元。在全市率先开展支出型困难家庭社会救助综合改革试点。为采煤沉陷区移民搬迁困难群众累计发放临时救助1099.43万元。农村集体产权制度改革试点工作取得阶段性成果，帮扶娄烦脱贫攻坚工作获得市级优秀。超额完成保障房建设任务，基本建成5327套，完成投资8.37亿元。文化惠民活动丰富多彩，举办“奋进新时代、放歌万柏林”等庆祝中华人民共和国成立70周年系列活动，《我和我的祖国》唱响大街小巷，人民群众爱国热情空前高涨，获得感、幸福感、安全感持续提升。

（七）查隐患抓整治，安全稳定局面不断巩固

强化“党政同责、一岗双责、齐抓共管”安全生产责任体系，组建13个安全生产专业委员会，设立安全生产专家库，形成专家查隐患、部门抓督办、企业抓整改的创新工作模式。在全市率先实施餐饮服务业管道燃气改造工程。全力推进危险化学品、道路交通、建筑工地、消防安全等重点领域安全隐患排查治理，及时消除各类安全隐患3627个，安全生产事故起数、死亡人数分别下降44.5%和54.5%。食品药品监管能力稳步提升，成功创建“省级食品安全示范县”。持续推进“扫黑除恶”专项斗争，打掉黑社会性质犯罪组织2个、恶势力犯罪集团1个，恶势

力犯罪团伙5个，破获涉黑涉恶刑事案件18起。坚持和发展新时代“枫桥经验”，建成社区综治工作站27个，区法律援助中心荣获“全国法律援助工作先进集体”，和平南路派出所被命名为全国首批“枫桥式公安派出所”。完成全国“两会”“二青会”、中华人民共和国成立70周年等重大活动安保任务，安全稳定的社会局面更加稳固。

（八）守初心担使命，政府自身建设全面加强

深入开展“不忘初心、牢记使命”主题教育，广大党员干部信仰之基更加牢固、精神之钙更加充足，干事创业、服务群众的能力不断提升。自觉接受人大法律监督、政协民主监督，办结人大代表建议160件，政协委员提案88件。持续推进审计监督全覆盖，严控“三公”经费，严格财政资金管理，充分发挥财审中心作用，评审项目1011个，涉及金额16.21亿元，核减2.84亿元。扎实推进基层政务公开标准化规范化试点工作，创新制定《政务公开基本要求》等5项标准，填补了全省空白。完善督查机制，充分发挥政府督查办和“13710”作用，办理省市督办事项89件，下发督办通知171次、督查专报通报36期，约谈街办、职能部门和社会化保洁公司等12家，政府行政效能显著提升。积极开展统计、妇幼、老龄、对台、文联、慈善、民族宗教、残疾人、红十字等工作，推动各项事业不断取得新成效。

岁末年初，新冠肺炎疫情席卷而来，严重威胁人民群众生命安全和身体健康。在习近平总书记的亲自指挥和中央、省、市的决策部署下，全区干部群众坚定信心、同舟共济、科学防治、精准施策，在这场前所未有的疫情“大考”中交出了合格的答卷。我们闻令而动、火速集结，全面构筑快速高效的闭环作战体系，在城六区首家实施无物业居民小区封闭管理，外防输入、内防扩散，强力打造严防严控、联防联控、群防群控的严密防线，坚决守住了疫情防控的“万柏林阵地”，成为太原市唯一一个“居住地零确诊、零聚集性病例”的城区。我们守土担责、守土尽责，主动担当起为市第四人民医院一线医务人员提供餐饮保障的重任，迅速搭建顺畅高效、安全有序、质量优良的供餐链条，让这些坚守在救治生命最前沿的“最美逆行者”们精神饱满、心无旁骛投入战斗，为全省抗疫斗争胜利做出了积极贡献。我们科学研判、精准施策，统筹疫情防控和经济发展，下企业、下车间、到一线，送政策、送服务、解难题，推动全区各类企业有序复工复产。在疫情防控到位的前提下，全区23家规模以上工业企业全面复工，343家规模以下工业企业复工率超过95%。各企业正开足马力、争分夺秒，千方百计把疫情影响降到最低。我们创新思路、敢为人先，坚定贯彻转型为纲、项目为王理念，强化包联责任机制，狠抓项目服务管理和招商引资。创新经济发展思路，出台《鼓励楼宇经济发展专项扶持办法》，建成楼宇网上招商平台，积极抢占“云端”先机，在全省首家举办线上楼宇推介会，开启全区项目建设、招商引资的新一轮热潮。

沧海横流，方显英雄本色。2019年以来，在外部形势严峻复杂、诸多矛盾交织叠加、风险挑战相继显现的大环境下，在病毒肆虐、疫情蔓延、经济下行压力空前的特殊时期，全区上下团结一心、顽强拼搏，取得来之不易的发展成绩！这是市委、市政府和区委坚强领导的结果，是区人大、区政协和社会各界监督支持的结果，是全区人民共同努力的结果。特别是在生态环保、创城攻坚、疫情防控的一线阵地上，广大党员干部加班加点，连续奋战，不畏艰险，担当履职，付出了大量心血，做出了重要贡献。在此，我代表区人民政府，向全区广大干部群众，向关心支持政府工作的各位代表、各位委员，向各民主党派、人民团体、驻地部队、公安民警辅警和驻区企事业单位以及社会各界人士表示衷心感谢！

我们深知，万柏林经济社会发展中，仍然存在一些困难和问题，主要是经济下行压力持续加大，新旧动能转换仍处于爬坡过坎阶段；发展不平衡不充分的问题依然比较突出，教育、医疗、养老、就业等民生领域仍存在短板；城市精细化管理任重道远，城市功能品质需进一步提升；社会治理还需持续加力，干部队伍的知识结构、能力水平有待进一步提高，等等。对此，我们要以对人民高度负责的态度，采取有力措施，认真加以解决。

二、2020 年工作安排

2020 年是全面建成小康社会和“十三五”规划的收官之年，也是谋划“十四五”，推动万柏林经济社会高质量转型发展的关键之年，既是决胜期，也是攻坚期，做好政府工作意义重大。

当前，全区疫情防控战役取得阶段性胜利，经济社会发展秩序正在加快恢复。由于疫情的影响，一季度主要经济指标下滑，但综合分析，万柏林转型发展的基本盘、基本面没有变，经济稳中向好、长期向好的基本趋势没有变。我们要紧盯全年经济社会发展目标任务，奋力夺取疫情防控和经济社会发展双胜利。

今年政府工作的总体思路是：坚持以习近平新时代中国特色社会主义思想为指导，全面贯彻中共十九大、十九届二中、三中、四中全会和习近平总书记“三篇光辉文献”精神，认真落实习近平总书记关于统筹做好疫情防控和经济社会发展的重要讲话精神，坚决贯彻党的基本理论、基本路线、基本方略，增强“四个意识”、坚定“四个自信”、做到“两个维护”，按照中央经济工作会议和省市委全会、经济工作会议部署要求，紧扣全面建成小康社会目标任务，坚持稳中求进工作总基调，坚持新发展理念，坚持以供给侧结构性改革为主线，按照“四为四高两同步”总体思路和要求，持续以“五大行动”为统领，以建设“四大片区”为抓手，以实施“三化工程”为载体，围绕山上山下两个主战场，统筹推进稳增长、促改革、调结构、惠民生、防风险、保稳定各项工作，确保全面建成小康社会和“十三五”规划收官，奋力谱写文明、开放、富裕、美丽万柏林新篇章。

今年全区经济发展主要预期目标是：地区生产总值增长 7% 左右；服务业增加值增长 7.5%；规模以上工业增加值增长 7.5%；固定资产投资增长 8% 以上；社会消费品零售总额增长 7.5%；一般公共预算收入增长 3% 以上；城镇居民人均可支配收入增长 6.5%；完成市下达的节能减排等约束性指标。

重点做好以下六方面工作。

（一）聚焦经济转型，筑牢高质量发展根基

坚持“转型为纲、项目为王”，深化“年年都是转型项目建设年”理念，以总投资 2303 亿元的 123 个项目为重点，围绕山上山下两个主战场，聚精会神抓项目、一心一意谋转型，用一个个优质项目搭建起全区高质量转型发展的“四梁八柱”。

*强力推进“四大片区”建设。*完善管理机制，压实工作责任，科学规划片区空间利用和产业布局，突出项目引领、产业集聚，进一步增强产业承载力和土地利用率。在产业转型示范区，新能源汽车产业园是基础性、牵引性、战略性转型项目，我们要做好全面服务，保障项目顺利落地。要充分发挥新能源汽车产业园辐射带动作用，加快中车铁路装备制造基地建设，积极发展新能源、新技术、新材料，延伸产业链和产品附加值，全力培育高端装备制造、轨道交通、新能

源汽车千亿产业集群，引领全区产业发展高水平崛起。在文化旅游特色区，充分挖掘万柏林区的自然、历史、人文资源，深化“文旅+”发展模式，积极支持万科文旅小镇项目加快发展，全力保障春蕾小镇项目开工建设，推进公益事业、教育培训、健康医疗、文化旅游、科技孵化等业态融合发展，打造一批内涵丰富、特色鲜明的企业和品牌。在生态修复样板区，以国家矿山公园建设为契机，按照“生态修复为主、兼顾经济效益”原则，进一步完善总体规划方案，优化整合土地资源，加快引入上下游高端产业链项目，积极探索利用市场化方式推进矿山生态修复，破解煤炭产业新旧动能转化难题，全力打造国家级新旧动能转换示范基地。在温泉休闲度假区，充分发挥省城唯一地热资源优势，探索“温泉+”产业模式，大力发展健康、休闲、养老等产业集群，突出温泉特色，打响温泉品牌，集聚人气效应，培育“康养山西、夏养山西”品牌，使神堂沟成为全省温泉休闲旅游目的地和网红打卡地，全力打造现代化、高品质休闲旅游度假区和省级旅游集散中心。

深化传统产业改造升级。紧扣“高端化、智能化、绿色化”发展方向，提升传统产业综合竞争力。实施重大技改项目，推动大众不锈钢圆珠笔尖、汾机船用直流组网电力推进系统、西山煤电大数据中心等项目扩规模、上水平。全力支持中车城轨车辆造修项目建设，确保6月份交付使用。完善政府与大型国企的协同联动和服务保障机制，高标准完成国有企业“三供一业”和8万余名退休人员社会化管理移交接收，帮助企业轻装上阵，加速企业与地方融合发展。

发挥“双创”引领作用。积极实施创新驱动发展战略，培育一流创新生态。以省级“双创”示范基地为载体，认真贯彻国家、省、市关于支持民营企业发展的优惠政策，继续落实好减税降费政策，完善区级配套政策，用好双创专项资金，为科技企业孵化器、众创空间提供精准服务，吸引更多创新型、成长型、科技型企业，打造双创“升级版”。加强政研企沟通协作，与驻地高校、科研院所共建合作平台，发挥太原理工大学科技产业孵化园带动作用，加快科技成果就地转化。落实“小升规”奖励政策，加快培育“专精特新”小巨人企业，新打造“小升规”企业3家、科技领军型企业1—2个。继续举办创新创业峰会，组织本地企业参加全省“双创周”等更大规模、更高层次的成果展会，进一步提升知名度，拓展新空间，让更多创新创业的活力潜力竞相迸发。

大力推动现代服务业发展。发挥华润万象城引领作用，加快推进新城吾悦、远大购物广场等项目建设，加强大悦城项目跟踪服务，积极构建以大型商业综合体为支撑的长风、迎泽、漪汾“三大商圈”；出台扶持政策，培育消费热点，优化中小型商圈布局，大力发展夜间经济、假日经济。加快发展楼宇经济，完善公共信息平台，以中海国际中心、信达国际金融中心等高端楼宇为主要载体，全方位支持猪八戒网、支点科技、润享众创、艾瑞达等新型服务企业和双创精英企业健康发展。通过建设一批特色楼宇、扶持一批特色企业、培育一批特色产业，把万柏林区打造成太原市新型商业商务中心。

（二）聚焦改革创新，释放高水平崛起动能

坚持“改革为要、创新为上”，敢于先行先试，力求多点突破，坚决破解体制机制障碍，打通堵点痛点节点，充分激发市场活力和创造力。

全面加快改革步伐。扎实做好机构改革“后半篇文章”，促进机构设置更加科学、职能更加优化、权责更加协同。以基础性、全局性、战略性重大改革为牵引，以深化供给侧结构性改革为主线，统筹推进国企国资、财政体制、农村集体产权制度等改革，持续增强经济发展活力。坚

定推进具有万柏林特色的教育、医疗、城市管理等民生领域改革，促进公共服务提档升级，在更高层次上保障和改善民生，让万柏林发展更有温度。

*创新招商引资工作。*强化对外开放意识，积极融入“一带一路”、京津冀协同发展等国家重大战略，围绕万柏林区产业特点和资源优势进行科学规划，系统绘制招商图谱，建立专家咨询制度，健全项目评估机制，提高招商引资实效性。建立健全重点项目“五包一”制度和工作例会制度，及时解决项目推进遇到的审批、土地、环保等问题，促进项目早落地、早开工、早达效。继续筹办万柏林区招商推介会，建立签约项目全链条跟踪服务机制，以企引企、以商招商、精准招商，将更多技术含量高、市场前景好、带动能力强的优质项目引入万柏林区，以项目的高质量推动发展的可持续，努力在山西中部盆地城市群一体化发展格局中彰显作为。

*大力发展数字经济。*推动数字经济创新发展，积极培育数字化产业，促进实体经济与新技术、新业态、新模式融合发展。发挥政产学研合力，围绕数字经济开展多层次、多领域合作。支持传统产业打造无人车间、智慧矿井等“智能+”示范工程，推进轨道交通、煤机装备、新能源汽车等产业集群化发展。大力推行信息惠民和“互联网+政务服务”，强化数字技术在教育、医疗、养老、经济运行、市场监管、城市管理、政务服务等领域的应用，推动全区经济社会发展加快迈入“数字时代”。

（三）聚焦绿色生态，增强高标准保护合力

践行“绿水青山就是金山银山”的理念，高标准保护生态环境，高质量推动绿色发展，让万柏林“水更清、山更绿、天更蓝”。

*坚决打赢污染防治攻坚战。*严格落实“党政同责、一岗双责、失职追责”环保责任制，加大执法力度，打击违法行为，坚决打好蓝天、碧水、净土保卫战。强化环保例会和部门联合督查机制，持续开展“散乱污”企业动态清零，全力推进清洁取暖，严防散煤复烧，加强扬尘污染治理，强化道路扬尘管控，让施工工地“六个百分百”要求成为常态；深入推行“河长制”，实施黑臭水体消除工程，强化河道日常清洁和周边环境整治，加大入河排污口排查整治，实现河畅水清；持续巩固矿山生态修复成果，加强重金属土壤污染防治，坚决补上环境污染治理短板。高标准完成中央、省环保督查及“回头看”整改任务，确保万柏林区环境质量指数在全市持续领先。

*加强绿色生态建设。*深入贯彻绿色发展理念，积极开展国土空间规划编制工作，全力推进“多规合一”。大力实施总投资6.6亿元的山水林田湖草生态保护修复工程，全力消除地质灾害隐患，保障人民群众生命财产安全，保护好万柏林的青山绿水。严格落实耕地和基本农田保护责任，坚决打击非法占地、违法采矿行为，节约集约利用资源。积极创建国家森林城市、国家生态园林城市，构建高品质的城市生态空间。加大游园绿地建设和管护力度，新建游园6座、绿地6块，完成造林提档升级3000亩、未成林地管护1万亩，持续提高绿地率和绿化覆盖率，让绿色成为万柏林的鲜明底色。

*精心培育旅游产业。*以西山生态旅游文化示范区建设为契机，加快编制《万柏林区全域旅游规划》，按照“政府主导、社会参与、多元投资、市场运作”的思路，高标准做好顶层设计，充分发挥西山大绿化、大景观优势，进一步完善配套设施，经营好万亩生态园、自行车赛道、桃花沟、油菜花海，加快王封一线天、西山枫情城郊森林公园、偏桥沟主题文化园等景区建设，深度开发具有万柏林特色的文化旅游资源，吸引更多游客来万柏林观光游览、度假休闲，把旅游业打造成

万柏林区战略性新型支柱产业。

（四）聚焦人居环境，营造高品质生活空间

2020年是太原市创建全国文明城市的决胜之年。我们要持续以“三化”工程为引领，强化“领先领跑、典型示范”理念，完善基础设施，实施精细化管理，把万柏林打造成宜居宜业的幸福家园。

*强力推进创城攻坚。*严格落实“五三三”工作机制和“严、细、实、常、长、特、优”七字标准，深入推进“九乱”专项整治，联动作战、创管结合，坚决打赢创城攻坚战。以老旧小区综合整治为重点，结合海绵城市建设、“三供一业”维修改造和既有建筑节能改造，统筹推进背街小巷、集贸市场等综合整治，精心规划设计，实施连片打造，让更多的街巷小区旧貌换新颜。完善检查督导长效机制，巩固九院新村和小西铭村整治美化成果，开展大虎峪村、圪垛村美丽乡村建设。对标先进城市，强化攻坚调度，深入宣传引导，创新共治格局，继续推广“兴华经验”，推行万管家、小巷管家、星级评定奖惩、街路长制、“门前三包”责任制等有效做法，大力营造全民关心创城、支持创城、参与创城的浓厚氛围，为太原通过创城“国考”做出应有贡献。

*提升城市精细化管理水平。*充分发挥数字城管“司令部、指挥棒”作用，强化部门协调联动和“街道吹哨、部门报到”工作机制。持续深化环卫体制改革，加大人、财、物投入和考核监督力度，推动主次干道、背街小巷清扫保洁作业向24小时、16小时延伸。大力推进垃圾分类工作，健全垃圾分类体系，实施生活垃圾收集运输全密闭化管理，建设大件垃圾处置中心，新建垃圾中转站3座，提升垃圾分类处置能力，力争形成经验模式。落实公共设施管护责任，新建公厕30座、城管驿站5—7个，为广大户外劳动者营造“冷可取暖、热可纳凉、累可歇脚”的温馨港湾，推动城市管理工作继续走在全市前列。

*加快基础设施建设。*高质量完成虎峪河、九院沙河西延快速化改造及彭西二巷、新庄北路等20余条道路建设，全力支持保障地铁1号线建设，积极推进农村道路畅通工程、安全生命防护工程等项目建设，实施总长70.8千米的45条土路治理工程，进一步完善城乡路网，营造畅通、绿色、安全的出行环境。大力推进“两下、两进、两拆”专项整治，推进管线下地和广告下墙，严厉打击违法建设行为，坚决整治私搭乱建，新建固定停车场12个，增设停车位2000余个，进一步完善城市功能，提升城市品质。

*全面加快城改步伐。*以城乡融合发展为目标，统筹推进全区68个“城中村”、城边村及棚户区改造项目。加快项目手续办理进度，完成回迁安置房建设任务，大力解决新庄、小王等“城中村”历史遗留问题。加快城边村改造步伐，完成风声河、圪瞭沟等村整村拆除，以项目引入为抓手提升改造质量。强力推动棚户区改造，持续创新棚改模式，按照“整体规划、分步实施”原则，有序推进大众、太重、山纺、石膏矿、金阳器材厂等棚户区改造，确保人民群众安居乐业。

（五）聚焦民生改善，多措并举增进百姓福祉

坚持以人民为中心的发展思想，持续加大民生投入，加快补齐民生短板，让群众共享改革发展红利，促进生活更加幸福。

*优先发展教育事业。*持续推进中小学校长、幼儿园园长职级制改革，完善教师分配激励机制，厚植尊师文化，营造尊师氛围，提升广大教育工作者的获得感、幸福感和荣誉感。引入优质教育资源，筹建丽华教育园区，配建涵盖小学、初中、高中的公办学校，与北师大等名校深度合作，采用“全托管”运行模式，打造优质教育品牌。进一步调整优化学校布局，推进凤凰双语第

二实验小学等小区配套学校建设，启动特殊教育学校、万柏林区三中等选址新建工程。实施新时代立德树人工程，大力发展学前教育，筹建万柏林区家长培训基地、学生实践教育基地，推广优质课后托管服务，为家长解除后顾之忧，努力办好人民满意的教育。

加快发展医养事业。充分发挥山医大一院万柏林分院托管共建优势，整合区域医疗资源，加强分院学科建设，推动分级诊疗、资源下沉，提升基层服务能力，让全区老百姓不"过河"就能享受到更加优质的医疗资源。加快构建立体化养老服务体系，以医养结合为重点，启动汾西重工职工医院整体改造，新建300张床位的万柏林区老年医养照护中心。完成化客头街道、西铭街道敬老院合并改造。加大政府购买养老服务力度，建设区级养老服务信息平台，打造"互联网+养老"新格局，努力让更多老年人过上有品质、有尊严的生活。

提高民生保障水平。拓宽城乡就业渠道、实施全民技能提升行动，举办多层次、多领域专场招聘会，确保零就业家庭动态清零。健全公共卫生应急管理体系，提高应对突发重大公共卫生事件的能力，守护好人民群众的生命安全和身体健康。完善多层次医疗保障体系，落实贫困家庭最低生活保障政策，将采煤沉陷区移民搬迁困难群众临时救助措施再延长2年。完成保障房建设任务。加强退役军人服务保障体系建设，打造双拥特色品牌。推进社区建设提档升级，推广"智慧社区"和"全岗通"工作模式，集中打造一批具有示范引领作用的精品社区。进一步推进"撤村建居"工作，加强基层政权建设。全面完成2020年第七次全国人口普查。加快公共文化事业发展，推进图书馆、文化馆、档案馆"三馆"建设，新建5个足球场，实施文化下乡、文化惠民工程，打造一流文化品牌，全面提升万柏林文化软实力。

人民对美好生活的向往，就是我们奋斗的目标。我们要想人民之所想，急群众之所急，始终同人民群众站在一起、干在一起，把造福人民作为最大政绩，全力解决群众最急最忧最盼的问题，担负起为人民谋幸福的初心和使命。

（六）聚焦社会治理，营造和谐稳定发展环境

增强忧患意识，坚持底线思维，着力防范化解安全生产、社会治理、经济发展等领域重大风险，切实保护人民群众生命财产安全，促进社会和谐稳定。

守牢安全底线红线。严格落实安全生产"三必管"要求，完善联合督查机制，发挥安全生产专业委员会作用，加大安全专家排查隐患频次。探索建立第三方派驻工地督查制度，压实企业主体责任，从源头上预防和减少事故发生。整合优化应急指挥、应急力量和应急资源，在长风商务区及周边新建2个消防站，逐步完善乡（街）社区消防网络。抓好森林防火、防汛减灾等工作，为全区经济社会高质量发展提供安全稳定的发展环境。

维护社会大局稳定。坚持打防并举、标本兼治，持续推进"扫黑除恶"专项斗争，严厉打击电信网络诈骗等违法犯罪行为。坚持和发展新时代"枫桥经验"，继续创建枫桥式公安派出所。扎实做好社区矫正、安置帮教、法律援助、公共法律服务、普法宣传等工作，持续推进信访矛盾化解攻坚战。落实《保障农民工工资支付条例》，依法维护劳动者合法权益。建立基层治理信息化应用平台，完善基层社会治理体系，提升区域社会治理现代化水平。

构建安全有序市场环境。巩固省级食品安全示范县（区）创建成果，落实"四个最严"要求，提高食品药品安全监管水平。开展质量安全

守护行动，加强特种设备和工业产品质量安全监管，强化商标侵权、虚假广告等重点领域风险防控。全面加强监督执法，发挥“12315”平台作用，维护消费者权益，着力营造诚实守信、安全有序的市场环境，让人民群众买得放心、用得放心、吃得放心。

三、增强自身建设，努力打造人民满意政府

中共十九届四中全会对政府治理体系和治理能力建设作出新部署、提出新要求。我们要以人民满意为最高追求，加强行政体制建设，构建职责明确、依法行政的政府治理体系，不断提升服务经济社会发展的能力和水平，推动“中国之治”万柏林实践。

*加强政治建设，打造忠诚担当政府。*以习近平新时代中国特色社会主义思想为指导，旗帜鲜明讲政治，坚定不移抓发展，进一步树牢“四个意识”，坚定“四个自信”，做到“两个维护”，以实际行动诠释对党的绝对忠诚。加强干部队伍思想淬炼、政治历练、实践锻炼，培养忠诚干净担当的政治品格，建设让党中央放心、让人民群众满意的模范机关。

*树牢法治思维，打造民主法治政府。*坚持依法行政，增强运用法治思维和法治方式解决问题、化解矛盾、推动发展的能力和水平。依法接受区人大法律监督，主动接受区政协民主监督，高质量办理人大代表建议和政协委员提案，自觉接受舆论监督、社会监督、审计监督。充分发挥政府法律顾问作用，在学法、懂法、守法、用法上做表率，把法治意识贯穿履行政府职能、实施重大决策全过程，推进新时代法治万柏林建设。

*优化办事环境，打造务实高效政府。*加快数字政府建设，深化“放管服效”改革，全面实施企业投资项目承诺制改革和相对集中行政许可权改革，落实“一枚印章管审批”，进一步削减审批事项、减少办理环节、压缩审批时限，实现“一网通办”“一窗通办”，努力构建权责明确、公开透明、简约高效的政务服务体系，进一步提振市场信心，释放发展活力，在打造“六最”营商环境上力争走在全省前列。

*转变工作作风，打造清正廉洁政府。*弘扬斗争精神，增强斗争本领，力戒形式主义、官僚主义，大力发扬“马上就办、真抓实干”的工作作风和“钉钉子”精神，做到善始善终、善做善成。坚决贯彻全面从严治党要求，把纪律和规矩挺在前面，认真履行党风廉政建设主体责任和“一岗双责”，坚持用制度管人、管事、管钱，让干部知敬畏、存戒惧、守底线，营造干部清正、政府清廉、政治清明的政务环境，为万柏林高质量转型发展提供坚强作风保障。

信心凝聚力量，拼搏赢得未来。让我们更加紧密地团结在以习近平为核心的党中央周围，在市委、市政府和区委的坚强领导下，不忘初心、担当使命，和全区 100 万人民一起，以坚如磐石的信心、一往无前的勇气，奋力开创文明、开放、富裕、美丽万柏林建设新局面，为把太原建设成具有国际影响力的国家区域中心城市做出新的更大贡献！

中国人民政治协商会议
太原市万柏林区委员会常务委员会工作报告

——在政协太原市万柏林区第五届委员会第五次会议上

太原市万柏林区政协主席　马全安

（2020 年 4 月 22 日）

2019 年工作回顾

2019 年是中华人民共和国成立和人民政协成立 70 周年，也是全面贯彻落实中共十九大和十九届二中、三中、四中全会精神，全区高质量发展迈上新台阶的重要一年。一年来，在中共太原市万柏林区委的坚强领导下，区政协常委会高举中国特色社会主义伟大旗帜，坚持以习近平新时代中国特色社会主义思想为指引，深入贯彻习近平总书记关于加强和改进人民政协工作的重要思想，牢牢把握团结和民主两大主题，紧扣新时代新方位新使命，聚焦区委、区政府中心工作，发挥专门协商机构作用，在建言资政和凝聚共识上双向发力，切实履行政治协商、民主监督、参政议政职能，展现新时代政协新气象，为推动全区经济社会各项事业发展作出积极贡献。

一、高举旗帜，夯实共同思想政治基础

常委会始终把高举旗帜、维护核心、增强政治定力作为根本性大事摆在首要位置，认真学习贯彻习近平新时代中国特色社会主义思想、中共十九届四中全会和中央政协工作会议精神，团结带领广大政协委员自觉用马克思主义中国化最新成果武装头脑，增强“四个意识”、坚定“四个自信”、坚决做到“两个维护”。

强化理论武装，扎实开展“不忘初心、牢记使命”主题教育。按照中央、省、市、区委要求，把握“守初心、担使命，找差距、抓落实”总要求，扎实开展主题教育，把学习教育、调查研究、检视问题、整改落实贯穿全过程，开展多次革命传统教育、形势教育、先进典型教育、警示教育；召开学用交流会、调研成果交流会、高质量的民主生活会，全面完成规定动作，达到预期的目的。

加强思想政治建设，凝聚合作共识。深入学习贯彻习近平总书记在中央政协工作会议暨庆祝中国人民政治协商会议成立 70 周年大会上的重要讲话精神，学习《中共中央关于新时代加强和改进人民政协工作的意见》，聚焦“八大任务”，深刻认识人民政协肩负的职责使命，明确政协工作的前进方向，毫不动摇地坚持中国共产党的领导，自觉在宪法法律和政协章程范围内开展工作。通过党组扩大会、常委会、委员培训和机关集体学习等多种形式深入学习习近平新时代中国特色社会主义思想、中共十九届四中全会精神，重温习近平总书记“三篇光辉文献”。全年通过党组中心组学习、机关工作人员学习以及赴井冈山红色教育中心培训，到黄坡烈士陵园开展

革命传统教育，邀请省市党校专家学者围绕“不忘初心、牢记使命，推进新时代社会主义协商民主发展”主题培训等，持续开展一系列的学习活动，增强广大政协委员筑牢信仰之基、补足精神之钙、把稳思想之舵、夯实团结奋斗的共同思想政治基础。

二、发挥政协优势，助推文明、开放、富裕、美丽万柏林建设

常委会始终坚持在大局下定位，充分发挥职能优势，紧紧围绕全区中心任务，谋划、部署、推进政协工作，力求各项工作都围绕中心不偏离、服务大局不缺位。

履职尽责紧扣全区大局。把政协工作紧紧融入全区工作大局，做到区委、区政府中心工作推进到哪里，政协工作就跟进到哪里，建言助力就体现到哪里，确保与党政决策部署无缝对接、合拍共振。以落实《区政协 2019 年度协商工作计划》为履职主线，重点围绕推进“五大行动”，打造“四大片区”，实施“三化工程”等内容议政建言。全年开展专题调研视察、提案督办 8 次，收到提案 153 件，立案 102 件，形成调研视察报告 7 篇、社情民意信息专报 139 件，区委、区政府主要领导高度重视并给予充分肯定，许多意见建议进入党政决策程序，有力推动相关工作开展。

积极建言助推万柏林区科技型企业发展。聚焦万柏林区科技型企业新时代转型发展，在认真调研的基础上，深入分析万柏林区科技项目成果转化少、科技人才缺乏、科技孵化缺乏特色、宣传推介不足等瓶颈问题，形成《关于对万柏林区“科技企业孵化器”情况的视察报告》，提出“做好科技发展整体规划、服务科技型企业发展、打好特色‘品牌’、做好推广宣传、加强孵化器培育”等许多有价值的意见建议，为万柏林区科技企业转型升级广聚众智、广谋良策。

积极建言全国文明城市创建。围绕助推创建全国文明城市，组织相关部门和部分委员对万柏林区创城工作进行视察，充分听取委员的建议和意见，积极建言献策，提出做好宣传工作、选好典型标杆、形成创建合力、制定常态化管理制度、实行奖励制度、加强沟通协调、强化检查考核、严格落实创建标准等务实建言，促进万柏林区在创建全国文明城市中一批难点问题的解决，促进党委、政府制定和完善相关的政策举措。

上下联动助力开放万柏林建设。2019 年，万柏林区政协加强与全国政协、省市政协的联系，配合省政协农业和农村委员会开展“以品牌建设为抓手，推动农业特色产业做大做强”专题议政调研；配合市政协专题调研组，深入长风西街道开展“民政低保工作”调研活动。积极组织委员参加市政协组织的庆祝中华人民共和国成立和人民政协成立 70 周年“不忘初心同筑梦”书画艺术联展，入选作品陈展率达 100%，展示政协委员履职尽责的新形象。举办主题为“翰墨丹青颂祖国”——庆祝中华人民共和国成立和人民政协成立 70 周年书画摄影作品展，200 余幅作品在太原美术馆陈展。

积极建言万柏林区经济社会高质量转型发展。在持续关注、调研督促的基础上，将征管体制改革以来税收工作情况列为重点协商议题，组织政协委员进行专题视察，深入分析万柏林区财税体制改革带来的影响，形成《关于对万柏林区征管体制改革以来税收工作情况的视察报告》，提出：加快税收结构调整，发挥国有工业企业资源优势和技术技能及工艺质量等软实力优势，加大宣传培训力度，挖掘万柏林区税收潜力，统筹

做好房地产项目综合配套，盘活现有存量门面房，增加新的税收点，进一步优化营商环境，加强税务系统内部建设等建议，为区委、区政府全面推进富裕万柏林建设提供决策依据。

积极建言助力全区生态环境建设。紧扣打好污染防治攻坚战，围绕加大扬尘治理情况、提高辖区环境保护质量等难点问题，深入分析万柏林区扬尘治理中存在的问题，形成《关于对万柏林区环保扬尘污染防治工作的视察报告》，提出：加大宣传力度，提高做好环保工作能力，建立联合执法机制、试行市场化运作机制、建立长效管理机制，加强维护管理，更新监管理念，提升科学化水平等意见建议，区委、区政府主要领导给予充分肯定，要求职能部门认真研究落实，推动全区环保工作再上新台阶。

三、践行为民理念，彰显人民政协为人民的初心使命

积极践行履职为民宗旨，综合运用各种履职手段，反映民情、表达民意，让群众感到政协委员就在身边、人民政协离自己很近。

聚焦文明创建扎实开展专项监督。区政协全程参与全国文明城市创建活动，加大对创城工作的督促力度，在组织委员开展明察暗访和重点督查的同时，开展专题视察活动，为创建全国文明城市尽责出力。将政协委员选派到万柏林区创城每个点位进行认真督查。通过实地测评、明察暗访等方式深入乡（街）、村（社区），及时发现并反馈问题，提出合理化建议，督促问题整改，推进乡（街）创建水平不断提升。

聚焦群众热点强化专题协商监督。围绕推进产业转型、加快城乡融合、构建精细化城市管理服务体系等课题组织大会发言，与党政主要领导面对面协商，提高协商层次和协商实效。以不断增强人民群众获得感、幸福感、安全感为目标，助力重点项目推进。新城控股太原分公司及时落实区“两会”精神，主动邀请界别委员进行视察，问计求谋，征求委员对优化项目、更好地服务全区的意见。通过召开专题协商会，搭建协商平台，营造民主氛围，促进委员与重点项目负责人之间的充分协商交流，提出一批有分量、有价值的意见建议。

聚焦民生实事强化常规协商监督。紧扣群众反映强烈、感受直接的现实问题，有效发挥大会发言、视察、提案、社情民意信息等日常监督作用。围绕社区治理和服务创新工作、社区养老服务、社区老年餐厅运作模式等方面的情况，提出关于社区养老机构分类管理、老人健康档案、医养结合、居家养老服务、殡葬改革新举措等方面的意见和建议；围绕推进教育强区战略、加快教育体制改革等热点，组织政协委员对泰华实验小学等学校进行视察，针对性地充分讨论、建言献策；围绕医药卫生体制改革、基层社区卫生服务机构服务情况、全区慢性病防控工作及“两整顿一提高”等重点内容分别实地察看了千峰社区卫生服务中心、万柏林区医疗集团中心医院等医疗机构，并提出意见建议。

畅通民情民意快通道。制定提案办理流程，连续几年把提案办理情况纳入区委、区政府对乡（街）及区直机关单位的考评范围，凸显提案工作的地位作用。全年征集提案 153 件，立案 102 件，转信 17 件，转为社情民意信息 34 件。目前，已全部答复办理，委员满意率和基本满意率为 100%，做到件件有落实，事事有回音，并对办理情况跟踪督查。开展委员走访文旅局暨咨询问政座谈会，委员们结合万柏林区文化和旅游事业当前存在的问题、发展规划等内容进行沟通交流

并提出许多有价值的意见建议。坚持把反映社情民意信息作为汇集民情、反映民意的重要渠道，全年委员共撰写社情民意信息139篇。其中，对教育部《中小学教师实施教育惩戒规则（征求意见稿）》的建议报送全国政协，《建议加大我市餐厨垃圾处理监督执法力度》引起市委、市政府重视，委员的合理化建议得到有效的采纳落实。

四、强化能力建设，推进政协工作提质增效

常委会把提质增效作为谋划思路的重要理念、推动工作的鲜明导向、评价成果的最终标准，着力提升履职质量和实效。

*丰富委员履职服务平台。*坚持民主协商、平等议事、求同存异、体谅包容原则，健全落实与区各民主党派、工商联、无党派人士联系制度。主席会议成员以多种方式访谈党派界别委员，征求对政协工作的意见建议，加强对政协共同性事务的协商。通过优先安排大会发言、联合开展调研、开放委员活动室等形式，为全体委员和各参加单位参政议政、发表见解创造条件、提供服务。坚持“请进来”“走出去”相结合，邀请省、市委党校教授为政协委员专题辅导，与委员协商互动，现场解读政策、解答委员提问；组织部分委员、部分政协参加单位在井冈山红色教育中心培训。

*切实发挥专委会的基础作用。*加强与对口党政部门的经常性联系，认真组织开展调研视察、督办重点提案、反映社情民意信息和推动界别活动。深化文史编纂职能，为更好地展现新思想在万柏林的新实践和新时代万柏林区的新成就，组织编印《世纪腾飞万柏林》。编写《政协工作通讯》4期，遴选要闻关注、专题调研、重点提案建议等社会热点进行互动交流，积极回应群众愿望诉求，提高政协社会认知度和影响力。

*积极协商完善基层政协建设。*为推进政协工作向基层延伸，提升政协工作覆盖面，积极推进乡（街）政协联络组建设，落实《关于加强新时代人民政协党的建设工作的实施意见》，按区委要求挂牌成立乡（街）政协联络组，由乡党委、街道党工委专职副书记兼任政协联络组组长，并确定1—2名专职工作人员，每年区财政给各乡（街）安排5万元政协联络组工作和活动经费预算，同时，在各村、社区成立委员工作室，将全体委员划分到15个乡（街）联络组，实现乡（街）政协联络组对政协委员联络服务管理全覆盖。

五、从严管理队伍，切实加强自身建设

*着力发挥党组领导的组织力。*区政协党组认真履行主体责任，加强思想政治引领，及时对接区委、区政府的中心任务，科学谋划政协工作，严格管理党员干部队伍。定期召开党组会议，讨论和决定政协重要事项，推动阶段性重点工作深入落实，切实发挥党组把方向、管大局、保落实的重要作用。

*着力强化政协委员的履职力。*适应新时代人民政协的形势和任务，举办委员履职能力提升培训班，全面开通工作信箱、专委会工作微信群，建立委员学习活动室。召开区情通报会，听取区政府及区扫黑办、区创城办的工作情况通报，为委员知情明政创造条件。定期开展双周二政协委员学习活动日和走访活动，召开委员座谈会，鼓励委员参与扶贫帮困、慈善捐款、科技普及、食品药品安全宣传和法律援助等工作，引导委员自觉履行社会责任，政协委员志愿者服务队伍不断扩大。加强委员服务管理，进一步健全委员履职评价、激励和约束机制，广大委员建言履职的积极性不断提高。

*着力增强政协机关的执行力。*深入贯彻落实

中央、省、市、区有关党风廉政建设、改进作风的一系列规定和要求，支持派驻纪检组工作，机关作风、服务效能切实提升。加强机关精神文明创建、双拥单位创建和平安单位创建。以提高机关服务意识为重点，开展党员进社区志愿服务、共建平安便民服务等活动，规范机关工作流程，提高办文办会办事效率，机关服务水平不断提升。

回顾一年来的履职实践，我们坚守初心，砥砺奋进，全年工作有重点、有亮点、有特色，突出表现在四个方面：

一是区委重视体现新高度。区委把政协工作放在全局工作的重要位置，区委常委会会议定期听取政协党组工作汇报，专题研究政协协商议题，审议区政协常委会工作报告和重大工作事项。区委书记杨俊民、区长袁尔铭多次为视察调研报告作出重要批示；区政府大力支持政协履职，区政府分管领导与政协领导共同认领督办年度重点提案，同时积极参加政协协商活动，主动通报有关工作情况，为做好政协工作提供重要保证。

二是服务发展呈现新作为。聚焦文明、开放、富裕、美丽万柏林建设，紧扣产业升级、改革攻坚、民生保障及生态建设等重点难点问题，连续对万柏林区重点项目、科技企业创新发展、税收征管体制改革、创建全国文明城市、医疗卫生体制改革、教育体制改革、民政等工作进行系列调研视察和协商议政活动，确保人民群众在共建共享发展中有更多获得感，体现政协的履职建言与时代发展“合辙”、与人民需求“合拍”。

三是协商民主实践取得新进展。会同区委、区政府联合制定年度协商计划，先后召开专题议政性常委会和专题协商会，开展多次调研视察活动，提交了调研视察报告和大会发言材料，形成一批高质量的意见建议。认真组织开展提案办理协商和提案办理“回头看”，提高办理质量和实效。委员们踊跃建言，领导坦诚回应，共同践行协商民主的理念和精神，营造生动活泼的履职氛围。

四是主体作用发挥再上新台阶。我们始终坚持把广大委员当作政协履职的主体来服务，把政协机关当作委员之家来建设，积极拓展委员履职载体，探索委员履职新机制，鼓励各种意见建议的充分发表和深入交流，让每位委员在政协干事有平台、建言有渠道、权利有保障、工作有成效，委员的主体作用得到进一步发挥。

过去一年政协工作取得的成绩是中共太原市万柏林区委坚强领导的结果，是区人大、区政府大力支持、有关部门积极配合、社会各界通力合作的结果，也是区各民主党派、工商联、各人民团体和全体委员共同努力的结果。在此，我谨代表五届区政协常委会，向所有关心支持政协工作的同志和朋友们表示衷心的感谢，并致以崇高的敬意！

在肯定成绩的同时，我们也清醒地看到政协工作中还存在一些不足，主要是政协党建工作特色有待进一步彰显，基层协商成果有待进一步转化，民主监督职能有待进一步加强，委员履职水平有待进一步提升，对外交流方面还有所欠缺等。对此，我们将在今后的工作中努力加以改进。

2020 年工作部署

2020 年是“十三五”规划的收官期、全面小康的建成期、现代化新征程的奠基期，也是万柏林区高质量转型发展的关键期。今年政协工作的总体要求是：以习近平新时代中国特色社会主义思想为指导，全面贯彻中共十九大、十九届二中、三中、四中全会精神及中央政协工作会议精神，深入贯彻习近平总书记“三篇光辉文献”精神，增强“四个意识”、坚定“四个自信”、做到“两个维护”，在中共太原市万柏林区委坚强领导下，紧扣区委、区政府中心工作，把加强思想政治引领、广泛凝聚共识作为中心环节，坚持团结和民主两大主题，按照“四为四高两同步”总体思路和要求，提高政治协商、民主监督、参政议政水平，为万柏林区“十三五”规划收官、同步全面建成小康社会，汇聚正能量、作出新贡献，努力在开启建设文明、开放、富裕、美丽万柏林新征程中再展作为、再立新功。

一、紧扣新时代，思想引领要有新境界

做好新时代政协工作，最根本的是深入学习贯彻习近平新时代中国特色社会主义思想，真正将其作为统揽工作的总纲，在把握思想精髓、推动入脑入心、确保落实落地上下功夫，做到知信行统一、学思用贯通。

创新、协调、绿色、开放、共享新发展理念，是贯穿习近平总书记“三篇光辉文献”的一条红线。习近平新时代中国特色社会主义思想永远给我们以方向指引、真理感召、信心激励。我们要深刻体悟、全面贯彻，摒弃惯性思维，在解放思想中统一思想，团结一致向前看。要坚持党对人民政协工作的领导。认真落实《中共中央关于新时代加强和改进人民政协工作的意见》，学习领会十九届四中全会和中央政协工作会议精神，特别是总书记提出的“八大任务”，以党建为统领，切实履行协商民主重要渠道和专门协商机构的职责使命，不断提高协商民主建设的制度化、规范化、科学化水平。要强化思想建设，健全学习制度，加强政协党的建设，充分发挥政协党组的领导核心作用、党支部的战斗堡垒作用和党员委员的先锋模范作用，巩固深化“不忘初心、牢记使命”主题教育成果，开展特色活动，推动政协党的组织和党的工作从“有形覆盖”向“有效覆盖”转变，实现政协党建工作与履职工作相互促进、相互提升。要强化助推发展理念。发展是第一要务，转型是根本出路，要持续以“示范区”“排头兵”“新高地”三大目标为牵引，持续以“五大行动”为统领，以建设“四大片区”为抓手，以实施“三化工程”为载体，围绕山上山下两个主战场，统筹政协履职各项工作，要在强化战略思维、历史思维、辩证思维、创新思维、法治思维、底线思维中深化对新发展理念的认知认同，积极建诤言，献良策。要凝聚履职合力。围绕全区坚定转型方向，着眼秉持转型为纲、项目为王、改革为要、创新为上的要求，以新发展理念凝聚各界共识，以中央及省、市、区委决策部署统一思想行动，多做宣传政策、解疑释惑的工作，多谋防范风险、化解挑战的良策，多鼓提振信心、团结奋斗的干劲，促进智慧、知识、技术向转型综改主战场集中，促进人力、物力、财力向转型综改主战场聚合，形成众志成城攻坚克难、同舟共济致力转型的强大正能量。

二、聚焦新部署，服务发展要有新实效

要全面贯彻落实中央、省、市、区委决策部署，聚焦中心工作，扎实做好履职各项工作。要发挥政协职能，用好政协委员资源，了解省内外经济社会发展的新探索、新举措、新经验，为区委、区政府政策储备提供支持。要围绕中共十九大和十九届四中全会对党和国家事业作出的新的战略部署及省委、市委、区委的重大决策部署，重点就全区创新发展、转型发展、调整经济结构及城市精细化管理、城市功能品质的提升等议题，开展专题协商。要充分发挥人民政协人才荟萃、智力密集的优势，重点围绕就业、教育、医疗、养老等民生领域工作，提高城乡社会保障和公共服务水平等议题，开展调研视察。要发挥专门委员会基础性作用，围绕改革创新、法治建设、安全生产、信访稳定等议题开展对口协商和界别协商，深化和拓展提案、社情民意信息工作，聚焦转型发展、文明创建、生态环境保护、民生养老等普遍关切问题，选择重点提案开展督办，积极引导广大委员建言献策、精准发力，努力为区委、区政府决策提供参考。要加强政协协商同政党协商的衔接，支持各民主党派、工商联和无党派人士，围绕能源革命、招才引智、医疗体制改革、“四大片区”建设、以商招商、营商环境优化等重点课题，发表主张、提出建议，在服务大局中深化合作共事。要加强同党外知识分子、非公有制经济人士、新的社会阶层人士的团结联谊，做好民族宗教、港澳台侨和外事工作，为万柏林区高质量发展汇聚力量。

三、顺应新期待，民主监督要有新作为

认真落实《关于加强和改进人民政协民主监督工作的意见》，鼓励和引导委员当好界别代言人，敢于监督、善于监督。要明确重点。围绕区委、区政府决策部署的贯彻落实、重要约束性指标落实、重点民生工程建设等重大问题，开展监督性调研议政活动。要整合力量。选择涉及面广、联动性强的重要工作，如环境保护、文明创建、民生保障等开展区、乡（街）政协系统上下配合、与区委和区政府督查部门左右协同的民主监督。要搭建平台。通过政协提案、调研视察、协商交流、大会发言、信息报送等形式，开展协商监督，协助党委政府更好地发展经济，化解社会矛盾，为改革发展稳定添助力、增合力。要加强协同。贯彻落实全国政协专委会工作会议精神，按照省、市政协的安排部署，进一步加强专委会的工作，拓展“委员学习活动室”功能。立足专业特色开展学习教育、政策宣讲、交流联谊、解难纾困等活动，做好“搭台”文章，更好聚共识、展形象。加强对乡（街）政协联络组的指导，研究出台《万柏林区乡（街道）政协联络组工作规则》《万柏林区村、社区政协委员工作室工作职责》等，进一步引导乡（街）政协联络组规范职责任务、履职方式，探索政协协商同基层治理相结合的有效方式。进一步完善政协联络组长例会制度，强化政协履职协同性。积极配合“智慧政协”覆盖工作，更好运用现代信息技术手段，服务委员履职、服务基层工作、服务社会发展。

四、立足新使命，团结共事要有新贡献

着眼于新时期的统一战线工作，把大团结、大联合摆在更加突出位置。要加强与各民主党派、工商联、人民团体和无党派人士的团结合作，广泛听取他们的意见和建议，着力为他们搭建知情议政平台。要进一步密切与各界别委员的联系，切实增强委员的履职能力，围绕“五大行动”等议题，开展协商讨论。要着眼山上山下两个主战场，围绕“四大片区”建设，不断推进万柏林区经济社会各方面发展。要协助党委、政府做好民族宗教工作，促进民族团结、社会和睦。要做好文史资料征编出版工作，积极挖掘整理万柏林文化和历史名人文化等资源，传承万柏林历史文脉。要讲好委员故事，改进宣传工作，主动策划、加强沟通，广泛应用新媒体，展现委员建言成果和履职风采。要拓展思想交流平台，进一步推进“委员之家”建设，在各村（社区）设立委员工作室，邀请委员说说心里话、聊聊烦心事、谈谈

真情况、出出“金点子”，深化联谊交友、交流、交心。

五、适应新形势，政协工作要有新气象

坚持把学习贯彻习近平总书记关于加强和改进人民政协的重要思想作为重中之重，深入贯彻中央政协工作会议精神及省、市、区委部署要求，牢记坚定维护核心、倾力服务中心、恪守为民初心、突出质量重心、共筑政治同心这“五心”，持续推进新时代人民政协工作。要加强制度创新能力。不断完善工作机制，进一步提升专题协商、调研视察、提案办理、大会发言、社情民意信息和文史资料等工作的科学化水平。要强化委员能力建设。健全委员知情明政制度，完善多层次联络服务委员制度，建立健全委员履职评价及激励机制，加强教育培训，严格纪律要求，完善履职考核、激励机制，全面激发委员履职热情，不断提升履职实效。要提升机关服务效能。按照新时代人民政协“四个一线”的定位要求，教育引导机关干部切实加强自身建设，提振精气神、锤炼真本领，全面加强政协机关党的建设，不断增强政协机关干部爱岗敬业、忠诚履职的使命感、责任感，促进政协工作更加务实、有序、高效。

今年面对突如其来的新型冠状病毒感染的肺炎疫情，在区委领导下，区政协坚决贯彻落实习近平总书记“要把人民群众生命安全和身体健康放在第一位，把疫情防控工作作为当前最重要的工作来抓”的重要指示精神，与党委、政府同心同向、同频共振，号召全体委员牢记为国履职、为民尽责嘱托，充分发挥优势，主动担当作为，有钱出钱、有力出力、有智出智，展现新时代政协委员的新形象，以实际行动诠释了“人民政协为人民”的情怀，为坚决打好打赢这场没有硝烟的战争、切实保障人民群众生命健康安全发挥积极作用。在此，我代表区政协常委会向在疫情防控期间作出贡献的政协委员再次致以崇高的敬意和深深的感谢！现在疫情尚未得到完全控制，区政协要把疫情防控作为头等大事和重要政治任务，充分发挥政协人才荟萃、智力密集优势，广泛动员委员群防群控、积极奉献爱心、汇聚力量，以实际行动践行初心使命，更好地把政协制度优势转化为国家治理效能，为坚决打赢疫情防控阻击战贡献政协智慧和力量。

新时代开启新征程，新征程赋予新使命，让我们更加紧密地团结在以习近平为核心的中共中央周围，高举习近平新时代中国特色社会主义思想伟大旗帜，在中共太原市万柏林区委的坚强领导下，坚定信心、砥砺前行，只争朝夕、不负韶华，为建设文明、开放、富裕、美丽万柏林做出新的更大贡献。

突出政治监督 强化责任担当
为高质量转型发展提供坚强政治和纪律保障

——在中共太原市万柏林区第五届纪律检查委员会第五次全体会议上的工作报告

中共太原市万柏林区纪委监委书记 刘贵江

（2020 年 3 月 2 日）

这次全会的主要任务是：以习近平新时代中国特色社会主义思想为指导，深入贯彻中共十九大和十九届二中、三中、四中全会精神，深入贯彻习近平总书记在十九届中央纪委四次全会上的重要讲话及全会精神，深入贯彻省委十一届八次、九次全会精神、省纪委十一届六次全会精神、市委十一届八次全会精神，落实市纪委十一届五次全会和区委五届八次、九次全会精神，回顾总结 2019 年全区纪检监察工作，研究部署 2020 年任务。刚才，区委书记杨俊民对万柏林区坚定不移深化全面从严治党作出总体部署，为进一步坚持和完善党和国家监督体系的万柏林实践、实现全区纪检监察工作高质量发展提出明确具体要求。我们一定要认真学习领会，坚决贯彻落实。

一、2019 年工作回顾

2019 年是中华人民共和国成立 70 周年，是全面建成小康社会、实现第一个百年奋斗目标的关键之年。一年来，区委坚持以习近平新时代中国特色社会主义思想为指导，全面落实管党治党政治责任，做到思想从严、监督从严、执纪从严、治吏从严、作风从严、反腐从严，扎实推进全区党风廉政建设和反腐败斗争取得新进展新成效。区纪委监委深入贯彻中央、省、市纪委全会精神和区委的决策部署，不忘初心、牢记使命，强化责任担当，做实做细政治监督，持续巩固发展反腐败斗争压倒性胜利，推动全区纪检监察工作始终朝着高质量发展的方向迈进。

（一）始终把党的政治建设摆在首位，“两个维护”的自觉性坚定性不断增强

区纪委常委会坚持把学懂弄通做实习近平新时代中国特色社会主义思想作为首要政治任务，牢固树立“四个意识”，坚定“四个自信”，自觉担负起“两个维护”的重大政治责任。突出抓好对严明党的政治纪律和政治规矩的监督，立案审查违反政治纪律案件 2 件，处分 2 人，用铁的纪律维护党的团结统一。不折不扣贯彻落实中央和省、市、区委各项重大决策部署，围绕推进转型发展、大气污染整治、“大棚房”专项整治、违建别墅清理整治、人防系统腐败问题专项整治等方面开展监督，以有力的监督推动党中央重大决策部署在万柏林落地见效。一年来针对落实党中央决策部署不力问题问责 14 人，3 个单位。严肃党内政治生活，对全区各党（工）委（党组）主题教育专题民主生活会实现监督全覆盖，就监督

检查和巡察发现的组织生活不规范、“三会一课”制度执行不到位等问题约谈18人。严把党风廉政意见回复关，共对209名提拔使用干部进行廉政意见回复。

（二）一体推进“三项改革”，纪检监察工作规范化、法治化水平有效提升

*加强党对纪检监察工作的集中统一领导。*区委认真落实全面从严治党主体责任，及时召开区委常委会会议传达学习上级纪委精神，经常性研究党风廉政建设和反腐败工作，定期听取各级党（工）委（党组）管党治党述职述责和纪委监委工作情况汇报；组织召开区委反腐败领导小组会议，协调推进重大疑难案件办理，听取重要案件查办情况汇报，督促领导小组各成员单位密切协作、合力攻坚。区委杨俊民书记对党风廉政建设和反腐败工作高度重视，先后对8件重要案件作出批示，主动参加全区纪检监察系统工作例会，对有关单位“一把手”严格履行主体责任提出明确要求。区委班子成员自觉履行“一岗双责”，认真落实分管领域管党治党政治责任，带动全区各级党组织把落实主体责任融入日常、当成自觉。

*加强派驻派出机构建设。*进一步优化派驻机构职能职责，强化监督效能，实现高质量的监督全覆盖。在全区机构改革期间，各派驻纪检监察组及时跟进，健全完善党员领导干部廉政档案，深入了解分析被监督单位政治生态状况，保障机构改革顺利推进。建立监督检查室联系指导派驻纪检监察组工作制度，形成全方位对接、联动协作的工作机制。在15个乡（街）设立区监察委员会派出乡（街）监察室，着力配齐配强乡（街）纪检监察干部队伍，推动监察工作向基层、村居延伸。

*健全完善工作运行机制。*调整理顺班子成员分工、内设机构职能权限配置和人员配备，督促指导乡（街）纪（工）委（派出监察室）加强制度建设，推动更深层次、更高水平的“三转”。将法治思维和法治方式贯穿反腐败全过程，进一步规范信访举报、线索处置、监督检查、初步核实、审查调查、案件审理等程序流程，强化内部管控，切实把监督执纪执法的权力关进制度的笼子。

（三）坚持以人民为中心的发展思想，在整治群众身边腐败和作风问题上积极作为

牵头抓好漠视侵害群众利益问题专项整治。结合主题教育8个方面专项整治，强化牵头督导、精准执纪问责，聚焦4方面27项整治重点，坚决纠治漠视侵害群众利益问题。督促19个牵头单位自查发现并整改问题44个，各级纪检监察机关查办相关案件12件，处理9人。

坚决查处民生领域侵害群众利益问题。严厉惩治发生在民生资金、“三资”管理、征地拆迁、教育医疗、生态环保、食品药品等领域违纪违法行为，重点查处基层干部吃拿卡要、盘剥克扣、优亲厚友等方面问题。严肃查处窊流、东社等村（社区）“两委”主干违纪违法案，坚决铲除基层腐败滋生土壤，以正风反腐惩恶的扎实成效，让人民群众有更多、更直接、更实在的获得感、幸福感和安全感。

深挖彻查涉黑涉恶腐败和“保护伞”。将扫黑除恶同基层“拍蝇”相结合，全力配合各级扫黑除恶专项斗争督导工作，勇担“打伞破网”重任。对15个涉黑涉恶案件开展复查复核，发现并移交问题线索8条。

（四）驰而不息纠治“四风”，正风肃纪高压态势持续保持

持续巩固落实中央“八项规定”精神成果。

深入贯彻落实习近平总书记重要批示精神，坚持抓常、抓细、抓长。坚持日常监督和重要节点专项监督相结合，严肃查处违反中央“八项规定”精神问题13个，处理26人，公开通报曝光典型违纪案例2批5件7人，推动作风建设向纵深发展。

深入开展形式主义、官僚主义专项整治。紧盯党中央和省、市、区委重大决策部署的贯彻落实，坚决整治不敬畏、不在乎、空泛表态、应景造势和干部不担当、不作为等问题。全年查处形式主义官僚主义问题20个，处分27人。

（五）履行好监督基本职责、第一职责，党的纪律建设全面加强

强化日常监督。紧盯权力运行的“关键点”、内部管理的“薄弱点”和问题易发的“风险点”开展靶向监督，聚焦“关键少数”，让党员、干部习惯在受监督和约束的环境中工作生活。加强信访监督，对越级信访和重复信访问题开展专项整治，全年检举控告同比下降35.24%，重复举报同比下降29.76%。在用好常规监督手段的基础上，以落实全面从严治党“两个责任”电子监督平台为载体，强化“两个责任”日常监督考核，通过建立廉政档案电子化管理系统、探索构建纪检监察大数据监督平台等方式，进一步丰富监督的视角和渠道，监督工作的质效和水平不断提升。

深化运用监督执纪“四种形态”。坚持“抓早抓小”执纪执法导向和“惩前毖后、治病救人”方针，精准处置问题线索。一年来，运用“四种形态”教育帮助和处理471人次，其中，第一、第二种形态425人次，占比为90.23%，“四种形态”运用更趋合理。加大对受处分人员跟踪回访工作力度，鼓励他们放下包袱、调整心态、积极作为。严肃、慎重、精准问责，既防止问责不力，又防止泛化、简单化。全年问责党组织1个，党员干部13人。

（六）坚定不移精准有力惩治腐败，反腐败斗争压倒性胜利巩固发展

保持惩治腐败高压态势。坚持不松劲、不停步、不减力，审查调查力度持续加大，精准发现、精准惩处、精准施治水平持续提升，“不敢”“知止”氛围持续强化。严肃查处原沙沟村委会负责人、新道村委会原负责人、太原喷灌设备厂原厂长等一批严重违纪违法职务犯罪问题，充分宣示了将反腐败斗争进行到底的如磐决心。全区纪检监察机关立案191件，同比增长85.4%，结案171件，同比增长71%，给予党纪政务处分161人，同比增长61%；运用审查调查措施719人次，采取留置措施3人，移送检察机关审查起诉8人。在强大震慑和政策感召下，8名涉嫌违纪违法的党员干部主动交代问题。

标本兼治深化反腐败工作。正确把握“不敢”“不能”“不想”内在联系，做到统筹谋划、一体推进。强化源头预防和治理腐败，及时梳理总结审查调查、巡察中发现的体制机制问题和制度漏洞，提出纪检监察建议8件次，推动相关单位建章立制、堵塞漏洞。

发挥警示教育的预防作用。坚持把警示教育作为“防病良药”常抓不懈。开展《中国共产党纪律处分条例》《中华人民共和国监察法》宣讲活动，编印《典型案例汇编》；在领导干部履新等关键环节集体约谈200余人次；组织召开全区党员领导干部集体廉政谈话暨“以案说纪”警示教育大会；组织观看警示教育片126场5180人次；升级改造区廉政教育基地，启动区警示教育基地建设，常态化营造廉政文化浓厚氛围，涵养

清正廉洁的价值理念。

（七）全面坚持巡改并重，政治巡察利剑作用持续彰显

坚守政治巡察职责定位。区委准确把握全面从严治党规律、党内监督规律、巡察工作规律，准确把握政治监督内涵，把政治巡察具体化、常态化。部署开展五届区委第七、第八轮巡察，第七轮巡察共发现“三大问题”86个，发现主要问题线索16条，巡察利剑作用进一步彰显。开展机构改革专项巡察，督促纠正问题51个，提出意见建议29条。

强化巡察整改落实。对前四轮被巡察的10个乡（街）和16个区直单位开展巡察整改“回头看”，把督促整改落实作为纪委监委日常监督检查的重要内容，压紧压实巡察整改主体责任。对拒不纠正存在问题的区人防办及相关负责人启动审查调查程序，真正把巡察整改作为检验“四个意识”“两个维护”的试金石。

（八）坚持打铁必须自身硬，纪检监察干部队伍淬炼成钢

区纪委常委会高度重视自身建设，认真落实省纪委监委“五个过硬”要求，建设忠诚干净担当的纪检监察干部队伍。以主题教育强筋骨，深入开展“不忘初心、牢记使命”主题教育，强化理想信念和使命担当，提高知信行合一的能力，提振了干事创业、担当作为的精气神。以学习培训提能力，加强干部队伍专业化建设，补短板、强弱项，组织人员参加省、市纪委监委全员培训33批次190人次，开展光盘业务培训18次，自行开展政治和业务培训32次1500余人次，全区纪检监察干部理论素质和业务能力得到有效提升。以自我监督净肌体，学习、遵守、践行纪检监察干部48字行为规范，全面强化日常教育管理监督，刀刃向内严防“灯下黑”，保持队伍纯洁。全年处置纪检监察干部问题线索12件，谈话函询7件。

一年来，在市纪委监委和区委的坚强领导下，区纪委常委会坚持稳中求进工作总基调，深刻把握党风廉政建设规律，采取扎实有效措施，一体推进不敢腐、不能腐、不想腐，保持惩治腐败高压态势，以更强的决心更大的力度协助区委推动全面从严治党取得新的重大成果。这些成绩的取得，得益于双重领导体制作用的全面发挥，得益于全区纪检监察干部的奉献担当，得益于全区广大干部群众的关心支持和各位纪委委员的有力参与。在此，我代表区纪委常委会对大家表示衷心的感谢！

“为之于未有，治之于未乱”。看到成绩的同时，我们也要清醒地认识到，对标中央和省、市、区委新要求、人民群众新期盼、事业发展新需要，全区党风廉政建设和反腐败工作还存在一些薄弱环节。从信访举报情况看，“案结事未了”“结案仍在访”等问题依然存在。从监督检查情况看，有的党组织和负责人还未真正将主体责任作为政治要求抓在手上、扛在肩上、落实到行动上；“节日腐败”出现隐形变异，纠治“四风”还需持续发力。从审查调查情况看，一些“城中村”干部擅自决定集体重大事项、侵占集体资金、虚报冒领惠农惠民资金等“微腐败”问题依然易发多发；“小官大贪”的职务犯罪问题依然存在。从我们自身情况看，干部队伍不同程度存在知识短板、“本领恐慌”问题，基层纪（工）委监督执纪执法的方法、手段相对单一，政治本领和履职能力还需进一步提升。这些都需要在今后的工作中深入研究，认真解决。

二、工作实践中的认识和体会

一年来，我们始终把习近平新时代中国特色社会主义思想作为指路明灯，坚持围绕中心、服务大局，立足职责、担当作为，在推进纪检监察工作高质量发展、巩固发展反腐败斗争压倒性胜利中形成一些体会和认识。

必须坚持以科学理论引领理想信念。要带头学懂弄通做实习近平新时代中国特色社会主义思想，不折不扣贯彻落实习近平总书记“三篇光辉文献”，善于从中找立场、找方向、找方法、找答案，不断提高理论思维水平、战略谋划水平、精准落实水平，真正把习近平新时代中国特色社会主义思想转化为推动纪检监察工作高质量发展的“金钥匙”。

必须坚持以高质量监督促进高质量发展。要紧紧抓住监督这个基本职责、第一职责，靠前监督、主动监督、精准监督、创新监督，紧扣全区中心工作发挥监督保障作用，切实强化对权力运行的制约和监督。要持续深化政治监督，做深做实日常监督，健全完善“四个全覆盖”的权力监督格局，以严明的纪律保障与全市步调一致向前进。

必须坚持以正风肃纪反腐凝聚党心民心。要树牢以人民为中心、执纪执法为民的政治立场，积极走进群众、回应群众、相信群众、依靠群众，不断拓宽群众参与渠道，健全为人民执政、靠人民执政的各项制度，坚决惩治腐败、纠治不正之风，坚决清除影响党的先进性和纯洁性的消极因素，筑牢党长期执政最可靠的社会基础和群众根基。

必须坚持以作风建设推动化风成俗。要构建齐抓共管的作风建设格局，在坚持中见常态，向制度建设要长效，督促完善制度、严格执行制度，用制度推动化风成俗、成为习惯。要巩固拓展作风建设成效，锲而不舍、持续发力、再创新绩，以优良作风践行初心、凝聚民心，为决胜全面建成小康社会提供坚强作风保障。

必须坚持以自身建设立信立威。要时刻铭记“打铁必须自身硬”的政治要求，不断完善自身权力运行机制和管理监督制度约束，在反腐实践中提高履职本领、践行初心使命、务求真抓实干，做忠诚干净担当、敢于善于斗争的战士，以严的作风淬炼担当精神，以铁的纪律守护干净形象，确保党和人民赋予的权力不被滥用、惩恶扬善的利剑永不蒙尘。

三、2020 年主要任务

2020 年是全面建成小康社会和“十三五”规划收官之年。全年工作总体要求是：以习近平新时代中国特色社会主义思想为指导，深入贯彻中共十九大和十九届二中、三中、四中全会精神，深入贯彻习近平总书记在十九届中央纪委四次全会上的重要讲话及全会精神，深入贯彻省纪委十一届六次全会精神、市委十一届八次全会精神，落实市纪委十一届五次全会和区委五届八次、九次全会精神，增强“四个意识”，坚定“四个自信”，做到“两个维护”，坚持稳中求进工作总基调，一以贯之、坚定不移全面从严治党，坚持和完善党和国家监督体系，强化对权力运行的制约和监督，深化纪检监察体制改革，一体推进不敢腐、不能腐、不想腐，锻造高素质专业化纪检监察干部队伍，坚守初心担当使命，控新、治旧、抓早、铲土，为决胜全面建成小康社会、推动高质量转型发展、谱写文明、开放、富裕、美丽万柏林新篇章提供坚强政治和纪律保障。

（一）坚决扛起政治监督重大责任，切实增强“两个维护”的能力和效果

巩固扩大主题教育成果。落实党中央“不忘初心、牢记使命”制度，把不忘初心、牢记使命作为永恒课题、终身课题，不断增强“两个维护”的思想自觉、政治自觉、行动自觉。聚焦学习贯彻党的创新理论强化思想武装，督促各级党组织持之以恒学习习近平新时代中国特色社会主义思想，切实做到学思用贯通，真正把学习成效体现在推动全面从严治党走向纵深上，体现在中国特色社会主义制度全面坚持、健全完善上，体现在经济社会健康发展、人民生活持续改善上。聚焦习近平总书记“三篇光辉文献”的精神要义，省市区经济工作会议精神、区委重大决策部署、主题教育“8+5”专项整治和检视的问题，督促各级党组织落实主体责任，不断增强党员干部为党分忧、为国奉献、为民造福的责任感。聚焦长效机制建设，督促各级党组织将主题教育的总要求和重点举措贯穿于党的建设各环节、促进发展各环节，作为推进转型发展、全面建成小康社会的思想方法、工作措施，保障“不忘初心、牢记使命”具体化、常态化。

突出抓好政治监督。新时代强化政治监督的根本任务就是“两个维护”。加强对党的路线方针政策、党中央重大决策部署和习近平总书记重要指示批示贯彻落实情况的监督，当前最为紧迫的是，要深入学习贯彻习近平总书记关于疫情防控工作重要指示精神，全面落实市纪委监委和区委的部署要求，以精准有效的监督执纪执法推动各级各部门履职担当，为坚决守好疫情防控“万柏林阵地”，打赢疫情防控阻击战提供坚强纪法监督保障；紧紧围绕贯彻新发展理念、实现高质量发展等重大决策，深入推进人防系统腐败问题专项治理，扎实开展违建别墅专项整治和能源领域腐败问题专项整治，确保政令畅通。加强对党章党规党纪等党内法规制度执行情况的监督，向纪律意识、规矩意识不强和执行力不够的问题亮剑。加强对贯彻落实中共十九届四中全会精神情况的监督检查，督促各级党（工）委（党组）学习好贯彻好四中全会精神，对在制度执行上做选择、搞变通、打折扣的人和事，严肃处理问责，确保各项制度执行不“挂空挡”。加强对权力运行情况的监督，围绕贯彻执行民主集中制，重点检查落实议事规则和决策程序、重大事项请示报告等制度的执行情况，督促公正用权、依法用权、廉洁用权。梳理全区党政机关民主生活会查找发现的问题，实施清单管理，全面督促整改。

推进政治监督具体化常态化。认真落实中央纪委国家监委和省纪委监委政治监督制度规定，充分运用“六步工作法”，加强日常监督和专项检查，探索建立长效机制。建立健全协同配合机制，加强与宣传、网信、公安等部门的信息互通，统筹各种专业力量，形成监督合力。牢牢把握协助区委推进全面从严治党的职责定位，有针对性地加强政治生态建设，督促推动全区各级党组织切实担负起全面从严治党政治责任，把“两个维护”融入血脉、见诸行动。

（二）集中整治群众反映强烈的突出问题，打好整治群众身边腐败和作风问题攻坚战

在整治漠视侵害群众利益突出问题上持续发力。聚焦群众反映的痛点、难点、焦点，加大督查督办、直查直办和通报曝光力度，深化整治教育社保、住房低保、医疗骗保、食品药品安全等民生领域的不正之风和“微腐败”问题。结合万柏林区实际，针对群众反映强烈、问题集中突出的领域，确定1至2个重点领域，深入调研，组织力量开展专项治理。对专项整治工作中思路措施不当、指导推动不力，不敢面对问题、不敢触及矛盾等问题严肃处理、决不放过，确保通过看得见、摸得着的整改成效，让群众看到变化、得到实惠。

在精准查处涉黑涉恶腐败和“保护伞”案件上持续发力。紧紧把扫黑除恶同反腐败斗争结合起来，进一步畅通问题线索双向移送机制，凡是涉黑涉恶案件，及时介入、及时跟进，一查到底、绝不姑息。严格落实“两个一律”“一案三查”，对黑恶势力违法犯罪和腐败问题深度交织的案件，深入研判、循线深挖。建立与公安机关顺畅衔接、同步工作协作机制，确保“扫黑”与“打伞”同频共振。

（三）持续深化纪检监察体制改革，推动健全党和国家监督体系

加强党对反腐败工作全覆盖、全方位、全过程领导。积极为区委履行全面从严治党主体责任提供有效载体、当好参谋助手。协助区委健全全面从严治党制度，提出重点任务、工作措施，不断完善党内监督体系，推动党（工）委（党组）主体责任、书记第一责任人责任和纪委监委监督责任贯通联动、一体落实。协助区委加强反腐败领导小组成员单位间的日常联系、案件查办协作和通报移送机制，建立分析研判本地区政治生态状况、听取重大案件情况报告的制度，推动反腐败斗争在决策部署指挥、资源力量整合、措施手段运用上更加协同高效。

持续深化派驻机构改革。健全完善班子成员分管派驻纪检监察组工作规则，理顺监督检查室与派驻纪检监察组的关系，形成管理有效、运转协调的领导体制、运行机制。发挥派驻纪检监察组与纪委监委内设机构、巡察机构的协同联动作用，推动驻在部门党组织扛起全面从严治党主体责任。

打通监督“最后一千米”。加强对乡（街）纪（工）委的领导，在完成向各乡（街）派出监察室、依法授予监察权限的基础上，不断规范和改进乡（街）纪检监察工作，完善乡（街）纪（工）委分片协作工作模式，健全区纪委监委班子成员联系乡（街）、领办重点案件工作机制，既督促其履职尽责又成为他们的坚强后盾。推行聘任村（居）纪检监察联络员工作，将监督的“探头”延伸至村（居），推动基层干部廉洁公正为群众办实事办好事。试点建立村（居）事务微信监督群，提升信息公开受众面，及时了解群众诉求，引导群众有序参与监督。督促基层党组织履行主体责任，发挥村（居）务监督委员会、红白理事会等村（居）民组织对党员干部的监督制约作用，切实打通监督“最后一千米”。

增强审查调查工作质量效果。紧跟省、市纪委监委步伐，健全工作制度、细化操作流程，着眼解决工作中“纪法”“法法”有序衔接等问题，把执纪审查和依法监察结合起来、统一起来、贯通起来。落实重要问题线索处置和案件查办工作及时向上级纪委监委和同级党委报告原则，规范精准使用调查措施，确保案件查办工作程序规范、全程可控。全面实施“铁案工程”，严把事实关、程序关和法律适用关。充分认识审查调查安全工作的极端重要性，积极推进谈话场所规范化、标准化建设，夯实审查调查安全责任，严格落实“六必知”，落实“走读式”谈话全程管控，坚决守住安全底线。探索建立乡（街）纪（工）委查办案件联片交叉审理办法，规范乡（街）自办案件审理工作，形成审查调查、案件审理相互协调、相互制约的工作机制。

（四）做深做细做实监督职责，在监督上全面从严、全面发力

抓好日常监督，强化对权力运行的制约和监督。深入研究腐败易发多发的关键点位，紧盯行权轨迹、行权方式，开展常态化、近距离、可视化监督，消除权力监督的真空地带，压减权力行使的任性空间，以经常性监督确保权力在正确轨道内运行。重点强化对“关键少数”和权力集中、资金密集、资源富集的部门和行业的监督，认真处理信访举报，常态化开展谈话提醒和约谈函询，严把党风廉政意见回复关，督促党员领导干部正确对待监督、带头接受监督。

创新监督方式，努力增强监督质效。突出监督重点，重点监督同级班子及成员和下级班子及成员；在下级班子及成员中，重点监督“一把手”，着力破解“一把手”监督和同级监督难题。丰富监督方式，有针对性地开展专项监督、分类监督、跟踪监督、对账监督，加强民主生活会监督，不断更新监督理念，优化监督方式，着力构建多维多重的监督格局。拓宽监督路径，加快纪检监察工作信息化建设步伐，探索运用“大数据+监督”“干部廉洁数据库”等新模式、新手段，充分发挥科技在反腐败工作中的作用。

坚持抓早抓小，精准运用“四种形态”。定期开展政治生态研判，综合信访举报、日常监督、巡察监督、审查调查和社会反映等情况，摸清“树木”和“森林”的状况，对下级党组织和领导干部精准“画像”，对干部廉政档案动态更新。精准把握政策策略，深化运用“四种形态”特别是第一、第二种形态，建立抓早抓小工作机制，切实防止小毛病演变成大问题。既要把“严”的主基调长期坚持下去，督促各类问责主体齐抓共管、精准问责，又要善于做到“三个区分开来”，对在先行先试中勇于担当、大胆探索出现失误而依规依纪依法予以宽容的，要以适当形式公开，着力营造履职尽责、担当作为、干事创业的良好氛围。

凝聚监督合力，构建全覆盖的制度执行监督机制。认真履行协助党委推进全面从严治党的责任，持续压紧压实主体责任，使主体责任、监督责任贯通协同、形成合力。一体推进纪检监察“三项改革”，健全完善监督检查与审查调查、派驻派出、巡察机构在信息共享、资源整合、力量统筹等方面的协作联络机制，做到既分工有序、又优势互补。建立健全纪检监察机关与相关职能部门问题线索移送机制，定期召开会议，常态化移交问题线索，确保党纪国法时时生威、处处有效。强化纪委监委监督的协助引导推动功能，建立与行政监督、审计监督、财会监督、统计监督的联动机制，善于从人大监督、民主监督、司法监督、群众监督、舆论监督中发现违纪违法问题线索，切实增强监督的严肃性、协同性、有效性。

（五）持之以恒纠治“四风”，寸步不让巩固拓展作风建设成效

深挖隐形变异的享乐奢靡之风。坚持“小切口、深治理”，强化对节点“四风”问题的监督，紧盯违规发放津补贴、公款旅游、公款送节礼等老问题，严查电子红包、私车公养、错峰违纪等隐形变异问题，采取明察暗访、交叉检查等方式抓一批典型，加大曝光力度和频次，持续形成震慑。

坚决破除形式主义、官僚主义。从领导机关和领导干部抓起、改起，层层传导压力，重点深化整治贯彻党中央和省、市、区委决策部署只表态不落实、维护群众利益不担当不作为、困扰基层的形式主义等突出问题。协助区委切实减轻基层干部负担，清理不必要的台账、报表、过度留痕，取消繁复耗时的微信群、App，纠正“中午打电话通知、下午上班要结果”等不客观、不实际行为，让干部腾出更多精力到一线抓落实。

立足长远建立健全作风建设长效机制。健全完善监督“四风”问题联动协作机制，协调公安、财政、税务、审计等部门力量，推动形成区域性一体化监督合力。把纠治“四风”与日常监督、巡察监督、调查研究结合起来，摸底排查监督执纪执法中发现的监管盲区和制度漏洞，督促有关职能部门细化制度规定，列出正面、负面清单，强化再监督再检查，让“四风”问题无处遁形。

（六）构建一体推进“三不”机制，同向发力巩固发展反腐败斗争压倒性胜利

坚持高压反腐不松劲。坚持无禁区、全覆盖、零容忍，坚持重遏制、强高压、长震慑，坚持受贿行贿一起查，以“治旧”削减存量，以“控新”遏制增量。从严查处党的十八大以来不收敛不收手，严重阻碍党的路线方针政策贯彻执行、严重损害党的执政根基的腐败问题，严肃查处靠企吃企、权力寻租、权钱交易、利益输送等腐败案件，释放高压反腐的强烈信号。坚决查处医疗机构内外勾结欺诈骗保行为，建立和强化长效监管机制。

坚持制度建设不停步。立足反腐实践，推动审批监管、执法司法、工程建设、资源开发、公共资源交易、公共财政支出等重点领域监督机制改革和制度建设，努力形成“用制度管权、按制度办事、靠制度管人”的有效机制，使权力之车不偏离正确的轨道。用好纪检监察建议有力武器，以纪法刚性约束推动问题逐项整改到位。建立预警提醒和防范修补机制，从根本上加强对权力运行的制约和监督，真正把权力关进制度的笼子。

坚持警示教育不间断。注重选好用好典型案例，统筹运用案情通报、忏悔反思录、警示教育片等载体，做实同级同类干部警示教育，以案释德、以案释纪、以案释法，提升警示教育的感染力和穿透力，让党员干部在经常性的思想洗礼中立根固本、补钙铸魂。加强理想信念、思想道德、党纪国法教育，积极推进区警示教育基地建设工作，打造以“一网一微两基地”为主体的宣教平台，着力建设正气充盈的政治文化。注重家风建设，发扬传统美德，引导党员干部修身律己、廉洁齐家，培养现代文明人格。

（七）完善巡察工作机制，充分彰显巡察监督严肃性和公信力

以持续推进巡察全覆盖为基础，强化政治监督。准确把握巡察政治内涵和政治方向，在推动全面从严治党向基层延伸、巩固发展反腐败斗争压倒性胜利中继续发挥利剑作用。聚焦群众身边腐败问题和不正之风，聚焦基层党组织软弱涣散、组织力欠缺问题，重点关注被巡察党组织执行中央脱贫攻坚、污染防治、风险防范以及惠农利民、扫黑除恶、能源革命等重大政策措施情况，推动基层党组织以实际行动践行党的初心使命。有节奏有力度扎实完成第九、第十轮巡察工作，确保高标准、高质量、高效能实现五届区委巡察全覆盖。

以统筹衔接监督力量为抓手，完善工作格局。探索深化巡察机构与纪检监察、组织、审计、信访等部门的协作配合机制，充分发挥派驻纪检监察组、监督检查部门在巡察过程和巡察整改中的重要作用，构建科学、严密、有效的监督网，使巡察平台成为落实监督第一职责、做实日常监

督的线索源和突破口。将对村（居）的延伸巡察纳入整体规划，对接市提级巡察、交叉巡察，把常规巡察、专项巡察、机动巡察贯通起来、穿插使用，打好“组合拳”，不断提升巡察发现问题的能力和水平。

*以突出抓好巡察整改为关键，深化成果运用。*建立健全巡察整改公开机制和日常监督机制，督促被巡察党组织夯实整改主体责任，完善整改情况报告制度，推动整改取得实效。坚持全面整改与立行立改相结合、边查边改与建立长效机制相结合，确保问题整改到位、制度跟进到位、管理延伸到位。综合运用巡察成果，精准处置巡察移交线索，举一反三查漏洞、补短板、建机制，切实巩固、延伸、拓展巡察整改成果。

（八）全面筑牢自身建设，锻造高素质专业化的纪检监察铁军

*把提高政治能力作为忠诚之魂。*坚持把学习贯彻习近平新时代中国特色社会主义思想摆在首位，在融会贯通中坚定正确方向、坚守政治立场、敢于善于担当。深化拓展主题教育成果，修好必修课、练好基本功、掌握好看家本领，形成长效机制，真正把初心和使命落实到本职岗位上、一言一行中。加强区纪委常委会政治建设，坚持民主集中制，严肃党内政治生活，带头坚定制度自信、强化制度执行、维护制度权威。进一步落实党建工作责任制和党支部规范化建设意见，推动机关党的建设始终走在前、作表率。团结带领全区纪检监察干部树牢“四个意识”，坚定“四个自信”，做到“两个维护”，打造让党中央放心、让人民群众满意的模范机关。

*把提升能力素质作为履职之要。*将政治过硬的要求和标准落实到选人用人的全过程，注重选调补充党建、法律、财政、金融、审计、信息化等专业人才，注重培养、发现、使用监督能力强的干部。加大干部培养管理、选拔任用和交流轮岗力度，建立培养选拔优秀年轻干部常态机制，促进纪检监察干部内外交流、上下交流。认真参加上级纪委监委组织的各类培训，统筹学习培训和实战练兵，扎实推进干部队伍专业化建设。完善纪检监察干部考核评价体系，激励干部担当作为。关心、关怀、关爱纪检监察干部，帮助解决生活困难，传导组织关爱“温度”。

*把加强作风建设作为立身之本。*对标省、市纪委监委，从行文规范、文稿质量、安全保密、防范指导、言谈举止等细节抓起，建章立制推动机关规范化建设。牢固树立法治意识、程序意识、证据意识，完善自身权力运行机制和管理监督制约体系，确保执纪执法权受监督、有约束。充分发挥机关党总支和干部监督机构作用，坚决做到“六个严禁”，严格遵守山西省纪检监察干部行为规范，在权力行使上慎之又慎、在自我约束上严而又严。严肃查处执纪违纪、执法违法行为，严格禁止打听案情、说情干预、违规过问案件，坚决清除以权谋私、蜕化变质的害群之马，努力打造政治过硬、责任过硬、作风过硬、能力过硬、纪律过硬的纪检监察铁军。

“浩渺行无极，扬帆但信风”。站在实现“两个一百年”奋斗目标的历史交汇点上，纪检监察工作责任重大、使命光荣。让我们更加紧密地团结在以习近平为核心的党中央周围，在市纪委监委和区委的正确领导下，砥砺初心、勇担使命，只争朝夕、不负韶华，奋力书写万柏林党风廉政建设和反腐败斗争新篇章，为决胜全面建成小康社会、推动高质量转型发展、建设文明、开放、富裕、美丽万柏林提供坚强政治和纪律保障！

太原市万柏林区2019年国民经济和社会发展计划执行情况与2020年国民经济和社会发展计划的报告

——在太原市万柏林区第五届人民代表大会第五次会议上

万柏林区发展和改革局党组书记、局长　陆　萍

（2020年4月23日）

一、2019年国民经济和社会发展计划执行情况

过去的一年，在区委的坚强领导下，在区人大的监督和区政协的支持下，全区上下坚持以习近平新时代中国特色社会主义思想为指导，深入学习贯彻落实中共十九大及十九届四中全会精神，持续以“五大行动”为统领，以建设“四大片区”为抓手，巩固“三化工程”成果，围绕山上山下两个主战场，全力做好稳增长、促改革、调结构、惠民生、防风险各项工作，全区经济社会发展取得全面进步。

主要经济指标完成情况：2019年地区生产总值完成476亿元，完成年计划的95.2%，同比增长2.6%；服务业增加值完成227.3亿元，完成年计划的92.8%，同比增长1.9%；社会消费品零售总额完成222.3亿元，完成年计划的94.6%，同比增长1.8%；规模以上工业增加值完成128.6亿元，完成年计划的65.9%，同比增长3.7%；固定资产投资完成223亿元，完成年计划的96.9%，同比增长6.7%；一般公共预算收入完成23.3亿元，完成调整后预算的101.2%，同比增长5.2%。全区三次产业比重为0.1∶52.2∶47.7，三产占比较上年提高2个百分点。主要经济指标增速未达到预期目标，但指标总量均居全市中上游水平，固定资产投资和一般公共预算收入居全市前列，全区经济总体在高基数基础上实现平稳增长。

抓转型，强提质，产业结构优化升级。工业经济发展态势良好，占全区规模以上工业总产值79%的西山煤电、煤气化集团实现正增长，强力支撑了区域工业经济发展；总投资21亿元的中车大型养路机械和轨道交通产业基地项目已经完成前期手续；为掌握系统关键技术，申请中央预算内专项资金1476万元，自主研发国内第一条永磁直驱物流传输试验线；大众国产不锈钢笔头产业化项目完成160万粒试生产，为正式投产奠定基础。中海国际中心、信达国际金融中心、绿地中央广场等陆续建成，华润万象城、公元时代城商圈正在形成。全力推进高端楼宇集聚化发展，八戒启信科创产业园和耐特斯达等高科技、高附加值企业入驻万柏林区。“文化＋创意”“旅游＋都市农业”等西山生态文化旅游产业和新兴农业蓬勃兴起。

抓项目，稳投资，经济增长根基夯实。继续深化投资项目管理工作，开展“前期手续集中办理”“进工地、到一线、解难题”等专项活动。面对固定资产投资高基数增长压力，滚石上山、爬坡过坎，及时跟踪项目进展情况，强化项目监测和服务，加大项目调度力度，全年召开25次转型工作调度会、40余次攻坚推进会，为恒大财富中心、万科春和景明等20余个项目集中办理

立项、规划等前期手续。全年新入统总投资340亿元的39个项目，年度实现投资86.5亿元，全区固定资产投资总量居全市第一。省市重点工程建设项目投资完成率105.9%，超额完成年度任务。“聚能新时代、创赢万柏林”第四届招商推介会成功举办，与大悦城、58集团、天津博奥赛斯等19个项目现场签约，总金额405.6亿元，为区域经济发展增添新活力。

抓提升，重品质，城乡建设步伐加快。“城中村”改造和城边村提升同步进行，大王、后王、瓦窑公建拆除全部完成，回迁安置房累计完工2.7万套316.8万平方米，在建约8964套，货币安置3.5万套，拆除9个城边村各类建筑84.4万平方米。整合利用城边村改造腾退出的土地资源加快“四大片区”建设，东社高端装备制造产业园已与多家公司签订合作意向；西铭文旅项目整体规划设计方案全部完成，西山枫情城郊森林公园项目完成整体规划和设计；白家庄片区正在制定总体规划方案；神堂沟温泉度假产业规划、招商引企工作扎实有序推进。

抓治理，强修复，生态建设成效明显。持续巩固西山造林绿化和采煤沉陷区生态修复成果，实施提档升级造林3500亩、栽植各类苗木18万余株，建成90余千米“网红赛道”，积极推动万亩生态园、高家河、狼坡提档升级申报AAA级景区，全区森林覆盖率超过38%。继续实施城区绿化增彩创景工程，新建游园6个、街头绿地6块，全区新增园林绿地25.8万平方米、公共绿地19.7万平方米，人均公共绿地达12平方米，建成区绿地率、绿化覆盖率分别为38.3%、44.3%。全年空气质量优良天数233天，空气质量综合指数5.34，SO_2浓度和$PM_{2.5}$浓度实现同比双下降，大气环境质量改善。开展农村生活污水治理、入河排污口排查整治和矿山生态恢复治理等工作，大虎峪村生活污水治理、54个排污口整治、西山煤电前山四矿的矸石山治理工程全面完成。

抓安全，保稳定，社会环境安定有序。实施“高陡边坡隐患排查、森林防火专项督查、安全生产大检查”三个专项行动，在全区危险化学品、道路交通、建筑行业、冶金工贸、餐饮业等重点领域开展安全生产专项整治行动，对6945家生产经营性企业和单位进行全覆盖检查，消除安全隐患3627条，安全生产事故起数、死亡人数实现双下降。深入开展特种设备安全专项整治，共检查企业43家，特种设备1023台，存在问题隐患的单位按期完成整改。完成全国“两会”“二青会”、中华人民共和国成立70周年等安保维稳任务。建成社区综治工作站27个，16个派出所开通网上民生微警务，和平南路派出所被公安部命名为全国首批100个“枫桥式公安派出所”之一，万柏林区被评为全市综治工作先进县区，区域社会治理现代化水平明显提升。

抓改革，添活力，创新引领全面深化。“不忘初心、牢记使命”主题教育取得阶段性成果，全区上下使命担当进一步彰显。全区机构改革成效明显，机构设置科学规范，部门职责进一步明晰。为涉及行政许可、行政处罚职能的25个部门开通了直报账号，居全市之首，提高“双公示”信用信息的时效性和准确性。打造综合性便民服务平台，全面实现政务服务事项“四级四同”。汾西重工、中铁十二局等11家企业完成国有企业办市政职能剥离。按照煤炭行业化解过剩产能验收标准及要求，对西峪煤矿矿井关闭退出工作进行验收，并协调推进企业转型发展。全区专利申请量1123件、发明专利申请量615件，知识产权综合实力稳步提升。全年建成省级以上科技企业孵化器4家、众创空间18家，重点实验室和工程技术研究中心38家，新增高新技术企业60家，为区域经济发展储备了源泉活水。

抓民生，补短板，社会事业和谐发展。全面

深化“区管校聘”改革，在全省率先就优秀教育人才引进和奖励等出台系列改革文件，全区中考连续三年保持全市十县区第二名的好成绩，山西中心实验小学、恒大实验小学等4所学校投入使用，增设学位5400个，山西九知实验小学、阳光城实验小学落户万柏林区。山大一院万柏林分院与北京301解放军总院搭建远程会诊信息平台，开通4条绿色通道，建设智慧医疗系统，全年门急诊人次增长10.7%，住院人数增长14%，手术人次增长17.8%。保障性住房建设新开工252套，基本建成5327套，已分配4410套，完成投资8.4亿元。建成29个社区养老服务中心和45个日间照料中心，床位1030张，按照“公建民营”方式，引入第三方养老服务机构在7个社区开展社区养老服务中心和社区日间照料中心试点运作。万柏林街道成功入选全国第三批智慧健康养老示范街道。完成2019年全国政策性粮食库存大清查，全面摸清粮食库存家底。区政府首次与承储企业正式签约，山西美特好连锁超市股份有限公司和山西五得利粮油贸易有限公司成为万柏林区应急成品粮油储备承储企业，为万柏林区成品粮油的应急需求提供保障。“礼赞新中国、奋进新时代”文化艺术节、文化惠民演出系列活动为群众提供丰富多彩的文化生活。残联、妇联、拥军优属、老龄、档案管理等各项事业稳步发展。

2019年全区经济社会事业取得一系列新发展，城市建设、生态文明、社会民生实现新突破。但是，经济增长压力依然很大，综合承载能力、辐射带动力有待提升；工业经济支撑作用不足，现代服务业质量不高，高质量发展任重道远；民生领域仍有短板，基层社会治理水平亟待提升。对此，我们要抓住主要矛盾，遵循经济规律，坚定不移贯彻新发展理念，一以贯之抓落实，积极应对经济社会运行中存在的困难和问题，确保全区经济实现量的合理增长和质的稳步提升。

二、2020年国民经济和社会发展指导思想和预期目标

（一）经济社会发展的指导思想

2020年是全面建成小康社会和“十三五”规划的收官之年，是实现第一个百年奋斗目标的关键之年，做好全年经济工作，意义重大。2020年万柏林区经济社会发展的指导思想是：坚持以习近平新时代中国特色社会主义思想为指导，全面贯彻中共十九大、十九届二中、三中、四中全会精神和习近平总书记“三篇光辉文献”精神，全面落实中央经济工作会议精神和省、市委经济工作会议精神，坚决贯彻党的基本理论、基本路线、基本方略，增强“四个意识”、坚定“四个自信”、做到“两个维护”，紧扣全面建成小康社会目标任务，坚持稳中求进工作总基调，坚持新发展理念，坚持以供给侧结构性改革为主线，按照“四为四高两同步”总体思路和要求，持续以“五大行动”为统领，以建设“四大片区”为抓手，以实施“三化工程”为载体，围绕山上山下两个主战场，统筹推进稳增长、促改革、调结构、惠民生、防风险、保稳定各项工作，确保全面建成小康社会和“十三五”规划收官，奋力谱写文明、开放、富裕、美丽万柏林新篇章。

（二）经济社会发展的主要预期目标

根据省市经济工作会议精神，结合区委五届九次全会暨经济工作会议要求，2020年全区经济社会发展的主要预期目标是：地区生产总值增长7%左右；规模以上工业增加值增长7.5%；固定资产投资增长8%以上；社会消费品零售总额增长7.5%；一般公共预算收入增长3%以上；城镇居民人均可支配收入增长6.5%；完成市下达的节能减排等约束性指标。

三、2020年国民经济和社会发展的主要任务及措施

（一）坚持转型为纲，巩固发展基础，持续

构建现代产业体系

积极实施工业强区战略，支持太重、晋西、汾机、大众等大型驻地企业，改造提升重型机械、装备制造等传统制造业，推动中车大型养路机械、城轨车辆造修项目尽快投产。加快新城吾悦广场、远大购物广场等城市综合体项目建设进度，大力提升长风商务区、漪汾街等特色街区服务功能。加快发展高端商务、绿色金融、会展服务、电子商务等现代生产性服务业，提升居民消费水平和生活品质，打造太原新型商业商务中心。充分发挥万柏林旅游资源丰富的优势，加快玉泉山城郊森林公园、西山枫情城郊森林公园、“王封一线天”景区等重点项目建设，努力构建融合共享的旅游产业发展新格局，创建省城“西花园”。科学编制“十四五”规划，明确提出“十四五”期间全区经济社会发展的指导方针、发展目标、发展重点和对策措施，为全区高质量发展提供行动指引。

（二）坚持项目为王，扩大有效投资，持续赋能经济发展

坚持把项目作为投资的载体、产业的支撑和转型的关键，在全区范围内统筹布局产业升级、基础设施和重大民生等转型项目，落实“一切围绕项目转、一切盯着项目干”的理念，以总投资1588亿元的88个建设项目和总投资715亿元的35个储备项目为抓手，实行项目包联全覆盖，创新1+9+1项目推进机制，充分发挥项目指挥部、9个组团式包联服务小组及督查委员会的作用，合力推进项目建设。坚持用好“五账法”，扎实开展项目集中开工、选树标杆、比学赶超、定期观摩、大督查等各项活动，及时解决项目存在的困难问题，为项目建设保驾护航。优化线上招商服务，全面推进招商云洽谈、云考察、云签约，认真落实后期跟踪服务，促进洽谈项目尽快落地，提高项目合同履约率、开工率。

（三）坚持改革为要，拓展发展空间，持续优化营商环境

用足用好西山生态文化旅游示范区政策机遇，切实激发区域发展活力。集中力量攻克一批基础性、牵引性、战略性重大改革，努力在能源革命综合改革试点、国资国企、民营经济等重大改革上取得新突破。继续推动和平老工业区搬迁改造，助推企业实现技术上的突破和产业链的延伸。推进全区国土空间规划编制，为重大战略任务落地实施提供空间保障，对基础设施、城镇建设、资源能源、生态环保等开发保护活动提供指导和约束。深化相对集中行政许可权改革，统筹抓好审管衔接、流程再造、制度配套等“一枚印章管审批”工作，充分发挥好改革效能。加快社会信用体系建设，完善守信联合激励和失信联合惩戒机制，营造良好信用环境助力企业发展。

（四）坚持创新为上，增添发展动能，持续激发活力动力

全力打造创新生态，深化政研企合作，充分利用万柏林区高校、科研院所集中的优势，加强与太原理工大学、太原科技大学及科研院所的协作，利用高科技向信息化、智能化、数字化发展，创新未来发展空间。认真落实国家、省、市关于支持民营企业发展的优惠政策，用好双创专项资金，为科技孵化器、众创空间提供精准服务和政策扶持，持续提升双创载体品质，吸引更多创新型、成长型、科技型企业落户万柏林区，加快打造双创“升级版”。加大“专精特新”中小企业培育力度，促进企业上规升级。全面加快楼宇经济发展步伐，以58集团、北控晋马等新型服务企业和支点科技、润享众创、三益电子、艾瑞达等双创精英企业为基础，健全完善工作机制和公共信息平台，全力打造太原数字经济新高地。

（五）坚持协调发展，提升建管水平，持续彰显区域特色

立足“四大片区”功能定位，科学合理布局高端装备制造、新能源、新材料、生态修复、文旅与温泉度假等新兴产业，同步配套水电气暖、道路等城市基础设施和教育、医疗、养老等公共服务设施，不断推动产业与生态、城市与乡村协调发展。加快推进井峪新区建设，打造万柏林宜居新区样板。完成“城中村”的回迁安置房建设任务，加快城边村改造步伐，完成风声河、南寨等村整村拆除。加快大众、窊流片区、石膏矿及周边等重点棚户区和南屯路等15条背街小巷改造项目整体进度。推进九院沙河、虎峪河“两河”西延道路改造及综合治理，实现西山地区与中心城区道路畅通，协调推进城乡一体化发展；全力协助太原地铁1号线等重点基础设施项目建设，完善城市路网体系，提升城市发展格局。

（六）坚持绿色生态，加强高标准保护，持续守护绿水青山

以持续深化整治、打造靓丽家园、提升街巷品质等提升行动为突破口，坚持用“绣花工夫”管理城市，打好创城收官之战。加快智慧城市建设，完善数字化城管运行机制，实施“增绿补绿、增花添彩”绿化提升工程，加强游园绿地建设，新建6座游园、6块绿地，提高绿地率和绿化覆盖率。新建5—7个城管驿站、30座公厕，打造干净整洁、规范有序、清新靓丽的“新家园”。严格工地、道路扬尘管控，积极做好重污染天气应对等工作，确保环境空气质量明显改善。持续巩固西山造林绿化和采煤沉陷区生态修复成果，全力做好地表沉陷及地裂缝治理、矿山不稳定边坡治理等山水林田湖草修复项目，坚决补上环境污染治理短板，守护好万柏林的绿水青山。

（七）坚持现代化治理，增强风险防控，持续保持稳定形势

全面贯彻全国市域社会治理现代化工作会议精神，学习推广新时代“枫桥经验”，全面提升区域社会治理现代化水平。继续强化高风险产品、食品、药品、医疗等重点行业市场监管，加强GSP跟踪检查和日常监管。深入推进平安万柏林建设，加强社会治安防控体系和综合治理，严厉打击黑恶势力侵害百姓合法权益等各类违法犯罪行为，坚决打赢扫黑除恶专项斗争攻坚战。抓紧抓实抓细常态化疫情防控，因时因势完善外防输入、内防反弹各项措施并切实抓好落实，为人民群众生命安全和身体健康、经济社会秩序全面恢复提供有力保障。

（八）坚持民生为先，实现高品质生活，持续增强人民群众获得感

持续加大教育基础设施投入，推进恒大城配套小学、山西九知实验小学、阳光城实验小学“交钥匙”工程，多方引进优质教育资源，推动建立万柏林学生实践教育基地、家长培训基地，与国内名校深度合作，筹建万柏林区高中教育学校，加快打造教育强区步伐。全面完成2020年老旧小区改造任务，消除危险隐患、完善社区功能、创造美丽环境、提高人民生活质量，实现“住有所居”向“住有宜居”的转变。完善重大疫情防控体制机制，健全公共卫生应急管理体系。加快推进万柏林区老年医养照护中心建设，积极探索公建民营等社区和居家养老新模式。全力做好第七次全国人口普查工作。

2020年，全区上下将在市委、市政府和区委的坚强领导下，在区人大的监督支持下，保持转型发展的战略定力，凝心聚力勇担当，精准施策抓落实，坚定信心、迎难而上、主动作为，统筹推进疫情防控和经济社会发展工作，力争把疫情造成的损失降到最低，努力完成全年经济社会发展目标任务，奋力推动全区经济社会实现高质量发展！

1月

1日 太原市万柏林区第四次全国经济普查正式登记工作全面启动，500余名普查员携带普查设备PDA，分赴普查小区开展入户登记工作。第四次全国经济普查的标准时点为2018年12月31日24时，登记工作于2019年1月至4月开展。

7日 万柏林区2018年度综合考核大会在区多功能会议厅举行，区委全委会成员和其他现任县（处）级以上领导干部，全区各部门共111人参加会议。市委第二考核组副组长郭绍华主持考核大会，市委第二考核组组长高保民出席大会并讲话。

8日 万柏林区委副书记、区长袁尔铭带队到下元街办晋祠路西一巷、长风西街街办丽华北街、神堂沟街办国兴西巷、小井峪街办下元片区、南寒街办太白东一巷、和平街办和平商业街了解城市精细化管理相关情况并指导工作，区政府办、执法、环卫等部门及相关部门负责人参加。

同日 万柏林区农委会同区食药监局、商粮局、供销合作社、工商分局、公安分局和15个乡街，召开全区农村假冒伪劣食品专项整治行动工作会议，传达全国农村假冒伪劣食品治理工作电视电话会议精神，对农村假冒伪劣食品专项整治行动进行安排部署。

9日 万柏林区召开安全生产工作会议暨安委会1月安全例会，区委常委、副区长李蓉主持，副区长高乃勇、梁红根出席，各乡街、各部门负责人和部分重点企业负责人参加。会议对贯彻落实全国电视电话会议讲话精神和当前安全生产工作做了具体安排部署。

10日 万柏林区副区长李宏文主持召开城市精细化管理工作会议，安排部署2019年城市精细化管理工作。区政府办、环卫、园林、住建、交通、执法分局、公安分局等部门相关负责人和15个乡街分管领导参加。

11日 2019年太原市首场土地拍卖会在太原市国土局举办，经过7位竞拍者30多次举牌后，中国铁建以24.7亿元的价格，斩获山西警校旧址土地9.67公顷。这次拍卖的SP-1896地块，位于太原市万柏林区晋祠路以西的山西警官高等专科学校，占地面积为96782.81平方米。其中，住宅分摊79205.39平方米、商业分摊13977.42平方米、托幼3600平方米，总体起拍价为13.07亿元。该土地的出让年限为住宅70年，商业、托幼各40年。

同日 万柏林区召开驻区知名商会座谈会暨

“招商大使”聘任会。袁尔铭、岳元春（区委常委、统战部部长）、李蓉出席会议。副区长陈俊峰主持会议。山西省河南商会、陕西商会、徽商商会等11家驻区商会参加会议。区工商联、政府办、发改局、经信局、民政局、商粮局、科技局等部门主要负责人参加会议。袁尔铭为山西省河南商会会长刘红星等11名驻区商会代表颁发聘书。

14日　滨河体育中心主体建筑完工。该中心是“二青会”主场馆之一，总建筑面积27817平方米，配套有可容纳684个车位的地下车库和用于训练的地下游泳馆。

同日　万柏林区召开区委常委会（扩大）会议，传达学习贯彻省委经济工作会议精神，安排部署全区贯彻落实工作。区委书记杨俊民主持。会议就贯彻落实省委经济工作会议精神、谋划做好全年经济工作提出三点要求：一是掀起学习宣传贯彻高潮，二是以“五大行动”推动高质量发展，三是切实做好当前工作。

15日　万柏林区召开全区人员密集场所硬隔离设施建设工作推进会。副区长、公安万柏林分局局长高乃勇出席并讲话。各部门、各乡街主要负责人和公安分局治安管理大队主要负责人参加会议。

同日　太原市禁毒办、市教育局命名万柏林区后北屯小学、杜儿坪小学、西苑小学等3所学校为太原市毒品预防教育示范学校。至此，全区创建太原市毒品预防教育示范校9所。

同日　万柏林区召开“大棚房”问题清理整治工作推进会。袁尔铭、高建军、梁红根出席会议。区政府办、公安、农委、国土、林业等部门及8个乡街主要负责人参加会议。

16日　万柏林区召开农村集体产权制度改革工作推进会。会议由副区长梁红根主持，区委副书记张振鹏出席。区农委主任赵丽生宣读《万柏林区农村集体产权制度改革工作部门职责清单》，张振鹏提出工作要求。

18日　全国人大常委会副委员长、中华全国总工会主席王东明率慰问团到西山煤电集团西铭矿开展送温暖活动，看望慰问一线职工、困难职工、劳模及矿工家属。

22日　万柏林环卫局直属二队4名环卫工人程小林、石继红、杨改梅、高慧琴登上中央电视台星光大道舞台表演节目《在路上》，展现当代环卫工人风采，帮助环卫人“橙色夫妻”争得月冠军的称号。

23日　太原中车时代轨道工程机械有限公司举行成立大会暨揭牌仪式。

25日　万柏林区召开转型发展政企学研恳谈会暨“招商大使”聘任会，杨俊民、袁尔铭出席会议，李蓉主持会议。会上，为23名“招商大使”颁发聘书，14家企业代表作交流发言，袁尔铭介绍万柏林区2018年经济发展情况及2019年经济工作思路。

29日　万柏林区委召开中心组学习会，杨俊民主持。会上，观看《一抓到底正风纪——秦岭违建整治始末》专题片，传达学习中央农村工作会议精神，习近平总书记在十九届中央纪委三次全会、中央政法工作会议、《告台湾同胞书》发表40周年纪念会、中央军委军事工作会议上的重要讲话，全国、全省宣传部长会议精神，省、市委全会精神等。

29日至2月2日　全区对重点行业、重点单位安全生产进行集中督促检查。杨俊民、李蓉、刘爱国带领区安监局、商粮局、工商局、食药监局、消防大队、质监局及行政执法等单位人员对长风西街街道南上庄晨光加气站和华润万象城进行节前安全生产大检查。袁尔铭、李蓉带队对西客站和西山美特好超市进行节前安全生产大检查。杨宏林、刘团圆带队对下元地区人员密集场所进行节前安全检查。李蓉带队对和平街道辖区企业山西兴业气体有限公司和山西北特机械制造有限公司进行节前安全生产大检查。赵晓红、孔一龙带队到化客头街道检查护林防火工作。刘爱国带队到南寒地区人员密集场所进行节前安全检查。梁红根带队到王封乡、东社、神堂沟、兴华地区，分别对护林防火工作、私挖滥采现象和人员密集场所进行节前安全生产检查。陈俊峰带队到九州农贸市场、下元商贸城进行节前安全检查。

30日 中共太原市万柏林区委五届七次全会暨经济工作会议召开。会议由区委常委会主持。会议听取和讨论了杨俊民受区委常委会委托向全会作工作报告并讲话，袁尔铭安排部署工作。会议以习近平新时代中国特色社会主义思想为指导，认真落实中央经济工作会议和省市委全会、经济工作会议精神，总结2018年全区经济工作，安排2019年经济工作。

同日 万柏林区市容环卫局、中标标段的乡街、各承包公司在万柏林区环卫局举行责任三方合同签订仪式，全面推进清扫保洁社会化运作，这次发包的10个标段面积为360.18万平方米。

同月 西山煤电集团在山西焦煤“五小”创新活动中有13项成果获一等奖，25项成果获二等奖，86项成果获三等奖。

2月

1日 中共太原市万柏林区第五届纪律检查委员会第四次全体会议召开。出席会议的区纪委委员16人，列席180余人，市纪委监委有关负责人到会指导，杨俊民出席全会并讲话。全会由区纪委常委会主持。全会以习近平新时代中国特色社会主义思想为指导，全面贯彻中共十九大，十九届二中、三中全会和中央纪委三次全会、省纪委四次全会精神，按照市纪委四次全会和区委七次全会的部署要求，回顾总结2018年纪检监察工作，研究部署2019年任务。审议通过了区委常委、纪委书记、监委主任刘贵江代表区纪委常委会所作的《践行“两个维护”、忠诚履职尽责，推动新时代纪检监察工作高质量发展》工作报告。

2日 万柏林区政府召开全面部署扬尘控制工作坚决打赢“蓝天保卫战”工作会议。会议由袁尔铭主持，梁红根、李宏文及各乡街、各相关部门主要负责人参加。

4日 省政协副主席、市委副书记、代市长李晓波到东社生活垃圾转运站、太古供热中继能源站等地，调研城乡管理工作。

14日 万柏林区机构改革动员大会召开。杨俊民出席并讲话，袁尔铭主持会议。张振鹏宣读《太原市委办公厅市政府办公厅关于印发〈太原市万柏林区机构改革方案〉的通知》，刘贵江宣读《关于忠实履行纪检监察职责确保全区深化机构改革顺利推进的通知》。

同日 万柏林区开始设立区人民政府特殊教育津贴，加快实施教育强区战略。凡取得国家级、省级、市级、区级荣誉，同时能够坚持在教学一线岗位工作，教师坚持满负荷带班带课，经区教育局年度考核上报区人民政府审核后，按考核结果等次每月发放万柏林区人民政府特殊教育津贴300—3000元，全年奖励金额达3600—36000元。

15日 万柏林区召开全区农村产权制度改革工作推进会，梁红根出席会议，国土万柏林分局等相关部门负责人、各乡街分管领导及经管站站长、第三方各会计师事务所负责人等50余人参加会议。

17日 “奋进新时代　美丽万柏林”锣鼓大赛在万柏林区文体中心举行，和平街道窊流村锣鼓队获得金奖。

19日 中国人民政治协商会议太原市万柏

林区第五届委员会第四次会议在铁道大厦召开。全区各民主党派、工商联、各人民团体、无党派爱国人士共200余名委员和列席人员参加开幕式。区四大班子领导和法院、检察院及驻地企事业单位、大专院校的有关领导，应邀出席开幕式。区政协主席马金安作政协五届委员会常务委员会工作报告，区政协副主席阴燚作关于五届三次会议以来的提案工作报告。杨俊民出席会议并讲话。21日，会议闭幕。

20日 太原市万柏林区第五届人民代表大会第四次会议在区委大礼堂开幕。万柏林区出席太原市第十四届人民代表大会代表，万柏林区人民政府挂职副区长，万柏林区政府工作部门负责人，万柏林区人民法院主持工作的副院长，万柏林区人民武装部政委，万柏林区王封乡政府乡长、各街道办事处主任，万柏林区委、区政府有关部门及直属事业单位负责人，省市驻万柏林区垂直管理单位、部门负责人，历届区人大常委会主任，出席区政协五届四次会议的全体委员和列席人员列席了会议。应到代表201人，实到186人。22日，会议闭幕。闭幕式由区人大常委会主任侯安主持。会上，表决通过了万柏林区人民政府工作报告、万柏林区2018年国民经济和社会发展计划执行情况及2019年国民经济和社会发展计划的报告、万柏林区2018年财政预算执行情况及2019年财政预算的报告、万柏林区人大常委会工作报告、万柏林区人民法院工作报告、万柏林区人民检察院工作报告的决议（草案）。杨俊民出席闭幕式并讲话。

同日 食品从业人员健康证自助打印机和电子健康证管理系统在万柏林区正式上线试运行，实现了办证业务智能化、查询业务便携化。

22日 万柏林区召开"改革创新、奋发有为"大讨论动员部署会，杨俊民出席会议并作动员讲话。袁尔铭主持会议。杨俊民就开展"改革创新、奋发有为"大讨论活动强调了三点要求：一是要提高政治站位，深刻认识开展大讨论活动的重要意义。二是要聚焦目标任务，扎实做好大讨论活动各项工作。三是要加强组织领导，确保大讨论活动取得实效。5月20日，万柏林区召开"改革创新、奋发有为"大讨论交流总结会议。

25日 万柏林区召开领导干部任前集体谈话会，杨俊民代表区委对这次新任职的领导干部表示祝贺，同时提出四点希望和要求。刘贵江进行廉政谈话。全区涉改单位新任职领导干部参加。

同日 万柏林区医疗保障局正式挂牌成立。梁红根出席挂牌仪式。根据《太原市万柏林区机构改革方案》，整合区人力资源和社会保障局的基本医疗保险、生育保险职责，区发展和改革局的药品和医疗服务价格管理职责，区民政局的医疗救助等职责，组建区医疗保障局。同日，万柏林区行政审批服务管理局、万柏林区卫生健康和体育局、万柏林区应急管理局、万柏林区市场监督管理局举行挂牌仪式。

27日 万柏林区委召开中心组学习会，杨俊民主持并讲话。

同月 万柏林区人社局开展以"促进就业、支持创业"为主题的"春风行动"退役军人就业服务专项活动，落实退役军人优先服务制度，建立绿色服务通道，设立专门服务窗口，为退役军人优先办理求职登记、推荐就业岗位、提供政策咨询、职业指导等服务，对有创业意愿的提供创业培训、创业指导等创业政策帮扶，对有技能培训需求的登记造册及时组织培训，对符合就业困难人员条件的退役军人加强就业援助，提供"一对一"的重点帮扶，实行公益性岗位"托底"安置，增强就业的针对性和实效性。

3月

4日　山西焦炭集团党委书记、董事长杨世红，副董事长、总经理刘世忠，纪委书记田世鑫一行到西山煤电集团公司，围绕企业在转岗分流、契约化管理等方面的经验和做法进行交流。

同日　万柏林区政府在杜儿坪街道办召开虎峪河西延工程推进会，市城乡建设管理局、区住房和城乡建设局、中铁六局、中国中铁大桥局、杜儿坪街道办、施工单位相关负责人出席会议，西山煤电集团公司计划处、基建处、房产公司和杜儿坪煤矿相关人员参加会议。

同日　智诚御河骏景下元村民回迁小区顺利通过竣工验收，并交付使用。该项目位于下元村，是太原“城中村”改造中首次以挂牌交易方式取得项目用地的楼盘，也是第一个完成村民回迁并办理竣工验收手续的五证齐全项目。该小区有11幢高层建筑，总建筑面积35.5万平方米，其中5幢回迁楼932套。

同日　袁尔铭先后对风声河村环境整治情况、窊流村城中村改造扬尘整治情况进行现场督导。区政府办主任及区城乡管理局、交通运输局、环保分局、西铭街办、和平街办等相关单位负责人参加。

6日　司法部人民参与和促进法治局副局长郑文彪一行到万柏林区道路交通事故第一人民调解委员会调研。太原市司法局局长张彤、副局长刘强等陪同调研。

7日　西岸社区作的“社区授课点”举办开课仪式，山西省老年大学教务处处长温忠贵等参加开课仪式。

同日　万柏林区召开“大棚房”专项问题清理整治攻坚会。袁尔铭出席会议，梁红根主持会议，高建军及区纪委监委、公安万柏林分局、区农业农村局、区自然资源局和11个相关乡街主要负责人参加会议。

8日　山西中医学院附属医院举行国家中医药管理局中医药传承创新工程重点中医院建设项目——中医实训住院综合楼奠基仪式。

9日　公安万柏林分局刑侦大楼暨“四个中心”举行竣工启动仪式。万柏林区委副书记、区长袁尔铭，省公安厅刑侦总队政委史水鸿，市公安局党委委员、副局长仇跃勇，副区长、公安分局局长高乃勇出席活动并共同为刑侦大楼暨“四个中心”启用揭牌。省厅刑侦总队副总队长康永源和副区长李蓉、梁红根等领导出席活动。刑侦大楼总投资近3000万元，总建筑面积4525平方米，历时工期近10个月。刑侦大楼主楼共四层，是分局刑侦部门的主要办公场所，也是集“四个中心”（山西省公安厅打击文物犯罪太原万柏林办案中心，分局执法办案中心、公安司法鉴定中心、战术训练中心）于一体的综合工作平台。

12日　万柏林区在下元商贸城广场举办大型现场招聘会活动。招聘会汇集茂业百货、康培集团、同至人购物中心、黄河京都大酒店等50余家企业，提供岗位1200余个，进场人数达2000余人，初步达成就业意向450余人，区总工会、区妇联、团区委等单位在招聘现场设点答疑解惑，宣传妇女就业创业、工会职工福利等政策法规。

13日　世界银行集团首席能源专家、环境专家一行到西山煤电集团白家庄矿业公司，就矿井关停、转岗分流以及转型发展等方面工作调研。

14日　区委书记杨俊民带队对西铭街道、白家庄街道及长风街道的“大棚房”问题清理整治工作进行督导检查。刘爱国、梁红根和区农业农村、自然资源、交通、环保等部门负责人参加。

同日　太原市副市长车建华带领市“大棚

房”问题专项清理整治领导小组有关人员，到万柏林区大虎峪村督导“大棚房”问题专项清理整治工作，袁尔铭、梁红根陪同督导。

同日　在中国煤炭工业协会组织召开的2019年煤炭行业信用体系建设工作会议上，西山煤电集团公司获得煤炭行业AAA级信用企业称号。

15日　万柏林区召开五届区委机构改革专项巡察工作安排部署会。

同日　区委副书记、区长袁尔铭，副区长李宏文对太原国际公路自行车赛道东社沿线环境整治情况进行督导检查，调研小井峪街道小井峪社区城市精细化管理工作。

同日　区委常委、副区长李蓉到和平南路下元商贸城，调研指导区消协、市场监管局、应急管理局、公安万柏林分局、烟草公司、汾酒集团等单位的“3·15”国际消费者权益日宣传活动。

19日　在省人力资源和社会保障厅、省公安厅开展的优秀单位和优秀人民警察评选表彰活动中，公安万柏林分局被评为全省优秀公安局，分局和平南路派出所被评为全省优秀基层单位，分局长风派出所民警张荔楠、情报指挥合成作战中心民警花璟琪被评为全省优秀人民警察。

20日　万柏林区召开“扫黑除恶”专项斗争暨“扫黑除恶”专项斗争领导小组第一次全体（扩大）会议。会议由高乃勇主持，杨宏林讲话。区“扫黑除恶”专项斗争领导小组成员单位主要负责人和15个乡（街）党（工）委书记参加会议。

22日　中国中车太原机车车辆有限公司56人获得山西省首批“三晋英才”称号，3名公司级领导获得高端领军人才称号、7名干部职工获得拔尖骨干人才称号、46名干部职工获得青年优秀人才称号。

同日　万柏林区召开深化转型项目建设年攻坚推进会，袁尔铭、杨宏林出席会议，高建军主持会议，区政府办、督查办、住建局、自然资源局、城改办、网信办、规划分局、下元街办、大王社区、后王社区等相关负责人、山投集团、富力地产企业负责人参加会议。

25日　万柏林区召开创建全国文明城市工作推进会，区委书记杨俊民，区委副书记、区长袁尔铭出席并讲话。会议由区委副书记张振鹏主持。区委常委、宣传部部长赵晓红总结全区2018年创城工作情况，传达市创城工作会有关精神，安排部署了2019年创城重点工作。

同日　万柏林区副区长高建军带领有关人员与市管委“两河西延”指挥部人员到西山煤电集团公司，调研九院沙河西延道路改造工程设计方案修改工作。

26日　根据省、市委关于在“改革创新、奋发有为”大讨论中开展万名干部入企进村服务工作的安排，市委常委、组织部部长赵忠保带领入村服务第七工作组进驻白家庄街道九院村。杨俊民、袁尔铭陪同。赵忠保察看了九院村基本情况，走访村民阎凤英家，在村委会与区领导及街道、村“两委”班子进行座谈交流，听取九院村基本情况、村庄发展规划、生态修复样板区建设、狼坡狮子崖景区提档升级的思路、进展及面临问题等情况并提出要求。

同日　区委书记杨俊民到南寒街道调研指导“改革创新、奋发有为”大讨论和创城等工作，先后到太白西巷、康乐小区和南寒社区察看背街小巷、老旧小区整治进展和南寒社区建设情况；听取街道总体工作特别是“改革创新、奋发有为”大讨论活动及创城工作汇报，就2019年工作及当前的重点工作提出要求。

同日　万柏林区政协主席马金安、副区长陈俊峰、区政协副主席阴燚对科技企业发展情况进行调研视察，察看龙城众创空间、三益“孵化器”和三益“创客工厂”。

29日　万柏林区委召开乡街、区直部门对

标一流述职评议会。杨俊民主持会议并讲话，袁尔铭等区领导进行点评。13个乡街和5个区直部门主要负责人进行对标一流述职发言，2个街办和16个区直部门作书面述职。市委大讨论联络督导组第五小组组长桂荣伶等到会指导。

30日 区委书记杨俊民一行到王封乡、化客头街办、万柏林森林灭火队对基层一线护林员的巡逻情况、沿线卡口登记情况和灭火队伍的战备情况进行突查。梁红根陪同。

31日 万柏林区召开区委中心组（扩大）学习研讨会，围绕学习贯彻《中共中央关于加强党的政治建设的意见》等8部党内法规制度开展专题研讨，自学全国“两会”精神。

同日 西山煤电集团公司举办企业转型升级与战略创新专题培训会，邀请浙江大学管理学院硕士生导师、博士、教授郑健壮讲解。

同月 山西省省属企业精神文明建设指导委员会对2017年以来各省属企业涌现出的精神文明建设先进典型进行命名表彰，西山煤电集团公司马兰矿、屯兰矿、机电厂、公用事业分公司等4个单位被评为2017—2018年度山西省省属企业文明单位标兵，西曲矿、镇城底矿、东曲矿、金城公司、金信公司、新产业管理局、职工总医院、古交矿区总院、发电分公司、兴能发电公司、武乡发电公司、晋兴能源公司、矿业公司等13个单位被评为2017—2018年度山西省省属企业文明单位，马兰矿利民社区、屯兰矿屯乐苑小区、太原选煤厂西区宿舍区、公用事业分公司玉门花园小区、公用事业分公司古交指挥部小区等5个小区被评为2017—2018年度山西省省属企业文明社区，杜儿坪矿董林家庭、马兰矿郭定保家庭被评为2017—2018年度山西省省属企业文明家庭，太原选煤厂党委书记武秋明、兴能发电公司党群工作部部长王栋胜被评为2017—2018年度山西省省属企业精神文明建设优秀工作人员。

4月

2日 区委书记杨俊民到和平街道南社社区参加社区党支部专题组织生活会。区有关部门负责人出席。

3日 区委书记杨俊民到长风西街街道义井综合市场调研指导。杨俊民一行走访察看义井综合市场内外的功能布局、环境卫生、市容秩序、经营管理等情况，现场指出问题并就提高整改标准、完善基础设施、规范商户行为、落实整改细节、加强日常管理五个方面提出要求。

5日 区委书记杨俊民检查全区森林防火工作，区委常委、武装部部长戴刚，副区长梁红根及区护林防火指挥部办公室有关人员陪同。杨俊民分别对南寒街道、小井峪街道、神堂沟街道、白家庄街道、杜儿坪街道等重点区域的工作情况进行检查。

9日 省委巡视办正厅级巡视专员、督查组组长罗民率队就万柏林区开展防范化解重大风险和“三个专项行动”工作情况进行督查调研。

10日 太原广播电视大学召开推进终身教育建设太原现场会，来自全省13个电大分校的领导100余人参加会议，学校在一楼大厅展示了社区教育与老年教育的发展历程与经验成果。

同日 区委书记杨俊民带领区文明交通综合治理领导组、区背街小巷综合治理领导组及成员单位主要负责人40余人，到彭村路、漪兴南路、南屯西街、沙沟南街、义井西路东巷、西苑北路等重点小街巷，观摩督导文明交通综合治理及背街小巷整治情况。随后，召开万柏林区文明交通综合治理、背街小巷工作安排部署会议。

11日 国家税务总局山西省税务局党委书记胡军，太原市委常委、常务副市长王立刚，太原市税务局党委书记、局长吴素贤到万柏林区调研减税降费落实情况。

12日 区委书记杨俊民一行到小井峪街道指导“改革创新、奋发有为”大讨论活动情况及城中村党建工作及改造后的建设规划、城市精细化管理等工作。

13日 2019年“全国五一劳动奖章”获奖名单公示，太原重型机械集团有限公司太原重工技术中心设计员朱少辉、中铁十二局集团第四工程有限公司盾构分公司总工程师邵高波获得“全国五一劳动奖章”。

19日 万柏林区委召开政法工作会议。杨俊民出席会议并讲话。各级各部门140余人参加会议。会上，区委常委、政法委书记杨宏林对2018年全区政法工作进行回顾总结，对2019年工作进行全面部署。

23日 2018年全国机车大修源头质量对接暨和谐型机车C6修启动会在中国中车太原机车车辆有限公司召开。

25日 万柏林区人民检察院结合庆祝“五一”国际劳动节组织检察开放日活动，邀请省劳模、市劳模、区工会和社会各界优秀工作者19人走进检察机关。

28日 区委书记杨俊民带队赴万柏林街道、西铭街道、杜儿坪街道、南寒街道、长风西街街道、下元街道督导调研大气污染防治工作。

5月

7日 省人民检察院党组书记、检察长杨景海一行到万柏林区调研青少年法治教育基地。市人民检察院党组书记、检察长宁建新，万柏林区委书记杨俊民、区委政法委书记杨宏林、区委常委刘爱国、区人民检察院检察长郭刚等陪同参观。

7日至8日 万柏林区委副书记张振鹏，区委常委、宣传部部长赵晓红连续深入千峰街道、兴华街道、小井峪街道、神堂沟街道调研督导创城工作。

9日 西山煤电集团公司召开纪念五四运动100周年暨西山建团70周年大会。

同日 由万柏林区老年体协组织的2019年万柏林区“舞动中国，舞出中国梦”大型排舞万人同跳、礼献祖国70华诞活动在万柏林区体育场举办，来自全区15个企事业单位的260余名中老年人健身队伍与全国各地中老年人同步齐跳《舞动中国》。

10日 万柏林区在区委召开文明交通综合治理专题工作推进会并实地观摩调研。杨宏林主持会议，杨俊民、高乃勇出席会议并讲话，12个部门、15个乡街书记参加会议。公安分局副局长潘旭光传达太原市“冲刺一百天、决胜二青会”督导工作方案，高乃勇安排部署小街巷督查工作。

11日 《太原日报》头版头条以《考核‘无纸化’评议“背靠背”西山煤电党建工作搭上“互联网”快车》为题，介绍西山煤电集团公司运用互联网技术和信息化手段，创新开展二部述职评议工作的经验和做法。

14日 万柏林区召开“扫黑除恶”专项斗争领导小组第14次全体（扩大）会议。杨俊民出席会议并讲话。会议由杨宏林主持。区委政法委副书记王贵宏传达《中央“扫黑除恶”第一轮督导“回头看”工作安排》的文件精神，并就《迎接中央“扫黑除恶”第一轮督导“回头看”工作预案》和《全区“扫黑除恶”专项斗争督导工作方案》进行说明。

同日 区委书记杨俊民带队赴万柏林街道、区司法局、和平北路派出所，就“扫黑除恶”专项斗争工作进行专题调研。在万柏林街道，杨俊民听取“扫黑除恶”专项斗争工作汇报并深入兴汾苑社区了解情况，就进一步加强“扫黑除恶”专项斗争、强化综合治理等工作提出指导性意见。在区司法局，杨俊民听取工作汇报，查阅相关资料。在和平北路派出所，杨俊民详细了解“扫黑除恶”专项斗争开展情况，察看派出所扫黑办、合成作战室、司法调解室等场所，观看了“动态人脸识别和车辆大数据分析”和“智能安防系统创建”等系统的演练。

17日　万柏林区委副书记张振鹏，区委常委、宣传部部长赵晓红一行深入王封乡、化客头街道、杜儿坪街道调研督导创城工作，深入九院小区、九院小区菜市场、九院小区文体活动中心、王封乡政府便民服务中心、大虎峪村、葡萄苑社区，实地察看创城工作进展情况。

19日至20日　由国家教育行政学院国学教育研究中心主办、万柏林区教育局承办的中华文化经典与本根教育研讨会暨国学经典教育成果交流会在太原市举办，来自全国18个省的教育行政管理干部和教师400余人参加会议。

21日　区委书记杨俊民到神堂沟街道、长风西街街道督导检查扬尘污染防治工作，刘爱国及相关乡街负责人参加调研。

22日　万柏林区召开生态环境保护攻坚战动员大会，杨俊民出席会议并讲话。袁尔铭主持会议。区四大班子领导出席，区政府有关部门、其他部门单位近400人参加会议。袁尔铭传达中央生态环境保护督察“回头看”反馈会、市委常委会、市政府常务会会议精神，梁红根宣读《万柏林区加强生态环境保护打好污染防治攻坚战实施方案》，对全区加强生态环境保护打好污染防治攻坚战进行动员部署。

同日　人民日报社新闻协调部综合室副主任刘文波、记者刘书文在西山煤电集团公司东曲矿进行劳动和技能竞赛及“五小六化”提质行动情况专题采访。

22日至23日　万柏林区住建、环保、城管、公安、交警等多个职能部门联合组织开展以工业企业、建筑工地和道路渣土车等为主要执法检查对象的夜间执法行动，打击整治工地扬尘、偷排、漏排、非法运输、渣土车超载扬撒等环境违法行为。这次联合执法行动派出执法人员609人、执法车辆20台，检查辖区各类工地105家、渣土场1处、烧烤摊位6处、运输车辆123辆，整改工地8家，训诫11人，刑事拘留1人，查处运输水泥车辆2辆、运输渣土车辆4辆。交警一、二大队共查处违法行为492起，扣押车辆18台。

27日至28日　区委书记杨俊民到南寒街道、东社街道调研指导环保及创城工作。在南寒街道海唐广场二期建设工地、市建总公司小区、中海北寒村城改项目工地及太白片区等地，现场察看并详细询问工地扬尘污染整治情况及背街小巷、老旧小区整治进展情况。在东社街道下庄村城中村改造拆迁工地、太原国投东社社区城中村改造“赞城”项目工地、东社社区党群服务中心及铝厂社区老年服务中心，询问东社街道在建工地和渣土运输车辆管理情况，检查“六个百分百”落实情况，察看社区服务中心周边道路硬化、办公楼建设进展情况。

29日　万柏林区委召开区委中心组学习会，杨俊民主持学习并讲话。中心组学习会传达学习习近平总书记在推动中部地区崛起工作座谈会时和在中共中央政治局第十三次、第十四次集体学习时以及在全国公安工作会议上的重要讲话，《党政领导干部考核工作条例》和全省目标管理工作会议精神，市委书记罗清宇在全市“改革创新、奋发有为”大讨论交流总结会议上和在强化作风落实责任、坚决打赢蓝天保卫战工作推进会上的讲话，自学省委书记骆惠宁在全省教育大会上的讲话精神。

6 月

3 日　万柏林区召开全区农村集体产权制度改革和清产核资攻坚工作推进会。梁红根主持会议。会议传达省、市有关推进产权制度改革工作会议精神；通报近期工作进展情况，明确工作任务和工作目标；各乡（街）书记作工作汇报并表态发言。

12 日至 18 日　万柏林区在浙江大学华家池校区举办法治政府专题暨“七五”普法骨干培训班。全区成员单位和各乡街的 56 名分管领导及普法骨干参加。

13 日　西山煤电集团晋兴公司与山西工程技术学院签订《产学研合作框架协议书》。同日，西山煤电集团晋兴公司产学研合作基地揭牌。

同日　COOC 中海商务 2019 年太原品牌发布暨招商成果总结会在中海国际中心举行。会议以“定义太原新高度”为主题，杨俊民应邀出席并致辞。陈俊峰和区招商办、区楼宇办、下元街道等有关人员出席，中石油、中铁、腾讯等入驻企业代表应邀出席，中海地产有关负责人参加发布会。

同日　万柏林区公务用车保障服务平台和综合执法用车管理平台正式上线运行，分三批次共收回公务用车 61 辆，统一安装北斗卫星定位系统。

14 日　全国工商联第六联系调研组第三小组到万柏林区调研指导工作并召开座谈会。袁尔铭致欢迎辞，李蓉汇报万柏林区经济发展运行情况、支持民营经济发展的政策以及“六最”营商环境情况。雷俊德（区工商联主席）汇报工商联工作开展情况。参会的副主席成员企业家就企业发展和存在的困难问题等方面情况作交流发言。

17 日　国家统计局工作组到东社街道验收第四次全国经济普查工作。

同日　万柏林区委召开中心组（扩大）学习会，杨俊民主持并讲话。会上传达学习习近平总书记在“不忘初心、牢记使命”主题教育工作会议和在中央全面深化改革委员会第八次会议上的讲话，学习习近平新时代中国特色社会主义思想学习纲要，以及省委书记骆惠宁在全省农村改革座谈会和“不忘初心、牢记使命”主题教育工作会议上的讲话精神。

18 日　省委政法委副书记邓彩彪、市委政法委副书记吕静英一行 10 余人到万柏林区人民检察院调研山西刑事案件智能辅助办案系统的运行情况。

19 日　团中央社会联络部社会工作处处长张成一行到兴华街道千峰北路社区调研共青团参与基层社会建设相关工作。调研组一行实地察看社区志愿服务站、青年之家、未成年人活动中心等服务阵地，了解社区青少年社会工作开展情况、特色活动、制度建设和运行机制等。

同日　区委书记杨俊民到兴华街道玉园翠景小区、东社街道圪墶沟村、千峰街道煤博小区、长风西街街道调研指导基层党建和创城工作。

24 日　“青云惠民·太原市全民健身社区行广场舞展演”活动在滨河体育中心举行。

同日　太原市纪委常务副书记、监委副主任杨万生，市纪委监委案管室副主任唐果到万柏林区，为全区纪检监察干部进行“四个一”工作制度培训。

26 日　万柏林区教育局与阳光城集团山西有限公司签订《万柏林区阳光城实验小学合作办学协议》。在阳光城并州府项目内建设万柏林区阳光城实验小学，该小学设 48 个教学班，由阳光控股旗下北大培文晋中实验学校指导工作、提供教师培训。

27 日　区委宣传部和区委党校联合举办的

万柏林区学习宣传贯彻习近平新时代中国特色社会主义思想交流研讨会在区委党校新时代文明实践中心举行。赵晓红主持，张振鹏出席并讲话。交流研讨会特邀太原市委讲师团副团长张云雁、市委党校教育长邓翠香、山西经济管理干部学院副院长朱忠良三位专家进行主题发言。

同日 太原市委副书记李新春深入万柏林区，走访慰问老党员和生活困难党员，向他们致以节日问候和诚挚祝福。

28日 万柏林区召开党员领导干部集体廉政谈话暨“以案说纪”警示教育大会。杨俊民出席会议并讲话，刘贵江对与会人员进行廉政谈话。会上，全区130余名乡科级主要领导干部一起观看警示教育片《任性的权利》，领取了《警钟长鸣》典型案例汇编。

同日 万柏林区召开“创城”问题整改剖析专题推进会。区创城指挥部总指挥杨俊民、第一副总指挥袁尔铭出席会议并讲话。区创城指挥部常务副总指挥、区创城指挥部综合协调办公室主任张振鹏主持会议。全体人员观看老旧小区暗访纪录片。区创城指挥部综合协调办公室副主任赵晓红通报市创城办对全市创城工作的测评打分排名情况。包联乡街的区级领导逐一就创城测评分数不理想及存在的问题进行认真的剖析，开展严肃的批评与自我批评。各乡街党工委书记就辖区内的创城问题进行剖析发言。

同日 万柏林区风声河上游河道应急清淤疏浚治理工程竣工，工程于2018年12月开工，总投资800余万元，新建堤防860米，土方外运回填7.8万立方米。

同日 万柏林区完成“一减五增”农业结构调整工作，调减玉米面积3300亩，增加杂粮1158.55亩，增加薯类66.96亩，增加蔬菜107.61亩，增加果树61.66亩，增加中药材2亩。通过“一卡通”将15.22万元补贴发放至农户手中。

同月 万柏林区再次提高低保标准，提高后的标准为650元/月，涉及城乡低保2851户4870人。

7月

2日 万柏林区召开创城指导员工作会议，张振鹏听取创城指导员、各乡街和区文旅局的工作情况汇报。

同日 区委书记杨俊民赴神堂沟街道龙泉寺和东社街道玉泉山城郊森林公园调研指导工作，听取龙泉寺国土、规划等手续办理进展情况汇报，了解玉泉山城郊森林公园山体破坏面治理工程进展、存在的困难等情况。

3日 万柏林区农村集体产权制度改革工作“百日攻坚行动”动员大会暨业务培训会在区政府大礼堂召开。市农业农村局副局长南红卫、市农经站站长丑高奇应邀出席会议。张振鹏出席会议并讲话，梁红根主持会议。会上与15个乡（街）书记、主任签订目标责任书。

4日 太原市副市长卢秋生率市国资委、市财政局及供水、供热、怡安居物业等部门到西山煤电集团公司调研“三供一业”分离移交后续工作情况。

8日 区委书记杨俊民先后到康乐小区、西苑北路、窊流南二条、省八建小区、梅园小区、新矿院路、农行东院宿舍、平板小区，察看基础设施建设、环境乱象整治、创城宣传氛围营造等创城工作进展情况。

11日 “创建文明城市·喜迎二青盛会”巾帼志愿服务活动启动仪式在滨河体育中心举行。市区领导，全市各行各业、10县（市、区）妇女干部以及兴华街道的10支志愿者队伍等400余人参加启动仪式。

12日 万柏林区教育局与太原万科房地产

有限公司签订山西九知实验小学合作办学协议。在万科春和景明项目开城路17号内高标准建设一所4轨制24班小学，学校用地面积1.62万平方米，建筑面积1.47万平方米。引入太原市第四实验小学（原太师三附小）优质教育资源，打造全市教育品牌。

16日　区委书记杨俊民先后到九州农副产品批发市场、龙腾小区、龙腾菜市场、义井西路东巷、汇锦街、农展馆片区、平板小区、下元街道宿舍楼察看基础设施建设、环境乱象整治等创城工作进展情况。

19日　万柏林区委召开区委中心组（扩大）学习会，杨俊民主持学习并讲话。会上主要传达学习习近平总书记在中央政治局第十五次集体学习时的重要讲话，《党政领导干部选拔任用工作条例》《干部选拔任用工作监督检查和责任追究办法》《中国共产党宣传工作条例》，骆惠宁在山西省"不忘初心、牢记使命"主题教育专题党课暨第三次学用习近平新时代中国特色社会主义思想经验交流会上的讲话，《关于第二届全国青年运动会期间强化履职尽责严肃纪律作风的通知》等。

23日　万柏林区举办安全发展与应急管理专题讲座，邀请中国应急管理学会常务理事、国家行政学院教授，山西省政府原副秘书长、新闻发言人，省政协经济委员会副主任刘德政作安全发展与应急管理专题辅导。区四大班子领导、其他部门单位200余人参加培训。

25日　万柏林区召开第三批小街巷文明交通综合治理安排部署工作会。杨俊民出席并讲话，杨宏林主持会议。区文交办主任冯华传达市文交办《关于开展第三批小街巷交通综合治理的通知》文件精神，李宏文就背街小巷工作情况进行通报，高乃勇全面总结文明交通综合治理工作开展以来各项工作取得的成绩及问题，并对下一步的工作进行安排与部署。

同日　省政协副主席、市委副书记、市长李晓波督导调研南寒街道劳动保障工作。

30日　万柏林区召开创建全国文明城市工作会议。杨俊民出席会议并讲话。会上，分析研判创城工作中存在的问题，安排部署下一步创城工作。

同日　万柏林区市场监督管理局建立集贸市场"345"监管模式，全面推进集贸市场整治工作。即采取所站联动机制、领导包片机制、部门联动机制3项工作机制，设立局创城领导督察组，局创城办、站所负责人及专管员，各集贸市场开办方4个工作层面，建立日报与周报制度、巡查检查制度、末位约谈制度、联席会议制度、整改督办制度5项制度。

同月　万柏林区多措并举推进农村集体产权制度改革工作，多次召开常委会、常务会议对清产核资工作进行专题研究，各乡街成立农村集体产权制度改革工作领导组和政策宣传、清产核资等工作小组，形成区、乡、村三级书记抓改革的联动机制。全区15个乡（街）69个行政村（居）按照民主程序完成资产清查核实工作，农村集体产权制度改革工作取得阶段性成效。

8月

1日　万柏林区委反腐败工作领导小组召开工作会议，听取上半年全区党风廉政建设和反腐败工作情况，研究部署全区近期反腐败工作和案件查办工作。杨俊民主持会议并讲话，区委反腐败工作领导小组成员参加会议。会议传达学习中纪委办公厅、国家监委办公厅、公安部办公厅《关于纪检监察机关提请公安机关协助采取搜查、留置、通缉措施的规定（试行）的通知》精神；听取刘贵江关于2019年上半年全区党风廉政建设和反腐败工作情况汇报；通报1月至7月各成员单位线索移送、协调配合情况，研究有关案件情况。

7日　万柏林区委召开全区年轻干部座谈会。杨俊民出席并讲话，全区50名年轻干部参加座谈会。

9日　山西省人大常委会社会委副主任委员李亚明率队，在山西省残联党组成员、副理事长李俊温陪同下，到西山煤电集团公司专题调研残疾人康复托养服务工作。

13日　全省打击文物犯罪推进会在太原市公安局万柏林分局刑侦大楼召开。

15日至16日　万柏林区召开区委中心组"不忘初心、牢记使命"主题教育集中学习会，集中学习研讨《习近平新时代中国特色社会主义思想学习纲要》《习近平关于"不忘初心、牢记使命"重要论述选编》《中国共产党党内重要法规汇编》和习近平总书记在中央政治局第十六次集体学习时、在深化党和国家机构改革总结会议上的讲话以及《干部人事档案工作条例》。杨俊民主持并讲话，区级领导参加。

16日　万柏林区小井峪街道建筑施工工地（原小井峪小学的操场西北角）发现唐代墓葬。墓葬一侧壁画上有仕女图，领路的仕女脚部前方位置放置一方墓志，壁画精美绝伦，还发现陶瓷器等文物，保存尚且完好，规模比较大。从墓志盖显露的信息、墓葬的规格、壁画的规模看，墓主的身份非同寻常。

19日　太重集团为湖北三宁化工60万吨/年乙二醇项目生产的关键核心设备DMO反应器（共6台）在太重天津滨海重件码头发运。该反应器是乙二醇项目的关键核心设备，也是当前国内最大的DMO反应换热器，设备通体由全不锈钢材质打造，每台重达266吨。该设备填补了太重超大型压力容器厂内制造、整体发运的空白，实现由传统煤化工领域向石化、炼化工高端领域的转型升级。

20日　万柏林区副区长高建军一行到访西山煤电集团公司，就两河西延拆迁收尾以及下一步工作推进等事宜进行座谈交流。

20日至30日　万柏林区政协办公室、区委宣传部在太原市美术馆共同举办庆祝中华人民共和国和人民政协成立70周年书画摄影展。

22日　山西省司法厅副厅长曾涛带领全省各司法所在下元司法所召开司法所建设现场观摩会。

23日　"猪八戒"网山西总部入驻万柏林区。

28日　区委书记杨俊民到小井峪和长风西街街道调研督导华侨城、中铁建、大井峪城中村改造、远大购物广场、融创太原府等重点项目建设。

29日　太原市委第二巡回指导组一行6人到万柏林区检查指导。区委书记杨俊民介绍万柏林区基本情况及近年来各领域取得的成效。巡回指导组组长张振国对万柏林区主题教育各项工作给予充分肯定，对下一步工作提出要求。

同日　"庆祝中华人民共和国成立70周年"第五届中国煤矿艺术节、"山西焦煤杯"第四届全国煤矿职工舞蹈展演在西山工人文化宫落下帷幕。西山煤电集团公司选送的当代舞《婚礼》获最佳作品奖，《井口之花》获十佳作品奖。

同日　万柏林区人民检察院开展以"检察护航民企发展"为主题的检察开放日活动，邀请人大代表、政协委员，统战部、工商联代表及民营企业家代表25人走进检察院，近距离了解检察工作，为检察机关服务民营企业健康发展建言献策。

30日　万柏林区委副书记张振鹏，区委常委、宣传部部长赵晓红到下元街道办事处、鸿峰花园小区、鸿苑社区、纺织苑西社区参与创城测评工作，针对现场发现的问题和创城指导员测评过程中发现的问题现场办公，提出指导意见。

31日 西山煤电集团公司党委宣传部、新闻中心举办融媒体背景下视听节目创新专题讲座。培训邀请中国传媒大学制片管理系主任、中国传媒大学国家文化创新研究中心副主任、副教授、博士、硕士研究生导师靳斌进行讲座。

同日 山西省自然资源厅官网公示了2019年度国家级绿色矿山遴选结果，全省达标国家级绿色矿山矿井42座，西山煤电集团公司5座矿井位列其中，分别为杜儿坪矿、西曲矿、镇城底矿、东曲矿、屯兰矿。

同日 万柏林区土路扬尘污染治理工程完工。严格落实公路沿线工地“六个百分百”标准，对36条路段31.68千米土路扬尘污染进行整治。

同日 万柏林区行政审批服务管理局试行“一窗通办”改革，按照“受审分离”的审批机制，按业务类型划分为企业开办（变更）登记、社会服务、社保平台、固定资产投资平台四类，分类实行“一窗通办”，其他直接服务群众且办件量大的事项由主管单位在本单位、本领域内实行“一窗通办”，实现“一窗收件、按责转办、一窗出件、评价反馈”的闭环流程。

同月 万柏林区借“二青会”和“创城”契机，结合城中村改造、老旧小区整治、道路街巷整治，坚持拆违建绿、见缝插绿，先后建成南寒公园、峪园、杏林带状游园、漪汾街游园、小井峪社区公园、阎家沟游园、彭村路游园等25个公园，总面积达31.24万平方米。

同月 由区卫生健康和体育局、区文化和旅游局共同主办，区老年体育协会承办的“2019年万柏林区全民健身项目展演”活动在万柏林区体育场举行。

万柏林区人社局探索“一次性办好”“零跑腿”公共服务，完成就业困难灵活就业人员社保补贴发放工作，帮扶符合社保补贴条件的就业困难人员1307名，发放补贴720余万元。

同月 由共青团中央举办的青年讲师团培训班在中央团校举行，经过层层遴选，共青团山西省委选拔推荐的优秀青年代表、杜儿坪矿董林入选对外宣讲团。

9月

4日 万柏林区召开创城工作经验交流暨推进会。袁尔铭出席会议并讲话，张振鹏主持会议。兴华、万柏林、南寒、长风西街、小井峪、神堂沟6个街道和区市场监督管理局分别围绕各自亮点工作做经验交流发言；区委宣传部副部长唐杰通报近期全省未成年人建设工作测评情况，传达市创城相关会议精神；区创城指挥部综合协调办公室考核组强调创城考核工作；区创城指挥部综合协调办公室执纪组强调强化创城督查和问责工作；4个重点牵头单位分别就下一步创城工作表态发言；赵晓红通报全区创城工作测评情况并安排近期创城重点工作，提出“严格责任、严格标准、示范创建、合力创建”的十六字要求。

6日 万柏林区人武部召开领导班子调整命令宣布大会，市委常委、警备区司令员王志校，万柏林区委书记杨俊民，区委副书记、区长袁尔铭等领导出席会议。王志校代表警备区党委宣读刘福全和刘仍雁的任职命令和党内任职通知，刘福全任区人武部部长、刘仍雁任区人武部政委。

9日 区委书记杨俊民到区委党校调研指导并看望党校全体教职员工。杨俊民一行察看了区委党校党的光辉历程教育长廊、马克思书屋、新时代文明实践所等基础设施建设情况，参观了党校近年来工作成果展，并召开教职工座谈会。

11日 万柏林区召开“不忘初心、牢记使命”主题教育部署会。杨俊民出席并讲话，张振鹏主持会议。会议深入学习贯彻习近平总书记在全国“不忘初心、牢记使命”主题教育工作会议上的重要讲话，按照中央和省委、市委部署要求，对全区开展“不忘初心、牢记使命”主题教育进行动员部署。

15日 万柏林区教育局从7月初开始办理2019—2020年度生源地信用助学贷款，办理助学贷款821人，贷款金额598万余元。同时，完成2019年普通高等学校新生入学资助工作，对普通高等学校家庭经济困难新生资助24人，资助款共计1.75万元，用于一次性补助家庭经济困难新生从家庭所在地到被录取院校之间的交通费及入学后短期的生活费用。

16日 万柏林区委组织部、区委党校联合举办的万柏林区科级干部学习习近平新时代中国特色社会主义思想读书班开班仪式在省委党校山西行政学院西校区举行，张振鹏出席并作动员讲话，李智勇（区委党校常务副校长）主持会议。科级领导干部、党校教师100余人参加开班仪式。

18日至20日 万柏林区召开区委中心组“不忘初心、牢记使命”主题教育集中学习研讨会，集中学习党章，习近平总书记在“不忘初心、牢记使命”主题教育工作会议上，在中央政治局第十五次集体学习、中央和国家机关党的建设工作会议上，在内蒙古考察并指导开展主题教育时和中央党校中青年干部培训班开班式上的重要讲话等必学内容；传达学习骆惠宁在省委常委扩大会议上、全省公安工作会议上、全省“不忘初心、牢记使命”主题教育第一批总结暨第二批部署会议上的讲话，罗清宇在市委十一届七次全会、全市“不忘初心、牢记使命”主题教育部署会上的讲话，中共中央办公厅关于贵州省认真贯彻习近平总书记指示精神，深入开展领导干部利用茅台酒谋取私利问题专项整治情况的通报及关于结合张茂才严重违纪违法案件开展警示教育的通知。在集中学习的基础上，围绕党的政治建设、全面从严治党、理想信念、宗旨意识、政治纪律和政治规矩、党性修养、廉洁自律等8个专题，联系习近平总书记对山西工作的重要指示批示、党中央决策部署在山西的贯彻落实情况及个人思想工作总结开展集中研讨。杨俊民主持并讲话，区级领导和市委巡回指导组成员参加。

19日 国网太原供电公司总经理武登峰一行到西山煤电集团公司调研，就“三供一业”小区供电分离改造工程对接事宜进行磋商。

20日 区委书记杨俊民到包联农村化客头街道白道村开展服务地方、服务基层、服务群众“三服务”，广泛听取群众意见、现场解决问题、提出白道村发展方向。

23日 第二届“中国农民丰收节”在王封乡圪垛村举办。

24日至25日 按照省、市委“不忘初心、牢记使命”主题教育统一安排，杨俊民按照“六不”规定，采取“四不两直”方法，深入包联和平街道对10个村、社区开展服务地方、服务基层、服务群众“三服务”，广泛听取群众意见、现场解决问题，推动主题教育扎实有序开展。

25日 太原市委常委、常务副市长王立刚，太原市退役军人事务局局长崔燕在副区长李宏文、区退役军人事务局局长张俊峰等陪同下，慰问千峰街道解放前参战老兵李保义老人。

同日 区委书记杨俊民，区委副书记张振鹏、杨建忠，区委办主任刘爱国，以一名普通党员的身份参加区委办“不忘初心、牢记使命”主题教育学习交流研讨会。

26日 省政协副主席、市委副书记、市长李晓波深入东社高速出口联合检查点、万海峰混凝土公司，督导检查大气污染防治工作进展情况。

27日 在省委党校西校区举办的2019年万

柏林区科级干部学习贯彻习近平新时代中国特色社会主义思想读书班上，杨俊民以“坚守初心使命、做到‘两个维护’，以‘五大行动’新成效加快建设文明开放富裕美丽万柏林”为题，为全体学员作专题辅导。

同日　万柏林区召开创建全国文明城市暨第三方交办问题整改推进会。杨俊民出席会议并讲话，张振鹏主持会议。创城各分指挥部指挥长分别汇报近期创城工作推进情况；赵晓红通报创城第三方测评结果，传达市创城办专题会议精神，并分析研判创城工作中存在的主要问题；张振鹏分析现阶段创城工作存在的问题和挑战，并安排部署下个阶段创城工作重点。

28日　由万柏林区宣传部、万柏林区文化和旅游局、千峰街道主办，千峰街道公园路社区承办的“礼赞新中国，奋进新时代”——热烈庆祝中华人民共和国成立70周年文艺会演在千峰游园开幕。

29日　西山煤电微信订阅号关注人数突破17万，连续8个月位居全国煤炭企业微信排行榜榜首。

30日　太原市检察院党组书记、检察长宁建新一行9人到万柏林区检察院，就“民事诉讼监督工作中存在的问题和措施”“捕诉一体模式下提升侦查监督制约机制”“检察机关深入推进认罪认罚从宽制度及相关问题研究”等课题进行调研。

同日　万柏林区人民调解委员会“李俊文调解工作室”在南社阳光小区挂牌成立。

同日　万柏林区城管局与太重集团签订国有企业分离办社会职能协议。该协议涉及太重集团全部职工家属片区，共计19700户的生活垃圾清运职能。

同日　万柏林街办与凯森健康管理养老服务企业签署战略合作协议。以兴汾苑社区为试点，全力推进辖区7个社区的养老服务中心建设，将为社区老年人提供健康评估管理、医养陪护、营养配餐、康复理疗、助浴助洁等全产业链服务。

同日　千峰北路社区作为全国居家和社区养老服务改革试点，引进第三方养老机构，与社区卫生服务站签订医养结合协议，打造嵌入社区、辐射家庭的综合性养老服务机构。该中心面向社区有效服务半径内的高龄、空巢、失能及半失能老年人提供多方位的日间照料、短期托养、长期托养以及上门服务。

同日　在中秋节来临之际，区台办秉持“两岸一家亲”理念，区政府办、区台办主任韩宇对全区部分台胞台属进行慰问。

10月

2日　山西省副省长贺天才率有关人员到西山煤电集团公司西铭矿慰问国庆节期间坚守在井下一线的干部职工，调研安全生产责任制和安全生产措施落实情况。

10日　万柏林区教育局举办第六届中小学师生田径运动会。全区中小学师生组成72支代表队，共966名运动员（其中包括学生657人，教职工309人）参加。运动会比赛共分三个组别，24个项目，评选出中学组、小学组各8个团体冠军。

11日　太原市副市长卢秋生一行到西山煤电集团公司调研“三供一业”移交后供热改造工程进展情况。

同日　太原市政协副主席雷学东一行到万柏林区调研指导社情民意信息工作。区政协主席马金安，副主席王跃礼、阴燚，代秘书长邢晓宁、社情民意研究室主任马志刚参加座谈。

同日　区委书记杨俊民以《坚守初心使命做到“两个维护”，以“五大行动”新成效加快建设文明开放富裕美丽万柏林》为题，为全区160余名党员干部讲主题教育专题党课。

12日至13日　国务委员、公安部党委书记、部长赵克志在山西调研时到公安万柏林分局和平南路派出所调研。

18日　中国中车太原机车车辆有限公司获得山西省优秀企业称号。

同日　在太原市第七届会计信息化暨会计职业技能竞赛中，西山煤电集团公司代表队获得团体第一名。

23日　山西医科大学第一医院院长王斌全一行到西山煤电集团公司职工总医院和古交矿区总医院调研，就医疗机构分离移交工作与医院职工交流。

24日　山西省委组织部主办、太原理工大学承办的教育部“春晖计划”山西行启动仪式在太原理工大学举行，省委组织部部长曲孝丽出席并致辞。

25日　太原理工大学举行大学生创新创业训练计划十周年活动，省教育厅副厅长马骏出席。

26日　省委常委、市委书记罗清宇深入兴华街道调研指导创城工作。

28日　万柏林区召开创建全国文明城市工作推进会。杨俊民、袁尔铭出席会议并讲话，张振鹏主持会议。赵晓红传达太原市创建全国文明城市现场观摩推进会会议精神；创城各分指挥部分别汇报近期创城工作推进情况并安排部署相关工作。

29日　全国农村集体产权制度改革第九督查组组长黄鹤图一行5人到万柏林区督查农村集体产权制度改革工作。杨俊民汇报工作。督查组一行先后到白家庄街道九院村、小井峪街道下元社区，参观九院新村和下元社区新农村（社区）创建情况，听取2个街道党工委书记和2个村（社区）党支部书记的工作情况汇报，查询有关清产核资情况、成员身份确认工作情况，并进行座谈讨论。

30日　中央军委国防动员部民兵调整改革工作检查组在山西省军区、太原市警备区、万柏林区委相关领导陪同下，到西山煤电集团公司进行检查考评。

31日　在山西省2019年煤炭企业管理现代化创新成果发布会上，西山煤电集团公司22项成果获奖，其中《混合所有制企业完善市场化经营机制的探索与实践》获特等奖，另获一等奖2项、二等奖9项、三等奖10项。

11月

1日　万柏林区召开“不忘初心、牢记使命”主题教育专项整治工作调度暨“回头看”专题部署会，传达省市专项整治会议精神，回顾总结主题教育“8+5”专项整治整改工作，并就专项整治工作及开展“回头看”进行安排部署。区委书记、区委“不忘初心、牢记使命”主题教育领导小组组长杨俊民主持并讲话。

4日至5日　万柏林区关工委开展“中华魂”主题教育读书活动，举办两场“爱我中华——新中国成立七十年”主题教育读书演讲活动。56个中小学、58名学生参加演讲活动。评选出一等奖12名、二等奖22名、三等奖24名。

5日　省纪委监督检查组、省委巡视办副主任郝点亮一行到万柏林区政务服务中心，围绕深化政治监督开展督查检查。督查组一行在中心办事大厅先后听取并察看区行政审批制度改革情况、政务服务标准化建设情况、“一窗通办”优化营商环境情况、“互联网+政务服务”情况，开展“不忘初心，牢记使命”主题教育等工作情况，并与窗口工作人员、办事群众进行交谈，详细询问各窗口单位日均接待群众量、办事流程、办理时间和简化审批的成效。

6日　万柏林区召开第三批小街巷文明交通综合治理工作推进会。杨俊民书记出席并讲话，杨宏林主持会议。区文交办史志刚总结汇报2019年度文明交通综合治理工作进度和成果，传达市文交办《第三批小街巷交通综合治理进展通报》文件精神；公安分局副局长潘旭光传达市文交办《2019年第三季度全市文明交通综合治理督导考核通报》文件精神；高乃勇全面总结文明交通综合治理各项工作取得的成绩及问题，并就加强和改善校园周边交通环境工作和“两进”专项整治工作进行重点安排与部署；区背街小巷办公室就2019年背街小巷工作进行通报与安排。

7日　太重集团公司为印度JSW公司生产的550吨铸造起重机在太重天津滨海码头成功发运。550吨铸造起重机是当前亚洲起重量最大、世界上最先进的超大型铸造起重机。

10日　在山西省财政厅、省人力资源和社会保障厅、省总工会共同举办的2019年中国技能大赛——山西省第七届会计信息化暨会计职业技能竞赛中，由西山煤电集团公司选手组成的山西焦煤代表队和太原市代表队分获团体第三名、第五名。个人单项方面，张苏馨获成本会计岗位第一名，王茜获资金管理岗位第二名，贾小丽获会计主管岗位第三名，栾超、梁双燕、王旭分别获得会计主管、总账会计、成本会计岗位第四名，段孟岩获财务管理岗位第五名。

12日　万柏林区第四届招商推介会在中国（太原）煤炭交易中心举办，推介会以“聚能新时代　创赢万柏林”为主题。市委常委、常务副市长王立刚，省投资促进局局长艾凌宇，区委书记杨俊民，区委副书记、区长袁尔铭等省市区领导出席，省内外知名企业、驻地高校、科研院所、金融机构及新闻媒体代表近600人参加推介会。推介会上，万柏林区筛选了8大类29个招商引资重点项目进行推介。

同日　全国人大常委会副委员长、民进中央主席蔡达峰在山西调研。民进中央副主席、省人大常委会副主任、民进山西省委会主委卫小春，全国人大常委会委员、民进中央副主席王刚陪同。其间，到民进太原理工大学委员会调研，听取委员会开展基层组织创建、参政议政等工作及获奖情况汇报。参观太原理工大学校史展览馆，考察教育部煤科学与技术重点实验室和党外人士之家。

13日　万柏林区召开区委中心组“不忘初心、牢记使命”主题教育第三次集中学习研讨会，集中学习中共十九届四中全会、省委十一届九次全会精神及习近平总书记致2019年太原能源低碳发展论坛贺信等重要内容。紧紧围绕党的政治建设、全面从严治党、理想信念、宗旨意识、政治纪律和政治规矩、党性修养、廉洁自律等8个专题开展集中研讨。杨俊民主持并讲话，区级领导和市委巡回指导组成员参加。

同日　山西省司法厅厅长薛永辉带领调研团队参观下元司法所标准化、规范化建设。

16日　万柏林区教育局受国际儒联及国家教育行政学院邀请，赴北京人民大会堂参加纪念孔子诞辰2570周年国际学术研讨会暨国际儒学联合会第六届会员大会，并在儒学之于人类命运共同体及新时代教育者的使命专题座谈会上，介绍万柏林区国学经典教育的经验。

19日　团省委副书记苏涛一行到万柏林区调研指导青年社会组织工作。调研组一行到兴华街道荔棒社区综合文化服务中心调研，参观了“青年之家”、未成年人活动室、志愿服务站、家长学校、科技普及室等功能室。苏涛询问了“双零”社区创建、困境青少年社会服务项目落实和“青年之家”建设情况，查阅相关组织阵地、队伍建设、工作机制、服务效果等方面的资料。对社区“青年之家”党建、团建、社建一体融合发展模式、“双零”创建及团委总体工作给予充分肯定并提出要求。

22日 太原理工大学教授赵阳升当选为中科院院士。

25日 万柏林区召开“不忘初心、牢记使命”主题教育专项整治整改落实成效评价座谈会。杨俊民出席会议并讲话，张振鹏主持会议。会议通报“8+5”专项整治整改落实情况以及部分区委承诺整改服务事项的进展情况。“两代表一委员”及基层群众代表进行现场提问和互动交流，对区委主题教育整治整改落实成效进行测评，测评结果总体满意。

28日 首批100个“枫桥式公安派出所”命名揭晓仪式在北京公安部报告厅举行，万柏林公安分局和平南路派出所跻身全国100个“枫桥式”公安派出所，所长刘宝强代表和平南路派出所接受表彰。

同月 金信公司承建的山西焦煤综合服务基地工程继获得山西省第十四届“太行杯”土木建筑工程大奖、2018年煤炭建设行业工程质量“太阳杯”奖等奖项后，又获国家优质工程奖。

12月

2日 区委书记杨俊民到娄烦县米峪镇乡政府调研脱贫攻坚对口精准帮扶工作。

3日 万柏林区人民检察院驻太原市公安局万柏林分局执法办案中心检察室正式揭牌启用。市人民检察院检察长宁建新，区委书记杨俊民，区委政法委书记杨宏林，市检察院副检察长路效国，副区长、公安万柏林分局局长高乃勇，区法院代院长王文皓，区检察院党组书记、检察长郭刚等领导参加。

9日 区委书记杨俊民指导万柏林区城管工委班子“不忘初心，牢记使命”专题民主生活会。会上，区城管工委主要负责人代表班子作检视剖析，班子成员及副科级以上的党员干部逐一发言，盘点收获，检视问题，剖析原因，明确努力方向和整改措施，开展严肃的相互批评，区委第六巡回指导组负责人作点评。

11日 万柏林区召开“扫黑除恶”专项斗争领导小组第15次全体（扩大）会议，杨俊民出席会议并讲话。会上，区委政法委副书记王贵宏传达全国“扫黑除恶”专项斗争第2次推进会和省、市“扫黑除恶”专项斗争领导小组会议精神，区纪委监委、区委组织部、区法院、区检察院、公安万柏林分局、区司法局汇报专项斗争开展以后，特别是2019年的工作进展情况。

同日 中国煤炭工业协会培训中心副主任、煤炭远网管理委员会副主任委员、副秘书长王艳霞一行到西山煤电集团公司，就“在大数据人工智能等技术背景下改进完善煤炭远教网资源建设机制研究”课题进行调研。

12日 中共万柏林区委举办的学习贯彻中共十九届四中全会精神第一期集中轮训班在区委党校开班。杨俊民、袁尔铭分别作专题辅导。市管领导干部、区委常委部门主持日常工作的副职、区直单位主要负责人、乡街党政正职、人大工委主任共计120人参加。

13日 太原广播电视大学40周年校庆大会召开。

同日 万柏林区全面启动中小学校校长、幼儿园园长职级制改革，通过校长（园长）任职资格评审、校长岗位申报及和平南路小学等6所学校校长岗位公开遴选，任命全区63所学校校长（园长）职务，并认定其校（园）长职级。其中，中学组11人，认定高级一档2名，高级二档1名，中级二档3名，初级二档4名，初级三档1名；

小学组50人，认定高级一档9名，中级一档11名，中级二档7名，中级三档5名，初级一档8名，初级二档5名，初级三档5名；幼儿园2人，认定高级一档1名，中级二档1名。

16日 万柏林区副区长高建军带领相关部门到西山煤电集团公司，就地铁一号线建设中涉及西山地区拆迁方案进行调研。

17日 中煤地质总局副局长潘树仁一行到访西山煤电集团公司，双方就矿山环境治理和煤矸石处置等问题举行座谈。

同日 太原理工大学航空航天学院正式成立，省委书记楼阳生出席仪式并揭牌。

19日 省委副书记、代省长林武到官地矿井下13601综采工作面，就安全生产工作进行调研。

20日 万柏林区召开区委中心组学习会，杨俊民主持并讲话。会上主要围绕习近平总书记视察山西重要讲话、在推动中部地区崛起工作座谈会上的重要讲话、在推动黄河流域生态保护和高质量发展座谈会上的重要讲话，对“三篇光辉文献”进行学习研讨，并传达学习习近平总书记在中央全面深化改革委员会第九、十、十一次会议和在中共中央政治局第十九次集体学习时的讲话，楼阳生在与省委办公厅、省委政研室班子成员座谈时的讲话，罗清宇在全市学习宣传贯彻党的十九届四中全会精神和省委十一届九次全会精神大会上的讲话，第二届全国青年运动会太原市筹办工作总结。

24日 玉泉山城郊森林公园退役军人张俊平被中央宣传部、退役军人事务部、中央军委政治工作部授予“最美退役军人”称号。

25日 由山西省总工会、团省委和省科协主办的山西省“五小六化”竞赛优秀成果展在省展览馆开展。西山煤电集团公司共有19项成果获奖，其中《多功能坡度规》《大孔径穿层钻孔代替横贯埋管技术研究》获一等奖。

27日 省委书记楼阳生到纺织苑西社区、千峰北路社区对社区居家养老工作进行调研。

30日 太原市环境保护局万柏林分局更名为太原市生态环境局万柏林分局，并正式挂牌成立。

31日 中国铁塔股份有限公司太原市分公司万柏林区站址数728座，全年完成新建、改造站址共347座，其中5G基站为286座。

同日 万柏林区召开区委常委会（扩大）会议，杨俊民主持并讲话。会议传达学习贯彻省委经济工作会议精神，安排部署全区经济工作。

同月 山西省委宣传部决定，将太原市马克思书房等30个基层理论宣讲单位、中共古交市委等30个党委（党组）理论学习中心组确定为首批“双百计划”联系示范点。西山煤电集团公司作为基层理论宣讲联系示范点位列其中。

西山煤电集团公司杜儿坪矿通风区王小龙获第七届全国煤炭青年五四奖章，西铭矿综采二队刘洋获评优秀共青团员和“振兴杯”全国青年技能大赛煤炭行业初赛三等奖，集团公司团委获得特别贡献奖。

区情概览

QUQING GAILAN

概　况

【区名来历】 因区境内原有较大的居民聚落（现为街道名称）“万柏林”而得名。该地西靠云中山系，东临汾河，地处太原市的“乾”位。民国年间，执政山西的阎锡山将此处选定为自己的墓地，唯感不足的是地表林木稀疏，于是决定在这里广植柏树，以备辟建陵园。因种植柏树多达万棵以上，故名“万柏陵”。中华人民共和国成立后，此地建立了晋机、重机、汾机等大型机器厂，逐步发展起来，“万柏林”泛指这一地区。1954年，太原市设4个郊区，曾用“万柏林”作区名，指位性强。1997年，区划调整沿用此名。（梁文青）

【地理位置】 万柏林区位于北纬37°44′40″~37°55′，东经112°21′53″~112°31′31″。地处太原市城区西部。东临汾河与杏花岭区、迎泽区、小店区隔河相望，南与晋源区接壤，西与古交市相连，北与尖草坪区、阳曲县毗邻。辖区东西最大距离24.6千米，南北最大距离22.4千米，总面积305平方千米。区人民政府驻西矿街35号，电话区号0351，邮政编码030024，距太原市人民政府4千米。（梁文青）

【地形地貌】 万柏林区地处太原盆地西沿。西部为南北走向的太原西山，沟壑纵横；中部为丘陵，连绵起伏；东部为汾河平川，平坦宽阔。地势西高东低，由西向东逐渐倾斜，地形分为山地、丘陵、平川，依次呈阶梯状分布，海拔高度在776—1865.8米之间。境内最高峰庙前山位于杜儿坪街道，海拔1865.8米；最低点汾河位于长风西街街道南屯村，海拔776米。（梁文青）

【自然资源】 万柏林区境内已探明地下矿产有煤炭、地热能等资源14种。其中，煤炭储量33.69亿吨，地热能储量2630万吨，耐火黏土储量150.6万吨，溶剂用灰岩储量274.1万吨，硫铁矿储量87.04万吨，石膏储量6075.4万吨。已经开发利用的有煤炭、溶剂用灰岩、硫铁矿、石膏等。其他自然资源有水泥灰岩、建筑石料灰岩、电石灰岩、砂石和砖瓦黏土等。（梁文青）

【气候特点】 万柏林区属暖温带季风气候。特点是四季分明，多年平均气温11.4℃，春季（4—5月）干旱多风，风力常达到六至八级，且伴随有霜冻出现；夏季（6—8月）南来副热带太平洋高压影响盛行偏南风，温高、湿重、降水集中；秋季（9—10月）天气晴朗；冬季（11—3月）受西伯利亚空气影响盛行偏北风，气候干燥寒冷。极端最高气温出现在7月，可达39.4℃；极端最低气温出现在1月，可降到-25℃。日照充足，全年日照时数2600—2800小时。无霜期为150—180天。年平均降水量为464毫米，多集中在7—9月，约占年降水量的63%，11—3月是干旱季节，降水量仅占全年的7%。（梁文青）

【河流分布】万柏林区境内河流属黄河水系汾河流域。流域面积在10000平方千米的支流有汾河，境内长40.9千米。流域面积在100平方千米以下的支流有玉门河、虎峪河、九院沙河3条，总长62.1千米。境内河流总长度103千米，河网密度0.3千米/平方千米，流域面积343.3平方千米。境内最大的河流为汾河，有两段流经万柏林区，上段从王封乡堡山村流入，流经周家山、上南山及小塔（屋科）、寺头（下槐）旧村，在汾河二库出境；下段在胜利桥南兴华街道后北屯入境，流经千峰街道的前北屯社区，下元街道的后王、大王社区，长风西街街道的小王社区，在南屯村出境。（梁文青）

【建置沿革】万柏林地区在明、清时期分属太原府阳曲、太原两县管辖。民国初废府归冀宁道。抗日战争时期由太原县第五区和阳曲县第三区分治。民国34年至民国38年（1945—1949）太原市划分为16个区，即内8区（城区）和外8区（郊区），万柏林境域属外8区的第三、四、五区。太原解放后，1949年5月太原市人民政府将16个区合并为8个区，万柏林境域属第七区。1950年8月改为太原市第五区。1954年6月改为万柏林区，1957年3月万柏林区撤销，划归太原市郊区管辖。1958年7月以万柏林境域为主，成立太原市河西区。1960年6月撤销河西区建置，成立义井、和平、万柏林、西山4个市辖城市人民公社。1961年3月撤销城市人民公社，5月恢复河西区建置，同年11月，将原西山人民公社地域析出，设立西山工矿区。1963年2月西山工矿区撤销，其辖区仍归河西区。1997年5月，撤销河西区建置，设立太原市万柏林区。（梁文青）

【政区划分】1997年，万柏林区辖万柏林、和平、千峰、兴华、下元、杜儿坪、南寒、白家庄、大虎沟、开城里、官地11个街道，西铭、化客头、王封、小井峪、东社（不含小东流、大东流、西流3个村）5个乡。2001年3月，东社乡、化客头乡改设为街道。2006年9月万柏林区行政区划调整，将城乡分设的3个乡13个街道调整为城区一体化的1个乡14个街道。2019年年末，辖千峰、下元、小井峪、和平、万柏林、兴华、南寒、白家庄、杜儿坪、西铭、东社、化客头、长风西街、神堂沟14个街道和王封乡1个乡，135个社区居委会，18个村民委员会。（梁文青）

国民经济和社会发展

【综合经济增长】2019年，万柏林区实现地区生产总值（GDP）476.0亿元，按可比价计算增长2.6%。其中：第一产业增加值0.3亿元，下降10.8%；第二产业增加值248.4亿元，增长3.2%；第三产业增加值227.3亿元，增长1.9%。第三产业中，批发和零售业增加值29.4亿元，下降6.2%；金融业增加值25.3亿元，增长8.7%；房地产业增加值89.3亿元，下降1.6%；营利性服务业增加值21.0亿元，增长7.2%；非营利性服务业增加值55.2亿元，增长8.8%。

产业结构：三次产业比重为0.1∶52.2∶47.7，第二产业拉动经济增长1.7个百分点，第三产业拉动0.9个百分点。与上年相比，占GDP的比重第一产业持平，第二产业下降2个百分点，第三

产业提升2个百分点。（胡　滨）

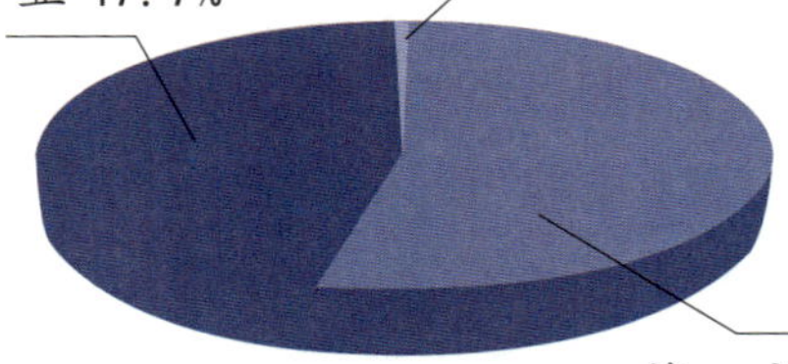

2019年万柏林区生产总值三次产业结构比例图

【财政收支】 2019年，万柏林区一般公共预算收入232645万元，增长5.2%。从主体税种看：增值税收入60292万元，企业所得税收入26369万元，土地增值税收入26627万元，城市维护建设税收入12084万元，契税收入50631万元。

一般公共预算支出388678万元，同比增长15.0%。民生支出力度不减，民生事业持续改善。全年民生支出311145万元，占到全区公共财政预算支出的80.1%。其中：城乡社区支出102258万元，同比增长52.3%；医疗卫生与计划生育支出23547万元，增长42.7%；教育支出95290万元，增长5.0%；社会保障和就业支出40624万元，增长–5.1%。（胡　滨）

【农林牧业】 2019年，万柏林区农林牧渔业总产值6832.4万元，按可比价计算较上年下降14%。年末，牛出栏38头，同比下降53%；羊出栏191只，同比下降59.1%；活家禽出栏5580只，同比下降64.1%。年末，牛存栏127头，同比增长12.4%；羊存栏725只，同比增长43.3%；活家禽存栏13880只，同比下降27.8%。年末，肉类产量16.6吨，同比下降96.1%；禽蛋产量145吨，同比下降36.9%；牛奶产量120吨，同比下降3.2%。年末，蔬菜播种面积14.1公顷，同比下降45.6%；产量270.4吨，同比下降55%。年末，水果、食用坚果采收面积79.4公顷，同比增长9.8%；产量273.1吨，同比增长52.3%。粮食播种面积236.7公顷，同比下降18.1%；产量507.1吨，同比下降32.4%。（胡　滨）

【工业和建筑业】 2019年，万柏林区规模以上工业企业17家，其中大型企业4家，中型企业6家，小型企业7家。实现工业增加值128.6亿元，比上年增长3.7%；实现工业总产值333.9亿元，同比增长0.9%。

2019年万柏林区规模以上工业增加值分类情况一览表

表1　　单位：亿元、%

指　标	增加值	同比增长
规模以上工业企业	128.59	3.7
其中：国有控股企业	127.94	2.7
其中：国有企业	0.19	–86.3
集体企业	0	0
股份制企业	128.28	3.7
其他经济类型企业	0.12	–30
其中：轻工业	0.36	14.8
重工业	128.23	2.7

在工业涉及的14个行业大类中，增加值较上年增长的有6个。从行业规模看，增加值超5亿元的行业有3个，占到全区工业增加值84.8%，具体完成情况如下：

2019年万柏林区规模以上工业主要行业增加值完成情况一览表

表2　　单位：亿元、%

行业名称	增加值	同比增长
煤炭开采和洗选业	95.91	4.2
通用设备制造业	7.55	20.5

续　表

行业名称	增加值	同比增长
金属制品、机械和设备修理业	5.57	1.7
石油、煤炭及其他燃料加工业	4.64	−7.3
燃气生产和供应业	3.86	11.9
专用设备制造业	3.07	−1.7

建筑业：2019年年末，万柏林区纳入统计的具有建筑业资质的建筑业企业208个，完成建筑总产值685.0亿元，同比增长11.6%。全区建筑业企业签订合同额为2213.5亿元，同比增长3.9%，其中2019年新签合同额为832.3亿元，同比增长12.2%。（胡　滨）

【固定资产投资】 2019年，万柏林区固定资产投资完成223.0亿元，同比增长6.7%，投资总量在10县（市、区）排名第2，增速排名第8，其中房地产开发投资176.5亿元，同比增长15.1%。按产业分：第一产业完成0.9亿元，同比增长21.9%；第二产业（工业）完成9.6亿元，同比下降21.1%；第三产业完成212.3亿元，同比增长8.4%。三次产业投资比例由上年0.4∶5.9∶93.7转变为0.4∶4.4∶95.2，第三产业投资占比较上年提升1.5个百分点。

房地产：全年房地产开发投资176.5亿元，比上年增长15.1%。其中，住宅投资123.9亿元，增长11.7%；办公楼投资14.1亿元，增长11.9%；商业营业用房投资16.6亿元，增长33.9%；其他投资21.9亿元，增长25.9%。房地产开发企业所有房屋施工面积为1607.9万平方米，同比增长18.2%，其中住宅施工面积1102.8万平方米，增长21.6%。本年商品房销售面积169.0万平方米，下降26.9%，其中住宅销售面积129.8万平方米，下降34.7%。本年商品房销售额196.1亿元，下降26.6%，其中住宅151.8亿元，下降33.2%。（胡　滨）

2019年万柏林区三次产业固定资产投资情况一览表

表3　　单位：亿元、%

指标名称	投资额（亿元）	增速（%）	占比（%）
第一产业	0.9	21.9	0.4
第二产业	9.6	−21.1	4.4
第三产业	212.3	8.4	95.2

【招商引资】 2019年，万柏林区围绕转型发展主攻方向，培根固本加大招商项目谋划力度。面向全区征集项目，建立涵盖产业园区、科技创新、文化旅游、商务服务、地块改造五类领域的招商项目14个，其中万柏林区先进装备制造产业园区、中海国际中心、万柏林区新旧动能转换示范基地、中车太原科技大厦，被列为2019年山西省招商引资重大项目。首聘34名各行业精英领军人物为万柏林区“招商大使”；从粗放式招商向精准化招商转变，成立区楼宇办；从传统会场向知名平台提档升级转变，于11月12日举办万柏林区第四届招商推介会。活动以‘聚能新时代、创赢万柏林”为主题推出8类29个招商项目，签约总额达405.6亿元，现场路演10个新兴产业项目。

2019年，万柏林区签约项目8个，签约总额229亿元，完成年度目标任务200亿元的114.5%。总投资其中6个固投项目，2个非固投项目。当年签约项目当年开工5个，万科春和景明项目、太原海尔地产·学府后北屯“城中村”改造项目、太原润辰大厦项目、融创太原府南屯“城中村”改造项目、万科长风公馆，当年签约当年开工率达62.5%，超额完成任务。（梁文青）

【交通运输业】2019年，万柏林区农村公路453.469千米，其中县道56.010千米，乡道75.882千米，村道307.556千米，专用公路14.021千米。

（胡　滨）

【批零贸易、住宿餐饮业】2019年，万柏林区社会消费品零售总额222.3亿元，同比上涨1.8%，其中限额以上贸易企业零售额97.9亿元，同比下降10.0%，占全部社会消费品零售总额的44.0%。

（胡　滨）

2019年万柏林区限额以上批发零售业主要行业零售额一览表

表4　　单位：万元、%

指　标	增加值	同比增长
汽车类	578255.3	−8.1
石油及制品类	276006.7	−14.6
粮油、食品类	38829.3	−11.8
家具类	13780.3	26.3
其他类	13724.9	−2.1
中西药品类	8628.5	2.6
服装、鞋帽、针纺织品类	6985.3	10.8
文化办公用品类	5619.0	−2.0
饮料类	3025.6	−52.8
烟酒类	2043.7	18.1
家用电器和音像器材类	928.5	−26.4
化妆品类	258.1	−3.3
日用品类	222.2	−4.7
五金、电料类	39.6	−12.2

【人口、人民生活和社会保障】2019年年末，万柏林区户籍人口592184人，其中男、女性别的比例为104.63∶100。在总人口中城镇人口为563732人。全区育龄妇女数量为181920人，比2019年年初减少1029人，符合政策生育率99.95%，人口出生率5.41‰，人口自然增长率3.37‰。

2019年，全区城镇常住居民人均可支配收入36171元，增长7.7%。基本养老保险参保人数117396人，城镇职工基本养老保险参保人数54217人，企业参保人数43812人，机关事业单位参保人数10405人，城乡居民基本养老保险参保63179人。城乡居民基本医疗保险参保人数278425人，失业保险参保35348人，工伤保险参保18067人，生育保险参保17252人。

全区城镇新增就业14550人，其中城镇失业人员再就业7710人，就业困难人员就业2084人，创业带动就业4121人，转移农村劳动力635人。城镇登记失业率为3.32%。（胡　滨）

【环境保护和安全生产】2019年，万柏林区全年空气质量优良天数233天，在六城区中排名第一，优良率为66.8%，空气质量指数为5.34，PM_{10}平均浓度值为83微克/立方米，同比下降16.2%；$PM_{2.5}$平均浓度值为41微克/立方米，同比上升2.5%；二氧化硫（SO_2）平均浓度值为22微克/立方米，同比下降15.4%；二氧化氮（NO_2）平均浓度值为39微克/立方米，同比下降2.5%；臭氧（O_3）日最大8小时平均值浓度为188微克/立方米，同比上升1.1%；一氧化碳（CO）日均值浓度为1.8微克/立方米，同比下降18.2%。降尘量自5月的23.8吨/（平方千米·月）下降到10月的5.2吨/（平方千米·月）。

全区持续开展碧水保卫战，有序推进净土保卫战。投资600万元，铺设污水管网5.4千米，提前半年完成杜儿坪街办大虎峪村农村生活污水治理任务。对全区的40个入河排污口开展全面排查，建立台账。对75家一般企业的土壤调查，已全部完成。西山煤电前山4矿矿山生态恢复治理试点示范项目，白家庄矿、官地矿、西铭矿已全部完工，杜儿坪矿基本完工，进入收尾阶段。

2019年，全区安全生产工作实现稳中有降、稳中向好的态势，杜绝了较大以上生产安全事故，安全生产事故起数和死亡人数下降幅度是近年来下降幅度最大的一年。1—12月，全区共发生各类生产安全事故5起，死亡5人。事故同比减少4起，下降44.44%；死亡人数减少6人，下降54.55%。具体情况：道路运输和仓储业发生事故5起，死亡5人；同比事故起数减少2起，下降28.57%；死亡人数减少3人，下降37.5%。其他行业均未发生生产安全事故。（胡　滨）

【城市建设】2019年，市政府在万柏林区安排7条道路新建任务，涉及征收拆迁面积34193.83平方米；道路续建工程，九院沙河快速化改造西延及虎峪河快速化改造西延工程，新增拆迁面积1892平方米；道路大修工程，西机东路（迎泽西大街—虎峪河北沿岸）大修工程，随着改建工程的完成，彻底改变了该路段周边脏乱差现象，提升城市区域品牌形象。

“城中村”实施整村拆除工作以来，已全部完成27个“城中村”整村拆除工作，2019年重点对大王、后王、瓦窑公建进行拆除。完成各类拆迁15.59万平方米，“城中村”改造回迁安置房工作开展以来，已累计完工（或封顶）27533套约316.85万平方米，累计货币安置34755套。全年新开工建设回迁安置房661套，7.9万平方米，9个城边村完成整村拆除。

全区老旧小区334个，涉及“三供一业”的小区122个，列入棚户区改造、危房等原因涉及拆迁的6个，实际应完成328个，全年完成192个小区整治，完成任务的58.5%。

全年新建开工保障性住房195套，完成投资4.8亿元（含续建项目）。截至12月10日，保障房新开工252套，完成任务的129.23%；基本建成5327套，完成任务的100.51%；完成投资8.37亿元，完成任务的174.38%。（胡　滨）

【区域环境】2019年，万柏林区以“创建文明城市、迎接二青盛会”为契机，大力实施园林绿化建设。新建闫家沟游园等6个游园，占地面积14.41万平方米；完成新屯巷绿地等6个街头绿地，面积5.35万平方米。完成背街小巷和老旧小区绿化整治，整治绿地5000余平方米，栽植行道树900余株。整治裸露地面和缺苗断垄，共补栽花灌木2050株，绿篱色块1.87万平方米，地被草坪7.53万平方米。修剪乔灌木16.8万株，安装及维修护网5800延长米，覆盖树穴1900个，完成垂直绿化1070延长米。全年新增园林绿地25.93万平方米，其中：新增单位绿地3.49万平方米、居住区绿地1.19万平方米、游园及街头绿地19.75万平方米；道路绿地1.5万平方米。培养市级园林式单位（居住区）5个、省级园林小区2个、省级园林道路1条。区绿地率增加0.54个百分点，达38.26%；绿化覆盖率增加0.54个百分点，达44.34%；人均公共绿地增加0.35平方米，达12.15平方米。公园游园500米服务半径覆盖率达85%以上。（胡　滨）

【城市面貌】2019年，万柏林区以太原市“创建全国文明城市”为契机，围绕“五街四路”“两大片区”“背街小巷和老旧小区”进行整治。全年，机械清扫面积达到772万平方米，便道冲洗129万平方米。市政道路新安装果皮箱905个，日常维护安装更新200个，根据创城工作要求拆除广告果皮箱305个。在推进文明创城工作中对非法小广告整治，采取成立专业队伍、志愿者、“万管家”和街路长、楼院长等多种方式，疏堵结合，全年处置各类非法小广告16万余条，橱窗广告5万平方米，同时加大精细化长效管控，定时、定点对重点街道、示范街巷进行巡查。推进两进、两下、两拆工作，拆除楼顶大型非法广告196处。牵头背街小巷专项整治，对全区133条小街巷全部列入整治范围，2019年完成专项整治120余条。加强对背街小巷、老旧楼院保洁力度，清理无人管理楼院和道路无主生活垃圾8000余吨、无主建筑垃圾2000余吨，处置大件垃圾208处、约214.7吨，冲洗路面达到10.52万千米；清洗老旧楼院32处。全面推进垃圾分类工作，集园林、大件垃圾处置专业设备已建成，拟于2020年3月投入使用。全区118个党政机关推行垃圾分类，建立美林湾社区、千北社区、丽华苑社区3个垃圾分类片区，安装道路分类果皮箱1000个，投放垃圾分类亭200个，给全区小区投放分类垃圾桶1.2万个，给沿街门店投放分类垃圾桶3000余个。（胡　滨）

【科技】 2019年，万柏林区完成对企业研发投入、高新技术企业认定补助等项目转移支付1000.44万元。主要落实了围绕前引导类项目的社会发展、科技成果转化与推广、新兴产业培育和创新创业平台4个专项以及支持项目23项，资金1452.67万元。支持后补助类项目46项，资金591万元。支持科技企业孵化器和众创空间高质量发展并实现提档升级，省级以上科技企业孵化器4家，众创空间18家，高新技术企业现有121家，2019年新申报了19家，入库科技型小微企业226家。向市级上报年销售收入达到300万元（含）以上，且年度研究开发费用占销售收入4%（含）以上的企业存量36家，申请了科技政策鼓励研发投入。（胡　滨）

【教育】 2019年，全区以破解难题为指向，深入推进教育改革。全面深化新时代教师队伍建设改革。区直属幼儿园2所，教职工82人，全部满工作量；区直属中小学校62所，教职工3407人，满工作量教师2890人。推进“双名工作室”建设，通过三级九等序列考核，确定全区享受区政府特殊津贴170人，其中省级荣誉者62人，市级荣誉者42人，区级荣誉者66人。12个名校（园）长工作室、217个各级各类名师工作室研修活动累计达1670余次，开展研究的各级各类课题132项，发表论文达到69篇。以条件保障为抓手，全面提升发展能力。全区67所中小学校全部达到百兆宽带；普惠性公办幼儿园华峪南区幼儿园建成并投入使用，兴华礼仪幼儿园荔梅园改扩建完工并投入使用，新增学位420个；山西中心实验小学等4所学校建成并投入使用，山西九知实验小学、阳光城实验小学、凤凰双语第二实验小学也落户万柏林区；投入5110万元，完成开城街学校教学楼重建、区实验中学操场塑胶化改造等工程；投入4000万元，对万柏林二中等45所中小学学校实施校园文化升级改造工程。

2019年，全区中小学生60288人。其中：中学学生8255人，平均班容量45人；小学学生52033人，平均班容量44人。同年9月，全区残联统计残疾儿童118人，入学111人，残疾儿童入学率达94%。（胡　滨）

【文化体育】 2019年，万柏林区坚持以“生态旅游，绿色发展”为主旨，推进生态文明和文化旅游建设，挖掘人文山水旅游资源优势，编制《全域旅游规划》和《旅游管理办法》，科学统筹，向全社会宣传万柏林，扩大影响力，把资源优势转化为经济发展优势，把文化旅游产业打造成战略性支柱产业。在完成荒山全覆盖目标的基础上，同时又对玉泉山景区、桃花沟景区、偏桥沟景区进行提档升级，长风、玉泉山两大城郊森林公园已成为市民休闲旅游热点。

完成自行车太原赛段以及“二青会”火炬传

递等活动。组织开展“礼赞新中国、奋进新时代”文化艺术月活动，举办演出80余场；组织40支队伍上千人次开展“改革创新、奋发有为”庆祝中华人民共和国成立70周年系列活动，受到广大市民的关注和点赞；开展纪念“三八”节活动、清明节缅怀先烈活动、端午节粽叶飘香、中秋节等“我们的节日”活动等。（胡 滨）

【卫生】2019年，万柏林区推进医联体建设，坚持以公立医院改革为重点，全面深化医药卫生体制改革。山大一院万柏林分院暨区医疗集团的成立是山西省首家城市紧密型医联体，创造了以一体化改革为抓手的城区综合医改“山西模式”。2019年门急诊诊疗11万人，住院人数6447人，手术人次1352人，业务收入6400万元。全面取消药品加成，破除以药补医，取消472种西药、77种中成药的药品加成，药品实行零差价销售，药品销售与上年同期相比减少收入1876万余元。建立医疗服务价格调整机制，诊查费、治疗费、护理费、手术费提高13%，床位费提高36%，医用设备检查费、检验费降低10%，65岁以上及3岁以下儿童免挂号费，调整项目涉及8000余项。全区实施基本药物制度的基层医疗机构增至63家，覆盖率达到91%，网采率达100%。（胡 滨）

机构设置及负责人名录

一、区级机构

中共万柏林区委

书　记：杨俊民
副书记：袁尔铭
张振鹏
杨建忠（挂职）
常　委：岳元春
刘贵江
杨宏林
戴　刚*
李　蓉（女）
刘仍雁
赵晓红（女）
刘爱国
常　青

区人大常务委员会

党组书记、主任：侯　安*
党组书记、副主任：张振鹏
副主任：刘团圆
党组成员、副主任：孔一龙
李石宏

区人民政府

党组书记、区长：袁尔铭
党组成员、副区长：李　蓉（女）
高乃勇
高建军
梁红根
陈俊峰
李宏文
副区长：任永福（挂职）
郭志红（女）（挂职）
李　钧（挂职）

区政协

党组书记、主席：马会安
副主席：阎会鲁
党组成员、副主席：王跃礼
王宝同
副主席：阴　燚
党组成员、秘书长：李星照*
邢晓宁（女）

区纪律检查委员会　监察委员会

书　记：刘贵江

副书记：王少强 *
刘运文
王爱萍（女）
纪委常委：马红英（女）
郭　旭 *
周世荣 *
杨　林 *（女）（兼）
黄雪压
白林玉（女）
孙　琪
吕娟丽 *（女）（挂职）
监委主任：刘贵江
监委副主任：王少强 *
刘运文
王爱萍（女）
监委委员：周世荣 *
刘运文 *
马红英（女）
黄雪压
段彦武
王旭东（兼）

二、区委工作部门

区委办公室

主　任：刘爱国
副主任：刘　涌（主日常工作）
庞　锋 *（兼区委督查室负责人）
张锐锋 *
冯　华
刘淑平（女）
王现美（女）
张晓彬（兼区信访局党组书记、局长）

区国家密码管理局 *

局　长：刘淑平 *（女）

区台办 *

负责人：陈艳丽（女）

区信访局 *

负责人：张晓彬
副局长：闫定邦

区委组织部

部　长：常　青
副部长：康爱国（主持日常工作）
马爱明 *（兼）
康爱国 *
陈　卉 *（女）（兼区非公和社会组织工委书记）
刘艳芳（女）
郭　旭（兼党建办主任）

区委人才办 *

主　任：刘艳芳（女）（兼）

区委宣传部

部　长：赵晓红（女）
副部长：唐　琪（主持日常工作）
张　杰
闫　斌（女）
唐　杰（女）（兼区精神文明办主任）
刘　英（女）（兼区委网络安全和信息化委员会办公室主任）

区委统战部

部　长：岳元春
副部长：曹　炜（主持日常工作）
史小勇
王惠宏 *（兼区工商联党组书记）
曹　炜 *

王建中（兼区民族宗教事务局局长）
王桂兰（女）
张艳卿（女）

区委政法委
书　记：杨宏林
副书记：朱玉芳（女）（主持日常工作）
牛培亮*
刘志刚
王贵宏（兼矛排办主任）

区综治办*
主　任：牛培亮*（兼）
副主任：黄瑞霞（女）

区法治建设领导小组办公室*
副主任：闫英才（女）

区委政策研究室
主　任：代林浩（兼区委全面深化改革委员会办公室主任）
副主任：魏林林*（女）
赵　毅

区委编办
主　任：李　烨
副主任：牛丽娟*（女）
王倩倩（女）

区委巡察办
主　任：袁江敏（女）
副主任：高　杰

区委巡察组
巡察专员*：贾瑞卿*
张大钧（女）
张　伟（女）
康　峰
正科长级巡察专员：杨　林（女）
张　伟（女）
副科长级巡察专员：张大钧（女）
崔克琼（女）
康　峰

区委老干局
局　长：马爱明*
陈　卉（女）

区直机关工委*
书　记：邢晓宁*（女）
炬红亮
纪工委书记：李风琴（女）

区非公经济组织和社会组织工委*

三、区人大常委会及其工作机构

办公室
党组成员、主任：杨瑞玲（女）
副主任：梁　骏*
任　娟（女）

监察和司法委员会
主任委员：王俊卿（女）

法制工作委员会
主　任：王俊卿（女）（兼）

财政经济委员会（社会建设委员会）
主任委员：李培英（女）

财经工作委员会
主　任：李培英（女）（兼）

教育科学文化卫生工作委员会
主　任：刘校青*（女）
詹　瑛（女）

农业和农村工作委员会
主　任：杜广迁*
梁　骏

人事工作委员会
主　任：武爱娟*（女）
武海燕（女）

城市建设环境资源保护工作委员会

主　任：　毕文莲＊（女）
　　　　　卢轶娜（女）

法制委员会＊

财政经济委员会＊

四、区政府工作部门

区政府办公室

党组书记、主任：韩　宇（兼区委外事工作委员会办公室主任）

副主任：景自强＊

党组成员、副主任：刘　毅＊
　　　　　牛宝麟＊
　　　　　何利斌
　　　　　张四虎
　　　　　崔晓凯

区政府应急办公室＊

副主任：田树勇

区发展和改革局

党组书记、局长：陆　萍（女）（兼区委财经委员会办公室主任）

副局长：薛昱桐＊（兼综改办副主任）

党组成员、副局长：张东新

副局长：谷　琰＊（女）

党组成员、副局长：李　慧（女）

总经济师＊：晁　琛（女）

党组成员、副科级领导干部：
　　　　　晁　琛（女）

区价格监督检查分局＊

局　长：吕刚谱

区教育局

党工委书记、局长：李　波（女）（兼区委教育工作领导小组办公室主任）

副局长：李玉成＊

党工委委员、副局长：
　　　　　宋肇智
　　　　　许　军
　　　　　武　玥＊（女）

区科技局

党组书记、局长：乐丽梅（女）

副局长：白雪梅＊（女）

党组成员、副局长：王晓娜（女）

总工程师＊：王姝洁（女）

党组成员、副科级领导干部：
　　　　　王姝洁（女）

区经济和信息化局＊

党工委书记：王　辉

副局长：任保平
　　　　　刘　斌

区工业和信息化局

党工委书记、局长：王　辉

党工委委员、副局长：王彦叶
　　　　　刘　斌

区民政局

党组书记、局长：张文会＊

党组书记＊党工委书记：庞　锋

党组成员＊党工委委员、副局长：
　　　　　解伟明
　　　　　胡永强
　　　　　李　倬

总会计师＊：郭树英（女）

党组成员、副科级领导干部：
　　　　　郭树英＊（女）

区司法局

党组书记、局长：苗小林（女）（兼区委全面依法治区委员会办公室主任）

党组成员、副局长：仪淑娟（女）
　　　　　刘　毅

区财政局

党组书记、局长：倪育兵

党组成员、副局长：胡太生

李艳玲（女）

总会计师*：张岗生

党组成员、副科级领导干部：

张岗生

区人力资源和社会保障局

党工委书记、局长：常宇欣（女）

党工委委员、副局长：

刘双海

吴　宇*

温晓青（女）

区自然资源局

党组书记、局长：樊俊文*

尹安寿

党组成员、副局长：柳奎东

温　正

李　丽（女）

副局长：武　强

区住房和城乡建设管理局*

党工委书记：张立权

副局长：李天明

李新文

总工程师：李　进

区城中村改造办公室*

常务副主任：赵双明（兼）

区住房和城乡建设局

党工委书记、局长：武中全

党工委委员、副局长：

李天明

赵双明（兼）

刘冬菊（女）

李新文

宋　伟

武少林

副科级领导干部：李　进

区城乡管理局

党工委委员、副局长：

张文宝

李志国

党工委委员、副科级领导干部：

张正彪

区交通运输局

党工委书记、局长：烟红亮*

副局长：武海燕*（女）

昝万强*

党工委委员、副局长：

赵春红*（女）

总工程师*：康　红（女）

党工委委员、副科级领导干部：

康　红*（女）

区水务局

党组书记：柳丽辉*

党组书记、局长：王五义

党组成员、副局长：周利民

侯惠平

区农业委员会*

党工委书记、主任：赵丽生

副主任：祁天贵

田斌艳（女）

于联萍（女）

王　波（女）

总经济师：李亚红（女）

区农业农村局

党工委书记、局长：赵丽生（兼区委农村工作领导小组办公室主任）

党工委委员、副局长：

田斌艳（女）

王　波（女）

于联萍（女）

区商务粮食局＊

党工委书记：张立奇

副局长：巫　健

郭子梅（女）

张四虎

区商务局

党工委书记、局长：张立奇

党工委委员、副局长：

昝万强

郭秀香（女）

区文化局＊

党组书记、局长：王有军

副局长：王喜爱（女）

副局长：卢铁娜（女）

总工程师：任鸿宾

区文化和旅游局

党组书记＊党工委书记、局长：

王有军

党组成员＊党工委委员、副局长：

王喜爱（女）

卢铁娜＊（女）

副科级领导干部：任鸿宾

区卫生和计划生育局＊

党工委书记：王建明

副局长：王霁暄（女）

郝军花（女）

张瑞鲜（女）

总工程师：丁捍旗

区卫生健康和体育局

党工委书记、局长：王建明

党工委委员、副局长：

王霁暄（女）

郝军花（女）

区退役军人事务局

党组书记、局长：张俊峰

党组成员、副局长：李春梅（女）

陈新文

区应急管理局

党组书记：周世荣

党组副书记、局长：王志勇

党组成员、副局长：李兴春

田树勇

王四柱（挂）

区审计局

党组书记、局长：常宇欣＊（女）

裴治晋（兼区委审计委员会办公室主任）

党组成员、副局长：郭雪萍（女）

总审计师＊：张再蕾（女）

党组成员、副科级领导干部：

张再蕾（女）

区食品药品监督管理局＊

党组书记：王五义

副局长：周艳亭

张凌雁（女）

区市场监督管理局

党组书记＊：邢晓宁＊（女）

李星照

党工委书记：李星照

党组副书记＊党工委副书记、局长：

鲁宝栋

党组成员＊党工委委员、副局长：

张　龙

李照平

侯艳平（女）

吕刚谱

党组成员＊副局长：周艳亭＊

党组成员＊党工委委员、正科级领导干部：

张智顺
陈冬利*
党组成员*党工委委员、副科级领导干部：
杨俊文

区统计局

党组书记、局长：胡　滨
副局长：施春英*（女）
党组成员、副局长：谷　琰（女）
总统计师*：吴艳红（女）
党组成员、副科级领导干部：
吴艳红（女）
党组成员（兼）：罗丽萍（女）（太原市统计调查监测中心主任）

区安全生产监督管理局*

局　长：李占祥（兼安委办主任）
副局长：李兴春
冯　坚

区民族宗教事务局*

党组书记、局长：王建中
副局长：侯文强
王彦叶（女）

区法制办公室*

副主任：仪淑娟（女）

区人防办（区民防局）*

党组书记、主任：马保平（兼民防局局长）
副主任：宋　伟（兼民防局副局长）
总工程师：高振红（女）

区医疗保障局

党组书记：张月卿（女）
局　长：丁捍旗
党组成员、副局长：赵　莉（女）
任　娟*（女）
邱自刚

区行政审批服务管理局

党组书记、局长：王惠宏
党组成员、副局长：薛昱桐
张凌雁（女）

区信访局

党组书记、局长：张晓彬
党组成员、副局长：王爱萍（女）
巨定邦（党组成员）

五、区政协工作机构

区政协办公室

主　任：马瑞旭*
杨　斐
副主任：严秋宇（女）

教科卫体委员会

主　任：李燕萍*（女）
左海霞（女）

文化文史和学习委员会

主　任：惠仙云*（女）
白雪梅（女）

经济社会工作委员会

主　任：郭红燕（女）

人资环城委员会（加挂民族宗教和台港澳侨联络委员会牌子）

主　任：刘　明*
主　任：畅元兰（女）

提案工作委员会

主　任：张晋萍（女）

农业和农村委员会（加挂社会法制委员会牌子）

主　任：邹淑贤（女）

文教工作委员会*

学习宣传工作委员会*

经济科技工作委员会*

祖国统一委员会*

文史提案工作委员会*

农村工作委员会*

六、区纪委监委工作机构

第一监督检查室

主　任：　冯立新

第二监督检查室

主　任：　李建宏

第三监督检查室

主　任：　张云平＊
　　　　　董茂青

第一审查调查室

主　任：　刘　栋

第二审查调查室

主　任：　马振江

第三审查调查室

主任、正科级纪检监察员：
　　　　　李根远

第四审查调查室

主　任：　郭凤龙

案件监督管理室

主　任：　白林玉＊（女）

案件审理室

主　任：　崔晓凯＊

信访室

主　任：　任丽丽（女）

党风政风监督室

主　任：　王旭东

办公室

主　任：　刘　丽＊（女）
　　　　　张旭峰

区纪委监委派驻纪检监察组

第一派驻纪检监察组

组　长：　畅元兰＊（女）
　　　　　刘　丽（女）

副科长级纪检监察专员：
　　　　　沈　洁（女）

第二派驻纪检监察组

组　长：　郝海燕＊（女）

副科长级纪检监察专员：
　　　　　李　云

第三派驻纪检监察组

组　长：　戴世荣＊（女）
　　　　　杨　标

副科长级纪检监察专员：
　　　　　武福龙

第四派驻纪检监察组

组　长：　李旭武＊

副科长级纪检监察专员：
　　　　　刘慧琴＊（女）

第五派驻纪检监察组

组　长：　段彦武＊

副科长级纪检监察专员：
　　　　　王旭东＊
　　　　　柴　勇

第六派驻纪检监察组

组　长：　刘永新

副科长级纪检监察专员：
　　　　　郭俊明

七、群众团体

区工商联

党组书记：　王惠宏＊（兼）

常务副主席：　孙文红（女）

副主席：　李　兵＊
　　　　　韩俊杰

区总工会

主　席：　王立学（兼任）

副主席：　张若溪
　　　　　李　琛（女）（兼）

女工委员会主任：　李　琛（女）

团区委

书　记：　陶　猛
副书记：　刘倩倩（女）
　　　　　魏林林 *（女）（兼少工委主任）

区妇联

党组书记、主席：张素龙（女）
党组成员、副主席：张艳洁（女）
党组成员、妇儿工委办公室主任：
　　　　　张春燕（女）

区科协

主　席：　裴东梅（女）
副主席：　张香兰 *（女）
　　　　　白晓娟（女）

区残联

党组书记、理事长：魏春林 *（女）
　　　　　王红峰
党组成员、副理事长：
　　　　　王金山
　　　　　李建全

区文联

主　席：　高海琴（女）
副主席：　左海霞 *（女）

区红十字会

专职副会长：宋冬梅 *（女）
　　　　　章　宏（女）

区法学会

秘书长：　朱玉芳 *（女）
　　　　　闫英才（女）
负责人：　闫英才 *（女）

区计生协会

专职副会长：高变莲（女）（兼区卫生健康和体育局党工委委员）
秘书长：　李　研（女）

八、参照公务员法管理事业单位

区委党校（区行政学校）

常务副校长：李智勇（兼区行政学校副校长）
副校长：　陈晓红 *（女）
　　　　　侯凯英（女）
　　　　　王　钦

区老龄委办公室 *

主　任：　徐卫香（女）

区新闻中心（区委对外宣传领导组办公室和区政府新闻办公室）*

主　任：　张英波 *（女）
副主任：　杨丽华（女）

区党员电化教育中心 *

主　任：　张艳斐（女）

区事业单位登记管理局 *

局　长：　牛丽娟（女）

区园林绿化局 *

党组书记、局长：王志勇 *
副局长：　孙志光
总工程师 *：张正彪

区市容环境卫生管理局 *

副局长：　张文宝
　　　　　李志国

区林业局 *

局　长：　高亮则
副局长：　武　强
总工程师：宗金萍 *（女）

区国库支付中心（区会计核算中心）

主　任：　詹　瑛 *（女）（兼会计核算中心主任）
副主任：　王茂松（兼会计核算中心副主任）
　　　　　赵　勤（女）

总会计师： 倪鹏伟＊（兼会计核算中心总经济师）

区档案局＊

党组书记： 孟　力（女）

副局长： 魏述君＊

田宝香＊（女）

区房地局＊

党组书记、局长： 武中全

副局长： 刘冬菊（女）

武少林

区防震减灾局＊

局　长： 杨胜岐

区安全生产监察执法大队

大队长： 杨　光

副队长： 白秀杰

孟　刚

太原市城乡管理行政执法局万柏林区分局（执法大队）＊

党组书记： 宋　征

大队长： 王金生

政　委： 李晋寿＊

副大队长： 刘太忠

王改英（女）

高　江

办公室主任： 郝卫萍（女）

中队长： 刘永胜

张康泽

陈海龙

张世峰

赵洪刚

雷光华

李志刚＊

区地方志办公室＊（区委党史研究室）

主　任： 武超龙

区委党史研究室（区地方志研究室）

主　任： 武超龙

副主任： 梁文青（女）

区供销社联合社

主　任： 王荣忠

区防汛抗旱指挥部办公室＊

主　任： 姚润柱

区社会保险中心

主　任： 白丽平（女）

副主任： 冯代青（女）

王　静（女）

区失业保险中心＊

主　任： 赵春红（女）

区全民健康服务中心

区融媒体服务中心

区党员教育中心

区事业单位登记事务中心

区城乡绿化服务中心

区城乡清洁服务中心

区林草综合服务中心

区档案馆

区房产综合服务中心

区防震减灾中心

区城乡管理综合行政执法大队

区法律援助中心

区防汛抗旱保障服务中心

九、直属事业单位

区侨联

主　席： 丁宜宏（女）

区关心下一代工作委员会办公室＊

主　任： 朱向华（女）

区直属机关事务服务中心

主　任： 宫晓炯

副主任：胡瑞卿（女）
张　斌

区矿业执法大队
党组书记、书记：王石林
副队长：杨海波 *
邱立彬
郭鹏云
任利刚

区综合检验检测中心
党组书记、主任：王丽保
副主任：张　斌 *

区政务服务中心 *
主　任：赵雯娟（女）
副主任：赵　敏（女）
王永亮

区治理非法超载超限车辆工作办公室 *
主　任：索建华

区政府采购中心 *
主　任：张月卿（女）
副主任：宋智杰 *

区政府电子政务中心
副主任：李　莉（女）

区重点工作保障中心
副主任：张　帅

区关心下一代工作服务中心

区机关后勤服务中心 *

区智慧城市指挥中心

十、部门下属事业单位

区人大代表联络服务中心
主　任：刘晋萍（女）

区政协社情民意研究室
主　任：马志刚

区纪检监察宣教网络中心
主　任：许慧娟（女）

区委信息化中心
主　任：刘佳佳
副主任：尹鹏鸿（女）

区干部档案管理中心 *
主　任：李变娥（女）

区互联网信息中心
主　任：田　鹏

区宗教事务服务中心
主　任：李晓峰

区社会治安综合治理中心
主　任：王世虎

区见义勇为协会
秘书长：任莉莉（女）

区机构编制电子政务中心
主　任：赵　毅 *
高彦东

区老干部活动中心
主　任：马红莲（女）
副主任：李艳芝（女）

区网络信息中心
主　任：包　毅 *
姚　洋（女）

区节能监察大队
队　长：田　雷 *

区人民政府教育督导室 *
副主任：刘晓萍（女）

区教学评估中心
主　任：刘晓萍（女）（兼区教育局党工委委员）

区招生考试管理中心 *
主　任：李　伟（兼区教育局党工委委员）

区教师进修学校

校　长：张　鹏（兼区教育局党工委委员）

副校长：任宝文

贾保华（女）

区知识产权局 *

局　长：张志蓉（女）

区生产力促进中心

副主任：陈怡静（女）

太原市黄坡革命烈士陵园 *

主　任：温海强

副主任：高安全 *

区黄坡革命烈士陵园

副主任：薛永飞

区城镇居民最低生活保障中心 *

主　任：曹丽丽（女）

区慈善会

秘书长：任晓琴（女）

区福利生产管理中心

主　任：王建生 *

区社区服务中心

主　任：武　伟

区劳动人事争议仲裁院

院　长：李巍淼（女）

区公共就业和人才交流服务中心

主　任：崔志华（女）

副主任：康晓燕（女）

胡世杰

区劳动保障监察执法队

队　长：白晓磊

区城乡居民养老保险管理服务中心

主　任：崔继峰

公安万柏林分局森林派出所

所　长：路　通

副所长：张鹏宇

区护林防火指挥部办公室 *

主　任：路　通（兼）

区林业技术推广站

站　长：李建忠

区建筑工程质量监督站 *

站　长：王丽卿（女）

副站长：隋　军

区城中村建设中心

主　任：程　鹏

区绿化队

副队长：刘佳佳 *

张智杰

潘玉山

总工程师 *：赵莉文（女）

区市容环境卫生执法中队

队　长：李惠健

区数字化城市管理指挥中心

主　任：韩　娟（女）

区市容环境卫生队

副队长：白立定

许晓光

程志华

杨海波

工会主席 *：安靖芳（女）

区货运交易信息中心站

站　长 *：范立奎

副站长 *：王秀燕（女）

李卫东

区道路运输管理所 *

所　长：马志辉

区公路养护所

所　长：高建伟

区国防动员交通战备办公室 *

主　任：陈学军

副主任：李玉红（女）

区河道管理所

所　长：　郝美刚

区水资源管理委员会办公室 *

主　任：　王　晨

副主任：　李卫华（女）

区水土保持监督站

站　长：　刘　鹏

区农业（牧业）行政综合执法大队 *

大队长：　范旭煜

政　委：　韩　菲

区招商引资办公室 *

主　任：　李晓触（女）

区文化馆

馆　长：　高建平 *

　　　　　高继征（女）

副馆长：　银慧蓉（女）

区图书馆

馆　长：　芦亮芹（女）

区文体市场综合执法队 *

队　长：　任秀婵（女）

区文化旅游发展中心

副主任：　张靖武

区卫生监督所

副所长：　王瑞军

　　　　　秦艳霞 *（女）

　　　　　宛轶芸（女）

区疾病预防控制中心

主　任：　窦毅民（兼区卫生健康和体育局党工委委员）

副主任：　赵润锁

　　　　　刘　莉（女）

区妇幼保健计划生育服务中心

主　任：　王建生

副主任：　郭　芹（女）

　　　　　冯　丽（女）

区中心医院

党委书记：　郝拽生

院　长：　郝拽生 *

副院长：　张玉峰

　　　　　窦毅民 *

党委专职副书记：　王柟力（女）

工会主席：　魏　红（女）

区退役军人服务中心

主　任：　齐志伟

区安全生产委员会办公室 *

主　任：　李占祥（兼）

区食品药品稽查队 *

队　长：　张忠保

区社会经济调查队

队　长：　王建琴（女）

副队长：　马　涛

区医疗保障服务中心

主　任：　常永红

区政务服务中心

主　任：　赵雯娟（女）

副主任 *：　赵　敏（女）

　　　　　王永亮

区政府采购中心

主　任：　张月卿 *（女）

副主任 *：　宋智杰

区信访服务中心

主　任：　郝莉红（女）

副主任：　唐小平

区干部人事档案服务中心

区招生考试服务中心

区科技信息服务中心

区中小企业服务中心

区社会救助服务中心

区财政预算评审服务中心

区森林防火保障服务中心

区生态园服务中心
区建筑工程质量服务站
区公路管理所 *
区交通运输保障服务中心
区河道管护所
区水资源保障服务中心
区招商引资服务中心
区应急综合服务中心

十一、乡（街道）机构

王封乡

党委书记：王建强
党委副书记、乡长：张晓亭
党委副书记、人大主席团主席：无
党委副书记 *：于海跃 *
党委副书记兼政协联络组组长和政法委员：赵广平
党委副书记：张志伟（挂职）
党委委员、人大主席团主席 *：梁林山
党委委员、组织委员 *：赵广平 *
党委委员、副乡长：赵志新
党委委员、副乡长：张永刚
党委委员、纪委书记：王志刚（兼监察室主任）
党委委员、工会主席：王牡丹（女）
党委委员、组宣委员：无
党委委员、武装部部长：无
司法所所长 *：赵广平

千峰街道

党工委书记：王爱军
党工委副书记、办事处主任：陈亚琳 *（女）
武　玥（女）
党工委副书记、人大工委主任：郑亚雄
党工委副书记：王帮华（挂职）
党工委副书记兼组宣统委员 *：张金忠
党工委副书记兼政协联络组组长和政法委员：杨红梅（女）
党工委副书记兼组织、宣传、统战委员：无
党工委副书记兼纪工委书记 *：孙雪燕 *（女）
党工委委员、纪工委书记：邓剑明（兼监察室主任）
党工委委员、办事处副主任：武洪雷
党工委委员、办事处副主任：魏　东
党工委委员、武装部部长：高丽娟（女）
党工委委员、工会主席：张晓静（女）
党工委委员、办事处副主任：李　颖（女）
办事处副主任 *：武　伟 *
办事处副主任 *：白晓娟 *（女）
司法所所长 *：王剑芳（女）

下元街道

党工委书记：王爱军 *
刘　莉（女）
党工委副书记（主持行政工作）*：宋　征 *
党工委副书记、办事处主任：罗丽国
党工委副书记、人大工委主任：韩忠杰
党工委副书记：刘宝强（挂职）
党工委副书记兼政协联络组组长和政法委员：周艳亭（兼办事处副主任）
党工委副书记兼组宣统委员 *：王红峰 *
党工委副书记兼组织、宣传、统战委员：郭玲芝（女）
党工委委员、武装部部长：章　宏 *（女）
党工委委员、办事处副主任：段永生
党工委委员、办事处副主任：杨晋红
纪工委书记 *：邓剑明 *

党工委委员、纪工委书记：刘　钊（兼监察室主任）
党工委委员、工会主席：郝卫民
党工委委员、办事处副主任：无
办事处副主任＊：孙跃飞＊
办事处副主任＊：苏连平
办事处副主任：石琰琴（女）（挂职）
司法所所长＊：李　霞＊（女）

小井峪街道

党工委书记：冯海军
党工委副书记、办事处主任：赵　燕（女）
党工委副书记、人大工委主任：苑　辉（女）
党工委副书记：胡亚强（挂职）
党工委副书记兼政协联络组组长和政法委员：孙雪燕（兼办事处副主任）（女）
党工委副书记兼组宣统委员＊：杨培江＊
党工委副书记兼组织、宣传、统战委员：刘红琴（女）
党工委副书记兼纪工委书记＊：冯　伟＊
党工委委员、武装部部长：陈海云（女）
党工委委员、办事处副主任：张小刚
党工委委员、纪工委书记：刘成钢（兼监察室主任）
党工委委员、工会主席：许　琛（女）
党工委委员、办事处副主任：无
党工委委员、办事处副主任：无
办事处副主任＊：李静源
办事处副主任＊：张建成＊
办事处副主任＊：韵　斌＊
党工委办公室主任、工会主席＊：刘红琴＊（女）
司法所所长＊：任　敏（女）

和平街道

党工委书记：李润敖＊
张建铁
党工委副书记、办事处主任：罗丽国＊
牛宝麟
党工委委员、人大工委主任＊：赵　莉＊（女）
党工委副书记、人大工委主任：徐卫香（女）
党工委副书记：张志坚（挂职）
党工委副书记兼政协联络组组长和政法委员：郭小虎
党工委副书记兼组宣统委员＊：刘　涌＊
党工委副书记兼组织、宣传、统战委员：潘万庆
党工委副书记兼纪工委书记＊：郭建林（兼监察室主任）
党工委委员、办事处副主任：王　健
党工委委员、工会主席：樊　瑗（女）
党工委委员、武装部部长：王雅男（女）
党工委委员、办事处副主任：王浩泽
党工委委员、纪工委书记：无
党工委委员、办事处副主任：无
办事处副主任＊：潘万庆＊
办事处副主任：张　莉（女）（挂职）
司法所所长＊：王淑英＊（女）

万柏林街道

党工委书记：张改翠（女）
党工委副书记、办事处主任：常增荣＊
石发财
党工委委员、人大工委主任＊：黄丽梅＊（女）
党工委副书记、人大工委主任：陈艳丽（女）
党工委副书记：邵增光（挂职）
党工委副书记兼政协联络组组长和政法委员：于海跃
党工委副书记兼纪工委书记＊：刘丽荣＊（女）
党工委副书记兼组宣统委员＊：耿继红（女）
党工委副书记兼组织、宣传、统战委员：无

党工委委员、纪工委书记：曾　进（女）（兼监察室主任）
党工委委员、武装部部长：牛素琴（女）
党工委委员、工会主席：贺福花（女）
党工委委员、办事处副主任：药俊秀（女）
党工委委员、办事处副主任：安　娜（女）
党工委委员、办事处副主任：无
办事处副主任＊：杨明松
办事处副主任＊：张明松＊
党工委办公室主任、工会主席＊：王　萍＊（女）
司法所所长＊：冯俊仙＊（女）

兴华街道

党工委书记：张　莹（女）
党工委副书记、办事处主任：刘　莉＊（女）
陈亚琳＊（女）
马瑞旭
党工委委员、人大工委主任＊：赵双明＊
党工委副书记、人大工委主任：张英波（女）
党工委副书记：解永峰（挂职）
党工委副书记＊：马瑞旭（兼办事处副主任）＊
党工委副书记兼政协联络组组长和政法委员：吕海亮
党工委副书记兼组宣统委员＊：吕海亮＊
党工委副书记兼组织、宣传、统战委员：魏林林（女）
党工委副书记兼纪工委书记＊：张　杰＊
党工委委员、办事处副主任：李全锁
党工委委员、纪工委书记：吕宝华（女）（兼监察室主任）
党工委委员、武装部部长：武婷婷（女）
党工委委员、工会主席：韩　丽（女）
党工委委员、办事处副主任：无
党工委委员、办事处副主任：无
办事处副主任＊：赵建伟
办事处副主任＊：郭秀兰＊（女）
办事处副主任＊：张　帅
党工委办公室主任、工会主席＊：郭玲芝＊（女）
司法所所长＊：康云香＊（女）

南寒街道

党工委书记：张建铁＊
卜金梅（女）
党工委副书记、办事处主任：卜金梅＊（女）
张锐锋
党工委副书记、人大工委主任：梁晋杰
党工委副书记：王建伟（挂职）
党工委副书记兼政协联络组组长和政法委员：王　慧（女）
党工委副书记兼组宣统委员＊：刘　昊
党工委副书记兼纪工委书记＊：田苗苗（兼监察室主任）
党工委副书记兼组织、宣传、统战委员：无
党工委委员、武装部部长：任晋勇
党工委委员、办事处副主任：田宝香（女）
党工委委员、办事处副主任：岳果仙（女）
党工委委员、工会主席：郑海燕（女）
党工委委员、纪工委书记：无
党工委委员、办事处副主任：无
办事处副主任＊：牛剑刚
工会主席＊：曾　进＊（女）
司法所所长＊：杨爱元＊

东社街道

党工委书记：尤爱聪
党工委副书记、办事处主任：余国旺
党工委副书记、人大工委主任：鲍　彬＊（女）
武和平
党工委副书记：马保银（挂职）
党工委副书记兼纪工委书记＊：王红云＊（女）
党工委副书记兼组宣统委员＊：裴巍伟（兼办事处副主任）

党工委副书记兼政协联络组组长和政法委员：黄瑞霞（女）
党工委副书记兼组织、宣传、统战委员：无
党工委委员、纪工委书记：柴孝斌（兼监察室主任）
党工委委员、武装部部长：刘建斌 *
党工委委员、办事处副主任：贺宇亮
党工委委员、办事处副主任：左文丽（女）
党工委委员、工会主席：张丽红（女）
党工委委员、办事处副主任：无
党工委办公室主任、工会主席 *：武洪雷 *
办事处副主任 *：李建全 *
司法所所长 *：左文丽 *（女）

西铭街道

党工委书记：蔡增辉
党工委副书记、办事处主任：石发财 *
常增荣
党工委副书记、人大工委主任：呼　勇
党工委副书记 *：胡天平
党工委副书记：李　超（挂职）
党工委副书记：李　飞（挂职）
党工委副书记兼政协联络组组长和政法委员：陈冬利
党工委副书记兼组织、宣传、统战委员：王晋丽（女）
党工委副书记兼纪工委书记 *：胡天平 *
党工委委员、纪工委书记：赵子刚（兼监察室主任）
党工委委员、武装部部长：王晋丽 *（女）
党工委委员、工会主席：王改花（女）
党工委委员、办事处副主任：无
党工委委员、办事处副主任：无
党工委委员、办事处副主任：无
办事处副主任：陈　琦（女）（挂职）
办事处副主任 *：吴维军
办事处副主任 *：张全星
司法所所长 *：李春晟 *

杜儿坪街道

党工委书记：王晋发
党工委副书记、办事处主任：安炳文
党工委委员、人大工委主任 *：吴晓莫 *（女）
党工委副书记、人大工委主任：吴　宁
党工委副书记 *：郑　旭（女）
党工委副书记：冀慧平（挂职）
党工委副书记兼政协联络组组长和政法委员：张明松
党工委副书记兼组织、宣传、统战委员：无
党工委副书记兼纪工委书记 *：王爱萍 *（女）
党工委委员、办事处副主任：左永强
党工委委员、纪工委书记：刘建斌（兼监察室主任）
党工委委员、武装部部长：左永强 *
党工委委员、工会主席：师秀花（女）
党工委委员、办事处副主任：无
党工委委员、办事处副主任：无
办事处副主任 *：王霖岭（女）
办事处副主任 *：郭秀香 *（女）
办事处副主任 *：刘　毅 *
司法所所长 *：张耀新 *

白家庄街道

党工委书记：张俊岭 *
张永利
党工委副书记、办事处主任：吴根成
党工委副书记、人大工委主任：无
党工委副书记 *：赵元新（女）
党工委副书记：郑永生（挂职）
党工委副书记兼政协联络组组长和政法委员：韵　淀
党工委副书记兼组织、宣传、统战委员：无

党工委副书记兼纪工委书记＊：孙　杰＊
党工委委员、办事处副主任：刘成吉
党工委委员、办事处副主任：段宝雷
党工委委员、武装部部长：廉园园
党工委委员、纪工委书记：侯欣荣（兼监察室主任）
党工委委员、工会主席：张　庆
办事处副主任：郝彦兵
办事处副主任＊：冯　华＊
司法所所长＊：赵素英（女）

化客头街道

党工委书记：高相旭
党工委副书记、办事处主任：张永利＊
杨培江
党工委副书记、人大工委主任：耿彦忠＊
孙　杰
党工委副书记：耿黎虹（挂职）
党工委副书记兼政协联络组组长和政法委员：
侯淑强
党工委副书记兼组织、宣传、统战委员：无
党工委副书记兼纪工委书记＊：程明生＊
党工委委员、纪工委书记：杨在洲（兼监察室主任）
党工委委员、办事处副主任：张喜龙
党工委委员、办事处副主任：白永清
党工委委员、武装部部长：张喜龙＊
党工委委员、工会主席：韩佩红
党工委委员、办事处副主任：无
党工委办公室主任、工会主席＊：白永清＊
办事处副主任＊：高润德
司法所所长＊：刘佳伟

长风西街街道

党工委书记：裴治晋＊
王剑英
党工委副书记、办事处主任：王剑英＊
刘　毅
党工委副书记（主持行政工作）＊：
刘　毅＊
党工委委员、人大工委主任＊：张素萍＊（女）
党工委副书记、人大工委主任：耿彦忠
党工委副书记：王　健（挂职）
党工委副书记：李太平（挂职）
党工委副书记：邢晓萌（女）（挂职）
党工委副书记兼组宣统委员＊：李桂红（女）
党工委副书记兼政协联络组组长和政法委员：
赵春红（女）
党工委副书记兼组织、宣传、统战委员：无
党工委委员、办事处副主任：魏述君
党工委委员、武装部部长：靳朝霞（女）
党工委委员、办事处副主任：焦凯峰
党工委委员、工会主席：王一明（女）
党工委委员、办事处副主任：无
党工委委员、纪工委书记：无
纪工委书记＊：呼晓红（女）(兼监察室主任）
办事处副主任＊：申永红＊（女）
办事处副主任＊：武和平＊
党工委办公室主任、工会主席＊：
张永平＊
司法所所长＊：无

神堂沟街道

党工委书记：陈亚琳＊（女）
党工委副书记、办事处主任：高相旭＊
张　杰
党工委副书记、人大工委主任：
曹建华＊（女）
刘丽荣（女）
党工委副书记：秦　峰（挂职）
党工委副书记兼政协联络组组长和政法委员：

申永红（女）

党工委副书记兼组宣统委员＊：杨　斐＊

党工委副书记兼组织、宣传、统战委员：白晓宝

党工委副书记兼纪工委书记＊：韩少峰＊

党工委委员、纪工委书记：张永平（兼监察室主任）

党工委委员、武装部部长：李　强

党工委委员、工会主席：张秀卿（女）

党工委委员、办事处副主任：无

党工委委员、办事处副主任：无

党工委委员、办事处副主任：无

办事处副主任＊：范素珍＊（女）

办事处副主任＊：程卫军

司法所所长＊：郝　瑞＊

十二、乡（街道）事业单位

王封乡

综合便民服务中心主任：吴　斌

退役军人服务保障工作站站长：何赞荣

千峰街道

党群服务中心主任：武福堂（女）

综合便民服务中心主任：孔庆渊（女）

退役军人服务保障工作站站长：张智伟

下元街道

党群服务中心主任：王月亲（女）

综合便民服务中心主任：吕　军

退役军人服务保障工作站站长：李　霞（女）

小井峪街道

党群服务中心主任：刘　宇

综合便民服务中心主任：刘虎兵

退役军人服务保障工作站站长：张林梅（女）

和平街道

党群服务中心主任：常　婧（女）

综合便民服务中心主任：陈志坚

退役军人服务保障工作站站长：王淑英（女）

万柏林街道

党群服务中心主任：强俊杰

综合便民服务中心主任：杨喜媛（女）

退役军人服务保障工作站站长：冯俊仙（女）

兴华街道

党群服务中心主任：扈树英（女）

综合便民服务中心主任：薛　威

退役军人服务保障工作站站长：扈云香（女）

南寒街道

党群服务中心主任：张雪花（女）

综合便民服务中心主任：申慧芳（女）

退役军人服务保障工作站站长：杨爱元

白家庄街道

党群服务中心主任：段存文

综合便民服务中心主任：柴　宇

退役军人服务保障工作站站长：贡　芳（女）

杜儿坪街道

党群服务中心主任：张翠芳（女）

综合便民服务中心主任：王建波

退役军人服务保障工作站站长：张俊伟

西铭街道

党群服务中心主任：石秀玲（女）

综合便民服务中心主任：郭晓博

退役军人服务保障工作站站长：李春晟

东社街道

党群服务中心主任：王海丽（女）

综合便民服务中心主任：郝丽君

退役军人服务保障工作站站长：范颜宾

化客头街道

党群服务中心主任：王国红

综合便民服务中心主任：刘宝鑫

退役军人服务保障工作站站长：翟高峰

长风西街街道

党群服务中心主任：崔军军
综合便民服务中心主任：王军伟
退役军人服务保障工作站站长：张耀新

神堂沟街道

党群服务中心主任：石　焱（女）
综合便民服务中心主任：高　磊
退役军人服务保障工作站站长：郝　瑞

十三、条管单位

国家税务总局太原市万柏林区税务局

区税务局党委书记、局长：周小明
区税务局党委副书记、副局长：李建功
区税务局党委委员、副局长：杨昌梅
区税务局党委委员、副局长：宋　洁
区税务局党委委员、副局长：侯贵忠
区税务局党委委员、副局长：赵　毅
区税务局党委委员、副局长：王继宏
区税务局副局长：段金泉
区税务局党委委员、副局长：郭　举
区税务局党委委员、纪检组长：何建樑
区税务局党委委员、副局长：刘　军
区税务局党委委员、副局长　田良卿

太原市生态环境局万柏林分局

生态环境局万柏林分局局长：冯志宏

太原市规划和自然资源局万柏林规划督察组（原规划局）

规划督察组组长：陶利君
副组长：康成生

太原市万柏林区人民武装部

部　长：戴　刚（2019年3月离任）
　　　　刘福全（2019年8月任职）
政　委：申铁健（2019年3月离任）
　　　　刘仍雁（2019年8月任职）
副部长：史晓强

太原市公安局万柏林分局

党委书记、局长：高乃勇
党委副书记、政委：王长征
党委委员、副局长：武进文
党委委员、调研员：张王宏（2019年8月任命）
党委委员、副调研员：钟金云
党委委员、副局长：尹　群
党委委员、副局长：袁之愚
党委委员、副局长：潘旭光
党委委员、副局长：闫素军（2019年8月调离）
党委委员、政工室主任：张闻强
党委委员、副局长：张　军
党委委员、纪检书记：张　朝
党委委员、副局长：贾杰荣（2019年3月任命）
党委委员、副局长：梁建文（2019年9月任命）
党委委员：李祖英
党委委员：许富国
党委委员：郭建设
党委委员、指挥室主任：康　瑞
党委委员：刘宝强（2019年12月任命）

太原市万柏林区人民检察院

党组书记、检察长：田树平（2019年1月离任）
　　　　郭　刚（2019年4月任职）
党组成员、副检察长：周　晋
　　　　李　明（2019年7月退休）
副检察长：牛晋龙（2019年2月

离任）

党组成员、副检察长：胡建民（2019年7月任职）

李兴明（2019年7月任职）

潘剑平（女）（2019年11月任职）

党组成员、检委会专职委员：任瑾云

党组成员、政治部主任：冯晓文（女）

副检察长：杨文静（挂职）

检委会专职委员：李兴明（2019年11月离任）

太原市万柏林区人民法院

党组书记、代院长：王文皓

党组成员、副院长：马　瑛

田建民

王　建

党组成员、纪检组长：白立峰

党组成员、政治处主任：安晓燕（女）

党组成员：李晓巍

党组成员、执行局局长：张晋中

党组成员、副院长（挂职）：范丽娜

审判委员会专职委员：张健安

太原市公安局交通警察支队万柏林一大队

大队长：高小光

教导员：孟建平

副大队长：张文东

梁　犁

张治国

太原市公安局交通警察支队万柏林二大队

大队长：张林元

教导员：李宏冰

副大队长：杨树宏

郑　毅

刘　毅

工会主席：王　伟

（说明　1.* 指2019年曾任职人员和原设置机构；2.除条管单位外，其余由区委组织部张彩萍、张艳斐提供；3.除乡街、条管单位外，职位为空的不记录）

中国共产党太原市万柏林区委员会

ZHONGGUOGONGCHANDANG TAIYUANSHI WANBAILINQU WEIYUANHUI

综　述

【概况】2019年，中共太原市万柏林区委带领全区干部群众贯彻落实中共十九大和十九届四中全会精神、习近平总书记视察山西重要讲话精神及省、市委全会精神，贯彻《关于坚决维护党中央集中统一领导的规定》，增强“四个意识”、坚定“四个自信”、做到“两个维护”，团结带领全区广大干部群众持续以“五大行动”为统领，以建设“四大片区”为抓手，以实施“三化工程”为载体，全力以赴稳增长、促改革、调结构、惠民生、防风险、保稳定，扎实推进党的建设和党领导的各项事业取得明显成效。保持全省“第一方阵”，经济运行保持在合理区间，总体平稳、稳中有进态势持续显现。（刘　涌）

【政治生态建设】2019年，中共万柏林区委贯彻落实新时代党的建设总要求，扛起管党治党政治责任，结合“不忘初心、牢记使命”主题教育，坚持思想建党、理论强党和制度治党同向发力，切实解决违背初心和使命的各种问题，推动从严治党，实现党内政治生态持久风清气正。

开展“不忘初心、牢记使命”主题教育。围绕“守初心、担使命、找差距、抓落实”总要求和具体目标，落实“四个到位”“四个注重”要求，抓整体谋划、抓关键动作、抓督促指导、抓持续引深；坚持目标导向，组织4次集中学习研讨，召开调研成果交流会、学用新思想交流会、警示教育会，在学习教育中筑牢党员干部的初心使命；坚持实践导向，开展调查研究和“三服务”活动，发现问题1278条，立行立改823条，为基层、群众和企业办实事解难事1570余件；坚持问题导向，组织召开对照党章党规找差距专题会、专题民主（组织）生活会，检视问题858条，立行立改728条；坚持效果导向，聚焦“8+2+5”专项整治整改，召开部署会、推进会、调度会、整改落实成效评价座谈会，强力推进173项承诺整改服务事项全部整改完成。区人大常委会、区政府、区政协党组及时跟进、同频共振；全区538个党组织1.4万余名党员积极参与，经受思想淬炼、政治历练和实践锻炼，主题教育取得明显成效。同时，开展“改革创新、奋发有为”大讨论。

做到“两个维护”。以党的政治建设统领党的各项建设，把深入学习贯彻习近平新时代中国特色社会主义思想和中共十九届四中全会精神作为重要政治任务，重温习近平总书记视察山西重要讲话精神、推动中部地区崛起、黄河流域生态环保和高质量发展“三篇光辉文献”，增强“四个意识”、坚定“四个自信”、做到“两个维护”。落实中央和省、市委关于加强党的政治建设有关规定，加强党内政治文化建设，严肃党内政治生活，落实民主集中制、“三会一课”、双重组织生活会等各项制度，营造风清气正的政治生态。加强党对意识形态工作的领导，落实意识形态工作责任制，营造健康的网络舆论生态。举办中华人民共和国成立70周年系列庆祝活动，全方位展示万柏林新时代新形象，《我和我的祖国》在大街小巷传唱。引深时代新人讲述和访谈主题活动，培育践行社会主义核心价值观，筑牢全区上下团结奋斗干事创业的共同思想基础。

压实全面从严治党责任。把管党治党政治责任扛在肩上、落实在行动上，召开区委常委会会议及时传达学习上级精神，专题研究全面从严治党工作，定期听取“两个责任”落实、重要案件查办情况汇报，开展“两个责任”述责测评、在线考核，压实各级主体责任，全年严肃问责党组1个、党员领导干部14人。加强党对反腐败工作的集中统一领导，多次组织召开重大疑难案件协调推进会。支持区纪委监委履职尽责，持续深化监察体制改革，健全和完善党内监督体系，形成纪律监督、监察监督、派驻监督、巡察监督“四个全覆盖”权力监督新格局。做好中央第十五巡视组、中央纪委国家监委第五监督检查室和省委巡视反馈意见整改工作，把党中央和省委决策部署落到实处。开展区委第七轮巡察，发现问题86个、问题线索16条，利用《忏悔录》、警示教育片和张茂才等典型案例开展经常性警示教育，筑牢党员干部思想防线。坚持一体推进不敢腐、不能腐、不想腐，狠刹“四风”，整治群众身边的不正之风和腐败问题，查处公职人员涉黑涉恶腐败及“保护伞”问题。全年处置腐败问题线索443件，立案审查191件，结案171件，给予党纪政务处分161人，运用审查调查措施719人次，运用监督执纪“四种形态”处理471人次，8名涉嫌违纪违法的公职人员主动投案，全区反腐败斗争压倒性态势进一步巩固发展。

加强干部队伍建设。把担当创业与守廉干净贯穿干部选育管用全过程，多岗位锤炼干部过硬本领，全方位培养各年龄段干部，选用心中有责、眼里有活、手上有招的干部，结合全区党政机构改革，调整干部295人，选拔优秀年轻干部40名，增设并配齐乡（街）副科级事业干部44名，各级领导班子进一步选优配强。稳步有序推行公务员职务与职级并行制度，晋升职级148人（含转隶71人）、职级套转435人。举办科级以上干部主体培训班、读书班、轮训班和司法等系统专业培训班，打造王封乡圪垛村知青大院、玉泉山城郊森林公园2个党性教育基地，选派7名专业干部对口援疆，干部队伍状态和素质实现双提升。加强干部日常管理监督，落实干部提醒函询诫勉和激励担当作为、合理容错纠错、能上能下等制度，函询党工委2个、干部2人，诫勉干部2人，离任审计32人，选树勇于担当、奋发有为领导干部典型13名，想干事、能干事、干成事的氛围日益浓厚。实施人才强区战略，集聚各方面优秀人才，为全区发展提供坚强人才保证和智力支撑。

夯实基层基础。以提升组织力为重点，以打牢做实基础为抓手，以提升能力为目标，制定《关于深化“三基建设”进一步加强基层工作的二十条措施》，完成区直属党工委、党组的规范设立和非公经济党组织、社会党组织的调整工作。开展支部规范化达标建设，区直机关党建质量不断提高。实施街道管理体制改革，规范设置“五办两中心一站”，推行街道大工委、社区大党委制，社区党群服务中心面积全部达到500平方米以上，其中1000平方米以上占比68.5%。开展软弱涣散基层党组织专项整治，落实“4+1”工作机制，推行村（社区）党组织书记“一肩三挑”，抽调7名机关干部担任村党组织书记，17个软弱涣散党组织全部完成整顿并进入转化提升阶段。提升农村党建凝聚力，增强农村带头人能力素质，清查清退19名曾受刑事处罚“两委”干部，村级集体经济全部达到20万元以上。推进企业、学校、楼宇、信教群众聚居村等领域党建工作，培育和选树了一批先进典型。严把党员发展质量关，落实党内激励关怀帮扶机制，党员队伍战斗力持续提高。

推进民主政治建设。区委常委会发挥总揽全局、协调各方的领导核心作用，加强对人大、政府、政协和法院、检察院工作的领导，支持人大代表和政协委员围绕城中（边）村改造、转型项目建设、文明城市创建等重点工作建言献策，推动办理各类建议和提案373件。推进依法治区，深化司法体制改革，为全区经济社会发展提供坚实的法治保障，区法院全年受理案件数量突破万件、审判执行质效稳居全省第一方阵，区检察院办理捕诉各类刑事犯罪案件数量位居全市第二，区司法局获得全国法律援助工作先进集体称号。抓好党外代表人士思想政治引领，推动非公经济、港澳台侨、党外知识分子和新的社会阶层人士等各领域统战工作，抓好中央宗教工作督查问题整改，强化宗教活动场所规范化管理。推动工会、共青团、妇联等群团组织发挥优势积极作为，完成区科协换届。坚持党管武装，开展基地化集训、规范化备勤、国防教育和“双拥”等工作，区人武部被山西省军区评为先进人武部和战备训练工作先进单位。

（刘　涌）

【转型发展引领】 2019年，中共万柏林区委把发展作为第一要务，以改革破难题、以开放创优势、以创新增动力、以项目促转型，持之以恒、锲而不舍，突出重点、补齐短板，推动全区高质量转型发展迈出坚实步伐。

加快转型升级步伐。坚持党对经济工作的领导，全面落实省委推进“国家资源型经济转型综合配套改革试验区和能源革命综合改革试点”重大部署，聚焦打造高端装备制造、轨道交通、新能源汽车三大产业集群，实施创新驱动发展和工业强区战略，改造提升重型机械、建材等传统产业，发展轨道交通、新能源、新材料等先进制造业，西山煤电、太重集团、煤气化集团总量占规模以上工业总产值的91.4%，中车轨道交通产业基地项目完成投资4.8亿元，大众电子国产不锈钢笔头、汾西重工船用直流组网电力推进系统建设项目进展有序，国营金阳器材厂、同济大学国家磁浮中心、山西直线驱动研发中心项目获得老工业区搬迁改造专项中央预算内资金支持1476万元。打造太原新型商业商务中心，培育网络消费、金融服务、楼宇经济、智慧物流、康养医养等现代服务业，中海国际中心、信达国际金融中心、绿地中央广场等陆续建成，华润万象城、公元时代城商圈效应逐渐显现。打造宜业、宜居、宜乐、宜游的“西花园”，培育发展“文化＋创意”“旅游＋都市农业”等西山生态文化旅游产业和新兴农业，玉泉山城郊森林公园、九润现代都市农业园等项目建设有序推进，全区三次产业结构更趋合理。

增强发展后劲。落实深化转型项目建设年各项部署，立足政策利好和资源优势、区位优势，瞄准国内大企业、名企业，实施“一对一”“点对点”精准招商、园区招商，成功举办万柏林区第四届招商推介会，现场签约大悦城、58集团、春蕾实业等18个项目，签约金额达405.6亿元。落实区级领导对接服务转型项目等制度，推动实施企业投资项目承诺制和网上审批、并联审批，扎实做好项目落地建设、要素支撑、环境优化、定期调度等工作，为项目落地、建设提供坚实保障。同年，全区138个重点工程项目完成投资230亿元，重点项目支撑作用持续显现。

创新支撑引领。实施创新驱动发展战略，健全完善创新创业孵化全链条服务体系，引进国内外知名孵化运营品牌，成功举办互联网+创新创业峰会，建成省级以上科技企业孵化器4家、众创空间18家、重点实验室和工程技术研究中心38家，猪八戒网山西总部、北控等国家级“双创”载体入驻万柏林区，省级“双创”示范基地顺利通过中期评估。支持高新科技创新发展，出台《促进科技成果转移转化工作实施方案》，促进科技成果转化、大中小企业融通，新增高新技术企业60家，36家企业研发投入达4%且销售收入达300万元，全区专利申请量1123件、发明专利申请量615件，“双创”逐渐成为引领全区经济发展的新引擎。

加大改革攻坚力度。落实“三个三”抓改革具体方法，健全完善党政主要负责人抓改革机制，实施清单化管理、项目化推进、精细化落实，全区6大方面50项重点改革事项基本完成，党政机构改革、科技体制改革、街道管理体制改革、纪检监察体制改革取得成效，全区69个村（居）的农村集体产权制度改革试点工作取得阶段性成果，城市困难群体帮扶救助体制改革、“放管服”改革形成可复制推广经验，教育体制、医疗卫生体制、环卫体制、人才发展体制机制改革呈现区域特色，以改革促党建、促转型、促民生、促社会治理的发展态势更加强劲。（刘　涌）

【城乡改造提升】2019年，中共万柏林区委以“城中（边）村”改造为突破口，分类指导、精准施策，释放空间活力，激发内生动力，推动城乡融合发展走在全市前列。

“城中村”改造实施。推进“城中村”改造拆迁扫尾清零和回迁安置工作，大王、后王、瓦窑公建拆除全部完成，回迁安置房累计完工或封顶2.75余万套316.85万平方米，在建约8964套86.45万平方米，货币安置3.47余万套。加快项目手续办理进度，24个村完成“133”土地划定，22个村完成集体经济改制，15个村完成土地确权，19个村完成控规方案批复，智诚御河骏景、远大凤玺湾等25个“城中村”改造项目五证齐全。加快推动“城中村”改造项目建设，远大购物广场、新城吾悦广场等城改重点项目扎实推进，为全区经济转型升级注入强大动力。

“城边村”改造推进。实施乡村振兴战略，加大城边村改造提升力度，15个城边村完成9个村的整村拆除，拆除各类建筑约84.37万平方米，风声河村正在细化完善整村拆除方案。同时，全面加快“四大片区”建设，东社高端装备制造产业园与山西国信等多家公司签订合作意向协议；西铭文旅项目整体规划设计方案全部完成，西铭文旅小镇、西山枫情城郊森林公园、王封一线天景区等项目扎实推进；白家庄片区正在制定总体规划方案，西山国家矿山公园项目签订合作框架协议；神堂沟温泉度假产业规划、招商引企工作进展有序。

基础设施建设完善。加大基础设施投入力度，配合实施九院沙河、虎峪河快速化改造西延工程，推进南上庄片区路网完善、前过路改造等7条道路新建工程和安全生命防护、王封一线天旅游公路、护林防火通道等农村公路建设，城市路网不断延伸。加快推进保障性住房建设，新开工252套，基本建成5327套，完成投资8.37亿元。大众棚户区、窊流片区棚户区、石膏矿棚户区改造进展有序。“大棚房”和违建别墅问题清理整治迅速彻底，农地非农化乱象得到有效遏制。城区供电、给排水、燃气等配套设施不断完善，城

市承载能力和宜居水平大幅提升。（刘　涌）

【城市品质升级】 2019年，中共万柏林区委以创建全国文明城市为抓手，按照“建机制、立标杆、提效率、全覆盖”要求，以“绣花”精神精雕细琢，补齐城市管理短板，推动城市环境面貌、基础设施、人文素质、社会风气实现新提升。

全面攻坚创城工作。推行“五三三”工作机制，创新实施攻坚每日调度、街路长制、小巷管家、万管家、“门前三包”共建共管、“星级评定”奖惩等制度办法，按照“严、细、实、常、长、特、优”标准，加大“九乱”整治提档升级和“十三个专项攻坚行动”力度，选树兴华街道和区市场监督管理局两个先进典型，重点整治的133条背街小巷完成125条并高标准打造29个示范点，老旧小区整治完成170个并打造示范小区15个，全区集贸市场点位28个全面进行整治并打造示范点5个，较好解决停车难、交通拥堵等问题，九院新村、小西铭村等农村环境综合整治成效明显，背街小巷整治、文明交通整治、小广告整治等多项工作走在全市前列。

城市精细化管理。以“三化工程”为抓手，推进环卫体制改革，以市场化运作引入蓝泰等5家专业管理公司实现“管干分离”，将81个无人管理楼院纳入社会化保洁范围。打造智慧城管平台，运用信息化手段对园林、环卫、城建、交通、环保等工作实施长效管理，构建起自上而下、闭环跟踪、沟通顺畅、快速反应的协调机制。健全完善“街乡吹哨、部门报到”机制，推动城市管理重心下移、城管执法力量下沉。坚持“部门联动、属地管理、基层自治、社会参与”原则，引导居民对无物业管理小区实施“居民自治”，打造玉园翠景小区等20余个居民自治小区。全年累计完成各类整治项目314个、投入1.78亿元，城市管理模式由粗放型逐步向精细化转变，在中国城市环境卫生协会年会上，“环卫体制改革、智慧平台建设、公厕革命推进、垃圾分类处置”四个案例获得全国环卫行业颁发的最高奖项。

生态建设。巩固西山造林绿化和采煤沉陷区生态修复成果，实施提档升级造林233.33公顷，栽植各类苗木18万余株，建成90余千米“网红赛道”，推动万亩生态园、高家河、狼坡（狮子崖）提档升级申报AAA级景区，开工建设偏桥沟景区主题文化园，全区森林覆盖率超过38.03%。实施城区绿化增彩创景工程，采取植树增绿、拆旧建绿、见缝插绿、边角补绿等多项措施，新建游园6个、街头绿地6块，新增园林绿地25.85万平方米、公共绿地19.75万平方米，人均公共绿地达12.15平方米，建成区绿地率、绿化覆盖率分别为38.26%、44.34%，城市面貌逐步改善。

污染防治。以扬尘污染防治为重点，突出“治污、控煤、管车、降尘”，全面开展违法排污大整治“百日清零”专项行动、秋冬大气治理攻坚行动和中央、省环境保护督察及“回头看”工作，中央、省环保督察反馈的49个整改项目完成39个，群众反映的31批117件案件全部办结。2019年，空气质量优良天数233天，空气质量综合指数5.34，SO_2浓度和$PM_{2.5}$浓度实现同比双下降，大气环境质量持续改善。开展农村生活污水治理、入河排污口排查整治和矿山生态恢复治理等工作，水和土壤环境质量明显改善。（刘　涌）

【民生保障改善】 2019年，中共万柏林区委始终围绕民生大事难事急事，精准发力尽力而为，让群众美好生活更有温度、惠民答卷更有厚度。

教育强区建设。实施教育强区战略，发展公平而有质量的教育，山西中心实验小学等4所学校投入使用，开城街等3所学校完成改造，万柏林二中等45所中小学校园文化升级改造工程进展有序。深化教育教学、优秀教育人才引进和奖励、中小学校校长和幼儿园园长职级制等改革，完善教师分配激励机制和名校（园）长、名教师工作室培养机制，教育教学质量稳步提高，公园路小学等18所学校获得太原市特色小学示范校称号，全区中考保持全市十县区第二名。

卫生医疗社会事业。推进公立医院改革，组建万柏林区医疗集团，与山西医科大学第一医院合作共建“紧密型医联体”，探索城区综合医改新模式。全面建设智慧医疗系统，实施基本药物制度、家庭医生签约服务制度，推动分级诊疗、资源下沉，全区基本公共卫生服务均等化水平明显提升。创建全省慢性病防控示范区，疾病防控能力显著提高。发展文化体育事业，健全完善城乡公共文化服务体系，开展“礼赞中华人民共和国成立、奋进新时代”文化月、放映公益电影等群众性文体活动和文化惠民活动，加强非物质文化遗产保护，参与举办全国第二届青年运动会、环太原国际公路自行车赛等大型活动，全区人民群众的自豪感荣誉感进一步增强。

社会保障水平提升。实施各项就业政策，城镇新增就业1.82万余人，城镇登记失业率为3.32%。突出抓好社保全覆盖工程，建立完善社保服务长效机制，努力实现应保尽保。提高社会救助资金保障水平，在全市率先开展支出型困难家庭社会救助综合改革试点，城乡低保标准由每人每月600元提高至650元，村（社区）社会救助经办人员全部配齐，为采煤沉陷区移民搬迁困难群众发放临时救助817万元。按照“四不摘”要求巩固提升帮扶娄烦脱贫攻坚成效。推进社区建设和养老工作，启动化客头、西铭两所公办敬老院合并改造，建成29个社区养老服务中心和45个日间照料中心，以区域化统筹养老服务为特色的万柏林街道入选全国第三批智慧健康养老示范街道。围绕“三个清零”目标，推进“无欠账”市区创建工作，有效维护劳动者合法权益。

社会治理能力加强。推进区域治理能力现代化，按照打造共建共治共享的基层社会治理格局要求，学习推广新时代“枫桥经验”，健全完善群众参与基层社会治理制度、社会矛盾纠纷多元预防调处化解综合机制、社会治安防控体系，探索建立司法调解进派出所模式，打造社区综治工作站27个，推进自治、法治、德治“三治”融合，和平南路派出所获得全国首批枫桥式公安派出所称号。坚持以“三打三治”为重点、以“深挖根治”为目标，巩固扩大扫黑除恶专项斗争成果，全年打掉黑社会性质犯罪组织2个、恶势力犯罪集团1个、恶势力犯罪团伙5个。贯彻落实总体国家安全观，扛起防范化解重大风险政治责任，坚守“三个坚决防止”“三个不发生”底线，围绕8大领域50项具体工作压实责任、精准发力，全面系统排查政治、意识形态、社会、民生、安全生产等各领域风险隐患。上级交办万柏林区83件“四个重点”疑难信访事项化解70件，接访3054人次、化解信访案件481件，整改各类安全生产隐患问题3627个，生产安全事故起数、死亡人数分别下降62.5%、70%。完成中华人民共和国成立70周年、全国“两会”和“二青会”等安保维稳任务，全区政治社会大局稳定向好，经济金融健康发展，信访形势持续好转，人民群众安居乐业。（刘　涌）

区委重要会议

【基层党建述职评议考核大会】 2019年1月4日，万柏林区2018年度党（工）委（党组）书记抓基层党建述职评议考核大会召开。区四大班子领导，区党建领导小组成员，15个乡（街）党（工）委书记、分管党建领导、组织委员，区直各党工委（党组）书记，部分“两代表一委员”145人参加。会议由区委副书记、区长袁尔铭主持，区委书记杨俊民现场点评并讲话，市委组织部副部长、市非公和社会组织工委书记高义元到会指导。会上，15个乡（街）党（工）委负责人作抓基层党建工作述职报告，并进行民主测评。高义元对区基层党建工作给予充分肯定，同时指出存在的问题，并就新形势下加强基层党建工作提出指导性意见。杨俊民对15个述职党（工）委进行点评，结合万柏林区实际分析当前存在的薄弱环节，提出要求。（康爱国）

【区委五届七次全会暨经济工作会议】 2019年1月30日，中共太原市万柏林区委五届七次全会暨经济工作会议召开。区委书记杨俊民受区委常委会委托向全会报告工作并作重要讲话。区委副书记、区长袁尔铭作安排部署。会议听取和讨论了杨俊民受区委常委会委托作的工作报告。会议以习近平新时代中国特色社会主义思想为指导，认真落实中央经济工作会议和省市委全会、经济工作会议精神，总结2018年全区经济工作，安排2019年经济工作。

会议对2018年经济工作进行总结，就2019年深刻领会中央经济工作会、省市委经济工作会精神，坚持稳中求进工作总基调，提出两个要求。科学把握全区发展大势，将政策机遇转化为现实动力和发展优势。坚持不懈推动“五大行动”，在高质量转型发展轨道上取得新突破。会议对2019年全区经济工作进行具体部署。（刘　涌）

【中共太原市万柏林区第五届纪律检查委员会第四次全体会议】 2019年2月1日，中共太原市万柏林区第五届纪律检查委员会第四次全体会议召开。出席会议的区纪委委员16人，列席180余人，市纪委监委有关负责人到会指导。区委书记杨俊民出席全会并讲话。区委常委，区人大常委会、区政府、区政协负责人，区法院、区检察院负责人出席会议。有关方面负责人参加会议。全会由区纪委常委会主持。全会以习近平新时代中国特色社会主义思想为指导，全面贯彻中共十九大，十九届二中、三中全会和中央纪委三次全会、省纪委四次全会精神，按照市纪委四次全会和区委七次全会的部署要求，回顾总结2018年纪检监察工作，研究部署2019年任务。审议通过刘贵江代表区纪委常委会所作的《践行“两个维护”、忠诚履职尽责，推动新时代纪检监察工作高质量发展》工作报告。全会对2019年工作作了部署。（刘运文）

【万柏林区机构改革动员大会】 2019年2月14日，万柏林区机构改革动员大会召开。区委书记杨俊民出席并讲话。区委副书记、区长袁尔铭主持会议。区委副书记张振鹏宣读《太原市委办公厅市政府办公厅关于印发〈太原市万柏林区机构改革方案〉的通知》。区委常委、区委组织部部长常青作《太原市万柏林区机构改革方案》说明。区委常委、纪委书记、监委主任刘贵江宣读《关于忠实履行纪检监察职责确保全区深化机构改革顺利推进的通知》。区四大班子负责人，区法院院长、区检察院检察长，区委、区政府办公室班子成员，各乡（街）党政主要负责人，区直各部、委、办、局、各人民团体主要负责人参加会议。

杨俊民强调，全区要以习近平总书记关于深化党和国家机构改革重要论述精神为指导，落实党中央关于机构改革的重大决策部署，按照省委、市委具体工作要求，全面完成万柏林区机构改革各项任务。（刘　涌）

【“改革创新、奋发有为”大讨论会议】 2019年2月22日，万柏林区召开“改革创新、奋发有为”大讨论动员部署会，区委书记杨俊民出席会议并作动员讲话。区委副书记、区长袁尔铭主持会议。

区四大班子负责人，区法院院长、区检察院检察长，区委、区政府办公室班子成员，各乡（街）党政主要负责人，区直各部、委、办、局、各人民团体主要负责人参会。5月20日，万柏林区召开“改革创新、奋发有为”大讨论交流总结会议。杨俊民出席并讲话。（刘　涌）

【区委政法工作会议】 2019年4月19日，中共太原市万柏林区委政法工作会议召开。区委书记杨俊民出席并讲话。区委副书记、区长袁尔铭，区委副书记张振鹏，区委常委、纪委书记、监委主任刘贵江，区委常委、政法委书记杨宏林，区委常委、区委办主任刘爱国，区人大常委会副主任孔一龙，区政协副主席阴燚，区检察院检察长郭刚，区法院副院长马瑛出席会议。会议由区政府副区长、公安分局局长高乃勇主持。会上，杨宏林对2018年全区政法工作进行回顾总结，对2019年工作进行部署。（刘　涌）

【主题教育】 2019年8月15日至16日，中共万柏林区委中心组“不忘初心、牢记使命”主题教育集中学习会召开，集中学习研讨《习近平新时代中国特色社会主义思想学习纲要》《习近平关于“不忘初心、牢记使命”重要论述选编》《中国共产党党内重要法规汇编》和习近平总书记在中央政治局第十六次集体学习时、在深化党和国家机构改革总结会议上的讲话精神以及《干部人事档案工作条例》，区委书记杨俊民主持学习并讲话。

9月11日，万柏林区召开“不忘初心、牢记使命”主题教育部署会。区委书记杨俊民出席并讲话，区委副书记张振鹏主持。会议学习贯彻习近平总书记在全国“不忘初心、牢记使命”主题教育工作会议上的重要讲话精神，按照中央和省委、市委部署要求，对全区开展“不忘初心、牢记使命”主题教育进行动员部署。

11月1日，万柏林区召开“不忘初心、牢记使命”主题教育专项整治工作调度暨“回头看”专题部署会，区委书记、区委“不忘初心、牢记使命”主题教育领导小组组长杨俊民出席会议并讲话。会议传达省市专项整治会议精神，回顾总结主题教育“8+5”专项整治整改工作，并就专项整治工作及开展“回头看”进行安排部署。

11月25日，万柏林区召开“不忘初心、牢记使命”主题教育专项整治整改落实成效评价座谈会。区委书记、区委“不忘初心、牢记使命”主题教育领导小组组长杨俊民出席会议并讲话，区委副书记张振鹏主持会议。区委常委、“8+5”专项整治整改牵头单位负责人、区委承诺整改服务事项部分牵头单位负责人、乡（街）党（工）委书记、“两代表一委员”及部分群众代表参加会议。市委第二巡回指导组张振国、刘国栋到会指导。“两代表一委员”及基层群众代表进行现场提问和互动交流，对区委主题教育整治整改落实成效进行测评，测评结果总体满意。（康爱国）

【区委五届八次全体会议】 2019年9月11日，中共万柏林区委五届八次全体会议召开。会议由区委常委会主持。区委书记杨俊民讲话。会议高举习近平新时代中国特色社会主义伟大旗帜，贯彻新时代党的建设总要求，落实省委十一届八次全会、市委十一届七次全会精神，总结工作、分析形势，对坚持和加强党的全面领导，强化党要管党、全面从严治党，以党的政治建设为统领，提高党建工作质量进行安排部署，动员全区上下统一思想、提高认识，明确任务、强化举措，推动全区政治生态实现持久的风清气正，在“两转”基础上取得党的建设和各项事业发展更大进步。会议表决通过《关于批准王丽芬等6名辞去区委委员职务的决定（草案）》《关于尤爱聪等7名候补委员递补为区委委员的决定（草案）》，完成各项议程。

会议强调：一要坚持“治”不忘“危”，准确把握形势，切实增强全面从严治党的政治自觉。二要牢记初心使命，聚焦目标任务，一以贯之推动全面从严治党方针和要求落到实处。三要坚持党建引领，强化责任担当，开创全区高质量发展新局面。（刘　涌）

2019年9月11日，中共太原市万柏林区委五届八次全体会议召开（史俊刚供图）

【区委常委会会议】2019年，中共太原市万柏林区委共召开常委会会议32次，由区委书记杨俊民主持，区委常委参加会议，有关副区长、部门负责人列席会议。

第1次区委常委会会议。2019年1月4日召开，主要议题为传达学习习近平总书记在中央政治局第十次集体学习时的重要讲话精神，传达学习中央和省、市关于做好2019年市管干部个人事项集中填报相关要求的通知，审议全区2018年工作总结和杨俊民、袁尔铭2018年度述职述廉报告。

第2次区委常委会会议。2019年1月14日召开，主要议题为传达学习省委经济工作会议精神。

第3次区委常委会会议。2019年1月22日召开，主要议题为传达学习省委书记骆惠宁在省纪委十一届四次全会上的讲话精神。

第4次区委常委会会议。2019年1月28日召开，主要议题为听取近期全区安全生产工作情况汇报，听取区人大常委会、区政府、区政协、区法院、区检察院党组工作汇报，研究区委五届七次全会暨经济工作会相关事宜，研究区纪委五届四次全会相关事宜，研究万柏林区贯彻落实党（工）委意识形态工作责任制情况，研究干部事宜。

第5次区委常委会会议。2019年1月31日召开，主要议题为研究区五届人大四次会议相关事宜，研究区政协五届四次会议相关事宜，审议《关于开展“改革创新、奋发有为”大讨论的实施方案》，审议《太原市万柏林区机构改革方案》，研究干部事宜。

第6次区委常委会会议。2019年2月14日召开，主要议题为传达学习习近平总书记在省部级主要领导干部坚持底线思维着力防范化解重大风险专题研讨班开班式上的重要讲话精神，传达学习市委常委会第98次（扩大）会议精神，审议万柏林区《关于统筹规范督查检查考核工作的实施办法（送审稿）》，听取万柏林区机构改革动员会筹备情况汇报，研究2018年度区委常委班子民主生活会方案，研究万柏林区五届人大四次会议和万柏林区政协五届四次会议补选常务委员建议名单，研究万柏林区担当作为先进典型建议人选名单。

第7次区委常委会会议。2019年2月21日召开，主要议题为传达学习省、市“改革创新、奋发有为”大讨论动员部署会议精神，听取万柏林区“改革创新、奋发有为”大讨论动员部署会筹备情况汇报，研究调整区直属党工委和党组事宜，研究干部事宜。

第8次区委常委会会议。2019年3月5日召开，主要议题为传达学习骆惠宁在参加市委常委班子民主生活会时的讲话精神和在三次述职评议会上的讲话精神，听取近期环保工作汇报，研究全区近期信访稳定工作，听取近期“大棚房”问题专项清理整治行动情况汇报，研究区委常委班子民主生活会相关事宜，研究全区扫黑除恶专项斗争工作。

第 9 次区委常委会会议。2019 年 3 月 22 日召开，主要议题为传达学习全国、全省、全市统战工作会议精神，听取全区 2019 年省劳模推荐情况汇报，研究《万柏林区党政机构改革“三定”方案（送审稿）》，研究干部事宜。

第 10 次区委常委会会议。2019 年 4 月 15 日召开，主要议题为研究《万柏林区“大讨论”问题整改清单和对标一流清单（送审稿）》，研究区政协工作事宜，传达学习全国、全省、全市组织部部长会议精神及老干部工作会议精神，研究《万柏林区“三基建设”2019 年度重点工作任务清单（送审稿）》，传达学习全国、全省、全市宣传部部长会议精神，传达学习全国、全省、全市政法工作会议精神，研究《太原市万柏林区关于宗教工作督查反馈意见的整改方案（送审稿）》，研究万柏林区担当作为先进典型建议人选名单，研究干部事宜。

第 11 次区委常委会会议。2019 年 4 月 26 日召开，主要议题为听取全区一季度经济运行和转型项目建设情况汇报，传达学习中央、省、市农村工作会议暨脱贫攻坚工作会议精神，研究环保相关事宜，听取全区“改革创新、奋发有为”大讨论进展情况汇报，研究扫黑除恶专项斗争工作，审议《关于确定 2019 年软弱涣散基层党组织的情况报告》《关于 2018 年度目标责任制考核情况的汇报》，研究干部事宜。

第 12 次区委常委会会议。2019 年 4 月 30 日召开，主要议题为传达学习省委办公厅《关于贯彻〈中共中央办公厅关于解决形式主义突出问题为基层减负的通知〉的工作措施》，传达学习全省教育大会精神，研究区人大常委会机关、政协机关机构编制调整事宜，研究《万柏林区乡（街）职能配置、内设机构和人员编制规定（送审稿）》，传达学习《关于进一步严肃领导干部外出请假报备工作纪律的通知》精神，研究干部事宜。

第 13 次区委常委会会议。2019 年 5 月 9 日召开，主要议题为传达学习全国巡视工作会议暨十九届中央第三轮巡视动员部署会议精神，研究环保相关事宜，研究迎接中央扫黑除恶第一轮督导“回头看”相关事宜，研究中纪委暗访反馈意见整改落实事宜，审议《中共太原市万柏林区委常委会 2019 年工作要点及责任分解方案（送审稿）》，审议《中共万柏林区委全面深化改革委员会 2019 年工作要点及责任分工（送审稿）》，审议《关于对市委征求全面从严治党和加强基层工作意见建议情况的报告》，审议《五届万柏林区委第七轮巡察工作方案（送审稿）》，研究关于开展“礼赞中华人民共和国成立、奋进新时代”系列文化活动相关事宜，研究全区宗教工作，研究 2019 年度省级、市级无党派人士后备人才推荐人选事宜，研究事业单位成立党组、党委相关事宜，研究干部事宜。

第 14 次区委常委会会议。2019 年 5 月 20 日，主要议题为研究近期环保工作，研究干部事宜。

第 15 次区委常委会会议。2019 年 5 月 29 日，主要议题为传达学习省长楼阳生在全省农村集体产权制度改革座谈会上的讲话精神，听取近期全区清产核资工作进展情况汇报，听取全区扬尘污染防治攻坚战专项行动情况汇报，听取 2018 年度市对区考核结果和区综合考核奖励情况汇报，研究干部事宜。

第 16 次区委常委会会议。2019 年 6 月 17 日召开，主要议题为传达学习赵乐际在全国市县巡察工作推进会上的讲话精神，传达学习《中共中央关于在全党开展“不忘初心，牢记使命”主题教育的意见》，审议《区委全面深化改革委员会等议事协调机构组成人员任职情况（送审稿）》，研究干部事宜，传达学习全市农村改革、产业发展、人居环境整治暨改厕工作现场推进会精神。

第17次区委常委会会议。2019年6月26日召开，主要议题为研究推荐全省“不忘初心、牢记使命”先进典型候选人。

第18次区委常委会会议。2019年7月2日召开，主要议题为传达学习《关于李平搞形式主义、官僚主义案件查处情况及其教训警示的通报》，传达学习《关于贯彻习近平总书记重要批示精神深入落实中央“八项规定”精神的工作意见》，传达学习《关于2018年全国窃密泄密案件情况的通报》和省、市保密工作会议精神，安排部署全区“不忘初心、牢记使命”主题教育准备工作，研究干部事宜。

第19次区委常委会会议。2019年7月10日召开，主要议题为传达学习7月8日省委常委会精神和骆惠宁在长治调研时的讲话精神，研究万柏林区人大预算联网监督工作的实施方案，研究第二届青年运动会万柏林区火炬传递活动工作方案，研究全区2019年度市、区考核指标设置事宜，研究区委国家安全委员会相关事宜，研究万柏林区事业单位调编事宜，研究干部事宜。

第20次区委常委会会议。2019年7月31日召开，主要议题为传达学习骆惠宁关于乡村振兴和脱贫攻坚工作批示精神，传达学习骆惠宁在全省“不忘初心、牢记使命”主题教育推进会上的讲话精神，研究万柏林区公务员职务与职级并行工作方案，研究关于成立区委“不忘初心、牢记使命”主题教育领导小组及办公室相关事宜，研究全区基层党建工作。

第21次区委常委会会议。2019年8月16日召开，主要议题为研究全区经济工作，研究全区安全生产工作，研究区委议事协调机构工作规则等相关事宜，研究全区意识形态工作，研究为全区文明单位离退休人员发放精神文明奖事宜，研究万柏林区科协第四次代表大会相关事宜，研究干部事宜。

第22次区委常委会会议。2019年9月9日召开，主要议题为传达学习省委常委、市委书记罗清宇在全市防范化解重大风险攻坚战情况通报会议暨全市党委国安委（办）主任会议上的讲话精神，传达学习市委十一届七次全会精神，研究区委五届八次全会相关事宜，研究全区“不忘初心、牢记使命”主题教育动员会相关事宜，研究《关于整治基层党组织软弱涣散、党员教育管理宽松软、基层党建主体责任缺失问题的实施方案（送审稿）》，研究《万柏林区隆重庆祝中华人民共和国成立70周年开展“我和我的祖国”群众性主题教育活动工作方案（送审稿）》。

第23次区委常委会会议。2019年9月25日召开，主要议题为传达学习王沪宁在“不忘初心、牢记使命”主题教育第一批总结暨第二批部署会议上的讲话精神，骆惠宁在晋中介休市调研指导第二批主题教育的讲话精神，传达学习省委组织部副部长、省非公和社会组织工委书记齐海斌在全省集中整顿软弱涣散基层党组织工作推进会上的讲话精神，研究全区软弱涣散基层党组织整顿建议名单，安排部署国庆期间相关事宜，传达学习郭声琨在部分省信访工作座谈会上的讲话精神，研究全区信访工作事宜，研究环保工作事宜，研究干部事宜。

第24次区委常委会会议。2019年9月29日召开，主要议题为研究全区“不忘初心、牢记使命”主题教育专项整治相关事宜。

第25次区委常委会会议。2019年10月17日召开，主要议题为传达学习骆惠宁在全省深化党政机构改革总结会议上的讲话精神，研究区委网络安全和信息化委员会相关事宜，研究《万柏林区关于在能源资源领域深入推进扫黑除恶及核查“保护伞”专项行动工作方案（送审稿）》，研究基层党组织设置相关事宜，审议17个软弱涣散基层党组织整治方案，研究干部事宜。

第26次区委常委会会议。2019年10月24日召开，主要议题为研究全区深化党政机构改革相关事宜，审议《五届万柏林区委第八轮巡察工作方案（送审稿）》。

第27次区委常委会会议。2019年11月4日召开，主要议题为传达学习《中国共产党第十九届中央委员会第四次全体会议公报》，听取区人大常委会、区政府、区政协、区法院、区检察院党组落实全面从严治党主体责任和区纪委落实全面从严治党监督责任情况汇报，审议《万柏林区关于落实〈贯彻中央网信办《关于强化政治建设坚决做到"两个维护"严格落实网络意识形态工作责任制的若干意见》工作措施〉实施细则（送审稿）》，研究全区"扫黄打非"工作相关事宜，研究违建别墅整治工作事宜，研究干部事宜。

第28次区委常委会会议。2019年11月29日召开，主要议题为传达学习全省推进工业高质量发展大会和全市推进能源革命综合改革试点暨工业高质量发展会议精神，听取全区工业发展情况汇报，研究全区经济工作，传达学习全国、全省、全市扫黑除恶专项斗争会议精神，传达学习中央和省委关于"不忘初心、牢记使命"主题教育相关会议精神，审议《关于深化"三基建设"进一步加强基层工作的二十条措施（送审稿）》，研究干部事宜。

第29次区委常委会会议。2019年12月4日召开，主要议题为传达学习楼阳生在全省领导干部会议上的讲话精神、在山西转型综改示范区调研时的讲话精神和在全市主题教育进展情况汇报会上的讲话精神，研究补选区人大代表相关事宜，研究区委常委班子民主生活会相关事宜。

第30次区委常委会会议。2019年12月17日召开，主要议题为研究《万柏林区委关于落实市纪委常规监督检查〈纪律检查建议书〉的工作方案》，审议全区2019年工作总结和杨俊民、袁尔铭2019年度述职报告，审议《万柏林区"不忘初心、牢记使命"主题教育总结报告》，研究事业单位调编事宜，审议《万柏林区相对集中行政许可权改革工作实施方案（送审稿）》。

第31次区委常委会会议。2019年12月25日召开，主要议题为研究全区考核工作，研究干部事宜。

第32次区委常委会会议。2019年12月31日召开，主要议题为传达学习省委经济工作会议精神，传达学习楼阳生在太原调研社区和居家养老服务时的讲话精神，听取全区养老服务工作汇报，研究全区安全生产工作。（刘　涌）

区委办公室

2019年，万柏林区委办公室围绕区委中心工作，按照"五大行动"总布局和建设文明开放和谐美丽万柏林要求，坚持问题导向，强化工作理念，突出工作重点，发挥政治机关、枢纽机关、服务机关、参谋机关和督办机关的作用，开创"三服务"工作新局面，确保区委机关高效运转。（刘　涌）

【督查工作】 2019年，万柏林区委办公室以督查推动全区工作落实，为区委决策落实和高效运转提供保障。把搞好参谋服务摆在更加突出的位置坚持身在兵位、胸为帅谋，增强工作的主动性、预见性和前瞻性。围绕"五大行动""四大片区"建设、"三化工程"、转型综改、文明创建、生态环保、民生改善等全区重点工作，科学确立调研课题，细化任务分解，形成调研文章13篇。突出问题导向和目标导向，加强对中央和省、市、区重要会议精神学习贯彻、主要领导批示指示事项以及全区重点工作的督促检查，推动全区50项重点改革任务不落步子、有序开展。加强专项整治整改特别是区委办牵头的专项整治整改任务的督促检查，推动一些久拖不结、办而不实的问题得到快速有效解决。健全完善督查工作制度，运用“四不两直”督查手段，强化结果分析运用，确保督在实处、取得实效。全年完成督查任务49件，办结率100%。（刘　涌）

【文稿文件工作】2019年，万柏林区委办公室做好以文辅政，文稿起草精益求精，注重把政策精神、领导意图和工作实际有机结合起来，提高文稿的思想性、针对性、实效性，使各类文稿成为推进工作落实、展示工作成效的重要载体、重要依据。组织起草领导讲话、各类报告、汇报和专题材料110余篇。

加强对各类信息的分析整理和综合研判，拓展信息来源，提高信息质量，在典型性、综合性、创新性、时效性上下功夫，共组织编发《今日万柏林》6期，《万柏林信息》50期，市级以上信息采用122条次。

文件制发严谨细致。落实“基层减负年”要求，完善行文工作流程和审核签批程序，严把政治关、政策关、质量关，共制发公文34件（2018年同期105件，同比减少67.6%），按要求向市委报备党内规范性文件14件。全年累计传阅文件412件。（刘　涌）

【协调服务】2019年，万柏林区委办公室在重点工作、重要事项、重大活动安排上，超前研究谋划，提前介入统筹，确保各个环节、各项服务无缝衔接、精准到位，圆满完成“二青会”火炬接力、开幕式坐场等大型活动的组织工作，组织区四大班子干部职工参加全区运动会、纪念中华人民共和国成立70华诞歌咏比赛，多次赴街道、电石苑社区等基层参加志愿者服务活动，妥善组织召开区委常委会等各类重要会议45次。

规范社情民意、政协提案办理工作。全年共办理省市社情民意转办件380余件，答复网民留言300余条；办理政协委员提案14件，办结率100%。

做好机要保密工作。印发《关于切实做好万柏林区机构中保密工作的通知》《关于进一步加强便携式电子设备使用保密管理的通知》。妥善处理密码电报489份、内部明电376份，实现保密管理工作衔接有序，保密工作无盲区、无事故。

后勤保障有力。贯彻落实党委机关各项工作条例，严格财经制度，规范公车管理，健全值班制度，完善保障机制，为区委当好家，理好财，管好物。（刘　涌）

【党建工作】2019年，万柏林区委办公室把作风建设、促进全室上下担当作为一项政治任务抓在手上、久久为功，对照《关于新形势下党内政治生活的若干准则》，区委书记杨俊民，区委副书记张振鹏、杨建忠（挂职）和区委常委、区委办主任刘爱国落实双重组织生活会，到办公室支部讲党课，带头遵守民主评议党员制度，执行党支部“三会一课”制度，参加党支部换届工作，党支部标准化、规范化建设推进，党组织生机活力迸发。通过观看《小北关社区党支部专题组织生活会纪实》《北京盈科（太原）律师事务所组织生活纪实》和《榜样4》纪录片，举办“学《条例》、强堡垒、作表率”等主题党日活动，办公室支部党的组织纪律、政治纪律得到加强；通过举办道德讲演等活动，以实际行动践行社会主义核心价值观，“实干、担当、奉献、创新”的办公室文化核心已经形成。

全面落实从严治党主体责任，通过组织学习《中国共产党章程》《关于新形势下党内若干生活准则》《中国共产党监督条例》《中国共产党纪律处分条例》，观看《初心泯灭的歧路》《失守的底线》等廉政警示教育片，进一步加强对全办人员的教育、管理和监督，不断提高廉洁自律能力，筑牢思想道德防线，在任何时候、任何场合做到“慎独、慎微、慎言、慎行”，为全区机关和干部作出表率。（刘　涌）

·机关事务服务·

【概况】2019年，太原市万柏林区直属机关事务服务中心学习贯彻中共十九大精神和习近平新时代中国特色社会主义思想，围绕区委、区政府中心工作，统筹规划，做好区委、区政府和机关单位的后勤服务保障工作、区委和区政府办公区域公共设施的基建维修工作、区委大院的安全保卫工作、绿化美化工作、会务保障工作，环卫工作管理、职工食堂管理、区党政机关办公用房、公务用车管理等工作，保障机关的高效有序运转。（宫晓炯）

【机构改革】2019年，根据机构改革要求，万柏林区机关后勤服务中心更名为万柏林区直属机关事务服务中心，是隶属于中共万柏林区委的正科级事业单位。中心内设综合办公室、安全保卫办公室、会务中心、设备保障办公室、综合物业管理办公室、人事财务管理办公室、公车管理办公室、保洁管理办公室、公房不动产管理办公室、公共节能管理办公室、西矿街99号综合楼管理办公室11个股室；领导职数1正2副，在编人员21人。（宫晓炯）

【思想政治建设】2019年，万柏林区直属机关事务服务中心按照年初制定的学习计划，组织党员干部职工开展政治理论学习。组织党员干部职工开展集中学习29次，2名科级干部参加区委组织的集中培训、轮训3次。举办“建国100周年”党史知识竞赛，组织开展6次学习研讨座谈会，组织党员干部参观王封乡圪埚村党性教育基地。评选优秀学习笔记、心得体会在学习园地展示，营造“比学赶超”的浓厚学习氛围，推进学习型党支部建设。（宫晓炯）

2019年8月8日，区直属机关事务服务中心党支部全体党员在王封乡圪埚村党性教育基地开展“不忘初心　牢记使命”主题党日活动（宫晓炯供图）

【24小时服务保障】2019年，万柏林区直属机关事务服务中心围绕目标任务，提升机关事务服务保障管理水平。安全保卫办公室以“文明执勤、规范管理、细节防范”为主线，做好日常及重大节日期间机关大院安全保障工作，完善各类处置应急机制和制度建设。实行24小时监控及巡逻制度，及时维护大院各办公楼视频监控设备，特别注重节假日期间、下班后及夜间的巡逻巡查，形成人防和技防双重防范措施。全年保障机关各部门召开各类大小会议2600余次，完成办公设施设备检修1800余次。（宫晓炯）

【膳食管理】2019年，万柏林区直属机关事务服务中心综合物业管理办公室严把采购进货关，所有食材、调味品等均从正规批发市场和定点农家无公害菜园采购，杜绝污染、有毒食品流入食堂，确保职工饮食安全。实施食材原料采购询价监督制度，做到货比三家，确保食材安全、新鲜的同时价格优惠。严把餐具清洁关，所有餐具按照“一洗、二涮、三冲、四消毒”的工作流程进行操作，灶台等工作台面做到随用随洗，冰箱、冰柜物品隔离、分区存放，消毒柜做到定时清洁。把优化就餐环境作为一项重要任务来抓，每天早、中、晚三次清理，每周1次集中全面大扫除，不留卫生死角。着力提升服务质量和水平，强化食堂职工服务意识，打造“微笑”服务窗口。定期组织食堂职工学习食品卫生、营养配餐等专业知识技能，组织厨师通过网络、书籍学习烹饪技巧，制定菜谱，定期变化饭菜花样，在不增加经费预算的同时，满足干部职工的需求。（宫晓炯）

【公车公房管理】 2019年，万柏林区直属机关事务服务中心落实省、市、区公务用车制度改革有关会议和文件精神，做好公车改革各项工作。6月，公务用车保障服务平台和综合执法用车管理平台正式上线运行，分三批次收回公务用车61辆，统一安装北斗卫星定位系统。制定出台《万柏林区公务用车和综合执法用车平台管理办法（试行）》，对平台所属车辆实行统一车籍档案、车辆经费、保险购置、标志喷涂、定点保险加油维修、运行监管、签订托管协议的“七统一”管理模式。平台对行车轨迹、行驶里程、油耗、加油地点、加油时间进行严格审核监督，杜绝公车私用、私车公养。全年派修车辆79次，平台工作人员对公车每次派修进行实地查验，驳回不必要维修项目，有效节约经费支出。8月，对各单位相关负责人进行公车平台专题培训，发放操作手册61份，保障全区重要公务活动出行。

按照省、市、区办公用房管理文件要求，从2019年1月开始区党政机关办公用房测量工作，3月完成委托第三方测绘公司对全区党政机关办公用房的测量工作、CAD平面图绘制工作、数据上传与报送工作，并对全区各党政机关办公用房的使用情况、人员信息等相关数据进行收集、统计、归档，建立万柏林区办公用房使用台账，并对其进行常态化管理。按照省直属机关事务管理局和市直属机关事务管理局的有关要求，9月开展并完成对全区乡街机关办公用房危房摸底工作。（宫晓炯）

【供变电设施增容改造】 2019年3月，万柏林区直属机关事务服务中心开始对机关大院供变电设施进行增容改造，拆除原有老旧变电箱，新建10千伏双电源配电室，解决用电高峰电压不稳、老旧电路带不动高功率用电设备等问题，保障干部职工用电安全。该项目历时2个月，于5月全部完成。（宫晓炯）

【机关大院监控】 2019年5月，万柏林区直属机关事务服务中心对机关大院安全硬件进行升级改造，在东西侧小门、主办公楼增添全自动门禁系统，提高安全防范等级的同时方便职工出入，在大院门口安装新型全自动升降机，实现出入口分流，车辆管理更加规范。10月，对机关大院监控机房进行搬迁升级改造，对机房室内进行装修，安装UPS（不间断电源）、制冷系统、防雷接地系统、机房消防系统、门禁系统、动环检测系统等，提高机房的预警处置能力，提升大院全面防控水平。（宫晓炯）

【“二青会”万柏林站火炬传递服务】 2019年7月，在“二青会”万柏林站火炬传递期间，万柏林区直属机关事务服务中心干部职工连续加班4个昼夜，多次摸排、预演火炬传递路线，严格定人、定车、定岗、定责，确保车辆人员到位；为参与火炬传递的180余名工作人员安排房间，保证住宿安全、舒适；协调区市场监督管理局对餐食进行检验检测，保证营养、健康、卫生，做到

保障工作的"零缺陷""零失误"。（宫晓炯）

【"绿色机关"建设】2019年10—12月，根据水利部、山西省水利厅文件精神，万柏林区直属机关事务服务中心组织万柏林区25家行政及事业单位开展节水型载体申报工作，绘制机关大院和99号综合楼供排水管网和计量网络图，助推"绿色机关"建设。（宫晓炯）

组　织

【概况】2019年，中共太原市万柏林区委组织部以习近平新时代中国特色社会主义思想为指导，学习贯彻中共十九大和十九届四中全会精神，落实全国、全省、全市组织部长会议精神，围绕区委中心工作，聚焦主责主业，强弱项补短板、夯基固本，攻坚克难，全面加强组织体系建设，努力为建设文明、开放、富裕、美丽万柏林提供坚强组织保证。（康爱国）

【思想政治建设】2019年，中共万柏林区委组织部坚持把政治建设放在首位，把学习贯彻习近平新时代中国特色社会主义思想作为首要政治任务，开展"改革创新、奋发有为"大讨论活动。按照要求、统筹步骤、蹄疾步稳，高质高效完成20项具体工作任务。开展"不忘初心、牢记使命"主题教育。按照中央及省委、市委的部署要求，聚焦主题主线，坚持问题导向、目标导向、实践导向、效果导向，突出抓好"8+5"专项整治整改，对17个软弱涣散基层党组织开展集中整顿专项整治。坚持开门搞教育，开设征求意见专栏，公布监督电话，广泛邀请群众参与，让群众监督和评议，为基层、群众和企业办实事解难事1570余件，173个整改承诺全部兑现，全区538个基层党组织、1.4万余名党员全部参加主题教育，基本实现"理论学习有收获、思想政治受洗礼、干事创业敢担当、为民服务解难题、清正廉洁作表率"具体目标。党员干部"四个意识"显著增强，"四个自信"日益坚定，"两个维护"更加自觉。中央第八巡回督导组2次分别深入白家庄街道九院村、兴华街道千峰北路社区进行督导，并给予高度认可。（康爱国）

【基层组织建设】2019年，万柏林区共设党组28个：区人大党组、区政府党组、区政协党组、区法院党组、区检察院党组、区政府办公室党组、区财政局党组、区发展和改革局党组、区水务局党组、区审计局党组、区科学技术局党组、区统计局党组、区司法局党组、区行政审批局党组、区信访局党组、区退役军人事务局党组、区医疗保障局党组、区自然资源局党组、区总工会党组、区妇女联合会党组、区残疾人联合会党组、区矿业执法大队党组、区工商联党组、区综合检验检测中心党组、区市容环境卫生管理局党组、区房地产管理局党组、区园林绿化局党组、区行政执法分局党组。各类党组织646个，包括：党（工）委30个，二级党委31个（其中农村1个，村改居13个，社区1个，机关5个，事业1个，国有企业3个，集体1个，非公企业组织5个，社会组织1个），二级党总支16个（其中农村1个，村改居1个，社区3个，机关3个，非公8个）。（康爱国）

【干部到村任职】2019年，中共万柏林区委组织部坚持问题导向，保持改革定力，出台《关于深化"三基建设"进一步加强基层工作的二十条措施》，攻坚克难、重点突破。探索建立党组织书记储备库，推行村党组织书记职业化管理，先后选派14名干部到信访矛盾突出、基础工作较差的村（含村改居社区）任职，其中10人担任党

组织书记、4人担任副书记，破解了部分村党组织书记“无人可选、有人难选”的问题，提升村党组织书记队伍整体素质。（康爱国）

【软弱涣散党组织整顿】 2019年，中共万柏林区委组织部出台《常态化整顿软弱涣散基层党组织工作实施办法（试行）》，对全区156个村（社区）“两委”干部进行政治审查，清理22名曾受刑事处罚的村（社区）“两委”干部。加强9个信教群众聚居村党建工作，按照“4个1”方法常态化开展软弱涣散党组织整顿，全年整顿软弱涣散基层党组织23个。（康爱国）

【标准化规范化支部建设】 2019年，中共万柏林区委组织部制定《万柏林区新时代基层党支部达标创优三年行动实施方案（2018—2020）》，针对农村、社区、机关、企业等不同类型党组织特点，分别制定具体量化考核的基本标准和先进标准，80%以上支部达到规范化建设标准要求，50%支部达到优秀标准。培养选树闫家沟社区、千峰北路社区、地矿社区、漪汾苑社区、金龟集团等一批在全市、全省有影响的先进党支部。（康爱国）

【城市党建创新】 2019年，万柏林区闫家沟社区“1+3+N”的基层治理模式入选全国城市基层党建优秀案例。万柏林区智慧城市指挥中心投入运营，实现“一平台、四应用、多融合”，3个城管驿站投入使用，在全区主要道路、街巷设立管理公示牌，550余名“街巷长”和“小巷管家”进行无死角管理；华润商圈党群服务中心高效运转，中海、信达党群服务中心持续推进。区委组织部始终把“三基建设”作为全面加强党的建设、夯实党在基层的执政基础、打造高素质干部队伍的战略举措，推进各项重点工作任务落实。

（康爱国）

【基层党建经费保障】 2019年，中共万柏林区委组织部严格落实街道每年运转经费不低于120万元的标准，保障每个社区工作经费和党建工作经费不少于15万元，宗教村党建工作经费增加至33万元。按照机关事业单位人均100元/年，联合组建的非公企业党组织每个5000元/年，社会组织党组织每个1万元/年给予党建工作经费支持。提高农村社区、非公企业党员教育培训经费，由40元/人提高至60元/人。建立乡（街道）干部待遇正常增长机制，为街道公务员和事业单位人员按照300元/月至600元/月的标准增加岗位补贴，全面提升乡（街）干部待遇。提高和规范农村（含村改居）“两委”干部薪酬，建立“岗位报酬+绩效报酬+奖励报酬”的村干部报酬体系，全面推进农村“两委”干部职业化管理。（康爱国）

【党员队伍建设】 2019年年底，万柏林区有党员14851名。女党员6871名，占党员总数的46.27%；少数民族党员75名；中华人民共和国成立前入党享受生活补贴的老党员9名，其中抗日战争时期2名，解放战争时期7名。

在全体党员中，30岁及以下党员1967名，占党员总数的13.24%；31岁至35岁党员1718名，占党员总数的11.57%；36岁至40岁党员1378名，占党员总数的9.28%；41岁至45岁党员1296名，占党员总数的8.73%；46岁至50岁党员1540名，占党员总数的10.37%；51岁至55岁党员1476名，占党员总数的9.94%；56岁至60岁党员1305名，占党员总数的8.79%；61岁至65岁党员1189名，占党员总数的8.01%；66岁至70岁党员899名，占党员总数的6.05%；71岁以上党员2083名，占党员总数的14.02%。

在全体党员中，研究生学历451名，占党员总数的3.04%；大学本科学历4812名，占党员总数的 32.40%；大学专科学历 3690 名，占党员总数的 24.85%；中专学历 969 名，占党员总数的 6.52%；高中、中技学历 1680 名，占党员总数的 11.31%；初中及以下学历 3249 名，占党员总数的 21.88%。（康爱国）

【党建责任落实】 2019 年，中共万柏林区委组织部坚持“书记抓、抓书记”，层层压实党建主体责任。贯彻落实党组织书记抓基层党建工作述职评议考核办法。全面落实市、区、乡三级“联述联评联考”制度，强化问责，注重整改，切实做到述职述党建、评议评党建、考核考党建。建立调度、约谈、通报等制度。推进党（工）委（党组）书记建立党支部工作联系点，每年专题研究党支部建设工作。（康爱国）

2019 年 4 月 16 日，区委组织部和党校联合举办的“领头雁”培训班在山西经济管理干部学院经济大讲堂举行（康爱国供图）

【党员干部学习教育】 2019 年，中共万柏林区委组织部落实全国党员教育培训工作规划，明确培训任务和工作要求。加强党员教育培训的层次性和针对性，开展大规模培训党员工作，把理论学习和实践锻炼、传统方式和现代手段结合起来，建立健全抓党员经常性教育管理的制度与机制。举办 2019 年度科级干部主体培训班、科级干部学习贯彻习近平新时代中国特色社会主义思想读书班、学习贯彻中共十九届四中全会精神集中轮训班、农村（社区）“领头雁”培训班、基层党组织书记和党务干部专题教育轮训班等，培训 2400 余人次，为全区 538 个基层党组织、1.4 万余名党员发放《习近平关于“不忘初心、牢记使命”论述摘编》《习近平新时代中国特色社会主义思想学习纲要》等，通过通读精读规定书目原原本本学、研讨交流谈认识体会深入学、联系实际转化成效实践学、创新形式线上线下灵活学，开展“送教下乡”活动，推动学习贯彻习近平新时代中国特色社会主义思想往心里走、往深里悟、往实里做。（康爱国）

【互联网＋党建】 2019 年，中共万柏林区委组织部全面推进智慧党建，推动基层党建传统优势与信息技术深度融合，依托全国党员管理信息系统，加强对党组织和党员的信息化管理，做好组织关系转接工作。注重大数据的挖掘利用，满足基层党组织和党员的共同需求，构建“互联网＋党建”应用体系。开展“三晋先锋”试点工作，实时掌握党建工作动态，促进党组织和党员之间的协同运作和互联互通，加强对党建工作全过程的智能分析，构建精细化、动态化的党建工作管理服务模式。灵活运用党员教育电视片、远程教育站点、万柏林党建微信公众平台等开拓党员教育信息化工作新模式，为党员教育管理工作增添新动能。（康爱国）

宣 传

【概况】 2019 年，中共太原市万柏林区委宣传部以习近平新时代中国特色社会主义思想为指导，贯彻落实省、市宣传思想工作和宣传部部长会议精神，按照举旗帜、聚民心、育新人、兴文化、展形象的思路要求，紧紧围绕全区“五大行动”“四大片区”“三化工程”开展全区宣传思想

工作，为文明、开放、富裕、美丽万柏林提供良好的舆论环境和宣传氛围。（唐　琪）

【机构改革】2019年，根据区委机构改革方案，中共太原市万柏林区委宣传部是区委工作机关，加挂中国共产党太原市万柏林区委网络安全和信息化委员会办公室（互联网信息办公室）、太原市万柏林区精神文明建设委员会办公室、太原市万柏林区政府新闻办公室、太原市万柏林区新闻出版局牌子。区委网络安全和信息化委员会办公室设在区委宣传部，接受区委网络安全和信息化委员会的直接领导，承担区委网络安全和信息化委员会具体工作，负责互联网宣传和发布信息内容监督管理，负责新媒体宣传舆情和内容的分析监管。（唐　琪）

【政治理论学习】2019年，中共万柏林区委宣传部贯彻落实省、市宣传思想工作和宣传部部长会议精神，开展全区宣传思想工作。区街两级理论学习中心组通过集中学习、专题研讨、辅导报告、观看专题片等形式，集中学习中共十九大和十九届四中全会精神、习近平总书记“三篇光辉文献”特别是视察山西等重要讲话精神，持续在融会贯通、学以致用、全面覆盖上下功夫。区乡委理论学习中心组开展理论学习331次，形成理论创新成果87篇。（唐　琪）

2019年4月24日，区委宣传部在多功能厅召开全区宣传思想工作会议（唐琪供图）

【基层理论宣讲】2019年，中共万柏林区委宣传部以“两个全覆盖”为基本要求，借助“学习强国”学习平台、“山西干部在线”等便捷网络资源，采用菜单式、点播式的宣讲形式开展对象化、互动化宣讲，让中共创新理论“飞入寻常百姓家”。全年开展“改革创新、奋发有为”大讨论、《习近平新时代中国特色社会主义思想学习纲要》和中共十九届四中全会精神等主题理论宣讲321场，惠及居民群众3万人次。召开太原市首家学习宣传贯彻习近平新时代中国特色社会主义思想交流研讨会，市委讲师团副团长张云雁、市委党校教育长邓翠香、山西经济管理干部学院副院长朱忠良参加研讨会并点评发言。（唐　琪）

【（网络）意识形态工作责任制落实】2019年，中共万柏林区委宣传部以习近平新时代中国特色社会主义思想为指引，深入贯彻习近平总书记“意识形态作为一项极端重要的工作”等重要论述，全年意识形态基本面向上向好。落实（网络）意识形态工作责任制，坚持党管意识形态工作，健全意识形态责任制工作机构，将意识形态工作纳入领导班子述职报告和民主生活会的重要内容，全年主持召开全区意识形态领域形势分析研判座谈会4次，区委意识形态工作领导小组会议2次，向区委常委会专题汇报3次（含网络意识形态1次），开展2019年“扫黄打非”专项整治，检查印刷厂、音乐网吧、网上书店等22家，建成“扫黄打非”基层站点128个。（唐　琪）

【用网治网能力提升】2019年，中共万柏林区委宣传部建立互联网舆情四级响应处置机制，全年处置涉及“三供一业”、物业服务、违法广告和文明城市创建等内容的舆情信息180期，转发和编发中央和省、市重点稿件、融媒体信息65条700余次，开展第六届国家网络安全宣传周活动。发展政治素养过硬、业务素质精准的舆情员、网评员52名，全年报送舆情信息563篇。其中：中宣部和省委、市委宣传部采用37篇，约稿采用13篇，完成舆情信息报送任务，全年跟帖、转发网评任务位居太原市前列。（唐　琪）

【舆论宣传】2019年，中共万柏林区委宣传部在壮大主流舆论上求创新，见实效。弘扬主旋律，传播正能量，围绕区委、区政府重点中心工作，组织庆祝中华人民共和国成立70周年系列活动，开展“改革创新、奋发有为”大讨论，“不忘初心、牢记使命”主题教育，转型发展、文明创建、生态环保、民生改善等主题宣传，坚持“请进来”宣传，搭建对外宣传平台，与中央、省市主流媒体进行深度合作，着力讲好万柏林故事，展示万柏林形象。据统计，《山西日报》《山西晚报》《太原日报》《太原晚报》等省城主流平面媒体以及山西电视台、太原电视台、黄河电视台等各电视媒体，人民网、中新网、今日头条、黄河新闻网、太原新闻网等网络媒体对万柏林区的新闻报道达1000余条次，主题采访、新闻访谈、制作专题片和专版等重点宣传报道100余条。（唐　琪）

2019年9月18日至20日，区委理论学习中心组成员在多功能小会议室召开“不忘初心、牢记使命”主题教育集中学习研讨会（唐琪供图）

【媒体融合集中宣传】2019年，中共万柏林区委宣传部多次组织省城媒体记者走进万柏林，进行全方位、多角度地深入采访报道。5月31日，邀请多家记者走进辖区工地，对扬尘污染治理进行观摩。6月5日，邀请中央、省、市17家媒体的20余名记者走进西山进行实地采风，各家媒体从不同角度对万柏林区生态环保、园林绿化、景点推介进行宣传报道。6月20日、23日、24日，《太原日报》《太原晚报》整版推出万柏林区生态文明建设之玉门河、风声河、九院沙河河道治理。9月至11月，组织媒体对万柏林区庆祝中华人民共和国成立70周年系列活动、“二青会”火炬传递、万柏林区第四届招商推介会等进行集中采访报道。12月11日，组织新华社、人民网、《山西日报》《太原日报》、黄河电视台、太原电视台、太原教育电视台、太原综合广播、《山西晚报》《山西经济日报》《山西青年报》《太原晚报》《生活晨报》、今日头条、搜狐焦点等15家中央、省市的媒体记者就万柏林区教育、城市管理、医疗体制改革工作情况进行实地采风和座谈交流。这些媒体在网络电视台、“两微一端”等新媒体平台第一时间发布各类图文、短视频内容，为促进万柏林区持续快速发展提供良好的舆论环境。

推出《今日万柏林》双月画刊，以图文并茂、风格多样的形式展示全区在政治、经济、民生、生态建设、城市管理等方面发生的变化，全年编印出版6期。

制定《万柏林区融媒体中心建设方案》，对万柏林区融媒中心建设做出具体安排，并引进文字记者、摄影记者、后期制作等专业技术人才充实到融媒体中心。（唐　琪）

【舆论引导】2019年，中共万柏林区委宣传部开展10次专题公益广告宣传，通过悬挂横幅、发放海报、电子屏宣传等方式，为“二青会”、全国文明城市创建、中华人民共和国成立七十周年、中共十九届四中全会等重点和中心工作营造良好的舆论氛围。以教育系统、乡（街）机关、团委、妇联、工会、民政局、民营（非公）企业的时代新人为主体，推荐选拔第二届全国青年运动会火炬手 15 名。根据重点时间节点进行网络意识形态的研判分析。24 小时全天候不间断进行网上有害信息监审，确保有舆情不漏情。特别是对关注度高、转帖量大的热点问题及时线上发声线下处置，做到关键时刻不缺位、不失语、不误导，赢得舆论主动权和主导权。开展重点管控，确保全区网络意识形态领域安全。（唐　琪）

【精神文明建设】 2019 年，中共万柏林区委宣传部加强调查研究，注重经验交流，建立健全工作机制，开展文明创建工作。发挥万柏林区时代新人志愿服务联盟作用，在全区开展时代新人志愿服务和文明交通志愿服务活动。开展文明单位结对共建系列活动，在全区营造扶贫济困、文明共建的氛围。加强基础建设，对文明创建工作进行立案归档，健全规范管理。组织全区各文明单位、文明校园、街道社区开展第十五个公民道德宣传日活动。（唐　琪）

【庆祝中华人民共和国成立 70 周年和纪念太原解放 70 周年系列活动】 2019 年，中共万柏林区委宣传部印发《“礼赞新中国、奋进新时代”系列文化活动工作方案》。在全区范围内开展“情暖万柏林”文化惠民基层行活动、“讴歌新时代、翰墨喜迎春”庆祝中华人民共和国 70 周年书画展、“非遗在身边”系列活动、“品古韵、见经典”精品壁画展暨美术作品展等文化活动，仅国庆期间，即开展文化惠民活动 80 余场，参与人数 30 万人。在全区范围内开展“美丽中国梦、风好正扬帆”征文大赛、“阔步新征程、实干正当时”抖音短视频大赛、歌曲《我和我的祖国》千人快闪等系列活动，各项比赛共征集作品近千件，参与人数过万。组织征集“做改革先锋、创幸福时代”主题微视频作品，共征集微视频 44 部。先后举办约 6500 人共同参加的“奋进新时代、放歌万柏林”庆祝中华人民共和国成立 70 周年大合唱比赛和“点赞新时代、奋进万柏林”万柏林区庆祝中华人民共和国成立 70 周年文艺晚会，以文艺的形式提振全区的精气神，为文明、开放、富裕、美丽万柏林建设凝聚精神力量。（唐　琪）

2019 年 8 月 20 日，区委宣传部、区政协办公室联合在太原市美术馆举办“翰墨丹青颂祖国”万柏林书画摄影展（唐琪供图）

【时代新人主题活动】 2019 年，中共万柏林区委宣传部把时代新人作为主题融入全局工作。举办“时代新人说”大型讲述活动第二季演讲大赛，从 120 余名来自各行各业的参赛者中选出 48 名选手参加比赛，大赛实行网络同步直播，最高在线观赛人数超过 10 万人，赛后，区委宣传部推选 2 名优秀讲述者参加市委宣传部主办的“时代新人说”大型讲述活动第二季演讲大赛决赛。开展“时代新人说——改革创新、奋发有为”走基层“六进”主题巡讲和先进典型巡讲活动，举办巡讲 10 余场，有近 87.9 万人通过现场和网络直播等方式观看巡讲。

开展“我们都是追梦人”系列访谈活动，依托各党工委在基层一线普通群众中寻找 50 名红色楷模、城改先锋、行业表率、温暖之星、杰出青年“新时代最美追梦人”。6 月 14 日，在兴华街道千峰北路社区举办万柏林区“我们都是追梦人”系列访谈活动启动仪式，11 月 12 日，在下元商贸城举办第二场系列访谈活动。每月向市委宣传部推荐时代新人，截至 12 月底，共推荐时代新人 27 名，其中 5 名入围太原市“时代新人榜”。与区教育局对接，根据市委、市政府安排，推进“时代新人”思政课构建，强化未成年人思想政治工作。（唐　琪）

【文化体制改革】 2019 年，中共万柏林区委宣传部推动完成综合文化站、文化服务中心标准化配制，制定服务目录，保障免费开放，综合文化站标准化配置完成 14 个、文化服务中心标准化配置完成 95 个。推动完成区图书馆电子阅览室建设，向区政府申请建设数字图书馆。在全区开展群众性系列文化活动 80 场、基层群众文化培训 30 个班次，开展送文化下乡活动 150 场，完成文化惠民演出 41 场。开展非遗进校园、进社区活动，完成万柏林区非遗图典草稿及视频拍摄。对 2017 年、2018 年度专项资金扶持项目开展绩效自评，检验项目预期目标的实现程度，及时总结经验、分析问题、改进管理。组织开展 2019 年度太原市文化产业发展专项资金扶持项目申报工作，组织开展 2019 年“原动力”中国原创动漫出版扶持计划等申报工作。（唐　琪）

【网络安全宣传】 2019 年 9 月 16 日至 22 日，万柏林区举办（第六届）国家网络安全宣传周活动。各部门、各单位以及 15 个乡（街）分别以不同形式进行宣传。这次系列活动共展出展板 44 个，发放宣传品折页 2700 余份，张贴和发放宣传海报 2800 余张，印有网络安全的书签 1000 个、折叠书包 500 个。同时在“万柏林宣传”公众号等属地“两微一端”公众号和各路段 LED 显示屏对网络安全知识进行滚动播出，宣传习近平总书记关于网络强国战略思想和相关法规政策，并结合“我们的节日”组织文艺小分队走进基层，让网络安全知识“飞入寻常百姓家”。（唐　琪）

【网络综合治理】 2019 年 8 月和 11 月，中共万柏林区委网信办对全区 15 个乡（街）和 27 个区直单位开展 2 次网络安全自查工作，全面保障全区网络安全。开展网络生态治理大检查，向公安机关移交违规网站等问题线索 308 家，查获博彩网站 198 家，色情网站 13 家，游戏网站 11 家，违规采编新闻 2 家。11 月，联合万柏林区政府信息中心、公安万柏林分局对区属单位进行网络安全检查，在检查中，对日常的网络安全工作进行讲解，并在网络安全检查之后，指导网络安全应急演练，演练中假设演练模拟部分电子设备无法正常上网后，各相关部门应急处置，最终消除安全隐患，重新恢复上线。（唐　琪）

【网络宣传引领】 2019 年，中共万柏林区委网信办利用“万柏林宣传”微信公众号畅通网上意见收集渠道，问计于网民，收集网民意见，扎扎实实把网络意识形态做好做强。整合融媒体平台，建立官方抖音账号 25 家，配合市委网信办同城共振转发全市融媒体信息 800 余家次，筑牢舆论宣传阵地。（唐　琪）

统　战

【概况】 2019 年，中共太原市万柏林区委统战部学习贯彻习近平新时代中国特色社会主义思想，贯彻落实中央和省、市统战工作会议精神以及区委五届八次全会确定的各项决策部署，以加强党的建设为统领，抓好思想政治引领、民族宗教、新的社会阶层人士统战工作，加大服务发展对侨联谊工作，促进全区“五大关系”和谐，为

2019 年 4 月 23 日，万柏林区统战暨宗教工作会议召开　　（曹炜供图）

建设文明、开放、富裕、美丽万柏林作出积极贡献。区委统战部被评为 2019 年度《中国统一战线》宣传先进单位，区委统战部撰写的《以“统战 +”思维融入城市基层工作的思考》获得全省统战理论政策研究优秀成果三等奖。（曹　炜）

【机构改革】 2019 年，中共万柏林区委统战部统一管理全区民族宗教、侨务工作，将民族宗教事务局的职责、区政府办公室的侨务方面职责划入区委统战部，对外加挂区民族宗教事务局牌子；2 名干部调整进入区委统战部担任领导岗位，9 名统战干部得到调整、提拔。（曹　炜）

【思想政治引领】 2019 年，中共万柏林区委统战部坚持把强化思想政治引领摆在统一战线工作更加突出的位置抓紧抓好，把控新时代统战工作的政治方向。组织各领域统战成员学习中共十九大和十九届四中全会精神，领会习近平新时代中国特色社会主义思想，巩固团结奋斗的共同思想政治基础。强化宣传工作，为全区涉及统一战线的成员单位、各领域党外代表人士赠送《中国统一战线》杂志。通过“两微一端”，向广大统战成员宣传中共的路线方针政策、宣传共产党员和党外人士当中的先进典型、身边模范，传播正能量，弘扬主旋律。利用“万柏林宣传”“美篇 App”《万柏林统战信息》等媒介，编写发布统一战线工作信息及相关政策精神，扩大统战宣传覆盖面。以庆祝中华人民共和国成立 70 周年和多党合作制度确立 70 周年为契机，在民主党派当中开展“不忘合作初心，继续携手前进”主题教育活动，组织民主党派基层组织负责人赴江苏社会主义学院学习，凝聚政治共识。组织宗教界代表人士、宗教干部赴贵州遵义接受红色教育，寻访红色足迹，坚定宗教界人士的爱国主义信念。在清明节和烈士公祭日，组织统战人士赴黄坡烈士陵园祭奠革命先烈，缅怀人民英雄，激发爱国壮志。组织开展首届万柏林区“同心杯”书画展，全区各民主党派成员、非公经济人士、民族宗教界人士、归侨侨眷、党外知识分子、新的社会阶层人士 200 余人踊跃参加，通过书法、绘画等艺术形式，抒发爱党爱国的情怀，表达全区统一战线在新时代拼搏进取、创新发展的时代精神。选送 50 余篇征文、图片、短视频参加省委统战部中华人民共和国成立 70 周年主题作品征集活动，组织党外代表人士参加统战系统庆祝中华人民共和国成立 70 周年文艺展演活动，在全区上下礼赞祖国 70 华诞的浓烈气氛中，巩固和发展同心共筑中国梦、共创美好新时代的统一战线。（曹　炜）

【政治参与渠道拓宽】 2019 年，中共万柏林区委统战部初步建立无党派人士重点人物和后备人才数据库，将无党派人士纳入知情明政制度体系，定期举办民主党派、无党派人士季度座谈会。优化党外代表人士建言献策队伍，调整充实党外人士建言献策小组，统战干部、党外专家围绕党委政府关心、统一战线关注、人民群众关切的重点领域，做好调查研究，积极建诤言、献良言。做好党外干部的储备、推荐、管理等工作，完善党外干部人才库，开展全区党外科级领导干部述职述廉，做好党外干部的安排使用工作。（曹　炜）

【社会公益活动】 2019 年，中共万柏林区委统战部引导统战人士心系群众、回馈社会，以实际行动诠释爱党爱国爱民的赤子之心。民盟万柏林支部到太原市儿童福利院开展慰问，民革万柏林区一支部为抗战老兵庆贺生日，九三学社省直万柏林区委员会在气化街小学开展扶贫产品进校园慰问暖冬行活动，民营企业家为区慈善会捐款 2 万余元，侨界人士深入社区依托“侨胞之家”持续开展口腔健康讲座和义诊。（曹　炜）

【干部队伍建设】 2019 年，中共万柏林区委统战部选派党员干部参加区委组织的干部主体培训班、读书班、轮训班以及省委、市委组织的各类政治理论、统战业务培训班，带领全体干部赴王封乡圪垛村知青大院、玉泉山城郊森林公园党性教育基地，实现干部队伍状态和素质双提升。加强干部日常管理监督，制定《万柏林区委统战部机关工作人员办事和行为规范》，促进机关管理制度化、规范化。重视基层统战干部素质能力的提升，邀请乡（街）统战干部参加《中国统一战线》学刊用刊座谈会，变单纯学习灌输为双向交流互动，通过外出参观、集中学习交流等方式，提升基层统战干部的业务能力和工作水平。（曹　炜）

2019 年 7 月，区委统战部在高君宇纪念馆开展“不忘初心　牢记使命”学习教育（曹炜供图）

【党建工作】 2019 年，中共万柏林区委统战部坚持以党的政治建设统领新时代党的建设。在办公所在地显著位置设立党建工作专栏，建立马克思主义书屋，营造浓厚的党内文化建设氛围。坚持周五政治理论学习制度，动态制定学习计划，通过集中学习、现场观摩、警示教育等多种形式，学习领会习近平新时代中国特色社会主义思想、学习中共十九届四中全会精神以及习近平总书记关于加强和改进统一战线工作的重要思想，重温“三篇光辉文献”，推进思想建党、理论强党，增强“四个意识”、坚定“四个自信”、做到“两个维护”。经支部党员大会选举，重新调整配优统战部党支部班子，加强基层组织建设，建立支部班子成员分工负责的责任体系，以党员为主体，发挥支部的战斗堡垒作用。落实“三会一课”、组织生活会和民主评议党员等基本党内生活制度，增强党内政治生活的严肃性。结合庆祝中华人民共和国成立 70 周年、主题教育、大讨论、“三青会”以及全区中心工作，开展“勇于开拓、甘于奉献”研讨会、赴高君宇故居纪念馆参观学习以及观看“不忘初心、牢记使命、奋进新时代——庆祝中华人民共和国成立 70 周年展览”等主题党日活动，使党内政治生活真正起到教育、提高党员干部的作用。加强党对意识形态工作的领导，落实意识形态工作责任制。履行法治建设工作责任，成立以区委常委、统战部长为组长，班子其他成员及区工商联、区侨联负责人为副组长的法治建设工作领导小组，将法治建设列入区委统战部年度工作计划、纳入重要议事日程。党员干部学习贯彻习近平总书记关于全面依法治国的新理念、新思想、新战略，学习贯彻习近平总书记在中央全面依法治国委员会第二次会议上的重要讲话精神。法治建设领导小组及时研究部署法治建设重点工作，组织统战部、工商联、侨联参加“12·4”宪法宣传日活动，向群众宣传宪法以及与经济社会发展、社会和谐稳定密切相关的法律法规。机关全体职工参加区直机关工委工会，入会率实现100%。开展文明单位创建，组织全体党员志愿者参与创建国家文明城市结对共建志愿者服务等活动。坚持开展博爱一日捐、慈善一日捐等献爱心活动，在节假日之际为老党员送去节日的慰问。（曹　炜）

【党风廉政建设】 2019年，中共万柏林区委统战部主要领导带头履职尽责，坚持将推进全面从严治党、党风廉政建设工作与统战业务工作同部署、同落实、同检查、同考核，全年两次在部务会上专题研究部署党风廉政建设工作，切实明确职责，细化工作措施，确保责任传导到位、落实到人。坚持经常性检查与重点督查相结合，加强对党风廉政建设责任制落实情况的督查，从源头上推进反腐倡廉各项工作落到实处。坚决贯彻落实习近平总书记关于“四风”问题的重要批示精神，坚持以上率下，对“四风”新动向和各类作风顽疾重拳出击，严防严治，在“常和长、严和实、深和细”上下功夫，稳扎稳打，久久为功，形成抓作风促工作、抓工作强作风的良性循环。强化党风廉政教育，组织全体党员干部学习上级文件、典型案例和观看警示教育片，使党员干部进一步牢固树立廉洁从政意识，筑牢思想道德防线。完善机关党风廉政制度，制定出台《统战干部与党外代表人士谈心谈话制度》。及时掌握党员干部廉洁从政情况，建立党员干部廉洁档案，推进机关干部廉政风险防控工作。（曹　炜）

【万柏林区新阶层联谊会成立】 2019年，中共万柏林区委统战部以将分散的统战资源凝聚起来服务地区发展为目标，全力营造党外知识分子、新的社会阶层人士的温馨家园。经区民政局审批登记，太原市万柏林区新的社会阶层人士联谊会于8月28日正式成立，解决新阶层人士人员分散、管理难度大的问题。按照“六有”标准，打造汾河生活艺术小镇、省火锅店协会、喜马拉雅FM山西站三个各具特色的省级新阶层人士活动站，为更广泛地凝聚全区新阶层人士提供活动场所和宣传阵地。在党外知识分子、新的社会阶层人士中开展“凝聚新力量，筑梦新时代”主题教育活动，通过万柏林知联会、万柏林新联会等微信群，宣传万柏林区经济社会发展、人才强区战略和相关政策，号召党外知识分子、新阶层人士为全区发展做出更大贡献。带领区党外知识分子、新阶层人士参加上级统战部组织的理论学习、联谊交友活动。与新阶层人士座谈交流，征求对统战部、新联会的意见建议。组织党外知识分子、新阶层人士代表赴太原理工大学大数据学院、迎泽区“智慧产业园”等高校、双创基地参观学习，互帮互学、促进合作。（曹　炜）

【民营经济服务】 2019年，中共万柏林区委统战部贯彻落实习近平总书记在民营企业座谈会上的重要讲话精神，坚持“两个毫不动摇”，构建“亲”“清”新型政商关系，不断优化营商环境，搭建服务平台，助力全区民营经济转型升级、提质增效、发展壮大。

深化政企联系平台。组织民营企业家参加转型发展政企学研恳谈会暨“招商大使”聘任会、担任全区“招商大使”，采取以商招商的方式，为招商引资服务助力；组织商（协）会和民营企业参加万柏林区第四届招商推介会，围绕“四大片区”产业发展定位，推广宣传区重点招商领域，为项目、资金和人才引进搭建桥梁。创建“民企+公检法”互动平台。鼓励支持民营企业与区公检法双向“打卡”、合作共建，组织企业家代表走进法检两院，零距离感受法院、检察院日常工作，促进司法机关紧密结合企业实际提供法律服务。邀请公安、法检两院领导走进民营企业，听取企业司法需求，提供送法上门培训服务。

织密政策解读平台。邀请职能部门负责人参加区工商联主办的每月主题交流活动，介绍万柏林区营商环境、发展战略，解读民营经济发展政策，为民营企业答疑解惑。推荐民营企业家赴复旦大学、中山市小榄镇学习培训、参观考察，帮助他们熟悉宏观经济形势，明确政策导向，拓宽发展思路，提振发展信心。在构建“亲”“清”新型关系的同时，搭建商务交流平台，接待广东商会到万柏林区交流考察，加强地域商会交流合作；升级法律服务平台，帮助企业聘请法律顾问，开展法律进商会（企业）和法律实务公益讲座活动，在民营企业营造守法光荣、违法可耻的社会氛围。（曹　炜）

【对侨联谊工作】2019年，中共万柏林区委统战部贯彻落实习近平总书记关于侨务工作的重要论述和第十次全国侨代会精神，以凝集侨心、汇集侨智、加强侨建、发挥侨力、维护侨益为宗旨，为全区经济社会发展凝心聚力。组成侨情调查员队伍，编织多渠道、多维度的调查网络，建立社区侨情台账，做到侨界人士海外关系清、家庭成员清、生活状况清、个人情况清。以活动场所固定化、侨联组织建设规范化、侨联工作制度化、为侨服务常态化为目标，在大众街社区和丽华社区设立侨联工作联络员，延伸侨务工作触角，使“侨胞之家”日益成为体察侨情、凝聚侨心、发挥侨力的重要载体。春节期间走访慰问侨界代表人士、困难归侨侨眷，并通过他们向海外亲友致以节日问候，多渠道、多领域、多层面开展对困难归侨侨眷的救济帮扶，让他们充分感受党的关心爱护。在中华民族传统节日，开展“迎新春、书祝福、传温暖”“感悟传统、团结你我、‘粽’爱端午”“迎中秋、庆国庆、聚侨心”等文化活动，增进侨界群众的幸福感和获得感，提高对伟大祖国、对中华民族的认同感和凝聚力。在社区开展涉侨法律法规、归侨侨眷权益保护法宣传。发挥区法律援助中心侨联工作站作用，妥善处置群众来信来访来电，帮助解决侨界人士就学、就业、出国留学、经济纠纷等问题。（曹　炜）

·民族宗教·

【概况】2019年，中共万柏林区委统战部以抓好中央宗教工作督查整改“回头看”为重点，解决一批宗教领域重点难点问题，探索提高民族宗教工作科学化水平。加强党对宗教工作的领导，及时调整区宗教工作领导小组，将宗教工作纳入区委常委会重要议事日程、领导班子评价考核体系、巡察工作、意识形态工作责任制、区及乡（街）党委书记抓基层党建述职评议、各级党委（党组）理论学习中心组学习内容、区委党校教学内容。完善和落实宗教工作三级网络、两级责任制，与15个乡（街）签订宗教工作目标责任书，明确各级党委宗教工作领导主体责任。加强天主教信教群众聚居村宗教事务管理。重视信教群众聚居村工作，通过召开现场会、建立完善区级领导包联制度、及时拨付工作经费、制定出台相关文件等坚强有力的措施，补短板、强弱项、抓落实，信教群众聚居村党组织建设和宗教事务管理明显增强。加强宗教活动场所规范化管理。对各宗教活动场所从组织、人员、财务、活动、制度及设施等六个方面进行规范化管理，同时加大对村（社区）管理的寺庙和民间信仰场所的整顿。依法依规开展宗教商业化、宗教活动场所非法建筑、大型露天宗教造像以及基督教私设聚会点的治理工作。对宗教活动场所“四进”工作开展全方位督导检查，“四进”工作已全部推开并规范化。加强宗教团体自身建设。成立太原市万柏林区基督教三自爱国运动委员会、太原市万柏林区基督教协会。贯彻落实市委统战部制定的三项制度、一项办法的要求，推进宗教团体自身建设，发挥好宗教团体的桥梁纽带作用。开展民族团结进步创建活动。通过创建民族团结进步试点社区，开展“中华民族一家亲，同心共筑中国梦”主题教育活动，加大民族政策、法律法规的宣传教育力度，健全民族工作责任机制，推荐地矿社区、滨河社区、公园路社区等民族团结进步示范社区及先进个人。（曹　炜）

【民族团结】 2019年，中共万柏林区委统战部开展“中华民族一家亲、同心共筑中国梦”主题教育活动，加大民族政策、法律法规的宣传教育力度。健全民族工作责任机制，创建民族团结进步试点社区，推出地矿社区、滨河社区、公园路社区等民族团结进步示范社区及先进个人。（王建中）

【网络责任制建设】 2019年，中共万柏林区委统战部调整宗教工作领导小组，将宗教工作纳入区委常委会重要议事日程、领导班子评价考核体系、巡察工作、意识形态工作责任制、区及乡（街）党委书记抓基层党建述职评议、各级党委（党组）理论学习中心组学习内容、区委党校教学内容。完善和落实宗教工作三级网络、两级责任制，与乡（街）签订宗教工作目标责任书，明确各级党委宗教工作领导主体责任。（王建中）

【宗教团体建设】 2019年，太原市万柏林区基督教三自爱国运动委员会、太原市万柏林区基督教协会成立。贯彻落实市委统战部制定的三项制度、一项办法的要求，推进宗教团体自身建设，发挥宗教团体的桥梁纽带作用。（王建中）

【宗教重点工作】 2019年，中共万柏林区委统战部加强对天主教信教群众聚居村宗教事务管理，通过召开现场会、建立完善区级领导包联制度、及时拨付工作经费、制定出台相关文件等措施，补短板、强弱项、抓落实，信教群众聚居村党组织建设和宗教事务管理明显增强。加强宗教活动场所规范化管理，对各宗教活动场所的组织、人员、财务、活动、制度和设施等六个方面进行规范化管理。加大对村（社区）管理的寺庙和民间信仰场所的整顿，依法依规开展宗教商业化、宗教活动场所非法建筑、大型露天宗教造像以及基督教私设聚会点的治理工作。对宗教活动场所“四进”工作开展全方位督导检查。（王建中）

【平安创建】 2019年，中共万柏林区委统战部落实“二青会”、元旦、春节、国庆节等重大节日期间民族宗教领域安全和稳定工作，开展清真食品安全排查，妥善处理各种矛盾和问题，维护民族宗教领域安定团结的良好局面。（王建中）

·侨　务·

【侨胞之家建设】 2019年，太原市万柏林区归国华侨联合会创建山西龙诚青春创客村孵化器有限公司1个市级侨胞之家，至此，全区有19个市级侨胞之家，4个省级新侨创新创业基地（山西

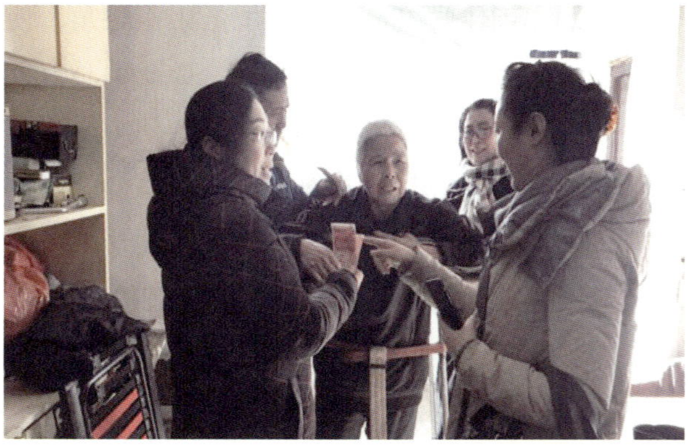

2019年1月，区侨联慰问困难归侨侨眷
（丁宜宏供图）

因福瑞得科技有限公司、山西众环文化科技有限公司、山西汇众汽车家园有限公司、太原龙诚众创空间有限公司）。同年举办丰富新颖、别开生面的创业活动及主题沙龙，包括晋侨创客会、侨创沙龙，组织山西省归侨侨眷职业技能培训、留学生创业培训、活动15场、项目路演6场、其他活动9场。邀请专家团队走访各侨资企业、海创企业，听取公司负责人对产品研发、生产销售、人才引进、营商环境等方面的情况介绍，就企业遇到的人才资源紧缺、传统产业转型等方面的问题提出解决方案。（丁宜宏）

【公益服务】 2019年，万柏林区归国华侨联合会在全区10个社区侨胞之家开展“侨爱心·健康口腔”讲座和口腔义诊活动。在万柏林区三中、万柏林区五中开展“生涯领路人”——海外高层次人才进校园活动，邀请海外高层次人才专家和山西籍杰出的创新创业海归专家谭慷开设讲座，太原市图书馆被“中国华侨公益基金会授予“益空间”称号。（丁宜宏）

【党建带侨建】 2019年，万柏林区归国华侨联合会组织30余名归侨侨眷召开“不忘初心、牢记使命”主题教育和贯彻落实习近平总书记视察山西重要讲话精神的座谈会，组织20名归国留学代表召开“改革创新、奋发有为”大讨论座谈会，鼓励广大归国留学代表建言献策，增强侨胞对中国特色社会主义的道路自信、理论自信、制度自信、文化自信，引领侨胞共担民族复兴历史责任、共享祖国富强的伟大荣光，引导侨胞支持和参与万柏林区建设发展，凝心聚力在同圆共享中国梦的道路上携手前进。（丁宜宏）

【编织情感纽带】 2019年，万柏林区归国华侨联合会在滨河社区“侨胞之家”举行新时代开启新征程、迎元旦欢度在今宵联欢会。春节期间，举办春节电影招待会和迎新春、书祝福、传温暖送春联入侨户的文化活动。端午节前在区教育局“侨胞之家”万柏林区实验中学举办“感悟传统·团结你我‘棕’爱端午”主题活动，中秋节前区侨联组织部分归侨、归国留学生及侨界政协委员赴太原市双合成开展迎中秋·庆国庆·聚侨心主题活动。通过传统节日的文化活动，提升侨界群众的幸福感和获得感，加强侨胞之间的联谊交流，增强侨界凝聚力和认同感。在庆祝中华人民共和国70周年之际，选送26幅书画作品、3个小视频，5篇侨界专访参加全统战系统庆祝中华人民共和国成立70周年活动。（丁宜宏）

巡　察

【概况】 2019年，中共太原市万柏林区委巡察办公室以习近平新时代中国特色社会主义思想为指引，贯彻落实中央、省、市巡视巡察工作新精神新要求，把‘两个维护”作为根本任务，结合“不忘初心、牢记使命”主题教育，把焦点对准被巡察单位党组织的政治责任，对准党员领导干部肩负的政治职责，突出政治定位，明确巡察重点，坚持问题导向，发挥“尖兵”和“利剑”作用，提升巡察监督的效果，为推动全面从严治党向纵深发展，建设良好政治生态发挥坚强有力的作用。

区委对巡察工作高度重视，履行全面从严治党和巡察工作主体责任，区委书记先后8次对巡察工作作出批示，区委对巡察工作整体谋划，主持召开3次区委常委会专题研究巡察工作，对每轮巡察进行具体部署。召开两次区委书记专题会议听取巡察情况汇报，对整改反馈和问题线索处置提出具体要求和意见。

区委巡察工作领导小组靠前指挥，研究制定

每轮巡察工作方案，确定被巡察单位及巡察组人员构成，审定培训计划、培训内容。每轮巡察启动前，巡察领导小组组长亲自做动员部署、亲自授课，巡察期间深入巡察各组进行调研指导，定期听取巡察进展情况汇报，先后12次专题研究巡察工作，推动巡察工作顺利开展。（袁江敏）

【区委机构改革专项巡察】 2019年，中共万柏林区委巡察机构为全面贯彻落实中央和省、市、区委关于深化党和国家机构改革的决策部署和工作要求，确保全区机构改革工作顺利推进、按时完成，3月中旬至3月底，区委4个巡察组对全区15个乡（街道）和48个涉改部门党组织进行机构改革专项巡察。采取查阅涉改资料、个别谈话、深入了解、实地查看等方式，重点督促检查落实主体责任情况、落实“三定”方案情况、落实改革进度情况，人员转隶、职责调整和资金资产管理等情况。巡察组在巡察过程中，巡察组督促各被巡察单位纠正51个问题，并提出意见建议29条。（袁江敏）

【巡察监督全覆盖】 2019年，中共万柏林区委巡察机构按照区委巡察全覆盖工作规划的部署，从5月中旬到7月中旬，开展区委第七轮巡察。第七轮巡察对万柏林街道及所属8个社区、区委编办、区工会、区水务局、区人社局、区统计局、区住房和城乡建设局、区委老干局共16个党组织开展巡察。重点检查被巡察党组织维护党中央权威和集中统一领导情况；坚持和加强党的全面领导，贯彻落实党章和中共十九大精神以及中央、省委、市委、区委决策部署情况等方面的情况。4个巡察组个别谈话和约谈287人次，查阅资料4200余份，民主测评547人，开展明察暗访12次，受理来信来电来访31件次。巡察中发现问题86个，发现主要问题线索18条。移交区纪委监委10条，移交被巡察单位党组织、纪工委、相关单位8条。巡察中发现并推动立行立改各类问题45件。重点对原区人防办巡察整改情况进行“回头看”，将发现的有关线索移交区纪委监委。

2019年11月1日至12月31日，区委开展第八轮巡察。对千峰街道及所属8个社区、兴华街道及所属10个社区、区委党校、区司法局、区财政局、区交通局、区发展和改革局、区信访局、区审计局、堡山村、上南山村、宋家山村、北头村等单位党组织和村（社区）党组织进行常规巡察。把“两个维护”作为根本任务，坚持围绕中心、服务大局，结合“不忘初心、牢记使命”主题教育特别是专项整治整改工作，按照“六围绕一加强”和“五个持续”总体要求开展监督检查。四个巡察组共个别谈话和约谈446人次，查阅资料1.31万余份，民主测评1203人，开展明察暗访16次，受理来信来电来访71件次。巡察中发现问题209个，发现主要问题及问题线索51条，移交区纪委监委7条，移交乡（街）纪（工）委15条，移交民政、自然资源局等职能部门6条，移交被巡察单位党组织23条，巡察中发现并推动立行立改各类问题76件全部完成整改。

（袁江敏）

【巡察整改“回头看”】 2019年2月15日至3月15日，中共万柏林区委4个巡察组对前四轮被巡察的10个乡（街）和16个区直单位开展巡察整改“回头看”。重点围绕落实主体责任、党的建设、全面从严治党、巡察反馈的问题及问题线索等方面进行全面梳理、查找不足，逐条对照检查。通过“回头看”发现，被巡察单位党组织在对待巡察反馈意见整改上，还存在重视不够、发展不平衡、整改不彻底不到位的问题，有的整改还只停留在书面上，有的整改还需要做长期坚持。巡察发现的223条问题中，有57条问题还未完全整改到位。针对整改不到位、不彻底等问题，巡察组现场督办，提出整改意见，要求相关单位要结合工作实际真反思、真整改、建机制，推动巡察整改真正落实、落细、落地，巩固深化巡察成果。（袁江敏）

【巡察队伍自身建设】2019年机构改革后，区委巡察办新增加1个编制，新配备2名正科长级巡察专员，行政编达到14个。公开招录3人，充实到巡察队伍中。加强“一长两员库”建设。建立巡察组长库（12人）、巡察工作人员库（25人）和专业人员库（25人），巡察组长从全区党性原则强、政治素质过硬、基层党务工作经验丰富的部门正科级干部中选出；巡察工作人员库、专业人员库分别从组织、纪检、司法、审计、财税、农委等部门推荐选出，经审核把关，建档备案，按照万柏林区巡察工作“一长两员库”建设管理办法进行管理。研究建立新提拔和后备干部巡察库，充实巡察力量。

巡察队伍的培训和管理。在每轮巡察开始前，结合巡察的任务和重点内容开展集中培训。采取讲课辅导、专题讨论、书面测试相结合的方式。同时，结合前几轮的巡察工作经验和事例进行讲解，提升巡察实际操作能力。巡察前，要求每名巡察人员签订巡察工作承诺书，严守考勤和请销假、保密纪律、请示报告、责任追究等巡察工作纪律，明确有重大问题发现不了就是失职，发现了没有如实报告就是渎职。实行周例会制，每周一召开巡察机构例会，学习巡视巡察有关精神和具体业务，汇报上周工作情况和存在的问题，对下周重点工作进行安排。通过周学习、周汇报、周交流，提升巡察工作水平。（袁江敏）

政策研究

【概况】2019年，中共太原市万柏林区委政策研究室以习近平新时代中国特色社会主义思想为指导，贯彻落实中共十九大和十九届二中、三中、四中全会精神，习近平总书记视察山西重要讲话重要指示，贯彻落实中央和省委、市委全面深化改革有关决策部署，围绕全区改革发展大局，履行政研、改革职能，坚持问题导向，聚焦群众期盼，强化组织推进，狠抓攻坚突破，完成各项工作任务。（代沐浩）

【“改革创新、奋发有为”大讨论】2019年1月31日，中共万柏林区委召开常委会议，对“改革创新、奋发有为”大讨论进行专题研究，成立由区委书记任组长，区委副书记、区长任第一副组长的区委大讨论领导小组，从相关单位抽调精兵强将组建区委大讨论领导小组办公室，以及协调、材料、宣传和联络督导4个专项工作组。区委政研室发挥大讨论领导小组办公室作用，起草制定《太原市万柏林区开展“改革创新、奋发有为”大讨论工作方案》，对照省委10个规定动作，结合万柏林实际，细化为41个工作环节，实化为96项具体安排，围绕10个规定动作每个环节制作流程图和进度表，明确每项工作具体责任部门和责任人，实现制度化、流程化管理。先后组织筹备大讨论动员部署会议、全市对标一流述职评议会、全市干部入企进村服务动员部署会议等。按照省委、市委要求，区委在广泛征求意见建议的基础上，紧密结合实际，研究制定《万柏林区大讨论查摆问题、整改举措及责任的清单》和《万柏林区对标一流下一步打算清单》。建立协调联动、进展情况周报、联络督导、典型事例宣传推广等一系列制度机制，区委大讨论领导小组办公室每周

2019年2月22日，万柏林区召开"改革创新、奋发有为"大讨论动员部署会　（代林浩供图）

至少编辑一期简报，刊发大讨论落实情况、典型经验、特色亮点等。向市委大讨论领导小组办公室累计报送信息38篇，内部刊发信息21期，其中3篇被《太原信息》采用。（代林浩）

【全面深化改革】 2019年，中共万柏林区委改革办贯彻落实《太原市委全面深化改革委员会2019年重大改革安排及责任分工》，承接省委、市委年度重点改革事项，结合万柏林区实际，谋划梳理各领域改革重点，制定《万柏林区委全面深化改革委员会2019年工作要点及责任分工》，围绕经济建设、政治建设、文化建设、社会建设、生态文明建设、党的建设6大方面确定50项重点改革事项，并明确各项改革任务牵头部门、配合部门，明确区委书记、区长重点推进的24项重点改革事项，明确区委常委、副区长重点推进的20项重点改革事项，确保任务明确、重点突出、责任落实，推动各项改革任务落地落实。全区50项重点改革事项全部基本完成。

区委改革办发挥统筹协调作用，定期召开协调会，与改革事项承接单位沟通对接，适时督导调研，对存在的问题和推进中遇到的实际困难及时进行汇报，区委深改委集中研究解决。建立改革工作台账，实施清单化管理、项目化推进、精细化落实，保证时间进度。（代林浩）

机关党建

【政治建设】 2019年，中共太原市万柏林区直机关工委落实新时代党的建设总要求，以党的政治建设为统领，全年组织各基层党组织书记参加"改革创新、奋发有为"大讨论培训、"领头雁"培训。按照区委"不忘初心、牢记使命"主题教育安排部署，做实基层党组织主题教育8个关键动作，对年老体弱党员、流动党员采取送学上门、微信讲学等形式做到主题教育全覆盖。结合机关实际，先后向各党支部发放《中国共产党支部工作条例》等书籍和学习资料，拓宽学习渠道，提高学习覆盖面，增强学习效果。（烟红亮）

【基层党建】 2019年，中共万柏林区直机关工委落实基层党建重点任务和区委基层党建工作问题分析会精神，按照《全区"三基建设"2019年度重点工作任务清单》要求，推进"三基建设"。成立医疗保障局等4个党支部，撤销4个党支部，变更6个党支部名称。制定下发方案，督促并指导所属各基层党组织按期完成换届选举工作。全年发展党员22名，培养入党积极分子21名。接转党员组织关系351名，受理申请入党人直系亲属主要社会关系政审调查21人次，全年收缴党费48.72万元并进行公示。储备担任村党组织书记9人。党支部建设逐步规范，35个单位56个支部全部达标，27个单位48个支部达到优秀。落实"三会一课"、民主生活会和组织生活会、谈心谈话、民主评议党员等制度。年初组织45个党支部召开组织生活会，参加民主评议的党员1095人，查摆问题2946条，制定相应整改措施2687条。督促各基层党组织每月开展一次主题党日活动，开展特殊群体慰问活动，为30人发放慰问金3万元。建立组工信息员队伍，做好智慧

党建 App 推广使用工作。（烟红亮）

【宣传工作】2019 年，中共万柏林区直机关工委组织各基层党组织开展庆祝中华人民共和国成立 70 周年、创建全国文明城市、举办“二青会”等宣传活动，完成“时代新人说——改革创新、奋发有为”先进典型巡讲报告会（机关专场），推选“敢于担当、奋发作为”的先进典型 7 人，组织拍摄“我和我的祖国”宣传片，组建 11 支队伍约 800 人参加庆祝中华人民共和国成立 70 周年大合唱比赛，协助区妇联上报 5 个巾帼建功标兵、4 个巾帼文明岗。组织党支部征订《太原日报》464 份。（烟红亮）

【主体责任落实】2019 年，中共万柏林区直机关工委书记，切实履行党建第一责任人职责，坚持以“一把手”履行好“第一责任人”的责任，以此带动基层党组织书记履行好主体责任。重视意识形态工作，将意识形态工作作为党建工作的重要内容认真抓好，开展网络安全自查工作，牢牢掌握主阵地。（烟红亮）

【党风廉政建设】2019 年，中共万柏林区直机关工委加强纪律建设，紧盯元旦、春节、“五一”、端午等关键时间节点，短信微信提醒党员干部，时刻牢记廉洁自律，警钟长鸣。督促广大党员干部认真学习党章、严格遵守党章，自觉遵守党内政治生活准则和党纪国法。（烟红亮）

机构编制

【概况】2019 年，中共万柏林区委机构编制委员会办公室结合“主题教育”贯彻落实中央、省、市有关机构编制工作的方针政策，推进党政机构改革和行政审批制度改革，完成各项工作任务。（李　烨）

【行政审批制度改革】2019 年，中共万柏林区委机构编制委员会办公室统筹推进政府部门权责清单。根据机构改革情况，以各党委、政府部门新制定的“三定”规定和“三定”调整文件为依据，以公布的区级政府部门权责清单为基础，以厘清部门职责边界和职权事项、理顺部门权责关系为目标，将区级政府部门权责清单及各类行政事项全面梳理调整到位并向社会公布。

根据万柏林区开展相对集中行政许可权改革的工作要求，抓好落实“放管服”改革的政治任务，实现“一枚印章管审批”，建立“审管分离”工作机制。严格审核划转职责，锁定各单位编制人员，按照“编随事走”“应划尽划”原则，共划转行政编制 14 名，事业编制 20 名，确保改革工作顺利完成。（李　烨）

【党政机构改革】2019 年，中共万柏林区委机构编制委员会办公室通过参照上级对口部门“三定”规定，部门研究拟订“三定”草案，历时 1 个月，形成 36 个区级党政机构的“三定”规定（沟通稿）。根据市委改革办的初审意见，对各部门“三定”规定（送审稿）进行修改完善，于 3 月 22 日下发万柏林区党政机构“三定”规定。

配套工作。按照市委编办批复的党政部门领导职数，配齐党政部门领导班子，36 个党政机构改革后重新核定领导职数 108 名，其中党政正职 38 名，副职 70 名。同时进行部门挂牌、统一刻制下发印章。

乡（街）改革。按照改革实施方案要求，王封乡综合设置 5 个办公室和 2 个事业单位，其他 14 个街道综合设置 5 个办公室和 3 个事业单位。5 月 21 日，乡（街）“三定”规定印发。根据改革要求加强基层建设，通过核减环卫队、绿化队、文化馆等21个单位编制，为乡（街）调剂254名编制。

综合行政执法体制改革。万柏林区4个领域综合执法机构改革经市委深化改革办批复：4个领域均设综合行政执法大队，为上级执法队的派出机构，规格为正科级。市场监管领域下设15个综合行政执法中队，规格为副科级；交通运输领域下设14个中队，规格为副科级；农业领域下设1个中队，规格为副科级。人员划转由市、区两级涉及领域按有关规定执行。

职责和人员转隶。按照“编随事走、人随编走”原则，以人为本、稳妥有序推进人员转隶工作。接收市下划3个单位编制155名，转隶人员137人（包括16名工勤人员），确保机构改革期间干部思想不乱、队伍不散、工作不断。

事业单位调整。根据省委编办《关于太原市市级机构改革中副处级以上涉改事业单位调整意见的批复》《太原市万柏林区涉改副科级以上事业单位调整的备案意见》的精神，对万柏林区事业单位进行规范调整，涉及调整隶属、规范名称等112个事业单位。（李　烨）

【机构编制管理】 2019年，中共万柏林区委机构编制委员会办公室贯彻执行有关机构编制法律法规，严格执行“三定”规定，严格在职责范围内开展工作，在编制限额内进人，严格遵守机构编制工作审批权限和工作程序，严控机构编制总量。实名制数据库管理，念好“快、准、严、细”四字诀，以高质量数据和完整性信息及时准确反映全区机构改革成果。数据更新“快”，采集“准”，管理“严”，使用“细”。（李　烨）

【事业单位登记管理】 2019年，中共万柏林区委机构编制委员会办公室严把“受理、审核、核准”三关，做好核准登记工作，贯彻新修订的《事业单位登记管理暂行条例实施细则》，完成年度报告审核120个，变更登记5个，新设立2个，年度报告报送率100%。创新承诺信用机制和监督检查机制，依法开展监督管理工作，各单位签订年度报告信息真实性承诺书，促进各单位严格履行《条例》有关规定，同时录入区级信用记录，全部完成事业单位监督检查管理。在统一社会信用赋码工作中，全区39个机关、9个群团、15个乡（街）顺利完成证书的赋码和申领，覆盖率100%。（牛丽娟）

老干部工作

【概况】 2019年，中共太原市万柏林区委老干部局以习近平新时代中国特色社会主义思想为指导，贯彻中共十九大和十九届四中全会精神，全年工作在“改革创新、奋发有为”大讨论牵引下实现高起点开局，在“我看中华人民共和国成立70周年新成就”大调研中实现高标准开展，在“不忘初心、牢记使命”主题教育中实现高质量推进，离退休干部“三项建设”成效显著，老干部工作队伍人员素质整体提升。（陈　卉）

【机构改革】 2019年3月，中共万柏林区委老干部局改革为区委的工作机关，为正科级，归口区委组织部管理。老干部局行政编制6名，设局长1名，副局长1名。在职人员4名（局长1名、公务员2名、工勤人员1名）。内设综合办公室、组织宣传室、保障服务室。（陈　卉）

【离退休干部学习教育】 2019年，中共万柏林区委老干部局始终把理论学习摆在重要位置，结合“不忘初心、牢记使命”主题教育，通过个人自学、支部集中学习等方式，原原本本通读《习近平关于“不忘初心、牢记使命”论述选编》，学习党章、《习近平新时代中国特色社会主义思想学习纲要》，跟进学习习近平总书记在庆祝中华人民共和国成立70周年大会上的重要讲话、学习贯彻中共十九届四中全会精神等，学习习近平总书记视察山西重要讲话、在推动中部地区崛起工作座谈会上的重要讲话和关于能源革命重要论述等。学习领会习近平新时代中国特色社会主义思想，开展集中学习研讨，进行思考和交流；在运用党的创新理论指导实践、推动工作上取得新进步新收获。学习习近平总书记对老干部工作的重要指示批示精神，及时跟进学习习近平总书记最新重要讲话精神。制定实施方案，研究细化学习教育安排，多形式、分层次、全覆盖加强学习教育。组织支部坚持每周学习日集体学习，督促党员干部利用学习强国、智慧党建、万柏林党建等开展自学，推动学习教育往深里走、往心里走、往实里走。通过邀请专家专题辅导，观看革命传统、先进典型、警示教育片，拓宽学习渠道，增强学习教育感染力。（陈　卉）

【离退休干部政治思想建设】2019年，中共万柏林区委老干部局坚持以政治建设为统领，采取多种形式，引导广大老干部树牢“四个意识”、坚定“四个自信”、坚决做到“两个维护”，始终在政治立场、政治方向、政治原则、政治道路上同以习近平同志为核心的党中央保持高度一致。全面落实老干部各项政治待遇，先后召开全区离退休干部“不忘初心、牢记使命”专题报告会、迎新年联欢会，开展“改革创新、奋发有为”大讨论活动，开展“我看中华人民共和国成立70周年新成就”大调研活动。组织老干部参观市政建设，为全区经济社会发展建言资政。组织开展主题教育党课，邀请省委党校教授举办党史、中华人民共和国史讲座，组建300余人的全区离退休干部微信群，发放《不忘初心担使命、银龄起航再出发——致全区离退休干部党员的倡议书》、主题教育应知应会知识问答等，提升主题教育在离退休干部中的知晓率和离退休党员的参与度，增强广大老干部学习贯彻习近平新时代中国特色社会主义思想的政治自觉和行动自觉。（陈　卉）

【离退休干部党组织建设】2019年，中共万柏林区委老干部局印发《关于进一步加强和改进离退休干部党组织建设的意见》，推动建立区、乡（街）、村（社区）三级老干部党组织纵向网络，探索在老干部集中居住地、兴趣爱好团队协会、老年干部大学教学班等建立临时党支部，做到老干部党组织全覆盖，确保每一位老干部党员都在党组织的教育管理之中，引导离退休党员重回初心、发挥余热。完善离退休干部党组织建设保障机制，落实党组织工作经费、党支部书记工作补贴、提高党费留成比例等，为离退休干部党组织开展活动提供经费保障。围绕“不忘初心、牢记使命”主题教育基础知识、《习近平新时代中国特色社会主义思想学习纲要》的内在逻辑和鲜明特色、初心和使命重要论述、党员的权利义务等方面内容，进行摘编成册，印发给离退休党员，采取“1+1”“1+n”等助学模式，通过微信互动、送学上门、走访谈心、电话访谈等形式开展学习教育，确保离退休干部开展主题教育紧跟部署不掉队。（陈　卉）

【离退休干部服务管理】2019年，中共万柏林区委老干部局推进工作精准化，加强对老干部人文关怀，针对不同身份、不同职级、不同单位、不同年龄、不同健康状况的老干部，分类施策、精准服务，为老干部提供细致周到的精神关怀。落实新出台有关离退休干部生活待遇政策，抓好医药费保障机制的有效运转，特别是加大对因病致困离退休党员的帮扶力度。推进管理信息化，建立离退休干部信息数据库，为量化分析、精准服务、科学决策提供支撑。在中秋节、国庆节走访慰问之际，把主题教育检视问题贯穿其中，主动了解老干部对党的建设、政策待遇、发挥作用、凝聚正能量等方面的意见建议。排查孤寡、重病等老干部老党员，制定走访慰问实施方案，印制3000余份爱心服务联系卡、购买慰问品和理论学习资料，分期分批上门慰问了解老干部的晚年生活情况，帮助他们解决实际困难。对所征求到的问题和不足，坚持立行立改。改造装修公园路老党员活动室，为全区离退休干部征订报刊并投递到家，与区中心医院、铁十二局医院签订协议，开通老干部就医绿色通道等。（陈　卉）

【离退休干部发挥优势作用】 2019年，中共万柏林区委老干部局围绕庆祝中华人民共和国成立70周年，向全区离退休干部发出“我和祖国共成长”宣讲活动倡议书，动员老干部参与到革命传统教育、宣讲活动和警示教育中去，利用老年大学和老干部活动中心开展学习党史、中华人民共和国成立史，讲好家庭故事活动。举办翰墨寄初心丹青绘华章书画展、重阳节文艺会演、“不忘初心、牢记使命”主题朗诵比赛、“迎新年、庆元旦”迎新年联欢会等活动，传播万柏林声音，凝聚正能量，激发离退休干部党员的参与热情，推动主题教育取得实效。（陈　卉）

2019年9月27日，区委老干部局、老干部活动中心举办庆祝中华人民共和国成立七十周年暨九九重阳节文艺汇演　（陈卉供图）

【老干部工作部门自身建设】 2019年，中共万柏林区委老干部局加强政治学习、强化政治锤炼，自觉用习近平新时代中国特色社会主义思想武装头脑、指导实践、推动工作。以区委第七轮巡察为契机，加强制度建设，完善岗位责任制、限时办结制、首问负责制、服务承诺制、责任追究制以及老干部阅文学习制度、向老干部通报情况制度、老干部信访接待制度、联系老干部制度、走访慰问看望老干部制度、老干部参观考察制度、老干部理论培训制度、困难老干部帮扶制度、离休及区级老干部用车制度、老干部丧事料理制度等，以制度量化工作标准、规范工作程序、完善运行机制，促进办事效率明显提高，工作作风明显转变，履职能力明显增强，管理服务明显改进。（陈　卉）

党校教育

【概况】 2019年，中共太原市万柏林区委党校以习近平新时代中国特色社会主义思想为指导，学习贯彻中共十九大和十九届四中全会精神、习近平总书记视察山西重要讲话精神，坚持党校姓党，开展“改革创新、奋发有为”大讨论和“不忘初心、牢记使命”主题教育，发挥干部培训“主阵地”、区委决策“思想库”作用，在推进一流党校建设中做了大量工作。（侯凯英）

【“改革创新、奋发有为”大讨论活动】 2019年，中共万柏林区委党校贯彻落实大讨论活动部署安排，举办全区党支部书记“改革创新、奋发有为”大讨论培训班，对全区450余名党支部书记进行培训，成立宣讲团在全区26个党工委进行宣讲。加强上下联动、对标一流，特邀市委党校副校长刘计平到校指导，与曲沃县委党校建成互学共建友好学校，两校教职工进行互访互学。同时，举办万柏林区改革创新、奋发有为，推动区域经济高质量发展专家研讨会，为万柏林区经济建设提供良好发展思路。（侯凯英）

【主题教育】 2019年，中共万柏林区委党校深入基层开展宣讲60多场，做到“八进”“两个全覆盖”，开展两轮基层支部书记主题教育培训，举办区工信局系统赴右玉、区教育系统赴梁家河、区人社局赴梁家河“不忘初心、牢记使命”党性教育培训班。为东社街道大岩村、王家庄村的党员、干部和群众作中共十九大报告、习近平新时代中国特色社会主义思想主题教育专题辅导，赠送《习近平关于“不忘初心、牢记使命”论述摘编》《决胜全面建成小康社会夺取新时代中国特色社会主义伟大胜利》书籍280套，为广泛深入开展主题教育起到示范和引领作用。（侯凯英）

【干部培训】 2019年，中共万柏林区委党校举办“改革创新、奋发有为”大讨论支部书记培训班，“领头雁”培训班，区机关、教育、卫生及企业党支部书记培训班，区工会系统干部党性教育及业务提升培训班，入党发展对象培训班，全区引进高层次人才岗前培训班、乡土人才培训班、学习贯彻中共十九届四中全会精神集中轮训班等培训23场，培训全区各级各类干部和党员3000余人，先后组织学员到红旗渠、右玉、武乡等干部学院和玉泉山、黄坡烈士陵园、区实验中学党性教育现场教学点开展党性教育。（侯凯英）

【宣讲工作】 2019年，中共万柏林区委党校把习近平新时代中国特色社会主义思想宣讲作为首要任务，在讲全讲准讲透上下功夫，发挥主阵地主渠道作用。区委党校教师进行“改革创新、奋发有为”大讨论、党风党纪、“不忘初心、牢记使命”主题教育、十九届四中全会精神等宣讲200余场，听课党员群众达2万余人，做到进机关、进企业、进学校、进医院、进社区、进农村、进军营（警营）、进非公组织和基层党组织全覆盖，让习近平新时代中国特色社会主义思想在万柏林区落地生根。（侯凯英）

【科研工作】 2019年，中共万柏林区委党校围绕区委、区政府重点工作，组织教师通过开展一系列座谈调研活动，形成《以转型项目建设为抓手推动万柏林区经济转型升级——万柏林区推进“四大片区”项目建设过程中的对策建议》《新时代中国特色社会主义乡村振兴战略研究——生态经济、城乡互动与美丽乡村建设落于万柏林区乡村振兴建设中的研究》等调研报告。完成省委党校课题2项，市委党校课题1项，并获得优秀组织奖。完成市委党校决策咨询报告1篇，11篇论文获得全省党校系统优秀理论文章。3篇优秀理论研究文章入选全省党校（行政学院）系统庆祝中华人民共和国成立70周年理论研讨会。在国家、省级刊物发表理论文章13篇。其中，常务副校长李智勇撰写的《用学术讲政治应做到“六个坚持、六个体现”》在“用学术讲政治”暨教学经验交流征文活动中获一等奖，《着力在学懂弄通做实上下功夫》在省委党校报刊上发表并获得“年度（全国）经济建设和科学发展理论实践成果”文化教育系统一等奖，入选中国历史唯物主义学会出版的《党的建设与思想政治工作优秀成果会汇编》，理论文章《党的指导思想上的与时俱进是推动社会进步的根本所在》在全省党校系统进行交流。同时，围绕区委、区政府的中心工作，聚焦区域性热点难点问题，分别写出《关于依托自行车赛道盘活西山旅游的几点思考》《关于万柏林城边村改造情况的调研报告》《基层

党员干部加强意识形态能力》等研究报告充分发挥思想库、智囊团的作用。（侯凯英）

【办学质量评估】 2019年，中共万柏林区委党校按照省委党校《全省市县两级党校办学质量评估实施方案（试行）》精神要求，组织全校教职工对照评估体系中的7个大项120个小项评分标准，经过自查测评后，于6月25日接受市委党校综合评估，评估结果进入优秀行列。（侯凯英）

【巡察工作】 2019年10月起，中共万柏林区委党校接受区委全面巡察，对指出的问题做到即知即改、立行立改。进行党支部换届工作，补齐配全支部成员，并明确岗位职责，强化“一岗双责”。完善管理制度，建立《教师考核办法》《党支部工作职责》《党员教育及管理制度》等制度，强化制度执行力。（侯凯英）

【“一岗双责”落实】 2019年，中共万柏林区委党校落实党风廉政建设主体责任和监督责任要求，组织全体教职工观看法治教育片《特别追踪》，警示教育片《任性的权力》《初心泯灭的歧路》《失守的底线》，运用违反中央“八项规定”精神、“四风”问题典型案例开展警示教育，引导教育广大党员干部坚定理想信念，保持清醒头脑，自觉遵守纪律，筑牢思想防线。（侯凯英）

【三基建设】 2019年，中共万柏林区委党校在小井峪街道党工委创办全省首家新时代文明实践所的基础上，在下元街道和千峰街道前北屯社区、兴华街道后北屯社区建起新时代文明实践站，这是万柏林区在推进习近平新时代中国特色社会主义思想入脑入心入行的新举措。区委党校先后在黄坡烈士陵园、玉泉山城郊森林公园、万柏林区实验中学法治教育基地建立三个现场教学基地。同年，在完成全区党员干部党性教育的基础上，承接市委党校和古交、阳曲、尖草坪等区委党校主体班的教学和全区中小学校、市检察院等多个市、区级单位干部的教育活动，拓展党性教育渠道。投资20万元制作党建专题片《玉泉山》，推送到中组部参展。（侯凯英）

档　案

【概况】 2019年，中共太原市万柏林区委档案局学习贯彻中共十九届四中全会精神和习近平新时代中国特色社会主义思想，履行为党管档、为国守史、为民服务的职责、开拓创新，积极工作，推进全区档案事业健康发展。（孟　力）

【机构改革】 2019年，中共万柏林区委档案局承担的行政职能划归区委办公室，加挂区档案局牌子。区档案馆调整为区委直属事业单位。9月，区档案局党支部更名为区档案馆党支部。（孟　力）

【档案法治建设】 2019年，中共万柏林区委档案局学习宣传《档案管理违法违纪行为处分规定》《太原市档案管理条例》等法律法规，工作人员结合各自分工，对所负责的单位的档案员进行再学习，联系各自工作实际，多方探索、积极创新，落实到解决问题、打牢档案基础业务工作的实际中。利用“6·9”国际档案日宣传以及法制宣传日，不断增加新时期档案工作的宣传内容，普及档案知识。开展档案执法检查，对区机关团体、农村社区开展档案执法监督检查，对档案的规范管理等级进行复查、验收。（孟　力）

【档案基础工作】 2019年，中共万柏林区委档案局强化“效能建设”，以档案法规条例等系列政策为依据，按照简约、规范、实用的原则，推行精细化管理，夯实基础，以制度提升档案工作的质量和标准。建立健全岗位责任制度，定岗定责并明确各岗位的职责任务标准和程序。执行档案管理规定，确保乡（街）及机关各单位的文件材料收集充分、档案整理规范。（孟　力）

【档案信息化建设】 2019年，中共万柏林区委档案局按照全市档案信息化建设总体要求，开展档案数字化建设和馆库档案资料数字化转换工作。在指导基层各单位整理档案时要求实现纸质档案与电子档案同步进行，从接收源头上开展电子档案录入工作，为全面实现数字化档案馆作前期准备，推进档案现代化管理步伐。（孟　力）

【馆库安全建设】 2019年，中共万柏林区委档案馆坚持“防治结合，以防为主”的方针，对档案实体的安全管理随时进行检查整改，保证局馆内外环境安全。重视档案库房设施管理，对库房、办公用房及馆库线路进行彻底更换。（孟　力）

【业务指导培训】 2019年，中共万柏林区委档案局组织开展不同形式的档案业务培训，业务人员深入乡（街）部门就归档文件、文书档案整理基本方法进行现场培训。9月30日，万柏林区档案局对区内各单位专兼职档案人员80余人进行业务培训和专业能力测评。（孟　力）

【党风廉政建设】 2019年，中共万柏林区委档案局以中共十九大精神为统领，深入学习习近平新时代中国特色社会主义思想，贯彻落实“一岗双责”。组织全体干部系统学习中央“八项规定”精神和省纪委“五个不准”、市纪委“八条禁令”，强化“四个意识”特别是政治意识，坚定政治立场。开展党风廉政教育活动，及时传达区纪委全会精神。对全体干部提要求、敲警钟，牢固树立正确的世界观、人生观和权力观，增强廉洁自律意识，做到廉洁从政，自觉把思想和行动统一到区委的决策部署上来，把心思和精力引导到干事、创业、为民上来。（孟　力）

【三基建设】 2019年，中共万柏林区委档案局按照档案工作标准梳理系列工作目录，分类分项制定党风廉政建设、档案局（馆）业务管理等系列基础工作制度。编制档案局（馆）应知应会手册和基础工作运行流程，加强提升档案工作标准的基础制度建设。（孟　力）

党史地方志编研

【区领导重视史志工作】 2019年，中共万柏林区委、区人民政府继续推进史志工作，在万柏林区机构改革中，将区地方志办公室更名为区委党史研究室，加挂区地方志研究室牌子，由区政府办管理的事业单位调整为区委直属事业单位，规格提升为正科级，编制增加到6人，任命主任、副主任各1名。区委书记杨俊民3次对《太原市万柏林区志》编纂工作作出指示，区委副书记、区长袁尔铭和区委宣传部部长赵晓红多次听取史志工作进展情况汇报，并作具体安排。按照区领导指示精神，万柏林区筹备了老干部征求意见座谈会和《太原市万柏林区志》攻坚动员会，加大资料收集力度，提高《太原市万柏林区志》编纂标准和质量。（武超龙）

【《太原市万柏林区志》（终审稿）完善】 2019年，中共万柏林区委党史研究室（区地方志研究室）加大《太原市万柏林区志（评审稿）》修改、补充工作力度，采取“销号”办法推进修改补充工作，突出重点单位问题清单并督促整改，补充资料50万余字，收集、拍摄辖区标志性、代表性照片700余幅；完善篇目框架，增加《社会生活》《艺文》《城中村（城边村）改造、地质灾害村治理》《丛谈》4编。截至12月底，完成《太原市万柏林区志（终审稿）》，终审稿由《序》《凡例》《概述》《大事记》、正文、《附录》《索引》内容组成，共31编、150万余字。（武超龙）

【《万柏林年鉴（2018）》出版发行】 2019年，中共万柏林区委党史研究室（区地方志研究室）突出关键环节，把握工作时间与进度，在编辑、校对、出版、印制等各项流程环环相扣，强化审核把关。10月初，完成60万余字的《万柏林年鉴（2018）》出版发行工作。10月29日，完成《万柏林年鉴（2019）》招标工作。12月17日，完成40万余字的《万柏林年鉴（2019）》评审稿，与出版社签订出版合同。（梁文青）

【省委、市委部署工作全面完成】 2019年，中共万柏林区委党史研究室（区地方志研究室）按时保质完成《山西年鉴（2019）》《太原年鉴（2019）》万柏林区的供稿任务以及省委党史研究院《每周一域》供稿任务；报送3万余字资料和相关图片。9月、11月，分别参加省、市史志专业培训和党史方志工作会议，按照市委党史研究室关于对修志编鉴“两全目标”完成情况督查要求，每月将万柏林区修志编鉴“两全目标”进展情况进行专题汇报，并针对质量和进度全力推进“两全目标”完成。（武超龙）

万柏林区关工委

【基层组织建设】 2019年4月底，太原市万柏林区关心下一代工作委员会，乡、街关工委组织机构人员进行调整。主任由区委副书记张振鹏兼任，副主任由副区长陈俊峰、人大常委会原副主任朱素娥、西山矿务局蔡廷寿、太重的王春丽、区文联原主席郭建平等担任。秘书长由郭建平兼任。各乡、街组织机构框架与区关工委组成人员相同。经过调整后，建立了区、乡街关工委46人的工作微信群、学校关工委62人的工作微信群，微信群人员都是各乡街关工委主要负责人，搭建平台，便利工作交流和信息互通。（朱向华）

【党史国史教育】 2019年6月至9月，万柏林区关工委围绕“学党史、颂党恩、跟党走”“学雷锋、心向党、讲品德、见行动”“老少共筑中国梦”等主题活动，指导员们撰写20余篇讲稿。作了题为“进入新时代，做雷锋式的好少年”“传承英烈精神、奋进新时代，清明诗歌朗咏会”“纪念太原解放70周年”“传承红色基因争做时代新人”等专题讲座。还以歌曲为线索，以歌词为内容，引领孩子们用歌声感悟党的伟大、祖国的繁荣、人民生活的幸福。先后到桥西小学、后北屯小学、西苑小学、西铭小学、玉河街小学、下元小学、瓦流小学、万柏林一中等20多个学校和西矿街、新建、西巷、二中、桃园、纺织西苑、纺织东苑、和平苑、康乐、西线、窊流公园路、竹兴、西铭、圪獠沟等50多个社区对上万名青少年进行70多场次的党史、国史教育，接地气，见实效。（朱向华）

【“中华魂”主题教育读书活动】 2019年11月4日至5日，万柏林区关工委举办了两场“爱我中华——中华人民共和国成立七十年”主题教育读书演讲活动。56所中小学、58名学生参加了演讲活动。共评选出一等奖12名、二等奖22名、三等奖24名。（朱向华）

太原市万柏林区人民代表大会常务委员会

TAIYUANSHI WANBAILINQU RENMINDAIBIAODAHUI CHANGWUWEIYUANHUI

综　述

【概况】 2019年，太原市万柏林区第五届人民代表大会有代表201名，分别来自全区1个乡及14个街道。区人民代表大会的工作机构有：太原市万柏林区人民代表大会常务委员会代表资格审查委员会、财政经济委员会（加挂社会建设委员会）、监察和司法委员会。区人民代表大会常务委员会工作机构有：办公室、法制工作委员会、财政经济工作委员会、教育科学文化卫生工作委员会、城市建设环境资源保护工作委员会、人事代表工作委员会、农业与农村工作委员会。

同年，太原市万柏林区人民代表大会常务委员会（简称区人大常委会）召开常委会议8次，主任会议25次。听取和审议“一府两院”专项工作报告13项，作出决议、决定13项。完成区五届人大四次会议确定的各项目标任务，为全区经济社会发展做出贡献。（杨瑞玲）

【“一府两院”工作报告审议】 2019年，万柏林区人民代表大会及其常务委员会听取和审议区政府及部门、区人民法院、区人民检察院的工作报告，主要有：《万柏林区人民政府工作报告》《万柏林区人民法院工作报告》《万柏林区人民检察院工作报告》《万柏林区2018年国民经济和社会发展计划执行情况及2019年国民经济和社会发展计划（草案）的报告》《万柏林区2018年财政预算执行情况及2019年财政预算（草案）的报告》《万柏林区人民政府关于2019年度城乡管理专项工作情况报告》《万柏林区2018年本级预算执行和其他财政收支的审计工作报告》《区工信局专项工作报告》《区政府2018年法治政府建设工作报告》《区交通局专项工作报告》《区医疗保障局工作情况报告》《区人民政府办理区五届人大四次会议人大代表建议意见情况》《万柏林区2019年财政预算调整报告》。（杨瑞玲）

【代表议案建议办理】 2019年，万柏林区第五届人民代表大会第四次会议期间，收到代表提出的建议意见165件，内容涉及民计民生、经济建设、改革发展、城乡管理、文化教育、医疗卫生、环境保护、生态旅游、社会和谐稳定等方面，其中10件作为重点督办件。代表们提出的建议关注了民生，反映民意，集中了民智，对于凝聚全区人民智慧和力量，调动社会各方面的积极性，推动万柏林区“五大行动”“四大片区”和“三化工程”建设向前不断发展，打造文明、开放、富裕、美

丽的万柏林起到推动作用。（杨瑞玲）

重要会议

【万柏林区第五届人民代表大会第四次会议】 2019 年 2 月 20 日至 22 日，万柏林区第五届人民代表大会第四次会议在怡兴瑞庭酒店召开，有 201 名代表参会。会议听取和审议万柏林区人大常委会、区人民政府、区人民法院、区人民检察院工作报告；会议审议万柏林区 2018 年国民经济和社会发展计划执行情况及 2019 年国民经济和社会发展计划（草案）的报告；审查和批准万柏林区 2018 年财政预算执行情况的报告及 2019 年财政预算。大会补选郭刚为太原市万柏林区人民检察院检察长；补选刘校青、张素龙、陶猛为太原市万柏林区人大常委会委员；表决通过王俊卿为区人民代表大会监察和司法委员会主任委员，王改英、巩燕、郑亚雄、呼勇、释义忍为委员；表决通过李培英为区人民代表大会社会建设委员会主任委员，张涛、张陈斌、武建平、赵丽生、秦长江为委员。（杨瑞玲）

【人大常务委员会会议】 2019 年，区人大常委会召开 8 次常委会会议。

第 18 次会议。2019 年 2 月 2 日，在小井峪常委会议室举行。会议听取《区五届人大常委会代表资格审查委员会关于代表资格的审查报告》《召开区五届人大四次会议筹备工作情况的报告》，讨论通过《区人大常委会工作报告（征求意见稿）》《关于召开区五届人大四次会议的决定（草案）》，补选了太原市第十四届人民代表大会代表并表决通过人事任免事项。

第 19 次会议。2019 年 3 月 19 日，在小井峪常委会议室举行。会议通报区人大常委会 2019 年 3 月至 12 月工作要点，向区人民政府交办区五届人大四次会议期间人大代表提出的建议、意见，并表决通过人事任免事项。

第 20 次会议。2019 年 4 月 24 日，在小井峪常委会议室举行。会议表决通过人事任免事项。

第 21 次会议。2019 年 6 月 25 日，在小井峪常委会议室举行。会议听取和审议《万柏林区 2018 年本级预算执行和其他财政收支的审计工作报告》《区工信局专项工作报告》《区政府 2018 年法治政府建设工作报告》，表决通过人事任免事项。

第 22 次会议。2019 年 8 月 24 日，在小井峪常委会议室举行。有 5 名公民应邀旁听会议。会议听取和审议《万柏林区 2019 年上半年国民经济和社会发展计划执行情况报告》《万柏林区 2019 年上半年财政预算执行情况报告》《万柏林区人大财政经济委员会关于对万柏林区 2019 年上半年国民经济和社会发展计划执行情况报告以及财政预算执行情况报告的初审意见》《万柏林区人民政府关于 2019 年度城乡管理专项工作情况报告》，表决通过人事任免事项。

第 23 次会议。2019 年 10 月 25 日，在小井峪常委会议室举行。会议听取和审议《区交通局专项工作报告》《区医疗保障局工作情况报告》，表决通过人事任免事项。

第 24 次会议。2019 年 11 月 13 日，在小井峪常委会议室举行。决定暂时停止田学跃万柏林区人大代表职务，许可公安万柏林分局对其采取强制措施。

第 25 次会议。2019 年 12 月 27 日，在人大常委会议室举行。会议听取审议《区人民政府办理区五届人大四次会议人大代表建议意见情况》《万柏林区 2019 年财政预算调整报告》、区人大常委会农业和农村工委关于对全区第一产业发展情况的调研报告、区人大常委会教科文卫工委关于对全区义务教育小学阶段发展情况的调研报告。会议表决通过人事任免事项。决定暂时停止常俊明太原市万柏林区第五届人民代表大会代表职务，许可南宁市公安局邕宁分局对其采取强制措施。（杨瑞玲）

监督检查

【预算审查监督】2019年，万柏林区人大常委会围绕保障经济平稳运行，坚持全过程监督，把方向、谋大局，保证党的路线方针政策和决策部署在人大预算审查监督工作中得到全面贯彻和有效执行。听取和审议2019年上半年国民经济和社会发展计划执行情况报告和财政预算执行情况报告、2018本级预算执行和其他财政收支的审计报告，建议不断加强绩效管理、提高财政资金使用效益，切实发挥审计监督职能，加强财政监管，增强预算审查监督的时效性和针对性。（杨瑞玲）

【助推经济发展】2019年，万柏林区人大常委会围绕深化转型项目建设年决策部署以及区委经济工作会议精神，组织代表对中海国际社区、万科春和景明、万科田园牧歌等项目进行视察，听取重点项目进展情况汇报，支持区政府不断夯实转型基础，增强发展后劲，以科技创新推动高质量发展；加大对民营企业转型的扶持力度、服务企业的扶持力度，持续优化营商环境，全方位提升服务效能，推动全区实施项目带动战略，确保区域经济稳健前行。组织代表对全区“城中村”回迁安置、城边村改造提升情况进行视察，指出要加快解决规划手续办理速度；增强质量意识，打造回迁安置精品工程。长风、兴华、东社、西铭街道人大工委组织代表调研视察产业发展、项目发展、片区建设等工作。区人大常委会助力抓好工业创新转型、现代服务业项目群建设、四大片区建设、推动经济高质量发展，成为“改革创新、奋发有为”大讨论和落实省委“四为四高两同步”总体思路和要求的“最强音”。（杨瑞玲）

【生态文明建设视察】2019年，万柏林区人大常委会自觉践行“绿水青山就是金山银山”理念，组织市、区代表对区创建全国文明城市、精细化管理工作进行视察，代表们对区政府以“五大行动”为统领，以“三化工程”为载体，坚持“严细实常长特优”七字标准，持续推动“九乱”整治和“十三个专项攻坚行动”，在加强环卫体制改革、改变城市面貌、提升城市品质方面做的一系列工作给予充分肯定，同时建议区政府继续坚持“领先领跑”目标，抓好项目整治，提高城市管理水平，增强群众的幸福感获得感。区人大常委会组织代表对区护林防火通道和旅游公路建设情况进行视察，提出加强协作，科学养护。在道路两旁设立公益广告，加强道路景观建设。利用护林防火道路和旅游公路为全区经济建设服务等建议。（杨瑞玲）

【医疗教育事业督查】2019年，万柏林区人大常委会顺应民心、尊重民意、关注民情、发展民生，把民之亟须、民之所望作为履职所向，推动解决好人民普遍关注的问题和急切需要解决的问题。常委会听取和审议万柏林区医疗保障工作情况报告，提出不断深化医疗保险制度改革、推进城乡居民医保制度整合等要求。组织代表对万柏林区医疗卫生体制改革情况进行视察，建议进一步深化公立医院改革，建立现代医院管理制度；推进医联体间成员互动，提升全区整体医疗水平；建设特色专科，提高基层医疗机构服务能力，助力分级门诊，让百姓享有更多的医疗资源。区政府积极推进公立医院改革，组建万柏林区医疗集团，与山西医科大学第一医院合作共建“紧密型医联体”，探索城区综合医改新模式。区人大常委会主任会议专题听取区劳动就业工作情况汇报，促进以创业带动就业，统筹做好各类群众就业工作；加强职业培训，缓解结构性矛盾；夯实基层建设，实现平台信息全覆盖。组织市、区两级代表对全区义务教育小学阶段发展情况进行专题调研，形成《万柏林区人大常委会关于区义务教育小学阶段发展情况的调研报告》。（杨瑞玲）

【法治监督创新】 2019年，万柏林区人大常委会学习贯彻中共十九届四中全会精神，深化对坚持和完善中国特色社会主义制度、推进国家治理体系和治理能力现代化的认识，努力在不断健全和完善决策科学、执行有效、监督有力的权力运行机制方面展现人大作为。听取和审议区政府《关于2018年度法治政府建设情况的报告》，对全面规范行政行为，提高行政执法水平；自觉接受监督，提高法治政府建设的质量和效率；创新普法方式，加大法制宣传力度，营造浓厚的法治氛围等方面提出新的要求，并实地视察区行政审批服务管理工作。专题视察“扫黑除恶”专项斗争开展情况，建议加大打击力度，震慑黑恶犯罪；健全协调工作机制，形成工作合力；增强治本意识，完善治理体系。组织代表视察区法院民事审判工作，听取工作汇报，推动区法院规范司法行为，提高办案质效；推进简繁分流机制改革；加强队伍建设，加快智慧法院建设。视察全区安置帮教和社区矫正工作情况，要求区政府加大教育宣传力度，提高社区矫正工作社会认知水平；强化工作措施，提高社区矫正工作质量；强化衔接、安置、帮教多元化建设，创新帮教模式，建设好安置帮教基地。（杨瑞玲）

【监督工作改进】 2019年，万柏林区人大常委会在提高常委会会议质量上积极探索、创新方法，从“会前、会中、会后”入手，提高监督工作实效。抓好监督计划制定，深入到信访局等部门了解群众诉求和群众最急最忧最盼的问题，为议题确定提供参考依据。抓好会前调研工作，根据调研题目的类别，提前开展常委会议题的调研，保证议题质量，对安全生产工作的视察、对护林防火通道和旅游公路的视察，均是提前征集调研议题，进行调查研究。抓好会中审议，更加注重专业性，在组织代表对全区非物质文化遗产保护和传承工作视察后，文化产业的代表进行重点发言，提高会议审议质量。抓好会后审议意见跟踪督办，必要时在隔次常委会听取和审议区政府对审议意见研究处理情况的报告，较好地保证意见办理质量。（杨瑞玲）

【环保执法检查】 2019年，万柏林区人大常委会对区政府贯彻《中华人民共和国环境保护法》《中华人民共和国大气污染防治法》情况进行执法检查。推动政府坚决贯彻习近平生态文明思想，推动环境保护法律法规的全面有效实施，加大监管力度，动员人民群众参与大气污染防治工作，在全社会形成崇尚生态文明、保护生态环境的社会氛围。（杨瑞玲）

人事任免

【概况】 2019年，万柏林区第五届人民代表大会及常务委员会共决定任免国家机关工作人员75人次，组织9次宪法宣誓仪式，213人次进行宪法宣誓。（杨瑞玲）

【万柏林区监察委员会人员任免】 2019年，万柏林区第五届人民代表大会常务委员会第19次会议，决定免去周世荣万柏林区监察委员会委员职务。第21次会议，根据万柏林区监察委员会主任刘贵江的提名，免去王少强区监察委员会副主任职务、刘运文区监察委员会委员职务，任命刘运文为区监察委员会副主任。第25次会议，根据万柏林区监察委员会主任刘贵江的提名，任命段彦武、王旭东为太原市万柏林区监察委员会委员。（杨瑞玲）

【万柏林区人大常委会工作机构人员任免】2019年，万柏林区第五届人民代表大会第四次会议，表决通过王俊卿为区人大监察和司法委员会主任委员，王改英、巩燕、郑亚雄、呼勇、释义忍为区人大监察和司法委员会委员。表决通过李培英为区人大社会建设委员会主任委员，张涛、张陈斌、武建平、赵丽生、秦长江为区人大社会建设委员会委员。第18次会议，依法补选张建刚、袁尔铭为万柏林区出席太原市第十四届人民代表大会代表。决定接受田树平辞去太原市万柏林区第五届人民代表大会代表职务的请求。第20次会议，根据主任会议的提名，免去武爱娟区人大常委会人事代表工作委员会主任职务、刘校青区人大常委会教育科学文化卫生工作委员会主任职务、李培英白家庄街道人大工委主任职务、赵莉和平街道人大工委主任职务、赵双明兴华街道人大工委主任职务、黄丽梅万柏林街道人大工委主任职务、吴晓英杜儿坪街道人大工委主任职务、张素萍长风西街街道人大工委主任职务；任命武海燕为区人大常委会人事代表工作委员会主任、詹瑛为区人大常委会教育科学文化卫生工作委员会主任、李培英为区人大常委会财经工作委员会主任、王俊卿为区人大常委会法制工作委员会主任、徐卫香为和平街道人大工委主任、张英波为兴华街道人大工委主任、陈艳丽为万柏林街道人大工委主任。

同年，万柏林区第五届人民代表大会常务委员会第22次会议，根据主任会议提名，免去杜广迁区人大常委会农业和农村工作委员会主任职务、毕文莲区人大常委会城市建设环境资源保护工作委员会主任职务、梁骏区人大常委会办公室副主任职务、鲍彬东社街道人大工委主任职务、耿彦忠化客头街道人大工委主任职务、曹建华神堂沟街道人大工委主任职务，任命梁骏为区人大常委会农业和农村工作委员会主任、卢轶娜为区人大常委会城市建设环境资源保护工作委员会主任、范素珍为白家庄街道人大工委主任、吴宇为杜儿坪街道人大工委主任、武和平为东社街道人大工委主任、孙杰为化客头街道人大工委主任、刘丽荣为神堂沟街道人大工委主任、耿彦忠为长风西街街道人大工委主任、任娟任区人大常委会办公室副主任。第24次会议，决定暂时停止白学跃太原市万柏林区第五届人民代表大会代表职务。第25次会议，决定接受侯安辞去太原市万柏林区第五届人民代表大会常务委员会主任职务的请求。决定暂时停止常俊明太原市万柏林区第五届人民代表大会代表职务。（杨瑞玲）

【区政府机构人员任免】2019年，万柏林区第五届人民代表大会常务委员会第19次会议，根据区长袁尔铭的提名，决定免去张文会区民政局局长职务；任命韩宇为区政府办公室主任、陆萍为区发展和改革局局长、李波为区教育局局长、乐丽梅为区科学技术局局长、王辉为区工业和信息化局局长、庞锋为区民政局局长、苗小林为区司法局局长、常宇欣为区人力资源和社会保障局局长、武中全为区住房和城乡建设局局长、张月亮为区城乡管理局局长、王五义为区水务局局长、赵丽生为区农业农村局局长、张立奇为区商务局局长、王有军为区文化和旅游局局长、王建明为区卫生健康和体育局局长、张俊峰为区退役军人事务局局长、王志勇为区应急管理局局长、裴治晋为区审计局局长、鲁宝东为区市场监督管理局局长、胡滨为区统计局局长、丁捍旗为区医疗保障局局长、王惠宏为区行政审批服务管理局局长、张晓彬为区信访局局长。第20次会议，根据区长袁尔铭的提名，决定任命李钧为万柏林区人民政府副区长。（杨瑞玲）

【区法院人员任免】2019年，万柏林区第五届人民代表大会常务委员会第18次会议，决定免去张康万柏林区人民法院副院长、审判委员会委员、审判员职务，并取消其代理院长。决定任命冯华等160人为万柏林区人民法院人民陪审员。第22次会议，决定任命郭锐、武佳佳、赵蓉为万柏林区人民法院审判员。第23次会议，决定任命王文皓为太原市万柏林区人民法院副院长、审判委员会委员、审判员，并决定为代理院长。第25次会议，决定免去容跃民万柏林区人民法院副院长、审判委员会委员、审判员职务；胡利平万柏林区人民法院审判员职务。（杨瑞玲）

【区检察院人员任免】2019年，万柏林区第五届人民代表大会常务委员会第18次会议，决定任命郭刚为万柏林区人民检察院副检察长、检察委员会委员、检察员，并决定为代理检察长。第19次会议，决定免去牛晋龙万柏林区人民检察院副检察长、检察委员会委员职务。第21次会议，决定免去刘运文区检察院副检察长、检察委员会委员职务；黄雪压区检察院检察委员会委员职务。第22次会议，决定免去李明万柏林区人民检察院副检察长、检察委员会委员职务。第25次会议，决定任命李兴明为万柏林区人民检察院副检察长，潘剑平为万柏林区人民检察院副检察长、检察委员会委员；免去刘运文、黄雪压、郭凤龙、马振江、杨标、张云平、冯立新、段彦武、李建宏、刘永新、石健、李跃祥等12人万柏林区人民检察院检察员职务。

同年，太原市万柏林区第五届人民代表大会第四次会议，补选郭刚为太原市万柏林区人民检察院检察长。（杨瑞玲）

机关建设

【党建工作】2019年，万柏林区人大常委会提升常委会组成人员和人大机关干部的整体素质，深入学习贯彻习近平新时代中国特色社会主义思想，中共十九大和十九届二中、三中、四中全会精神。坚持把党对人大工作的领导作为实行人民代表大会制度的内在要求，作为人民代表大会制度的优势所在，作为做好人大工作的根本保证，自觉主动接受区委领导，严格执行重大事项向区委请示报告制度，保证人大工作正确的政治方向。谋划推动人大工作，依法履行职权，通过法定程序将区委决策部署转化为全区人民的共同意志，汇聚成全区经济社会发展的合力，保证人大重点工作与区委重大部署同心同向、同步同行。

（杨瑞玲）

【工作制度健全完善】2019年，万柏林区人大常委会严格按照规章制度办事，促进常委会和机关工作制度化、规范化。加强人大机关建设，切实履行全面从严治党主体责任，抓好党风廉政建设。“七一”前夕，党员领导干部讲专题党课，发挥带头示范作用。组织机关党员干部赴延安开展“不忘初心、牢记使命”主题党日活动。坚持以上率下，努力建设一支忠诚干净担当的人大干部队伍。加大对乡（街）人大工作的指导，提升基层人大工作水平，提升全区人大工作的整体实效。（杨瑞玲）

综 述

【概况】 2019 年，太原市万柏林区人民政府深入贯彻中共十九大、十九届四中全会和习近平总书记“三篇光辉文献”精神，坚定贯彻新发展理念，坚持稳中求进工作总基调，以省委“示范区”“排头兵”“新高地”三大目标为牵引，以“五六行动”为统领，以建设“四大片区”为抓手，以实施“三化工程”为载体，围绕山上山下两个主战场，全力做好稳增长、促改革、调结构、惠民生、防风险各项工作，推动全区经济社会持续健康发展。地区生产总值完成 476 亿元，增长 2.6%；社会消费品零售总额完成 222.3 亿元，增长 1.8%；服务业增加值完成 227.3 亿元，增长 1.9%；规模以上工业增加值完成 128.6 亿元，增长 3.7%；固定资产投资完成 223 亿元，增长 6.7%；一般公共预算收入完成 23.3 亿元，增长 5.2%。较好完成市下达的约束性指标，经济运行保持在合理区间，稳居全省县区“第一方阵”。（韩 宇）

【四大片区建设】 2019 年，万柏林区将“四大片区”作为转型发展的主战场，聚焦功能定位，优化产业布局，实施精准招商，为经济高质量发展提供有力支撑。东社产业转型示范区：新能源汽车项目深度对接；58 同城山西总部项目、龙湖城改项目签订框架协议；中车轨道交通产业基地完成投资 4.8 亿元，新能源电动大巴和智轨快运、中车区域售后服务“4S 店”项目加快推进；西山石膏矿棚改项目手续加快完善。西铭文化旅游特色区：万科春和景明项目累计投资达 16 亿元；春蕾小镇项目占地规模 113 公顷，土地转征等建设手续加快办理，风声河村拆迁补偿方案基本完成；西山枫情城郊森林公园完成整体规划和设计；王封一线天旅游公路完工通车，累计投资 1.07 亿元，王封一线天景区进入总体规划。白家庄生态修复样板区：加快制定总体规划方案，全力打造国家级新旧动能转换示范基地，桃杏村、白家庄村回迁安置项目稳步推进，偏桥沟、狮子崖景区配套设施和功能布局进一步完善。神堂沟温泉休闲度假区，与合作企业正在优化方案，全力打造高品质休闲旅游度假区。（韩 宇）

【经济转型发展】 2019 年，万柏林区以深化转型项目建设为牵引，加大经济运行调度，创新服务管理模式，围绕全区 138 个重点项目，召开攻坚推进会 40 余次，为企业发展创造优良环境。加快传统产业提质升级，汾机船用直流组网电力推进系统完成投资1.2亿元，大众不锈钢圆珠笔尖项目加快产业化，西山煤电、太重等大型国企技改项目稳步推进。建立小升规企业信息资源库，成功培育凯钟电气等5家小升规企业。现代服务业发展势头强劲，华润万象城实现零售额19亿元，公元时代城购物广场如期开业，信达国际金融中心全面完工，远大购物广场、新城吾悦广场加快建设；大力发展楼宇经济，建立信息管理平台，成功引入猪八戒网、支点科技等高科技、高附加值企业，推动全区产业结构持续优化。创新创业蹄疾步稳，设立双创专项资金7000万元，带动社会投资6亿元，建立省级以上科技企业孵化器4家、众创空间18家，在孵企业1703个，高新技术企业达121家，省级双创示范基地建设顺利通过中期评估。落实减税降费政策，全年累计减税16.64亿元，惠及市场主体9.48万户次。招商引资成效显著，成功举办万柏林区第四届招商推介会，签约大悦城、天津博奥赛斯等19个重大项目，总金额405.6亿元，为经济转型跨越、高水平崛起汇聚起强大合力。（韩　宇）

【民生保障】2019年，万柏林区坚持以人民为中心的发展思想，将80%以上的财政支出用于民生领域，教育、医疗、社保、就业、住房等公共事业取得新进步。教育基础条件持续改善，开城街学校重建全面完成，山西中心实验小学等4所学校投入使用，公园路小学等18所学校获得太原市特色小学示范校称号。退役军人服务保障体系全面构建。社区建设稳步推进，办公场所实现500平方米以上全覆盖，29个社区养老服务中心和45个日间照料中心全面建成，万柏林街道获得全国第三批智慧健康养老示范街道。城镇居民人均可支配收入增长7.3%，城镇新增就业1.83万人。城乡低保标准由每人每月600元提高至650元。在太原市城六区中率先开展支出型困难家庭社会救助综合改革试点。为采煤沉陷区移民搬迁困难群众累计发放临时救助1099.43万元。农村集体产权制度改革试点工作取得阶段性成果，帮扶娄烦脱贫攻坚工作获得市级优秀。超额完成保障房建设任务，基本建成5327套，完成投资8.37亿元。文化惠民活动丰富多彩，举办“奋进新时代、放歌万柏林”等庆祝中华人民共和国成立70周年系列活动，《我和我的祖国》唱响大街小巷，人民群众爱国热情空前高涨，获得感、幸福感持续提升。（韩　宇）

【重点改革】2019年，万柏林区推进医疗、教育、城市管理“三大改革”。医疗方面，探索城区综合医改新模式，组建万柏林区医疗集团，加快推进公立医院改革，发挥山西医科大学第一医院“全托管”优势，由山医大一院业务骨干担任万柏林分院领导班子，聘请25位省级专家主抓临床诊疗和科室建设，新增慢病中心和肿瘤科，分院诊疗水平和管理能力大幅提升。全年门诊急诊量、入院出院人数同比增长10%以上，手术人次、手术例数同比增长20%左右，群众看病难、看病贵、看病远的状况显著改善。教育方面，构建能上能下、能进能出、优胜劣汰的用人机制，在太原市率先启动中小学校长、幼儿园园长职级制改革，通过遴选评审，63名优秀人才走上校（园）长管理岗位。同步推进区管校聘、绩效工资改革，全区2916名一线教师实现满工作量聘用，占比84.27%。发挥名校（园）长、名师引领作用，建成“双名”工作室217个，开展各类研究课题132项，带动教育教学质量稳步提升，中考成绩连续三年保持全市十县区第二。城市管理方面，推进环卫体制改革，实行城管、街办双重监管机制，综合运用人防、技防、物防手段，确保“管干分离”落实落地，全区清扫保洁社会化率达76.48%，主次干道清扫保洁实现全覆盖。

对标北京市东城区，完善“街道吹哨、部门报到”机制，建成全省一流的智慧城管平台，配齐配强乡（街）执法力量，严格落实街路长制和“门前三包”责任制，构建职责明确、协调联动、反应迅速的“大城管”格局，全面提升城市精细化管理水平。环卫体制改革、智慧平台建设、公厕革命推进、垃圾分类处置4个案例，获得全国环卫行业最高奖项。（韩　宇）

【城市品质提升】 2019年，万柏林区坚定贯彻新发展理念，以“治污、控煤、管车、降尘”为重点，构建起环保、城管、公安、交警、乡（街）等多部门参与的常态化联动执法机制，全区空气质量优良天数233天，空气质量综合指数5.34，均在城六区排名第一。推进山水林田湖草生态修复、地质灾害防治、关井压采、河道“清四乱”等专项行动，以“二青会”和太原国际公路自行车赛为契机，推进环境整治，建成100千米“网红打卡赛道”，生态旅游潜力逐步释放。巩固绿化成果，全区森林覆盖率达38.03%，人均公共绿地面积12.15平方米，建成区绿地率、绿化覆盖率分别达38.26%、44.34%。以“三化工程”为引领，持续开展“九乱”整治和“十三个专项攻坚行动”，在市创城办组织的12次测评中，万柏林区总分排名第一，背街小巷整治、文明交通治理、小广告整治等工作走在全市前列。有序推进“城中村”改造，深入推进农村环境综合整治，九院村、小西铭村被评为美丽宜居示范村。加快道路基础设施建设，九院沙河、虎峪河西延工程拆除各类建筑6.8万平方米，南上庄片区、煤气化片区路网配套工程及西机东路等8条道路建设进展顺利，40余条土路硬化全面完成，小虎峪、小西铭等护林防火通道相继完工，全区城乡路网进一步完善，承载能力和宜居水平大幅提升。

（韩　宇）

【安全生产和社会稳定】 2019年，万柏林区强化“党政同责、一岗双责、齐抓共管”安全生产责任体系，组建13个安全生产专业委员会，设立安全生产专家库，形成专家查隐患、部门抓督办、企业抓整改的创新工作模式。在全市率先实施餐饮服务业管道燃气改造工程。全力推进危险化学品、道路交通、建筑工地、消防安全等重点领域安全隐患排查治理，及时消除各类安全隐患3627个，安全生产事故起数、死亡人数分别下降44.5%和54.5%。食品药品监管能力稳步提升，成功创建省级食品安全示范县。推进“扫黑除恶”专项斗争，打掉黑社会性质犯罪组织2个、恶势力犯罪集团1个，恶势力犯罪团伙5个，破获涉黑涉恶刑事案件18起。坚持和发展新时代“枫桥经验”，建成社区综治工作站27个，区法律援助中心获得全国法律援助工作先进集体，和平南路派出所被命名为全国首批枫桥式公安派出所。完成全国“两会”“二青会”、中华人民共和国成立70周年等重大活动安保任务，安全稳定的社会局面更加稳固。（韩　宇）

【提案办理】 2019年，万柏林区政府承办区五届人大四次会议代表所提建议、意见160件，承办区政协五届四次会议的提案92件，全部按时办结。市长信箱2019年累计受理派单和电话交办事项1682件，全部答复办结，答复办结率100%。（韩　宇）

【党风廉政建设】 2019年，万柏林区政府党组以党风廉政建设为重点，将落实全面从严治党主体责任与推动经济社会发展同谋划、同部署、同推进。5月16日，召开区政府廉政工作会议，总结工作，分析形势，对2019年全区政府系统廉政工作进行安排部署，明确“创优服务，营造便捷高效廉洁透明政务环境”“正风肃纪，推进减税降费等重大决策部署落地见效”“强化监督，整治重点领域不正之风和腐败问题”“依法行政，提高政府工作法治化水平”“守牢底线，确保人民群众生命财产安全”5个方面的重点任务。区政府党组领导班子和政府系统各级党委（党组）对照主体责任清单，围绕自身建设重点任务，定期分析工作形势，研究解决重点难点问题，推动工作有效落实；党组书记履行第一责任人职责，做到重要工作亲自部署，重大问题亲自过问，重要环节亲自协调，重要案件亲自督办；班子成员认真履行“一岗双责”，定期研究、布置、检查和报告履职尽责情况，加强对分管领域和人员的经常性监督管理。结合“不忘初心、牢记使命”主题教育，深入开展专项整治，把整改落实与建章立制结合起来，促使整改措施制度化、整改成果长效化。（韩　宇）

政府重要会议

【万柏林区转型发展政企学研恳谈会暨“招商大使”聘任会】 2019年1月25日，万柏林区转型发展政企学研恳谈会暨“招商大使”聘任会召开，区委书记杨俊民，区委副书记、区长袁尔铭，区委常委、区委办主任刘爱国，区政府副区长陈俊峰，区政协副主席王跃礼出席会议。区委常委、副区长李蓉主持会议。会上，宣读万柏林区政府《关于聘任万柏林区招商大使的通知》，为23名“招商大使”颁发聘书。袁尔铭介绍万柏林区2018年经济发展情况及2019年经济工作思路。14家企业代表结合实际作交流发言，分别介绍自身企业未来发展，为万柏林区推动高质量转型发展建言献策。杨俊民强调，要抢抓战略机遇、保持底线思维、主动趋利避害，将政策机遇转化为现实动力和发展优势，在应对困难和挑战中、在新旧动能转化中实现新的飞跃。（韩　宇）

【创建全国文明城市工作推进会】 2019年3月25日，万柏林区创建全国文明城市工作推进会召开。区委书记杨俊民，区委副书记、区长袁尔铭出席并讲话。会议由区委副书记张振鹏主持。创城指挥部各分指挥长，创城指挥部各工作组组长，“九乱”专项整治各牵头单位、责任单位，各乡（街）主要负责人50余人参加会议。会上，区委常委、宣传部部长赵晓红总结全区2018年创城工作情况，传达市创城工作的有关精神，安排部署2019年创城重点工作；各分指挥长简要总结2018年各分指挥部创城工作，安排部署各分指挥部2019年创城工作重点。

6月28日，万柏林区召开“创城”问题整改剖析专题推进会。会上，全体人员观看老旧小区暗访纪录片。区委常委、宣传部部长、区创城指挥部综合协调办公室副主任赵晓红通报市创城办对全市创城工作的测评打分排名情况。区长袁尔铭强调此次会议的及时性和必要性，从政治站位、责任担当、干部作风等方面全面剖析全区在创城工作中出现的问题，明确改进作风的方向和重点。包联乡（街）的区级领导逐一就创城测评分数不理想及存在的问题进行剖析，开展批评与自我批评。各乡（街）党工委书记就辖区内的创城问题进行剖析发言。区委书记杨俊民提出五点要求。一是知耻后勇抓创城。二是问题导向抓创城。三是整体推进抓创城。四是对标一流抓创城。五是严肃纪律抓创城。

11月11日，万柏林区创建全国文明城市工作推进会召开。杨俊民出席并讲话。会上，赵晓红通报市创城办第二轮第三方测评结果，并就创城工作进行安排；各乡（街）、各部门分别就存在的问题提出意见和建议。（唐　杰）

【万柏林区生态环境保护攻坚战动员大会】 2019年5月22日，万柏林区生态环境保护攻坚战动员大会召开，区委书记杨俊民出席会议并讲话。会议由区委副书记、区长袁尔铭主持。区四大班子领导出席，区政府有关部门、各乡（街）、区直有关部门、各村（社区）、120家建筑施工工地负责人以及各保洁公司参加会议。（韩　宇）

【第三批小街巷文明交通综合治理工作推进会】2019年11月6日，万柏林区第三批小街巷文明交通综合治理工作推进会召开，会议就文明交通综合治理工作、加强和改善校园周边交通环境工作、“两进”专项整治工作和背街小巷工作进行安排与推进。会议由区委常委、政法委书记杨宏林主持，区委书记杨俊民，区政府副区长、公安分局局长高乃勇出席会议并讲话，31个成员单位负责人参加会议。

会上，区文交办史志刚总结汇报2019年度文明交通综合治理工作进度和成果，并传达市文交办《第三批小街巷交通综合治理进展通报》，公安分局副局长潘旭光传达市文交办《2019年第三季度全市文明交通综合治理督导考核通报》文件精神。副区长、公安分局局长高乃勇全面总结文明交通综合治理工作开展以来各项工作取得的成绩及存在的问题，并就加强和改善校园周边交通环境工作和“两进”专项整治工作进行重点安排与部署，要求各成员单位要密切协调配合，就各自职能认真开展工作。区背街小巷办公室就2019年背街小巷工作进行通报与安排。（韩　宇）

【万柏林区第四届招商推介会】2019年11月12日，以“聚能新时代、创赢万柏林”为主题的万柏林区第四届招商推介会在中国（太原）煤炭交易中心举办，太原市委常委、常务副市长王立刚，山西省投资促进局局长艾凌宇，万柏林区委书记杨俊民，区委副书记、区长袁尔铭等省市区领导出席，省内外知名企业、驻地高校、科研院所、金融机构及新闻媒体代表等参加推介会。

推介会上，万柏林区政府相关负责人将区位、文化、能源、政策等投资优势一一介绍，并立足优势资源，结合产业政策，筛选出8大类29个招商引资重点项目进行推介。最后，万柏林区与大悦城、58集团、春蕾实业、龙湖恒嘉、北京联东、天津博奥赛斯、上海玖豫、深圳中孵高鸿科技、天上人家北京康养服务公司等企业现场签约18个项目，签约金额达405.6亿元，涉及片区提升改造、科技创新、医养康养、现代金融等多个领域。（何利斌）

【政府常务会会议】2019年，万柏林区政府召开13次政府常务会会议，会议一般在区会议中心二层会议室举行。

第1次政府常务会会议。2019年1月7日召开，袁尔铭主持，李蓉、高建军、梁红根、陈俊峰、李宏文、任永福、郭志红、韩宇出席，陆萍、倪育兵、赵双明列席。会议审议《政府工作报告（征求意见稿）》《关于太原市万柏林区2018年国民经济和社会发展计划执行情况与2019年国民经济和社会发展计划（草案）的报告》《关于太原市万柏林区2018年财政预算执行情况和2019年财政预算（草案）的报告》。会议研究“城中村”改造工作，2019年续建回迁安置房住宅面积82.95万平方米、8964套，回迁安置商业面积39.7万平方米；计划开工回迁安置房住宅面积7.9万平方米、661套；回迁安置商业面积12万平方米；清零扫尾各类建筑51.50万平方米，其中宅基地2处0.12万平方米，公建39处51.38万平方米。

第2次政府常务会会议。2019年3月1日召开，袁尔铭主持，李蓉、高乃勇、高建军、梁红根、陈俊峰、李宏文、任永福、郭志红、韩宇出席，常宇欣列席。会议组织学习中央、省、市关于开好2018年度民主生活会的相关要求，审议政府党组民主生活会方案，研究讨论区政府班子民主生活会对照检查材料和干部人事任免事宜。

第3次政府常务会会议。2019年3月28日召开，袁尔铭主持，高乃勇、高建军、梁红根、陈俊峰、李宏文、韩宇出席。会议组织学习太原市委书记罗清宇在全市“改革创新、奋发有为”大讨论动员大会的讲话精神，安排部署区政府党组大讨论活动各项工作。会议听取“大棚房”专项整治情况汇报、环保工作情况汇报，听取公安万柏林分局“扫黑除恶”工作汇报、区应急管理局近期安全生产工作汇报。研究万柏林区人事任免事宜，研究招投标事宜，包括2019年“四好农村路”项目（包括王封一线天旅游公路支线改造工程、石千峰至磺厂线公路改造工程、王封煤矿桥改造工程、小虎峪护林防火通道工程）及王封一线天旅游公路（化堡线—小塔）绿化美化工程，万柏林区文兴路、西矿街建筑景观照明亮化工程等。

第4次政府常务会会议。2019年4月23日召开，袁尔铭主持，李蓉、高建军、梁红根、陈俊峰、任永福、郭志红、韩宇出席，孔一龙等列席。会议听取环保工作汇报，研究促进万柏林区小微工业企业上规升级事宜、万柏林区质量提升行动实施方案、山西省国家标准化综合改革试点万柏林区工作方案、部分小区行政管理归属事宜和机关事业单位工作人员、离退休人员死亡丧葬抚恤费有关事宜，研究项目预算投资200万元以下的“创城”项目招投标事宜和干部任免事宜。

第5次政府常务会会议。2019年5月15日召开，袁尔铭主持，李蓉、高乃勇、高建军、梁红根、陈俊峰、李宏文，郭志红、李钧、韩宇出席，李石宏等列席。会议传达学习市政府2019年第10次常务会议精神。听取区环保分局关于生态环境保护工作的汇报、区公安分局关于“扫黑除恶”工作进展情况的汇报、区信访局关于近期信访工作的情况汇报、区自然资源局关于2019年万柏林区提档升级造林工程项目实施相关情况的汇报，会议听取区应急管理局关于近期安全生产工作情况的汇报，议定区应急管理局结合会议意见修改完善《关于做好万柏林区2019年安全生产工作的通知》，并组织实施。

第6次政府常务会会议。2019年5月29日召开，袁尔铭主持，李蓉、高建军、梁红根、李宏文、郭志红、韩宇出席。会议传达学习省长楼阳生在全省农村集体产权制度改革座谈会上的讲话精神及省、市部署要求。听取区农业农村局关于全区农村集体产权制度改革清产核资工作开展情况的汇报，区税务局以减税降费为主题的“县长税课”以及万柏林区减税降费政策落实情况的汇报。会议研究生态环保工作、推动创新创业高质量发展打造“双创”升级版实施意见，促进楼宇经济发展相关事宜、干部任免事宜，研究招投标事宜，并议定由区应急管理局按规定履行招投标等程序，购买森林防火与私挖滥采针对性监控设备，建设监控中心。

第7次政府常务会会议。2019年6月26日召开，袁尔铭主持，李蓉、高乃勇、高建军、陈俊峰、李宏文、李钧、韩宇出席，李石宏等列席。会议传达学习中共中央纪委办公厅《关于贯彻习近平总书记重要批示精神，深入落实中央八项规定精神的工作意见》。听取区应急管理局关于1月至6月全区安全生产工作情况的汇报、区民政局关于成立蓝山社区居民委员会的汇报。研究生态环保工作、基本农田保护相关工作和当前农业农村工作、万柏林区禁毒社工招聘相关事宜、小井峪社区卫生服务中心申请使用公卫资金统筹进行能力提升工程事宜、调整万柏林区道路交通安全领导组成员事宜、首届两岸青少年文化交流活动相关事宜、干部任免事宜和招投标事宜。

第 8 次政府常务会会议。2019 年 7 月 18 日召开，袁尔铭主持，李蓉、高乃勇、高建军、李宏文、任永福、郭志红、李钧、韩宇出席，王跃礼等列席。会议传达学习国务院安委办、省安委办关于近期重大及典型事故的通报并听取区应急管理局近期安全生产工作汇报，传达学习第十四次全国民政会议精神，并听取关于《万柏林区因病支出型贫困家庭纳入最低生活保障实施办法（试行）》《万柏林区困难群众救助办法（试行）》起草情况及近期民政工作汇报。听取关于近期“扫黑除恶”工作、防汛工作情况的汇报，就推进环保、创城工作做具体安排。研究万柏林区优化营商环境 2019 年行动方案和招聘人员事宜。

第 9 次政府常务会会议。2019 年 8 月 23 日召开，袁尔铭主持，李蓉、高建军、陈俊峰、李宏文、郭志红、李钧、韩宇出席。会议传达学习习近平总书记在深化党和国家机构改革总结会议上的重要讲话精神、省委十一届八次全会及省纪委十一届五次全会精神，通报全区公立医院改革进展及山医大一院万柏林分院管理运行情况。听取区医疗保障局关于近期医疗保障工作的汇报、区自然资源局关于万柏林区违建别墅问题清查工作进展情况汇报。研究区政府党组成员分工事宜、干部任免事宜。会议决定对“大件垃圾处置中心”项目建设、万柏林区文明交通综合整治项目建设（平台部分）、文明交通综合整治项目建设（信息化部分）工程进行招标。

第 10 次政府常务会会议。2019 年 9 月 30 日召开，袁尔铭主持，李蓉、高建军、梁红根、陈俊峰、李宏文、郭志红、李钧、韩宇出席。会议传达第 11 轮生态环境部大气污染防治强化督查定点帮扶工作部署会议精神，听取环保工作汇报，研究部署下一步工作。听取区应急管理局关于成立安全生产专业委员会和组建安全生产专家库实施方案的汇报、区司法局关于公示万柏林区区级行政执法主体名录（第一批）的汇报。研究虎峪河流域及官地沟（狼坡段）泥石流地质灾害治理项目维护管理事宜。

第 11 次政府常务会会议。2019 年 11 月 20 日召开，袁尔铭主持，高乃勇、高建军、梁红根、陈俊峰、李宏文、郭志红、李钧、韩宇出席，刘团圆等列席。会议传达学习中共十九届四中全会、省委十一届九次全会精神。学习法治政府建设及依法行政相关规定。听取安全生产工作、近期环保工作、2019 年治超工作情况汇报，听取区护林防火指挥部办公室关于冬季森林防火工作汇报，会议听取并原则同意区医保局关于《万柏林区进一步健全完善制度扎实做好城乡医疗救助工作的实施细则》汇报，听取区消防大队关于建设两个小型消防站的情况汇报，原则同意在长风商务区内选址建设一座小型消防站，同时在长风商务区周边再选址建设一座小型消防站，经费市、区各承担 50%，在 2020 年 10 月底前投入使用。研究行政审批体制改革相关事宜，汾西重工医院移交接管事宜，成立玉泽园、百合两个社区居委会事宜和人事任免事宜。

第 12 次政府常务会会议。2019 年 12 月 3 日召开，袁尔铭主持，李蓉、高乃勇、高建军、梁红根、陈俊峰、李宏文、任永福、李钧、郭志红、韩宇出席，李石宏等列席。会议传达习近平总书记在中央全面依法治国委员会第一次、第二次会议上重要讲话精神，省委全面依法治省委员会会议精神和市委全面依法治市委员会会议精神，传达学习楼阳生在全省领导干部会议上的讲话精神、在山西转型综改示范区调研时的讲话精神和在各市主题教育进展情况汇报会上的讲话精神。会议听取题为《弘扬宪法精神，推动宪法实施》的专题法治讲座，并就迎接中央依法治国办督察组法治政府建设实地督察准备工作进行安排部署。会议研究区政府党组班子民主生活会相关事宜和撤销石马村村民委员会相关事宜。

第13次政府常务会会议。2019年12月18日召开，袁尔铭主持，李蓉、高乃勇、高建军、梁红根、陈俊峰、李宏文、郭志红、李钧、韩宇出席。会议集体重温习近平总书记视察山西重要讲话、在推动中部地区崛起工作座谈会上的重要讲话、在黄河流域生态保护和高质量发展座谈会上的重要讲话。听取近期安全生产工作汇报、2018年财政决算（草案）及2019年财政预算调整方案（草案）报告、粮食安全工作汇报，听取区农业农村局集体产权制度改革工作进展及农村环境综合整治相关情况汇报。研究人事任免事宜、采煤沉陷区临时救助事宜，研究成立赞城、长兴北街社区居委会事宜和万柏林区级养老服务信息平台建设项目招投标事宜，研究文体中心综合楼公益性用房移交区政府事宜，并议定该项目不动产权主体划分方案，3200平方米商业面积产权划归区政府。（韩　宇）

区政府办公室

【公文处置】2019年，太原市万柏林区政府办公室开展规范性文件的制定和管理，开展规范性文件合法性审查工作，完成规范性文件全面清理工作，规范行政权力运行，以文辅政，维护法制统一和政令畅通。加强办文全流程管理，健全完善公文行文制度，提高办文效率。全年处理发文1000多件，其中区政府领导各类发言、汇报等材料180余篇，以区政府、区政府办名义制发文件860多件。（韩　宇）

【政务服务】2019年，万柏林区政府办公室深化“放管服效”改革，优化营商环境；梳理权责清单，推进标准化建设；推进“互联网+监管”，夯实事中事后监管；深化“互联网+政务服务”，创新服务载体；完善采购制度，规范采购程序。以“谁审批、谁监管，谁主管、谁监管”的原则，梳理各自职责范围内的监管事项，形成目录清单，并根据《监管事项实施清单梳理规范》制定检查实施清单。共认领事项888项，填写检查实施清单主项832项，子项3226项，共报送监管业务数据（包括监管对象、执法人员、监管行为、投诉举报等）8万多条。监管行为数据入库数为1803条，监管行为数据覆盖率为5.72%。（韩　宇）

【“13710”督查督办】2019年，万柏林区政府办公室加强信息化建设，完善抓落实工作机制，优化政务环境，提高工作效率。为确保“13710”系统通畅运行，安排专人对“13710”政务督办系统平台进行维护。定期召集网络运营商对系统网络进行巡检，及时排除故障。5月，按照《太原市万柏林区机构改革方案》的要求，完成新增部门硬件设备的分发及人员账号的注册，撤并部门账户的注销。26个政府组成部门及15个乡（街）的政务督办平台均正常运行。（韩　宇）

【政府信息公开】2019年，万柏林区政府办公室健全政府信息公开各项制度，促进政府信息公开工作常态化、制度化、规范化。全年答复申请公开件12件，通过区政府门户网站主动公开政府信息521条，公示公告91件，政府文件48件，全文电子化100%。通过公开电话共受理信息咨询43件。区政府网站统一集约化到市政府云平台，多样式公开政务信息，让公众及时了解，逐步实现重点领域信息公开工作的科学化、规范化和常态化。（韩　宇）

【机要保密】2019年，万柏林区政府办公室建立健全机要保密制度，全年收到、办理中央、省市委及国务院、省市政府文件 670 余份，明传电报 142 份，内部资料 487 份；接转退伍军人档案 91 份；办理电视电话会议 36 次；将 2018 年文件按永久、长期、短期整理归档并形成目录共 258 卷；政府印章使用 1 万余次，政府办印章使用 1.1 万余次。（韩　宇）

【应急处置】 2019 年 3 月机构改革后，太原市万柏林区应急管理局承担行使国家安全生产综合监督管理职能、开展安全执法检查、负责指导消防工作、负责指导突发事件应急管理工作等四项职责。全面落实安全生产责任制，开展安全生产宣传教育，严格安全生产执法检查，开展防灾减灾救助、消防救援、防震减灾、护林防火和防汛工作，完善突发事件应急预案，全区安全生产形势稳定好转。全年发生各类生产安全事故 5 起，死亡 5 人，同比事故起数减少 4 起，下降 44.44%；死亡人数减少 6 人，下降 54.55%。（韩　宇）

【党风廉政建设】 2019 年，万柏林区政府党组以党风廉政建设为重点，落实全面从严治党主体责任与推动经济社会发展同谋划、同部署、同推进。区政府党组领导班子和政府系统各级党委（党组）对照主体责任清单，围绕自身建设重点任务，定期分析工作形势，研究解决重点难点问题，推动工作有效落实；党组书记履行第一责任人职责，做到重要工作亲自部署，重大问题亲自过问，重要环节亲自协调，重要案件亲自督办；班子成员履行“一岗双责”，定期研究、布置、检查和报告履职尽责情况，加强对分管领域和人员的经常性监督管理。结合“不忘初心、牢记使命”主题教育，开展“8+5”专项整治，把整改落实与建章立制结合起来，促使整改措施制度化、整改成果长效化。（韩　宇）

行政审批服务

【概况】 2019 年 2 月，太原市万柏林区行政审批服务管理局成立后，坚持以习近平新时代中国特色社会主义思想为指导，贯彻中央和省市区关于深入推进审批服务便民化，优化营商环境的要求和部署，在深化“放管服”改革方面开展工作，打造“宽进、快办、严管、便民、公开”的审批服务模式，推进部门政务信息联通共享，提升“互联网＋政务服务”水平，在更深层次、更高水平上推进万柏林区“放管服”改革，最大限度方便企业群众办事。（王惠宏）

2019 年 2 月 25 日，万柏林区行政审批服务管理局挂牌（王惠宏供图）

【机构改革】 2019 年 2 月 25 日，万柏林区行政审批服务管理局正式成立并举行挂牌仪式。区政务服务中心和区政府采购中心由区政府直属事业单位调整为区行政审批服务管理局的事业单位，副科级建制。（王惠宏）

【“一窗通办”改革】 2019 年，万柏林区行政审批服务管理局优化营商环境，在“一窗通办”上求突破，出台《关于进一步优化营商环境推行“一窗通办”改革的实施意见》。在新办企业‘套餐式”审批服务上求突破，变“一事跑多窗”为

“一窗办多事”，实现“一天拿执照，全程免填单”。从11月起，凡在万柏林区新登记注册的企业（包括有限责任公司、股份有限公司、非公司企业法人、个人独资企业、合伙企业、农民专业合作社及分支机构）在领取营业执照的同时，可享受政府免费提供的单位公章、财务专用章刻制服务，实现企业刻章政府买单，为企业服务“再加码”。这是万柏林区继推出“一窗通办”改革后的又一项便民利企举措，在太原市尚属首家。（王惠宏）

【权责清单梳理】2019年，万柏林区行政审批服务管理局实现国家、省、市、县政务服务事项“四级四同”，并在此基础上推行政务服务事项和实施清单标准化，以依法申请办理的行政权力事项为重点，对现行行政许可、行政处罚、行政强制等9类行政职权类型进行梳理和调整。共梳理出行政许可178项、行政处罚1498项、行政强制21项、行政征收征用1项、行政给付37项、行政裁决5项、行政确认76项、行政奖励69项、其他行政职权事项57项，公共服务事项138项，总计2080项。（王惠宏）

【标准化建设】2019年，万柏林区行政审批服务管理局与山西省标准化研究院等单位共同编制的《政务服务中心标准体系建设与评价》等4项政务标准，经山西省市场监管局正式批准发布，为政务服务“加上”标准，推进政务公开与政务服务深度融合，提升政务服务水平。（王惠宏）

【“互联网＋监管”】2019年，万柏林区行政审批服务管理局落实省市区关于“互联网＋监管”系统的工作安排，组织协调各有关单位根据统一的标准规范，按照“谁审批、谁监管，谁主管、谁监管”的原则，梳理各自职责范围内的监管事项，形成目录清单，并根据《监管事项实施清单梳理规范》制定检查实施清单。（王惠宏）

【“互联网＋政务服务”】2019年，万柏林区行政审批服务管理局推动政务服务由静态查阅向主动推送转变，以微信公众平台作为服务群众的重要载体，并及时升级完善，相继推出“网上预约”“在线取号”“排队进度查询”“取号分析”等功能，尽最大努力为群众提供一站式、个性化、便捷化的信息服务，群众可通过微信公众平台进行办事前的材料查询、网上预约、在线取号，办理中可实时查询排号进度，办理后可查询办理事项的进度和结果，实现服务的网上全流程覆盖，提升政务服务的智慧化水平，让广大企业和群众拥有更多的“获得感”。（王惠宏）

【政府采购规范】2019年，万柏林区行政审批服务管理局贯彻落实政府采购法的相关法律法规，以服务政府、规范采购为重点，以确保政府采购资金安全高效运行为目标，坚持公开、公平、公正原则和重服务、重创新的工作思路，围绕“以公开促公平、以公平促公正、以公正促诚信”的“阳光采购”运行机制。强化采购管理程序，严格执行“采管分离”制度，在整个采购过程中坚持“一严格”“两坚持”“三公开”。全年集中采购4968万元，与预算相比节约资金210.8万元，资金节约率4%。（王惠宏）

【新办企业“套餐式”审批服务】2019年，万柏林区行政审批服务管理局在优化营商环境方面力求突破，联合区市场监管局、区税务局和社保中心按照“减时间、减材料、减流程”的原则，将新办企业审批服务进一步提档升级，从“只进一个门，办好所有事”升级为“只需一个窗，办好所有事”的“套餐式”服务，将办理营业执照时间进一步压缩至1个工作日。

在“套餐式”服务的办理流程中，实现全程免填单，申请人只需将企业设立申请材料、印章刻制材料、涉税事项办理材料、企业参保信息等材料统一提交至区政务服务中心新办企业综合服务窗口，综合服务窗口统一受理后，通过并联办理、集成服务的方式，统筹办理营业执照、刻章、税务、企业参保等新办企业涉及事项，并将办件结果统一反馈，变“一事跑多窗”为“一窗办多事”，实现“一天拿执照，全程免填单”。新办企业“套餐式”审批服务是一项系统工程，实现开办企业政务信息互联互通、信息共享，为业务审批提速增速提供支撑。（王惠宏）

2019年11月8日，区政务服务中心办事大厅服务群众（王惠宏供图）

信息化建设（电子政务）

【政府门户网站建设】 2019年，太原市万柏林区政府网站统一集约化到太原市政府云平台，实现全市政府类网站的统一管理。网站界面新颖别致、内容丰富翔实、操作快捷简便。内容发布突出要闻动态、信息公开、便民服务，对公示公告、政府文件、政务公开等栏目进行更新，多样式公开政务信息。注重政民互动和交流，通过网上咨询、区长信箱等栏目与网民交流互动。对全区独立开户的各部门“三公”经费和预决算情况进行公开，对市场监督管理局行政审批和行政处罚事项、民政局城乡享受低保待遇人员名单、卫体局新设立医疗机构、人社局企业职工申领职业技能提升补贴人员名单、应急管理局事故调查报告等重点信息及时公开，让公众及时了解，逐步实现重点领域信息公开工作的科学化、规范化和常态化。全年通过区政府门户网站主动公开政府信息521条，公示公告91件，政府文件48件，全文电子化100%。通过公开电话共受理信息咨询43件。（姚　洋）

【政府信息公开】 2019年，万柏林区政府健全信息公开各项制度，加大现行制度的执行和落实力度。做好依申请公开工作，完善政府信息公开申请受理机制，规范信函受理、现场受理等工作流程，全年答复依申请公开件12件。做好保密审查工作，确保“涉密信息不公开，公开信息不涉密”。促进政府信息公开工作常态化、制度化、规范化。对应主动公开的政府信息，在信息形成或者变更之日起按照规定时限予以公开。同年共办结区长信箱派单568件，做到“件件有落实，事事有回音”。（姚　洋）

【政务新媒体监管】 2019年，万柏林区政府对政府系统保留的5家11个政务新媒体加强监管。对内容保障不力、监管不到位的要求坚决关停；对功能相近、用户关注度和利用率低的进行清理；对信息更新慢、交流互动差、办事效率低的要求限期整改。政务新媒体都通过全省政府网站政务新媒体管理系统登记备案。做好政民互动，畅通群众网上意见表达渠道，主动回应社会关切，正确引导社会舆论。提升服务水平，突出重点民生事项，强化政务新媒体办事服务功能，推动更多事项“掌上办”。（姚　洋）

【数字政府建设】 2019年，万柏林区政府按照一朵云、一张网、一平台、一系统、一城墙的总体框架，以全市大数据应用服务平台为支撑，以一体化在线政务服务平台为载体，推进数据资源“聚、通、用”，建立大数据驱动的政务信息化服务新模式，建设用数据说话、用数据管理、用数据决策、用数据创新的服务型政府。以数字政府建设为引领，将大数据、人工智能技术全面融入建设法治政府、效能政府、服务型政府的各领域、各环节、全流程，加快推进政府治理现代化进程。同年，万柏林区智慧城市指挥中心管理平台完成市政务云系统的部署及运行。（姚　洋）

安全生产与应急管理

【概况】 2019年，太原市万柏林区应急管理局深入贯彻中共十九大和十九届四中全会精神，牢固树立发展决不能以牺牲生命为代价的红线意识，坚持安全第一、预防为主、综合治理的方针，落实安全生产责任制，开展安全生产宣传教育，严格安全生产执法检查，开展防灾减灾救助，做好消防救援、防震减灾、护林防火，确保安全度汛，完善突发事件应急预案，安全生产形势稳定好转。全区共发生各类生产安全事故5起，死亡5人，同比事故起数减少4起，下降44.44%；死亡人数减少6人，下降54.55%。（周世荣）

【机构改革】 2019年3月，万柏林区开始进行机构改革，成立太原市万柏林区应急管理局，内设办公室（党工委办公室）、综合协调股、应急指挥股、财务股、人事培训股、减灾救灾股、危化品监督股、冶金工贸监督股、非煤矿山监督股、消管股、督查股、防震减灾股、防汛抗旱股、森林火灾救援股、工会、执法大队等16个股室，在职人员85人。（周世荣）

【安全生产责任制落实】 2019年，万柏林区应急管理局坚持党政同责、一岗双责、齐抓共管、失责追责的原则；坚持谁主管、谁审批、谁负责的原则；坚持管行业必须管安全，管业务必须管安全，管生产必须管安全的原则，贯彻执行《万柏林区党政领导干部安全生产责任制实施办法》，与15个乡（街）、21个部门签订安全生产责任书，强化全区安全生产责任的落实，做到安全生产责任落实横向到边、纵向到底，做到促一方发展，保一方平安的政治责任落实。（周世荣）

【安全生产培训】 2019年，万柏林区应急管理局落实《万柏林区2019年安全生产培训计划》，全年输送培训各类人员603人。组织培训其他从业人员494人。组织各类专题培训5次，培训人员300人。紧扣防风险、除隐患、遏事故专题，开展2019年安全生产月活动。（周世荣）

【安全监管工作模式创新】 2019年，万柏林区政府办公室印发《关于组建万柏林区安全生产专家库的通知》，聘请各行各业安全生产专家24名，组建安全生产专家团队。区安委办公室印发《关于强化全区安全生产督查工作方案》，分3个组对全区15个乡（街）及企业开展多轮全覆盖安全生产督查，共督查生产经营单位1939家，发现隐患3164条，全部移交乡（街）和有关部门督办整改，实现隐患整改闭环管理。注重督查工作的结合，既注重对企业的直接督查，又注重对乡（街）和部门的综合督查；既注重安全生产督查，又注重环境保护。推动安全风险分级和隐患排查整理双重预防机制建设。（周世荣）

【安全生产执法检查】 2019年，万柏林区应急管理局制定年度执法计划，全年检查生产经营单位182个，其中金属与非金属生产经营单位9个，危险化学品生产单位3个，危险化学品经营单位75个，工贸企业95个，检查覆盖率为100%。检查出各类隐患490条，整改490条，整改率为100%。未发现重大安全隐患。全年实行行政处罚99次，罚款17.2万元。（周世荣）

【消防救援】 2019年，万柏林区应急管理局注重消防安全检查工作。消防大队先后组织开展“两节”“两会”消防安全大检查、春夏火灾防控、消防安全隐患大排查大整治、电动自行车消防安全综合治理、商业综合体消防安全专项治理、高层建筑消防安全专项整治、文物古建筑消防安全专项整治、电气火灾专项整治行动、今冬明春火灾防控等领域的消防安全专项整治行动，完成“两节”“两会”“二青会”、端午节、国庆70周年等重大活动及节日的消防安全保卫任务，确保辖区火灾形势持续平稳。全年检查社会单位3984家，发现火灾隐患6069处，督促整改火灾隐患6042处，临时查封32家，责令“三停”22家，罚款87.17万元。有效消除一大批火灾隐患。“二青会”期间，万柏林区比赛场馆共5个（太原市滨河体育中心、太原市全民健身中心、太原市网球中心、太原理工大学足球场、太原理工大学文体中心），对所有涉赛场馆和接待酒店进行逐一排查，重点对消防设施运行情况、消防安全疏散通道出口情况、微型消防站建设情况、日常消防管理情况和消防宣传教育情况等开展全面细致的检查，完善“一所两档”建设，加强微型消防站建设，制定完善灭火应急预案，开展熟悉演练，实行驻点值守和现场保卫。开展应急演练与消防安全教育，大中队体能训练总时达2200小时，各中队开展车操训练253余次，对辖区重点单位开展熟悉演练达296余次。全年开展消防安全检查专题报道20余次，建设消防宣传栏120余处，发放宣传资料5万余份，组织消防专题宣传活动18次，在新浪微博和腾讯官方微博更新信息累计5000条，发送消防公益短信1.1万条，开放消防站40余次。（周世荣）

【森林防火】 2019年，万柏林区政府召开年度森林防火工作会议，与9个涉林乡（街）、2个企业签订2019年森林防火责任书，为9个涉林乡（街）配备190名护林员，护林防火工作实行网格化管理。在森林防火特险期，安排36个区级机关单位到42个涉林村协助完成封山护林防火工作。加强护林防火队伍建设，坚持应急值守工作，实行大风极端天气下24小时备勤。全年发生森林火险3起，没有人员伤亡。（周世荣）

【安全度汛】 2019年，万柏林区政府召开防汛工作会议，安排布置安全度汛工作，与15个乡（街）防汛抗旱指挥部及西山煤电集团公司防汛指挥部签订2019年防汛工作目标责任状。按照属地管理原则，全部实行分级分部门行政首长负责制，实行24小时全天候领导带班值班制度。组建125人的应急抢险专业队伍；组建1.19万人的驻地抢险队伍，备足防汛物资，做到有备无患。实行山洪灾害防治非工程防治措施，对1个区级预警监测平台、8个乡（街）预警监测平台、33个行政或自然村预警监测设备进行保养维护。对区级、乡（街）、村三级责任人进行年度培训，提高防汛安全意识和应急处置能力。开展有50余人参加的防汛应急演练，做到防有法，撤有序，抢有

2019年7月23日，区应急管理队伍专题培训（周世荣供图）

力。辖区内虎峪河、玉门河、九院沙河、北排洪沟4条主河道安全度汛。（周世荣）

【突发事件应急管理】2019年7月23日，万柏林区委、区政府举办安全发展与应急管理专题培训，特邀中国应急管理学会常务理事、国家行政学院教授、省政协经济委员会副主任刘德政授课，区四大班子领导，各乡（街）、各部门及重点企业负责人200余人参加培训。万柏林区应急管理局与上级业务部门、安委成员单位沟通拟定全区各类突发事件应急预案的修订工作计划。区政府投资180万元购置应急指挥车、无人机等装备，提高应急指挥能力。重新修订印发《万柏林区突发事件总体应急预案》。（周世荣）

信访

【概况】2019年，太原市万柏林区人民政府信访局围绕省市工作部署，推动信访矛盾纠纷大排查大化解暨"'重点领域、重点群体、重点问题、重点人员'信访矛盾化解攻坚战"工作进行，完善覆盖全区的信访工作体系。学习推广"枫桥经验"，把人民调解引入信访稳定工作体系；加大上级部门交办信访案件化解力度，开展疑难信访案件化解，强化信访基础业务和网上信访规范化建设。全年召开信访工作联席会议12次，信访事项的化解率和办结率不断提高。群众对区信访工作机构满意率96.67%，对有权处理信访事项的部门满意率97.3%。（王爱萍）

【机构改革】2019年3月，中共太原市万柏林区委、太原市万柏林区人民政府信访局变更为太原市万柏林区人民政府信访局，属区政府的工作部门，为正科级。区信访局内设综合办公室、接待股、业务股。行政编制6名。（王爱萍）

【信访督导】2019年，省、市信访局先后3次派出督导组，督导调研万柏林区"四个重点"信访矛盾化解攻坚战案件化解工作。4月11日，省信访局副厅级督查专员周方志、省信访督查处调研员石永旗、市信访局副局长雷治平、市信访局督查处处长石清荣等一行5人到万柏林区督导调研"四个重点"信访矛盾化解攻坚战案件化解工作。5月8日，市信访局副调研员董建平、市信访局督查处处长石清荣等一行深入万柏林区督导调研"四个重点"信访矛盾化解攻坚战案件化解工作，区委副书记张振鹏及相关责任单位领导参加会议。（王爱萍）

【领导接访】2019年1月17日，区委书记杨俊民，区纪委书记、区委组织部部长、区信访局负责人、区信访局副局长、区信访局服务中心主任及千峰街道办事处主任、街道副书记接访。3月27日，万柏林区副区长高建军深入万柏林区城建（房地产）领域就涉及信访事项进行专题调研。6月20日，区委书记杨俊民，区委常委、政法委书记杨宏林，千峰街道党工委书记王爱军、区信访局相关领导再次参加接访。（王爱萍）

【风险防范】2019年9月4日，区信访局召开信访化解重大风险隐患会议。会上，副局长闫定邦传达区政法委关于防范化解重大风险隐患会议精神，局长张晓彬强调，防范化解重大风险需要有充沛顽强的斗争精神，领导干部要敢于担当、敢于斗争，保持斗争精神，增强斗争本领，应对好每一场重大风险挑战。根据会议要求，区信访局成立信访防范化解重大风险领导组。（王爱萍）

中国人民政治协商会议太原市万柏林区委员会

ZHONGGUORENMING ZHENGZHIXIESHANG HUIYI TAIYUANSHI WANBAILINQU WEIYUANHUI

综　述

【概况】 2019年，政协太原市万柏林区委员会高举习近平新时代中国特色社会主义思想伟大旗帜，学习贯彻中共十九大和十九届二中、三中、四中全会精神，深入学习贯彻习近平总书记关于加强和改进人民政协工作的重要思想，贯彻落实中共山西省委、太原市委、万柏林区委的各项决策部署，切实履行政治协商、民主监督、参政议政职能，改革创新，积极作为，为全区经济建设和社会事业发展做出了贡献。（杨　斐　白雪梅）

【思想政治建设】 2019年，万柏林区政协党组履行主体责任，加强思想政治引领，及时对接区委、区政府中心任务，科学谋划政协工作，严格管理党员干部队伍。定期召开党组会议，讨论和决定政协重要事项，推动阶段性重点工作深入落实，发挥党组把方向、管大局、保落实的重要作用。根据机关人事调整情况，补选政协党支部书记，调整支部委员，明确分工。5月，组织党员干部赴井冈山革命教育基地，开展“传承红色基因，弘扬井冈精神”教育活动。10月1日组织观看国庆大阅兵，11月组织党员赴黄坡烈士陵园开展“不忘初心、牢记使命”主题党日活动，组织全体机关干部参加万柏林区“奋进新时代，放歌万柏林”庆祝中华人民共和国成立70周年大合唱比赛，组织机关干部观看“二青会”开幕盛况。加强政治建设、组织建设、作风建设和反腐倡廉建设，使党员干部的理想信念更加坚定，为民服务宗旨更加强化，并将学习感悟转化为工作动力，推进各项工作的落实。（杨　斐　白雪梅）

【理论研讨】 2019年，万柏林区政协通过举办习近平总书记关于加强和改进人民政协工作的重要思想理论研讨活动，开展“改革创新、奋发有为”大讨论和“不忘初心、牢记使命”主题教育，以庆祝中华人民共和国成立70周年、政协成立70周年为契机开展系列教育活动，组织党员干部到井冈山革命教育基地、黄坡烈士陵园参观学习，用习近平新时代中国特色社会主义思想武装头脑、指导实践、推进工作。（杨　斐　白雪梅）

【学习交流】 2019年5月，万柏林区政协组织部分委员参加在井冈山举办的“不忘初心弘扬井冈山精神，牢记使命激励委员奋发有为”培训班学习。通过课堂授课、现场教学、拓展运动、现场模拟等形式进行系统学习，寻找革命前辈的足迹，学习他们艰苦奋斗的精神，传承红色基因，弘扬井冈精神，提升思想境界，增强工作能力。7月，四川省绵阳市涪城区政协到万柏林区重点就政协加强党的建设工作进行学习考察。通过学习交流，双方对加强政协党的建设工作有了进一步的认识。（杨　斐　白雪梅）

【职责履行】 2019年，万柏林区政协把政协工作融入全区工作大局，做到区委、区政府中心工作推进到哪里，政协工作就跟进到哪里，建言助力就体现到哪里，确保与党政决策部署无缝对接、合拍共振。以落实《区政协2019年度协商工作计划》为履职主线，重点围绕推进“五大行动”，打造“四大片区”，实施“三化工程”等内容议政建言。全年开展专题调研视察、提案督办8次，收到提案153件，立案102件，形成调研视察报告7篇、社情民意信息专报139件，区委、区政府主要领导高度重视并给予充分肯定，许多意见和建议进入党政决策程序，有力推动了相关工作开展。（杨　斐　白雪梅）

【基层政协建设】 2019年，万柏林区政协落实《关于加强新时代人民政协党的建设工作的实施意见》，为推进政协工作向基层延伸，提升政协工作覆盖面，推进乡街政协联络组建设，乡街挂

2019年10月24日，区政协召开乡街联络组长会议（白雪梅供图）

牌成立政协联络组，由乡党委、街道党工委专职副书记兼任政协联络组组长，并确定1至2名专职工作人员，每年区财政为各乡街安排5万元政协联络组工作和活动经费预算。同时，在各村、社区成立委员工作室，将全体委员划分到15个乡街联络组，实现乡街政协联络组对政协委员联络服务管理全覆盖。（杨　斐　白雪梅）

【上级调研】 2019年5月29日，市人大常委会副主任王爱萍，市政协副主席李俊林、郝宝清带领调研组到万柏林区兴华学前教育集团对万柏林区学前教育发展情况进行专题调研。8月22日，市政协副主席李俊林、郝宝清到长风西街街道调研民政低保工作。10月11日，市政协副主席雷学东到万柏林区调研指导社情民意信息工作。（杨　斐　白雪梅）

【《翰墨丹青颂祖国》出版】 2019年，万柏林区政协和区委宣传部共同举办“翰墨丹青颂祖国”——庆祝中华人民共和国和人民政协成立70周年书画、摄影作品展，展览展现了广大群众的才情智慧和艺术品格，以及积极进取、开拓创新的良好精神风貌。精选200余幅作品在太原美术馆陈展，为祖国70华诞、人民政协成立70周年献上一份特殊礼物。编辑出版《翰墨丹青颂祖国》万柏林书画摄影集。（杨　斐　白雪梅）

【自身建设】 2019年，万柏林区政协健全党建工作制度。区政协党支部落实全面从严治党政治责任，执行“三会一课”制度、组织生活会制度、机关干部学习制度，建立党支部书记负责，支委成员落实的工作机制。强化阵地建设。统筹规划现有办公用房，强化党建阵地建设，打造政协机关图书活动室、小型学习会议室、委员联系活动室，统一购置党建期刊、学习资料，整理活动室、

会议室，为机关党支部活动提供固定场所和党建氛围。规范党员管理。机关党支部按照党费收缴文件规定，及时收缴党费，按时公开公示。做好党员信息采集录入工作和党员组织关系接转工作，从严管理党员干部。区政协党支部开展形式多样的党风廉政宣传及警示教育活动。组织党员学习《中国共产党纪律处分条例》《中国共产党廉洁自律准则》等法律法规，及时传达学习各级纪检委有关文件精神和典型案例通报，观看《初心泯灭的道路》《失守的底线》等廉政警示片，增强党员干部职工的防范意识、廉政意识，提高党员模范遵纪守法的自觉性。落实完善《委员管理办法》。强化乡（街）政协联络组的责任意识，加强委员的联络和管理，年底通过乡（街）联络组发放考核表，并征求各专委会的意见，对委员履职情况进行考核。　　（杨　斐　白雪梅）

重要会议

【全委会会议】 2019 年 2 月 18 日至 20 日，政协太原市万柏林区第五届委员会第四次会议在铁道大厦召开，202 名政协委员参加会议。会议听取并审议政协太原市万柏林区第五届委员会常务委员会工作报告、政协太原市万柏林区第五届委员会常务委员会第三次会议以来提案工作报告；列席了区五届人大四次会议，听取和讨论区政府工作报告及其他有关报告；补选常务委员、秘书长，审议通过了有关决议。　　（杨　斐　白雪梅）

【常委会会议】 五届第八次常委会议。2019 年 1 月 31 日，在区政务服务中心四层会议室召开。通过区政协五届四次会议议程、日程（草案），通过区政协五届常委会工作报告、区政协五届三次会议以来的提案工作报告和区政协《专门委员会通则》。

五届第九次常委会议。2019 年 7 月 25 日，在区政务服务中心四层会议室召开。区委常委、副区长李蓉通报全区 2019 年上半年经济运行情况，区政协副主席阴燚通报 2019 年提案征集情况，通过人事任免事项，邀请省委党校教授丰存斌作“不忘初心、牢记使命，不断提升委员履职能力”的专题讲座。

五届第十次常委会议。2019 年 10 月 24 日，在区政务服务中心四层会议室召开。区政协副主席王跃礼传达中央政协工作会议暨庆祝中国人民政治协商会议成立 70 周年大会精神，区委政法委通报全区‘扫黑除恶”专项斗争情况，区委宣传部副部长、文明办主任通报创建文明城市情况，通过人事任免事项。　　（杨　斐　白雪梅）

政治协商

【委员履职平台完善】 2019 年，万柏林区政协坚持民主协商、平等议事、求同存异、体谅包容原则，健全落实与区各民主党派、工商联、无党派人士联系制度。主席会议成员以多种方式访谈党派界别委员，征求对政协工作的意见和建议，加强对政协共同性事务的协商。通过优先安排大会发言、联合开展调研、开放委员活动室等形式，为全体委员和各参加单位参政议政、发表见解创造条件、提供服务。坚持“请进来”“走出去’相结合，邀请省、市委党校教授为政协委员专题辅导，与委员协商互动，现场解读政策、解答委员提问，组织部分委员、部分政协参加单位在井冈山红色教育中心培训。　　（杨　斐　白雪梅）

【专委会作用发挥】 2019 年，万柏林区政协加强与对口党政部门的经常性联系，组织开展调研视察、督办重点提案、反映社情民意信息和推动界别活动。深化文史编纂职能，展现新思想在万柏林的新实践和新成就，组织编印《世纪腾飞万柏林》。编写《政协工作通讯》4期，遴选要闻关注、专题调研、重点提案建议等社会热点进行互动交流，回应群众愿望诉求，提高政协工作社会认知度和影响力。（杨　斐　白雪梅）

参政议政

【科技型企业发展专题议政】 2019年，万柏林区政协聚焦科技型企业新时代转型发展，在调研的基础上，分析万柏林区科技项目成果转化少、科技人才缺乏、科技孵化缺乏特色、宣传推介不足等瓶颈问题，形成《关于对万柏林区“科技企业孵化器”情况的视察报告》，提出做好科技发展整体规划、服务科技型企业发展、打好特色“品牌”、做好推广宣传、加强孵化器培育”等意见和建议，为万柏林区科技企业转型升级广聚众智、广谋良策。（杨　斐　白雪梅）

【全国文明城市创建专题议政】 2019年，万柏林区政协围绕助推创建全国文明城市，组织相关部门和部分委员对全区创城工作进行视察，听取委员的建议和意见，建言献策，提出做好宣传工作、选好典型标杆、形成创建合力、制定常态化管理制度、实行奖励制度、加强沟通协调、强化检查考核、严格落实创建标准等务实建言，促进万柏林区在创建全国文明城市中一批难点问题的解决，促进党委、政府制定和完善相关的政策举措。（杨　斐　白雪梅）

2019年4月25日，区政协主席团到万柏林区重点税源企业调研税改情况　（白雪梅供图）

【万柏林建设专题议政】 2019年，万柏林区政协加强与全国政协、省市政协的联系，配合省政协农业和农村委员会开展“以品牌建设为抓手，推动农业特色产业做大做强”专题议政调研；配合市政协专题调研组，深入长风西街道开展民政低保工作调研活动。组织委员参加市政协组织的庆祝中华人民共和国和人民政协成立70周年“不忘初心同筑梦”书画艺术联展，入选作品陈展率达100%。（杨　斐　白雪梅）

【转型发展专题议政】 2019年，万柏林区政协在持续关注、调研督促的基础上，将征管体制改革以来税收工作情况列为重点协商议题，组织政协委员进行专题视察，深入分析万柏林区财税体制改革带来的影响，形成《关于对万柏林区征管体制改革以来税收工作情况的视察报告》，提出加快税收结构调整，发挥国有工业企业资源优势和技术技能及工艺质量等软实力优势，加大宣传培训力度，挖掘万柏林区税收潜力，统筹做好房地产项目综合配套，盘活现有存量门面房，增加新的税收点，优化营商环境，加强税务系统内部建设等建议，为区委、区政府全面推进富裕万柏林建设提供了决策依据。（杨　斐　白雪梅）

【生态环境建设专题议政】 2019年，万柏林区政协紧扣打好污染防治攻坚战，围绕加大扬尘治理情况、提高辖区环境保护质量等难点问题，分析万柏林区扬尘治理中存在的问题，形成《关于对万柏林区环保扬尘污染防治工作的视察报告》，提出加大宣传力度，提高做好环保工作能力，建立联合执法机制、试行市场化运作机制、建立长效管理机制，加强维护管理，更新监管理念、提升科学化水平等意见和建议，区委、区政府主要领导给予充分肯定，要求职能部门研究落实、推动全区环保工作再上新台阶。（杨　斐　白雪梅）

【提案办理】 2019年，万柏林区政协广大委员、各参加单位和各专门委员会，学习领会习近平总书记对提案工作的重要指示精神，贯彻落实全国政协关于提高提案工作质量的具体要求，围绕推进全区“五大行动”、建设“四大片区”、实施“三化工程”和人民群众普遍关切的问题，通过提案建言献策。提案委员会共征集提案153件。经审查，立案102件，占提案总数66.67%；作为来信和社情民意处理的51件，占提案总数33.33%。在立案提案中，属于经济建设方面13件，政治建设方面3件，文化建设方面19件，社会建设方面61件，生态文明建设方面6件。所有立案的提案，在交办、承办、督办等单位的共同努力下，截至同年10月底已全部办复。已办复102件提案中，相关工作意见被采纳已落实和正在落实85件，已列入工作计划争取安排解决6件，因政策原因、条件所限或不属区政府职责权限给予解释说明的11件。委员满意率和基本满意率100%，切实做到件件有落实，事事有回音。

（杨　斐　白雪梅）

【社情民意】 2019年，万柏林区政协坚持把反映社情民意信息作为汇集民情、反映民意的重要渠道，全年委员共撰写社情民意信息160篇。报送市政协社情民意信息160篇，报送省政协86篇，其中市政协单篇采用38篇，综合采用4篇，转送5篇，市领导批示2篇，市级部门反馈1篇；省政协单篇采用1篇，综合采用1篇，报全国政协1篇。其中，对教育部《中小学教师实施教育惩戒规则（征求意见稿）》的建议报送全国政协，《建议加大太原市餐厨垃圾处理监督执法力度》引起市委、市政府重视，委员的合理化建议得到有效的采纳落实。（杨　斐　白雪梅）

民主监督

【政协监督】 2019年，万柏林区政协落实《关于加强和改进人民政协民主监督工作的意见》，鼓励和引导委员当好界别代言人，敢于监督、善于监督。围绕区委、区政府决策部署的贯彻落实、重要约束性指标落实、重点民生工程建设等重大问题，开展监督性调研议政活动。选择涉及面广、联动性强的重要工作，开展区、乡（街）政协系统上下配合、与区委区政府督查部门左右协同的民主监督。通过政协提案、调研视察、协商交流、大会发言、信息报送等形式，开展协商监督。（杨　斐　白雪梅）

【政协委员视察】 2019年，万柏林区政协按照区委“改革创新、奋发有为”大讨论要求，紧扣区委、区政府中心工作，组织不同界别委员对万柏林区科技、税收、文明城市创建、医疗卫生、民生保障、义务教育、环保扬尘防治等方面进行视察7次，形成调研报告7篇，提出建议55条，推进各项工作落实，为区委、区政府决策提供参考，得到区委、区政府重视。（杨　斐　白雪梅）

2019年11月13日，区政协委员视察民生保障工作　（白雪梅供图）

【文明创建专项监督】 2019年，万柏林区政协全程参与全国文明城市创建活动，加大对“创城”工作的督促力度，在组织委员开展明察暗访和重点督查的同时，开展专题视察活动，为创建全国文明城市尽责出力。将政协委员选派到区“创城”每个点位进行督查。通过实地测评、明察暗访等方式深入乡街、村（社区），及时发现并反馈问题，提出合理化建议，督促问题整改，推进乡街创建水平不断提升。（杨　斐　白雪梅）

【群众热点专题协商监督】 2019年，万柏林区政协围绕推进产业转型、加快城乡融合、构建精细化城市管理服务体系等课题组织大会发言，与党政主要领导面对面协商，提高协商层次和协商实效。以不断增强人民群众获得感、幸福感、安全感为目标，助力重点项目推进。新城控股太原分公司落实区“两会”精神，主动邀请界别委员进行视察，问计求谋，征求委员对优化项目、更好地服务全区的意见。通过召开专题协商会，搭建协商平台，营造民主氛围，促进委员与重点项目负责人之间充分协商交流，提出一批有分量、有价值的意见和建议。（杨　斐　白雪梅）

【民生实事常规协商监督】 2019年，万柏林区政协紧扣群众反映强烈、感受直接的现实问题，有效发挥大会发言、视察、提案、社情民意信息等日常监督作用。围绕社区治理和服务创新工作、社区养老服务、社区老年餐厅运作模式等方面的情况，提出社区养老机构分类管理、老人健康档案、医养结合、居家养老服务、殡葬改革新举措等方面的意见和建议。围绕推进教育强区战略、加快教育体制改革等热点，组织政协委员对泰华实验小学等学校进行视察，建言献策。围绕医药卫生体制改革、基层社区卫生服务机构服务情况、全区慢性病防控工作及“两整顿一提高”等重点内容分别实地察看了千峰社区卫生服务中心、万柏林区医疗集团中心医院等医疗机构，并提出意见和建议。（杨　斐　白雪梅）

中国共产党太原市万柏林区纪律检查委员会　万柏林区监察委员会

ZHONGGUOGONGCHANDANG TAIYUANSHI WANBAILINQU JILVJIANCHA WEIYUANHUI WANBAILINQU JIANCHAWEIYUANHUI

综　述

【概况】 2019 年，中共太原市万柏林区纪律检查委员会（太原市万柏林区监察委员会）贯彻习近平新时代中国特色社会主义思想，落实上级决策部署，持之以恒正风肃纪，深入推进全面从严治党，为全区经济发展稳定提供坚强的纪律保障。坚持把党的政治建设放在首位，切实履行好监督基本职责，狠下功夫治理重信重访突出问题，确保实现审查调查数量质量“双提升”，高质量推进巡察工作全覆盖，多措并举抓严抓实抓活警示教育，强化纪检监察干部队伍自身建设，推动纪检监察工作高质量发展取得新成效。

全区纪检监察机关立案 191 件，同比增长 85.4%；结案 171 件，同比增长 71%；给予党纪政务处分 161 人，同比增长 61%。运用审查调查措施 719 人次，采取留置措施 3 人，移送检察机关审查起诉 8 人。　（刘运文　任　毅）

【区第五届纪律检查委员会第四次全体会议】 2019 年 2 月 1 日，中国共产党太原市万柏林区第五届纪律检查委员会第四次全体会议举行。全会由区纪委常委会主持。区委常委、区纪委书记、区监委主任刘贵江代表区纪委常委会作题为《践行“两个维护”、忠诚履职尽责，推动新时代纪检监察工作高质量发展》的工作报告。全会以习近平新时代中国特色社会主义思想为指导，全面贯彻中共十九大，十九届二中、三中全会和中央纪委三次全会、省纪委四次全会、市纪委四次全会和区委七次全会精神，回顾总结 2018 年纪检监察工作，研究部署 2019 年任务，审议通过工作报告和全会决议。在完成各项会议议程后，刘贵江作总结讲话。　（刘运文　任　毅）

2019 年 2 月 1 日，中国共产党太原市万柏林区第五届纪律检查委员会第四次全体会议召开　（刘运文供图）

【中央“八项规定”精神落实】 2019 年，万柏林区纪委监委深入贯彻落实习近平总书记重要批示精神，坚持抓常、抓细、抓长。坚持日常监督和重要节点专项监督相结合，严肃查处违反中央“八项规定”精神问题13个，处理26人，公开通报曝光典型违纪案例2批5件7人，推动作风建设向纵深发展。（刘运文　任　毅）

【“四种形态”运用】 2019年，万柏林区纪委监委坚持“抓早抓小”执纪执法导向和“惩前毖后、治病救人”方针，精准处置问题线索。一年来，运用“四种形态”教育帮助和处理471人次，其中第一、第二种形态425人次，占比为90.23%，“四种形态”运用更趋合理。加大对受处分人员跟踪回访工作力度，鼓励他们放下包袱、调整心态、积极作为。严肃、慎重、精准问责，既防止问责不力，又防止泛化、简单化。全年问责党组织1个，党员干部13人。（刘运文　任　毅）

【监察工作信息化建设】 2019年，万柏林区纪委监委在用好常规监督手段的基础上，以落实全面从严治党“两个责任”电子监督平台为载体，强化“两个责任”日常监督考核，通过建立廉政档案电子化管理系统、探索构建纪检监察大数据监督平台等方式，丰富监督的视角和渠道，监督工作的质效和水平不断提升。（刘运文　任　毅）

【监察权规范化运行】 2019年，万柏林区纪委监委调整理顺班子成员分工、内设机构职能权限配置和人员配备，督促指导乡（街）纪（工）委（派出监察室）加强制度建设，推动更深层次、更高水平的“三转”。将法治思维和法治方式贯穿反腐败全过程，规范信访举报、线索处置、监督检查、初步核实、审查调查、案件审理等程序流程，强化内部管控，切实把监督执纪执法的权力关进制度的笼子。（刘运文　任　毅）

【干部队伍建设】 2019年，万柏林区纪委监委重视自身建设，落实省纪委监委“五个过硬”要求，建设忠诚干净担当的纪检监察干部队伍。以主题教育强筋骨，开展“不忘初心、牢记使命”主题教育，强化理想信念和使命担当，提高知信行合一的能力，提振干事创业、担当作为的精气神。以学习培训提能力，加强干部队伍专业化建设，补短板、强弱项，组织人员参加省、市纪委监委全员培训33批次190人次，开展光盘业务培训18次，自行开展政治和业务培训32次1500余人次，全区纪检监察干部理论素质和业务能力得到有效提升。以自我监督净肌体，学习、遵守、践行纪检监察干部48字行为规范，全面强化日常教育管理监督，刀刃向内严防“灯下黑”，保持队伍纯洁。全年处置纪检监察干部问题线索12件，谈话函询7件。（刘运文　任　毅）

反腐监督

【政治监督】 2019年，万柏林区纪委常委会坚持把学懂弄通做实习近平新时代中国特色社会主义思想作为首要政治任务，牢固树立“四个意识”，坚定“四个自信”，自觉担负起“两个维护”的重大政治责任。突出抓好对严明党的政治纪律和政治规矩的监督，立案审查违反政治纪律案件2件，处分2人，用铁的纪律维护党的团结统一。贯彻落实中央和省、市、区委各项重大决策部署，围绕推进转型发展、大气污染整治、“大棚房”专项整治、违建别墅清理整治、人防系统腐败问题专项整治等方面开展监督，推动党中央重大决策部署在万柏林落地见效。全年针对落实党中央决策部署不力问题问责14人，3个单位。严肃党内政治生活，对全区各党（工）委（党组）主题教育专题民主生活会实现监督全覆盖，就监督检查和巡察发现的组织生活不规范、“三会一课”制度执行不到位等问题约谈18人。严把党风廉

政意见回复关，共对 209 名提拔使用干部进行廉政意见回复。（刘运文 任 毅）

【日常监督】 2019 年，万柏林区纪委监委紧盯权力运行“关键点”、内部管理“薄弱点”和问题易发“风险点”开展靶向监督，聚焦“关键少数”，让党员干部在受监督和约束的环境中工作生活。加强信访监督，对越级信访和重复信访问题开展专项整治，全年检举控告同比下降 35.24%，重复举报同比下降 29.76%。（刘运文 任 毅）

纪检监察体制改革

【党的集中统一领导】 2019 年，万柏林区委落实全面从严治党主体责任，及时召开区委常委会会议传达学习上级纪委精神，经常性研究党风廉政建设和反腐败工作，定期听取各级党（工）委（党组）管党治党述职述责和纪委监委工作情况汇报；组织召开区委反腐败领导小组会议，协调推进重大疑难案件办理，听取重要案件查办情况汇报，督促领导小组各成员单位密切协作、合力攻坚。区委书记杨俊民对党风廉政建设和反腐败工作高度重视，先后对 8 件重要案件做出批示，参加全区纪检监察系统工作例会，对有关单位“一把手”严格履行主体责任提出明确要求。区委班子成员自觉履行“一岗双责”，落实分管领域管党治党政治责任，带动全区各级党组织把落实主体责任融入日常工作。（刘运文）

【派驻派出机构建设】 2019 年，万柏林区纪委监委优化派驻机构职能职责，强化监督效能，实现高质量的监督全覆盖。在全区机构改革期间，各派驻纪检监察组及时跟进，健全完善党员领导干部廉政档案，深入了解分析被监督单位政治生态状况，保障机构改革顺利推进。建立监督检查室联系指导派驻纪检监察组工作制度，形成全方位对接、联动协作的工作机制。在 15 个乡（街）设立区监察委员会派出乡（街）监察室，配齐配强乡（街）纪检监察干部队伍，推动监察工作向基层、村居延伸。（刘运文）

腐败和作风问题专项治理

【形式主义、官僚主义专项整治】 2019 年，万柏林区纪委监委紧跟党中央和省、市、区委重大决策部署的贯彻落实，坚决整治不敬畏、不在乎、空泛表态、应景造势和干部不担当、不作为等问题。全年查处形式主义官僚主义问题 20 个，处分 27 人。（刘运文）

【漠视侵害群众利益问题专项整治】 2019 年，万柏林区纪委监委结合主题教育 8 个方面专项整治，强化牵头督导、精准执纪问责，聚焦 4 个方面 27 项整治重点，坚决纠治漠视侵害群众利益问题。督促 19 个牵头单位自查发现并整改问题 44 个，各级纪检监察机关查办相关案件 12 件，处理 9 人。（刘运文）

【民生领域侵害群众利益问题的查处】 2019 年，万柏林区纪委监委严厉惩治发生在民生资金、“三资”管理、征地拆迁、教育医疗、生态环保、食品药品等领域违纪违法行为，重点查处基层干部吃拿卡要、盘剥克扣、优亲厚友等方面问题。严肃查处窊流、东社等村（社区）“两委”干部违纪违法案，铲除基层腐败滋生土壤，以正风反腐惩恶的扎实成效，让人民群众有更多、更直接、更实在的获得感、幸福感和安全感。（刘运文）

【深挖彻查涉黑涉恶腐败和“保护伞”】 2019 年，万柏林区纪委监委将“扫黑除恶”同基层“拍蝇”

相结合，全力配合各级“扫黑除恶”专项斗争督导工作，勇担“打伞破网”重任。对15个涉黑涉恶案件开展复查复核，及时发现并移交问题线索8条。（刘运文）

审查调查

【腐败惩治】2019年，万柏林区纪委监委坚持不松劲、不停步、不减力，加大审查调查力度，提升精准发现、精准惩处、精准施治水平，强化“不敢”“知止”氛围。严肃查处沙沟村委会原主任张某明、新道村委会原主任赵某明、太原喷灌设备厂原厂长孟某等一批严重违纪违法职务犯罪问题。全区纪检监察机关立案191件，同比增长85.4%；结案171件，同比增长71%；给予党纪政务处分161人，同比增长61%。运用审查调查措施719人次，采取留置措施3人，移送检察机关审查起诉8人。（刘运文）

【反腐防腐】2019年，万柏林区纪委监委正确把握“不敢”“不能”“不想”内在联系，做到统筹谋划、一体推进。强化源头预防和治理腐败，及时梳理总结审查调查、巡察中发现的体制机制问题和制度漏洞，提出纪检监察建议8件次，推动相关单位建章立制、堵塞漏洞。（刘运文）

【警示教育】2019年，万柏林区纪委监委坚持把警示教育作为“防病良药”常抓不懈。开展《中国共产党纪律处分条例》《中华人民共和国监察法》宣讲活动，编印《典型案例汇编》；在领导干部履新等关键环节集体约谈200余人次；组织召开全区党员领导干部集体廉政谈话暨“以案说纪”警示教育大会，组织观看警示教育片126场5180人次；升级改造区廉政教育基地，启动区警示教育基地建设，常态化营造廉政文化浓厚氛围，涵养清正廉洁的价值理念。（刘运文）

万柏林区总工会

【概况】 2019年，万柏林区总工会坚持以习近平新时代中国特色社会主义思想为指导，全面贯彻落实中共十九大和十九届二中、三中、四中全会精神，贯彻落实区委的决策部署，围绕市总工会的统一安排开展工作，全年专题向区委汇报请示工作5次，召开党组扩大会议14次，研究安排重点工作和重点任务119项，在思想政治引领、深化改革创新、促进劳动就业、困难职工帮扶、服务职工保障、基层工会组织建设和党的建设等重点工作取得新成绩。

同年，万柏林区已成立工会组织953个，覆盖单位2451家，已发展工会会员67028人，建会企业职工入会率达到99.1%，其中女职工会员32080人，占47.86%；农民工会员12430人，占18.54%。非公企业建立基层工会809个，覆盖单位2261个，其中单独建立工会的614个，建立联合工会及工会联合会的195个。 （张若溪）

【思想建设】 2019年，万柏林区总工会加强工会干部理论学习。围绕“不忘初心、牢记使命”主题教育，多次组织集中学习和交流研讨会，开展党组书记带头讲党课、党支部“主题党日”和“学习强国”平台学习等活动。加强职工群众宣传教育。丰富职工文化活动阵地建设，命名古韵春风艺术团等9个义务辅导站为万柏林区2019年度优秀职工文体活动义务辅导站。推动职工书屋建设，2个职工书屋被命名为市级示范点、1个职工书屋被命名为全国示范点。 （张若溪）

【“中国梦·劳动美”主题宣传教育】 2019年2月20日，由万柏林区总工会主办、万柏林区文联协办的“中国梦·劳动美”庆祝中华人民共和国成立70周年职工文艺会演在太原理工大学虎峪校区同泽会堂举行。10月，万柏林区总工会获得由中国职工文化体育协会和太原市总工会联合颁发的“中国梦·劳动美”第六届全国职工微影视大赛音乐MV铜奖。 （张若溪）

【四届三次全委（扩大）会议】 2019年3月28日，万柏林区总工会召开四届三次全委（扩大）会议，区人大常委会副主任、区总工会主席主持会议并作工作报告，区总工会第四届委员会委员、经审委员、各乡（街）工会主席和直属基层工会主席30余人参加。会议肯定区总工会在职工思想政治建设、工会系统纪律作风和工会工作等方面取得的成绩，部署2019年工作任务，号召各级工会和工会干部统一思想，贯彻落实区委和市总工会工作部署，突出主责主业，开创万柏林区工会工作的新局面。（张若溪）

【建功立业活动】 2019年，万柏林区总工会围绕区委中心工作和万柏林区重点工程，组织开展立功竞赛活动。突出“大众创业、万众创新”时代主题，以“小发明、小创造、小革新、小设计、小建议”为内容的“五小”竞赛活动，申报的60余个项目中7项获得市总工会表彰。

发挥典型示范引领作用，选树一批先进典型参加省、市表彰。其中，被太原市委、市政府命名表彰为太原市“时代新人·晋阳工匠”的个人4名，被授予太原市“五一”巾帼标兵岗称号的集体2个、太原市“五一”巾帼标兵称号的个人2名，被评为山西省模范单位的集体1个、山西省劳动模范的个人4名（含省特级劳模1名）。

2019年9月26日，开展庆祝中华人民共和国成立70周年走访慰问劳模活动，对全区14名二十世纪五六十年代的老劳模，长期在基层一线和艰苦岗位工作并具有广泛社会影响的劳模，以及新时代工匠劳模代表进行走访慰问。（张若溪）

【职工维权服务】 2019年3月12日，万柏林区总工会联合区人力资源和社会保障局，在下元商贸广场举办2019年“春风行动”招聘会，参会的50多家企业涉及建筑、销售、餐饮等行业，提供1000多个工作岗位。全年签订工资专项集体合同389份，覆盖2084个单位的19065名职工。实施职工医疗互助行动，第十四期职工医疗互助工程参加人数10470人，缴纳金额37万余元，惠及151人，报销32万余元。6月，万柏林区总工会联合区应急管理局，在全区范围内开展“安康杯”竞赛活动，报名参赛的各类企事业和机关单位达688个，参赛职工6.3万余人。11月20日，万柏林区总工会联合3个部门，在下元商贸广场举办“不忘初心系民生、勇担使命促就业”金秋招聘月专场招聘会，组织人力资源、教育培训和各类服务行业的60余家企业参加招聘，招聘对象为辖区内5家困难企业的50余名困难职工及社会失业人员。

为全区6000余名在编在岗职工会员发放春节、中秋节日慰问品和生日蛋糕，对接万柏林区中心医院组织开展年度职工体检工作。切实维护女职工权益，新建的2座“妈咪小屋”被市总工会命名为第四批太原市“妈咪小屋”。（张若溪）

【帮扶慰问】 2019年，万柏林区总工会按照“精准救助、精准帮扶”的工作原则开展解困脱困工作，全年发放帮扶资金17万余元。6月至12月，组织辖区内困难职工家庭参与“烟头革命”活动，划分158个活动区域，设7个烟头回收站点，捡拾到的烟头按数量或同等重量兑换困难救助金，活动成功帮助19名职工脱困解困，累计捡拾烟头数量289.62万个，兑换困难救助金35万余元。

7月23日，区委副书记、区长袁尔铭一行，到万柏林区城乡管理局机扫中心，慰问工作在创城一线的环卫工人并送去防暑降温物品。7月24日，区委副书记张振鹏等一行到区市场监督管理

2019年1月31日，市领导慰问困难企业
（张若溪供图）

局，慰问一线职工并送去夏季清凉慰问品。7月至8月，“情系职工、清凉一夏”活动开展，覆盖全区20余个单位的近5000名一线职工，发放慰问款物138万余元。

元旦、春节期间，对辖区31名困难职工进行走访慰问，送去米、面、春联等节日慰问品。1月31日，市委常委、市政法委书记魏民，市总工会副主席韩铁柱，在区委副书记张振鹏等陪同下，走访慰问辖区部分困难劳模、困难职工、学科带头人和困难企业，并送去慰问金和慰问品。全年“两节送温暖”活动为困难企业、困难职工、劳模、老党员等累计发放慰问款物6.55万元。

（张若溪）

【工会组织建设】 2019年6月起，万柏林区总工会开展第十个工会组建月暨货车司机等八大群体入会集中行动，通过互联网宣传、实地调研和分类推进的方法，以单独建会、联合建会、挂靠建会及单体入会等多种形式推动工作向纵深发展，最大限度地把包括农民工和“八大群体”（货车司机、快递员、护工护理员、家政服务员、商场信息员、网约送餐员、房产中介员、保安员）等在内的广大职工组织到工会中来。全年新建工会组织35个，新增会员1828人。

经区委和市总工会批准，在太原市工会系统中率先面向社会公开招聘36名专职社会化工会工作者，全部分配到区总工会及全区15个乡（街）和10个系统工会。制定《万柏林区社会化工会工作者管理办法》，对社会化工会工作者进行统一、规范的管理。以机构改革为契机，依托区直各党工委规范组建10个系统工会联合会，为各系统工会联合会选配专职社会化工会工作者，形成兼职工会主席+专职工会干事的模式。发挥乡（街）工会的职能，推动全区15个乡（街）均配备专职工会主席，并进入乡（街）党（工）委班子，同时为各乡（街）工会选配1名专职社会化工会工作者。

（张若溪）

【工会干部培训】 2019年10月9日至19日，万柏林区总工会在山西省经济管理干部学院举办万柏林区2019年工会干部培训班，区委副书记、区委党校校长张振鹏出席培训班开班仪式并讲话，全区各乡（街）、系统工会的工会主席和新聘用的社会化工会工作者60余人参加培训。11月18日，举办基层工会经费管理培训会，全区各乡（街）、系统工会的工会主席和工会财务干部30余人参加。根据《太原市工会干部专业能力测评办法》要求，组织开展工会干部专业能力测评，全区工会干部逾1200人参加。（张若溪）

【党建工作】 2019年，万柏林区总工会坚持全面从严治党，坚持党建带工建的原则，完善党组领导、全员参与的工作机制，按时完成《万柏林区落实全面从严治党“两个责任”监督平台》任务。

加强党风廉政建设，落实“一岗双责”制度，研究制定年度党风廉政建设工作计划，制定《党风廉政建设责任清单》，明确党风廉政建设和反腐败工作的具体措施和要求。5月23日，万柏林区委第二巡察组巡察进驻万柏林区总工会党组，展开为期两个月的巡察工作，同时召开动员大会和专题汇报会。区总工会认真落实区委第二巡察组巡察反馈意见整改工作，及时建立问题、任务和责任三个清单并按时按规完成整改。

严肃党内政治生活，重视党内政治文化建设，落实“三会一课”、民主生活会、组织生活会、民主评议党员、谈心谈话等制度，形成常态。

（张若溪）

共青团万柏林区委员会

【概况】2019年，共青团太原市万柏林区委学习贯彻习近平新时代中国特色社会主义思想和中共十九大、十九届四中全会精神，围绕区委、区政府中心工作，提高政治站位，做到党有号召团有行动、党旗所指团旗所向，坚定理想信念、树牢宗旨意识。开展“改革创新、奋发有为”大讨论和“不忘初心、牢记使命”主题教育，各基层团组织迅速掀起活动热潮。按照强“三性”、去“四化”要求，履职尽责，开拓创新，完成年度工作任务。（陶　猛）

【群团组织改革】2019年，万柏林团区委持续深化群团组织改革，加快群团改革步伐，推动改革任务落实落地。创新“网上共青团”工作模式，做好智慧团建系统建设工作，完善智慧团建区、乡（街道）、村（社区）三级团组织信息录入，推动团员信息录入、团组织关系转接规范化，构建“共青团＋互联网”格局；推进乡（街）和村（社区）团委机构改革，增强基层团组织力量；扩大基层团组织覆盖面，强化区直各部门、非公企业团组织建设；强化思想政治引领，注重团前教育和推优入团，切实从严治团、改进作风；探索推进行业和协会性群团组织改革。（陶　猛）

【组织建设】2019年，万柏林团区委坚持学习系列讲话抓思想引领、推进智慧团建抓组织建设、规范出入转团抓团员管理、打造青年之家抓阵地建设、开展志愿活动抓发挥作用的工作思路，团的基层组织建设取得新进步。实行团干部4天在机关、1天深入基层联系青年的“4+1”工作机制，建立1个团干部联系服务100个青年团员的“1+100”联系青年制度，推动团干部制度化深入基层，密切联系青年，梳理自身问题，深入剖析原因，狠抓整改落实，改进工作作风，努力提高共青团工作水平。

夯实基层基础，推进基层团组织改革发展，新建非公企业团组织11个、教工团支部66个。丰富团的活动内容，在全区少先队部署开展“争做新时代好队员”主题队日活动，各小学纷纷开展“红领巾心向党・争做新时代好队员”入队仪式、红领巾爱学习分享会演讲等活动，增强广大少先队员的光荣感、组织归属感和民族自豪感，引导全区少年儿童争做新时代小小追梦人。加强团干部队伍建设，把学习贯彻习近平新时代中国特色社会主义思想作为一项重要的政治任务，组织全区各级团组织积极参与、带动6000余名团员青年普遍接受思想政治教育。召开基层团组织规范化建设工作推进会、举办纪念五四运动100周年暨基层团干部专业能力提升班等3次培训会。落实党建带团建制度，开展新党员集中宣誓暨团推优入党仪式，争取乡（街）、部门各级党组织对共青团工作的支持，重点打造荔梅、西矿北、润享、安广4个青少年综合服务平台。

推进党风廉政建设，贯彻中央“八项规定”精神，落实党风廉政建设主体责任，推进从严治团，整理作风问题清单，制定整改目标，规定整改期限，落实党风廉政建设工作各项制度，在“三公”经费支出、办公用房等方面严格按照规定办事，树立团干部良好形象。（陶　猛）

【新建团组织】2019年，万柏林团区委新建兴业集团、昌陆投资集团、金龟集团、润享空间、冠泽置业有限公司、国晋律师事务所、创匠孵化器、国浩律师事务所、雪花啤酒、富士隆电梯有限公司、汇众汽车家园等11个非公企业团组织。

新建万柏林一中教职工、万柏林实验中学教职工、万柏林八中教职工、大虎沟小学、万柏林四中教职工、万柏林十一中教职工、万柏林七中教职工、万柏林十中教职工、万柏林三中教职工、万柏林二中教职工、开城街学校、公园路小学、兴华街小学、桥西小学、大唐实验小学、区实验小学、区第二实验小学、和平南路小学、外国语小学、和平北路第二小学校、兴华西街小学、玉河街小学、气化街小学、五三街小学、河捞湾小学、杜儿坪小学、虎胜街小学、旧矿街小学、河北街小学、太白街小学、红星巷小学、建筑中巷小学、后北屯小学、瓦窑小学、南屯小学、下元小学、大井峪小学、大王小学、新庄小学、窊流小学、区科技实验小学、闫家沟小学、东社小学、圪獠沟小学、兴西小学、西铭小学、北寒小学、西苑小学、区第三实验小学、凤凰双语小学、公园路万科紫郡小学、恒大实验小学、远大小学、长风实验小学、泰华实验小学、特殊教育学校、理工大子弟小学、阳光双语小学、童乐双语小学、南内环双语小学、树人学校、诚师学校、马蹄莲学校、金色摇篮学校、兴华学前教育集团、西苑幼儿园等66个教工团支部。 （陶　猛）

【青少年思想政治引领】 2019年，万柏林团区委把“改革创新、奋发有为”大讨论和“不忘初心、牢记使命”主题教育作为提升政治站位、增强青少年凝聚力的重要抓手，将青年大学习网上

2019年5月29日，区少工委组织开展“争做新时代好队员”主题队日活动 （陶猛供图）

主题团课作为线上线下支部团课的重要组成部分，依托万柏林青年微信公众号，组织全区所有团组织、全体团员围绕习近平新时代中国特色社会主义思想、习近平总书记关于青年工作的重要论述、团中央十八届二中全会会议精神，中央和省、市团委全会精神开展青年大学习网上主题团课24次，形成学而有痕、学有所获、以课促学、学以致用的良好氛围，提升了全区共青团的组织力、凝聚力和动员力。 （陶　猛）

【服务青年创业和就业】 2019年，万柏林团区委为青年提供培训、职介、见习等就业创业一条龙服务。选送16个“双创”项目参加团市委举办的第五届太原青年创业创新大赛，为创业青年提供展示、推广等服务。围绕创业就业主题，10月11日在万柏林区润享·N次方众创空间召开人大代表、政协委员与团员青年面对面心贴心直通车座谈会，团市委副书记郝晓军，区工信局、区科技局、区就业中心等职能部门领导、创业青年、大学毕业生代表60余人参加，围绕青年创新创业和就业成长主题，从强化创业辅导、扩大创业融资、完善创业服务等方面为创业青年答疑解惑，帮助青年精准把握市场、拓宽事业发展空间。 （陶　猛）

【“双创”项目成果】 2019年，万柏林团区委选送16个“双创”项目参加团市委举办的第五届太原青年创业创新大赛，16个“双创”项目成果包括：慧生活社区服务终端项目、机动车氢氧助燃环保节油器项目、果萌网络科技项目、气柱袋项目、低品质硫黄制沥青改性剂及其路用性能研究项目、工业设计项目、木作产品设计开发与制作项目、场所式高灵敏度辐射监测系统项目、三维实景建模项目、古琴汉服古筝茶道传统文化传承项目、C&M皮工坊项目、电动滑板项目、无

人机项目、“四时三刻”轻奢品牌项目、青少年创客教育平台项目、艺匠天下非物质文化遗产项目等。（陶　猛）

【维护青少年合法权益】2019年，万柏林团区委开展重点青少年社会治安风险隐患大排查大整治活动，对五类重点青少年（闲散青少年群体、有不良行为或严重不良行为的青少年群体、流浪乞讨青少年群体、服刑在教人员未成年子女群体、农村留守儿童群体）摸清底数、建立台账、挂账销号。开展2次与人大代表、政协委员面对面活动，倾听青少年的意见建议。加强青少年事务社工队伍建设，联系太原灵悦心理咨询中心、山西祝融万权律师事务所在荔梅社区、西矿北社区等6个七彩小屋、青少年事务社会工作示范服务站建立青少年权益工作咨询顾问队伍，开展青少年法制宣传、禁毒、寒暑假自护教育活动6次。开展第二期创建青少年零犯罪零受害社区（村）试点工作。（陶　猛）

【帮扶困难青少年】2019年，万柏林团区委组织开展助学送温暖、共青团和你在一起——2019暖冬行动、圆梦行动、阳光助残、关爱农民工子女、圆梦龙城助学行动等关爱困难青少年群体活动。推进困境青少年社会服务项目，完成理工大社区、前进路北社区、丽华社区、安广社区等4个示范性社区，安广社区、晋机西社区、后北屯社区、纺织苑西社区、迎泽北社区、西矿街北社区、荔梅社区等7个标准性社区“青年之家”困境青少年服务项目，完成万柏林五中、万柏林八中2个初中防艾禁毒专项项目，申报“双零社区”1个（荔梅社区），加强对困境青少年的帮扶力度。深化“不忘初心、牢记使命”主题教育，结合“三服务”要求，在全区团系统开展传递初心热量，点亮小小心愿圆梦微心愿活动，征集并兑现青少年微心愿472个。（陶　猛）

【青年志愿者活动】2019年，万柏林团区委组织团员青年开展“青春志愿行，共创文明城”“靓丽星期五”清洁家园行动、“创全国文明城，做文明太原人”快闪宣传、“童趣美井、共筑文明”“助力创城，青年在行动”“文明亮剑、青年拍丑”等创城服务活动，打造创城“文化墙”。以春节、“3·5”学雷锋日、“12·5”国际志愿者日等节日为契机，开展“春运志愿行·奉献新时代”“青春兴晋——我为万柏林代言”“青春兴晋——温暖回家路”“时代新人我先行，青春志愿迎青运”学雷锋志愿服务活动；开展“暖冬行动”“春运志愿行，奉献新时代”“奉献爱心，助力高考”“弘扬革命精神，传承良好家风”爱国主义教育现场体验等活动。推动全体团员网上注册志愿者，组建区、乡（街）两级青年新时代志愿服务队，推动青年志愿工作。组织382名志愿服务者开展用文明行动点燃青运、让志愿服务绽放光彩学雷锋志愿活动，服务保障“二青会”火炬传递工作和开幕式。（陶　猛）

【青少年社会服务】2019年，万柏林团区委探索青年社会组织工作方法，通过强化服务、增进合作、团建结合等工作理念和方法，吸引、凝聚、

2019年10月，团区委与下元街道党工委、办事处在气化街路北打造的“青春志愿行，共创文明城”文化墙（陶猛供图）

教育和服务各类青年社会组织，延伸团组织的工作手臂，联系弘明服务中心等社会组织，包括公益性志愿服务类社会组织1个，即太原市扶弱帮困协会，创新创业类社会组织2个，即太原市创客空间、山西润享N次方众创空间。加强团组织与青年之间的联系和交流，提升共青团服务党政中心、服务青年事务、助推社会经济发展的能力，推进万柏林区青年社会组织工作。（陶 猛）

万柏林区妇女联合会

【概况】 2019年，太原市万柏林区约有妇女38万人、儿童11万人。为做好全区妇女儿童工作，万柏林区妇女联合会以“改革创新、奋发有为”大讨论、“不忘初心、牢记使命”主题教育活动为契机，学习贯彻习近平新时代中国特色社会主义思想，学习习近平关于妇女和妇女工作重要论述，按照“强三性、去四化”要求，贯彻落实太原市妇女十二大精神，围绕区委、区政府中心工作，团结带领广大妇女听党话、跟党走，开展服务大局、服务妇女等工作，完成全年工作任务，基本实现了思想引领有高度、妇联改革有深度、家庭工作有力度、维权服务有温度，全区妇女工作迈上新台阶。（张素龙）

【妇联系统改革】 2019年，万柏林区妇女联合会聚焦妇联系统改革，强“三性”、去“四化”，坚持问题导向，攻坚克难，服务大局，联系群众，改革基层组织，全面完成乡（街）妇联组织区域化建设和村（社区）妇代会改（扩）建妇联工作。近5000名“草根领袖”成为职业妇女工作者，工作队伍增加10多倍，工作力量空前壮大。

工作方式转变。顺应新形势，推动工作手段网络化，构建“微抖快”全媒体平台，利用微信、抖音、快手等现代媒体方式，全覆盖辖区妇女群众。以线上线下相结合的方式，积极引导全区妇女听党话、跟党走。

妇联朋友圈扩大。在“四新”领域新组建2个妇委会、培育扶持3个以女性为主的社会组织，形成妇联指导、多方参与、共建共治共享的基层治理体系。（张素龙）

【“巾帼”系列行动】 2019年，万柏林区妇女联合会开展选树命名标兵活动，表彰先进、树立典型。“三八”妇女节前夕，区妇联选树命名77名建功标兵、34个巾帼文明岗，引导全区妇女立足本职、争创一流，投身于建功新时代活动。

开展送奖到岗位活动。在“改革创新、奋发有为”大讨论中，转变观念，改进作风，直接把巾帼文明岗奖牌送到万柏林区税务局，通过开展送奖到岗位活动，更接地气地服务于广大妇女群众，让基层妇女感受到“娘家人”的关心、支持和爱护。

开展“心连心·粽粽有情”活动。端午节前夕，组织20名巾帼志愿者，为工作在急难险重第一线的太原消防救援队特勤二中队的消防指战员们包“爱心粽子”。

开展巾帼家政在行动活动。贯彻落实习近平总书记“要把家政业做实做好，办成爱心工程”的要求，以实际行动助力创建文明城市，喜迎二青盛会，在理工大社区开展巾帼家政、爱心储蓄

2019年7月，万柏林区妇联开展“巾帼家政·爱心储蓄”志愿者服务活动（张素龙供图）

志愿服务行动。32名巾帼志愿者们均为受过专业家政服务培训的采煤沉陷区妇女，他们为11户孤寡老人提供免费家庭保洁服务，储蓄爱心96个小时，金色集团妇委会为表彰巾帼志愿者的精神，为每位志愿者送上爱心水杯。

开展巾帼风采活动。万柏林区妇联、太原市妇联和万柏林区委、区政府及兴华街办联合举办创文明城市、迎二青盛会巾帼志愿服务活动，爱心帮扶、文明寻访、文明宣传、应急救助、党员先锋、普法宣传、先锋少年、文明安全、白衣天使、绿色环保等10支巾帼志愿者队的所有成员，成为辖区内助力创城的巾帼志愿主力军，引导全区妇女参与文明城市创建。（张素龙）

【妇女合法权益维护】2019年，万柏林区妇女联合会争取社会资源，于春节前夕争取到市妇联的支持，对45名贫困妇女，“两癌”患者、特困儿童、军烈属进行访贫问寒慰问活动，共发放慰问品（金）计3万元。争取到区红十字会的支持，对42名特困妇儿发放米、面、油等慰问品，合计慰问品（金）约7000元。

社会组织引进。拓宽思路，引进太原市婚姻家庭建设协会，以下元街道纺织苑西社区为试点，就婚姻家庭矛盾纠纷调解与心理疏导、平安家园反家暴维权两个项目开展家事调解，推进万柏林区家庭建设工作。

维权集中宣传。3月12日，区妇联为解决贫困妇女就业问题，开展“巾帼扶贫”活动，与区人社局、区总工会联合举办“2019妇女集中宣传‘春风行动’现场招聘会”，招聘会上60多家企业提供了1000多个岗位，有20多名妇女当场签订用工协议，3000多名妇女受到《中华人民共和国反家庭暴力法》《中华人民共和国妇女权益保障法》等法律知识的宣传教育。（张素龙）

【关爱妇女儿童活动】2019年，万柏林区妇女联合会开展关爱特困妇儿活动。对2名特困大学新生每人发放800元的助学金。对13名“两癌”特困妇女、2名困境儿童每人发放500元的扶助。5月30日，市长李晓波到万柏林区华峪南区幼儿园，与小朋友们共做祝中华人民共和国70华诞生日蛋糕，为祖国地图贴贴画，观看小朋友们的文艺表演，与万柏林区少儿共同欢度“六一”。

提高妇女防范金融诈骗能力。随着万柏林区“城中村”改造的推进，拆迁款已成为非法集资、电信诈骗、套路贷款等金融诈骗犯的首选对象，为守护好村民的“钱袋子”，引领更多的妇女积极参与到“平安家庭”的创建中来，区妇联聘请专业律师，通过一个个鲜活的真实案例，教育后北屯社区的妇女提高警惕性，增强法治观念，不要轻信金融诈骗者的各种谎言，提高妇女防范金融诈骗能力。（张素龙）

【妇女职业培训】2019年，万柏林区妇女联合会举办两期“领头雁”培训班，学习贯彻习近平新时代中国特色社会主义思想和中共十九大精神，围绕贯彻太原市妇女十二大精神，增强万柏林区、乡（街）、村（社区）三级妇联组织的凝聚力和战斗力，全区三级妇联主席、副主席、兼职副主席，执委200余人参加培训。通过系统的政治理论知识学习、团队合作训练和“我为创城做贡献”等方式，夯实全区妇联组织基础，强化妇联干事的身份意识、组织认同和履职能力。

精准扶贫培训。立足党政所急、妇女所需、妇联所能，针对移民搬迁集中的王封乡、化客头街道推进巾帼脱贫行动。先后聘请家政公司专业讲师对采煤沉陷区200余名妇女分批进行家政服务培训，争取到美的母婴和红马甲两家在太原市较为有名家政公司的支持，及时掌握市场家政用工需求，发布到区妇联家政服务微信群内，解决

了100多名妇女的就业问题。（张素龙）

【妇联专题活动】2019年，万柏林区妇女联合会注重家风建设，开展寻找“最美家庭活动”。全区有15户家庭被评为市级“最美家庭”。

注重家教，开启“家庭教育幸福快车”公益巡讲活动。与民政局联合举办了“情定七夕·爱满一生《婚姻法》《婚姻登记条例》《妇女权益保障法》”主题宣传活动。举办“缘如初见·爱在妇联”鹊桥联谊会。

4月13日，在丽华社区“妇女之家”组织开展“巾帼心向党·礼赞新中国”主题活动。在长风西街道、神堂沟街道开展“垃圾分类巾帼先行·绿色生活我家更美”主题宣传活动，助力万柏林区创城活动。

9月22日，区委宣传部、区委网信办、区妇联在纺织苑西社区联合举办“争做巾帼好网民”主题宣传活动暨庆祝中华人民共和国成立70周年文艺演出活动。在下元街道举办“争做巾帼好网民”主题宣传活动。

在和平社区召开“不忘初心、牢记使命”主题教育暨“迎中秋·庆国庆·话家风”座谈会。与兴华礼仪幼儿园联合举办“关机半小时·书香伴成长”活动。寻访慰问中华人民共和国成立以来为万柏林区做出突出贡献的女劳模、女三八红旗手230名。联合中国人寿，为兴华地区43名巾帼志愿者免费缴纳一年期“两癌”商业保险。

11月28日，区妇联联合区武装部、区退伍军人事务管理局，举办“双拥共建促和谐、共建军民鱼水情”座谈会，万柏林区9名“最美军嫂”、3名优秀兵妈妈参加座谈会。（张素龙）

万柏林区科学技术协会

【概况】2019年，太原市万柏林区科学技术协会以习近平新时代中国特色社会主义思想为指导，立足科协职能，以提高全民科学素质为主线，紧紧围绕强“三性”，去“四化”的总要求，扎实履行科协“四服务”职责，全面贯彻落实中共十九届四中全会精神和群团改革会议精神，结合“不忘初心、牢记使命”主题教育、“改革创新、奋发有为”大讨论活动内容，开展各类提高全民科学素质活动。（裴东梅）

【万柏林区科协第四次代表大会】2019年10月18日，万柏林区科协召开第四次代表大会，选举产生新一届区科协委员会，裴东梅当选新一届区科协主席，白晓娟当选副主席，选举产生委员55名。会议部署以后五年科协工作。（裴东梅）

【科普宣传】2019年，万柏林区科协组织党员干部开展科普服务先锋行活动，成立领导组，开展各类科普宣传。在万柏林区8处110个科普橱窗登载《低碳环保与健康》《注重卫生和食品安全》等专题内容，引导公众树立科学文明新风，自觉抵制不良生活方式和陋习。在学校，利用防震减灾宣传纪念日、国家安全日等重要时间节点举办科普知识进校园活动。在社区和公众聚集场所，利用节假日和赶集、庙会等时机开展宣传活动。在企业，开展科技服务进企业活动，结合全国科技周和食品安全宣传周开展活动。联合区科技局、区农业农村局、区卫生与健康管理局等部门举办文化、科技、卫生“三下乡”活动、科技周活动、全国科普日系列科普活动，形成浓厚的科普氛围。（裴东梅）

【全民科学素质提升】2019年，万柏林区科协以长效机制建设为重点，面向基层、贴近群众、关注民生，完善工作机制，创新方式方法，提升服务能力，推动全民科学素质工作不断取得新的成效。区科协牵头组织青少年、农民、城镇劳动者、领导干部和公务员四大重点人群科学素质行动和科普基础设施等重点工程建设，提升公共科普服务能力，开展各类科普宣传活动。开展各类主题活动130余场次，受众人数10万人次。举办青少年科技教育培训等活动21场次，参与学生达到1万人次。全年向群众发放各种宣传材料10万份。（裴东梅）

【公众科学素质网络知识竞赛活动】 2019年，万柏林区科协参与山西省科协举办的公众科学素质网络知识竞赛活动，区科协主要领导亲自组织，协调辖区的社区、学校、驻地企业和高校等人员，持之以恒积极答题，并不间断、经常性地通过电话和微信等方式引导大家踊跃参与竞答。最终万柏林区科协获得全市总参赛人次、总参赛人数第一的成绩。这次竞赛作为提高公民科学素质的一种渠道，公众反响良好，满足了群众的科普需求，也为万柏林区全国文明城市的创建做出应有的积极贡献。（裴东梅）

【“全国科技工作者日”活动】 2019年5月30日是全国第三个“科技工作者日”。为营造节日舆论氛围，激励广大科技工作者爱岗敬业、奋发有为，助推新时代科学发展、创新发展，万柏林区科协于5月下旬至6月上旬开展2019年全国科技者工作日主题系列活动。

为更好地服务区域科技工作者，万柏林区科协对所辖太重集团、晋西集团、汾西重工等驻地企业和太原科技大学等高校进行走访座谈。5月17日，区科协与区科技局在太重怡兴瑞庭酒店举办知识产权与转型发展高端论坛。由市科协主办、区科协承办，在太原科技大学举办创新方法推广应用宣讲活动，特别邀请国际创新方法三级认证专家、文海汇智创新科技研究院院长张文海

2019年5月29日，万柏林区科协与南寒街道铁北社区开展“全国科技者日”科普志愿服务（裴东梅供图）

进行以“创新创业，方法先行”为题的宣讲，太原科技大学工程技术专业近300名学生参加应用培训活动。组织各乡（街）、社区开展以“礼赞共和国、追梦新时代——科技志愿服务行动”为主题的科普活动，主会场设在南寒街办铁北社区，活动现场通过发放宣传资料、提供医疗卫生教育咨询、开设科普课堂、注册科技志愿者等形式，向群众普及科普知识。（裴东梅）

【全国科普日活动】 2019年9月14至22日，万柏林区科协组织纲要成员单位和各乡（街）、社区、学校科普e站等各级科协组织，开展形式多样、内容丰富的科普活动。9月20日，万柏林区科协以“礼赞共和国、智慧新生活”为主题，以拓展“3+1”科普服务为宗旨，联合区教育局、区农业农村局、区卫健体局及兴华街办千峰北路社区，在濒汾公园共同举办全国科普日主场活动。活动现场设置咨询服务区、展览宣传区、互动体验区和科学表演区四个区域。活动期间区科协开展科学普及宣传服务，免费向市民发放科普宣传品，设置科普宣传版面，向市民普及健康生活、创新科技等方面的知识；卫健体局也在现场免费为市民进行血压、血糖检测和医疗咨询等服务；教育局和农业农村局准备了相关知识互动环

节，主场活动受到市民好评。各乡（街）结合各自资源优势展开系列活动，依托“3+1”科普服务，携手医院、银行、通信公司等结合市民关注的公众健康、食品安全、垃圾分类、电信诈骗等，开展科普展览、科学健康讲座、影片放映、移动端“科普中国App”注册推广等科普活动，向公众宣传、普及科学知识，破除愚昧言行，让科普融入生活、服务群众。全国科普日期间，各校园e站紧扣学校需求和未成年人个性化需求，开展急救大篷车进校园、科普讲座、科普剧展演、科普知识竞赛、动手实践、实地参观、主题班会等活动，在结合自身情况举办活动的同时，还在线观看科普讲座直播，做到通过信息化手段，发挥和利用科普e站的资源优势，普及科学知识、传播科学思想、弘扬科学精神，启迪青少年科学思维和创新意识，提高未成年人科学素质。

（裴东梅）

【科普示范社区创建】 2019年，万柏林区科协开展科普示范社区创建工作，把普及科学知识、弘扬科学精神、传播科学思想、推广科学技术作为社区科普工作的重点，从抓科普设施建设、营造科普氛围入手，推进社区科普工作群众化、社会化、经常化，开创社区科普工作的新局面。组织机关干部和社区有关人员到市科协及城区部分社区就社区科普工作进行学习参观。逐渐完善软硬件设施，保证科普工作有机构、有场所、有阵地，做到组织领导、工作制度、活动内容版面上墙，职责明确，活动经常。为社区配置图书950册，电脑8台，投影仪1套，宣传展板80块，科普宣传画廊13块。社区科普栏定期更换，成为居民了解、学习科普知识的一个好窗口；科普图书阅览室，为居民提供各方面科普读物，让居民在书中找到乐趣、学到知识。全区建成8个省级、9个市级、23个区级科普示范社区。（裴东梅）

【社区科普文化画廊建设】 2019年，万柏林区科协开展以“科普让生活更美好”为主题的科普画廊内容展览活动，对全区范围内的科普画廊宣传内容进行精心的设计、编排，内容围绕人们生活中关注的食品安全、公众健康等热点、难点问题进行科学的宣传，营造健康、科学、低碳、安全的生活氛围，展出后极大地满足了群众的科普需求。万柏林区科普硬件设施快速发展，完成杜儿坪街办河龙湾村400余延米的科普画廊建设和千峰街道前北屯社区21平方米的科普屏媒建设任务。全区由区科协投资建设的大型科普画廊达16处1万余延米，科普电子屏11块，覆盖全区90%的乡（街）。安排专人分片包管，定期巡视，多次维修破损毁坏的科普画廊，确保辖区内大型科普画廊的整洁美观和安全。（裴东梅）

【社区科普大学建设】 2019年，万柏林区科协对全区社区科普大学实行统一指导、积极扶持、自我发展的工作方针，强化组织建设，引导社区组建规范的教学管理机构，成立校务委员会，制定教学计划，形成学期总结。各科普大学开设的专业有书法、摄影、绘画、电脑、编织、声乐、舞蹈等近50个班次，形成长期办班与短期讲座结合、劳动技能培训与提升科学文化素质并重的教学形式。全区有社区科普大学30个，学员人数达到5000人以上。通过对社区、居民深入的走访、调研，在了解社区、居民群众真正关心的问题后，与街办科协、社区共同制定课程计划，并对办学积极性高，经费紧张的社区进行科普大学补贴，重点扶持的社区有安广社区、荔梅社区等5个社区，年补贴3万余元，万柏林区社区科普大学的建设走在太原市的前列。（裴东梅）

【“3+1”建设】 2019年，万柏林区科协对辖区内15个乡（街）科协的组织建设、人员配置、队伍建设现状进行摸排分析，研究推进“3+1”具体举措，在万柏林区科协第四次代表大会上，吸纳医院院长、学校校长、农业办主任、驻地企业高校负责人等“关键人物”进入区科协领导机构兼职，担任代表、委员、常委、兼职副主席。全区的15个乡（街）全部建有以街道分管领导任主席，医院院长、学校校长任兼职副主席的基层科协队伍，实现在区科协、企业科协、高校科技处、乡（街）科协的全覆盖。开展提升基层科协组织力“3+1”试点工作以来，发挥“三长”的作用，开展线上线下的科普活动。在开展科普中国App注册、山西省公众科学素质网络答题、校园e站建设中，学校的校长发挥极大的作用，推动“互联网+科普”的实施，助力科普中国资源落地，两项重点活动的参与总人次达7万余人，均在太原市排名第一；在社区e站、科普画廊的建设、宣传和全国科普日活动中，“三长”发挥基层关键人物的作用，利用各自的资源和政策优势，在科普设施建设、科普活动开展、科普志愿者服务等活动中，与基层群众面对面开展科普宣教、科技教育、专业咨询、健康义诊等活动，解决与群众联系不接地气等问题。（裴东梅）

【科普社区e站建设】 2019年，万柏林区科协围绕基层科普行动计划建设要求，对社区e站分三个项目进行建设，分别是对十二院城社区、红旗社区、迎泽北社区三个社区科普e站的百城千校万村行动——科普e站提质增效。兴华街道千峰北路社区e站的加强基层组织建设项目，荔梅社区e站的省级“科普益民计划”优秀科普示范社区项目实施完毕，收到“点亮一盏灯，辐射一大片”的效果，促进基层科普活动开展，提高基层群众科学文化素质。（裴东梅）

2019年7月5日，区科协在太原科技大学举办食品安全科普讲座（裴东梅供图）

【科技创新教育】 2019年，万柏林区科协加大对青少年科技教育工作力度，青少年科技教育工作有了突飞猛进的发展。开展校园科普e站建设工作，建成8所校园e站，运行情况良好，有健全的管理制度，能够做好平台设备日常维护监管工作，确保平台正常、高效使用运行，利用科普资源，开展科普教育培训、展览等线上线下的科普活动，真正做到通过信息化手段，发挥和利用科普e站的资源优势，普及科学知识、传播科学思想、弘扬科学精神，启迪青少年科学思维和创新意识，提高未成年人科学素质。组织青少年参加各项竞赛活动。同年第三十五届青少年科协创新大赛参赛学校达38所，激发青少年爱科学、学科学、用科学的积极性和创造性，形成学校、家庭和社会重视的良好氛围。（裴东梅）

【青少年科技创新大赛】 2019年，区科协、区教育局、区科技局共同主办了以“创新·体验·成长”为主题的第三十五届万柏林区青少年科技创新大赛，全区有38所中小学4万余中小学生参加。经过评委严格评选，评出优秀组织奖38个、优秀科技辅导员133人。评选出少儿科幻绘画作品396幅，其中（一等奖100幅、二等奖130幅、三等奖166幅）。学生科技创新成果（发明）170个，其中（一等奖14个、二等奖57个、三等奖99个），学生科技创新成果（论文）优秀奖9篇。科技创意12个，科技影像作品1个。其中获得

一等奖的114件作品全部选送到市科协参加市级比赛。（裴东梅）

【科技工作者之家建设】2019年，万柏林区科协高度重视科技工作者之家的建设，充分发挥科技工作者的主动性和创造性，鼓励他们积极投入万柏林区经济社会建设的主战场，在社区科普大学、社区科普讲堂、社区科普服务站、社区科普图书室等场所发挥的正能量。加强对科技工作者价值观的引导，利用科技工作者在社会上的影响力，建立良好的社会形象，为维护社会稳定做贡献。（裴东梅）

【党风廉政建设】2019年，万柏林区科协把开展党风廉政建设和反腐败工作，与开展“不忘初心、牢记使命”主题教育活动相结合，重点教育引导广大党员干部保持为民务实的清廉政治本色，正确处理公私、义利、是非、情法、亲情、俭奢、苦乐、得失的关系，预防和反对腐败，知敬畏、存戒惧、守底线、公私分明，清清白白为官、干干净净做事、老老实实做人。落实党风廉政建设党组织主体责任和监督责任，强化班子自身建设。注重理论学习和研讨，创新工作载体，把贯彻落实中央“八项规定”与科协工作有效结合，转变工作作风，促进工作效率提高。主动配合区委巡察工作。3月上旬接受区委巡察“回头看”，并进行整改。（裴东梅）

【创城工作】2019年，万柏林区科协创新科普活动载体，全力营造文明城市创建氛围。在全区建成社区e站10个，校园e站9个，农村e站2个，投入市、区专项资金25万余元，为5个社区配备8台电脑、安装电子显示屏2处、购置科普书籍1.3万册、制作宣传展架80块、印制宣传资料1.1万多册，完善科普活动设施，满足群众的科普文化需求，为争创全国文明城市营造良好环境和浓厚氛围。同时开展文明单位与社区（村）结对共建活动，与杜儿坪街办河龙湾村结对后，由区科协投资为河龙湾村制作7块科普画廊，为文明城市建设做贡献。（裴东梅）

【助力“二青会”工作】2019年，万柏林区科协向全区科技工作者发出了《助力文明创城喜迎二青盛会》的倡议书，号召全区广大科技工作者亮明身份，发挥各自专业优势和技术资源，投身二青会”志愿服务工作，强化文明意识，展示文明新风；参与城市环境改善，自觉维护公共秩序，共建共享文明城市；发扬“奉献、友爱、互助、进步”的志愿服务精神，凝心聚力，携手同心，为“二青会”成功举办贡献一份力量。与河龙湾村一起加大宣传力度，多形式、多渠道开展与创城、“二青会”相关的宣传。通过在河龙湾村村民委员会办公楼及室外电子屏连续滚动播出文明标语，开展志愿服务活动以及扫码“科普中国”的宣传方式，时刻提醒广大村民注重文明礼仪行为，不断提高乡村文明程度和村民科学素质，从而更好地助力创城、助力二青盛会。（裴东梅）

万柏林区工商业联合会

【概况】2019年，太原市万柏林区工商业联合会学习贯彻中共十九大和十九届二中、三中、四中全会精神，围绕中心，服务大局，构建“亲”“清”新型政商关系，创新工作方式方法，发挥联系非公有制经济人士桥梁纽带作用，促进非公有制经济健康发展。（孙文红）

【思想政治建设】2019年，万柏林区工商联坚持会议制度，1月10日，召开万柏林区工商联五届三次执委会，集中学习习近平总书记在民营企

2019 年 6 月 14 日，全国工商联第六联系调研组第三小组在万柏林区调研指导工作

（孙文红供图）

业座谈会上重要讲话精神，引导广大非公经济人士全面学习贯彻习近平新时代中国特色社会主义思想，深化理想信念教育。7 月 25 日，召开五届四次常委会议，开展学习贯彻中共十九大精神专题辅导报告会。

开展非公有制经济人士素质提升工程，组织会员企业家参加山西省民营经济促进会中华优秀企业家精神和中华文化传承研修班，开办区工商联非公有制经济人士素质提升班，推荐企业家赴复旦大学参加民营骨干企业负责人培训班，通过培训拓宽企业发展思路，提升会员企业家队伍整体素质。组织会员参加“七一”主题党日活动，激发非公有制企业党组织活力。

引导企业家参加拥军慰问和感恩回报社会活动，组织会员企业家向驻区部队官兵送去慰问品，引导企业家参加“中华慈善日”和爱心助学活动，为区慈善会捐款 2.5 万元。加强宣传引导，营造浓厚学习氛围，利用墙面宣传、杂志、统战信息、微信群等自有宣传媒体，向会员企业传达中央、国家以及省、市关于鼓励和支持民营经济发展的相关政策，为其提供明确的政策导向。为会员企业订阅发放报纸杂志、理论书籍和政策汇编 300 余册。及时报道区工商联（总商会）和会员企业的重大活动，宣传优秀会员企业家典型事迹，扩大非公有制企业的影响力。（孙文红）

【调查研究】 2019 年，万柏林区工商联以“改革创新、奋发有为”大讨论和“不忘初心、牢记使命”主题教育为契机，深入山西慧众迅达电子商务有限公司、山西心相静文化有限公司、黎氏阁生活广场、太原青春创客村、普汇创业孵化园等非公企业和双创中心，开展“企业一线工作法”“非公经济统战工作”“高质量发展”等主题调研活动，详细了解企业现状、发展瓶颈和诉求建议，谋划新时代非公有制经济发展新思路、新对策，鼓励企业家坚定发展信心。安排部署年度企业社会责任调研和劳动关系情况调研相关工作，了解全区民营企业发展的总体情况和存在的问题困难，撰写调研报告《构建“亲”“清”新型政商关系中合理的交往规矩》，为区委、区政府及上级部门提供决策依据。（孙文红）

【参政议政】 2019 年，万柏林区工商联组织会员中政协委员、人大代表参加区“两会”，聆听政府工作报告并进行讨论。代表人士充分发挥参政议政工作中的主体作用，认真准备、积极参会，紧紧围绕文明城市、发展经济、改革创新、改善民生等热点工作建言献策、撰写提案，展现万柏林区非公经济代表人士良好的精神风貌和积极的参政议政热情。（孙文红）

【服务平台建设】 2019 年，万柏林区委统战部、区工商联牵头制定《关于深入开展领导干部联系民营企业工作制度》，区领导轻装入企，指导企业发展，了解企业困难，帮助企业排忧解难，提振企业发展信心。区工商联协调联系工商、税务、商务、科技等职能部门开展上门服务，面对面为企业出谋划策、释疑解难，有针对性地开展专题辅导和政策宣讲。

搭建“民企 + 司法系统”互动平台。区工商联鼓励支持民营企业与区公检法双向“打卡”、合作共建，组织优秀非公企业家代表走进司法局及法检两院，听取工作汇报，零距离感受法院、检察院日常工作，结合工作实际提出法律服务民企的意见建议。邀请公安、司法、法检两院领导及代表深入民企，听取企业管理层和职工对司法方面的需求，对企业人员进行司法知识培训。

升级法律服务平台。吸收优质律师事务所加入区工商联组织，为会员企业和法律专家牵线搭桥，帮助企业聘请法律顾问，维护企业的合法权益，建立现代企业管理制度。开展法律进企业和法律实务公益讲座，引导会员企业深化法治工作，在民营经济领域营造守法光荣、违法可耻的社会氛围。

搭建人才供需平台。发挥区工商联职能优势，和区人社局、退役军人事务局、总工会共同举办万柏林区2019年“不忘初心系民生、勇担使命促就业”金秋招聘月专场招聘活动。区工商联积极组织会员企业参加招聘活动，提供涉及工程建筑、文化旅游、餐饮服务等领域的技术和管理岗位400余个，帮助会员企业解决人才及用工需求。 （孙文红）

【副主席（副会长）轮值制度】 2019年，万柏林区工商联建立兼职副主席、副会长轮值制度，由12名企业家副主席、副会长轮流担任执行主席，发挥他们联系非公有制经济人士及企业的优势，结合各自企业实际，开展好每月的主题活动，为企业家搭建加深了解、交流学习、共谋发展的新平台，区委统战部、区工商联、相关职能部门负责人和会员企业家齐聚一堂，解读各项方针政策，为企业发展出谋划策。通过轮值主题活动的开展，强化兼职副主席、副会长参与工商联事务的积极性和责任感，同时也给共处一城但很少交集的企业家们提供常态化的交流平台。在会员发展上坚持广泛性和代表性相结合的原则，按照确保质量、优化结构的要求发展企业经营好、个人素质高、社会贡献大的非公经济代表人士，注重吸收新兴产业、现代服务业、双创企业、科技型企业尤其是年轻一代优秀企业经营者入会，增强区工商联活力。 （孙文红）

【商务交流】 2019年，万柏林区工商联组织会员企业家参加区转型发展政企学研恳谈会暨“招商大使”聘任会，区工商联主席、山西味道园董事长雷俊德等人作为非公经济代表人士被聘为全区“招商大使”，为万柏林区招商引资服务助力。组织商（协）会和非公企业参加万柏林区第四届招商推介会，围绕“四大片区”产业发展定位，推广宣传万柏林区重点招商领域，为项目、资金和人才引进搭建桥梁。接待广东商会到万柏林区交流考察，共同分享商会组织建设、作用发挥等方面工作经验，拓宽地域商会交流合作思路，搭建两地非公企业合作的桥梁。 （孙文红）

【自身建设】 2019年，万柏林区工商联坚持学习制度，每周五定期参加区委统战部党支部学习会，通过集中学习、交流讨论、观看纪录片、开展主题党日活动等形式，深入学习习近平新时代中国特色社会主义思想和中共十九大精神，学习习近平总书记视察山西重要讲话精神，深刻领会中央经济工作会议、改革开放40周年大会、民营企业座谈会上等系列重要讲话精神，确保学习入脑入心见行动。

开展“改革创新、奋发有为”大讨论和“不忘初心、牢记使命”主题教育活动，按照区委要求，抓好关键环节“规定动作”不走样，坚持问题导向，开展“改革创新、奋发有为”大讨论和“不忘初心、牢记使命”主题教育活动。把大讨论、主题教育融入谋划全年工作中去，把活动成效转化为推动工商联工作的动力，为加快建设文明、开放、富裕、美丽万柏林凝聚非公有制经济力量。建立和完善区工商联各项工作制度、会议制度和联系非公企业制度，定期开展企业调研、交流座谈、问题探讨、建言建策等活动，增强工商联的凝聚力、影响力和向心力。（孙文红）

2019 年 8 月 29 日，万柏林区委统战部、区工商联组织 20 多名会员企业家代表参加区检察院“检察护航民企发展”检察开放日活动

（孙文红供图）

万柏林区文学艺术界联合会

【概况】 2019 年，万柏林区文学艺术界联合会围绕庆祝中华人民共和国成立 70 周年，组织发动各协会开展系列活动，丰富群众文化生活。2019 年 1 月 18 日，万柏林区文联获得山西省作家协会颁发的 2018 年度文学活动优秀奖。（高海琴）

【“到人民中去”系列活动】 2019 年 1 月 25 日，万柏林区文学艺术界联合会与区委宣传部、西山煤电文联共同主办迎春送福基层行、文化惠民进万家活动，在化客头街办为民服务。书法家们为社区群众现场免费写送春联，共书写 300 多副对联及福字。作品包括楷书、行书、隶书、草书等，为春节增添喜庆氛围。

2 月 20 日，万柏林区总工会主办、区文联协办的“中国梦 · 劳动美”庆祝中华人民共和国成立 70 周年职工文艺会演在太原理工大学同泽会堂举行。会演共 18 个节目，独唱《万柏林颂歌》、舞蹈《灵动曳步》、相声《欢声笑语》、杂技《重蹬》、莲花落《老街新韵》等，紧扣主题，贴近生活，体现了万柏林职工活力四射、播鼓奋进的精神风貌。9 月 21 日，区文联、区楼宇办、区舞蹈家协会、公园时代城主办的庆祝中华人民共和国成立 70 周年惠民演出在公园时代城举行。舞蹈《诸事大吉》、古典舞《芳春行》、藏族舞《心声》深受欢迎。

4 月 19 日，区文联贯彻联合国教科文组织的《保护非物质文化遗产公约》，保护和传承非物质文化遗产，在区委门前三角地游园举办区民间艺术家协会非物质文化遗产走进社区展演活动。12 个展台上展示剪纸、面塑、编织、软陶、烙画葫芦、布艺、草编、泥塑等手工作品。

5 月 9 日，万柏林区民间文艺家协会成员走进万柏林区千峰街道千北社区，参加区政府、区台办举办的迎台湾屏东市基层民众代表团山西行活动。区民间文艺家们在现场向到会的台湾同胞展示剪纸、葫芦烫画、绳编、软陶、板书等非遗项目。在交流会上，海峡两岸同胞畅谈两岸民俗文化的传承与发展。（高海琴）

2019 年，省城作家走进万柏林采风创作活动

（高海琴供图）

【文学艺术活动】 2019 年 6 月 16 日，万柏林区文联组织开展省城作家走进万柏林采风活动，邀请省城 30 多位著名作家，到玉泉山景区、“二青会”网红路、北头油菜花景区、王封一线天景区、

圪垛村知青大院、桃花沟、偏桥沟小镇、狼坡景区、万亩生态园考察调研。作家们赞叹万柏林西山地区生态建设，表示要精心创作一批文学作品，为美丽万柏林建设助力鼓劲。

9月7日，由区委、区政府主办，区委宣传部、区文化和旅游局、区总工会、区文联、区妇联、团区委承办的奋进新时代、放歌万柏林合唱比赛在山西大剧院举行。35支代表队的3000名职工放歌新时代、唱响主旋律，为中华人民共和国成立70周年献上美好祝福，展现万柏林区干部群众积极向上的精神风貌。

9月25日，由区文联参与组织，区委、区政府主办的在西山文化宫举办的点赞新时代奋进万柏林庆祝中华人民共和国成立70周年文艺晚会。歌舞《点赞新时代》、音乐快板《美丽家园》、女声独唱《这个地方叫春天》、小品《国庆前夕》、少儿表演《少年中国说》、舞台短剧《情满坡道楼》等11个寓意鲜明的精彩节目让整场晚会高潮迭起。（高海琴）

【文学艺术创作】2019年1月9日，区文联举办山西作家走进基层文学讲座活动。应邀讲课的作家有《太原日报》副总编辑、高级编辑徐大为，太原市文联党组成员、市文联副主席、市作协主席王宏伟。徐大为以《文学创作仅有热情是不够的》为题，强调文学创作的目的是陶冶情操，净化心灵。针对文学创作中普遍存在的问题，大家热爱文学创作不仅要有热情，更要有恒心。要多读书，勤思考，以群众为师，向社会学习，取长补短，力争创作出有个性、有高度、有家国情怀的精品力作。王宏伟从《文化的力量》角度谈起，指出文化是一个民族的重要基因，它的力量在于塑造人的灵魂、引领人们的思维、培养人的审美、揭示人类生活经验、凝聚民族意识、形成人生最核心的价值观、树立人所追求的理想和为事业奋斗的信仰。万柏林区作家、诗人和文学爱好者40余人参加讲座。

5月10日，区委宣传部、区文联联合印发《关于"美丽中国梦、风好正扬帆"征文大赛的通知》，以征文大赛活动庆祝中华人民共和国成立70周年。征文内容，一是奋进伟大时代争做时代先锋；二是我和祖国共成长。至9月，收到包括省内外来稿550余件。《美丽中国梦、风好正扬帆》征文大赛，经评委组反复遴选、评审，并报领导部门审批，评比结果揭晓。评出获奖作品41篇，其中一等奖3篇，二等奖8篇，三等奖10篇，优秀奖20篇。12月13日，区委宣传部、区文联召开"美丽中国梦风、好正扬帆"征文大赛颁奖暨文学创作座谈会，30余名获奖作者和文学创作爱好者50余人参加。

6月25日，《万柏林文艺》2019年第一期编印出版。内容围绕庆祝中华人民共和国成立70周年，歌颂党、歌颂祖国、歌颂改革开放，刊发散文20篇，诗歌17篇，小说2篇。12月10日，《万柏林文艺》2019年第二期编印出版，以"美丽中国梦、风好正扬帆"征文大赛专刊形式，编发获得名次奖项的优秀作品。作品以散文、新诗和格律诗词等体裁，紧密联系本单位、本乡本土及个人家庭生活的实际，歌颂党、歌颂祖国、歌颂70年来国家取得的巨大成就，是广大文学创作爱好者献给中华人民共和国成立70年的一份厚礼。此外还刊发了省城作家走进万柏林开展采风活动创作的一批优秀作品。近30名作家怀着对万柏林区山山水水的热爱，从不同角度撰写万柏林区人民在区委、区政府的领导下，开展生态文明建设、大搞绿化美化整治工程，环境面貌发生的变化，为讲好万柏林故事、宣传万柏林形象，留下浓墨重彩的一笔。（高海琴）

【协会活动】2019年6月13日，区美术家协会举办美术创作讲座，邀请清华美院助教、文化部中国书画创作院特聘教授、中国孔子艺术研究院副院长、中国艺术家展览馆特聘画家韦智杰，讲授创作国展作品的经验体会，他强调搞艺术要有创新意识，注重作品的独创性。

12 月 5 日，万柏林区民间艺术家协会代表万柏林区参加第四届山西文博会，在中国（太原）煤炭交易中心民间艺术非遗项目展示厅，民协艺术家们呈现出一件件精美的手工作品，包括剪纸、草木染、皮雕、葫芦烙画、软陶、叶雕、绳结、草编泥塑、板笔书画等。

12 月 7 日，区文联在区实验中学举办非物质文化遗产进校园暨万柏林区锣鼓艺术协会换届大会。会议选举产生万柏林区第二届锣鼓艺术协会主席、副主席、秘书长、副秘书长人选。万柏林区锣鼓艺术协会研学基地在区实验中学挂牌。“非遗文化进校园”将非物质文化遗产——“锣鼓文化”传承保护与学校民族传统文化教育相结合，注重发挥学校在传统文化的传承、创新中的作用。（高海琴）

【书法摄影展览】 2019 年 2 月 18 日至 22 日，万柏林区委宣传部、区文化局、区文联、区文化馆讴歌新时代·翰墨喜迎春——庆祝中华人民共和国成立 70 周年书画展在太原市群众艺术馆展厅举行。展出书画作品近百幅，有行、草、隶、篆书写的歌颂祖国的诗词歌赋，有描画万柏林的花鸟山水、田园风光。整个展览主题鲜明，内容丰富，立意高远，充满正能量。太原广播电视台综合频道记者进行专访，区政协文化艺术界委员们利用“两会”休息时间莅临展馆参观。

4 月 10 日，省书法家协会、省书画家协会在祁县梨花园举办万柏林区书协名誉主席吕林健书法作品展。吕林健是中国书法家协会会员，中华文化促进会会员，山西省书法家协会副主席，山西省书画家协会副主席。展览吸引了省内外上百名书画爱好者及专业书法家，万柏林区文联、书协二十余人前往参加。

8 月 20 日，区政协、区委宣传部、区文联及区书协、区美协、区摄协举办的翰墨丹青颂祖国——万柏林区庆祝中华人民共和国成立 70 周年书画、摄影作品展在太原美术馆开展。筹备展览共征集书画摄影作品 1500 余幅，经组委会评选，选出 200 余幅参展，为期 10 天。

10 月 18 日，区文联主办的与祖国同行·在路上——金茂钧、侯相卿、王雪峰中国画联展在太原市群众艺术馆举行。金茂钧、侯相卿、王雪峰是当今活跃在三晋画坛的资深国画家。金茂钧以山水见长，侯相卿喜蜡染擅花鸟，王雪峰则专注人物。这次联展，既是他们献给中华人民共和国成立 70 周年的一份厚礼，也是他们数十年来从事美术创作的一次成果展示。

10 月 25 日，区文联、区美协举办的百花竞秀颂祖国美术作品展在太原市群众艺术馆开展。展出太原市美术家协会、万柏林美术家协会以及刘存惠水墨艺术研究院山西太原画友会的画友们的作品近百幅。

11 月 23 日，由山西省中国画学会、山西省图书馆、太原理工大学艺术学院、山西省美术家协会花鸟画艺委会共同主办，太原市美术家协会、太原市万柏林区文联承办的嘉卉同芳中国画作品展在山西省图书馆文源视界第一展厅开展。郭太运、韩瑞龙、邵铁瑛、李彩英、傅丽云、李志强、卢兴 7 位画家的 70 余幅绘画作品参展，展期 16 天。（高海琴）

【群众文艺志愿服务】 2019 年 6 月 1 日，区文联与区舞蹈家协会、千峰街办迎泽南社区主办“我是城市主人翁”为“二青会”助力、为创城做宣传系列活动，在迎泽南社区中心广场举行儿童文艺演出。开场舞蹈《梦娃》和小演员们的二胡、笛子齐奏、街舞、古筝联奏、非洲鼓串烧、葫芦丝等表演，受到现场小朋友和观众欢迎，鼓舞了广大少年儿童为“二青会”助力、为创城做贡献的积极性。

9月20日，由区文联主办，千峰街办公园路社区、小井峪街办前进路南社区、绿水青山民乐队承办的庆祝中华人民共和国成立70周年文艺演唱会在万柏林区委门前广场举办。绿水青山民乐队已组建十几年，成员主要是离退休人员，年龄都在70岁左右，他们虽然都不是专业人员，但在区文联和街办、社区的支持与帮助下，坚持自编自演，借助民歌、老歌的形式，推出一批群众耳熟能详、喜闻乐见的新节目。银发老人用二胡、扬琴、小提琴、架子鼓等乐器伴奏，以合唱、独唱、对唱等形式，表演《开国牛》《改革开放在路上》《汾河公园美如画》《我和我的祖国》《人说山西好风光》等节目，反映人民群众庆祝中华人民共和国成立70周年的真情实感。（高海琴）

2019年，区文联组织的庆祝中华人民共和国成立70周年文艺演出活动　（高海琴供图）

万柏林区残疾人联合会

【概况】2019年，太原市万柏林区残疾人联合会以习近平新时代中国特色社会主义思想为指导，全面贯彻中共十九大和十九届二中、三中、四中全会精神及习近平总书记视察山西重要讲话精神，落实省委十一届九次全会精神、市委第十一届七次全会精神和区委三届八次全会部署要求，以“改革创新、奋发有为”大讨论和“不忘初心、牢记使命”主题教育为契机，全面提升残疾人工作者的服务能力和工作水平，全区残疾人事业发展取得新进步。（王红峰）

【康复服务】2019年，万柏林区残联制定出台《2019年全区残疾人精准康复服务工作》，联合卫计委共同举办全区残疾人家庭医生签约工作推进会，全面部署和推动精准康复服务工作，为2018名残疾人提供康复服务，占需求总数的97.02%。13个社区卫生服务站、3个中心站、1个康复示范站及市康定精神病医院与残疾人进行签约服务。其中康复示范站光华社区卫生服务站服务人数达400人，康定医院入户400余户，确定服务人数为360人；残疾人辅助器具适配（含助听器）服务人数达350余人，达到服务率的98.17%。开展宣传、摸底并联系定点医院（太原市爱尔眼科医院）完成免费白内障复明手术5例；完成残疾人免费假肢安装8例。

万柏林区残联与区卫健体局共同出台《关于做好2019年省民生实事残疾预防重点干预和残疾儿童抢救性康复项目组织实施工作的通知》，并完成目标任务。开展0岁至6岁儿童阳性筛查、

2019年，万柏林区第十次全国肢残人活动日（王红峰供图）

复筛和诊断服务，为57例儿童提供服务，超额完成上级下达的任务指标（任务42人）。做好儿童抢救性康复救助，接受服务的儿童135人，超额完成上级下达任务指标（任务128人）。利用“爱耳日”“助残日”、全国“残疾预防日”等开展宣传，传播健康知识、加强残疾预防、宣传党和政府对残疾人的优惠政策。（王红峰）

【组织建设】 2019年，万柏林区残联以乡（街）和社区（村）残疾人组织建设为重点，健全和完善基层残疾人组织。15个乡（街）配备理事长15名，其中1名理事长为专职，其余14名均为兼职。84个社区和40个村配备残疾人专职委员。社区（村）残协服务能力不断提升，各种工作机制逐步建立健全，从队伍、阵地、版面、资料等全方面都达到规范化建设标准。开展中央彩票公益金残疾人托养服务项目，按照每人3000元的标准为50名智力、精神、重度肢体残疾人提供健康监测、健康咨询、基本康复和残疾预防服务、基本生活照料和护理等方面为期一年的服务。开展春节扶贫帮困送温暖活动，为16名贫困残疾人每人慰问500元，总计发放8000元慰问金。

（王红峰）

【调查登记】 2019年，万柏林区残联全面完成2019年全国残疾人基本服务状况和需求信息动态更新工作，全区调查残疾人12611人。开展残疾人证到期换证工作。换发到期残疾人证3687个，新办残疾人证（含变更）709个，办理残疾人乘车证431个。（王红峰）

【就业培训】 2019年，万柏林区残联依托市残疾人直属培训基地——华夏成功心理培训学校、科技职校开展插花、蔬菜（花卉）、手工编结、中西糕点、中式烹调等各项职业技能培训，培训残疾人128人。

开展“双百双千”就业创业工作。申报残疾人就业创业基地——太原西山福利厂、残疾人实训基地——太原市科技职业培训学校、个人自主创业店铺9家等11个单位。经区残联审核，市残联复审全部验收合格。

开展入百企助千人活动，深入西山福利厂、市科技职校、华晋骨科医院等14家驻地企业，挖掘残疾人就业岗位，宣传残疾人就业条例，依托企业帮助自主创业残疾人，获得帮扶资金58万元，帮扶残疾人143人。

对57家（一般企业13家、小微企业44家）残疾人就业单位进行年审，核实、掌握残疾人就业相关信息。开展残疾人失业登记、做好就业咨询、指导和服务工作。（王红峰）

【残疾人权益维护】 2019年，万柏林区残联做好信访接待和调查处理工作，接待残疾人及亲属来信来访来电200余人次，90%以上的来信来访来电在初信初访后得到妥善解决。通过区法律援助中心，为残疾人提供法律咨询、援（救）助案件20余起。上报法律救助案件补贴1件。开展残疾人无障碍设施建设。为8户贫困重度残疾人家庭配置安装无障碍设施，为10户视力残疾人配发语音电饭煲，为20户听力残疾人配发闪光门铃。开展2019年度残疾人机动轮椅车燃油补贴发放工作，对全区符合条件的116名残疾人发放机动轮椅车燃油补贴30160元。（王红峰）

【宣教文体活动】 2019年，万柏林区残联以新闻媒介为载体，加大宣传力度。利用新闻媒介，营造浓厚宣传氛围。全年，省、市残联网站采用信息40余篇次，刊出《万柏林残联简讯》77期。参与省残联系统自强模范暨助残先进集体的评选，万柏林区肢残人李鲜芳被省、市残联评选为

2019 年，万柏林区开展残疾人文化周活动
（王红峰供图）

全省残联系统山西省自强模范。

开展残疾人文化周活动。依托社区开展康复知识讲座、“我和我的祖国”诗歌朗诵和歌唱活动、残疾人趣味运动会、残疾人文艺会演等活动，营造残疾人事业发展的良好氛围。

举行万柏林区第十次全国肢残人活动日活动。现场为部分肢体残疾人免费发放轮椅、助行器、登杖、手杖等辅助器具。共同聆听自强模范李鲜芳和宋卫军的先进事迹报告。

举行万柏林区服务残疾人活动暨先进典型宣讲报告会。报告会邀请全国先进个体工商户、山西省自强模范、山西省道德模范、太原市时代新人、西宫芳芳修表店经理李鲜芳，中国好人、山西好人、太原市时代新人、太原市灵星社区服务中心主任李小姣进行典型事迹宣讲，增强做好残疾人工作的责任感、使命感和紧迫感，推动全区残疾人事业的发展。

开展时代新人志愿助残阳光行动活动。深入九院小区 3 户重度残疾人家中，为他们打扫家庭卫生、给残疾人免费全身按摩。李鲜芳对重度残疾人进行心理辅导，开解他们的心灵，鼓励他们自强自立，勇敢乐观地生活。（王红峰）

【全国助残日活动】 2019 年，万柏林区残联开展扶残助困送温暖活动，慰问 80 名特困残疾人，每人发放慰问金 500 元，共计 4 万元。深入结对社区晋祠路社区开展志愿服务宣传活动，深入西铭敬老院、化客头敬老院赠送 35 件辅具。组织 50 名残疾人参加市残联组织的口腔免费检查活动，为残疾人献上健康与关怀。（王红峰）

【“残疾预防日”活动】 2019 年 8 月 23 日，万柏林区残联和市残联在兴华街道漪汾苑社区举办以“残疾预防，从生命源头做起”为主题的宣传活动。活动现场悬挂活动标语，展出 10 余块残疾预防宣传版面，设立咨询台、服务台，工作人员发放宣传资料和康复手册等宣传品。各医院服务台的大夫们免费为现场群众做测血压、测血糖、检测视力的服务，听障儿童现场表演舞蹈，并展示他们的训练成果。活动的开展，对营造全社会重视残疾预防、防范致残风险的良好氛围起到积极的作用。（王红峰）

【党风廉政建设】 2019 年，万柏林区残联加强组织领导，全面落实党风廉政建设主体责任。强化党章意识和党的观念，切实把主体责任扛在肩上，健全完善规章制度，加强对党员的日常教育、管理和监督。党支部书记强化责任意识和担当意识，主动思考、主动研究、主动作为，做到履行第一责任人的责任不放手。领导班子其他成员认真履行“一岗双责”，对分管范围内的党风廉政建设责任主动承担、认真落实，做到履行分管责任不缩手。贯彻中央“八项规定”，持之以恒反对“四风”，杜绝公款送礼、公款吃喝、奢侈浪费和公车私用现象，公务支出得到严格控制。开展廉洁自律教育。严明党的政治纪律，强化党员干部的纪律意识和规矩意识，把强化纪律执行融入日常教育管理的方方面面，督促党员干部自觉遵守党的纪律，模范遵守国家法律法规。

（王红峰）

法 治
FA ZHI

区委政法委及综治

【概况】 2019年，中共太原市万柏林区委政法委围绕为中华人民共和国成立70周年创造安全稳定社会环境这一主线，深入推进平安万柏林建设、法治万柏林建设、过硬队伍建设和智能化建设，各项工作取得长足发展。在平安建设方面，落实总体国家安全观和维稳安保责任制，打好防范化解重大风险攻坚战，完成庆祝中华人民共和国成立70周年、“二青会”、全国“两会”等大型活动安保工作。推进“扫黑除恶”专项斗争，各项战绩始终在全市处于领先位置，创新发展新时代“枫桥经验”，推进矛盾纠纷多元化解，建成27个社区综治工作站，加强社会治安防控体系和“雪亮工程”建设，开展社会治安重点整治和平安创建活动，群众的安全感和满意度不断提升，万柏林区被评为全市综治工作先进县区。在法治建设方面，推进依法治区，深化司法体制综合配套改革，为全区经济社会发展提供坚实的法治保障。在队伍建设方面，开展“不忘初心、牢记使命”主题教育，加强职业教育培训，强化纪律作风督导检查，锻造高素质政法铁军。在智能化建设方面，推动现代科技与政法工作深度融合，政法各部门运用互联网、大数据、人工智能等手段加快提升工作质效。 （朱玉芳）

【平安万柏林建设】 2019年，中共万柏林区委政法委以防范化解重大风险为着力点，全面落实总体国家安全观，增强忧患意识，坚持底线思维，强化斗争精神，扛起维护国家安全的政治责任。成立区委国家安全委员会及其办公室，制定《万柏林区国家安全委员会工作规则》，确保各项工作扎实有序运行。完善国家安全工作体制建设，建立统一归口、反应灵敏、准确高效的国家情报工作机制，确保情报收集、汇总、分析、报送准确高效。坚决打好防范化解重大风险攻坚战，制定《任务分解清单》，明确各责任单位的任务分工，围绕8大领域50项具体工作全面系统排查风险隐患，为推动全区经济社会全面发展创造安全的环境。落实安保工作责任制，以打赢中华人民共和国成立70周年大庆安保攻坚战为首要政治任务，以做好全国“两会”“二青会”安保工作为重点，推进重大活动及重要会议期间各项安保措施落实落细。树立“一盘棋”思想，政法战线勇当主力军、守好主阵地，各乡（街）各部门守土负责、履职尽责，织密全区安保工作网。开展“践行新使命、忠诚保大庆”百日专项行动，以21项清零工作为抓手，启动战时每日零报告，严格执行重大情况请示报告制度，坚持“每日一调度、每周一督导、每月一研判”，及时研判分析情况，对突发事件和重大案件第一时间迅速启动应急预案，提高预知预警预防能力。完成2019年太原能源低碳发展论坛、长风商务区水幕灯光秀等大型活动安保工作。（朱玉芳）

【“扫黑除恶”专项斗争】 2019年，中共万柏林区委政法委落实省委“十个进一步”“十个不断强化”的要求，以“三打三治”为重点，以制度建设为保障，以深挖根治为目标，科学谋划、周密部署。政法各部门统一办案思想，建立重大案件协商机制，及时召开案件协调会议，研究解决案件办理过程中存在的问题。专项斗争开展以来，共会商重大案件5件。对全区涉黑涉恶案件开展逐案检查，严格对照“两高两部”四个指导意见，落实“两个一律”“一案三查”等制度，严查涉黑涉恶腐败及“保护伞”问题线索，对已办结案件组织开展“回头看”，加强行业监管，建立《风险提示函》《司法建议》《检察建议》交办制度，对发现的行业监管漏洞及时反馈，形成齐抓共管的工作格局。全年交办《风险提示函》15件、《司法建议书》7件、《检察建议书》2件。加强源头根治，开展村（社区）“两委”换届选举“回头看”，对村“两委”成员进行涉黑涉恶线索大排查，对19名受过刑事处罚的村干部全部进行撤换，并配齐配强“两委”成员。加强重点人员管理。对刑满释放、社区矫正“两类人员”开展再摸排、再谈话，分别签订“扫黑除恶”保证书2015份、谈话笔录1782份，防止被黑恶势力拉拢利用。加强宣传动员，综合利用传统媒体和“万柏林政法”“万柏林宣传”“万柏林公安”等新媒体加强正面宣传，严格规范标语口号及宣传内容，对全区“扫黑除恶”宣传标语进行全面

2019年4月23日，万柏林区“扫黑除恶”专项斗争领导小组第13次（扩大）会议在区委常委会议室召开 （朱玉芳供图）

排查，确保宣传内容的准确性。加强专项整治。开展“对黄赌毒和黑恶势力听之任之、失职失责，甚至包庇纵容、充当‘保护伞’的问题”专项整治，在依法严惩黄赌毒和黑恶势力的同时，同步推进“打伞破网”，实现“两清零、三到位”，确保社会治安进一步好转，党风政风和社会风气进一步净化。（朱玉芳）

【新时代“枫桥经验”实践】 2019年，中共万柏林区委政法委创新发展新时代“枫桥经验”，推进矛盾纠纷多元化解，“李俊文个人品牌调解室”挂牌，实现人民调解进宗教的创举，探索建立司法调解进派出所模式，8个派出所设立人民调解工作室，和平南路派出所入选全国首批枫桥式公安派出所，全年调解矛盾纠纷1272件，调解成功1261件，成功率达99.1%。全面加强综治网格建设，投入180余万元打造社区综治工作站，将信息采集、人口管理、治安防范等全部纳入网格化管理，将物业、保安、平安志愿者等基层力量全部纳入网格序列，建成下元社区、后北屯社区等27个社区综治工作站。发挥综治信息系统作用，提高网格化服务管理水平，累计上报预测预警信息和典型事件24034件，办结24031件，

办结率99.99%，各项指标在全省、全市排名均在前列。（朱玉芳）

【社会治安防控体系建设】 2019年，中共万柏林区委政法委结合“扫黑除恶”专项斗争，制定印发《关于在全区进一步集中开展社会治安重点治乱的通知》和《关于在“扫黑除恶”专项斗争中开展涉黑涉恶重点治乱工作的实施方案》，围绕城乡接合部、“城中村”、工矿区、出租房屋、九小场所、娱乐场所等社会治安重点地区以及易滋生黑恶违法犯罪治安乱点，开展常态化排查整治，切实改变重点地区治安面貌。全年排查出社会治安乱点35个，全部完成整治。（朱玉芳）

【法治社会建设】 2019年，中共万柏林区委政法委围绕全区改革发展大局，完善公共法律服务体系，建成2个区级公共法律服务中心，15个乡（街）公共法律服务工作站和152个村（社区）公共法律服务工作室，依托公共法律服务平台实施免费法律咨询便民工程，解答群众法律咨询845人次，发放免费法律咨询宣传品1万份。做好一村（社区）一法律顾问工作，走进村（社区）为群众提供法律咨询，累计咨询2000余人次。加大法制宣传教育力度，全面落实“七五”普法规划，推行谁执法谁普法、谁服务谁普法责任制，开展法律进机关、进乡村、进学校、进单位、进企业、进工棚“法律六进”活动，在“4·15”“6·26”“12·4”等关键时间节点开展主题宣传活动，通过新旧方式结合、条块结合、上下结合等多种形式营造浓厚法治氛围。全年进行法治集中宣传45场次，发放各类普法资料8.4万余册、宣传品4.4万余个。推进法治阵地建设，全面铺开民主法治创建活动，实现法治创建与和谐平安社区建设同规划、同部署、同落实。同年，累计建设村（社区）法治图书室45处、法治文化墙34处、法制宣传橱窗590个，基本上实现法制宣传教育阵地全覆盖。闫家沟社区被命名为全国民主法治示范社区称号，西环游园被省普法办挂牌命名为法制宣传教育基地。（朱玉芳）

【政法智能化建设】 2019年，中共万柏林区委政法委推动现代科技与政法工作深度融合，政法各部门运用互联网、大数据、人工智能等手段，加快提升工作质效。区法院加强电子卷宗深度应用，案件办理、诉讼服务、司法管理等自动化、智能化水平进一步提升。区检察院通过“远程提讯”“足不出院”开展远程庭审102次，有效提升办案效率。区公安分局情报指挥合成作战中心牵头建设的视频实战管理应用平台中四项技术，被国家知识产权局评为实用新型专利。（朱玉芳）

【特殊人群服务管理】 2019年，中共万柏林区委政法部门加强流动人口服务管理工作，加大实名制登记检查力度，开展出租房屋、流动人口走访调查，基本实现流动人口动态管控。加强对刑满释放人员和社区矫正人员的管理工作，严格落实各项管控措施，最大限度预防和减少重新违法犯罪。同年，登记在册社区矫正人员208人，刑释解教人员1311人。加强易肇事肇祸严重精神障碍患者服务管理工作，推动15个乡（街）成立精神卫生综合管理小组，扩大“以奖代补”政策覆盖面。进一步加强心理服务体系建设，在村（社区）设立心理咨询服务室，建立心理疏导服务队伍，开展社会心理服务“进机关、进乡村、进学校、进医院”活动，扩大基层覆盖面，保障基层开展心理服务的针对性和实效性，提升心理服务体系建设水平。（朱玉芳）

【平安创建活动】 2019年，中共万柏林区委政法委开展“平安单位”“平安校园”“平安村（社

2019 年 3 月 31 日，区委常委、政法委书记杨宏林在西铭街道检查安全工作（朱玉芳供图）

等平安创建活动，推进中央和省驻区单位开展平安创建，签订平安建设目标责任书。在广场、公园、学校等场所多次组织开展“安全进万家”大型宣传活动，在全社会营造平安创建人人参与的浓厚氛围。（朱玉芳）

【法治万柏林建设】2019 年，中共万柏林区委成立全面依法治区委员会，设立办公室和司法、守法普法、法律监督、执法四个协调小组，确定委员会、办公室成员及协调小组成员名单，确保组织架构健全。健全议事规则。经区委全面依法治区委员会第一次会议研究，制定区委全面依法治区委员会工作规则、委员会办公室工作细则和协调小组工作规则。部署推进工作。召开委员会、办公室等会议，印发《2019 年工作要点》《重点工作任务责任分解清单》《法治建设考评指标任务分解清单》等，确定 2019 年全面依法治区各项工作任务，明确各乡（街）各部门工作职责，确保依法治区工作有序推进。落实党政主要负责人履行推进法治建设第一责任人职责规定，出台《万柏林区 2019 年度党政主要负责人履行推进法治建设第一责任人职责工作清单》，把法治建设成效作为衡量各级领导班子和领导干部实绩的重要内容，纳入领导干部履职情况考核评价体系，提高领导干部运用法治思维和法治方式开展工作、化解矛盾、解决问题的能力。（朱玉芳）

【法治队伍建设】2019 年，中共万柏林区委政法委把思想政治建设摆在首位，贯彻落实《中国共产党政法工作条例》，加强对政法各单位的指导、支持、督促，选齐配强乡（街）政法委员，将党对政法工作的绝对领导贯彻落实到各领域各方面各环节。以党建为引领，开展“改革创新、奋发有为”大讨论活动和“不忘初心、牢记使命”主题教育，通过组织集中学习、专题研讨、干部在线学习、讲授专题党课、组织理论测试等方式学习习近平新时代中国特色社会主义思想，系统学习习近平总书记系列最新重要讲话精神及中共十九届四中全会精神，引导广大政法干部树牢“四个意识”、坚定“四个自信”、自觉践行“两个维护”。

业务能力建设。健全完善提高政法干部素质的长效机制，以职业教育培训、罪名解析“大比武”等多种形式，开展全方位、多频次、多层面的集中轮训。参加省市政法委组织的各类政治轮训、业务培训，切实提高政法干部有效防控风险能力、运用政策法律能力、适应和运用新媒体能力等。将业务培训与大讨论相结合，紧扣“六个破除”“六个着力”“六个坚持”，召开“对标 2019 年重点工作抓落实”专题讨论会，突出目标导向、问题导向、实践导向，引导政法干部对标一流、奋勇争先，不断提升工作能力和水平。

纪律作风建设。推进政法系统党风廉政建设，签订《2019 年度党风廉政建设责任书》，层层明确责任，形成政法单位主要负责人、班子成员、科室负责人一级抓一级、层层抓落实的工作格局。开展廉政警示教育，组织观看《失守的底线》《微腐败》等警示教育片，强化日常监督检查，对考勤、值班等情况不定期抽查，把稳思想之舵，强化规矩意识。（朱玉芳）

【法律服务】2019年，太原市万柏林区法学会加强思想政治建设，强化法学工作的政治引领。组织常务理事、理事及广大会员通过多种形式学习习近平新时代中国特色社会主义思想和中共十九大及十九届二中、三中、四中全会精神等，引导广大法学法律工作者增强“四个意识”、坚定“四个自信”、树牢“两个维护”，坚定不移走中国特色社会主义法治道路。

法学研究。动员组织政法各单位、区委党校等法学法律工作者参加第十二届中部崛起法治论坛、第十四届环渤海区域法治论坛、太原市县乡村三级法律服务平台建设和公共法律服务体系建设研究、小微课题研究等各类研讨活动，经筛选汇总上报征文16篇。在涉法信访问题研究研讨活动中，上报的《关于社会矛盾纠纷调解的调研报告》和《试论如何化解涉法涉诉信访》两篇征文分别获得二等奖和三等奖。

法治宣传。开展“双百”活动和法治文化基层行活动。通过举办法治讲座、赠送法律书籍、开展法律咨询等多种形式推进法治进机关、进学校、进社区。邀请山西华炬律师事务所律师为万柏林十一中学生讲授法在我身边——青少年安全自护专题讲座，并现场赠送宪法等法律书籍。与山西昌世律师事务所联合在白家庄街办五三社区举办法治专题讲座，讲解有关婚姻、财产等与群众生活密切相关的法律知识。

搭建法律服务平台，参与基层社会治理。学习借鉴新时代“枫桥经验”，根据省市法学会安排部署，在总结“法治诊所”工作经验的基础上，依托区司法局公共法律服务平台，探索在区、乡（街）、村（社区）建立法律服务所、法律服务站、法律服务室三级法律服务平台，围绕做好法律顾问、提供法律咨询、调解矛盾纠纷、参与法律援助、开展法制宣传教育、参与小微课题研究六项职能逐步规范工作机制，明确工作内容，固定服务人员，发挥法学会在参与社会治理中的作用。同年，将187名会员信息全部录入中国法学会官方会员信息管理系统，实现会员管理的规范化和信息化。（朱玉芳）

【网格化综合管理】2019年，太原市万柏林区社会治安综合治理中心结合实际合理划分网格，选齐配齐网格长，明确网格长职责，建立社区网格化运行机制、工作流程，开展人口基础信息录入，进行网格化全覆盖，促进全区社区网格化管理服务工作的开展。累计有效事件上报数24160件，有效事件办结数24138件，有效事件办结率99.91%。有效事件上报数、有效事件办结数、有效事件办结率等指标在全市排名均在前列。

为提高网格长上报有效事件质量，区综治中心制定事件巡查制度。根据实际情况对网格化工作人员进行定期培训、集中轮训、专项培训，全年区综治中心累计培训网格长30余次。学习推广新时代“枫桥经验”，开展“最美网格员”评选活动，经村（社区）、乡（街道）综治中心层层申报推荐，万柏林区王哲等3名网格长获得全省“先进网格员”称号。

开展将小街巷文明交通综合治理工作列为网格化服务管理的重要内容，主要对小街巷违法停放车辆、“马路市场”、占路经营、广告牌整改挪用、占用交通设施和停车设施等进行管理。在巡查中，对发现的问题及时向交警等职能部门进行反馈上报，累计处理道路交通类事件2858件，交通乱点、管理难点、拥堵结点得到有效治理。为群众营造和谐、文明、畅通的道路交通环境。

按照《太原市公共安全视频监控建设联网应用工作实施方案》要求，推进项目建设，市综治中心向区综治中心推送视频资源，区综治中心与公安分平台直联，实现视频资源共享。全区建有公共安全视频监控1330路，建有人脸抓拍相机

548台，基本实现城区范围人脸抓拍闭环，建有超融合高点摄像机14台，配合市公安局建设59组高点摄像机，实现万柏林辖区“五街五路”高点全覆盖。（朱玉芳）

公 安

【概况】 2019年，太原市公安局万柏林分局坚持以习近平新时代中国特色社会主义思想为指导，开展“不忘初心、牢记使命”主题教育，围绕中华人民共和国成立70周年安保主题主线，以“全市标杆、全省领先、全国一流”为总体方向，举全警之力、集全警之智，履行捍卫政治安全、维护社会安定、保障人民安宁的使命任务，夺取中华人民共和国成立70周年大庆安保和“二青会”安保的全面胜利，8个黑恶势力团伙被成功摧毁，近5000名违法犯罪人员被绳之以法，8起命案全部破获，94起“八类案件”全部侦破，上千件国宝成功追回，229项重大安保任务万无一失。

同年，太原市公安局万柏林分局成功承接赵克志在山西视察工作汇报任务和中央“扫黑除恶”督导组、公安部和省、市主要领导视察检查任务。和平南路派出所被公安部命名为全国首批枫桥式公安派出所，太原市公安局万柏林分局被公安部评为全国执法示范单位，太原市公安局万柏林分局刑事技术实验室被评为全国示范刑事科学技术室，太原市公安局万柏林分局被省公安厅荣记集体二等功，同时评为公安“一网通办”成绩突出集体，长风派出所被评为全省首批38家枫桥式公安派出所之一，和平南路派出所被评为公安大数据应用成绩突出集体。

（孔 颖 郭语佳）

【思想政治建设】 2019年，太原市公安局万柏林分局党委把加强党的建设作为践行对党忠诚的先导工程、加强队伍建设的根本统领、落实从严治警的有效手段、推动公安工作的引擎动力，以开展“践行新使命、忠诚保大庆”主题实践活动专项行动为载体，结合“不忘初心、牢记使命”主题教育活动，以党风引领警风，以队建促业务，开展全警实战大练兵和“四个铁一般”选树活动，探索抓党建带新途径、新方法，助推党建工作成效向现实战斗力的转化，全局各项业务工作稳中有升，队伍建设健康发展，呈现良好发展势头。

太原市公安局万柏林分局党委落实中共十九大以来对党建和公安队伍建设的新要求，班子成员深入分管单位、支部书记在本单位，为全局民警及所在支部民警讲党课30余次。出台落实党建目标责任制、规范党务工作、开展专项督察等一系列制度，每月制定党建问题清单、任务清单、责任清单，开展党委、支部、党小组“三级谈心谈话”，形成长效机制。开展“不忘初心、牢记使命”主题教育活动，全年梳理需整改问题65条，已整改43条，正在整改的22条。

（孔 颖 郭语佳）

【放管服效改革】 2019年，太原市公安局万柏林分局推进“放管服”户籍制度改革，提速公安行政审批服务效能，在全局16个派出所落实“省内户口迁移‘一站式’办理”便民服务措施，最大限度地服务群众，累计为5000余名群众办理户口迁移手续。落实省公安厅《关于全面调整放宽户口迁移政策》精神，全面梳理现行户籍管理政策规定，按照“能放则放、应放尽放”的要求，将所有市局、分局审批事项同一时间，全部下放至派出所户籍窗口直接办理，加快推进户籍改革系列政策，实现精准管理、精准服务。全局办理合法稳定住所落户421人，学历人员落户575人，在校大学生落户19人，技术技能人才落户32人。（孔 颖 郭语佳）

【公安队伍建设】 2019年，太原市公安局万柏林分局围绕《习近平新时代中国特色社会主义思想学习纲要》《习近平关于“不忘初心、牢记使命”重要论述选编》等内容，制定全年学习计划。开展“不忘初心，牢记使命”主题教育，分局党委理论中心组、各党总支先后组织集体学习115次，讲授专题党课40余次，开展政治轮训5天。进行交流研讨13次，撰写心得体会600余份，在全局范围内营造守初心、担使命、找差距、抓落实的浓厚氛围。把《中国共产党廉洁自律准则》和中央“八项规定”等党纪警规作为廉政建设的总要求，组织召开党风廉政建设专题会议，加强民警思想政治教育和廉政教育；将“五位一体”队伍风险评估管理机制纳入警务工作管理平台，实施动态性、长期性建档管控；建立完善“党员领导干部勤政廉政谈话”、重大事项报告、外出报备等制度；推进辅警党支部建设，启动辅警轮岗机制和末位淘汰机制，对2名长期脱岗离岗，工作不积极、长期考核排名落后以及出现违法违纪问题的辅警清除出队。

实施素质强警工程。组织开展中华人民共和国成立70周年大庆安保维稳协同指挥作战平台、执法全流程智能管理平台、立体打防网络电信诈骗犯罪工作平台、派出所平台等大数据应用平台专业化培训和跟班作业，培训覆盖500余人次，提升全局信息化实战水平。组织开展全警实战大练兵。围绕“四个铁一般”的要求开展练兵培训。10月10日，分局礼仪队列方队民警100余人在全市全警实战大练兵礼仪队列会操比武中获得二等奖。加大硬件装备投入力度。总投资500万元在全市率先完成分局三大办案中心建设改造，设置嫌疑人体检、医疗救助、法律援助、司法鉴定、伤情鉴定、电子数据勘验等功能区，全面满足“一站式”执法办案需求。全局新购26辆公务用车，为执法办案单位采购执法记录仪102台，对

2019年9月30日，太原市公安局万柏林分局党委全体成员在烈士陵园重温入党誓词（郭语佳供图）

讲机8部，望远镜15台，便携计算机34台，台式计算机99台，高配置电脑38台，提升一线执法办案硬实力，保障民警工作效能。

实施“典型塑警”工程。落实奖励先进、奖励能手、奖励创新制度，抓好“一案一奖”“一事一奖”制度落实，为分局37名民警申报奖励，其中3名被授予二等功，22名被授予三等功，16名被授予嘉奖，举办老民警荣退暨新警入警宣誓传承交接仪式，召开选树“时代新人”颁奖大会，增强职业认同，激发全警干事创业热情。

全年开展战时奖励32次，60余名民警被市局立功表彰。排查风险人员22名，其中民警17名、辅警5名。对分局1名烈士、5名因公牺牲民警家庭进行走访慰问。对35名民警、17名辅警进行慰问，其中因公受伤23人，生病住院29人。为全局民警购买人身意外伤害、重大疾病保险。

（孔　颖　郭语佳）

·安保工作·

【全国、省“两会”安保任务】 2019年1月24日至30日，省“两会”在太原召开期间，太原市公安局万柏林分局按照市局部署，出动值勤警力1700余人次、车辆220余台次，深入辖区公交站点、重点场所、基层单位，稳控上访人员、

整改安全隐患，确保“两会”期间全区政治安全，社会安定。全国“两会”期间，太原市公安局万柏林分局党委班子成员分工把口、一线指挥，24小时在岗在位，召开协调推进会5次，640名民警、580名辅警和1200余名群防群治力量一线值守，15个派出所、5个责任区刑警队、3个“环京护城河治安卡口”24小时值守。（郑晓功）

【“二青会”安保任务】2019年，太原市公安局万柏林分局全警动员、周密部署、抓实细节，从7月4日“二青会”乒乓球（U15体校组）比赛开始到8月18日“二青会”闭幕，历时46天，共投入安保力量6285人次（包括民警：2120人次、保安：4165人次），车辆535台次。完成“二青会”各项安保维稳工作任务，各项工作“零漏洞”“零失误”“零瑕疵”，实现“七个坚决防止”和“四个确保”的工作目标。（孔　颖　郑晓功）

【中华人民共和国成立70周年大庆安全保卫】2019年，太原市公安局万柏林分局为确保大庆期间社会大局持续稳定，年初，太原市公安局万柏林分局即部署启动信访化解、基层基础工作、硬质隔离建设、文明交通综合治理、金融领域“五大攻坚战”，全面清除各类安全隐患，夯实基层警务工作。7月1日以后，治安管理大队、情报指挥合成作战中心，人口管理大队及各派出所紧密结合辖区实际，全面开展各项安全大检查，消除各类安全隐患。9月11日，组织召开“践行新使命·忠诚保大庆”誓师大会暨全警实战大练兵，全警全员迅速以最佳精神面貌，最强工作举措投入到大庆安保工作中。（郭语佳）

2019年9月11日，太原市公安局万柏林分局召开“践行新使命　忠诚保大庆”誓师大会暨全警实战大练兵　　（郭语佳供图）

·打击犯罪·

【概况】2019年，太原市公安局万柏林分局围绕中华人民共和国成立70周年安保主题，将打击锋芒直指侵害群众利益、影响安全稳定的突出犯罪问题，推进“扫黑除恶”专项斗争，全年累计打击处理4952人（刑事强制措施1205人、行政拘留3138人、抓获逃犯465人、收治收戒12人、刑事技术比对抓获132人）。太原市公安局万柏林分局刑事科学技术实验室被推荐申报全国示范刑事科学技术室，刑侦大队禁毒中队民警焦明德被国家禁毒委员会办公室评为全国“禁毒2018两打两控”专项行动成绩突出个人，‘9·25”专案被省公安厅授予集体二等功，刑侦大队、小井峪责任区刑警队被市局评为嘉奖集体。刑侦部门2名民警获得省公安厅二等功，2名民警获得省公安厅三等功。经侦部门“猎狐行动”受到公安厅通报表扬，“5·15”非法集资宣传活动受到公安部经侦局通报表扬。（孔　颖）

【“扫黑除恶”专项斗争】2019年，太原市公安局万柏林分局按照“一年治标、两年治根、三年治本”总要求，对各类涉黑涉恶线索展开深入摸排、精准核查、专案专办，扩线深挖，18条部转线索核查办结15条，办结率83%；36条省转线索办结33条，办结率92%；4条市转线索办结4条，办结率100%。根据省转线索，成功打掉以郭其军为首的黑社会性质组织，抓获团伙成员9人，破获刑事案件18起。全年打掉黑恶势力犯罪团伙8个，其中黑社会性质犯罪组织2个，恶势力犯罪集团1个，恶势力犯罪团伙5个，抓获51人，破获刑事案件49起，打击战果始终位于全市第一方阵。其中，田某为首的涉黑涉恶案件和郭某为首的涉黑涉恶案件被市局定为2019年1号、2号专案。全年扣押冰毒300克、制毒原材料苯300余千克、氨1100余千克、丙酮2400余千克、氢氧化钠1200千克及油桶、烧杯、过滤器、电子秤、搅拌机等制毒工具。加大涉黑涉恶逃犯追捕力度，7月24日抓获公安部A级通缉令涉黑逃犯寇某瑶，10月8日抓获省督涉黑逃犯梁某龙，10月30日抓获涉恶目标逃犯王某超。全年抓获涉黑涉恶逃犯13名，其中公安部A级通缉令涉黑逃犯1名，分局涉黑涉恶在账逃犯全部清零。（孔　颖）

【治安案件侦破】2019年，太原市公安局万柏林分局通过综合运用视频实战管理应用平台等技术手段，提出“八类案件”必破的工作目标，将全区发生的94起“八类案件”全部侦破。秉承群众利益无小事的理念，破获侵害群众利益、影响安全稳定的刑事案件2186起，抓获作案成员数1205人，各项打击战果全面提升。其中：全年破获“盗抢骗”案件1154起，打击处理犯罪嫌疑人505人；查处涉黄行政案件237起，行政拘留527人；查处涉赌行政案件220起，行政拘留950人；侦办涉黄刑事案件114起，刑事拘留49人；侦办涉赌刑事案件9起，刑事拘留15人；侦办涉毒刑事案件49起，打击处理涉毒违法犯罪嫌疑人449人，同时，对106名病残吸毒人员全部收治收戒，对503名吸毒人员驾驶证全部注销、吊销，从源头降低吸毒人员肇事肇祸风险；破食药环侦案件68起，打击处理犯罪嫌疑人61人，行政拘留28人，训诫91人；经济犯罪案件立案578起，破案347起，同比上升18%，抓获127人，同比上升38%。（孔　颖）

【追逃工作】2019年，太原市公安局万柏林分局依托视频资源联网整合和深度应用，搭建基于超融合高点防控网、“天网+社会视频资源”防控网、“人脸抓拍”防控网为支撑的可视化、一体化实战指挥平台，创新“车牌+人脸+热点+N”等新型技战法，全年成功抓获逃犯465人，部A级、省督、重大命案等逃犯12人；抓获历年命案逃犯13人。（孔　颖）

【电信网络诈骗案件侦破】2019年，太原市公安局万柏林分局抽调刑侦、网安、技侦和派出所25名精干力量成立打击网络电信犯罪合成作战专班，按照“三升两降”目标，以立体打防网络电信诈骗犯罪工作平台为支撑，实现对该类犯罪的全链条、全环节、规模化打击。7月20日，分局合成、网安、刑侦以及和平南路责任区刑警队，通过连续半年深度研判、扩线经营和固定证据，成功打掉1个长期隐匿在湖北武汉市的网络诈骗团伙，抓获团伙成员12人，缴获涉案电脑29台，作案手机103部，破案100余起，涉案金额300余万元。11月2日，分局打击网络电信犯罪合成作战专班通过连续3个月的深度研判、扩线经营和固定证据，成功打掉1个长期隐匿在广州市番禺区通过网络冒充中医行骗的网络电信诈骗团伙，抓获团伙成员16人，缴获涉案电脑22台，作案手机60余部，假药80余箱，串案1000余起，涉案金额600余万元。（孔　颖）

【全国示范刑事科学技术室成功申报】2019年，太原市公安局万柏林分局对标国内行业标准，高标准建成1000余平方米的公安司法鉴定中心、刑事技术实验室，并设置DNA生物检材实验室、痕迹实验室、照相室、熏显室、器材室、物证管理室等功能区，全年刑事技术实验室现场勘察案件1712起，痕迹物证提取指纹199案235枚、生物物证452案505份、足迹1245案1313枚、工具痕迹45案58枚，现场物证提取率达到94.8%。通过指纹比中刑事案件75起，协助抓获71人；DNA检验比中刑事案件64起，协助抓获61人。累计检验各类案（事）件尸体114具，活体损伤检验230人，DNA检验全年累计受理487案，出具检验报告64份。刑事技术工作考核在全省位于前列，被省公安厅推荐为全国示范刑事科学技术室。（孔 颖）

【全国一流电子数据实验室建设】 2019年，太原市公安局万柏林分局为全面支撑执法办案各个环节需求，在分局主办案中心原有基础上投资80万元，建成100平方米的全国一流电子数据实验室，并配置全国最先进的取证航母、电脑取证塔、恢复大师、取证魔方等电子数据勘察设备，可快速便捷对嫌疑人电子物证进行分析取证，在侦办"1·23""8·13"特大网络电信诈骗案中，通过对嫌疑人电脑、U盘、手机分析取证，为案件侦办提供强有力的证据支持。（孔 颖）

【全省公安机关深化打击文物犯罪暨刑侦重点工作推进会】 2019年8月13日，全省公安机关深化打击文物犯罪暨刑侦重点工作推进会在太原市公安局万柏林分局刑侦大楼召开。会议贯彻全省打击文物犯罪重要指示精神，分析打击文物犯罪的新情况，对做好打击文物犯罪工作进行安排部署。省公安厅扫黑办、打击网络电信犯罪专班、刑侦总队、全省11个地市分管打击文物工作的副局长、刑侦支队长及部分县局局长参加会议。省公安厅党委委员、副厅长杨通顺出席会议并讲话。省公安厅刑侦总队政委史水鸿主持会议。（温 强）

·公共安全管理·

【治安乱点整治】 2019年，太原市公安局万柏林分局组织对全区169所幼儿园、61所小学、20所中学、10所大中专院校及周边环境进行16批次的排查整治，整改安全隐患203处、整改治安乱点11处。文明交通综合治理完成66条小街巷的综合治理、打造25条示范路段，取缔马路市场1737处、清除占道摊位1363家、清理私设地锁12处、安装隔离设施1430米、施划机动车停车位2737个，查处交通类刑事案件12起、行政案件68起，处理各类嫌疑人178人，为辖区群众创造了和谐安定的社会环境。（郑晓功）

【消防安全管理】 2019年，太原市公安局万柏林分局消防部门建立常态化消防检查、战时联勤协作、宣传教育社会化普及的工作机制。分析研判辖区消防安全形势，多方收集情报，精准打击危害消防安全的违法犯罪，全年成功端掉35个非法"黑窝点"，抓获嫌疑人50名、查处非法加装液化气罐2675个、运输车辆28辆、甲醇1000余千克。与区直单位联合检查26次，公共安全管理服务中心社会化消防培训30次，培训人员1.2万余人；开展消防宣传活动37次，发放宣传资料8000余份；检查单位6562家，发现隐患数6156处，整改隐患数5342处。（郑晓功）

·科技信息化建设·

【信息化防控网络基本形成】 2019年，太原市公安局万柏林分局在辖区公共区域安装人脸抓拍相机536台、超融合高点摄像机14台，实现城区范围内人脸抓拍闭环和城区范围内高点视频全覆盖。回装市局自建一类视频538台，建设智能安防小区146家，"7+2+3"派出所及5个责任区刑警队具备独立开展视频追踪及视频研判能力。完成“五街五路”及三个高速口143台融合卡口现场踏勘工作，融合卡口电采设备测试完毕。检查重点网站和网上“乱点”235次，约谈25家，网站行政处罚（警告）8家，限期整改36家，停机整顿110家；网络宣传3815次。（郑晓功）

【“合成式”侦查机制】2019年，太原市公安局万柏林分局应用“四侦一化”手段，组建刑侦、视侦、技侦、网侦合成作战单元，形成“以技术勘察为基础、以视频侦查为支撑、以合成作战为中枢”的联动作战机制，情报指挥合成作战中心运用信息化手段协助各办案单位抓获各类案件犯罪嫌疑人87人、抓获违法嫌疑人员132人、抓获在逃人员173名、协助破获重特大专案10余起、动态核查吸毒人员604人、核查落地其他各类嫌疑人1100余人。（孔　颖）

【“净网2019”专项行动】2019年，太原市公安局万柏林分局围绕基础工作、源头治理、专项打击三大任务，紧扣摸排、打击、整治、宣传四个环节，严厉打击涉网违法犯罪。检查重点网站和网上“乱点”291次，约谈35家，网站行政处罚（警告）19家；网络宣传3913次，国家级媒体宣传6次；侦办涉网案件580起，清理网上有害信息9000余条，侦办部督网络刑事案件2起，缴获作案电脑140余台、手机250余部，在全市“净网2019”专项行动中排名前列。（孔　颖）

【治安防控体系建设】2019年，太原市公安局万柏林分局向城乡接合部和西山地区延伸视频覆盖，减少死角和盲区，提高见警率、管事率和与犯罪分子碰撞率，将辖区人、地、物、事、组织等基本治安要素全部纳入视频实战管理应用平台，健全点线面结合、网上网下结合、人防物防

2019年12月27日，太原市公安局基层基础建设推进会在太原市公安局万柏林分局召开（郭语佳供图）

技防结合的立体化社会治安防控体系。对具有极端心理人员、易肇事肇祸精神病人、刑满释放人员等重点人员的管制管控，做到底数准、动态清、管得住。成立打击网络电信诈骗犯罪专班，推进24小时网上巡查执法，提高对网络涉政、涉警、涉稳舆情的发现、处置能力，随时落地查人、随时打击处理。全年破获电信网络诈骗案件199起、抓获嫌疑人94人、视频串并案件14串、核查落地嫌疑人1100余次、成功抓获嫌疑人员105人，预警各类重点人员2.3万余人次；智能采集手机2752部，视频侦查调取相关案件视频4880余次，跟进案件700余起，利用平台预警抓获各类案件犯罪嫌疑人87人、逃犯173名。（郑晓功）

【信息化“三标”建设】2019年，太原市公安局万柏林分局按照省厅“大数据大情报合成研判指挥”机制改革指导意见以及全市公安机关信息化“三标”建设要求，以情报指挥合成作战中心建设为载体，坚持体制不变、机制创新、提升效能、增强后劲的目标方向，在服务实战支撑能力、保障能力和应用能力上下功夫，加强大数据合成研判指挥作战及信息化合成作战体系建设。1月21日，分局党委对推进机制创新，加强情报研判、指挥调度、视频侦查、合成作战等关键环节进行专题研究，临时指定情报指挥合成作战中心

3名指挥长和刑侦大队合成作战中队负责人，分别负责情报指挥合成作战中心综合指挥、视频侦查、情报研判三个中队及刑侦大队合成作战中队的工作，推动情报指挥合成研判工作逐步向专业化、规范化、精细化方向迈进。（孔 颖）

·交通管理·

【交通执法规范化】 2019年，太原市公安局万柏林分局交警部门统一执法思想，定期组织民警开展常用法律法规的学习和培训，提高民警业务素质和执法水平。定期对一般案卷、简易程序处罚决定书、非现场处理案卷进行自查，及时发现和改正办案中存在的问题，对执法办案质量差的在大队范围内进行通报。根据执法办案场所使用规定要求，完善执法办案区各项功能。组织全体民警、辅警观看学习《公安机关现场执法视频演示片》。演示片对现场执法记录仪、醉酒警情处置、常用警械现场使用等执法活动进行演示教学。提升民警规范、文明、公平、公正的执法理念，为规范执法活动打下基础。（郑晓功）

【交通秩序管理】 2019年，太原市公安局万柏林分局交警部门围绕压事故、整秩序、保平安的工作思路，开展“打赢蓝天保卫战”“文明交通综合治理”等专项行动。在春节、清明节等节假日期间及时对辖区省道104线、杜关公路、桃花沟景区、玉泉山旅游公路、大虎峪公墓周边道路等重点路段的情况进行掌控，加派警力进行疏导，合理实行恶劣天气道路交通管制、分流措施。同时加强与公安分局、交通、公路部门的协作配合，确保道路的安全畅通。

2019年8月8日，交通警察为“二青会”护航（郑晓功供图）

加强对辖区道路的交通管理，在疏堵保畅的同时，严厉打击各类交通违法行为，在“逢十”行动中，利用午查、夜查集中行动和专项整治行动等方式，针对酒驾、毒驾、货车闯禁行、抛洒、超载、超员、不避让斑马线，行人、非机动车交通违法行为进行重点整治和打击。加派警力对校园周边道路交通秩序治理，每天在学生上下学高峰期设立“护学岗”，加派民警维持交通秩序，严厉打击“黑校车”的违法行为，确保师生出行安全。

同年，交警万柏林一大队累计罚款437万人次，5300余万元，查处违法停车24.25万起，开具简易处罚告知书15.6万起，查处假牌假证51起、载物超载32起，查处饮酒违法672人次、醉酒违法140人次。交警万柏林二大队共查纠交通违法行为66164起，其中查纠醉酒驾驶51起，饮酒驾驶729起，二次饮酒40起，强措2070起，未悬挂250起，无证130起，假牌、套牌16起，违法停车36601起，机动车黄线停车1072起，大货车超载38起。（郑晓功）

【文明交通综合治理】 2019年，太原市公安局万柏林分局交警部门推进文明交通综合治理，引深创建全国文明城市工作，协调辖区相关单位实行夜间错时对外停车措施，改善周边居民“停车难”的现状。对玉门河、虎峪河、九院沙河河道违法停车进行大力度整治，强制拖移车辆。对西铭路、上庄街、供应路、太河街、朝北东巷等五条街道的道路名称标牌不完善的情况进行完善，规范设

2019年3月21日，交警万柏林二大队邀请辖区河涝湾小学师生代表参加警营开放日活动

（郑晓功供图）

置20余块路名牌，方便群众日常出行，有效提升道路交通管理水平。

联合区直有关职能部门，以小街巷整治为着力点，重点打造新屯巷、众纺路等片区示范点，全面铺开辖区小街巷的专项整治工作，边工作、边总结、边推广，以点带面扩大示范效应。全区79条综合治理的小街巷，有66条完成整治工作，完成率为83.5%。25条小街巷作为区示范样板街巷，投入精细化整治，打造全市亮点示范街巷。依托“四警联勤”机制加强对各种交通违法行为加大现场处罚力度的同时，转变思路向科技要警力，通过视频监控系统强化路面管控能力，实时抓拍机动车不礼让斑马线、违法停车等重点行为，扫街车实现全辖区流动管理。（郑晓功）

【道路交通管理水平提升】2019年，太原市公安局万柏林分局交警部门实行四警联勤联动。交警、巡警、特警和派出所民警形成高峰站点疏导、平峰联合检查、夜间联勤打击的合作机制，重点在医院、学校、商圈、马路市场等周边易堵路段加强管控治理。各警种深入路面加强静态交通管理，重点对违法停车、占道经营，规范重型载货车、渣土车通行秩序开展交通管理。在治理的同时，联合街办、社区挖掘老街巷停车资源，通过“潮汐”式错时停车等方法协调驻地单位共享辖区停车资源。

解决拥堵问题。借全区“创城”行动，通过完善标志标线，科学设置信号、调整信号配时、实施单行交通组织等技术手段，全面掌握并有效解决辖区拥堵路段、重点单位门前的停车难等刚性需求问题。针对滨河西路高峰期车流量大、易发生拥堵，科学安排警力在各易堵路段、各匝道合流处强化疏导指挥，及时处置突发事故，路段的车辆通行速度有明显提升，路段平均通行速度由19.8千米/小时提升至42千米/小时；高峰时段控制路段交通事故日降幅达72%。（郑晓功）

【交通安全宣传】2019年，太原市公安局万柏林分局交警部门重点在节假日期间，到辖区客运西站、西山化工厂、万海峰砼公司等重点单位开展交通安全宣传教育，加强督促检查，定期对相关单位客运车、危货车进行排查整治。与中国人民财产保险股份有限公司尖草坪支公司签订“警保联动”合作协议。建成三个农村交通安全劝导站。以“两站两员”建设为抓手，定期对农村劝导员进行培训，并组织劝导员到各农村主要路口开展交通安全劝导工作，营造辖区安全、稳定、和谐的道路交通新环境。开展“七进”宣传活动，民

2019年12月2日，交警万柏林二大队在西山工人文化宫广场开展“122”交通安全宣传活动（郑晓功供图）

警深入辖区学校、企业、农村、社区、家庭、驾校、公共场所，开展交通安全宣传工作，引导周边群众树立交通安全意识，养成群众的文明交通习惯，营造良好的宣传氛围。

从源头上消除农村面包车、重型货车、挂车等八类重点车“三率”问题，提高重点车辆检验率、报废率，精准打击隐患车辆上道路行驶等交通违法行为，将辖区内存在隐患的重点道路运输车辆录入缉查布控系统，加大发现和查扣力度，通过摸排走访、电话告知、信息关联查询等方式有效推进此项工作，对发现的新增隐患，第一时间组织排查，保持隐患动态“清零”，会同辖区交通运输部门对隐患突出企业进行约谈曝光。

全年开展警营开放15次，安全宣传百余次，组织大中型客货车驾驶人开展交通安全风险警示教育，累计培训900余人。开展道路安全隐患排查18次，整改6起。向相关单位下达安全隐患抄告通知书13次。（郑晓功）

【交通事故处理】 2019年，太原市公安局万柏林分局交警部门事故处理人员落实接处警制度，做到快速出警、迅速排除现场，确保辖区道路的安全畅通。加强对事故民警业务知识的培训和考试，事故民警、协警的业务技能得到提升。与消防、医疗、山西宇辰达航空有限公司负责人共同开展“空地一体化”事故救援推进会，一同观看学习其他地区有关“空地一体化”事故应急救援的演练视频，共同确定演练时间，推动万柏林区“空地一体化”事故救援行动的进程，对预防和减少重特大事故发生、事故损失及人员伤亡具有重要意义。

交警万柏林一大队处理简易事故总数8564起、一般程序事故74起、死亡21人。刑事拘留39人、行政拘留60人。交警万柏林二大队共受理各类交通事故1400余起，其中死亡事故5起，死亡5人，危险驾驶18起，犯罪嫌疑人已被刑事拘留。一般事故15起，受伤12人。在办案民警的努力下，侦破1起肇事逃逸事故。（郑晓功）

【交通安全隐患排查】 2019年，太原市公安局万柏林分局交警部门推进辖区交通事故重点隐患路段排查工作，全方位了解辖区道路交通情况，提升辖区道路交通安全管理水平，有效预防、遏制重特大道路交通事故的发生，结合辖区道路交通特点，成立专项工作小组，对辖区开展全方位摸排，对重点道路、施工路段、辖区急弯陡坡、低洼积水等危险路段和近年来拥堵、事故多发路段进行全面排查，并做好台账登记。专项工作组民警重点排查104省道、柴化路等8条山岭重丘道路以及包括西矿街、西铭路等18条城市道路。尤其是对山岭重丘公路及旅游公路沿线的路况、标志标线等安全设施的设置情况，对遮挡路旁交通标志及妨碍机动车驾驶员视线的树木等路段隐患进行排查，发现隐患点多为事故多发、急弯陡坡路段、连续下坡路段、视距不良路段和山体滑坡路段的道路，并进行整改。（郑晓功）

检　察

【概况】 2019年，太原市万柏林区人民检察院以习近平新时代中国特色社会主义思想为指导，学习贯彻中共十九届四中全会精神和习近平总书记视察山西重要讲话精神，发挥法律监督职能，践行司法为民宗旨，加强党的建设和队伍建设，各项检察工作取得新成效。全年受理公安机关提请批准逮捕涉黑涉恶案件5件27人，受理提请逮捕各类刑事案件713件1007人。加强刑事侦查和审判活动监督，监督纠正144件。深化内设机构改革，设立8个新部门。全面深化检务公开，主动接受社会监督，公开案件程序性信息1630条，

法律文书1034份。（周　晋）

【打击黑恶势力犯罪专项斗争】 2019年，万柏林区人民检察院受理公安机关提请批准逮捕涉黑涉恶案件5件27人，经审查批准逮捕5件27人；受理公安机关移送审查起诉6件57人，推送市院起诉1件12人，提起公诉6件59人，向人民法院提出抗诉1人。对在办的黑恶案件实行院领导包案制，提前实现积案清零百日攻坚战任务的完成。专项斗争中，办理的公安部督办的耿某平等26人涉黑案，受到省市检察院的重视，被誉为公检法三机关密切协作配合的经典案件和全市检察系统的标杆案件。（周　晋）

【打击刑事犯罪】 2019年，万柏林区人民检察院受理提请逮捕各类刑事案件713件1007人，经审查依法批准逮捕593件802人；受理移送审查起诉案件964件1278人，审查后依法提起公诉1005件1395人。贯彻宽严相济刑事司法政策，依法对犯罪轻微、社会危害不大的179件302人做出不批捕、不起诉决定。"案件比"降低至1.86%，认罪认罚适用率逐步提升，量刑建议采纳886人，适用认罪认罚482件657人。（周　晋）

【诉讼监督职能履行】 2019年，万柏林区人民检察院加大对诉讼活动的监督，加强刑事侦查和审判活动监督，监督纠正144件；加强刑事执行、监管活动监督，办理完毕各类案件305件，其中羁押必要性审查案件86件；监外执行（社区矫正）违法违规案件73件；刑事财产刑执行违法违规案件117件，受理刑事执行违法违规案件29件。强化对民事案件审判程序、裁判结果及执行活动的监督，其中纠正执行活动违法9件，纠正审判程序违法6件，受理并发出再审检察建议2件，受理抗诉10件（提请并采纳4件），支持起诉1件。依法办理刑事附带民事公益诉讼案件1件，诉讼请求全部得到法院支持。办理行政公益诉讼案件立案49件，发出检察建议书44件，收到整改回复42件。针对生态环境和资源保护领域发出诉前检察建议30件；针对食品药品安全领域发出诉前检察建议11件；针对国有资产保护领域发出诉前检察建议3件。（周　晋）

【智慧检务建设】 2019年，万柏林区人民检察院落实远程提讯制度，员额检察官使用远程提讯系统54次，实现"足不出院"就与犯罪嫌疑人"面对面"，有效提升办案效率。重新启动办案工作区的使用，保障业务部门使用办案工作区81次，员额检察官传唤犯罪嫌疑人及询问案件当事人、证人安全进行。按照上级安排部署，推进206系统投入实际使用，流转案件1273件，刑事案件从立案侦查到起诉审判全程可视、全程留痕、全程监督。机房工作网投入使用后，为检察工作的高效展开提供有利的技术支持。（周　晋）

【社会综合治理】 2019年，万柏林区人民检察院把做好涉检信访案件的息诉罢访和监督工作作为参与社会治理的重要内容，发挥信访工作的基础性作用。推动7日内程序性回复和3个月办理过程或结果答复制度的落实，办理各类控告案件83件，民事行政监督案件14件。注重检察服务大厅和"12309"检察服务热线建设，提升服务群众的能力，接待受理群众来访98人次，其中检察长接访24人次，并在重大活动中实行无假日接访制度，做到监督与息诉并举，办理和解息诉案件4件，有效化解矛盾纠纷，减少社会不和谐因素，全年未发生一起涉检上访事件。（周　晋）

【未成年人司法保护】 2019年，万柏林区人民检察院落实最高检"一号检察建议"，全体班子成

2019年12月，区人民检察院开展预防青少年犯罪活动 （周晋供图）

员和业务骨干担任中小学法治副校长，组织开展法治进校园活动，进行法治巡讲授课，提高在校学生自觉守法意识和自我保护意识。 （周 晋）

【法治环境优化】 2019年，万柏林区人民检察院制定《万柏林区人民检察院支持和服务企业家创新创业营造良好法治环境实施方案》，成立院领导小组，发挥检察机关在营造依法保护企业家合法权益的法治环境、增强企业创新创业活力、推动经济持续健康发展中的职能作用。深入西山煤电等企业进行法律调研和宣讲，增强企业员工的法治观念。在司法办案中，落实为各类企业营造公平、透明、法治的发展环境，办理影响经济发展侵犯知识产权犯罪案件2件3人。加大对严重经济犯罪打击力度，依法保护企业产权及其他合法权益，受理破坏社会主义市场经济秩序犯罪案件77件96人，起诉79件130人。开展检察护航民企发展检察开放日活动，邀请民营企业家代表等走进检察机关，加强检企沟通，齐心协力护航民营经济健康发展。 （周 晋）

【纪律作风建设】 2019年，万柏林区人民检察院按照治检先治长，班风带院风的工作思路，坚持民主集中制原则，召开40次党组会，重大事项必经党组决策议定。检察长讲授专题党课，带头做自觉学习、勤奋工作、廉洁自律的模范。办案中，坚持一线工作法，带头办理有影响的大案、要案。班子成员带头调研，院领导先后深入西铭街道、兴华街道开展实地走访调研，注重班子政治理论和能力素质的提高。召开全院干警党风廉政建设和反腐败工作大会，逐级签订《党风廉政建设责任书》，坚持不懈抓好中央“八项规定”精神的贯彻落实，持之以恒纠正“四风”。召开两次专题民主生活会，开展批评与自我批评，逐条逐项检视，不遮掩、不回避，让“咬耳扯袖、红脸出汗”成为常态。加大纪检执纪力度，针对工作纪律、节日值班、公车管理等情况进行检查，每月将干警请销假情况进行汇总，在院电子屏上公布，促进检察队伍纪律作风建设。 （周 晋）

【检务公开】 2019年，万柏林区人民检察院加大信息公开力度，接受社会监督，公开案件程序性信息1630条，法律文书1034份。通过官方微信、官方微博、门户网站等新媒体平台应用，发布信息122条。配合市检察院党组进行系统内巡察，针对提出的问题积极整改。把检察工作置于人大监督之下，坚持向人大报告工作，贯彻落实人大及其常委会的各项决议和决定，配合上级院开展专题调研，听取意见建议，使检察工作更好地顺民意、合民情。 （周 晋）

【理论学习】 2019年，万柏林区人民检察院利用党组中心组、党员集中学习等形式，加强意识形态领域的学习研判，学习贯彻习近平新时代中国特色社会主义思想和中共十九大和十九届四中全会精神、习近平总书记视察山西重要讲话精神、省委十一届九次全会精神及高检院、省市院、区委领导的讲话精神，以习近平总书记在政法工作会议上的重要讲话为行动纲领，旗帜鲜明把政治建设放在首位，引导党组班子牢固树立“四个意识”、坚定“四个自信”、做到“两个维护”，坚定检察自信，为依法正确履行职能奠定坚定的政治思想基础。“改革创新、奋发有为”大讨论和“不忘初心、牢记使命”主题教育开展以来，中心组带头学习研讨12次，坚持用科学的理论武装头脑、指导实践，提高了党组决策、驾驭全局的能力和水平。（周　晋）

【党建工作】2019年，万柏林区人民检察院建立党员之家、廉政之家及党建文化长廊，院党支部与下元街办党工委共同打造，使后王南街成为文明法治示范一条街，起到良好的法制宣传教育效果。结合检察工作职能，开展法制宣传、扶贫慰问、与社区结对共建等社会实践活动，在实践中提升干警党性修养。每逢传统节日开展形式多样主题文化活动，丰富干警文化生活。拍摄微视频《我们是人民检察官》，制作庆祝中华人民共和国成立70周年升国旗系列活动视频和“不忘初心、牢记使命”主题教育宣传视频，展现新时代检察人忠诚履行职责使命的良好风貌。（周　晋）

【队伍建设】2019年，万柏林区人民检察院深化内设机构改革，设立8个新部门；遴选3名员额制检察官，晋升3名干警分别为正处、副处、正科职级，招录考察1名公务员、25名检察事务助理，为各项检察工作注入新鲜血液。多措并举强化干警素质，加大学习培训力度，组织干警参加省、市院组织的各类培训102人次，全院干警完成线上学习任务。抓好载体灵活运用，提升人才层次，派民行部4名干警远赴先进检察院就先进经验做法进行重点考察学习，同时组织党建工作人员到先进企业参观学习党建工作，高质高效促进全院干警综合素质的提升。（周　晋）

2019年10月1日，区人民检察院国庆升国旗活动　（周晋供图）

【脱贫攻坚】2019年，万柏林区人民检察院推进司法救助助力脱贫攻坚工作，与社会救助相衔接，办理司法救助案件2件2人，发放司法救助金3万元，做到多谋民生之利、多解民生之忧，增强人民群众的幸福感与安全感。（周　晋）

法　院

【概况】2019年，太原市万柏林区人民法院以习近平新时代中国特色社会主义思想为指导，学习贯彻中共十九大和十九届二中、三中、四中全会精神，把党的政治建设摆在首位，开展“不忘初心、牢记使命”主题教育，围绕让人民群众在每一个司法案件中感受到公平正义目标，坚持司法为民、公正司法工作主线，履行法律职责，服务保障经济社会发展大局，各项工作取得新进展新成效。全年受理各类案件10504件，首次突破万件，同比增长28.80%；审（执）结10294件，同比增长30.92%，结案率98%，居全省9家受理案件超万件以上法院第一位；员额法官人均结案数264件，同比增加45件，是全省法院人均结案数的1.84倍，位列全省第七位。先后获得山西省高级人民法院集体三等功、山西省高级人民法院诉讼服务工作先进集体等称号。（马　瑛）

【司法体制改革】2019年，万柏林区人民法院推进法官员额制改革，完成第二批员额法官遴选工作，第二批5名法官纳入员额管理。有员额法

2019 年 12 月，区人民法院召开人民陪审员工作会议　　（马瑛供图）

官 38 人，司法辅助人员 160 人，将 85% 的人力资源投入到审判执行一线，组成“法官 + 法官助理 + 书记员”的新型办案团队，司法资源配置更加合理，办案效率显著提升。坚持院庭长办案常态化工作机制，发挥院庭长办案的示范、引领作用，全年入额院庭长办案 6253 件，占结案总数的 65%。推进内设机构改革，改革后内设机构将由 16 个精简为 10 个，实现内部扁平化管理，机构职责更加清晰、分工更加明确、运转更加高效。推进繁简分流机制改革，建立 2 个民事速裁团队，推广“要素式”审判，高效快速审理简易案件。严格落实司法责任制，细化完善审中监督、院庭长监督、纪检监察监督、信息化公开等监督制度措施。区检察院新设立 8 个部门，遴选员额制检察官 4 人，实现人员调整到位。　（马　瑛）

【刑事审判】 2019 年，万柏林区人民法院受理各类刑事案件 1058 件，审结 1048 件，判处犯罪分子 1286 人，审结率 99.05%。开展“扫黑除恶”专项斗争，依法从重从快审理黑恶势力犯罪案件 8 件 60 人，实现黑恶案件清零目标，被告人均被判处有期徒刑以上刑罚，涉黑案件重刑率 73.08%，涉恶案件重刑率 41.30%，依法对 43 名被告人判处财产刑。其中以耿某平为首的 26 人黑社会性质组织犯罪案件受到中央政法委关注督办，该案经法院一审后二审全部维持原判。审结故意伤害、抢夺、抢劫、绑架等暴力犯罪案件 87 件 104 人。审结非法吸收公众存款、集资诈骗等涉众型经济犯罪案件 22 件 33 人。审结生产、销售有毒有害食品、销售假药等案件 15 件 29 人。审结贪污、贿赂、渎职等职务犯罪案件 9 件 10 人。推进认罪认罚从宽制度及刑事速裁程序适用，以刑事速裁程序集中对 7 起危险驾驶罪案件适用认罪认罚从宽审理，30 分钟全部审结并当庭宣判，实现同案同判、集约高效。　（马　瑛）

【民商事审判】 2019 年，万柏林区人民法院受理各类民商事案件 5938 件，审结 5864 件，审结率 98.75%。推进家事审判改革，审结婚姻家庭、继承纠纷等案件 831 件，维护婚姻家庭和谐稳定。审结金融借款、民间借贷、拆迁补偿、房地产开发、建筑施工等合同类纠纷案件 3161 件，审结涉军民事案件 4 件，推行“道交一体化”处理机制，提供道路交通事故纠纷联调解决、专业化审判一站式服务，全年调处交通事故纠纷 395 件，司法确认 218 件，审结交通事故案件 455 件，涉及金额 1600 余万元。　（马　瑛）

【行政审判】 2019 年，万柏林区人民法院受理行政诉讼案件 123 件，审结 122 件，审结率 99.19%。以和解、撤诉方式结案 22 件，全年行政机关负责人出庭应诉 88 人次，出庭应诉率 71.54%。　（马　瑛）

【案件执行攻坚】 2019 年，万柏林区人民法院受理执行案件 3317 件，执结 3192 件，执结率 96.23%，到位标的 11.23 亿元。全面实施网络司法拍卖，成交金额达 5345.47 万元，溢价率 5.17%。开展“龙城夏日”“秋风尽扫”等执行专项行动，拘传 15 人，案件全部执结。加大失信惩戒力度，纳入失信被执行人 656 人次，限制高消费 2104

人次，通过官方微信公众号、抖音平台曝光失信被执行人56人次，司法拘留10人。（马　瑛）

【审判监督管理】2019年，万柏林区人民法院召开审判委员会会议26次，讨论各类案件72件，召开专业法官会议80次，研究案件620件。全年受理申诉、再审案件15件，审结率100%。推进审判精细化管理，研判审判执行态势，定期开展案件评查，狠抓长期未结案件清理，案件平均审理时长缩短为43.7天，同比减少7.1天；服判息诉率提升1.65%，发回重审率降低1.6%，提质增效成效显著。（马　瑛）

【审判监督】2019年，万柏林区人民法院落实重大工作部署、重要工作事项报告制度。主动向区人大及其常委会报告工作，主动邀请人大代表、政协委员视察法院重点工作2次33人，旁听案件庭审3次42人。依法接受检察机关法律监督，落实检察长列席审判委员会制度，共同维护司法公正。接受社会监督，开展公众开放日活动，邀请民营企业家、人民群众走进法院，零距离感受法治的进步。（马　瑛）

2019年5月，区人民法院执行任务（马瑛供图）

【司法服务】2019年，万柏林区人民法院接待来访群众3万余人次，依法对10212件案件登记立案。开通“12368”诉讼服务热线，为群众提供案件信息查询、诉讼程序性问题咨询等服务。推进网上立案，接收网上立案申请3351件，审核通过2324件，占新收民事案件的40%。全年办理跨域立案8件，成功办理全省首起跨域立案案件，其中省内2件、跨省6件。建立云调解平台，精准对接人民调解、行政调解、行业调解、专业调解等解纷力量，实现矛盾纠纷及时、高效、源头化解，全年委托委派调解案件1248件，调解成功515件。对生活确有困难的案件当事人发放司法救助金等102万元。（马　瑛）

【信息化建设】2019年，万柏林区人民法院围绕提高审判效率、服务法官办案、方便群众诉讼，加强智慧法院建设。组织全院员额法官、法官助理、书记员开展电子卷宗深度应用培训，提升干警信息化应用水平。实现辅助法律文书制作、辅助案件审理、电子签章、电子送达等功能应用，案件办理、诉讼服务和司法管理中各类业务应用的自动化、智能化得到提升。（马　瑛）

【政治建设】2019年，万柏林区人民法院强化政治素养。坚持把思想政治建设放在首位，院党组每月召开党组中心组集中学习会，各庭室每周四下午固定召开理论学习会，院党组书记带头为全院干警讲授党课，其他班子成员分别给分管庭室干警讲授党课，通过全面加强思想政治教育，增强干警“四个意识”，坚定“四个自信”，做到“两个维护”，在政治立场、政治方向、政治原则、政治道路上同以习近平为核心的党中央保持高度一致，确保人民法院工作正确政治方向。学习贯彻习近平总书记全面依法治国新理念、新思想、新战略，确保党中央决策部署在人民法院得到不折不扣贯彻执行。坚持“三会一课”制度，开展党员评议、谈心谈话，组织召开双重组织生活会，增强党内政治生活的政治性、时代性、原则性、战斗性。开展主题党日、知识竞赛、升国旗仪式、大合唱比赛、缅怀革命先烈等活动，庆祝中华人民共和国成立70周年。围绕“守初心、担使命，找差距、抓落实”总要求和具体目标，开展“不忘初心、牢记使命”主题教育，在学习教育调查研究中悟初心、守初心，在检视问题整改落实中勇作为、践使命，对外公布开门抓教育整改服务事项3条，全部整改落实到位，将主题教育成效转化为司法为民、公正司法的具体实践，推动全院工作再上新台阶。开展“改革创新、奋发有为”大讨论，活动中对标一流找问题、补短板、谋创新，通过一系列“规定＋创新”动作，激活法院工作新动能。（马 瑛）

【党风廉政建设】2019年，万柏林区人民法院召开党风廉政建设和反腐败工作会议，传达上级会议精神，部署全年工作。以“严纪律、强作风、树正气”为目标，在全院开展纪律作风整顿年活动，集中整治30项重点问题。开展突出问题集中整治加强内部管理活动，围绕政治建设、队伍管理、审判管理、机关管理、落实司法责任制、监督执纪、风险防范7个方面开展集中整治。通过参观警示教育基地、观看警示教育片、剖析典型案例等方式，筑牢拒腐防变思想防线。持之以恒正风肃纪，严肃查处干警违纪违法行为，以零容忍的态度惩治腐败，全年受理举报线索8件，谈话提醒1人，警告处分1人。（马 瑛）

2019年12月，区人民法院开展平安建设宣传月活动（马瑛供图）

司法行政

【概况】2019年，太原市万柏林区司法局坚持以中共十九大精神和习近平新时代中国特色社会主义思想为指导，研究部署党建各项工作，统领协调各项业务，取得显著的成效。在全市率先实现“支部建在所上”的目标，司法所建设成为全市标杆；在全区8个派出所设立人民调解工作室，筑牢维护稳定“第一道防线”，“李俊文个人品牌调解室”挂牌，实现人民调解进宗教的创举；“三个中心”正式启用，开启公共法律服务平台“1+2+X”运营模式。区司法局获全市唯一的全国法律援助工作先进集体称号。（刘 毅）

【社区矫正】2019年，万柏林区司法局强化管理手段，创新管理方式，管好社区矫正人员。入矫前，严把审前调查关，全面了解被告人的基本情况，客观公正地做出调查评估意见；入矫时，进行矫前教育，严明矫正纪律，树立其服刑意识，进行定位手机和电子腕带的双重监管；入矫后，组织教育劳动，开展入户走访、个别谈话，要求其写交心笔记汇报思想动态，做到知其动态、晓其行踪；期满后，同安置帮教工作衔接。全区有在册管理社区服刑人员204名，其中缓刑200人，暂予监外执行4人，撤销缓刑4人，警告16人。开展审前调查并出具评估意见书338件次，新接收社区矫正人员139人，累计解除186人，开展集中教育学习300余次。采用多种方式对社区矫正对象进行监督教育，“6·26”国际禁毒日，组织全区社区矫正对象进行警示教育培训，到太原市强制隔离戒毒所实地参观强戒人员的劳动学习生活情况；“二青会”期间，各司法所多次开展警示教育，加强教育监管，组织其志愿服务二青盛会；国庆节期间，分级召开警示教育会，进行爱国主义教育，要求人人签订警示教育保证书，不定期进行点名抽查，确保整体安全稳定。

推进社区矫正制度化、规范化、智能化建设，12 月建成社区矫正中心，为规范社区矫正对象管理提供平台支撑和阵地基础，实现矫正监管实时联络、实时指挥、实时督导。（刘　毅）

【安置帮教】 2019 年，万柏林区司法局落实社区矫正人员解除矫正和安置帮教工作的衔接，将期满解除社区矫正的人员纳入到安置帮教对象范围内。全年接回重点帮教对象 37 人，新衔接刑满释放人员 132 人，在册管理的刑满释放人员 1208 人，帮教率达到 100%，安置率达 100% 以上，重点对象接回率 100%。（刘　毅）

【"扫黑除恶"专项斗争】 2019 年，万柏林区司法局调整"扫黑除恶"专项斗争工作领导组，明确分工，责任到人，每月至少召开一次"扫黑除恶"专题会议，学习部署推进相关工作，由局扫黑办不定期对"扫黑除恶"工作开展督导检查，同时结合"不忘初心、牢记使命"主题教育，发挥党员的先锋模范作用，推进"扫黑除恶"专项斗争向纵深开展。全年召开 15 次专题会议，开展两轮督导检查。做细人员管控，做好源头根治，针对"两类人员"再次进行一轮全面摸排，动员其积极检举揭发涉黑涉恶线索，自觉抵制黑恶势力的拉拢引诱，制作"扫黑除恶"谈话笔录，重新签订"扫黑除恶"保证书，社区矫正对象签订保证书 248 份，制作谈话笔录 238 份，刑满释放人员共签订保证书 610 份，组织社区矫正对象参与"扫黑除恶"宣传活动 40 余次。

加强"扫黑除恶"专项斗争宣传攻势。4 月 12 日，联合太原理工大学开展"扫黑除恶进校园，严厉打击校园贷"主题宣传活动，发放由司法局自行编写的主题宣传手册 4500 份。"4·15"国家安全日在玉泉山公园开展主题宣传，发放"扫黑除恶"宣传资料 3000 余份。在整顿风声河村软弱涣散党组织的行动中，多次组织送法进村专题宣讲，发放法律手册 3000 册。发动辖区内各司法所因地制宜开展宣传活动百余次，发放"扫黑除恶"案例通报手册等其他各种宣传资料近 9 万册。

发挥基层调解组织的专业优势。主动寻找问题，化解纠纷，从源头上消除黑恶势力滋生的土壤，全年组织排查 940 人次，参与人数 1401 人次，排查纠纷 367 件，预防纠纷 202 件，梳理回访并重新排查 260 件，调解纠纷 1274 件，涉及金额 1152.95 万元，其中主动调解 361 件，依申请调解 902 件，接受委托移送调解 11 件。

发挥监管作用。落实律师办理黑社会性质组织案件四项制度，督促律师严格按照法律法规办理涉黑涉恶案件，多次开展专项督导检查，对发现的一起律师违规代理涉黑涉恶案件，做出严肃处理，进行督导整改，并通报全行业。选派律师工作股业务骨干，参加涉黑涉恶案件庭审的旁听，全程监督律师执业行为，并将有关情况纳入年底考核范围，全年辖区律所共代理涉黑涉恶案件 102 件，其中，涉黑案件 38 件、涉恶案件 64 件，代理律师事务所涉及 21 家、代理律师 96 人。

区法律援助中心为符合援助条件的涉黑涉恶类案件当事人指派律师提供辩护进行全程援助，并派员参与庭审工作，对法律援助律师庭审质量进行监督评查。全年为 4 案 17 人依法指派 17 名援助律师。（刘　毅）

【法治宣传教育】 2019 年，万柏林区司法局法治宣传工作坚持"围绕一个中心，突出两个重点"，向"扫黑除恶"、平安创建、文明创城等工作引申，依托乡（街）司法所开展"打击黑恶犯罪还社会一片蓝天""4·15"全民国家安全教育

2019 年 4 月 12 日，区司法局、区扫黑办、公安万柏林分局、千峰街道办事处联合太原理工大学共同举办“扫黑除恶进校园、严厉打击校园贷”主题宣传活动　　（刘毅供图）

日、“普及法律知识构建和谐社会”“文明创建法治同行”“公民道德宣传日”普法、“一村（社区）一法律顾问”服务提升双月攻坚、送法进宗教聚居区等系列专题活动，发放法治宣传品 3.4 万余件，法治宣传册 7 万余册。

因地制宜打造法治宣传阵地。全年累计建设法治宣传教育中心 3 个，法治文化公园 2 个，法治宣传长廊 4 个，法治文化社区 1 个，新打造和平街道西线南街“法治一条街”，在南寒“西环法治游园”新增 45 块版面。

联合区教育局开展法治教育进课堂活动。全区 67 所区管中小学校全部配备法治副校长，宪法晨读、法治宣讲等活动成为校园学法新常态。6 月 11 日，万柏林区第四届中小学举办“学宪法讲宪法”演讲比赛，掀起校园法治文化活动高潮。注重学校、家庭、社区“三位一体”青少年法治教育网络建设，依托乡（街）、村（社区）司法所开设青少年寒暑期法治实践班，广泛普及与学生学习、成长密切相关的法律法规，开展“祖国在我心中，法律伴我成长”“扫黑除恶进校园”“禁毒宣传进校园”“安全防范进校园之防范网络诈骗”等系列校园主题法治宣传活动，累计受教育师生达 1 万余人次。

落实省市关于开展民主法治示范村（社区）创建工作的要求，在全区 153 个村（社区）全面铺开民主法治创建活动，建立健全规范的三级创建网络，实现法治创建与和谐、平安社区建设同规划、同部署，全年累计建设村（社区）法治图书室 45 处、法治文化墙 34 处、法治宣传橱窗 590 个，新打造长风西街街道丽华社区法治宣传长廊和西岸社区法治宣传栏，千峰街道迎泽北社区和迎泽南社区的法治宣传阵地正在建设当中，基本上实现法治宣传教育阵地全覆盖。

将领导干部学法融入中心组学习计划，将国家工作人员参加旁听庭审列入干部法治教育培训计划，将宪法、监察法、党内法规等列为党校重点班次的教学内容，发挥领导干部的示范引领作用，6 月，组织全区各职能局副科以上干部和普法业务骨干赴浙江大学进行法治政府建设专题培训，为全区职能部门发放国务院法治政府建设与责任落实督察工作规定 5000 册。　　（刘　毅）

【法治调研督察与行政执法监督】 2019 年，万柏林区司法局全面排查梳理行政执法主体，督促全区行政执法单位建立健全行政执法“三项制度”，开展行政执法主体梳理工作，完成梳理公布万柏林区行政执法主体名录（第一批）21 个，所涉及单位基本完成三项制度及配套制度建设，细化执法清单、目录、服务指南和流程图，形成工作手册，其中 20 家行政执法单位已录入山西省行政执法资格管理系统。为所有行政执法主体单位发放行政执法条例计 1 万册。加强案卷评查和行政执法监督，开展行政处罚案卷评查工作和行政执法监督检查，评查案卷 3578 件，形成相关自查报告，完成对全区行政执法单位的检查。（刘　毅）

【法律援助】 2019 年，太原市万柏林区法律援助中心在法援中心及区法院、检察院设立法律援助律师值班室，安排值班律师提供免费法律咨询，推进刑事法律援助全覆盖。全年受理民事、行政、刑事案件190余件，接待来访、来电3000余次，举办大型法律援助50余次，成功处理窊流村拆迁遗留问题。强化部门联动助力纠纷化解，援助中心与妇联、残联、劳动监察部门、住建部门建立衔接机制，将有法律援助需求的群众引导到援助中心，由律师库成员集体会诊，提供高质量的法律援助服务，并与人民法院实现无缝对接，方便经济困难的诉讼案件当事人获取法律援助。

区法律援助中心面向全区执业律师公开选聘16名律师，建立万柏林区法律援助律师库，实现法律援助应援尽援、应援优援的目标。联合局机关业务骨干、律师业务骨干对案件卷宗进行现场检查、同行评估和援助质量回访，为有需要的受援人提供后续援助等服务项目，援助质量稳步提升。12月，区法律援助中心获得全国法律援助工作先进集体的称号。（刘　毅）

【公共法律服务实体平台建设】2019年，万柏林区司法局开展免费法律咨询工程，提升公共法律服务实效。按照《太原市公共法律服务工作站建设规范》及公共法律服务工作站外观、形象标志规范制作标志牌、办事流程图和岗位监督牌，提升法律服务知晓率，扩大法律服务范围，提高法律服务质量。全年完成免费法律咨询8476个，完成率117.72%，满意度90%，发放免费法律咨询宣传品1万份。（刘　毅）

【行政复议与行政诉讼】2019年，万柏林区司法局坚持以人为本，复议为民的原则，执行行政复议法和行政诉讼法，依法解决行政争议，规范行政行为，保障人民群众合法权益。全年办理行政复议案件23件，包括信息公开、投诉举报、行政处罚、行政强制等。其中22件维持原具体行政行为，1件因无法律依据予以撤销。复议案件涉及的政府部门有市场监督管理局、财政局、公安局、下元街办、杜儿坪街办。全年收到行政应诉案件140起，涉及行政强制、行政赔偿、政府信息公开、行政不作为、行政撤销、土地归属等方面。负责人出庭31次，占案件总数的22%。驳回原告起诉（或驳回诉讼请求）的案件为114件，占案件总数的81.43%；确认行政行为违法的案件6件，占案件总数的4.23%；裁决履行职责的2件，占案件总数的1.43%；撤销行政行为的10件，占案件总数的7.14%；原告撤诉的2件，占案件总数的1.43%；责令下级法院重新审理的4件，占案件总数的2.86%；未审结2件，占案件总数的1.43%。（刘　毅）

【陪审、监督与调解】2019年1月28日，万柏林区司法局在区人大、区纪检、区法院、公安万柏林分局工作人员和被抽选人代表的监督见证下，完成全区人民陪审员选任工作，整个选任工作遵守《中华人民共和国人民陪审员法》《山西省人民陪审员选任工作实施方案》和《太原市万柏林区人民陪审员选任工作实施方案》的有关规定，通过发布选任公告、随机抽选候选人、个人申请和组织推荐、资格审查、征询本人意愿、走访调查、随机抽选拟任人选等工作程序，其中由户籍系统抽选拟确定128名拟任人选，抽选确定32名拟任人选，全区选任160名人民陪审员拟任人选。（刘　毅）

【人民调解组织建设】2019年，万柏林区司法局完善人民调解与行政调解、司法调解衔接机制，明确人民调解受案范围，加大人民调解与行政调解参与信访工作的职能，确保人民调解工作质量。规范调解组织队伍，对全区所有调解组织建设情况进行再梳理，对调解组织的数量、名称和组成人员进行核定，全区有198个人民调解委员会，1268名人民调解员。通过组织开展全区优秀调解案卷、优秀案例征集活动和人民调解“以奖代补”工作，加大案件的奖励力度，提高基层调解员规范制作调解文书的能力，有效提高基层调解员的工作积极性。

同年，万柏林区司法局推进人民调解进驻派出所和个人品牌调解室设立工作，先后打造和平北路派出所人民调解工作室，兴华派出所人民调解工作室，小井峪派出所人民调解工作室，龙泉派出所人民调解工作室、万柏林派出所人民调解工作室、千峰派出所人民调解工作室、建矿派出所人民调解工作室，设立李俊文个人品牌调解室。

同年，区司法局指导各司法所和基层调解组织开展矛盾纠纷排查化解活动，组织开展“两节”“两会”等全区性的专项排查化解活动，将大量矛盾纠纷化解在萌芽状态。全年调解矛盾纠纷1272件，调解成功1261件，成功率达99.1%。 （刘　毅）

【律师事务管理】 2019年，万柏林区律师事务所有34个，法律服务所5个，办理各类案件3381件，援助案件161件。根据省市“一村（社区）一法律顾问”活动的要求，结合相关司法所和村（社区）的要求，对部分律师事务所与对接的村（社区）的法律顾问进行重新配置，确保辖区的153个村（社区）的法律顾问落实到律师个人，制作一村（社区）一法律顾问公示牌和便民信箱，发放宣传资料2万册，并引导法律顾问融入、服务于区域性重大建设项目，参与区域性热点问题及难点问题。

4月，区司法局对律师事务所和律师的资料进行初审，参加年度考核的有律师事务所35个，合伙制律师事务所11个，个人律所24个；有律师545人，专职526人，兼职律师19人；实习人员102人，经市司法局和市律协考核，合格的律师事务所35个，称职律师545人。组织辖区法律服务所和基层法律工作者进行年度检查考核，参加年度考核的法律服务所5个，法律工作者55人，专职51人，兼职4人，其中1人注销，经考核，合格的法律服务所5个，称职法律工作者54人。 （刘　毅）

【法律顾问工作】 2019年，万柏林区司法局强化党群政府法律顾问工作，全区9家法律顾问单位参与处理信访案件92余件，起草审核合同65份，审查规范性文件26份，出具法律意见书43次，协助区政府处理行政复议案件共34件，提供专项法律服务174次，参与重点项目分析论证26次，处理突发事件3起，参与重大问题专题会议41次，代理行政诉讼案件148起。 （刘　毅）

【法律服务】 2019年，万柏林区司法局以服务保障经济社会发展大局为己任，在全区行政执法机关全面推行行政执法“三项制度”，健全完善行政执法机关权力运行监督的制约机制。深化“放管服效”改革，做好民营企业“法治体检”工作，开展法治进企业宣传活动，用法治手段促进民营企业发展。推进公共法律服务体系建设，为民营企业提供优质高效的法律服务。建立《太原市万柏林区区级行政权力清单动态管理办法》并推行长效机制，根据动态管理办法及时调整权责清单。动态调整后，《万柏林区区级行政权责清单》行政职权事项1781项，其中行政许可99项，行政处罚1516项，行政强制50项，行政征收征用8项，行政裁决3项，行政确认37项，行政给付17项，行政奖励3项，其他行政职权48项。

持续优化营商环境，提供“一站式”服务，按照压缩企业开办时间的要求，设立新办企业服务窗口，新开办企业由过去的“分头跑、挨个

2019年5月8日，区司法局与风声河村党支部在传统集会开展“党旗飘扬、党徽闪耀”主题党日活动　（刘毅供图）

办”，转变为“只进一门、只对一窗”，企业开办全程不超过5个工作日。落实便民利企举措，简化重点项目需要办理的相关手续，为企业落地提供便利，打造“六最”营商环境。（刘　毅）

【党建工作】 2019年，万柏林区司法局从强化政治引领、强化党建引领、强化党风廉政建设做起，夯实全面从严治党主体责任，确保司法行政工作方向正确。

落实民主生活制度和组织生活制度。4月9日，召开2018年度专题民主生活会、组织生活会，开展“三评”工作，邀请和平法律服务所和山西智涵律师事务所两家服务单位的代表参会。大会收集司法所所长对司法局“大讨论”活动的意见和建议30条，党员互提意见建议32条。

开展形式多样的主题党日活动。1月18日，开展“学条例、强堡垒、作表率”主题党日活动；3月1日，开展“深入进行党性剖析，不断加强党性锻炼”主题党日活动；4月12日，联合太原理工大学共同开展“扫黑除恶进校园，严厉打击校园贷”主题党日活动；5月8日，携手风声河村党支部开展“党旗飘扬，党徽闪耀”主题党日活动；6月26日，联合朝阳街社区开展“绿色青运，禁毒同行”主题党日活动；7月19日，组织党员、积极分子、进步群众开展观看主旋律影片主题党日活动；8月16日，开展对照“党章党规找差距”主题党日活动；9月30日，开展参观“不忘初心、牢记使命、奋进新时代——庆祝中华人民共和国成立70周年展览”主题党日活动；10月23日，联合风声河村委会开展“不忘初心、牢记使命”主题党日活动。12月，经区委组织部批准，成立万柏林区司法局总支部委员会，有56名党员，下设6个党支部，分别为千峰司法所党支部、下元司法所党支部、长风西街司法所党支部、机关党支部、法律工作者党支部、老龄党支部。

强化行业党建。辖区有独立党支部的律师事务所为10家，成立2个联合党支部，为没有党员的律所配备政治指导员，加强对律师党建工作的指导和监督。3月13日，在国浩（律师）太原事务所召开“改革创新、奋发有为”大讨论座谈会，围绕思想政治、精神状态、工作作风和“六个破除”等方面展开座谈；8月19日，在东奥律师事务所召开律师代理“扫黑除恶”案件风险提示会。在日常志愿服务和主题党日活动中组织律师参与，为辖区群众提供免费咨询。（刘　毅）

军 事
JUN SHI

人民武装

【概况】 2019年，中国人民解放军太原市万柏林区人民武装部（简称万柏林区人民武装部）把学习贯彻落实习近平新时代中国特色社会主义思想和强军思想作为重大政治任务，贯彻落实太原警备区党委的决策部署，忠诚核心举旗铸魂，聚焦使命练兵备战，从严依法治军，努力当好太原警备区的任务主力、建设高地。（史晓强）

【思想政治建设】 2019年，万柏林区人民武装部把学习习近平新时代中国特色社会主义思想和习近平强军思想作为重大政治任务，坚持党委中心组带机关、民兵分队两个层次的学习制度，建立“五学”机制（领导带头学、集中研讨学、追溯初心学、活动牵引学、典型激励学），及时跟进学习中央军委主席习近平最新讲话精神，牢固树立“三个绝对”理论根基。开展两项主题教育，抓实“规定动作”，搞活“自选动作”，组织开展党委书记带头讲党课、依托红色教育基地开展革命传统教育、组织赴万柏林区黄坡革命烈士陵园纪念馆缅怀革命先烈、重温入党誓词，组织开展“忆初心使命、话责任担当”“听红色故事、做时代新人”和“身边的典型”等主题党日活动，接受信仰洗礼、激发奋斗精神、彰显教育成效，受到军委国防动员部肯定。（史晓强）

【练兵备战】 2019年，万柏林区人民武装部组织基干民兵进行并承担太原警备区基地化集训与规范化备勤组织实施的试点任务，部长刘福全在现场观摩会上作经验介绍，受到上级军事机关肯定。组织人员承担全省“八一”军事日活动地震救援演训任务。组织民兵、车辆，第一时间赶赴“3·15”乡宁山体滑坡现场展开救援，并顺利完成任务，被山西省应急管理厅表彰为山西省“3·15”乡宁山体滑坡抢险救援先进集体。完成“二青会”安保、护林防火、三河两渠防汛、维护社会稳定以及文明城市创建等各项任务。（史晓强）

2019年8月1日，万柏林区人武部组织“八一”军事日科目演练活动（史晓强供图）

【战备方案修订】 2019年，万柏林区人民武装部推进“平时应急、战时应战”的一体化战备方案体系建设，重点修订紧急出动方案和防汛、防火、防暴、防震4个专项行动方案。（史晓强）

【兵员征集】 2019年，万柏林区人民武装部按照依法征集，规范征集，廉洁征集，阳光征集的原则，广泛宣传，严格标准，逐级把关，全区兵役登记率达到100%。全区完成上级下达的男兵征集任务，做到上级机关、群众、应征青年、家长、接兵部队五个满意。（史晓强）

【民兵调整改革】 2019年，万柏林区人民武装部全面落实《国防动员建设“十三五”规划》，抓好民兵调整优化布局。压减维稳处突队伍，新编组特种电力设备维修、特种装备技术保障、电磁频谱管控和网络维管分队，提高新质民兵队伍比例。按照上级要求重新规范基层武装部硬件和软件建设，选拔年纪轻、进取心强、综合素质较高的专武部长，优化专武干部队伍结构，激活全区武装工作新活力。8月，万柏林区民兵调整改革工作迎接山西省军区动员局局长调研指导。西山煤电应急连在迎接中央军委国防动员部民兵调整改革检查验收中，取得优异成绩，受到中央军委国防动员部考评组肯定。（史晓强）

【民兵调整改革考核验收】 2019年10月30日，军委国防动员部考核组采取随机抽点方式，对驻地在万柏林区的西山煤电集团公司的武装工作和民兵调整改革工作进行全面考核验收。为做好迎考工作，万柏林区人民武装部采取主官包点统筹协调、干部驻队压实责任的方式，进车间、住班排，加班加点推进工作落实。工作组通过实地考察、抽考询问以及轨迹核对等方式，对西山煤电集团公司民兵调整改革工作进行严格的考核验收后，肯定该单位在民兵调整改革中取得的成绩。（史晓强）

【“3·15”乡宁山体滑坡救援】 2019年3月15日，山西省临汾市乡宁县枣岭乡卫生院北侧发生山体滑坡。万柏林区人民武装部在省军区、警备区指挥下，迅速集结省地震救援二队，第一时间赶赴现场跨区执行救援任务。在现场指挥部的统一领导下，救援队官兵先后二次深入一线展开生命搜索救援，完成任务，受到省市领导的充分肯定，被山西省应急管理厅表彰为山西省“3·15”乡宁山体滑坡抢险救援先进集体。（史晓强）

【军民共建】 2019年，万柏林区人民武装部落实军民共建发展战略，按照“六部”职能任务，主动对接区应急管理局，研究建立军地应急联动机制。开展“一班帮一户”活动，赴娄烦县三元村开展扶贫项目启动仪式暨“爱我国防”主题文艺演出，走访慰问中华人民共和国成立前参加革命工作的老战士、老党员，既为老区人民巩固脱贫助力加油，又让全部官兵在活动中增强守初心、担使命的切身感受。以“创建双拥模范城、文明城市”为抓手，发挥好桥梁纽带作用，密切联系驻地部队，回应部队急需、官兵期盼、军属关切，服务好现役军人后代、后路、后院问题，协调区教育局办理军人子女择优就近入学。协调畅通军地会商、抚恤扶助、涉军维权、退役安置、军属优待绿色通道，为凝聚军心、稳定部队、鼓舞士气尽好责、履好职、办好事，为15名立功受奖的现役军人送去喜报，为参加国庆阅兵人员举行隆重欢迎仪式，增强军人军属的荣誉感。（史晓强）

【国防教育】 2019年，万柏林区人民武装部坚持党管武装根本原则，加强全民国防教育，用好省城国防教育资源优势，运用新媒体新手段深入开展国防文化宣传，每月编发《武装工作动态》，配合省国教办举办《爱我国防》“快闪”文艺演出，助推国防教育进机关、进学校、进企业、进村镇、进社区、进景点“六进”活动，把中央军委主席习近平强军兴军的决策意图传递到地方党委政府和广大社会群众，凝聚民众“热爱国防、建设国防”的思想共识，集聚人民战争伟力；联合区政府、区教育局，推广旧矿街小学校和红旗社区国防教育示范校、示范社区的做法，营造关心国防、热爱国防、建设国防、保卫国防的良好环境；在金阳路重点打造万柏林区国防教育一条街，重点指导旧矿街小学、61 中学校和红旗社区创建国防教育示范校、示范社区，常态化联合区教育局，在创建试点单位举办系列国防教育主题活动，辐射带动全区国防教育普及深化，取得良好效果。旧矿街小学被评为山西省国防教育示范校。（史晓强）

【干部训练】 2019 年，万柏林区人民武装部组织现役、文职、专武干部和民兵分队参加新年度军事训练开训动员，组织军事体能考核，参加太原警备区集训，参加省军区组织的参谋尖子比武考核，获得 3 个项目名次。（史晓强）

【作风建设】 2019 年，万柏林区人民武装部坚持把开展主题教育培植的新风正气转化充盈到转作风、纠“四风”、立新风的全域全程，营造风清弊绝的良好政治生态。结合主题教育落实军委巡视巡察反馈问题整改，对官兵期盼的实事全程紧盯、全部办结。抓实警示案例学习教育，第一时间传达学习正风肃纪典型通报，先后召开纪委专题会和党风廉政建设形势分析会，推动肃清工作向深层挖根推进、向自觉转化、向治本抓常拓展。落实中央“八项规定”、军委十项规定及其实施细则，下大气力纠治和平积弊、形式主义、官僚主义和身边的“微腐败”。深化转化主题教育成果，修订完善《党委议事规则》，清退干部领取地方考核绩效奖金，以忠诚担当、干净干事的优良作风，涵养部队建设全面协调发展的良好生态。（史晓强）

人民防空

【概况】 2019 年 按照《太原市万柏林区机构改革方案》规定，太原市万柏林区人民防空办公室（民防局）的职责划入区住房和城乡建设局，加挂区人民防空办公室牌子，不再保留单设的区人民防空办公室（民防局）。2 月 25 日，区住房和城乡建设局举行挂牌仪式并揭牌。

同年，区住建局坚持以习近平新时代中国特色社会主义思想为指导，全面贯彻中共十九大和十九届二中、三中、四中全会精神，习近平总书记视察山西重要讲话精神，以“五大行动”为统领，建设“四大片区”为抓手，实施“三化工程”为载体，真抓实干、攻坚克难，人民防空工作迈上新台阶。（宋 伟）

【人防工程安全检查】 2019 年，万柏林区人防办开展春季早期人防工程安全大排查，对辖区内的早期人防工程进行安全摸底，并对早期人防工程的主体结构、防护措施进行检查，了解掌握各类工程现状，特别是针对春季冰雪融化容易造成地面翻浆、塌陷，采取切实可行的安全措施。12 月，全面排查整治辖区所属早期人防工程火灾隐患，按照市人防办的统一部署，组织驻地单位开展早期人防工程消防安全大检查。重点对疏散通道是否畅通，是否存放和生产易燃、易爆物品进行排查，确保辖区早期人防工程安全。（宋 伟）

【人防工程应急管理】 2019 年，万柏林区人民防空办公室修订《万柏林区早期人防工程地质灾害应急预案》，签订2019年早期人防工程安全责任书，准备充足的抢险物资，整个汛期对驻地各有关单位的各项安全工作进行逐家检查，确保早期人防工程安全。（宋　伟）

【应急宣传】 2019年，万柏林区人民防空办公室在“5・12”中国第十一个防灾减灾日之际，为增强全社会公共安全意识，普及公众防灾避险知识和避灾自救能力，提高应对突发事件的能力，于5月6日至12日，在全区范围内开展防灾减灾宣传周活动。活动共设置咨询台10个，展示大型电子屏1块，展板10块，标语条幅20条，发放宣传袋100个，人防应急手册600余册，为过往群众答疑解惑40余条。西矿街、长风北、丽华苑、众纺路、葡萄苑等社区举办防灾减灾知识讲座。防灾减灾人防知识宣传教育进机关、进校园、进企业、进社区、进农村、进工地，确保人防宣传活动取得明显成效。（宋　伟）

【警报通信】 2019年，万柏林区人民防空办公室为进一步落实《中华人民共和国人民防空法》，深化防空警报设施社会化管理，提高警报维护管理水平，及时了解掌握警报设施维护管理情况。以设备维护、安全防范、警报设施档案管理为重点，全面检查全区防空警报器，实现设备维护标准化，力争警报器完好率达到100%。促进警报设施设点单位的管理工作，提高维护人员的责任意识、安全意识，防范防空警报误鸣及其他安全事件的发生。按照山西省人民防空办公室2019年度人防警报器专项检查方案的要求，对各类防空警报设施进行全巡全检。对巡查中发现的故障问题及时修复。同时，完善人防警报器数据资料，做到底数清、情况明。

9月18日10时00分至10时15分，进行防空警报试鸣。依次发放预先警报、空袭警报、解除警报三种信号，鸣响率达到100%，音响覆盖遍布全区。同日，组织全区15个乡（街）结合警报试鸣开展宣传教育活动，提高市民的人防意识。（宋　伟）

【人防系统腐败问题专项治理】 2019年，万柏林区人民防空办公室开展人防系统腐败问题专项治理工作，在自查自纠的基础上，结合巡察工作，对问题查找进行“回头看”，开展调查摸底，对人防领域在人防工程建设、拆除、改造、使用审批、易地建设费收缴、人防资金资产管理等方面的基本情况进行调查，做到底数清、情况明。严格人防业务工作管理，履行监管责任，强化人防工程和防空警报设施的档案管理。建立每一个人防工程、每一个防空警报设施完整的档案，确保面积、图片、管理单位、管理人员等各种信息准确真实有效。优化流程，减少审批时限。审批时限由25天缩减至15天。（宋　伟）

宏观经济管理

【概况】 2019年，万柏林区发展和改革局编制了《太原市万柏林区2019年国民经济和社会发展计划执行情况与2020年国民经济和社会发展计划（草案）的报告》，明确全区2020年主要经济指标目标任务，坚持对全区主要经济指标进行跟踪监测，每月组织召开两次经济运行调度例会，定期分析经济运行情况，为区委、区政府研判经济形势、科学决策提供参考。全年万柏林区主要经济指标完成情况：地区生产总值完成476亿元，同比增长2.6%；服务业增加值完成227.3亿元，同比增长1.9%；固定资产投资完成223亿元，同比增长6.7%。（张东新）

【转型项目建设】 2019年，万柏林区发展和改革局出台《万柏林区深化转型项目建设年行动方案》，明确全年五项主要目标，聚焦七项重点任务。建立了领导包联制度，确保全区55个区级重点项目建设服务全覆盖。围绕“深化转型项目建设年”，聚焦产业转型，以上项目、促投资为工作重心，充分发挥牵头抓总职能，认真做好项目谋划储备、项目遴选、项目入库，深入推进总投资2410亿元的138个重大项目，其中续建项目58个，新建项目35个，谋划项目45个。动态监测省市重点工程项目，每月跟踪管理项目库，全年13个市级重点工程建设项目完成投资57.03亿元，完成率113%。（张东新）

【行政审批】 2019年，万柏林区发展和改革局通过政务服务事项动态管理系统，与国家、省、市的政务服务事项体系对接，实现政务服务事项“四级四同”，并在此基础上推行政务服务事项和实施清单标准化。事项8项，其中行政许可4项，行政确认1项，行政奖励1项，其他权力2项。全年办结各类审批项目55件，涉及总投资59.94亿元。其中：权限内政府出资投资项目审批37件，总投资4.8亿元；企业投资项目备案13件，总投资6.6亿元；非权限内政府出资投资项目审批3件，总投资0.8亿元；非权限内企业投资项目核准上报2件，总投资47.74亿元。窗口审批办件均在承诺时限内办结，按时办结率100%，群众评价满意率100%。（晁　琛）

【财经委员会成立】 2019年，中共万柏林区委设立财经委员会，财经委员会办公室设在发展和改革局，在区委财委会的领导下，财经办制定工

2019年3月18日，万柏林区召开省市重点工程推进会　（张东新供图）

作规则和相关工作制度，组织开展协调调度，做好与市委财经办的衔接。全年区委财经委员会召开5次专题会议，研究区政府重大投资安排，统筹推进经济领域重大工作。（张东新）

【“十四五”规划编制】2019年，万柏林区发展和改革局科学筹备规划编制工作。学习研究省委、省政府推进山西中部盆地城市群一体化发展重大战略部署。提前谋划万柏林区“十四五”规划纲要，做深前期研究，成立“十四五”规划编制领导组，围绕“十四五”时期区经济社会发展全局的重大问题开展课题研究，制定“十四五”规划纲要实施方案，启动区级专项规划编制工作，梳理汇总“十四五”时期重大工程、重大项目，为科学编制“十四五”规划提供有力项目支撑，为提出全区国民经济和社会发展战略目标、发展目标和方向奠定基础。（晁　琛）

【老工业基地改造】2019年，由万柏林区发展和改革局牵头，全面总结和平老工业区搬迁改造工作，顺利通过山西省发改委投资咨询和发展规划院的评估，完成国家发改委专题调研，七大搬迁改造任务均达到目标的93%。为山西直线驱动研发中心项目申请2019年老工业区搬迁改造专项中央预算内资金1476万元，根据企业资金用途安排，按照相关程序分批次拨付。同时，组织相

2019年5月7日，国家发改委地区振兴司副司长王冬欣（左二）一行专题调研万柏林区和平老工业区搬迁改造工作　（张东新供图）

关企业申报2020年城区老工业区搬迁改造和推进创新链整合中央预算内投资项目，为国产不锈钢笔头项目申请中央预算内资金。（张东新）

【能源改革】2019年，万柏林区发展和改革局认真落实上级发改、能源部门对城边村煤改气调研指示要求，完成煤改气调研工作任务。组织申报光伏项目，收集售电公司相关材料并及时对接上级能源部门。协助西山煤电、狮头集团等重点用能单位安装能耗在线监测系统，实现实时采集能耗数据。积极化解煤炭行业过剩产能，于10月10日，完成西峪煤矿矿井关闭退出区级验收工作，并顺利通过市级验收。（张东新）

【社会信用体系建设】2019年，万柏林区发展和改革局为万柏林区涉及行政许可、行政处罚职能的25个部门申请了“信用太原”信用信息共享平台直报账号，使万柏林区成为太原市第一个职能部门全直报的县（市、区），提高了上报数据信息的时效性和准确性，打通了“双公示”信用信息最快报送通道。全年向“信用太原”信用信息共享平台报送“双公示”信息2.1万余条，报送量居十县（市、区）第一。积极开展诚信行业、诚信单位、诚信示范街区、诚信经营示范店、诚信网店主题实践活动，评选2019年度诚信主体

单位，营造社会诚信良好氛围。（张东新）

【“二青会”服务保障】2019年，万柏林区发展和改革局按照“二青会”火炬传递保障方案，做好“二青会”服务保障工作，配合市电力公司、滨河供电公司等单位，全力做好保电准备工作，确保万柏林区域内火炬传递顺利进行。（张东新）

【党建工作】2019年，万柏林区发展和改革局坚持把学习宣传贯彻中共十九大精神和习近平新时代中国特色社会主义思想作为首要政治任务。每周三学习中央、省、市重要会议精神，利用学习强国、三晋先锋、微信群等新型载体学习重要讲话，开展“改革创新、奋发有为”大讨论、“学《条例》、强堡垒、作表率”主题党日活动以及民主生活会、组织生活会等，积极落实“三会一课”制度，扎实开展“不忘初心，牢记使命”主题教育，不断提升党建工作水平。（晁　琛）

【党风廉政建设】2019年，万柏林区发展和改革局加强党风廉政建设和反腐败工作，始终把廉政和反腐工作放在中心工作之中，有计划、有安排、有落实、有督促，局党组成员始终坚持“一岗双责”不放松，不断加强全局党员思想引导和警示，增强广大党员干部遵纪守法的自觉性，全体党员干部通过学习中央、省、市、区各级纪委会议精神，坚持以党建为引领，勇于担当，廉洁自律做好发改工作。积极配合区委第四巡察组巡察整改，不断提升全体党员的党性修养。（晁　琛）

【三基建设】2019年，万柏林区发展和改革局根据机构改革的要求，增设区委财经委员会办公室，加挂了区能源局和区粮食局两块牌子。面对无专业人员转隶的全新职能和领域，区发展和改革局将“三基建设”作为强基固本的重要抓手，以开展提升基础工作专项行动为契机，与编办和上级部门积极对接，快速厘清了与相关部门的职责权限，重新制定“三定”方案，及时更新“一目录一流程三手册”。7月，区发展和改革局作为城区唯一代表在全省发改系统“三基建设”经验交流会上作了典型发言。（张东新）

统计管理

【基础统计工作】2019年，太原市万柏林区统计局完成2018年统计年报工作和2019年各项常规性统计报表工作，年初召开农业、工业、能源、财贸业、服务业、人口劳资、房地产、建筑业等专业的年报暨定报会议。实行数据上报动态监控制度和数据异动查询制度。每月数据上报期间，各专业人员密切关注各企业上报情况，严把基层数据的审核与评估，做到即审、即改、即验，发现问题立即过问，立即纠正，以确保各项统计数据真实准确。制定《万柏林区统计局内部数据资料管理办法》，优化统计资料内部流转，提高统计产品时效性和准确性。（胡　滨）

【第四次全国经济普查现场登记】2019年，万柏林区政府高度重视第四次全国经济普查，区委常委、副区长李零召集各乡（街）主要领导，在普查正式登记前和登记过程中分别召开两次工作会议。区经普办制作《经济普查单位预约通知单》，列明应提供的相关资料以及应填的报表类别，约定收取报表的准确时间，并预留区普查办的电话。

登记工作开始后，按照领导包片责任制先后深入15个乡（街）现场办公20余次，对普查中出现的设备使用、业务难点现场指导。协调西山煤电等驻地大型企业与社区普查员对接，召开现场办公会，重点解决多产业法人填报困难的问题，提高普查员工作效率。在业务指导的同时督促工作进展情况，细化到社区，对单位预约率没有达到目标的社区进行重点监督，在确保数据质量的前提下加快普查进度，确保全区普查工作有序推进。同时利用条幅、广告屏等进行普查宣传，重点进行“点对点”的宣传。（胡　滨）

【国家“四经普”数据质量抽查】 2019年，万柏林区统计局作为太原市唯一被抽查的县区于6月16日至18日接受国家“四经普”事后质量抽查。国家质量抽查小组一行15人分为4组，分别对化客头街办化客头社区居委会第一普查小区、和平街办西线社区居委会第一普查小区、东社街办王家庄村委会第一普查小区和小井峪街办红旗社区居委会第一普查小区4个普查小区实地入户开展单位核查、规范性核查、指标核查等质量抽查工作。（胡　滨）

2019年6月16日，国务院经普办“四经普”事后质量抽查山西地区第一分组在万柏林区开展“四经普”事后质量抽查（胡滨供图）

【人口统计】 2019年，万柏林区统计局完成人口抽样调查样本核实、区域划分、宣传动员、摸底调查、正式调查、数据汇总、数据对比、数据验收等全部环节的工作。有人口抽样调查样本44个，其中国家点样本2个，地方点样本42个。涉及全区14个街道，44个社区。根据抽样初步统计，全区44个样本共登记3731户，登记人口10761人，其中常住人口9690人，户籍人口5545人，出生人口103人，死亡39人，出生率10.6‰，死亡率4‰。（胡　滨）

【统计服务及统计产品】 2019年，万柏林区统计局服务区域经济发展，对适应区域经济运行的“五位一体”统计调查监测模式进行全新的改版和升级。全年撰写分析及信息共95篇，市局内网共采用75篇，其中工作动态采用65篇，专业分析采用10篇。万柏林宣传公众号信息采用12篇，区委、区政府信息采用16篇。

同时，创新思路，探索新的服务形式，印制《重点企业监测》，将全区400多家联网直报单位中有代表性的36家企业基本情况进行重点监测，按月报送区主要领导。为庆祝中华人民共和国成立70周年，系统介绍万柏林区经济社会发展取得的辉煌成就，编撰印发《数说万柏林》图册。印发《2018年国民经济和社会发展统计公报》，整理编辑《万柏林区2018年统计年鉴》。（胡　滨）

【基本单位名录库建设】 2019年，万柏林区统计局推进基本单位名录库建设，保证基本单位名录库更新维护工作常态化，提高基本单位名录库质量和“一套表”调查单位申报质量。维护7852个单位，修改错误4.21万余条。（胡　滨）

【统计信息化建设】 2019年，万柏林区统计加大硬件设施建设投入，改造机房，检查检修网络设备运行情况配置网关系统（UTM），实现一体化防御，对所有接入统计内网的计算机统一安装杀毒软件，提高系统网络安全性。（胡　滨）

【统计法治建设】 2019年，万柏林区统计局利用“12·4”宪法日、“12·8”统计法颁布日以及第四次全国经济普查等时间节点，深入机关、乡村、社区、学校、企业和单位，组织开展统计普法宣传活动，2019年组织4次宣传活动，印制发

2019 年 10 月 11 日，万柏林区召开村（居）委会统计专员上岗培训会暨统计“三基建设”工作安排会（胡滨供图）

放《第四次全国经济普查手册》1 万份，《统计法律法规宣传册》2000 册，制作宣传笔 3000 支、宣传画 2 万份，悬挂宣传条幅 80 余条，增强社会公众对统计法律法规的了解和认知度，营造全社会“尊法、学法、懂法、守法”的浓厚氛围。第四次全国经济普查宣传活动中向群众发放宣传资料 1000 余份。在全区科级领导干部大会上，区委党校校长专题辅导法律法规典型案例的学习及发放《统计法律法规宣传册》160 册；开展全区统计专员培训会，邀请市统计局法规处干部就《统计造假“零容忍”——统计法律风险防范》进行法律培训，发放《统计法律法规宣传册》180 本。（胡　滨）

【统计队伍建设】 2019 年，万柏林区统计局根据基层村（居）委员会统计工作面临的实际困难，率先在全省推行村（居）委会统计专员制度，召开全区村（居）委会统计专员上岗培训会，给予统计专员每人每月 350 元工作补贴，改善基层统计人员待遇，加强全区统计系统基层工作队伍建设。（胡　滨）

土地资源管理

【概况】 2019 年 2 月，太原市万柏林区组建区自然资源局。将太原市国土资源局万柏林分局的职责，区林业局承担的行政职能，以及区发展和改革的组织编制并实施主体功能区规划职责，区水务局、区农业委员会的资源调查和确权登记管理职责，区农业委员会的草原（地）监督管理职责，相关机构的风景名胜区管理职责等整合，组建区自然资源局，作为区政府工作部门，加挂区林业局牌子，设置 8 个行政股室（办公室、国土空间规划用途管制股、自然资源管理利用股、不动产调登记管理股、矿政测绘股、国土绿化股、生态修复股、行政审批股）和 9 个事业单位（太原市万柏林区土地服务中心、太原市万柏林区自然资源信息中心、太原市万柏林区自然资源中心服务所、太原市万柏林区自然资源执法监察大队、太原市万柏林区不动产登记中心、太原市万柏林区林业工作站、太原市万柏林区林草综合服务中心、太原市万柏林区生态园服务中心、太原市万柏林区林业技术推广站）。全局有干部职工 111 人，中共党员 81 人。（樊俊文）

【耕地保护】 2019 年，万柏林区自然资源局围绕太原市政府下达万柏林区的耕地保护目标任务，立足耕地数量、质量、生态“三位一体”保护，正确处理保护耕地与保障发展的关系，引导建设项目不占或少占耕地，全区 2019 年耕地保有量不得少于 1490 公顷，永久基本农田保护面积不得少于 1155 公顷，耕地保护率不低于 100%。全区根据耕地保护第一责任者的明确定位，向王封乡、化客头街道、东社街道等涉及耕地和永久基本农田保护的乡（街）下达耕地保护目标责任书，通过层层签订耕地保护目标责任书，层层传导耕地保护责任，同时，借助“地球日”“土地日”等宣传活动对耕地保护工作加大宣传力度，提高社会公众对耕地和永久基本农田保护工作的认识，形成了全区保护耕地和永久基本农田的良好氛围。同时，利用卫片执法、执法监察等措施加大对违法占用耕地行为的打击力度，促进全区耕地保护向着数量足、质量优的目标迈进。（樊俊文）

【执法监察】 2019年，万柏林区自然资源局查处土地违法案件27宗，占地面积24.52万平方米，收缴罚款238.71万元。开展违建别墅清查整治专项行动，摸排违建别墅18宗，全部处置到位。开展规范整治土地违法行为专项行动，配合乡（街）拆除各类违建20余处，2000余平方米。完成2018年度土地卫片执法工作，剔除省、市重点工程及民生工程外违法比例为2.61%，开展一、二、三季度卫片，其中一季度下发2个图斑、二季度下发20个图斑、三季度下发136个图斑。国有建设用地预初审4宗。（樊俊文）

【法治国土建设】 2019年，万柏林区自然资源局贯彻执行《法治政府建设实施纲要（2015—2020年）》内容，结合工作职责依法行政。因新一轮机构改革前，国土资源部门实行垂直管理，在开展行政执法过程中，履行执法行为需市级执法机关授权委托，按照委托做到权责法定、执法严明、廉洁高效、守法诚信。在新一轮机构改革后，法治国土建设按照中共十九大明确的必须统一行使全民所有自然资源资产所有者职责，履行《中共中央关于全面推进依法治国若干重大问题的决定》，执行中央、省、市、区关于统一行使所有国土空间用途管制和生态保护修复职责，把法治理念、法治思维和法治原则贯穿到自然资源管理的全过程和各个环节，切实推进自然资源法治建设。（樊俊文）

【审批流程优化】 2019年，万柏林区自然资源局行政审批股完成万柏林区北寒村、彭村、窊流村、大井峪村、小井峪村、黄坡村、南屯村7个“城中村”改造供地初审，36个地块，供地面积123.54万平方米（约123.5公顷）；完成临时用地审批2件，面积1.71万平方米（约1.7公顷）；完成建设项目用地预审2件，面积16.21万平方米（约16.2公顷）；完成国家基础测绘成果资料提供使用的审批共11件。（樊俊文）

【土地利用】 2019年，万柏林区自然资源局按照以服务转型项目、民生工程与公益工程建设为目标，强化生态文明建设和节约集约用地发展理念，依法依规办理土地利用涉及事务，促进市、区两级经济社会稳定健康发展。全年完成北寒、大王、大井峪、瓦窑“城中村”，圪獠沟、南屯、北寒、小王和新庄储备地以及玉门河快速路改造等共六批次15个项目，分批次农用地转用和征收手续上报，总面积达138.45公顷；全年累计完成包括北寒“城中村”改造、小井峪“城中村”改造、桃杏择址重建、明珠公交停保场、北寒自来水加压站以及普国路建设工程等共18个项目面积达44.81公顷集体土地征收任务，保障市、区城镇化与公益类、民生类重点项目建设用地需求。同时，为加快生态文明建设步伐，提高土地利用效率与水平，立足于土地利用总体规划、耕地和永久基本农田保护，为各有关用地单位提供节约集约用地基础性资料与建议，促进全区土地利用水平提高。（樊俊文）

【地籍管理】 2019年，万柏林区自然资源局按省市第三次全国土地调查办公室要求，开展第三次全国土地调查工作。按照方案的编制、技术规范的制定以及人员培训和宣传工作。合理组织，多方协调，三调初步成果县级总差错率0.13%，通过国家核查。（樊俊文）

【测绘信息管理】 2019年，万柏林区自然资源局测绘工作稳步进行，测绘资质检查、测绘成果质量检查、测绘成果保密检查、测量标志点检查、地图市场检查五项检查例行进行，总体情况良好。8月28日至9月5日，围绕“规范使用地图，一点都不能错”主题，开展测绘法暨国家版图意识宣传周活动，加强社会公众对测绘法的认识和遵守，了解测绘法在经济建设、国防建设、社会发展和生态保护的重要地位，增强对国家版图的意识，明白正确的国家版图，是国家主权和领土完整的象征，也是爱国主义教育的重要组成部分。

依法对6个测量标志点进行维护，加固地基，砌筑防护墙，雕刻保护文字，维修后的测量标志点易于观察，易于巡查，易于保护，保证测量标志的正常使用。（樊俊文）

【不动产管理】 2019年，万柏林区自然资源局不动产登记中心成立于2016年3月，为公益一类事业单位。依法承担万柏林区集体土地内不动产登记工作及相关政策、业务、技术等方面的支撑工作。全年办理农村集体土地所有权首次登记6宗，对外发布首次登记公告8条，完成大井峪社区集体建设用地使用权及宅基地使用权注销工作，对外发布注销和作废公告3条。完成黄坡、北寒、红沟、大王、瓦窑、彭村、沙沟、闫家沟、小井峪、南屯等城改项目地块权属审核，同时服务太原宝能、轨道交通、公交停保场等项目用地的权属核实，推进后续用地手续的办理。配合市政部门，完成西苑南路、装备园、北排洪（多福路）、大井峪街西延、石膏厂街、南上庄路网项目用地权属核实工作，加快市政道路工程项目手续办理。协调解决寨沟村、神堂沟村与太原制药厂、红沟靶场与桃杏村、风声河村与太钢之间的权属纠纷，推进片区改造工作顺利进行。（樊俊文）

【地质灾害防治】 2019年，万柏林区自然资源局在“4·22”地球日、“5·12”防灾减灾日、“6·25”土地日、“10·13”国际防灾日以及安全生产宣传月等活动中采用悬挂条幅、发放宣传资料、设立展板、设立咨询台等形式进行广泛宣传。万柏林区地处地质灾害易发区，地质环境条件恶劣，截至2019年年底，全区有地质灾害隐患点70处，按种类分泥石流3个，崩塌15个，滑坡6个，地面塌陷21个，不稳定边坡25个；按照区域分王封乡16个，化客头街道10个、西铭街道7个，杜儿坪街道12个，白家庄街道9个，神堂沟街道6个，东社街道3个，其他7个；按照规模分特大型3个，大型2个，中型4个、小型61个。按照地质灾害防治工作要求，协同涉灾乡（街）在全区范围内开展地质灾害汛前排查、汛中检查、汛后复查和冰雪融冻期排查工作。聘请地质灾害防治专家，作为全区地质灾害防治专家支撑队伍，在地质灾害调查、认定、应急处置中发挥重要作用。使用中央、省级、市级财政预算资金对地质灾害隐患点和矿山地质环境进行治理，保障人民生命财产安全。（樊俊文）

【政务信息公开】 2019年，万柏林区自然资源局依托山西省政务服务平台、山西省征地信息公开查询系统、太原市规划和自然资源局门户网站、信用太原平台四个平台进行政府信息公开。行政权力清单44项（包括名称、依据、申请资料、办理期限、办理地点、电话号码等），行政许可3件，行政处罚21件，土地征收信息18件，行政确认信息6件。申请公开3件，其中一件予以公开，一件部分公开，一件不掌握信息。力求信息资源的规范化、标准化、信息化，严格执行信息公开保密审查制度，配合政府信息公开平台与政务服务平台融合，注重与人民群众和服务对象的交流沟通，为建设智能政府、高效政府、廉洁

政府提供基础保障。（樊俊文）

【信访接待】2019年，万柏林区自然资源局领导班子围绕“解疑惑、暖民心、保稳定、促和谐”的主题，以“畅通、有序、务实、高效”为首要工作任务，按照《信访条例》、信访工作流程，完成信访接待受理和接件答复等工作。全年接待受理信访案件23件（涉地类）。其中来件20件（市局转办件12件，区政府转办8件），来访3件，来电0件。参加市局大接访30余次，信访接访率100%，答复率100%，办结率100%，结案率95%以上。（樊俊文）

【党风廉政建设】2019年，万柏林区自然资源局履行党风廉政建设主体责任，将党风廉政建设工作与中心工作同谋划、同部署、同落实、同考核。结合张茂才严重违纪违法案件有针对性地开展廉政警示教育，组织领导干部观看廉政警示教育片，保持警钟长鸣。开展领导干部配偶、子女及其配偶经商办企业专项整治，制定禁业范围规定。执行中央“八项规定”，配合驻局纪检监察组开展专项监督检查，开展违反中央“八项规定”突出问题、形式主义官僚主义突出问题专项整治，严防“四风”。党政主要负责人履行“第一责任人”责任，班子成员坚持“一岗双责”，落实“两个责任”。全年未发生违纪违法案件。领导班子成员通过讲授专题党课、举办党史中华人民共和国成立史专题讲座、督促指导基层党组织开展集中学习，提高干部队伍政治素质。组织开展干事创业精气神不够，患得患失，不担当不作为问题专项整治，引导广大党员干部自觉践行初心使命，保持改革创新的精神面貌。（樊俊文）

审计监督

【概况】2019年，太原市万柏林区审计局对区本级财政和区政府办等6个部门，共7个项目的2018年预算执行情况进行审计。对和平街道办和长风西街街道办开展2017、2018年度财政决算审计，为促进财政决算的真实性和完整性奠定基础。根据上级审计部门2019年重大政策措施落实情况跟踪审计安排部署，完成一、二、三季度重大政策措施落实情况跟踪审计。对区政府办原主任李宏文、和平街道办原主任乐丽梅等25名部门及街办领导干部的经济责任审计。对区委组织部、区教育局所属中小学校、区纪委监委、区委组织部党费收缴及支出情况开展财务收支审计。根据山西省审计厅要求和太原市审计局安排，派出审计组对晋中市介休市2018年保障性安居工程资金投入和使用绩效情况进行审计。（郭雪萍）

【国家重大政策措施落实情况跟踪审计】2019年，万柏林区审计局完成对万柏林区2019年第一、二、三季度贯彻国家重大政策措施落实情况的跟踪审计。共抽查32个部门单位，延伸8个乡（街），7户企业，11个农村社区，查出问题金额6501.5万元，均为管理不规范金额，非金额计量问题4个。坚持边跟踪审计、边督促整改，推动大部分问题在审计中得到逐步纠正，为国家重大政策措施在万柏林真正落地生根不懈努力。第四季度的重大政策措施落实情况跟踪审计以太原市审计局为主，万柏林区审计局配合，采用“同级审”的方式，上下结合，统筹审计资源进行。（郭雪萍）

【财政审计】2019年，万柏林区审计局在核实收支，摸清家底的基础上，完成6个单位7个项目

2018年度预算执行情况的审计，查出问题金额18.69亿元，其中违规金额62.56万元，管理不规范金额18.68亿元，非金额计量问题5个。代表区政府在五届区人大常委会第二十一次会议上作工作报告。完成两个街道的2017、2018年度财政决算审计，查出问题金额52633.01万元，其中违规金额7.22万元，管理不规范金额52625.79万元，非金额计量问题1个，为促进财政决算的真实性和完整性奠定基础。（郭雪萍）

【经济责任审计】 2019年，万柏林区审计局完成25名部门及街办领导干部的经济责任审计。审计组严格按照审计程序和审计方案的要求，深化经济责任审计内容，突出关注履职尽责情况的审计，以监督权力运行为目标，科学有效地推进经济责任审计，健全权力运行机制，促进领导干部依法履职，增强其执行财经法规的自觉意识和责任意识。（郭雪萍）

2019年12月，区审计局在区劳动就业管理中心进行经济责任审计（郭雪萍局）

【财政财务收支审计】 2019年，万柏林区审计局完成对区委组织部以及区教育局所属中小学2016年至2018年财务收支审计、对区纪委监委2016年6月至2019年6月财务收支审计、对区委组织部管理的2016年5月至2019年12月党费收缴及支出情况的财务收支审计。以规范财务管理为切入点，全面深入分析审计中发现的普遍性、倾向性问题产生的直接原因和深层次原因，并提出针对性、操作性强的建议，促进被审计单位依法行政、规范管理、厉行节约、增收节支，提高财政资金的使用效益。（郭雪萍）

【专项审计】 2019年，万柏林区审计局完成晋中市介休市2018年保障性安居工程资金投入和绩效审计。1月至3月，根据省厅要求和市局安排部署，万柏林区审计局派出6人审计组，紧密结合审计方案，分工合作，完成晋中市介休市2018年保障性安居工程资金投入和使用绩效审计，其中土地闲置问题和拖欠民营企业工程款的问题引起上级部门的高度重视，审计质量获得一致好评。

根据省厅及市局安排，抽调4名审计干部，随市审计局审计组于7月23日赴朔州市，对朔州市及其下辖的6个区县市开展为期近2个月的水环境保护和污染防治专项审计，此次审计涉及水污染防治政策落实情况、水污染专项资金使用、绩效情况、水污染防治情况、水环境保护情况和产业结构调整情况等方面。（郭雪萍）

市场监督管理

【概况】 2019年，太原市万柏林区市场监督管理局坚持以习近平新时代中国特色社会主义思想为指导，围绕服务全区经济社会发展大局的工作主线，贯彻中共十九届四中全会、省委十一届九次全会、市委十一届七次全会和区委五届七次全会精神，落实总局、省局和市局各项决策部署，推动万柏林区市场监管事业取得新成效。（张艳红）

【机构改革】 2019年2月25日，太原市万柏林区市场监督管理局挂牌成立。由原太原市工商行政管理局万柏林分局、原太原市质量监督管理局万柏林区分局、原太原市万柏林区食品药品监督管理局、原太原市万柏林区物价局、原太原市万柏林区知识产权局，合并为太原市万柏林区市场监督管理局，内设科室24个，正式职工342人，中共党员220人。2019年10月18日，成立中共太原市万柏林区市场监督管理局工作委员会。

市场监管体制改革实行“3+3”模式，第一个“3”是将原工商、质监、食药监3个部门整建制划转到市场监督管理局，第二个“3”是将发展和改革局（含原物价局）的价格监督检查、科技局（含原知识产权局）的专利管理、原商务粮食局的酒类商品监管职责整合到市场监督管理局。（张艳红）

【营商环境优化】 2019年，万柏林区推进营商环境优化，企业准入更加便捷，营业执照审批由过去的“一审一核”简化为“审核合一”，企业设立登记办理时限由原来的15个工作日缩短为1个工作日，变更登记办理时限由原来的15个工作日变为2个工作日，企业注销实行即来即办。9月，全省企业注销“一网通”正式上线运行，为企业退出市场提供更加便利化服务。

特种设备使用登记缩短受理和审查发证期限，受理期限由法定5个工作日内缩短为3个工作日内，审查发证由法定15个工作日内缩短为12个工作日内，超过50台设备由法定20个工作日内缩短为15个工作日内。信息系统和省特检院、锅检院实现并网，信息共享。

窗口改革融合。通过“三统一”（统一单位名称、统一叫号、统一工作群）确保服务群众各项业务正常开展。区政务服务中心叫号系统单位名称统一变更为区市场监督管理局，将原工商万柏林分局、区食药监局窗口审批事项并行办理，形成全局“一盘棋”的工作格局。

业务联合办理。实施市场监管与税务、社保等多业务并联办理和集成服务，企业设立、办理刻章、税务登记、社保开户等业务实现“一窗通办”，资料内转外不转，全程免填单。推进电子营业执照普及与应用，累计发放电子营业执照3909户。推进“证照分离”改革，推动市场主体登记信息互联互通、共享应用，全年“双告知”精准推送企业3016户。推行“绿色通道”“容缺受理”便民举措，企业和群众办事便捷性和满意度不断提升。

至2019年12月31日，万柏林区有各类经济主体66155户，其中内资企业1078户，私营企业14637户，农民专业合作社102户，个体工商户50338户。新登记企业3282户，同比增长51%。全年办结食品经营许可2208件（其中新开办1726件、变更140件、补证5件、注销337件），按时办结率为100%；办理食品生产小作坊登记证6件；发放健康证19959个。（张艳红）

【法治建设】 2019年，万柏林区市场监督管理局加强法治建设，落实《市场监督管理行政处罚程序暂行规定》，结合实际制定行政执法三项制度（行政执法公示制度、执法全过程记录制度、重大执法决定法制审核制度）。成立万柏林区市场监督管理局重大案件审理委员会，参与重大案件会审6次。开展年度行政处罚案卷评查工作，完成评查案卷287件。严把案件审核质量关，保证执法合理性和合法性，行政处罚立案91件，行政处罚决定84件。主动应对复议和诉讼，严把复议“四关”，全年22起行政诉讼案件，16个复议答复书。依据现行法律法规、各党委政府部门新制定的“三定”规定和“三定”调整文件，完成567项权责清单工作。加强行政执法队伍建设，提升执法人员的业务素质，组织培训3次，参训人员70人次。（杨俊文）

【党风廉政建设】 2019年，万柏林区市场监督管理局加强思想政治建设，严格落实“三会一课”“主题党日”和中心组学习等制度，开展“三个一”（一个支部、一个堡垒，一个党员、一面旗，一个干部、一个标杆）活动，利用“学习强国”“好干部在线”“山西智慧党建”“万柏林党建”“万柏林宣传”等载体，开展学习、研讨交流。党工委委员讲党课13人次，基层党支部书记讲党课14人次。实现对13个支部、220名党员教育全覆盖。

加强制度建设。坚持民主集中制和党政联席会议制度，坚持健全重大事项民主、科学决策机制，对“三重一大”事项集体决策。建立支部工作每月例会制度，研究解决党建工作中出现的新情况、新问题。严肃党内政治生活。

加强作风建设。党工委主要领导切实扫负起党风廉政建设的主体责任，班子成员强化“一岗双责”。一是严控会议数量质量。二是精简填报。三是解决指尖上的形式主义，重点整治微信工作群、政务App过多过滥等问题，强化对日常工作中现存的各类App、微信号、公众号等的管理，保证工作群真正成为工作中的好帮手。四是清理规范“一票否决”、签订责任状问题。五是加强警示教育。组织全体党员集中观看警示教育片。对张茂才违纪违法、违反中央“八项规定”精神、“四风”问题典型案例进行剖析，教育引导广大干部以案为戒，汲取教训，做到严格自律、风清气正。打造“理论教育”“红色基因”“廉政文化”“核心价值”四大宣教专栏区，教育引导党员干部牢固树立法纪观念和廉洁从政意识，提高全体机关干部的拒腐防变能力。（张艳红）

·工商行政管理·

【市场监管】 2019年，万柏林区市场监督管理局强化市场监管。发动全员全力做好企业年报工作，年报率95.41%，创历史新高。推进“双随机、一公开”工作，高标准建好“两库”（执法人员名录库和检查对象名录库），完成4批次716户抽查任务，开展6批次177户的“双随机、一公开”抽查检查。涉企信息归集工作有序进行，‘双告知”认领率达99%以上。对23户严重失信企业实施信用修复，鼓励失信企业主动纠错、重塑形象。

推进公平竞争审查，牵头制定全区公平竞争审查联席会议工作制度和万柏林区公平竞争审查工作重点，组织召开全区公平竞争审查联席会议第一次会议，对全局年内印发的107个文件进行审核汇总。开展反不正当竞争和打传规直工作。制定《开展整治“保健”市场乱象百日行动实施方案》，上报关于开展“改革创新、奋发有为”市场竞争环境调研分析报告。开展整治医疗乱象、打击销售假冒侵权商品、涉嫌传销和非法集资等活动。处理转办案件3起，举报案件5起。推进网络商品交易监管，完成网监平台数据筛查登记4538条。通过将内网查找信息和已掌握信息比对，整理确认44家成品油经营企业、2家文物经营企业、8家拍卖经营企业。（张艳红）

【合同管理】 2019年，万柏林区市场监督管理局强化合同监管工作，开展利用合同格式条款侵害消费者权益违法行为的专项整治“回头看”行动。共办理动产抵押登记5户，主债权金额1.02亿元，抵押物价值1.02亿元；办理变更登记1户，主债权金额5000万元，抵押物价值5000万元；办理注销登记6户，主债权金额1.78亿元，抵押物价值1.78亿元。（张艳红）

【商标广告管理】 2019年，万柏林区市场监督管理局强化广告监管，针对涉嫌发布非法集资广告、保健品广告、食品广告等违法广告行为，开展专项整治工作。贯彻落实《公益广告促进和管理暂行办法》，发布公益广告 20 余条。重点强化对太原广播电视台及有关媒体的监管，先后下达《责令改正通知书》21 份，立案处理 1 起，罚款 11 万元，妥善解决涉及广告的消费投诉 60 余起。

开展打击侵权假冒商品联合执法，检查烟酒经营户 30 余户，责令商户拆除门头“杏花村”侵权商标标志 5 户。加强商标代理机构监管，对辖区内从事商标代理业务的企业进行摸底统计。指导和引导市场主体申报专利，推进辖区内商标有效注册总量持续增长。（张艳红）

【非公企业党建】 2019 年 9 月 27 日，万柏林区非公有制企业委员会（简称万柏林区非公企业党委）成立。区市场监督管理局党组成员、区非公经济组织和社会组织工委副书记（兼）张智顺任书记，昌陆投资集团有限公司党委书记齐延年，山西兴业投资控股集团有限公司党委书记魏勇任副书记，区市场监督管理局非公党建科科长周春生任纪检委员，昌陆投资集团有限公司党群部副部长范永梅任组织委员，山西兴业投资控股集团有限公司党委干事杜志霞任宣传委员，太原碧蓝水利工程设计有限公司党支部书记刘虎任统战委员。

万柏林区非公企业党委有党组织 192 个，其中党委 4 个，党总支 11 个，党支部 177 个，党员 1980 名，其中流动党员 390 名，党建工作指导员 77 名，党组织覆盖率达 80.14%。省级“双强六好”党组织 2 个：昌陆投资集团有限公司、山西金龟集团投资控股有限公司；市级“双强六好”党组织 1 个：山西兴业投资控股集团有限公司。

以活动为载体，推进党建工作取得实效。在中国共产党成立 98 周年之际，组织优秀非公党组织和基层骨干代表参加“主题党日”活动。“八一”建军节前夕，非公企业党委和昌陆投资集团有限公司共同前往万柏林区武装部开展“双拥”工作。参加太原市市场监督管理局首届书画艺术展，区非公企业党委获得组织奖。组织由非公企业选派的志愿者到青运村进行“二青会”模拟演练，组织万柏林区市场局工作人员与昌陆投资集团有限公司共同开展第二届“献血献爱心，我们在行动”义务献血活动，累计向山西省血液中心捐献 2.16 万毫升健康血液。同时，加强学习，抓学习教育，提高党员思想觉悟。组织万柏林区非公企业党支部书记参加市区两级非公企业“不忘初心、牢记使命”主题思想教育培训班。召集非公企业党支部书记召开主题教育部署会，参加市非公工委对楼宇经济和非公党建工作召开的座谈会，学习四中全会会议精神，达到全覆盖。

（周春生）

【专项执法检查】 2019 年，万柏林区市场监督管理局加大知识产权保护力度，开展部署商标侵权“溯源”专项行动、2019 年知识产权执法“铁拳”专项行动、农村假冒伪劣食品专项整治行动、净化建材类市场环境专项整治行动、假冒“山花牌”电线查处专项行动。商标案件立案 2 起，结案 1 起，罚款 6 万元。

规范市场价格行为，重点对大型商场停车收费、加油站和药品经营单位开展明码标价专项检查，推进医疗收费专项检查和打击欺诈骗取医保基金专项行动，检查停车场 15 家、加油站 5 个、各类医疗单位 34 家，立案处罚 3 起。组织开展农村假冒伪劣、学校食堂及校园周边、执业药师“挂证”、特种设备、“两小”门店等各项专项整治，部署推进商标、广告、燃气、保健食品等各类专项行动，查办各类案件共 104 起，罚没款 95 万余元。重点围绕食品、医疗器械、烟花爆竹、冷藏冻库、加油站、交通运输、危化品等无证无照经营易发区域开展专项检查，排查各类市场主体1219户，引导办证557户，查处无照违法经营2户。开展野生动物保护专项整治行动，出动54人次。（张艳红）

【消费者权益保护】2019年，万柏林区市场监督管理局开展消费维权工作，以“3·15”国际消费者权益日为契机，举办各类宣传咨询活动13次，接受咨询1000余人，发放宣传资料7000余份，受理投诉130件，悬挂、张贴主题宣传画300余张，为消费者营造便捷、安全、放心的消费环境。对辖区“消费维权服务站”按照标准进行审核，公示全部信息，创建“维权服务站”37个，培训维权站工作人员80人次。接受电话咨询289次；12315网络受理申诉举报489件，其中申诉339件，举报150件；“12345”便民热线转办3144件；来信来函18件；办结率达100%，为消费者挽回经济损失9万余元。（张智顺）

2019年3月15日，万柏林区消费者协会与万柏林区市场监督管理局在下元商贸城组织开展“3·15”国际消费者权益日宣传活动（张智顺供图）

·质量技术监管·

【质量检查】2019年，万柏林区市场监督管理局全面检查危险化学品及包装物、防爆电气、烟花爆竹、食品相关产品、消防产品等重点工业产品。组织开展儿童和学生用品、日用塑料制品、电动自行车等质量安全专项整治工作。制定《万柏林区2019年儿童和学生用品安全守护行动工作方案》，出动检查人员85余人次，对40余户商超销售的儿童玩具和学生用品等产品和1户校服加工企业进行检查。开展宣传活动6次，夯实儿童和学生用品质量安全保障线，配合省市局对万柏林区加油站、油库进行油品抽检工作，抽检油品32批次。经检测，所有加油站、油库油品均为合格。抽检电动汽车16批次，抽检防水材料、灯饰等商品37批次。

全面展开认证认可与检验检测工作，摸排强制性产品认证生产企业17家，检查检验检测机构11家，下达责令改正通知书5份。推动消费品质量安全知识宣传进校园、进社区。（侯艳平）

【质量安全监管】2019年，万柏林区市场监督管理局加强对获得工业产品生产许可证企业的事中事后监管，区市场监督管理局执法人员对太原市西山万隆工业气体有限公司、太原狮头中联水泥有限公司2家获证企业进行日常监管。组织万柏林区质量强区工作领导组成员单位和辖区企业开展以“加快质量提升、建设质量强区”为主题的全国“质量月”活动，各成员单位及企业均开展各具特色的活动，形成全方位、多角度共同开展质量月活动，营造政府重视质量、企业追求质量、人人关注质量的良好氛围，引领推动万柏林区经济高质量转型发展。（张艳红）

【计量惠民工程】2019年，万柏林区市场监督管理局开展“5·20”世界计量日宣传活动，发放《中华人民共和国计量法》1000余册，《2019世界计量日——国际单位制（SI）根本性飞跃宣传海报》1000余张，接受讲解人数约500人。

眼镜制配场所计量专项监督检查。检查人员

从区市场监管部门检查对象名录库眼镜配制单位分库723户名单中，按比例随机抽取36户作为检查对象，并对焦度计11台、验光仪11台、验光镜片组11组等在用计量器具实施检查。

加油器计量专项监督检查。从万柏林区市场监管部门检查对象名录库成品油经营单位分库名单中，按比例随机抽取12户作为检查对象。检查在营成品油经营单位10家，加油机32台，加油泵7台，均检定合格，并按照要求做出诚信计量公开承诺。

计量单位使用情况专项监督抽查。10月9日，对太原广播电视台（太原市文化广播电视集团）开展监督检查，对新闻综合频道《新闻快车》栏目、经济生活频道《1930看这里》栏目、社教法制频道《并州之剑》栏目、电台新闻频率以及《太原广播电视报》，9月的相关稿件及期刊等5个样本进行抽查，均未发现有使用非中华人民共和国法定计量单位的情况。

强检计量器具登记备案。宣传推广中国电子质量监督公共服务门户网站，通过网上备案、预约，为备案单位实施免费检定。使用该系统备案计量器具使用单位142家，免费检定计量器具3728台；针对民用四表现场备案2家，免费检定3148台。

集贸市场监督管理。要求各集贸市场主要负责人加入万柏林区计量工作群，实时监督，实时处理投诉、举报。加强对公平秤的管理。各集贸市场主要负责人领取《集贸市场计量管理承诺书》，依法依规经营，杜绝在用强检计量器具缺斤短两现象，保护消费者合法权益。（张艳红）

【标准化改革】 2019年，万柏林区市场监督管理局推进万柏林区国家标准化综合改革试点工作，研究起草《山西省国家标准化综合改革试点万柏林区工作方案》，牵头组织召开万柏林区推进山西省国家标准化综合改革试点工作暨标准化工作联席会议，以标准引领区域高质量发展。引导帮扶太原重型机械集团有限公司（简称太重）成功申报2项（《起重机械定期检验无损检测》《高强度螺栓使用要求》）地方标准，指导区政府办5项（《政务公开基本要求》《政务公开服务规范》《政务公开评价规范》《政务公开运行管理规范》《政务公开目录编制要求》）地方标准通过获批立项，推进太重、晋西车轴股份有限公司、山西汾西机电有限公司等行业领军企业参与“百城千业万企”达标行动。在省市场监督管理局组织的第一届山西省标准创新贡献奖评选中，太重申报的标准《冶金起重机技术条件》（JB/T7688.1—7）获一等奖。确定2018年度万柏林区标准化改革奖励补助项目32项（其中标准31项、标准化规范化试点项目1项）。对2018年1月1日至12月31日制修订各类标准的企业进行奖励。（张艳红）

【特种设备安全监管】 2019年，万柏林区市场监督管理局以安全生产为主线，坚持依法监管，推进多元共治，守住特种设备安全底线。全区在册特种设备有11181台，其中电梯7074台，锅炉113台，压力容器852台，起重机械2931台，厂机205台，游乐设施6台，工业管道3188.7米，“煤改气”工程中公用压力管三个标段共35.87千米。

3月5日，区市场监督管理局召开全区特种设备安全工作会议，与全区24个重点单位、15个乡（街）、16个部门签订《特种设备安全目标任务书》，构建起横向到边、纵向到底的安全监管责任体系。“二青会”前期，签订《“二青会”特种设备安全保障工作》目标责任书，推动责任到位、人员到位、措施到位，确保顺利完成保障任务。组织22家物业公司签订《“扫黑除恶”专项斗争责任书》，督促企业严格遵守和执行安全生产法律法规、规章制度与标准规范，杜绝在电梯等特种设备销售安装及维保环节中发生欺行霸市、强买强卖、聚众滋事等行为。推进“三个专项行动”，对全区重要场所、重要地段、重点区域使用的特种设备开展全面排查，严厉整治安全管理制度落实不到位、未按要求进行维护保养、应急预案不完善、相关作业人员资质不齐全等问题，消除各类特种设备事故隐患，出动检查组4个，检查企业43家，检查特种设备1023台，责令存在问题隐患的14家使用单位按期完成整改。围绕“二青会”保障，对六个比赛场馆的16台电梯、10台压力容器及6个接待酒店所有特种设备共103台进行摸底建档，逐台逐项做好隐患排查和应急值守。强化对玉泉山城郊森林公园和桃花沟两处景区大型游乐设施的执法检查。完成“两节”“两会”“五一”、国庆、飞行大会、能源博览会等重要时间节点的特种设备安全保障工作。全年处理排查和投诉举报安全隐患116个，有效防止安全事故的发生，保障全区特种设备安全运行。（李照平）

·食品药品监督管理·

【食药风险防控】2019年，万柏林区市场监督管理局坚持源头管控，排查食品安全风险隐患，实现执法监督全覆盖。组织开展食品生产加工企业监督检查和食品生产加工小作坊专项整治，立案查处2家、责令整改1家；检查企业商户1176家，排查隐患483条，全部督促整改到位。打击农村假冒伪劣，检查农村食品经营单位277家，整治问题34项。整治群众反映强烈的保健品问题，累计检查保健食品经营企业367家，责令整改19家。加强校园食品安全监管，检查学校幼儿园食堂101家，校园周边食品经营单位248家。联合教育、卫计等部门深入开展无证幼儿园食品安全隐患专项整治。全力打造“明厨亮灶”工程，市局下达的101个建设任务完成率达100%。

加强日常监管，规范药品市场秩序。组织召开全区药品零售企业监管工作会议。严格防范药品流通领域源头性、区域性风险隐患，针对全国“两会”“二青会”、中秋、国庆等重要时间节点，对城乡接合部、医院周边等风险易发区域的企业加强区域性风险防控，坚决保证重要时段的公众用药安全。强化医疗机构药品质量监管，重点对医疗机构药品购进、储存和养护、调配管理等情况开展检查，全面提升万柏林区药品使用质量管理水平。（罗　翔）

【食药问题整治】2019年，万柏林区市场监督管理局强化监督抽检，发挥监督抽检在防控食品安全风险中的技术支撑作用，突出农兽药残留、食品添加剂和非法添加、致病菌、重金属、污染物质等安全指标，紧盯风险程度高、消费量大、群众较为关切的重点品种，瞄准大型集贸市场、大型超市、校园周边、城乡接合部等重点区域，对万柏林区生产和流通的食品、食品添加剂、餐饮食品、食用农产品等28个食品大类开展计划性监督抽检，实现不同类别、不同业态、不同区域抽检全覆盖。对抽检发现的不合格产品，第一时间组织开展核查处置，及时下架封存、召回不合

2019年3月14日，万柏林区市场监督管理局召开万柏林区食品生产经营企业集体约谈会
（张艳红供图）

格产品，最大限度控制产品风险。全年先后开展春节期间食品安全监督抽检 290 批次，春季校园食品安全专项抽检 19 批次，完成第三方检验机构抽检 1291 批次，万柏林区政府官网发布抽检信息 4 期。强化责任落实，保障大型活动开展。全力保障“二青会”食品安全，检查拟接待酒店 11 家，宾馆、场馆及周边食品经营单位 298 家次，保障集中供餐比赛场馆 1000 余人次就餐安全。

开展专项整治，严厉打击违法行为。开展药品零售企业执业药师“挂证”行为专项整治，检查药店 200 多家次，企业整改问题 30 多条，纠正不当行为 10 余起。深入推进“二青会”期间含兴奋剂药品专项检查，规范蛋白同化制剂、肽类激素市场经营行为，检查药品经营单位 175 家，立案查处 7 起，下达责令改正通知书 24 份，确保“二青会”期间药源性兴奋剂事件零发生。推进中药饮片、含特殊药品复方制剂、二类精神药品等各类集中整治行动，严厉查处流通环节违法违规行为。

（张艳红）

【食药安全案件查处】 2019 年，万柏林区市场监督管理局通过日常监管、群众投诉举报等多种途径发现线索，从重快速查处食品药品违法案件，有效震慑食品药品违法行为。同年，万柏林区有食品生产企业 8 家，食品加工小作坊 8 家，食品流通企业商户 3093 家，餐饮服务单位 2028 家；药品零售企业 380 家。全年食品违法案件立案 74 起，罚没款 71.08 万元。

落实“四个最严”和“四有两责”要求，保持打假治劣高压态势，查处非法渠道购进药品案 1 起，罚款 2000 元；查处未凭处方销售处方药案 9 起，罚款 9000 元；查处未按药品经营质量规范经营案 1 起，罚款 1.25 万元。全年药品违法案件罚没款 2.35 万元，药品消费环境持续稳中向好。

（张忠保）

【食品安全示范区创建】 2019 年，万柏林区市场监督管理局以创建省级食品安全示范区为契机，全方位、多角度开展食品安全监管工作，构建“尚德守法、社会共治”的食品安全监管局面。启动食品安全示范街“明厨亮灶”建设工程，千峰南路 34 家大、中型餐饮服务单位、华润万象城 103 家餐饮服务单位全部完成设备安装并投入使用。同年，万柏林区被评为省级食品安全示范区。

（张艳红）

【食药安全宣传教育与培训】 2019 年，万柏林区市场监督管理局坚持全方位、立体化、多渠道开展食品安全法律法规和科普知识教育宣传，促进食品安全社会共治。通过集中学习、岗位培训、以会代培等形式，对从业人员进行岗位培训，先后与区科协、区教育局等部门联合举办食品安全培训班 2 期，培训人员 200 余人次。开展保健食品科普宣传进社区活动 5 场次，现场发放宣传资料 600 余份，接受群众咨询 1000 余人次。联合太原科技大学、区卫健体局、区农业农村局等部门举行食品安全宣传周主题宣传活动，发放宣传材料 1000 余份。

依托“‘3·15’消费者权益保护日”“全国安全用药月”主题宣传活动，通过设立咨询台、曝光台、展板、发放宣传资料等多种形式，开展宣传咨询活动，宣传药品安全法律法规及专业知识，增强群众的自我保护意识和参与意识，形成全社会关注、重视药品安全的良好氛围。开展“安全用药、良法善治”主题宣传进社区活动，通过发放科普宣传册、宣传材料，解答群众在药品安全和健康方面的疑问，宣传药品安全科普知识。

（罗　翔）

物价管理

【价格管理】2019年，万柏林区发展和改革局严格按照太原市制定的管理办法和服务等级与收费标准，结合各小区具体情况，实地走访，调研了解，对不具备物业资质，小区基础设施不完善的物业小区，严把审核备案关。全年共接待居民查询54人次，规范指导小区停车收费备案工作7起，维护广大业主合法价格权益，促进文明、和谐小区建设。做好平价商店的监督管理，定期对平价商店蔬菜种类、销售价格、供应量、新鲜度、店内环境卫生和台账信息资料等内容进行监督，及时督导各平价商店严格按照市平价商店管理制度要求做到明码标价，诚信经营，每月上报平价商店的销售量、销售额及蔬菜零售价格。根据太原市发改委《关于发放太原市价格临时补贴的通知》及时向困难群众发放临时补贴93万元，缓解了因价格上涨对困难群众生活造成的影响。（张艳红）

【价格认定】2019年，万柏林区发展和改革局价格认定中心认真学习《价格认定规定》《山西省涉案财物价格鉴定办法》等有关法规，克服工作量大、人员不足等困难，建立工作制度，规范勘验程序，通过市场调查、内部审核、集体审议依法作出认定结论，为万柏林区法制建设起到了有力的支撑和保障作用。全年共受理各种案件153起，涉案金额1183万元。其中五万元以上重大案件23起，一般案件123起。（晁　琛）

【价格监管】2019年，万柏林区市场监督管理局受理“12345”“12358”下转案件以及来电、来访等价格咨询和举报884件。其中，12358价格举报平台转办67件（网上直接举报39个，上级转办21件，来访7件），“12345”热线转办817件，在规定时间内全部办结。（吕刚谱）

【专项检查】2019年，万柏林区市场监督管理局开展各项专项检查。明码标价专项检查。集中开展市场价格监管，防止节日、重大活动期间各类价格欺诈行为的发生。五一、中秋、国庆等节日期间，对美特好超市、下元商贸、黎氏阁、居然之家等8家大型商场及15家停车收费、5家加油站的价格执行情况进行抽查。“二青会”期间，开展药品经营单位明码标价专项检查，对部分药店违反明码标价规定的情况责令整改，并对2家药店进行处罚。在检查过程中加大价格法律、法规、政策的宣传力度，发放提醒告诫函，落实明码标价制度，规范市场价格行为，使万柏林区市场价格平稳运行。

医疗收费专项检查。8月16日，对太原市万柏林区医疗集团中心医院实行市场调节价的医疗服务项目价格情况进行检查。对该院存在的重复计算住院天数、多收取相关费用的价格违法行为，责令改正，没收违法所得1.51万元，并处以一倍罚款，合计处罚3万余元。10月中旬，开展打击欺诈骗取医疗保障基金专项行动，重点查处虚记费用、分解收费、超标准收费、重复收费以及明码标价和价费公示执行情况等问题。检查各类单位33家，其中社区卫生服务中心和村卫生所26家，大学卫生所3家，医院4家。对发现的部分药品无明码标价、收费未公示等问题责令整改。

“双随机一公开”专项检查，规范教育领域收费行为。从10月中旬开始，对万科紫郡、现代双语等4所小学及1所中学进行检查，重点检查服务性收费和代收费公示等情况。（吕刚谱）

财 政

【概况】2019年，在区委的正确领导下，在区人大、区政协的监督支持下，区财税部门以习近平新时代中国特色社会主义思想为指导，牢牢把握稳中求进工作总基调，践行新发展理念，坚持高质量发展要求，积极应对经济下行压力，主动适应减税降费政策和市对区财政管理体制调整带来的新形势新变化，努力克服组织收入面临的困难，竭力化解财政收支矛盾，倾力兜牢民生底线，全力保障重点项目实施，着力推进财政体制改革，圆满完成调整后的年度预期目标，预算执行情况总体良好。（胡太生）

【财政体制改革】2019年，万柏林区财政局聚焦改革提效，建设现代财政制度。深化预算管理改革，全面有序推进预算绩效管理，对168家预算单位26.1亿元资金开展绩效评价。配合区级机构改革，顺利完成所有涉改单位预算和资产划转工作。加大结转结余资金清理，及时盘活财政存量资金。开展惠民惠农财政补贴资金“一卡通”专项治理，构建长效管理机制。规范区级行政单位资产配置标准，加强差旅伙食费和市内交通费收缴管理。全面推开财政电子票据改革，政府采购云平台上线运行。推进相对集中行政审批制度改革，推进预算执行动态监控，完善内控制度，扎实推进财政治理能力现代化建设。

推进改革事项，提升财政管理水平。发挥财税部门职能作用，落实减税降费各项政策，全面清理涉企收费项目，强化政府采购执行管理，推进“放管服”改革，优化营商环境。全面推进预算信息公开，除涉密部门外，全区预算单位预算公开率100%，做到有预算不追加，无预算不支出，确保预算方案和预算执行的一致性。加强国有资产日常监管，核实资产，核销历史遗留挂账，严格办公设备、办公家具配置标准，规范国有资产处置，完成国有资产管理报告试编工作。发挥投资评审的节支作用，财政预算评审共节支2.84亿元。加强存量资金管理，强化落实财政结余结转资金定期清理制度，探索预算执行动态监控，试点财政预算授权支付。加强政府性债务管控，建立政府性债务风险应急处置机制，推进融资平台分类规范管理，组织开展不规范的融资担保和以政府购买服务名义违规融资等行为的清理整改。自觉接受人大依法监督、政协民主监督，加快财政法治建设。（胡太生）

【一般公共预算收支】受市对区财政管理体制调整区级同口径收入基数调减和减税降费政策性减收影响，预算执行中，区财政局根据《中华人民共和国预算法》规定编制了区级财政预算调整方案，并提交区五届人大常委会第二十五次会议审查批准。一般公共预算收入预算数由285000万元调整为230000万元，一般公共预算支出预算数由383476万元调整为350766万元，加上上级转移支付45414万元，支出预算为396180万元。（胡太生）

【一般公共预算收入】2019年，一般公共预算收入232645万元，完成调整后预算的101.2%，超收2645万元（全部用于补充预算稳定调节基金），收入规模继续稳居全省县（市、区）第一方阵，在全市十县（市、区）排名第二；同比增长5.2%，居太原市十县（市、区）第六位。

分收入类型：税收收入完成214192万元，为调整后预算的101.0%，增长7.2%；非税收入完成18453万元，为调整后预算的102.5%，下降13.6%。税收收入与非税收入分别占到一般公共预算收入的92.1%、7.9%，财政收入质量继续保持高位水平。

分预算级次：财政总收入完成1093407万元，其中上划中央收入391422万元，上划省级收入148986万元，上划市级收入320354万元，区级一般公共预算收入完成232645万元。

分主要税种：增值税60292万元，企业所得税26369万元，个人所得税5150万元，资源税8773万元，城市维护建设税12084万元，房产税9689万元，印花税5936万元，城镇土地使用税3190万元，土地增值税26627万元，车船税4283万元，契税50631万元。（胡太生）

【一般公共预算支出】2019年，全区一般公共预算支出388678万元，为调整后预算的98.1%，增长15.0%。预算执行中分月支出进度均达到省、市考核要求。

2019年8月15日，区财政局召开预算绩效评价工作会（胡太生供图）

主要支出项目执行情况：教育支出95290万元，增长5.0%；科学技术支出9669万元，增长207.9%，主要是市级下达一次性科学技术项目资金5989万元；社会保障和就业支出40624万元，下降5.1%，主要是机关事业单位养老保险费率降低；卫生健康支出23547万元，增长42.7%，主要是加大对公立医院改革投入，增加支出7500万元；城乡社区支出102259万元，增长52.3%，主要是西山地质、环境治理项目区级配套资金投入7549万元，“创城”及城市管理提升投入20028万元；农林水支出21686万元，增长69.3%，主要是林业项目支出增加8055万元，对采煤沉陷区困难群众补贴1099万元；交通运输支出8978万元，增长50.6%，主要是王封一线天旅游公路建设投入1933万元，市级下达农村公路建设项目资金1937万元；节能环保支出6591万元，下降4.7%，主要是煤改电、煤改气项目一次性投入减少。（胡太生）

【上级补助资金】2019年，上级补助收入119342万元，其中一般转移支付59099万元，专项转移支付30298万元，返还性收入29945万元。（胡太生）

【收支平衡】 按现行财政体制计算，2019 年全区一般公共预算收入 232645 万元，加上一般转移支付 59099 万元、上级专项转移支付 30298 万元、返还性收入 29945 万元、上年结转资金 5727 万元、动用预算稳定调节基金 47642 万元、调入政府性基金预算 786 万元，减去上解上级支出 7317 万元、补充预算稳定调节基金 2645 万元，当年可用财力为 396180 万元。2019 年全区一般公共财政预算支出 388678 万元，结转下年 7502 万元，当年财政收支实现平衡。 （胡太生）

【政府性基金预算】 2019 年，全区政府性基金上级补助收入 755224 万元，其他政府性基金收入 1 万元，上年结转 1240 万元。政府性基金支出 741833 万元，调出至一般公共预算收入 786 万元，结转下年 13846 万元。全部为市级下达的专项基金。 （胡太生）

【社会保险基金预算】 2019 年，全区社会保险基金收入 63900 万元，其中企业基本养老保险基金预算收入 42888 万元，机关事业单位基本养老保险基金预算收入 13060 万元，城乡居民基本养老保险基金预算收入 7952 万元。2019 年全区社会保险基金预算支出 62107 万元，其中企业基本养老保险基金预算支出 39092 万元，机关事业单位基本养老保险基金预算支出 17665 万元，城乡居民基本养老保险基金预算支出 5350 万元。2019 年当年结余 1793 万元，年末滚存结余 39776 万元。 （胡太生）

【国有资本经营预算】 2019 年，国有资本经营预算上级补助收入 2838 万元，上年结转 2917 万元。当年支出 2917 万元，结转下年 2838 万元。全部为国有企业“三供一业”分离改革上级专项补助。 （胡太生）

【民生保障】 2019 年，万柏林区财政工作践行以人民为中心的发展思想，在财政收支矛盾突出、平衡压力加大的情况下，努力解决人民群众普遍关心的现实问题，全年民生领域财政支出占财政总支出 80% 以上。提高社会保障水平，城乡低保标准平均每人每月提高 50 元，医保财政补助标准每人每年提高 30 元，为采煤沉陷区移民搬迁困难群众发放临时救助 1099 万元。投入 9.53 亿元，支持教育体制改革。投入 1.83 亿元，推进公立医院改革。下达就业培训资金 863 万元，全区城镇新增就业 1.8 万余人。投入 6602 万元，实现城市社区办公场所 500 平方米以上全覆盖，建成 27 个社区养老服务中心和 45 个日间照料中心。投入 1.71 亿元，推进以“扫黑除恶”专项斗争、社会治安防控体系建设、社会矛盾多元预防调处化解为重点的社会综合治理能力建设，人民群众获得感、幸福感、安全感不断提升。 （胡太生）

【“三公”经费支出】 2019 年“三公”经费支出 169 万元，为年预算的 67%。其中：因公出国（境）费用 0 万元；公务用车购置及运行费 169 万元，为年预算的 67.1%；公务接待费 0.2 万元，为年预算的 0.8%。 （胡太生）

【文明城市创建】 2019 年，万柏林区聚焦共建共享，推进文明城市创建。坚持以“三化工程”为引领，投入 1.52 亿元，加大“九乱”整治及提档升级，整治背街小巷 125 条，老旧小区改造 174 个。推进农村人居环境改善，九院村、小西铭村被评为市级美丽宜居示范村。安排资金 2.65 亿元，推进环卫体制改革，城市管理工作获得四项全国环卫行业最高奖项。推进生态文明建设，投入 1.13 亿元，巩固西山造林绿化和采煤沉陷区生态修复成果，实施城区绿化增彩创景工程，全区森林覆盖率达到 38.0%，建成区绿地率、绿化覆盖率分

2019年7月16日，区财政局全体工作人员在王封乡圪垛村开展党建活动　（胡太生供图）

别达38.3%和44.3%。支持打好污染防治攻坚战，下达5493万元，加大大气、水、土壤等环境整治力度，全年空气质量优良天数实现233天，空气质量综合指数城六区排名第一。加快基础设施建设，投入8581万元，配合推进九院沙河、虎峪河快速化西延工程，王封一线天旅游公路建成通车，40余条土路得到硬化改造。　（胡太生）

【党建工作】 2019年，万柏林区财政局坚持把深入学习贯彻习近平新时代中国特色社会主义思想作为政治任务，围绕中共十九大和十九届二中、三中、四中全会精神及《习近平新时代中国特色社会主义思想学习纲要》等学习内容，创新学习形式和载体。开展“不忘初心、牢记使命”主题教育活动，围绕“守初心、担使命、找差距、抓落实”的总要求，高度重视，周密安排，坚持抓思想认识到位、抓检视问题到位、抓整改落实到位、抓组织领导到位，实现理论学习有收获、思想政治受洗礼、干事创业敢担当、为民服务解难题、清正廉洁作表率的目标。落实“三会一课”制度，坚持重要事项召开党员大会向党员传达学习、重要工作召开支委会研究讨论、安排部署，制定年度“三基建设”任务清单，明确任务书、时间表、路线图，并且把精神文明建设渗透到各项工作之中，推动各项工作深入开展，夺得“礼赞新中国、奋进新时代”大合唱比赛二等奖，获得太原市精神文明单位标兵称号。　（胡太生）

【党风廉政建设】 2019年，万柏林区财政局深入开展党风廉政建设和反腐败工作，全面落实从严治党“两个责任”。贯彻落实中共十九大和十九届二中、三中、四中全会精神和习近平系列重要讲话精神，不断增强反腐倡廉的责任感和紧迫感。推进财政改革和预防廉政风险，提高反腐倡廉工作的自觉性和主动性。明确责任到人、强化工作措施。贯彻民主集中制原则，健全和完善党内监督制度，加强对重点领域的管理监督，凡属“三重一大”事项，均由局党组会议集体讨论决定。在财务收支管理、财务领报手续上，严格实行财务管理制度。

按照“一岗双责”的要求，把每项有关党风廉政建设和反腐败工作的重要任务分解到班子成员与股室，形成“统一领导、股室各负其责、依靠群众支持和参与”的党风廉政建设和反腐败工作的机制。加强各节日期间作风建设的监督检查，有效纠治“四风”特别是形式主义、官僚主义，培厚良好党内政治生态土壤。　（胡太生）

【法治建设】 2019年，万柏林区财政局成立法治工作领导小组，建立健全法治建设、依法行政相关制度，并严格执行。注重对法律、法规和规章的学习认识，年初制定有科学、系统的法律、法规和规章学习计划，重点为宪法、预算法、会计法、采购法、行政诉讼法、行政复议法、安全生产法、保密法等法律、法规和党内相关法规。坚持民主集中制原则，单位重大事项决策、重要干部任免、重要项目安排、大额资金的使用，均召开会议集体讨论决定，依法行政，有法必依。参加法制宣传活动，“12·4”宪法宣传活动中，制作财政相关内容的展板、发放财政、金融等方面的法律知识手册，设点宣传，向广大群众宣讲法

律知识，发放宣传资料1000余份。（胡太生）

税　务

【概况】2019年，太原市万柏林区税务局全面贯彻落实减税降费各项税收政策，确保小微企业普惠性减税政策等税收优惠政策及时落地。优化税收营商环境，支持企业发展。推进深化增值税改革，抓牢个人所得税改革，平稳推进社保费代征工作，夯实所得税基础管理工作，推进依法治税，优化营商环境，全力推行服务创新，提升服务质效。全年税收收入全口径完成104.93亿元，比上年同期增长83.63%；税费收入全口径合计完成107.64亿元，比上年同期增长83.84%；社保全口径累计完成3.52亿元。（周小明）

【税费收入】2019年，万柏林区税务局税费收入全口径完成107.64亿元，比上年同期增长83.84%，其中市县级完成53.53亿元，比上年同期增长83.70%；县区级完成22.11亿元，占区级计划96.15%，比上年同期减幅6.88%。

全年税收收入全口径完成104.93亿元，比上年同期增长83.63%。其中：市县级完成51.18亿元，比上年同期增长83.33%；县区级完成20.51亿元，比上年同期减幅9.5%。（周小明）

【非税收入】2019年，万柏林区财政局社保全口径累计完成3.52亿元。其他收入合计1.56亿元。其中：工会经费1.16亿元，比上年同期增幅181.22%；职业年金3959万元，县区级完成1841万元。（周小明）

【减税降费】2019年，万柏林区税务局贯彻关于减税降费的决策部署，真抓实干，确保小微企业普惠性减税政策等税收优惠政策及时落地，支持企业发展。

增值税方面。提高增值税小规模纳税人起征点（月销售额3万元至10万元），1.26万户小规模纳税人享受该增值税优惠7936.55万元，户均减免6139.91元。统一增值税小规模纳税人标准政策在2019年减税，1490户纳税人享受减免1507.89万元，户均减免1.01万元。万柏林区蔬菜流通、鲜活肉蛋经销企业1055户次享受增值税优惠1.45亿元，享受2019年新出台的支持和促进重点群体、扶持自主就业退役士兵创业就业政策享受减免增值税44.65万元；备案即征即退优惠户8户，即征即退增值税税款1146.53万元；新能源车辆购置税免征1760辆，税款2814.96万元。

所得税方面。2019年3季度，万柏林区税务局小型微利企业总户数1.98万户，盈利企业总户数3806户，享受优惠总户数3804户，不享受的两户为享受其他免税优惠，小微企业所得税政策受惠面99.95%，共减免税额9759.72万元，户均减免税额2.56万元。2018年度，参加汇算清缴2.01万户，盈利企业6711户，其中5849户盈利企业符合享受小微企业所得税政策，减免所得税应纳税额6097.03万元，户均减免1.04万元。2018年享受研发费加计扣除减免税219户，其中129户高新技术和科技型中小企业全部享受研发费加计扣除政策。减免税额总计为10.39亿元，户均减免税额474.36万元。享受高新技术企业减按15%的税率征收企业所得税的企业为8户，减免4992.69万元。户均减免624.1万元。享受取得居民企业之间的股息、红利等权益性投资收益额减免30户，减免17.15亿元。残疾人员工资加计扣除20户，减免税额1921.32万元。户均减免96.1万元。享受固定资产加速折旧或一次性扣除的为41户，减免税额2.34亿元。符合条件的非营利组织的收入免征企业所得税11户，减免税

2019 年 4 月 11 日，山西省税务局党委书记胡军到万柏林区调研减税降费落实情况（周小明供图）

额 366.87 万元。

财行税方面。小规模纳税人地方税费减征收减免金额 3475.8 万元。资源税减免 17 户、减免税额 5.16 万元，房产税减免 1324 户、减免税额 1168.89 万元，印花税减免 7377 户、减免税额 173.36 万元，城镇土地使用税减免 565 户、减免税额 174.39 万元，耕地占用税减免 3 户、减免税额 145.37 万元，城市维护建设税减免 22440 户、减免税额 1066.33 万元，教育费附加减免 17967 户、减免税额 439.77 万元，地方教育附加减免 17987 户、减免税额 302.54 万元。（周小明）

【增值税改革】 2019 年，万柏林区税务局深化增值税改革，加强协调推进改革整体运行平稳，纳税人应享尽享改革红利。

降税率方面。7032 户一般纳税人享受税率调整优惠 5.42 亿元，户均减免 7.71 万元。2018 年增值税税率调整政策在 2019 年减税，6512 户享受减免 1.24 亿元，户均减免 1.9 万元。

加计抵减方面。527 户一般纳税人提交《适用加计抵减政策的声明》，包括适用 470 户适用 10% 加计抵减率和 57 户适用 15% 加计抵减率的纳税人。适用 10% 加计抵减率的 410 户一般纳税人已计提额 739.2 万元，适用 15% 加计抵减率的 52 户一般纳税人纳税人已计提额 36.73 万元。

电子退税工作方面。作为减税降费开头年，2019 年的退税工作数量多、时间紧，特别是小微普惠退税，涉及面巨大，税务部门力求做到应退尽退。全年累计退税达 6500 笔，金额达 1.31 亿元，完成从纸质退税到电子退税的变革。

试行增值税期末留抵税额退税制度方面。45 户纳税人符合留抵退税条件，5 户纳税人申请留抵退税，累计退税 3.53 亿元。（周小明）

【纳税服务】 2019 年，万柏林区税务局开展纳税信用等级评价及修复工作。组织人员对管辖纳税人的实际情况进行核实，剔除不符合参评条件的纳税人。对于符合条件的参评纳税人根据可靠的税务机关内部信息和掌握到的外部公开信息客观公正地开展纳税信用评价工作以及纳税信用等级补评、复评工作。

加强“税银合作”。向企业宣传“税银合作”业务情况，与兴业银行、平安银行建立合作关系，开展税银互动日活动。搭建税银企三方平台，现场为小微企业授信，基于不断更新的纳税人信用等级评价结果，为纳税信用等级良好的纳税人提供优先授信等奖励举措，持续拓展“以信换贷”的受益范围。

纳税服务宣传培训。落实“万名税干入企服务”工作。深入重点企业，问需问计问需求，送策送暖送服务，为企业解疑难、传政策、送优惠，助力企业成长壮大，收集问题 68 条。开设纳税人网上课堂，邀请专业教师录制税收新政策视频课程，纳税人可在线免费学习。对纳税人实体开展专项辅导培训。委托税务师事务所以及区税务局成立的纳税人学堂师资团队开展减税降费、企业所得税汇算清缴、新办纳税人等培训，组织培训 20 次。建立纳税人宣传辅导微信群，发布最新税收政策，便于纳税人及时学习；开展青少年税法学堂宣传推广工作，走进万柏林区众纺路小

学，开展3期税法知识进课堂主题活动、1期观摩办税服务厅活动。（周小明）

【电子税务局】 2019年，万柏林区税务局贯彻落实国务院关于加快电子发票推广应用的决策部署，优化税收营商环境，自2019年11月15日起推行增值税电子发票公共服务平台，推广新办纳税人免费使用税务UKey通过公共服务平台开具普通发票。建立“大运维”机制，实行征期联合办公机制，建立征期问题半小时解决机制，及时关注电子税务局、“金三”软件等信息系统的运行情况，对纳税人采取分类、分时、分流等疏导措施，对征期重大问题集中判断、快速响应。推广电子税务局网上代开发票、网上办理注销、网上领用发票，扩大“全程网上办”事项，减少纳税人办税成本。（周小明）

【征收管理】 2019年，万柏林区税务局统筹税收工作重心，探索优化征管工作的各种方式，提升征管水平。全面梳理新办企业领用发票流程，新办纳税人信息确认前移到企业登记注册环节，各项申领报告后置到申领发票之后，发票申领时间压缩至一天。建立“大运维”机制，施行征期联合办公机制，运用电子税务局、金三系统数据分析，对纳税人采取分类、分时、分流等疏导措施。解决阻碍纳税人办理注销时的“堵点”，优化注销程序，注销登记环节的违法行为处理权限前移，减少纳税人办理时间。制定最简流程，采取“即时办”“容缺办”措施，减少注销时间。强化税收黑名单及联合惩戒相关政策的宣传、执行工作，严格规范电子税务局及实名认证系统黑名单管理。（周小明）

【税务监督】 2019年，万柏林区税务局注重抓早抓小，强化日常监督。加强对全局纪律作风的监督，督促干部职工养成良好的工作作风。加强干部日常作风建设，以学促建。纪检组通过每周例会组织各部门负责人学习中央、省、市纪委的通报以及《税务系统警示教育案例选编》等典型案例，督促干部职工知底线、明敬畏、守规矩。强化警示教育。配合机关党委组织全局干部职工观看《失守的底线》和《初心泯灭的歧路》专题警示教育片，使广大干部职工内心受触动、思想受洗礼。

强化节点监督。紧盯元旦春节、“五一”、端午、中秋节、国庆节等重要时间节点，持之以恒纠正“四风”，巩固落实中央“八项规定”和实施细则精神成果。强化重点监督。将减税降费、优化营商环境等重大决策部署的贯彻落实作为2019年监督检查工作的重中之重，履行监督检查责任。重点突出对减税降费政策落实的监督。对纳税人和缴费人反映乱收费问题线索，及时处置、严肃问责。强化督促检查。开展电话抽查和问卷调查，将征集到的建议上报减税办。组织减税降费知识考试，督促全局干部学习减税降费政策学习。重点突出对优化营商环境的监督。对各部门负责人进行纳税人满意度测评专题约谈。加大检查力度，6次对千峰南路办税服务厅及前进路办税服务厅开展优化营商环境专题检查。

（周小明）

农　业

【概况】 2019年，太原市万柏林区农业农村局以习近平新时代中国特色社会主义思想为引领，全面贯彻中共十九大和习总书记视察山西重要讲话精神，实施乡村振兴战略，在山上农村和城边村开展“四大片区”建设，进行生态修复和改造提升，优化产业布局，推动实现农业强、农民富、农村美，都市城郊型现代农业建设取得新成效、农村各项改革工作取得新进展。（韩　菲）

【农村集体产权制度改革】 2019年，万柏林区根据中央和省、市安排部署，借鉴先进试点县经验做法，按照程序，精心组织实施，稳妥推动农村集体产权制度改革工作。全区清产核资工作全部完成并接受省、市验收，验收率、通过率达100%，成员身份确认工作基本完成，股权设置及股份经济合作社成立工作全面启动。农村集体产权制度改革工作通过全国农村集体产权制度改革第九督查组的督查，并按省市要求按时保质全面完成农村集体产权制度改革任务。（于联萍）

【“大棚房”整治】 2019年，万柏林区、乡（街）、村三级联动摸排，按照属地管理原则，责任到人，逢棚必查、不留死角，遏制农地非农化乱象。对地块土地性质、三类房屋逐一建立基础台账和问题台账，累计排查各类设施农业168个，占地面积18万平方米，发现“大棚房”问题62个，占地面积11万平方米。其中：Ⅰ类问题6个，面积1.69万平方米；Ⅲ类问题23个，占地面积480万平方米；附属及配套设施面积超标问题33个，占地面积9.63万平方米，做到摸排100%。对排查出的问题，依法依规整治整改，全部拆除，复垦面积10.35公顷，全部按时整改到位，做到整治100%。完善长效机制，防止回潮反弹，做到还地于农、还田于农。“大棚房”问题专项清理整治工作专项支出577.6万元。（田斌艳）

【农业执法】 2019年，万柏林区农业农村局坚持日常巡查和重点检查相结合，重点加强对农资经营门店、动物诊疗机构和宠物用品经营门店的巡查，督促经营业主落实安全主体责任，帮助经营业主完善经营台账制度，查处无证经营、销售国家禁止的高毒和剧毒农药等违法行为。维护农业生产经营秩序和群众的切身利益，保障全区农产品质量安全。（韩　菲）

【乡村建设】2019年，万柏林区农业农村局贯彻落实中央及省、市农村人居环境整治会议精神，用好用活浙江“千村示范、万村整治”工程经验做法，结合创建全国文明城市工作，对九院村、小西铭村两个示范点提档升级，为村民提供整洁优美、管理有序的人居环境。九院村完成村内道路修缮、立面装饰、绿化补种、规划停车位、垃圾清理等工作，并新建村综合活动室和乡村少年宫。小西铭村增植树木、修缮绿化带，新建村综合活动室和乡村少年宫。九院村、小西铭村被评为太原市美丽宜居示范村。（田斌艳）

【强农惠农补贴】2019年，万柏林区农业农村局落实农业支持保护补贴和农机购置补贴政策，发放农业支持保护补贴979户16.43万元，农业机械购机户补贴3户2.77万元。（田斌艳）

【临时救助】2019年，万柏林区农业农村局有序推进采煤沉陷区移民搬迁农民临时救助工作，60周岁以上的农民安置户临时救助金按季度发放，教育和医疗临时救助按年度发放，全年累计发放各类救助资金817万元。（于联萍）

【动物疫病防控】2019年，万柏林区农业农村局推进非洲猪瘟防控工作，防止疫情再次发生和蔓延扩散。落实春防秋防各项工作，确保全区不发生重大动物疫情，全年分别免疫高致病性禽流感1.56万羽、鸡新城疫1.56万羽；免疫牛口蹄疫173头，羊口蹄疫1215头，所有应免畜禽的免疫密度均达100%。（王　波）

【对口帮扶】2019年，万柏林区农业农村局根据《太原市脱贫攻坚领导小组办公室关于继续推进“城区包乡、单位包村”对口精准帮扶工作的通知》精神，按照市委常委会、市政府常务会摘帽不摘责任、不摘政策、不摘帮扶、不摘监管“四不摘”部署要求，围绕巩固提升脱贫成效，防返贫，补短板，促振兴，按照上一年财政收入的1%拨付娄烦县2410万元，帮扶工作队员继续在娄烦县米峪镇乡和庙湾乡开展对口精准帮扶工作，完成对口帮扶的各项工作任务。（于联萍）

【乡村本土人才学历提升工程】2019年，万柏林区农业农村局与太原生态工程学校合作实施万柏林区乡村本土人才学历提升工程，通过林木繁育与苗圃经营、森林培育与林下经济、草业生产、园林绿化、农业创业、村级财务、农场经营、合作社运营、农业创业、乡村规划、土地确权等课程，培养100名具有中专学历的新时代农村实用人才，提升全区乡村本土人才学历水平，使农村实用人才留得住、用得上、懂技术、会经营，加快推进万柏林区乡村振兴战略实施。（田斌艳）

2019年9月21日，万柏林区举办“庆丰收、共筑梦”2019年中国农民丰收节系列活动（田斌艳供图）

【农民丰收节活动】2019年，万柏林区农业农村局与区文旅局联合组织开展第二届中国农民丰收节系列庆祝活动。9月21日，在玉泉山景区举办2019年万柏林区“庆丰收、迎国庆”戏曲展演及非遗展示活动。9月23日，在王封乡圪垛村组织以“礼赞新中国、奋进新时代”为主题的庆祝活动。9月29日，在化客头街办寨庄村举办以“庆丰收、共筑梦”为主题的庆祝活动。通过系列活

动弘扬万柏林区悠久厚重的农耕文化，展示农村改革发展成就。（田斌艳）

【党建工作】 2019年，万柏林区农业农村局党支部推进“不忘初心、牢记使命”主题教育常态化、制度化，组织开展全民国家安全教育日、“三清五治”、学习习近平总书记视察山西重要讲话等主题党日活动。落实民主评议党员等制度，严格组织生活，用制度管人、管事。按照《山西省机关基层党组织规范化建设标准（试行）》，做好“三基建设”。规范记录《党支部工作手册》《支部收缴党费台账》，确保党务工作规范化，确保党费收缴工作按月收缴到位。按时进行支部换届，顺利完成换届工作。做好党务公开工作，对党费收缴、党员发展、评选先进等党内事务，公开公平公正操作，保障全体党员的知情权、参与权。（田斌艳）

林　业

【造林工程】 2019年，太原市下达万柏林区提档升级造林工程任务为233.33公顷，区交通局负责实施18.59公顷，区自然资源局负责实施214.73公顷，其中高标准提档升级造林48.07公顷，一般提档升级造林119.4公顷，废弃采矿地恢复47.25公顷。工程实施地点涉及王封、杜儿坪、西铭、化客头等4个乡（街），15个村。采用高标准灌改白皮松等11种造林模式，栽植油松、白皮松、白蜡、火炬、山桃、山杏等乔灌木树种18.67万株。项目总投资1629.78万元。至年底，完成工程可行性研究报告的评审和立项，工程作业设计，工程招投标等工作。（武　强）

【未成林造林地抚育管护工程】 2019年，万柏林区未成林造林管护面积3380公顷，管护资金50.7万元。实施过程中遵循统筹兼顾、生态优先、重点突出、循序渐进，因地制宜、顺应自然，坚持原树种、同龄苗补植，树立三分造林、七分管护原则。采取聘用管护公司的新型管护形式，通过竞争性谈判的方式确定管护公司，工程聘有林业监理公司对管护工程进行监管。项目实行人工巡山管护、补植苗木等管护措施，管护面积涉及王封乡、化客头街道、杜儿坪街道、白家庄街道等21个行政村，该项目按管护小班、地块、面积将管护责任落实到30名管护人员。（武　强）

【种植规划实施】 2019年，万柏林区的生态建设在基本实现宜林荒山全覆盖的基础上，高起点规划，高标准实施，采取针阔混交、乔灌混交，鱼鳞坑整地，进行查漏补遗、提档升级、增景增色，推进林业生态建设取得最大的成效。（武　强）

【林木管护】 2019年，万柏林区在干旱缺水、土地瘠薄的工程项目从严贯彻三分造林、七分管护的原则，及时落实浇水保墒和封山禁牧措施，杜绝牲畜危害和人为破坏。在工程实施后的前三年，适时浇水，保证林木幼苗有充足的水分供应，提高造林成效。（武　强）

【技术指导培训】 2019年，万柏林区加大先进实用技术的推广应用力度，组织开展多层次、多形式的林业专业技术和工程管理知识培训，特别是加强对技术骨干和工程管理人员的专业技能培训，全面提高一线技术人员的业务素质。同时，加强技术指导，科学组织实施，做到种一片，成一片，推进数量质量同步增长。（武　强）

水　务

【概况】 2019年，太原市万柏林区水务局围绕区政府“五大行动”统领、建设“四大片区”，实施“三化工程”，团结协作，求真务实，开拓创新，完成全年各项工作任务。落实各项防汛责任制、及时调整组建抢险队伍、强化防汛抢险工作等多种措施，确保河道安全度汛。推进农村饮水安全管理体系“三个责任”落实工作，完成西铭村、风声河村饮水工程维修养护和龙泉寺引水工程蓄水池维护工程，完成水土流失治理年度任务目标和狼坡生态园沟渠整治工程。推进关井压采工作，关闭符合条件的8眼自备井。结合“清河行动”集中整治全区河道，投资1600余万元，清理垃圾10万余立方米，新建堤防3000余米。全区有3个小区被评为节水型居民小区，25个单位被评为节水型单位。（周利民）

【水利工程】 2019年，万柏林区的水利工程有：化工排洪渠应急整治工程，总投资284.44万元，主要拆除栏杆及厕所、新砌护坡、新砌挡墙、维修原有围墙及围墙粉刷、彩钢围挡安装、截污管道安装、垃圾淤泥清理外运、河道清理平整及回填黄土。大虎峪村四达沟虎峪河段河道工程，总投资19.3万元，清理河段河道和沿岸的垃圾900立方米，粉刷河道护栏500米等。风声河上游应急清淤疏浚工程，总投资831.73万元。黑水河河渠清理整治工程，总投资14.6万元，清理河道内垃圾、杂草300余立方米。南排洪渠综合整治工程，总投资267万元，清淤4000立方米，新建堤防1000米，新建栏杆1022米，新建2座人行便桥。（周利民）

【农田灌溉】 2019年，万柏林区实灌灌溉面积757公顷，其中，机井灌溉面积250公顷，机电灌站灌溉面积261公顷，其他小型水利灌溉面积243公顷。灌溉设施有机井32眼，机电灌站9处，塘坝2处。（周利民）

【防汛抗旱】 2019年，万柏林区水务局对全区防汛工作详细安排部署。各乡（街）及有关部门按照各自职责分工和应急预案要求，各司其职，协同配合，强化应对措施，全力以赴抓好防范应对。区抢险队伍共设三个梯队（区武装部、各乡（街）、驻地单位），抢险人员1.19万人，抢险队伍主要由武装部统一组织指挥。其中区武装部成立一支由125人组成的抢险应急队，负责对各类突发事件的应急抢险，在汛期主要以防汛抢险为主。各乡（街）防汛抗旱指挥部按照区防指下达的抢险队伍所定的人数分别进行编队造册，并上报区防汛抗旱指挥部备案，确保抢险队伍能随调即出。通过落实责任、组建队伍，确保河道安全度汛，未发生任何事故。（周利民）

2019年7月，区水务局开展防汛检查工作
（周利民供图）

【节约用水】 2019年，万柏林区水务局对照企业、机关单位、居民小区节水型载体创建标准，开展节水型载体创建活动，全区3个小区被评为节水型居民小区，25个单位被评为节水型单位。在节水型社会达标建设期间，各项工作得以顺利开展，每项工作都取得较为满意的成果，节水型社会建设工作取得一定成效。（周利民）

【水资源管理保护】 2019年，万柏林区水务局根据《山西省地方税务局山西省水利厅关于做好水资源税征管工作的通知》精神，完善51家取水单位水资源税核量工作，配合完成取水许可换证

工作，监督完成2019年的报税工作，基本实现取水许可台账全覆盖。按照上级文件精神及现有公共供水管网及自备水源井的实际情况，关闭不符合条件的8眼水井。（周利民）

【河（湖）长制推行】2019年，万柏林区水务局加大河道日常管理力度，对未治理河道加大保洁力度，重新安排划分，合理调整，确保河道干净整洁。协调市政公共设施管理处对南排洪渠汾西加油站段新增埋设污水管网238米，解决附近百姓多年污水直排河道问题，南排洪渠（汾机宿舍至汾西加油站）段修复栏杆、护坡600多米；虎峪河白家庄路以西段清理河道杂草垃圾6000立方米。

根据省市区河长办要求，全面推进区、乡、村三级河长制联动体系建设，将河长制责任层层落实到基层，按时完成河长制系统录入工作，定时上报区、乡级河长报表巡河；完成河湖“一河一策”“一河一档”的初步编制工作和“三河排污口摸排工作”及各乡（街）专项清河行动工作；完成汛期前河道安全排查工作，组织沿河各施工单位召开防汛会议，并签订安全目标责任书。

严格执行巡查制度。配合局机关相关科室及部门进行联合执法，严厉打击水事违法案件。河道快速路改造工程施工期间，主要对虎峪河、玉门河、九院沙河、北排洪渠进行执法检查，共查出20余起违法行为及安全隐患。

黑臭水体整治。协助市政设施管理处对黑水河漪汾街至玉门河段进行黑臭水体综合整治；摸底排查“三河”河道沿线排污口，对所涉及的街办明确治理责任，初步出台全区排污口综合治理方案；清理“三河”、南排洪、黑水河、西干渠等河道内积存的垃圾淤泥，共清淤1.5万立方米；封堵虎峪河至南内环街北匝道的西干渠沿线排污口，清理淤泥垃圾800余立方米，68个口径大小不一的排污口全部被封堵，周边环境面貌得到改善。（周利民）

【依法治水】2019年，万柏林区水务局完成“携手清四乱、保护河湖生态”百日会战行动。集中整治辖区内的河流、河道和有防洪隐患的其他沟道内的建筑垃圾、生活垃圾、工业废弃物及违法建筑物，全面清理整治对河道造成严重污染或侵占的“四乱”（乱占、乱采、乱堆、乱建）问题，共清理河道“四乱”问题19处。对登记注册的43个排污口，取缔36个，对剩余的7个入河排污口及排污企业，采取限期治理及封堵措施。认真执行排污口管理标准，严格“一个排污口一档”管理制度。（周利民）

2019年3月22日，区水务局开展水法宣传工作（周利民供图）

【水土保持】2019年，万柏林区水务局按照水土流失治理任务目标，新增水土流失治理面积333.4公顷，减少水土流失面积。加强水土保持监督检查工作。重点对区域内由省水利厅批复的七家生产建设单位的水土保持项目现场监督检查，配合第三方调查机构对卫星遥感发现的区域范围疑似违法图斑点进行初步调研摸底，对40余家生产建设项目下达整改通知书，为水保监督执法工作提供良好的基础。狼坡生态园沟渠整治工程，共投资170万元，工程内容为边坡整治、拦沙坝、环湖路、景观蓄水池、登山步道、绿

化等。（周利民）

【农村供水】2019年，万柏林区水务局开展农村饮水安全工程管理提升工作，20处千人以上供水工程明确责任人，设置管理公示牌，区政府与乡（街）、乡（街）与村均签订运行管理责任书，各供水工程都制定管理制度，维修养护供水工程2处。（周利民）

【党风廉政建设】2019年，万柏林区水务局党组履行党风廉政建设主体责任和监督责任，营造风清气正的良好环境。制定《万柏林区水务局廉政建设责任制责任分工》，确保全局党风廉政建设工作的有序开展。加强党员干部思想政治教育，组织广大党员学习习近平新时代中国特色社会主义思想、习近平总书记关于加强党的政治建设、习近平总书记视察山西重要讲话精神、《中国共产党纪律处分条例》《中国共产党党支部工作条例（试行）》等内容。开展"改革创新、奋发有为"大讨论活动，不折不扣完成好规定动作和自选动作。召开3次"不忘初心、牢记使命"主题教育交流研讨会，党组成员联系个人工作实际，谈认识、讲体会、摆问题、找差距，进行交流发言。

推进廉政文化进机关，设置隐喻廉洁清政又融合水务特色的警示标语，营造守廉、尊廉、崇廉的氛围。开展谈心谈话活动，推行"五提醒"超前教育，做到纪律条规常提醒、重点科室重点提醒、节假日前集中提醒、薄弱环节专门提醒、苗头性问题个别提醒，及时对存在违法违纪苗头性、倾向性问题的党员干部进行约谈、告诫，给党员干部"拉袖子""拍肩膀"，将不良思想和行为消除在萌芽阶段。

建立"提前防范、主动防范"的长效工作机制，加强对权力运行的监督和制约，从源头上防治腐败。完善《公务用车管理制度》《财务管理制度》等，规范领导班子决策行为，提高科学决策、民主决策水平。建立廉政风险预警机制，加强廉政风险点的收集、分析和研判，及时发出预警信息，做到廉情动态及时掌握、及早应对，提升预防力。严格执行财务管理的各项规定，严格执行财经纪律。完善车辆管理制度，加强公车使用管理，逐步实现用制度管人管事。（周利民）

2019年6月30日，区水务局组织党员在大寨参观学习（周利民供图）

工业和信息化

【概况】 2019年，太原市万柏林区工业和信息化局努力推动工业经济健康持续发展，发挥服务、协调和参谋的职能作用，开拓进取，狠抓落实，加强对工业运行的调度和监测，围绕企业搞服务，顺利完成各项任务目标。工业经济总体平衡健康运行，全区有规模工业企业16个，工业总产值完成334亿元，同比增长0.9%，实现工业增加值129亿元，增速3.7%。（张月卿）

2019月2月25日，万柏林区工信局举行揭牌仪式（张月卿供图）

【工业总体态势】 2019年，万柏林区煤炭工业增加值占工业增加值比重降低2.16%，达到目标要求。制造业增加值占工业增加值比重提高3.67%，达到目标要求。培育“小升规”企业5家：凯钟电气集团、山西耀辉生态环保科技有限公司、山西三益科技有限公司、太原恒信科达重工成套设备有限公司、太原中车时代轨道工程机械有限公司，超额完成任务。完成工业固定资产投资9.75亿元，同比下降21.1%；完成工业技改投资9.28亿元，同比增长24.7%。（张月卿）

【重大项目】 2019年，万柏林区大众电子国产不锈钢笔头项目在国内率先完成采用国产不锈钢材料，通过自主创新、自主研发的拉丝工艺技术和设备，对太钢笔头钢材料进行调质改性，突破国产丝材拉拔、表面处理、国产不锈钢笔头精密加工、连续化自动化生产等多项关键技术，已具备全工艺流程的规模化生产能力，产品达到行业先进水平，打破日本企业长期垄断，填补了国内空白。该项目总投资4.5亿元，分两期建设。一期工程在建，投资9500万元。

汾西重工船用直流组网电力推进系统建设项目。山西汾西重工有限责任公司引进德国E-MS公司海洋工程及船舶用电气直流组网技术，经公司剑桥博士团队吸收转化，完成首船项目研制，成为全球范围内首家取得CCS认证的直流组网电力推进系统。该项目总投资金额约1.9亿元，其中船用直流组网技术引进费用为1400万欧元；利用现有厂房新建陆上联调试验平台投资约8147万元，新增10兆瓦发电机试验系统、数控包带机等工艺设备15台（套），满足直流组网项目陆上联调试验需求。该项目累计完成投资12.09亿元。公司已基本掌握船用直流组网系统的核心技术，累计签订船用直流组网项目合同金额约1亿元，成功交付“沈括号”深远海调查船，并获得船东、船厂及设计院好评。（张月卿）

【技术创新】2019年，万柏林区工业和信息化局组织企业申报工业转型升级发展专项资金，全年推荐申报省级专项资金企业4家，涉及5个项目（太原国投产业发展有限公司的太原西山生态文化旅游示范区国家新能源示范园区玉泉山居新能源供热项目、山西汾西重工有限责任公司的船舶与海洋工程装备智能工厂项目和晋西工业集团有限责任公司、中车太原机车车辆有限公司、山西汾西重工有限责任公司申报的创新能力培育—研发费用税前加计扣除奖励项目）；推荐申报市级专项资金企业5家，涉及9个项目（山西西山煤电股份有限公司的信息网和数据中心升级优化项目、西山煤电安全生产大数据分析研究项目，太原重工股份有限公司的铸锻件提质增效技术改造项目，中车太原机车车辆有限公司的两化融合及数字化园区建设、能源管理系统建设项目，山西汾西重工有限责任公司的基于云平台的数字化工厂项目、国家两化融合管理体系评定、船舶与海洋工程装备智能工厂，山西省焦炭集团物流有限责任公司的智慧物流云项目）。

组织中国太原煤炭交易中心有限公司、山西中勤信息技术有限公司和山西能源交通投资有限公司3家企业申报市级企业技术中心，中车太原机车车辆有限公司由省级技术中心申报国家级技术中心，均已获批。（张月卿）

【民营经济】2019年，万柏林区19家企业申报“2019年度省级中小微企业发展专项资金‘专精特新’中小企业项目”。2户企业申报成功，并被评为“专精特新”企业。推荐1户企业进入“专精特新”小巨人培育企业库。推荐4户股改企业申报股份制改造奖励资金，3户企业通过评审，下拨股份制改造奖励资金120万元（40万/户）。1户企业列入观察企业名单，上市后备企业库入库2户企业。（张月卿）

【“双创”活动】2019年，万柏林区有创业孵化基地35个、基地面积15万平方米、在孵企业近2000家。其中省级以上科技企业孵化器、众创空间22家。企业技术中心18个，重点实验室和工程技术研究中心36家，高新技术企业61户，科技型中小企业226户，本地技术转移服务机构3个，专利申请量1123件，发明专利申请量615件，授权专利量240件，发明专利授权量240件，在国家级“双创”载体的引进与落地过程中，先后与国科火炬、腾讯、中软、北控等进行深入并翔实的探讨与交流，并与2家达成落地协议，“猪八戒”网山西总部成功入驻。同年，全省“双创周”展会上，万柏林区参展项目16个，其中省级示范展示区5个、市展示区6个、新技术新产业新模式展示区2个、服务平台展示区2个、焦煤集团展示区1个。全区创客人数达到2000余人，通过双创活动的开展带动就业1万余人。全年区财政设立双创专项资金7000万元。其中为区域内骨干民营企业建立2000万元应急还贷资金，针对孵化载体建设设立专项资金5000万元。设立科技研究与开发专项资金3000万元。吸引社会资金在“双创”方面投入达6亿元，形成以资引资的新模式，加快形成多元化、多层次、多渠道的双创投融资体系。（张月卿）

【企业改制】 2019 年，万柏林区工业和信息化局推动企业改制，落实和帮助困难企业解决社保、医保等政策和问题。全区涉及“三供一业”分离移交的国有企业 63 家（央企 25 家，省企 29 家，市企 8 家，区属企业 1 家），涉及居民户 15.4 万户。落实省市关于“三供”（供水、供电、供热）改造的文件精神，根据市分离改革办文件精神，组织企业与物业公司对接，督促双方签订物业移交正式协议，同时协调解决移交过程中存在的问题，推进物业移交工作顺利进行。物业接收公司按照有关要求开展“三供”改造和物业改造前立项工作。除平板玻璃厂、西峪煤矿因企业经营困难改造资金没有到位，“三供”改造还未开始外，其他企业完成“三供”改造。

万柏林区完成环卫、园林剥离单位：太重集团、西山煤电、太钢集团、汾西重工、中铁十二局、西峪煤矿 6 家。

万柏林区工业和信息化局推进企业改制，重点推进太原龙宇机器厂企业改制工作，正进行企业改制前审计工作。解决拆迁区属企业的遗留问题，主要是太原石膏矿拆迁后集体企业职工的安置和太原硬质合金厂拆迁后职工安置问题。高度重视信访工作，通过加强领导、细化矛盾排查、强化督办力度等措施，解决职工的正当利益诉求。

（张月卿）

贸 易

【概况】 2019 年，太原市万柏林区商务局立足区域商贸发展现状，以便民、为民为出发点，以改善和服务民生为重点，强化服务意识，组团参加进博会，促进地区企业对外交流，建立合作单位，签订战略合作协议，精准对接项目，各项工作稳步提升。疫情期间，帮助企业筹集防控物资，制定落实防控措施，助力企业复工复产。（郭秀香）

【机构改革】 2019 年 4 月，太原市万柏林区商务粮食局改为太原市万柏林区商务局，粮食和酒类监管职能从商务局剥离出去。区商务局内设党政办公室、市场发展运行股、商贸服务流通股，有工作人员 17 人。

（郭秀香）

【主要指标】 2019 年，万柏林区商务局按照区政府下达的社会消费品零售总额任务，积极谋划，推进落实。1—12 月，全区社会消费品零售总额实现 222.3 亿元，同比增长 1.8%。区供销社经济指标完成情况。1—12 月统计指标：商品销售总额 2302 万元，完成年计划 2255 万元的 102%，比上年同期增长了 22.4%。会计指标：营业总收入 1283 万元，完成年计划 1268.9 万元的 101%，基本上与上年持平。

（郭秀香）

【外贸工作】 2019 年，万柏林区外贸出口企业除太原重型机械厂、中车集团等大型企业外，还有 20 余家小型民营企业，主要以机械产品、部分轻工产品为主。区商务局按照省、市商务部门的要求，加强对外贸出口企业的支持服务力度，加强与重点企业、关键环节的联系，引导企业着力拓展“一带一路”市场开发、增加产品出口。全年对 10 余家外贸出口企业在参加国际展会、拓展海外市场、提升国际化经营能力等方面申报了政策性资金扶持。

（郭秀香）

【餐饮集聚街区建设】 2019 年，万柏林区商务局扶持餐饮集聚街区建设，促进餐饮业与假日经济、夜间经济深度融合，扶持山西省公元时代城购物中心—古槐巷餐饮一条街的建设完善，该项目位于迎泽西大街 120 号，由山西南慧商贸有限公司建设，同年 9 月全部开业。此外，开展“创城”工作，大型商场超市动员 10000 余人参与“创城”。

（郭秀香）

【电子商务】 2019年，万柏林区商务局根据省、市商务部门文件精神，促进全区电子商务企业发展，在电商主体培育方面，帮助扶持万柏林区顺波经贸有限公司、慧众迅达电子商务有限公司等电商企业的发展。 （郭秀香）

【万柏林区商贸企业联合会成立】 2019年，万柏林区商务局结合全区商贸实际，开展三服务。针对商贸企业发展现状，搭建政府与企业服务平台，促进企业更好发展，同年10月30日，太原市万柏林区商贸企业联合会规范完成全部审批程序后，在铁道大厦召开创立大会。 （郭秀香）

2019年10月30日，万柏林区商贸企业联合会成立 （郭秀香供图）

【安全生产】 2019年，万柏林区商务局召开安全工作会议，传达部署上级有关精神、要求。全面落实安全生产主体责任，开展隐患排查整治工作和安全宣传活动，对16家重点商贸企业进行安全督导。年内，未发生安全生产事故。抓安全稳定工作。对中环以内回收站点进行全面整治，区级审核审批备案登记5件，配合市局审批再生资源备案登记2件。 （郭秀香）

【“扫黑除恶”专项斗争】 2019年，万柏林区商务局集中学习中央、省、市和区委开展“扫黑除恶”专项斗争工作会议精神，根据责任分工，明确工作任务和工作责任。持续加大“扫黑除恶”社会宣传力度，广泛动员、层层发动，以多形式、多内容开展宣传工作。结合日常工作，在商务系统、供销社等领域开展专项斗争的宣传贯彻和摸底排查工作，调动基层群众参与“扫黑除恶”专项斗争的积极性和主动性，形成上下联动，多方配合的态势，营造全民参与的“扫黑除恶”氛围。把信访工作纳入全局的重要日程，落实一岗双责信访责任制，狠抓矛盾排查调处，稳妥化解矛盾纠纷。截至12月，接待12批次100余人，协调处理6起。 （郭秀香）

【党建工作】 2019年，万柏林区商务局坚持党委中心组学习“三会一课”、民主议事制度、党员主题活动日等制度。坚持党委每月召开一次党建专题会。坚持组织生活会和民主生活会制度。落实《关于中国共产党党费收缴、使用和管理的规定》，完成全年党费收缴工作，经费专款专用。开展“改革创新、奋发有为”大讨论和“不忘初心、牢记使命”主题教育。

加强队伍建设。重视入党积极分子培养工作，严格落实入党人员考核、培训制度。制定学习内容、构建微信学习平台，确保全体党员特别是流动党员的学习质量和实效，建立流动党员汇报制度，要求流动党员每月向党组织汇报一次思想工作。 （郭秀香）

【党风廉政建设】 2019年，万柏林区商务局贯彻党风廉政建设的若干规定，遵守中央“八项规定”，落实“一岗双责”制度，执行主体责任谈话、廉政谈话、履职尽责谈话制度，把全面从严治党的责任落实到每个党员的思想和行动上。

（郭秀香）

【粮食管理】 2019年，万柏林区发展和改革局扎实开展政策性粮食库存数量和质量大清查工作，强化粮食市场的监督检查，加强粮食经营企业的粮食统计工作，健全万柏林区粮食应急预案，圆满完成了粮食安全责任制考核工作。制定《万柏林区应急成品储备粮油管理暂行办法》，与山西美特好连锁超市股份有限公司和山西五得利粮油贸易有限公司签订应急成品粮油储备承储协议，构建供给稳定、储备充足、调控有力、运转高效的粮食安全保障体系，高质量推进万柏林区粮食储备工作。（晁　琛）

·商贸企业简介·

【山西金龟集团】 位于太原市万柏林区和平南路26号，成立于2002年，注册资本1亿元，是一家以商业开发建设、商业物业运营管理为主的民营企业，也是山西省政府确定的“企业孵化基地”。公司项目有太原市下元商贸城、平阳商贸城、大同玄辰广场商业综合体，经营面积30万平方米，共有经营户3000余家，就业人员8000多名。集团党组织成立于2009年5月，下设4个党支部，共有党员111名（其中流动党员73名）。

公司自成立以来，不断完善发展战略规划，优化产业结构，累计总资产已达16亿元。核心业务板块有：商业连锁、物业管理。其中在万柏林地区的商业板块有2003年成立开业的下元商贸城，营业面积5.3万平方米，主营日用百货、餐饮和生活必需品，日均客流5万多人次。

该公司获得全国总工会模范职工之家，省委、省政府模范企业，省委“双强六好”党组织，市委、市政府模范企业等称号。（郭秀香）

【山西南慧商贸有限公司】（公元时代城购物中心）位于太原万柏林区下元商圈核心位置，占地面积近6.67万平方米，建筑面积55万平方米，是集“酒店式写字楼、体验式购物中心、风情商业步行街、星级国际酒店、金质城市公寓、高品

2019年9月，公元时代城购物中心开业

（郭秀香供图）

质住宅”六大业态于一体的大型城市综合体。作为万柏林区招商引资的重点项目，是南海集团进驻龙城太原的首个项目，拥有太原市首家水系光影互动景观。

公元时代城购物中心于2019年9月22日开业，开业当天客流量达18万人次，销售收入1380万元。商场入驻品牌253个，含美特好超市、优衣库、KKV生活馆、CGV影院、优士阁健身、多维空间儿童乐园、潮玩世界电玩城、樊登读书会、美承美艺、酷爱蹦床馆、胤浪KTV、悦美食汇美食广场、环球约客自助餐等全国连锁知名品牌。

商业综合体共计10个楼层，B4–B2为停车场，近1500个地下停车位满足购物中心及写字楼的使用。B1–6F为购物中心商业楼层。负一层以“古槐”为核心，造景还原传统老式街区，将太原的特色街景与商业相结合，塑造槐花小院、老式碾台、文创街区，小餐和零售的完美结合，带给顾客深度体验。一至四层主要以零售为主，结合餐饮及体验业态。一层以名品、珠宝为主，二层以女装、体验类为主，三层以少淑、童装为主，四层以男装、运动为主。其中穿插了蹦床、卡丁车、电玩、儿童城等体验互动类品牌，KKV是山西省首进品牌。五六层以餐饮为主，汇集了京菜、川菜、新疆菜、火锅、上海菜、东北菜、西餐、日

式简餐以及创意融合菜等各类美食。2019年，商场日均客流4万人次，日均销售额200万元。为社会提供就业岗位3000余个。（郭秀香）

【太原万象城】 位于长风商务区，是集零售、餐饮、娱乐、休闲、社交为一体的一站式购物体验中心。

太原万象城商业建筑面积34万平方米，引进近500个品牌，40%为首进山西，餐饮品牌100余家，70%为山西首店。还引进西西弗首家黑标店、拥有IMAX激光影厅的万象影城、1800平方米的奥运标准真冰场冰纷万象等多家主力店与特色店。（郭秀香）

【太原市河西农产品有限公司】 位于万柏林区旧晋祠路二段126号，成立于1992年，前身是桥西综合批发市场，2006年12月正式建成。市场占地面积22.33公顷，主要从事蔬菜、水果和粮油调味品三大农副产品批发，上市产品来自全国各地，主要供应太原市，并且辐射晋中、吕梁、忻州、阳泉等11个市，年销售量50.8亿公斤，销售额91.5亿元。市场担负太原市90%以上

2019年7月，太原市河西农产品有限公司“二青会”保供应、保安全誓师大会（郭秀香供图）

的菜、果、调味品的供应任务，被农业部授予定点市场，连年被评定为国家级农业产业化龙头企业。（郭秀香）

【山西九州世纪农副产品有限公司】 位于万柏林区西矿街253号窊流村村南，成立于2012年，占地面积53360平方米，入驻商户近千家，经营着20多大类商品，3000多个品种，年销售额达22亿，是太原市最大的综合性批发市场。所售商品中，地方特产交易量占全市80%，生肉产品交易量占全市70%，直接安排近万人就业。2019年被太原市市场监督管理局评为“诚信太原、放心消费”示范单位。（郭秀香）

交通运输

【概况】 2019年，太原市万柏林区交通运输局围绕区委、区政府中心工作，以实施“交通强国纲要”为首任，以推进“四好农村路”项目为重点，紧抓基础建设、强化行业监管、严守交通安全，破解交通运输瓶颈制约，全区交通运输行业高质量发展呈现平稳良好态势。 （赵春红）

【交通基础设施建设】 2019年，万柏林区交通运输局开展安全生命防护工程建设，杜儿坪—杜关线安全生命防护工程，路线全长5.73千米，总投资108.38万元。12月，工程全部完工并通过验收。

农村公路养护提质改造工程。对存在问题的4条农村道路进行养护提质，其中化客头—河口改造段路线总长7.03千米，王封—城封线改造段路线总长3.72千米，大窊—西沟改造段路线总长1.89千米，宋家山—窑儿上线改造段路线总长2千米，总计14.64千米，主要工程量有路基工程、路面工程、安全设施等，路面结构采用水泥混凝土或沥青混凝土结构。化客头—河口公路等级为三级公路，其余三条均为四级公路，路基宽度4.0—8.0米不等。

生态旅游公路项目建设。王封一线天旅游公路，位于王封乡，起点位于化冀超限检测站接县道X252线，终点位于王封一线天景区入口处，全程13.93千米，投资6658万元。同年实施的新改建项目：王封一线天旅游公路支线，位于王封乡，起点位于王封乡接县道X252处，终点位于王封一线天景区入口处，全程3.3千米，投资1165.75万元。护林防火通道工程建设。小西铭护林防火通道，起点位于小西铭村旧村口，终点位于小西铭村山神庙，全程4.21千米，投资565.43万元。南峪护林防火通道，位于西铭街办，起点位于南峪村长财沟沟口，终点位于太佳线K15+000处，全程6.34千米，投资599.54万元。石千封—磺厂（护林防火通道），位于王封乡，起点位于省道S104K19+015处，终点位于磺厂西侧，全程8.85千米，投资997.67万元。小虎峪护林防火通道，位于杜儿坪街办，起点位于杜关线K5+300处，终点于马圪台村西侧，全程2.1千米，投资228.07万元。同年4月工程完工。（赵春红）

【道路运输服务保障】 2019年春运期间，万柏林区两家道路客运企业共投入运力1358辆次，运送旅客3.94万人次。其中：旅游客运23辆次，运输旅客1000人次；班线客运1358辆次，运送旅客3.84万人次。新增道路运输及相关企业（户）许可72家，新增（转入）运输车辆220台，录入营运车辆技术等级信息812台次，审验营运车辆812台次，开展机动车维修企业质量信誉考核23家（三类）、4家（二类），新增客运企业驾驶员备案7人，核发有效旅游客运包车牌150张次。共查处道路运输违法违规案件178起，其中非法营运43起，客运车辆违规营运32起，营运车辆未按规定检测15起，道路危险货物违法违规运输5起，扬尘抛洒10起，非法超限超载运输73起。 （赵春红）

【行业信息法治建设】 2019年，万柏林区交通运输局强化与交通运输相关法律法规的宣传教育，采取多种形式开展《中华人民共和国公路法》《中华人民共和国行政处罚法》《中华人民共和国公路安全保护条例》《中华人民共和国道路运输条例》的宣贯工作，开展《中华人民共和国行政诉讼法》《山西省治理货物运输车辆超限超载条例》等法律法规的贯彻落实。不定期地到公路沿线、人口集聚地、管辖企业、车站等进行巡回宣传；充分利用报纸、LED电子屏、发放宣传资料和执法人员上街宣传等方式，面向社会广泛宣传交通法律法规。组织开展从业人员、特别是驾驶员的法制安全教育，增强驾驶员的守法意识和安全意识，自觉抵制交通违法行为。印制法律法规宣传单（卡）2000余份，宣传手册400余册，集中开展大规模的宣传活动6次，小规模宣传20余次，发放宣传材料800余份。利用“12·4”国家宪法日暨全国法制宣传日，宣传交通运输法律知识。通过印发宣传单、制作宣传图、播放专题片等形式，直接向社会群众宣传。同时，组织运管、路政、治超等执法人员，上街设立法制宣传台，当场解答群众询问，宣传相关交通法规。

邀请法律专业人士，讲解交通安全法、劳动法、工伤管理条例等有关法律法规，加强交通运输企业处理突发事件、文明服务等方面法律知识的学习宣传。针对危险化学品运输企业，物流企业、货源集散地及机动车维修企业生产经营过程中遇到的法律难题和法律需求，定期选派交通运输法制宣传人员深入企业，通过现场解答、制作法制宣传展板、以案说法等方式，为行政管理相对人提供法律服务。利用从业人员资格培训教育平台，打造交通运输法制宣传基地。在驾驶员培训、危化品从业人员资格培训、客（货）运驾驶员培训、机动车维修人员培训等领域，专门增加

2019年12月，王封一线天旅游公路（赵春红供图）

与从业人员自身权益维护相关的法律法规内容，帮助从业人员增强法治意识。（赵春红）

【安全生产和道路治超】 2019年，万柏林区交通运输局落实《2019年安全生产监督检查工作计划》，共出动680车次、2518人次，检查企业、场所224次，检查企业94家次，检查整改问题23起，其中公路安全隐患15起，道路运输企业8起。其间，局组织督导检查30次，保障交通运输安全。

同年，万柏林区交通运输局保持治超高压态势，确保超限超载率控制在0.1‰。区交通单位和交警队依托超限检测站，开展路面联合执法，明确工作职责，细化工作流程，加强联合联动，依法严厉打击货车非法超限超载运输行为，实施“一超四罚”，累计查处非法超限超载车辆39台次。加强源头监管，梳理货运企业，实行网格化管理，完成辖区内公示货运源头企业变更情况的统计工作，重新予以公示万柏林行政区域内公示货运源头企业为16户，上报市治超办对货运源头进行责任倒查案件7起。（赵春红）

【生态环境治理】 2019年，万柏林区交通运输局按照太原市交通运输局和区政府的统一安排，承担土路扬尘污染整治路段36条，共31.69千米（第一批16条，共12.36千米；第二批承担土路扬尘污染整治路段20条，共19.33千米）。第一批承担土路扬尘污染治理路段于3月1日开工，5月15日全部完工，7月5日组织验收，全部工程均验收合格，7月25日向太原市交通运输局提交工程审计审核的申请，10月底全部审计完成。第二批承担土路扬尘污染治理路段20条，其中报市局的18条和区政府安排的2条，工程自6月3日开工，8月2日全部完工，11月向太原市交通运输局提交工程审计审核的申请，12月底全部审计完成。在农村环境综合整治中，对九院新村、杜儿坪街、大虎峪后街及37条小街巷进行维修。（赵春红）

【文明交通综合治理】 2019年，万柏林区交通运输局重点对非法从事营运的货运、客运及超限超载运输车辆和驾驶员从业资格逾期未审、套用套改相关证件的行为进行严厉打击。全年出动检查车辆74台286人次，查处各类违法车辆214台，其中非法营运车辆47台，客运车辆不按规定线路行驶、不按规定站点停28台，非法超限超载运输车辆42台，营运车辆逾期未检验等97台。驾驶员无从业资格35人。（赵春红）

通 信

【概况】 2019年，中国铁塔股份有限公司太原市分公司万柏林区域办事处设立，这是中国铁塔股份有限公司太原市分公司设在万柏林区的办事处。全年完成营业收入约3400万元。（张月卿）

【主要工作】 2019年，中国铁塔股份有限公司太原市分公司万柏林区站址数量达728座，资产价值近8000万元。全年完成新建、改造站址共347座，其中5G基站为286座，完善万柏林辖区内通信网络覆盖，助力提升通信网络质量，为2020年5G基站建设奠定基础。推动转改直、电费政策压降、与业主握手、精准更新改造、严控场租电费等专项行动，全年万柏林区域完成转改直基站21个，为行业节省年化电费30.84万元，严控新建站场租和存量基站场租涨价，为客户节省场租成本，得到行业和客户的认可。（张月卿）

城乡建设

【概况】 2019年，根据《太原市万柏林区机构改革方案》，太原市万柏林区住房和城乡建设管理局更名为太原市万柏林区住房和城乡建设局（简称区住建局），将区人民防空办公室的职责，区防震减灾局承担的建设工程抗震设防审查行政职能等划入区住房和城乡建设局，加挂区人民防空办公室牌子。同年，各项职能工作全面发展，在城市基础设施建设、"城中村"城边村改造、城改项目工程质量监督、三河续建工程、两河西延、棚户区改造、保障房建设、老旧小区整治、安全生产、人防建设、"扫黑除恶"、"三化"和"创城"等各项工作都迈上新台阶。（李天明）

【城市基础设施建设】 2019年，万柏林区住房和城乡建设局修建道路6条，包括南上庄片区路网完善工程（包含：规划路一，千峰南路至旧晋祠路，20×0.37千米；规划路二，长风西街至市政规划路，20×0.24千米；规划路三，千峰南路至旧晋祠路，20×0.56千米；规划路四，长风西街至现状新庄北街，20×0.72千米）。煤气化片区配套路网西苑南路南延，九院沙河南延岸至大井峪街，30×1.8千米。装备园中路建设工程，玉泉街至北排洪沟北路，50×1.3千米。北排洪沟北路建设工程，多福路至西环高速东侧规划路，30×1.3千米。西峪路电力管沟。大井峪路电力管沟。6条道路6.29千米。（李　进）

2019年10月，西峪路电力管沟施工现场
（李进供图）

【"城中村"改造回迁房安置】 2019年，万柏林区住房和城乡建设局"城中村"改造回迁安置房工作累计完工（或封顶）27533套约316.85万平方米，累计货币安置34755套。全年新开工建设661套7.9万平方米，其中沙沟社区430套4.6万平方米，枣尖梁社区100套1万平方米，南社社区131套2.3万平方米。（赵双明）

【城边村提升工作】 2019年，万柏林区住房和城

乡建设局完成9个城边村整村拆除，其中西铭文化特色旅游小镇项目与万科地产正式签订合作框架协议，划定改造用地范围。西铭文旅项目整体规划设计方案全部完成，完成场地平整70%。春和景明项目计划总投资40亿元，完成投资10亿元。白家庄西山国家矿山公园项目正式签订合作框架协议。东社高端装备制造产业园与多家公司签订合作意向协议。风声河村整村拆除方案细化完善，其余完成整村拆除的城边村正在积极招商引资寻找符合产业布局的合作企业。（赵双明）

【党建工作】 2019年，万柏林区住房和城乡建设局党工委贯彻落实习近平新时代中国特色社会主义思想和习近平总书记视察山西重要讲话精神，学习贯彻习近平总书记在庆祝改革开放40周年大会上的重要讲话精神，以思想觉醒和开拓进取实现新时代改革开放再出发，在“两转”基础上全面拓展建设文明、开放、富裕、美丽万柏林新局面，根据省、市、区委总体部署和各项要求，住建局党工委高度重视、精心部署、广泛发动，完成区委“改革创新、奋发有为”大讨论、“不忘初心、牢记使命”主题教育中各项规定动作，自觉查找问题，对标一流，严肃整改，落实好管党治党的政治责任，认真谋划、研究、部署、落实各项党建工作，统领协调各项职能工作全面发展，在城市基础设施建设、“城中村”城边村改造、城改项目工程质量监督、三河续建工程、两河西延、棚户区改造、保障房建设、老旧小区整治、安全生产、人防建设、“扫黑除恶”、“三化”和“创城”等工作中都取得显著成效。（李天明）

·安全生产·

【工程质量监管】 2019年，万柏林区住房和城乡建设局监督辖区内工程16项，巡查200余次，

2019年6月16日，区住建局开展安全生产宣传活动（李新文供图）

面积280万平方米。其中跨年度工程9项，面积170万平方米，新开工程7项，面积110万平方米。及时纠正各种影响结构安全及使用功能等方面的质量问题近70个，处理各种违规不良行为20余起。所监督工程合格率100%。（李新文）

【建筑工地安全生产】 2019年，万柏林区住房和城乡建设局成立安全生产专项整治工作领导组，举办以“防风险、除隐患、遏事故”为主题的安全生产咨询日活动，组织七个建筑施工单位，在施工现场入口处设置展板和LED屏电子媒介，张贴安全宣传挂历，向建筑工人宣传建筑施工安全法律法规、标准规范和规章制度，宣传介绍职工安全生产的权利义务、自我保护、应急救援等方面的安全生产知识，对受质量监督的建筑施工项目抓好元旦、春节、“两会”、安全生产月、汛期安全隐患排查，确保隐患整改到位，有效防范各类事故发生。（李新文）

【安全生产专项整治】 2019年，万柏林区住房和城乡建设局开展建筑工地高陡边坡专项检查，对建筑物外围附着物坠落、防高空作业人员作业不系安全带专项整治，共排查房屋建筑108处，建筑工地181处，广告招牌60处，建筑幕墙21处，均未发现隐患。派专人参加到三个督查组，对全

区15个乡（街）进行为期半年的三轮次循环督查，对20余家建筑工地的7个大项进行“体检”，查出120余条隐患问题，立即整改20余条，限期整改100余条，责令停产1家，要求经济处罚1万余元。（李新文）

【消防验收】2019年，万柏林区住房和城乡建设局按照《中华人民共和国消防法》《建设工程消防监督管理规定》，依法开展建设工程竣工消防验收和备案工作。截至12月13日，办理3件建设工程消防设计备案项目，办理37件建设工程消防备案项目，办理2件建设工程消防验收项目。出具建设工程消防设计备案凭证3件，出具建设工程竣工验收消防备案凭证37件，建设工程消防验收意见书8件，建设工程消防复验意见书2件。（李新文）

【老旧小区整治】2019年，万柏林区住房和城乡建设局成立老旧小区整治领导小组，广泛深入宣传发动，采取有力措施，保证工作开展。要求各物业企业加强公益宣传，营造浓厚宣传氛围，上报市创城办老旧小区334个，涉及“三供一业”的小区122个。由于棚户区改造、列入危房等原因涉及拆迁的6个，实际应完成328个整治任务。同年经乡（街）负责人签字确认完成192个小区整治，完成任务的58.5%（基数328个）。未完成的136个全部完成宣传氛围的营造。（武少林）

·房产管理·

【物业管理】2019年，万柏林区住房和城乡建设局依据太原市《物业服务企业信用评价实施意见》要求，对各物业服务企业开展信用等级评价工作，31个在万柏林区注册的物业服务企业通过信用等级评定。对各物业服务项目住宅楼、设备间等区域进行认真检查，对发现的问题要求物业企业立即整改，规范物业服务行为，要求物业企业按照物业服务合同做好管理工作。

同年，万柏林区住房和城乡建设局把指导监督物业小区成立业主大会和业主委员会作为一项重要工作，对各个小区在成立业主大会过程中遇到的问题给予详细解答和政策指导，帮助他们按照标准程序进行，使小区业主更好维护自身合法权益。（武少林）

【保障性安居工程】2019年，万柏林区住房和城乡建设局保障性安居工程年度目标任务为新建开工保障性住房195套，基本建成5300套，完成投资4.8亿元（含续建项目）。截至12月10日，保障房新开工252套，完成任务的129.23%；基本建成5327套，完成任务的100.51%，完成投资8.37亿元，完成任务的174.38%。（刘冬菊）

2019年1月，太原市万柏林区千亩保障房工矿项目基本建成（刘冬菊供图）

【公共租赁住房申请审核】2019年，万柏林区住房和城乡建设局按照“三级审核、两级公示”的要求，受理公共租赁住房货币补贴的申请保障对象家庭345户（含复核公共租赁住房实物配租2户），12月底申请补贴金额全部发放。（刘冬菊）

【棚户区改造项目】2019年，万柏林区住房和城乡建设局完成大众棚户区前期摸底调查和前期立项准备工作，与多家开发商洽谈合作开发改造事宜；窑流片区棚户区为异地安置项目，由重机兴业公司组织建设，完成立项、用地规划许可、建筑规划许可，年底开工；石膏矿棚户区完成前期立项和控规调整。（刘冬菊）

城乡管理

【概况】 2019年太原市万柏林区城乡管理局成立后，坚持以中共十九大精神和习近平新时代中国特色社会主义思想为指导，实施美化、靓化、精细化“三化”工程，加大环境建设和综合整治力度，在细节上下功夫，逐步完善城市街路长制，城市硬件设施完成升级改造，城市美化、绿化、亮化程度逐步提高。推动执法体系不断融合，保障市政安全，城市综合管理水平逐步提升，在全市创城工作中领先领跑。（张文宝）

【管道燃气居民用户自有设施升级改造】 2019年7月，万柏林区城乡管理局推进管道燃气居民用户自有设施升级改造工作，组织各乡（街）、社区、物业与安装公司进行对接改造，合理安排工程进度，印制关于自有设施升级改造的通告3000份，发放各乡（街）、社区、物业，做到家喻户晓，使居民对燃气自有设施升级改造有了更为直观的了解，加强用户主动配合自有设施升级改造意识，解决入小区难、入户难的问题，升级改造工作稳步推进。（张文宝）

【文明城市创建】 2019年，万柏林区城乡管理局开展精神文明系列创建活动。加大对先进典型和道德模范的宣传力度，形成崇尚争当道德模范的浓厚氛围。组织广大干部职工参与推荐、评议身边好人活动，引导人们做好事、做好人。组织开展优秀科室、个人评选活动，形成创先争优的良好氛围。推进办公场所、学习会议室环境美化、亮化工程，加强管理，增添绿植盆栽、文化宣传栏，营造良好的文明创建氛围。开展“五比”“两推动”活动。“五比”是：比创建氛围、比文明形象、比内部和谐、比服务质量、比社会贡献。“两推动”是：推动城管局在政务诚信、执法公正、办事效率、服务态度等解决自身存在问题的能力，推动系统树立好“优质服务”的良好形象，真正成为建设和谐太原的排头兵。（张文宝）

【乡村清洁工程】 2019年，万柏林区城乡管理局推进乡村清洁工程。西铭街道累计出动2300余人次，车辆300台次、铲车50台次、挖机11台次，清理乱堆、乱放260余处，清除乱贴乱画350余处，清理卫生死角（楼房地下室）垃圾280余车。取缔乱停乱放车辆行为，清理占道经营3处。组织志愿者对全村进行环境治理，为村民创造舒适洁净的生活环境。

新建5个回收垃圾亭，配置324个分类垃圾箱，改造公厕3处，全部投入使用。制定定期清运垃圾的长效机制，成立专职的清洁队伍，明确道路两侧门前三包责任。清理整治脏乱差的小西铭村北街后巷，铺设面包砖、安装健身器材、进行绿化，打造成村民休闲活动广场。2019年小西铭村获太原市美丽宜居示范村称号。

白家庄街道利用微信群、QQ群、工作群、LED显示屏等通信发布相关的宣传资料，提高城乡清洁工程工作的知晓度，教育群众破除陋习，爱护环境，倡导文明生活方式，形成全面参与村庄城乡清洁工程行动的浓厚氛围。突出清理村内生活垃圾，清理乱搭乱建、乱堆乱放，清理废旧广告牌，清理无功能建筑，改变不良习惯等重点内容，集中开展整治活动。加强清扫保洁，对村主干道、户前路和重点部位加强清洁次数，环卫工人轮换清扫。加强对小广告的处理，彻底铲除

"牛皮癣"。督促群众严格落实"门前三包"责任制，清除村民院内外、房前屋后的垃圾、杂物，规整院内堆放物品，结合创城工作，减少固体废弃物的产生，减轻对环境的污染。九院村共清理整治车库第五立面，清理（车库房顶上）杂物、垃圾5吨，签订"门前责任书"48份，房顶铺油毡1500余平方米，修缮、油漆车库大门28个，对村里的绿化提档升级，对全村未绿化的范围进行补植补种及更新，绿篱加装围栏1100余米；全村立面粉饰3.5万余平方米。

杜儿坪街道制定乡村清洁工程实施方案，坚持政府主导，社会参与，城乡统筹，长效管理的原则，健全乡村清洁管理体制，完善清扫保洁作业机制，规范垃圾收运处理，垃圾日产日清，构建乡村垃圾收集、中转、运输、处理体系。加强"四堆"清理和村貌治理，创建村容整洁、环境优美的乡村人居环境。开展清扫保洁，加强清扫队伍建设，建立规范化、精细化、科学化的清扫保洁机制，实行"一日两扫，随时保洁"作业和定人定段责任制，将责任落实到人，全面提高清扫保洁质量。整治"四堆"乱象，保持街巷干净、整洁、畅通。综合整饰村庄容貌，清理、粉刷违法小广告5056处。清运生活垃圾320吨，清运建筑垃圾1289吨。取缔无证废品收购站6户，取缔占道经营95处，清理规范广告牌120处，立面粉刷3万平方米。（张文宝）

·市容环境卫生·

【生活垃圾分类】2019年，万柏林区城乡管理局加快建立生活垃圾分类投放、分类收集、分类运输、分类处理的垃圾处理系统，强化基础设施建设，科学谋划，全面系统推进生活垃圾分类和治理工作。党政机关、事业单位开展垃圾分类102家，基本实现全覆盖。居民小区开展63个，

2019年8月，生活垃圾分类收集车在工作
（张文宝供图）

超额完成任务。共投放垃圾分类亭102个。为15个乡（街）配发2600组分类垃圾桶，发放各类宣传书页8.5万页，背街小巷新装垃圾分类果皮箱500个，印发垃圾分类宣传标志语2000份，沿街门店配备小生活垃圾分类桶3000余个，老旧小区、无人管理楼院更换垃圾分类桶1200组，街办配备垃圾分类大型宣传展板40个。打造千北社区、长风西街2个生活垃圾分类示范片区，在东社中转站内建立太原市第一个大件垃圾处置中心。（张文宝）

【道路清扫保洁】2019年，万柏林区总环卫清扫面积为1033.61万平方米，其中清扫面积893.45万平方米，绿地面积140.16万平方米。实施社会化管理面积为790.46万平方米，社会化承包率76.48%。根据区城管局（区市容环卫局）对需实施社会化清扫保洁改革的道路的测定，按属地管理的原则确定实施社会化清扫保洁改革的10个标段，涉及道路面积360.18万平方米；无人管理楼院81个，楼院清扫总清扫面积39.75万平方米，垃圾日产量32.7吨/天，通过公开招标，确定中标单位。2019年1月签订承包合同，正式将道路清扫保洁任务移交给承包公司。在确保保洁部门能正常进行工作的前提下，按照"人随路走，就近作业"的原则，正式将600余名清扫保洁人员

移交至承包公司。

清扫保洁按照“两扫全保”作业。主次干道路每日16小时扫保作业时间，背街小巷每日12小时扫保作业时间。道路清扫保洁质量标准应达“道牙无尘，路无杂物，设施整洁，路见本色”的总体质量标准；落实“路面无积土，车过无扬尘”和“六无六净”（即：无堆积物、无果皮纸屑、无砖瓦土石、无污泥积水、无泼洒物及呕吐物、无人畜粪便；路面净、道牙净、墙根净、绿带净、树穴净、雨水口净）等清扫保洁作业质量标准。

同年3月，保洁中心成立考核队，加大对承包公司的考核力度，实施每月综合乡（街）日常考核、环卫专业考核、精细办精细化考核、社会化保洁公司的交叉考核及区数字城管考核相结合的综合考核机制，完善社会化公司的作业管理，确保达到精细化作业要求。并和社会化保洁公司的每月经费挂钩，做到科学管理。（张文宝）

【渣土运输管理】 2019年，万柏林区城乡管理局执法中队严肃工作纪律，加强辖区工地出入口带泥上路的巡查监管，重点防范源头，加强工地出入口管理，加大在辖区主干街道及主要运输道路，发现路面有带泥现象根据污染轨迹立即查找源头进行整改。加大对渣土车整治力度，减少渣土运输扬尘造成大气污染。区城管局、区环保局、区交通局、万柏林交警二大队、区应急大队，在西铭路三岔口联合设点检查过往渣土车辆准运证及车辆苫盖密闭情况，形成攻坚合力，改善环境空气质量。（张文宝）

【垃圾清运】 2019年，万柏林区城乡管理局对照文明城市创建和“三化”工程的要求，制定实施方案，落实工作责任，保证生活垃圾的及时清运。全年清运生活垃圾25万吨，处理垃圾积存点和暴露点600余处，清运10万立方米废弃渣土和混合垃圾。选树3个中转站为标杆试点，全年中转生活垃圾15万吨。（张文宝）

【生活垃圾处理费征收】 2019年，万柏林区城乡管理局征费中心向各单位及商户宣讲收取生活垃圾处理费的目的和重要性，出示相关文件，根据收费标准，送达缴费通知书，并耐心说服商户自觉缴费，同时足额开具山西省非税收入票据，告知商户妥善保存交费凭证。针对部分商户将“物业费”“垃圾清运费”混淆，引发矛盾纠纷，区城乡管理局配合黄河电视台宣传垃圾处理费相关政策。通过广泛宣传引导和队员们多次的耐心劝说，大部分商户认可并配合征费工作，及时缴纳费用。

同年，垃圾返还款全部拨付到位。低保户及优抚户返还是一项民心工程，13个街办324户，返还金额1.81万元。

按照“一街一策”的思路，整治工作有很多特色和亮点。兴华街办在永乐南街整治中，封堵43处破墙开店。双拥路取缔旧货市场、拆违建游园。万柏林街办在彭西一巷整治中，协调动员恒大、汾西、晋机出资125万元支持参与整治。南寒街办动员西山矿务局修建太白东一巷和太白西巷2条道路。长风西街街道办在南上庄西街整治中，下达拆迁通知49份，拆迁面积达3000余平方米，清运拆迁垃圾4480余吨，取缔马路市场，新建南上庄便民市场。（张文宝）

【环卫基础设施建设】 2019年，万柏林区城乡管理局在推进垃圾分类工作中，除保留可回收物和其他垃圾两个大箱外，还在中间安置烟头和有害物投放处，避免投弃烟头时容易点燃箱体内垃圾的危险，同时也防止有害和其他垃圾混合造成二次污染。全区现有果皮箱2110个，涉及新安装街道73条，其中新安装果皮箱390余个、日常维护更新安装200余个，移位安装果皮箱283个、拆除广告果皮箱300余个，新安215个。每个果皮箱间隔距离为100米至200米。通过新增、更换美观实用的果皮箱，方便群众日常生活，也美化了环境。（张文宝）

【公厕建设管理】 2019年，万柏林区新建公厕外观设计简洁大方，与周边环境匹配，内部设计合理，人性化设施完善，获得中环协奖项。同年，新建、改造公共厕所24座，配套设施有防臭管道，排风口、冷热水洗漱台、梳洗镜、残疾专用厕位、应急呼叫器、残疾扶手、母婴室、儿童便池、婴儿床、保洁休息室、广播、储物柜、充电柜、休息椅、夜间独立卫生间等。公厕管理员按时上岗打扫保洁，公厕办定期对管理员进行文明素质安全工作的培训会，并建有公厕群，交流保洁方法以及上级传达的各种精神要求，公厕有损坏及时在群里汇报，小型损坏由维修组及时更换维修。（张文宝）

【黑臭水体河岸垃圾整治】 2019年，万柏林区城乡管理局保洁作业人员配合水务局等相关单位，结合“三清”“五治”专项行动，对黑臭水体及河岸垃圾加强整治，清扫人员、保洁人员对河道两边的死角、盲点进行清理，对沿岸进行集中冲洗，助力创城工作再上新台阶。（张文宝）

【违法小广告整治】 2019年，万柏林区城乡管理局围绕庆祝中华人民共和国成立70周年工作主线，把“扫黄打非”作为城乡管理工作的重要内容和维护全区政治、社会稳定、文化安全的大事来抓。每月按时检查老旧小区和背街小巷，打击非法小广告，维护市容市貌，防止滋生非法出版物窝点，净化社会文化环境。摘除橱窗广告7000余条，条幅84条，大型软体广告157处，没收非法小广告5万余份。（张文宝）

【清雪除冰】 2019年2月13日，太原市迎来降雪，万柏林区市容环境卫生管理局保洁中心全员出动，按照清雪工作方案，以融为主、融清结合，对辖区主次干道、背街小巷及街边门店进行连续不间断清理，确保主干道路路面积雪得到有效治理，采取“人歇车不歇、轮班作业”办法，加班加点搞好清雪除冰工作，将残雪、残冰陆续清理完毕，保障市民工作生活有序进行。（张文宝）

2019年2月13日环卫工人清雪除冰（张文宝供图）

【关爱环卫工人】 2019年，万柏林区城乡管理局推进环卫清扫保洁社会化改革，按照充分尊重职工意愿、保障职工权益的原则，采取退离退养、申请离职、并入公司等多种形式，合理安置一线作业人员。参加社会保险者，按照公司相关规定及制度进行管理，区城管局监督为分流至公司的人员继续参加社会保险；未参加社会保险，工龄5年以上者，由政府兜底，人事档案由区环卫局进行管理，由公司（或单位）安排继续从事本职工作，当满足退养退离条件时，区环卫局可按政策办理；未参加社会保险，工龄不足5年者，直接分流至公司进行管理，政府不再进行兜底。

6月至8月，按时、足额为环卫工人发放高温补助，补助金额720元/人。每月环卫工人工资内还包含早餐费83元。同年7月，由万柏林区城管委、区政府、总工会组织，为一线环卫工人发放夏季防暑用品与药品，其中包括冰糖、绿豆、茶叶、花露水、毛巾、解暑药品、清凉饮料

等防暑用品。（张文宝）

·园林绿化·

【概况】2019年，万柏林区新增园林绿地面积25.85万平方米，其中新增单位和居住区绿地4.6万平方米、新增道路绿地1.5万平方米、新增公共绿地19.75万平方米。建成区绿地率增加0.54个百分点，达38.26%，覆盖率增加0.54个百分点，达44.34%，公共人均绿地增加0.35平方米，人均达12.15平方米。（孙志光）

【游园建设】2019年，万柏林区完成6个游园（公园）建设，面积14.4万平方米。其中：滨体公园10万平方米、小井峪社区公园2.47万平方米、闫家沟游园1.54万平方米、西线北街游园1500平方米、彭村路游园1200平方米、前进南路游园1230平方米。（孙志光）

【街头绿地建设】2019年，万柏林区完成6个街头绿地建设，面积5.35万平方米。其中：新屯巷绿地1000平方米、永乐南街绿地480平方米、大众街绿地900平方米、彭西一巷绿地2200平方米、居然之家绿地3000平方米、普国路绿地4.59万平方米。（孙志光）

【社会绿化】2019年，万柏林区城乡管理局推进园林化单位创建。以创建国家文明城市和国家生态园林城市为契机，推进园林化单位（居住区）创建工作，动员辖区企事业单位、部队、院校、居住小区推进社会绿化，开展全民义务植树活动，全方位拓展绿化空间，单位和居住小区绿化取得显著成效。新增单位和居住区绿地4.6万平方米。其中：万柏林区凤凰双语小学新增绿化面积0.38万平方米，太原热力太古供热分公司新增绿化面积1.81万平方米，中海寰天下新增绿化面积1.40万平方米，中国烟草山西公司长风小区新增绿化面积0.41万平方米，赞城A区新增绿化面积0.6万平方米，均符合太原市园林化单位验收标准。（孙志光）

【绿化养护管理】2019年，太原市万柏林区城乡管理局结合机构改革，构建"大城管"格局，绿化养护管理积极推进"路长制""园长制"，养管工作明显提升。完善《万柏林区园林工程建设管理办法》《万柏林区园林绿地养护标准》《万柏林区园林绿地养护管理考核办法》。加大补栽补种，千峰路、文兴路、滨汾街、西矿街、大王路、众纺路、南上庄西街等40余条道路，共补栽国槐、垂柳、白蜡、银杏等行道树1321株；绿地补栽紫叶矮樱、榆叶梅等灌木1533株，补栽胶东卫茅绿篱1.8万平方米，补栽草坪花卉6.9万平方米。整治绿地裸露黄土，街头巷尾土地裸露现象，补绿2万余平方米。"二青会"和国庆期间，在主干道路、二青会场馆周边、重点街巷、游园绿地，布置花坛60余个、摆放花箱4700个，共栽植摆放花卉172万株（盆）。（孙志光）

【健康主题公园建设】2019年，万柏林区城乡管理局开展健康中国行活动，按照区政府下达的"慢病预防"目标责任要求，将南寒公园逐步升级打造成为健康主题公园。南寒健康主题公园投资2960万元，占地面积5.57万平方米，设有篮球场、足球场、乒乓球场、老年门球场等各种运动场所，同时还打造320米长的健康步道供周边居民进行健步活动，并在健康步道周边设有健康标示牌、健康知识和慢病防治宣传牌，推进"慢病预防"工作的开展，依据健康公园主题，形成"一园一品一特色"，打造特色游园文化。（孙志光）

【法治游园建设】 2019年，万柏林区城乡管理局推进法治教育宣传工作，将占地面积约3.2万平方米的西环游园逐步升级改造为法治主题游园。区城管局联合区法制办、南寨街办等有关单位在游园内设置法治宣传板面，园林技术人员修缮园内花草植物，促进游园提档升级，形成具有万柏林区法治主题特色的精品游园。（孙志光）

·智慧城市建设·

【概况】 2019年，万柏林区智慧城市指挥中心贯彻落实中共十九大精神，结合匹配改革变化和精细化管理考核需要，立足实际、整合资源、对标一流，创新城市工作方式方法，加快推进城市综合管理服务平台建设，理顺城市管理执法体制，解决城市管理面临的突出矛盾和问题，消除城市管理工作中的短板，提高城市管理和公共服务水平，推动全区精细化管理工作，全面助力“三化”工程和文明城市创建工作，完成各项任务，保障智慧城管的长效稳定运行。（韩　娟）

【平台建设】 2019年，万柏林区智慧城市指挥中心规划建设“一平台、四应用、多融合”的万柏林区综合应用平台。

智慧环卫平台。智慧环卫系统通过物联网智能感知技术的应用，为区城乡管理局添加智慧化的“耳朵”和“眼睛”，联动市数字城管平台，无缝对接环卫专项问题，实现精准调度，问题处置。通过环卫平台框定考核标准，梳理考核细则，对接考核数据，完成综合考核机制，输出考核结果，挂钩社会化公司的每月经费，以考核结果为依据，落实奖惩措施，确保环卫作业高质高效、健康发展。

街路长平台。街路长平台在网格化城市管理基础上，配合万柏林区推行街路长制工作模式，

2019年7月，万柏林区数字城管指挥中心召开现场会（韩娟供图）

建设专题图层，建立用户数据台账、绑定街路长App为街路长工作提供平台支撑，便于掌握街巷案件情况，实现对案件的跟踪、协调、督办等，支撑街路长行使各项权利。

环保监控系统。通过环保监控系统实时查看辖区内所有施工工地的视频监控，全面动态监管施工工地，联动综合应用平台和数字城管平台，及时处置，促使工地自觉按照“六个百分百”标准操作，规范作业，为打赢蓝天保卫战提供切实保障。

园林绿化系统。通过园林绿化系统全面、及时、动态掌握园林基础数据资源，将园林日常养护，古树名木管理等纳入信息化平台，规范养护单位考评方式，实现园林绿化管理的信息化、动态化、标准化。（韩　娟）

【考核机制完善】 2019年，万柏林区智慧城市指挥中心整合全区城市精细化管理工作，提高案件处置效率，强化和完善考核机制，在全区设立专职人员，进行信息监控，确保对信息及时甄别、及时下派、及时处理、及时反馈。坚持“日分析、周统计、月汇总”，启动区13710督查机制，帮助各单位找准问题根源，及时进行整改。出台《万柏林区城市精细化管理工作考核办法》《万柏林区城市精细化管理街路长系统运行及考核方案》，逐步建立完善的科学考核评价体系，为全区“三化”工程、文明城市创建工作，以及“门

前三包”管理工作提供科学有力支撑。（韩　娟）

【案件处置】 2019 年，万柏林区智慧城市指挥中心创新工作机制，借助万柏林区综合应用平台，做到案件及时派遣、问题高效处置。公开招聘 80 名人员派驻街道乡镇及区属职能部门的三级平台。形成自上而下、闭环跟踪、沟通无障碍的快速协调能力，强化智慧城管“顺风耳、千里眼、指挥棒”的作用。更新录入各乡（街）、各职能部门上报的便民服务内容知识库信息，录入信息 100 余条，提高热线当场解答率，减少各单位派单承办量，提高服务效率，促进智慧城管工作的有序运行。（韩　娟）

【街路长制】 2019 年，万柏林区在太原市首创推出“街路长制”城市精细化管理新模式，制定《万柏林区城市精细化管理街路长系统运行及考核方案》，强化规范“街路长制”工作模式，全面启动“街路长制”系统的运行。组织万柏林区综合应用平台技术人员为各街办相关负责人以及街路长、副街路长、小巷管家开展万柏林区“街路长制”应用系统培训会 9 次。街路长系统的运用有效确保“街路长制”工作模式的规范化，通过统一各街道办街路长制的运行流程，形成自行处置为主，问题上报为辅，“街道吹哨、部门报到”并行，具有万柏林区特色的街路长制运行体系；通过对街路专题图层的绘制，配合街路通 App，帮助街路长高效完成巡查走访、信息记录、部门协同、矛盾化解。同时各级领导通过系统也可及时知情、实时监督、考核评价，将城市精细化管理落小、落细、落实、落地。市民通过街路管理公示牌信息，可直接联系街路长投诉举报本街路问题，街路长可通过系统快速处置，高效有力解决市民诉求，助力全民共治、提升政府公信力。

经过街路长系统的数据积累和动态分析，区智慧城市指挥中心可全面、及时掌握街巷热点问题、高发位置区域、问题处置进度，通过数据分析辅助决策，聚焦重点工作，针对性制定方案计划，实现“长效化、精细化”的街巷治理体系，夯实城市管理工作。（韩　娟）

【业务培训】 2019 年，万柏林区智慧城市指挥中心开展岗前培训，组织 30 名新招录工作人员实地观摩，进行理论培训学习。组织新招录工作人员进行为期 3 天的全封闭军事训练，通过全封闭军事化训练，培养新人的组织性、纪律性及团队协作精神。坚持召开工作例会。每周四下午平台全体工作人员会对本周案卷问题进行分析交流，各组长对本周的特殊案件、推诿及存在安全隐患的案件进行汇报，教育工作人员加强责任心，提高业务工作水平。特邀太原市数字城管指挥中心业务负责人以及技术科工作人员开展业务技能交流研讨会，针对二三级平台工作人员遇到的业务问题和技术问题进行答疑解惑。通过一系列学习培训，提高平台工作人员的工作积极性和案件处置效率。（韩　娟）

【万柏林区综合应用平台项目通过验收】 2019 年，万柏林区智慧城市指挥中心召开万柏林区综合应用平台项目验收会。会上，验收专家组听取综合应用平台系统建设及运行情况的汇报，观看平台系统演示，审阅验收文档，围绕智慧环卫、街路长等系统功能应用提出合理化的建议，并按照评分标准进行评分。专家组认为，万柏林区综合应用平台项目提供的资料齐全、完整，符合验收要求；项目完成万柏林区综合应用平台的相关设备及应用系统的建设，满足招标文件及合同要求；万柏林区综合应用平台系统功能齐全、操作便捷、运行稳定，专家组一致同意通过验收。

（韩　娟）

生态建设
SHENGTAIJIANSHE

综 述

【概况】 2019年，太原市环境保护局万柏林分局以改善环境质量为中心，以扬尘污染防治为主线，推动各项工作有序开展，加大工作力度，强化环境综合整治。 （冯志宏）

【环境空气质量】 截至2019年12月31日，万柏林区空气质量优良天数233天，优良率为66.8%，空气质量指数为5.34，在六城区中排名第一。PM_{10}平均浓度值为83微克/立方米，同比下降15.2%；$PM_{2.5}$平均浓度值为41微克/立方米，同比上升2.5%；SO_2平均浓度值为22微克/立方米，同比下降15.4%；NO_2平均浓度值为39微克/立方米，同比下降2.5%；O_3日最大8小时平均值浓度为188微克/立方米，同比上升1.1%；CO日均值浓度为1.8微克/立方米，同比下降18.2%。

通过持续开展各类专项整治，降尘量由5月的23.8吨/（平方千米·月）下降到12月的4.8吨/（平方千米·月），年降尘量平均为12.25吨/（平方千米·月），改善幅度显著。 （冯志宏）

【法律法规贯彻】 2019年，太原市环境保护局万柏林分局贯彻的法律法规有《中华人民共和国环境保护法》（2014修订）、《中华人民共和国大气污染防治法》（2018修订）、《中华人民共和国水污染防治法》（2017修订）、《中华人民共和国土壤污染防治法》《中华人民共和国固体废物污染环境防治法》（2016修订）、《中华人民共和国环境噪声污染防治法》（2018修订）等。

地方法规有《山西省环境保护条例》《山西省大气污染防治条例》《山西省水污染防治条例》《山西省土壤污染防治条例》《山西省重点工业污染监督条例》等。

地方政府规章有《山西省人民政府关于坚决打赢汾河流域治理攻坚战的决定》《山西省重点工业污染物监督管理办法》《山西省重点工业污

2019年12月30日，太原市生态环境局万柏林分局正式挂牌成立 （冯志宏供图）

染源治理办法》《山西省排放污染物许可证管理办法》等。（冯志宏）

【建设项目审批】 2019年，太原市环境保护局万柏林分局完成建设项目环境影响报告表文件审批61项，市局审批5项，分局审批56项，依申请撤销建设项目环境影响登记备案12项。区终审项目总投资81032.52万元。环保投资2678.81万元，占总投资的3.30%。办理夜间施工作业证明311份，固废环保设施验收备案28项，“三同时”执行率100%。（冯志宏）

【环境信访】 2019年，太原市环境保护局万柏林分局坚持为人民服务的宗旨，抓环境信访工作不放松，做到接待、登记、回复、一条龙服务，提升环境信访工作，起到服务经济，稳定社会的效果。全年接受投诉1392余件，其中微信举报200件，电话举报622件，网络举报28件，来信1件，来访0件，“12319”转办541件。“12369”“12319”群众反映的环境问题查处率、办结率、处理回复率和满意率均达100%。（冯志宏）

环境管理

【环境执法】 2019年，万柏林区在国家、省、部级督察组的强力督察下，严厉打击各类环境违法行为，提升环境安全风险防控水平，及时消除环境安全隐患。对企业发展现状、污染防治设施运行情况、环保管理制度落实情况等问题进行检查，杜绝各类环境违法行为发生。全年实施行政处罚22件，罚款67.46万元；办理四类案件2个，其中查封扣押案件1件，按日计罚案件1件。处罚决定按照信息公开有关要求，在太原市生态环境部门门户网站上进行公开，没有出现因过错导致具体行政行为引起的行政复议、行政诉讼等行政争议案件。（冯志宏）

【排污许可】 2019年，太原市环境保护局万柏林分局帮助指导太原市舒乐沙发厂、山西耀辉环保科技有限公司、山西金利嘉再生资源有限公司、山西大众电子信息产业集团有限公司等4家企业和33家锅炉使用单位，向太原市生态环境局申领国家平台排污许可证。全年核发山西省平台大气（水体）排污许可证19项。（冯志宏）

污染防治

【大气环境管理】 2019年，太原市环境保护局万柏林分局提升扬尘污染监管水平，加强施工扬尘管控。区政府召开扬尘污染治理攻坚战调度例会60次，针对各类扬尘污染源持续整改、对账销号。强化工地扬尘管控，全区200家工地中198家按照“六个百分百”要求落实，2家未开工。针对领导干部、市研判调度专家组、区综合执法组发现的621处“五准”等环境问题立行立改，力争在全区达到长效抑尘效果。

加强工业扬尘无组织排放治理，对区管太原万海峰商品混凝土有限公司、山西耀辉生态环保科技有限公司、山西新鑫华通混凝土有限公司西山分公司、太原西山混凝土搅拌有限公司等4家搅拌站完成全封闭改造。

实行“散乱污”企业动态网格化管理，落实乡（街）属地管理责任。根据产业政策、产业布局规划，以及土地、环保、质量、安全、能耗等要求，明确“散乱污”企业分类处置条件。以农村、城乡接合部、行政区域交界等为重点，强化多部门联动，坚决打击遏制“散乱污”企业死灰复燃、异地转移等反弹现象。全区未发现“散乱污”企业。

治理柴油货车和非道路柴油移动机械污染，

设立1个固定检测点（东社高速口）和1个流动检测点（西铭路口）对柴油货车进行路检路查，检测柴油车辆1049辆，合格989辆，不合格60辆；对非道路柴油移动机械进行核查、登记、监测，检测非道路移动机械1114台，合格948台，不合格166台；开展老旧柴油车淘汰报废补贴工作，2019年12月2日正式启动“一站式”服务窗口，分局派专人入住区政务服务中心，受理符合淘汰报废补贴条件的车辆284台。

实施燃气锅炉低氮改造，以引导激励为主要手段，启动实施燃气锅炉低氮改造，全面推进和重点突破兼顾，技术支撑和政策保障并重。全区常年运行燃气锅炉完成改造11台25.9吨，采暖用燃气锅炉完成改造23台45.5吨。同时持续巩固“禁煤区”建设。（冯志宏）

【农村环境治理】2019年，太原市环境保护局将万柏林区杜儿坪街道办大虎峪村列入农村生活污水治理名单，投资600万元。5月初开始施工，铺设污水管网5.4千米，6月底铺设成功，提前半年完成治理任务。（冯志宏）

【水生态环境治理】2019年5月起，太原市环境保护局万柏林分局开展入河排污口综合整治工作，对全区的入河排污口开展全面排查，40个排污口建立台账并实行清单式管理，8月底排污口全部完成整治任务。省级下发万柏林区入河排污口54个，虎峪河、玉门河、九院沙河快速路西延改造工程封堵49个排污口，留存5个排污口，12月5日，根据《入河排污口管理技术导则》（SL532-2011），对5个留存的入河排污口登记表标准格式、入河排污口名称、入河排污口编码进行规范，全区入河排污口完成登记建档工作。（冯志宏）

环境保护

【环保宣传教育】2019年，太原市环境保护局万柏林分局开展绿色创建活动，推荐绿色家庭3户、环保好市民6名。以“4·22”世界地球日、“6·5”世界环境日、“12·4”全国法制宣传日为契机，开展环境保护宣传。在2019年“蓝天保卫战我是行动者”六五世界环境日纪念大会上，以微信公众号在线率99.59%、更新率97.96%、官方微博在线率90.24%、更新率93.88%的优秀成绩位列直属分局首位，受到市环境保护局表彰。

（冯志宏）

【土壤生态环境管理】2019年，太原市环境保护局万柏林分局配合山西省环境科学研究院完成75家企业用地土壤环境状况调查。同年，西山煤电前山四矿矿山生态恢复治理试点示范项目，白家庄矿、官地矿、西铭矿全部完工，杜儿坪矿基本完工进入收尾阶段。（冯志宏）

【生态环境保护督查】2019年，太原市环境保护局万柏林分局落实中央生态环境督察反馈万柏林区的6项任务24个整改项目，18个完成整改并按要求销号；1个为配合西山煤电矸石山生态恢复任务完成，待验收；5个为立行立改，长期坚持的任务。中央第二环境保护督察期间，群众反映问题30批169件全部办结。中央生态环境保护“回头看”督察期间已经完成整改的89件群众反映问题。省环保督察反馈的12项任务25个整改项目中，完成21个，其中长期坚持，立行立改的4项任务。群众反映问题31批117件案件全部办结。（冯志宏）

教育　科技

JIAO YU　　KE JI

教　育

【概况】 2019年，太原市万柏林区教育局以习近平新时代中国特色社会主义思想、中共十九大和十九届二中、三中、四中全会和习近平总书记视察山西重要讲话精神为统领，以立德树人为根本任务，围绕加快推进教育现代化、建设教育强区、办好人民满意的教育的目标要求，实现全区教育工作党的建设日臻加强、办学条件不断改善、教学质量显著提高、教育改革成效显著。（许　军）

【教育体制改革】 2019年，万柏林区教育局深化新时代教师队伍建设改革，在全省率先就优秀教育人才引进和奖励、区直属学校教师分配激励机制绩效工资改革、校（园）长职级制改革等出台系列改革措施。深化“区管校聘”改革，全面启动中小学校校长、幼儿园园长职级制改革，鼓励引导高、中级任职资格校长去薄弱学校任职。启动建立万柏林区校（园）长人才库工程，按类别择优入选校（园）长人才库，其中中学10人，小学50人，幼儿园5人。推进“双名工作室”建设，全区实际享受政府特殊教育津贴162人，享受津贴173.46万元。加强“时代新人”思政建设，构建全面育人新格局。落实立德树人根本任务，制定《万柏林区中小学思政课建设实施方案》，召开万柏林区中小学思政课建设启动大会，将学校思政课建设工作纳入对学校教学质量考核评价之中。夯实思政课建设教师全员培训，开展思政课教学研讨交流，实现教师人人上思政课，科科有思政课，课课是思政课。组建项目研究团队，挖掘课程育人功能，形成万柏林区独具特色的跨学科异科同题主题思政课范式。探索实施家校共育新模式，针对初中生家长，组织开展家庭教育指导专题讲座9场，通过家校合作，共同引领学生成人，陪伴学生成长。在太原市“时代新人”优质思政课评选活动中，万柏林区4名教师获奖。普惠特色并举，创新多元办学模式，鼓励兴华学前教育集团采用“3+4+3”模式进行集团化发展，完成山西省教育厅主办、万柏林区教育局承办、兴华学前教育集团协办的教育部幼儿园园长培训中心第四期高级研究班暨山西省优质幼儿园园长高级研究班。实施教学质量综合评价改革。树立以提高教学质量为核心的教育发展观，构建规范有序的长效管理与评价机制，对全区中小学、幼儿园在提高教育教学质量方面取得突出成绩的万柏林区第三中学校等54个先进单位和72名优秀个人予以表彰。中考成绩连续三年保

持全市十县区第二名。（许　军）

【行政审批制度改革】2019年，万柏林区教育局行政审批制度改革以“互联网+政务服务”为核心，优化审批流程、规范审批行为、提高服务效率。重新梳理审批事项，进行登记、审查、核定、备案。启动便民电子政务，整合网络资源，构建新型办事平台，通过教育局网站及时向群众公开。完成“万柏林区互联网+监管”“万柏林区四级四同和权责清单”两项工作，完善风险预警、信用监管、联合监管等工作机制。根据太原市万柏林区相对集中行政许可权改革实施方案要求，万柏林区教育局向万柏林区行政审批服务管理局划转行政审批及关联事项8项。（许　军）

【办学条件改善】2019年，万柏林区教育局实施提质改造工程，投入5110万元，完成开城街学校教学楼重建、兴华礼仪幼儿园荔梅园抗震加固改造及区实验中学操场塑胶化改造工程。与开发企业联合引进优质教育资源，泰华实验小学等4所学校建成并投入使用，签约山西九知实验小学、阳光城实验小学、凤凰双语第二实验小学落户万柏林区。投入4000万元，对万柏林二中等45所中小学学校实施校园文化升级改造工程，全区教育基础设施全面改善。

以公园路小学为试点，精心打造数字化校园，努力建设现代化学校。实施中小学校联网提速升级改造工程，全区67所中小学校全部达到百兆宽带。实施教育信息化设施设备配套建设工程，投入750万元为万柏林三中等20所学校更换智慧黑板，更新学生机房，新建书法教室，投入2800万元为泰华实验小学等5所新建学校高标准配备各类教育教学设备。（许　军）

【基础教育】2019年，万柏林区教育局探索教育集团化办学模式改革，规范中小学招生工作，保障适龄儿童少年接受义务教育，规范学籍管理，全面控制中小学校班容量。全区中小学校78所，中小学生6.03万人，其中中学生8255人，平均班容量45人；小学生5.2万人，平均班容量44人。构建以普惠性资源为主体的办园体系，普惠性公办幼儿园华峪南区幼儿园建成并投入使用，兴华礼仪幼儿园荔梅园改扩建完工并投入使用，新增学位420个。完善特殊教育保障机制，通过随班就读、特教学校教育、送教服务等方式，保障适龄残疾儿童平等接受教育。全区残疾儿童118人，入学111人，残疾儿童入学率达94%。（许　军）

【民办教育】2019年，万柏林区教育局严格规范民办教育，做好民办学校年检换证工作，推进民办教育健康发展。强化对民办学校的安全管理，消除事故隐患，保障师生人身和学校安全，确保民办学校办学秩序。规范办学行为，及时了解全区各民办学校办学情况，贯彻落实国家有关教育方针、政策，从办学审批、换发办学许可证、安全管理工作等方面加强管理，接受群众来信来访及社情民意反映的问题，及时查处办学中出现的违纪、违规现象，严格规范民办学校办学行为。采取联合执法部门对全区范围内民办办学机构进行实地的专项检查、评估检查等形式，以评促进、以评促改。全年查处违纪、违规办学行为机构16所。加大校外培训机构专项治理工作力度，依法彻底取缔非法办学机构，净化民办教育环境，破解课外“负担重”问题，新批设未来星金色摇篮小学、诚师双语小学。（许　军）

【德育教育】2019年，万柏林区教育局实施新时代立德树人工程，推进“一校一化、一校一特色、一校一景观”工作思路，确保学校特色创建常态化。公园路万科紫郡小学小小马克思书屋、公园路小学“一带一路”沙盘景观等营造出校园文化建设的独特特点。深化社会主义核心价值观教育，围绕中华人民共和国成立70周年，持续开展爱国主义宣传教育，增强广大学生对“四个自信”的价值认同。开展“万师访万家”活动，全区3600余名教师利用课余和节假日深入社会，走进家庭，征求家长意见建议，倾听家长呼声，了解家长诉求，帮助学生和家长解决实际困难，构建良好的家校关系。同时，建立社区家长学校108所、家庭教育辅导站120个，强化家长主体作用，丰富育人共同体联盟课程，推动形成全员育人、全过程育人的良好局面。（许 军）

【体育教学】 2019年，万柏林区教育局按照国家课程标准开足开齐体育课程，巩固发展学生阳光体育运动，通过体育课、大课间、体育活动等不同形式，落实学生在校每天锻炼一小时，切实加强体育工作，提升中小学生身体素质。4月21日至23日，在万柏林区体育场对辖区4608名中考考生，进行初中学业考试（体育部分）工作。在全区20所学校开展乒乓球、羽毛球、足球进校园活动，推动全区特色校的建设和管理。全区有17所足球特色学校、6所篮球特色学校。组织开展中小学校师生田径运动会、校园足球联赛、乒乓球比赛、羽毛球比赛和篮球赛及万柏林区第十三届学生阳光体育冬季长跑活动启动仪式，完成全区的国家学生体质健康数据上报工作，上报率100%、合格率96.8%，促进广大青少年学生主动参加体育锻炼。（许 军）

2019年10月10日，万柏林区第六届中小学师生田径运动会召开（许军供图）

【语言文字保护教育】 2019年，万柏林区教育局实行政府主导、语委统筹、部门协作的体制，推动全区语言文字工作深入开展。开展《中华人民共和国国家通用语言文字法》宣传教育活动，利用讲座、竞赛等方式，通过互联网等渠道向社会宣传国家语言文字方针政策和规范标准。开展学校语言文字达标建设，全区60%以上的学校获得国家和省级语言文字工作示范校和语言文字书写特色校的称号。推进语言文字工作“六纳入”机制，即：纳入中小学教师考核评价指标体系，纳入校园文化建设的总体要求，纳入教师资格认定的必备条件，纳入教师招聘和职称评聘的基本条件，纳入教育教学常规管理和课堂教学评价，纳入教师基本功大赛和各个学科优质课竞赛评分标准，纳入学校校长书记绩效考核。（许 军）

【国学经典教育】 2019年，万柏林区教育局推动区域一体化国学经典教育。5月，区教育局成功承办由国家教育行政学院国学教育研究中心举办的中华文化经典与本根教育研讨会暨国学经典教育成果交流会。11月，区教育局应国际儒联及国家教育行政学院邀请，赴人民大会堂参加纪念孔子诞辰2570周年国际学术研讨会暨国际儒学联合会第六届会员大会。区教育局在儒学之于人类命运共同体及新时代教育者的使命专题座谈会上介绍了万柏林区国学经典教育经验。（许 军）

【卫生防控整治】 2019年，万柏林区教育局开展学校各类传染病防控工作，加强晨、午检日常监测，针对性开展爱牙护牙、爱眼护眼、禁烟控烟、结核病、艾滋病等常见各类传染病健康教育宣传工作。对全区52779名中小学进行健康体检，近视率51%，小学生龋齿率70%—80%，初中生龋齿率25%，中小学生12岁之前基本换牙结束，龋齿率明显下降。会同卫生等有关部门推进学校卫生管理工作，开展青少年近视预防、垃圾分类、健康促进等培训活动5场，促进师生身心健康。（许　军）

【国防教育】2019年，万柏林区教育局开展以爱国主义为核心的国防教育和拥政爱民教育。将国防教育渗入各学科，旧矿街小学被评为山西省国防教育示范学校。开展国防教育军事素质训练活动，教育学生坚强勇敢、不怕吃苦，树立“家国情怀”和肩负“历史使命”。以春节、“八一”等重大节日和国防教育月为契机，通过班队会、思政课、宣传栏、讲座等形式，开展读书、唱军歌、征文、演讲等系列国防教育活动，激发和调动学生的爱国热情，增强保家卫国的责任感和使命感。（许　军）

【艺术活动开展】2019年，万柏林区教育局开齐开足上好美育课程，推进优秀文化艺术进校园，提供优质校外教育服务。开展大篷车进校园活动，参与学校20所，受益学生1万余人。开展大型主题教育实践活动及文体活动20余个，参与学校70多所，参与学生7万余人。全年培训项目有7大类，培训班次94个，人数2000余人。承办市第29届器乐（民乐）比赛和翰墨薪传——“我家春联我书写”太原市青少年挥毫贺新春活动启动仪式。各项活动不断丰富学生课余文化生活，引领学生树立正确审美观念、陶冶高尚道德情操、塑造美好心灵。（许　军）

【校园安全建设】2019年，万柏林区教育局强化安全责任意识，加强安全教育和应急演练，排查校园安全隐患，化解矛盾，从源头上、根本上维护学校安全稳定。深化中小学“三化三建设”，推进一键报警器、学校硬隔离设施建设，建设电动栅栏门84个，防冲撞金属柱或水泥柱（墩）1147个，不锈钢或铁质栅栏281个，减速带94个。投入684.72万元，为学校幼儿园按学生人数的3‰比例配备专业保安317人；安全保卫人员按九个一（警棍、钢盔、防刺背心、防割手套、钢叉、警哨、强光手电、防暴盾牌、喷雾器）标准配备反恐防护器具2356件；投入113万元为全区中小学生投保综合保险；建立万柏林区学校幼儿园安全应急人员及装备物资库，全区学校有平安志愿者3297人，应急救援小分队1841人，各类警戒装备2356个（套、件），视频监控探头6123个（其中100万像素以上的4868个），各类灭火器5023个，防汛、除雪装备1.2万个（套、件），加强双重预防机制建设，提升校园安防能力水平，加强校园周边综合治理，推进“扫黑除恶”专项斗争向纵深发展，营造安全文明和谐稳定的育人环境。（许　军）

【困难学生资助】2019年，万柏林区教育局采取召开家长座谈会、宣讲咨询、在学校醒目位置统一悬挂资助宣传版面、发放资助宣传手册等多种形式，开展资助政策的宣传教育，扩大助学政策在全社会的影响力。细化落实各级各类学校学生资助政策，提高学生资助精准度，完善全学段资助体系，实现学生资助政策宣传全覆盖，不让一个学生因家庭经济困难而失学，全面完成目标任务，促进教育公平。全区资助家庭经济困难学生2076人，发放资金73.16万元。其中：学前教育阶段资助贫困家庭幼儿237人，发放资助资金23.7万元；义务教育阶段资助建档立卡贫困户学生1537人，发放资助资金41.26万元，资助残疾、孤儿、农村低保困难家庭学生302人，发放资助资金 8.2 万元。为贫困户家庭大学生办理国家开发银行生源地信用助学贷款，大学生每年 1000 元至 8000 元、研究生每年 1 万元至 1.2 万元。为 816 名大学生办理助学贷款，发放贷款 592.39 万元。中央彩票公益金贫困家庭大学新生入学路费资助项目资助 24 人，发放资助资金 1.75 万元。（许　军）

【法治宣传】2019 年，万柏林区教育局加强法制宣传教育，推进依法治教工作有序开展。利用全国青少年普法网开展青少年法治教育工作，将法治教育课纳入国民教育体系。创新法治教育方式，实施惠民工程。利用万柏林区青少年法治教育基地、校园安全禁毒教育基地，整合社会法治教育资源，推进法治教育与法治实践相结合，全年组织中小学生实地参观 245 场，受教育学生约 1 万人，接待各级领导及外地同行参观 63 场，全区参观学校实现全覆盖。开展全民国家安全教育日宣传活动，增强广大师生的安全防范意识，推进平安校园、和谐校园建设。组织开展宪法学习宣传教育活动。获太原市教育局颁发的“学宪法、讲宪法”演讲比赛优秀组织单位奖，获山西省教育厅颁发的山西省教育系统“学宪法、讲宪法”主题征文大赛优秀组织奖。加强青少年毒品预防教育，筑牢学校青少年禁毒防线。发挥毒品预防教育课堂教学的重要作用，把毒品预防教育作为一项重要内容列入教学计划，利用“6·26”等重要时间节点开展禁毒宣传教育，开展毒品预防教育的“五个一”活动和毒品预防教育示范学校创建工作，全区有 9 所学校被太原市教育局命名为太原市毒品预防教育示范学校，完成全国青少年毒品预防教育数字化平台注册工作，全区中小学注册学校 64 所，注册率 100%，课时完成率 100%。（许　军）

【依法行政】2019 年，万柏林区教育局加强教育行政机关法治建设，全面推行教育行政执法责任制。坚持公众参与、专家咨询、风险评估、合法性审核和集体讨论决定相结合的决策程序，成立教育专家咨询委员会，发挥法律顾问作用，对涉及教育改革发展的重大问题或与人民群众利益密切相关的重大事项，决策前进行充分论证并广泛征求意见。完善局务会议议事规则，按照集体领导、民主集中、个别酝酿、会议决定的原则，完善“三重一大”决策制度。强化行政审批科室职能，规范集中行政服务事项，提高行政效能。加强对行政权力制约和监督的制度建设，推进“双随机一公开”工作，加强事中事后监管。探索推进建立行政执法公示制度，执法全过程记录制度，重大执法决定审核制度。

全面推进政务公开。加快政务信息化建设步伐，拓宽政务公开的渠道。依托太原万柏林区智慧教育云平台，及时发布教育要闻、教育法规政策、教育信息和工作动态，对教育项目建设、教师招考、人事制度改革等涉及广大师生和群众利益、社会普遍关注的信息，及时在教育信息网和有关新闻媒体上公布，以便公众查询和了解相关信息。推行公示制度，切实增强政务校务的透明度。在教师招聘、干部推荐、职称评定、教职工评优选先以及人事管理等热点工作中，坚持条件、程序、结果公开，主动接受群众监督。在收费工作方面，实行收费公示、审批制；在招生、考试、升学、编班等群众关注的民生方面，全面实行“阳光工程”。

规范行政执法。建立教育行政执法资格准入与持证上岗制度，做好行政执法证件的申领、换证等工作。完善行政处罚工作规程，详细规定处罚项目、执法标准和执法程序，严格做到执法程序合法、行为规范。建立健全行政执法案卷归档、评查制度，每年组织一次行政执法案卷评查，全

面推行行政执法责任制和责任追究制。（许　军）

【教育督导】 2019年，万柏林区教育局发挥教育督导评估作用，推动教育质量稳步提升。开展“区管校聘、优绩优酬”专项督查工作。为盘活现有教育资源，合理分配教师工作，实现优绩优酬、多劳多得的绩效分配制度，成立6个小学、2个初中“区管校聘”“优绩优酬”督查工作小组，分批核实辖区51所小学、11所初中中层领导、教辅人员、满工作量教师的人数，核实不享受增量绩效的人员。开展万柏林区义务教育质量监测专项督导工作。按照太原市质量监测文件及培训要求，遴选检测人员，分类专业培训，汇总数据上报信息，印发工作手册，逐校督促落实。开展幼儿园办园行为督导评估工作。组建7个督评工作组，完成万柏林区以无证幼儿园为主体的70所幼儿园督评工作，协调街办、幼教科等有关部门，通过实地查看、查阅资料、对194个小项的逐项打分、电脑系统上传数据等全方位进行督评。组织对区属各中小学校、幼儿园及各类民办学校进行开学视导工作。组织进行全区校（园）长、书记绩效考核和学校目标责任制等考核工作。在督学换届后补充完成对29所学校督学公示牌的人员调整与公示牌制作、发放工作。分5个组对包含高中、私立学校等在内的20所属地中小学进行创城工作实地督促检查等。（许　军）

【教师队伍建设】 2019年，万柏林区教育局加强师德师风建设，健全师德建设长效机制，营造风清气正的育人环境，评选师德先进个人55人、师德标兵230人。统筹落实“国培计划”“省培计划”等各项任务。制定《万柏林区2019年度中小学、幼儿园教师素养提升培训计划》，开创“互联网＋教师素养提升培训”新范式，特邀省内外教育专家、中小学一线优秀教育工作者，围绕新时代教育教学方向、教育理念探索、优秀案例、儿童哲学等方面进行系统培训，达32场次。创新研训一体培训培养模式，组织1120余名新教师开展岗前系列培训，组织300余名骨干教师赴浙江大学开展“四有好老师”教师培训，组织200余名优秀班主任赴上海市万科实验小学、上海市浦东模范中学，参加“争当四个引路人”主题培训。组织500名国学骨干教师、教研员赴尼山国学研修基地参加国学经典教育专题研修。同年，全区评选出区级学科带头人30名、骨干教师85名。（许　军）

【基层党建】 2019年，万柏林区教育局坚持把党的政治建设摆在首位。坚持党的政治领导，做到“两个维护”。严肃政治纪律和政治规矩，强化政治教育和政治引领。开展“不忘初心、牢记使命”主题教育，引导全体党员守初心使命。注重开门抓教育，让广大人民群众感受到主题教育带来的新变化新成效。开展“改革创新、奋发有为”大讨论，聚焦“六个破除”“六个着力”“六个坚持”。实施万柏林区教育系统新时代基层党支部达标创优三年行动，创造性开展《以党建工作提升学校发展水平》课题研究。鼓励基层党支部在活动内容形式上进行探索创新。推进教育系统党风廉政建设，层层压实全面从严治党政治责任，扎实开展专项整治。严肃“四风”问题，保持反腐倡廉高压态势，确保教育系统风清气正。（许　军）

科　技

【概况】 2019年，太原市万柏林区科技局以习近平新时代中国特色社会主义思想为指导，贯彻落实中共十九大精神和中共十九届二中、三中、四中全会精神，开展“改革创新、奋发有为”大讨论和“不忘初心、牢记使命”主题教育活动，加快实施创新驱动战略，激发创新人才活力，抓好高新技术企业培育认定，全面推动深化改革，推进大众创业、万众创新，扶持创新型、成长型小微企业发展，以科技创新带动全面创新，为全区经济社会发展提供强有力的科技支撑。（白雪梅）

【科技体制改革】 2019年，万柏林区科技局推动全面创新引领转型发展，促进科技创新和产业发展深度融合。落实激励创新政策，加大财政对科技创新的投入力度，建立奖励科技创新的长效机制，发挥科技专项资金的推动效应。实施区内科技成果后补助，对2018年新认定的高新技术企业和研发能力较强的企业给予支持，受益企业73家，860万元。做好企业科技需求与科技成果供给的对接，健全科技成果转化机制，完善全链条孵化服务网络，支持科研院所和高校建立技术转移中心。出台《万柏林区促进科技成果转移转化工作实施方案》，开展高校企业科技需求的对接与科技成果的转移转化，成立理工大学技术转移服务机构、神灯众创技术转移服务中心、众联众技术转移服务中心，并被认定为市级技术转移服务机构。发挥高校科研院所的科技创新主力军作用，成立太原理工大学技术转移中心和太原科技大学科技成果转移转化中心。与太原理工大学团委共同举办创新大赛，各基层学院推荐70件作品参加比赛。支持科技企业孵化器和众创空间高质量发展并实现提档升级。全区现有国家级科技企业孵化器1家，众创空间3家；省级科技企业孵化器2家，众创空间15家。对接北控晋马科创孵化器运营公司、腾讯人工智能产业双创孵化基地。山西腾讯人工智能产业科技企业孵化器已落地并入驻科技企业31家。（王姝洁）

【示范区建设】 2019年，万柏林区科技局以水、大气环境治理领域标准化建设为重点，构建“标准化＋可持续”的发展标准体系，对全国资源型地区转型发展发挥示范效应。坚持以资源型城市转型升级为主题，重点针对水污染与大气污染等问题，集成应用污水处理与水体修复、清洁能源与建筑节能等技术，实施水资源节约和水环境重构、用能方式绿色改造等行动，配合市科技局做好制定标准化体系过程中相关数据采集和底数摸排工作，深入企业挖掘项目，重点支持焦化废水生化出水新型高级氧化深度处理工艺开发项目、支持退役动力电池再生工艺中NMP的净化技术的研究相关环保项目，完善可持续发展标准体系。（陈怡静）

【科技惠民】 2019年，万柏林区科技局围绕科技惠民主题，结合五月科技周及创城“双月攻坚”，开展送科技进社区、科技助力垃圾分类等活动。开展专题科普活动，普及食品安全、应急避险、低碳节能、健康生活等热点问题的基本知识。加强农村科技特派员选派工作，实行农村科技特派员驻村联户、科技服务手册、考核等工作制度，聘任农村科技特派员41名。12月，对6个乡（街）的农村科技特派员进行考核。编印《万柏林科技》小报6期，宣传科技政策，普及科学技术知识，提高居民科学素养，在全区营造学科学、用科学的良好氛围。（白雪梅）

【科技项目征集】 2019年，万柏林区科技局印发《关于征集2019年科技发展项目的通知》，组织全区科技项目申报工作，经过形式审查、实地考察、专家评审会、局务会和研审会议，提交区政府常务会议审定，围绕前引导类项目的社会发展、科技成果转化与推广、新兴产业培育和创新创业平台4个专项，确定支持项目23项，资金1625.84万元，优选一批适合青少年的科技项目进校园，培养和激发青少年的科技兴趣，增强青

少年的创新创造能力。（陈怡静）

【依法行政】2019年，万柏林区科技局贯彻习近平总书记关于全面依法治国新理念，开展普法工作，加强干部职工的法律知识学习教育，提高依法办事水平，严格依法行政。组织全体干部职工学习《中华人民共和国宪法》《中华人民共和国促进科技成果转化法》《中华人民共和国科学技术进步法》《中华人民共和国科学技术普及法》《山西省科技创新促进条例》等与工作密切相关的法律法规知识，使广大干部职工全面准确地理解依法治国基本方略的精神实质，自觉维护宪法尊严和国家法治的统一，增强学法用法和依法行政的意识和自觉性。利用典型案例在干部职工中开展警示教育和遵纪守法教育，增强法制意识，提高法律素质，推进民主法制化进程。结合“法治+业务”、科技活动周、文明志愿者活动，开展法制宣传教育、加强法律实践，坚持学法用法相结合，全面推进法律宣传、依法行政、依法管理，提高全体干部职工的法制观念和法律意识，逐步实现科技事业管理法治化。（白雪梅）

【政策激励】2019年，万柏林区科技局深入科技企业重点讲解区政府《关于深化创新创业建设科技产业集聚区的若干意见》和太原市委、市政府《关于科技创新推动转型升级的若干意见》。组织专业人员对双创载体入孵企业进行科技创新券使用、高新技术企业认定条件、企业知识产权和专利贯标等相关政策解读，切实帮助企业解决发展中遇到的难题。

落实市委、市政府《关于科技创新推动转型升级的若干意见》精神，对101个科技企业研发投入、高新技术企业认定等资金补助5329.23万元。落实区政府《关于深化创新创业建设科技产业集聚区的若干意见》，实施区内科技成果后补助，受益企业46家，591万元。（王姝洁）

【科技考核】2019年，万柏林区科技局新认定高新技术企业60家，科技型小微企业166家。高新技术企业存量达121家，入库科技型小微企业达392家。全区有企业年销售收入达到300万元（含）以上，且年度研究开发费用占销售收入4%（含）以上的企业存量36家，上报市鼓励企业加大研发投入补助申请36家。（王姝洁）

【业务培训】2019年11月，万柏林区科技局组织业务干部及全区30名科技人员参加太原市第一批技术经理人培训班。12月，组织全体干部职工学习运用“区块链技术及应用”从“区块链”核心优势，基本特征、行业应用、技术实践方面结合事例进行学习，提升工作人员业务素养，学习运用“区块链”的核心优势，发挥科技的支撑引领作用。12月20日，区科技局业务干部参加山西省科技成果转移转化培训班，通过聆听科技成果转化法律法规及相关政策、技术合同认定登记及科学技术奖励的解读，培养“懂政策、懂法规、懂流程、会实操”的科技成果转化服务专业人才，促进科技成果转化落地。（王姝洁）

2019年12月，万柏林区举办以“汇聚万柏林创新典范，助力企业科技发展”为主题的企业发展论坛（王姝洁供图）

【“改革创新、奋发有为”大讨论】2019年，万柏林区科技局开展“改革创新、奋发有为”大讨论。对标新思想、开拓新思路，主动作为，完成“大讨论”活动的规定动作。结合工作实际，制定工作方案。从提高政治站位、围绕精准服务、营造浓厚科技事业发展氛围等方面做了深入动员，召开征求意见座谈会，收集意见和建议66条，并提出整改措施。召开民主生活会和组织生活会，围绕“改革创新、奋发有为”大讨论主题，领导班子和个人进行对照检查，剖析问题产生原因，并制定相应整改措施。（陈怡静）

【主题教育】 2019年，万柏林区科技局集中学习《习近平关于“不忘初心、牢记使命”论述摘编》和《习近平新时代中国特色社会主义思想学习纲要》，学习观看《失守的底线》《榜样（4）》等警示教育片。广泛听取意见，局党组与高新技术企业负责人代表、双创载体负责人代表及各乡（街）农村科技特派员代表分别召开“三服务”座谈会3次。深入开展调研，全面了解科技型中小企业的共性发展问题和需求，列出整改事项清单，按照时间节点进行整改。开展调研成果交流会，制定整改方案和措施。讲好专题党课，锤炼对党绝对忠诚的政治品格，转变作风、强化服务。召开民主生活会和组织生活会，领导班子和个人进行检视剖析，剖析问题产生原因，并制定相应整改措施，采取自评、互评的方式完成“三评”工作，开展结对帮学、送学到家活动。让退休老党员足不出户就能接受组织教育，实现了主题教育活动全覆盖。（陈怡静）

【文明城市创建】 2019年，万柏林区科技局在社区开展学雷锋活动、“公德装在心中文明贵在行动”和“科技助力垃圾分类、结对共建文明社区”系列活动，以海报展示、发放宣传读物、人员讲解等形式，宣传精神文明建设、科普知识讲解、“双创”政策宣传。全体党员干部职工参加“礼赞中华人民共和国成立、放歌万柏林”大合唱比赛，组织职工开展“博爱一日捐”“中华慈善日”捐款活动。助力创建文明城市，进行为期一周文明交通岗志愿活动，全体干部定岗定位，对群众违规行为进行引导劝阻。做好安全生产工作，特别是做好所包大卧龙村护林防火工作。（白雪梅）

【双拥创建】 2019年，万柏林区科技局组织召开万柏林区高新技术企业国防动员暨科技政策解读会议，联合结对社区开展“不忘初心、牢记使命”国防教育专题讲座，特邀参加过国庆阅兵的万柏林区人武部参谋长就国家安全形势进行深入的分析和解读，科技局全体党员干部职工、铁北社区党员干部、企业代表及退役军人60余人聆听讲座。观看“军民鱼水情深·共建双拥模范万柏林区庆‘八一’文艺演出”，与官兵一起欢度“八一”，军民关系得到进一步巩固，全局人员拥军意识不断提高。（白雪梅）

【概况】 2019年，太原市万柏林区文化和旅游局坚持党建引领，践行“两山理论”，以“生态旅游、绿色发展”为主旨，投入大量资金，推进生态文明和文化旅游建设。对玉泉山景区、桃花沟景区、偏桥沟景区提档升级，长风、玉泉山两大城郊森林公园成为市民休闲旅游热点。西山旅游公路的建成，将自然美景与市民健身需求有机结合，各景区相互贯通，形成“U”字形旅游带。实现“一小时车程”的都市旅游圈，成为“网红公路”，打卡之地。至2019年，万柏林区有玉泉山景区、桃花沟景区、偏桥沟景区、龙华寺、西山城郊森林公园、王封一线天景区、四达沟生态公园、万柏林生态园、狼坡（狮子崖）、龙泉寺。其中，AAA级景区4个，分别是玉泉山景区、桃花沟景区、偏桥沟景区、龙华寺。（王喜爱）

【公共文化服务建设】 2019年，万柏林区文化和旅游局制定出台《万柏林区关于提高公共文化服务水平的实施方案》，推进公共文化服务体系建设。图书馆分馆计划建设5个，实际建成10个。文化馆分馆计划建设10个，实际建成15个。114个社区均建有文化服务中心。（王喜爱）

【文化活动】 2019年春节、元宵节期间，万柏林区文化和旅游局组织各村、社区开展民间民俗文化展示活动、国旗悬挂、灯饰亮化、元宵节赏灯猜谜活动、文化惠民基层行、锣鼓大赛、非遗项目展示、全民健身大拜年、庆祝中华人民共和国成立70周年书画展等系列活动，为广大群众营造丰富多彩的喜庆节日氛围；组织书法家到交警、环卫、消防等驻地基层单位开展“送春联”活动，书写春联5000余副。组织各乡（街）结合实际开展丰富多彩的“礼赞新中国、奋进新时代”文化艺术月活动；组织开展“改革创新、奋发有为”庆祝中华人民共和国成立70周年系列活动。开展纪念“三八”节活动、清明节缅怀先烈活动、端午节粽叶飘香、中秋节等“我们的节日”活动；开展“六一”儿童节未成年人思想道德教育活动；开展“喜迎‘二青会’欢庆祖国华诞”高手在民间器乐演奏比赛及迎“二青会”群众优秀节目展演等各类广场文化活动。在国庆节期间，组织开展全区“奋进新时代、放歌万柏林”庆祝中华人民共和国成立70周年大合唱比赛和“点赞新时代、奋进万柏林”庆祝中华人民共和国成立70周年文艺晚会。同时，引导各乡（街）组织开展形式多样、群众喜闻乐见、广泛参与的消夏晚会，通过“政府搭台，百姓唱戏”的方式，展现和谐、文明、健康的精神面貌，推动文化惠

民工程，打造文化服务品牌。（王喜爱）

【非物质文化遗产保护】 2019年，万柏林区文化和旅游局加强非物质文化遗产保护，在“文化和自然遗产日”期间，在和平社区、旧矿部小学组织开展“见人见物见生活”——非遗进社区、非遗进校园活动，丰收节期间在玉泉山森林公园开展“非遗”展演展示活动，对传统文化进行深入宣传。（王喜爱）

【文物保护工程】 2019年8月14日，万柏林区市级文物保护单位彭城太妃墓的盗洞回填及周边保护设施工程竣工。太妃墓位于万柏林区神堂沟街办黄坡村，分布面积约为887.57平方米，地表存圆形封土1座，南北长31米，东西宽27米，高8.7米。2008年文物普查时即发现墓冢上有盗洞1处，直径约3.7米，确切被盗掘年份不详，由于年代久远及自然风蚀等因素，使文物本体安全存在极大隐患。为确保文物安全，急需对盗洞进行回填，并在墓冢周围建设护栏，区文旅局向市文物局申请专项资金7.8万元，同时协调神堂沟街办、黄坡村及文保员，为工程建设解决用水、用电及安全值守等相关问题，使工程得以顺利进行并竣工，确保太妃墓及周边安全。（王喜爱）

【宗教活动文物单位调查统计】 2019年2月，万柏林区文化和旅游局会同区宗教局对辖区内被批准为宗教活动场所的文物单位进行梳理统计，对所涉及文物单位的批准部门、批准时间及负责人等信息进行整理汇总，经统计万柏林区辖区内被批准为宗教活动场所的文物单位9家，均由万柏林区宗教局批准。（王喜爱）

【打非治违专项行动】 2019年，万柏林区文化和旅游局组织开展安全隐患排查治理和“打非治违”专项行动。落实文物部门监管职责，督促所有文物单位落实主体责任。组织消防、用火用电管理、易燃易爆危险品管理、文物建筑施工及反“三违”情况等方面的“打非治违”专项行动，加大对专项行动的全程突查检查力度，采取重点抽查、飞行检查、突查夜查等方式，对辖区所有文物单位进行全面检查、突查，打击各类非法违法生产行为，治理纠正违规违章行为。（王喜爱）

【文化培训】 2019年，万柏林区文化和旅游局为提高居民素质，实现公共文化服务均等化，面向全区群众举办乐器、舞蹈、书画、合唱等文化培训共30个1200课时，逐步满足人民群众就近便捷享受公共文化服务的需求。加强基层文化队伍建设，对村级文化专管员在进行系统培训的基础上按照市区统一安排，每人每月300元标准专项列支劳务补助，加强基层文化队伍建设，激励农村文化工作的有效开展。（王喜爱）

【文化惠民】 2019年，万柏林区文化旅游局面向基层，实施公共文化惠民工程，让人民群众享有均等的基本公共文化服务。落实免费送戏下乡工程，实施文化惠民演出。全年组织文化惠民演出进农村、进社区、进学校142场。举办基层群众优秀节目展演80场、文化培训班40个，为广大群众提供展示和学习的平台，引导群众自觉组织、自发参与文化活动，尊重和满足老百姓的文化需求，实现文化发展成果由人民共享，提升群众幸福指数。（王喜爱）

【文化行业监管】 2019年，万柏林区文化旅游局根据市、区有关执法改革精神，做好各项改革工作，坚持站好辖区文化市场执法最后一班岗，注重改革过程中执法队伍思想稳定建设和执法队伍能力建设等各项工作，全年集中组织全体执法队员参加旅游执法案例、“扫黄打非”工作、国防安全等市、区各级执法培训8次，执法队共出动执法人员350余人次，检查歌舞娱乐场所及游艺娱乐场所60余家次、检查网吧280余家次、数字影院6家次，监管涉外演出10余场，下发责令改正文书14份，依法查处4家违法经营网吧，依法取缔2家无证经营的黑网吧。受理“12345”政府便民服务热线交办单10余件。组织全区文化市场经营单位开展安全生产培训暨专项行动会议5次。实现辖区文化市场监管到位，文化市场安全稳定运行。（王喜爱）

【安全生产】2019年，万柏林区文化和旅游局制定辖区隐患排查具体实施方案，动员部署，督促辖区内的各文保单位结合实际，组织开展自查自改。对自查发现的问题，列出清单，建立台账，制定整改措施，明确整改责任，抓好整改落实工作。采取突击检查、明察暗访、随机抽查、回头检查等多种方式，开展督查检查，做到不放过任何一个漏洞，不丢掉任何一个盲点，不留下任何一个隐患。建立文物安全直接责任人公示制度，建立和完善安全生产长效机制，巩固和扩大大检查活动成果，确保安全生产隐患和问题及时整改到位。（王喜爱）

【文明城市创建】2019年，万柏林区文化旅游局成立创建文明城市工作领导组，下设11个工作小组，全员对全区15个乡（街）综合文化站、114个社区及41个村综合文化服务中心、73个网吧、4个AAA级景区进行多次督导检查，出动300余人次、120余辆车次。工作组对各基层文化站、文化服务中心的功能室设置、宣传氛围、资料准备、活动开展等方面提出建设性意见。通过不断的督导，基层文化站、文化服务中心已全部达标，经过第三方第二轮的测评，均分达90分以上。对辖区内网吧全面督导检查，统一为经营户制作社会主义核心价值观宣传页，召开全区网吧经营场所创城动员大会，为创建文明城市营造良好的文化环境。对4个AAA级景区统一制作公益广告景观小品，制作《中国公民国内旅游文明行业公约》《十大文明旅游提醒语》并全部上墙，文明提示、文明告知约100个全部立于景区醒目位置。（王喜爱）

卫生 体育

WEISHENG TIYU

综 述

【概况】 2019年，太原市万柏林区卫生健康和体育局坚持以习近平新时代中国特色社会主义思想为指导，围绕全区工作重点，深化医药卫生体制改革，开展“两整顿一提高”专项整治，创建全省慢性病防控示范区，全面落实各项工作，卫生健康和体育事业取得新成绩。 （王霁喧）

【党建工作】 2019年，万柏林区卫生健康和体育局始终坚持党建引领，制定《万柏林区卫生健康和体育局2019年党建工作计划》，分解党建工作任务清单，强化党员队伍建设。强化学习，坚持“三会一课”制度，坚持民主生活会制度，坚持民主评议党员制度，开展多种形式的党员教育活动。从2月中旬到4月底，开展“改革创新奋发有为”大讨论，围绕“六个破除”“六个着力”和“六个坚持”等重点任务，按照十个阶段逐步相继开展各类活动。开展“不忘初心、牢记使命”主题教育活动，领导班子和领导干部按照19个规定动作，各基层党组织按照8个关键动作，把学和做结合起来，把查和改贯通起来。确定1名发展对象、14名入党积极分子。 （王霁喧）

【党风廉政建设】 2019年，万柏林区卫生健康和体育局党工委始终把党风廉政和反腐败工作作为党建工作的重点，突出“一岗双责”，定期召开党工委会专题研究党风廉政建设专项工作。紧抓党风廉政建设责任制落实，通过建制度、强机制、强监管，层层落实任务工作责任。坚持挺纪在前，实践运用“四种形态”，开展监督检查工作，做到及时发现问题，督促整改落实，规范、廉洁运行。全区二部计划生育审核584人、296个单位，其中否决13人。 （王霁喧）

【敬老爱老助老】 2019年，万柏林区卫生健康和体育局开展走访慰问送温暖活动，对全区1294名90岁至99岁的高龄老人，25名城市三无老人，10名百岁老人和西铭敬老院和化客头敬老院入住的23名老人，发放22.24万元慰问金。组织100多名志愿者走进敬老院、老年公寓和老年人家中，开展家政护理、心理疏导、法律维权等志愿服务，组织《中华人民共和国老年人权益保障法》进社区活动，提高老年人法律维权意识和防诈骗能力。鼓励低龄健康老年人为高龄、病残老年人提供志愿服务，营造全社会敬老爱老助老的社会氛围。 （王霁喧）

卫　生

【公立医院改革】 2019年，万柏林区卫生健康和体育局开展万柏林区医疗集团药品采购“五统一”工作。取消472种西药、77种中成药的药品加成，药品实行零差价销售。医用设备检查费、检验费降低10%，65岁以上及3岁以下儿童免挂号费，调整项目涉及8000余项。

同年8月，组建医疗集团理事会、监事会，并召开第一次理事会、监事会会议。聘请专家21位，9月全部正式接诊。医疗集团组建以后，依托山大一院优质医疗资源筹建透析中心、慢病中心、康复中心、肿瘤科及特需病房。同时，坚持重点学科重点建、普通学科特色建、弱势学科整合建的思路，各级学科协同发展，形成学科发展的良好格局。利用智慧医疗建设，依托“互联网+”，采用远程教学、远程会诊、远程心电、远程影像的方式与山西医科大学第一医院互联互通。

2018年山大一院万柏林分院成立后，2019年1月至8月，门急诊诊疗11万人次，较上年同期增加1.08万人次；出院人数6447人次，较上年增加732人次；手术人次1352人次，较上年增加223人次；月业务收入6400万元，较上年增加876万元。医院转诊531人次。（王霁喧）

【放管服效改革】 2019年，万柏林区卫生健康和体育局共受理并办件1722件，其中公共场所卫生许可证176件，卫生许可证年检13件，生活饮用水许可证18件，生活饮用水许可证年检43件，放射诊疗许可证9件，放射诊疗许可证年检4件，医疗机构注册36件，医疗机构变更58件，医疗机构注销26件，医疗机构补证6件，医疗机构停业5件，医疗机构年检370件，医师首次注册125件，医师变更注册286件，医师多机构

2019年2月25日，万柏林区卫生健康和体育局举行揭牌仪式　　　　（王霁喧供图）

备案114件，医师注销3件，医师补证6件，护士首次注册61件，护士变更注册158件，护士延续注册80件，护士重新注册61件。全年办理审批服务项目，均在承诺时限内办结。（王霁喧）

【基层卫生服务】 2019年3月，万柏林区卫生健康和体育局开展关于电子居民健康档案清查核实百日行动，对14所社区卫生服务中心、51所社区卫生服务站落实情况进行专项检查。

5月，在和平公园音乐广场开展携手家庭医生，共筑健康生活主题宣传活动和健步行启动仪式。现场接受居民咨询600多人次，发放宣传资料3500多份，签约居民300余人。山西省心血管医院的医护人员为观摩民众普及演示“心肺复苏”的正确操作方法。11月，举办2019年万柏林区《国家基本公共卫生服务规范（第三版）》培训班，1500余人参加。

同年，万柏林区56位乡村医生与市级医院的56名医生开展对口“千医千村牵手”工作，服务2500余人次，其中现场诊疗2000余人次，现场培训村医200余人次。全区14个社区卫生服务中心、1个乡镇卫生院、51个社区卫生服务站、55个村卫生室都已经开展家庭医生签约服务。65岁以上老年人、0—6岁儿童、孕产妇、慢性病患者、重性精神疾病患者等重点人群的签约

服务率达到60%以上，万柏林区有计划生育特殊困难家庭548人，落实联系计划生育特殊家庭548人，签约联系计划生育特殊家庭496人，签约服务率达到90.5%。

同年，建成以和平社区卫生服务中心为试点的医养融合单位，开放60张医养融合床位。推进村级老年人日间照料中心与村卫生室的融合共建。南寨村、九院村、神堂沟村、寨沟村老年人日间照料中心与村卫生室同规划、同建设、同使用。（王霁喧）

【疾病防控】2019年，万柏林区卫生健康和体育局规范、有序开展从业人员预防性健康检查工作，1月至9月，辖区从业人员体检人数为2.65万人。万柏林区确定为2018年第二批省级慢性病综合防控示范区。

2019年，全区报告手足口聚集性病例20起，水痘聚集性病例1起，水痘疫情1起，处置率均达到100%。2所幼儿园、2所小学、2所中学开展青少年近视调查工作，调查人数2905人。截至10月30日，处置9起可疑食源性疾病事件。

开展“二青会”保障工作，调整组建4支区级卫生应急队伍：紧急医学救援队伍29人，传染病防控应急队伍16人，心理危机干预应急队伍14人，卫生监督应急队伍15人。按照区委、区政府及“二青会”执委会的工作安排，从风险评估、研究制定工作方案、应急保障培训与演练、应急物资准备、突发公共卫生事件消毒工作、具体场馆病媒生物密度的监测等方面进行周密部署，完成工作任务。

6月，开展以“尚德守法，食品安全让生活更美好”为主题的食品安全宣传周活动。9月，各社区卫生服务中心、站围绕活动主题“三减三健”助力健康中国行动，结合健康教育“六进”，集中开展“915”（就要5克盐）减盐宣传周活动，增强“915”减盐意识，促进全社会共同关注并践行减盐行动。10月，在玉泉山城郊森林公园联合组织开展最美家庭先进典型事迹报告会和健步行活动。（王霁喧）

【妇幼健康服务】2019年，万柏林区建立儿童保健册及建档5075册，上半年对1.14万名4岁至6岁儿童进行免费的健康管理、血色素检测及健康档案的建立。1月至6月，中心结案保健册3857册，活产数3910人；其中，孕早期检查3580人，孕早期检查率91.56%；产后访视3499人，产后访视率89.49%；孕产妇系统管理3314人，系统管理率84.79%。全区9所医院开展新生儿疾病筛查工作，1月至6月，活产数2237人，新生儿疾病筛查2064人，筛查率为92.27%；新生儿听力筛查1929人，新生儿听力筛查率为94.99%。

全区各医疗机构及5个社区中心免费检测艾滋病、梅毒和乙肝3314人。1月至6月，共检测2220人，其中孕早期检测1571人，孕早期检测率71.9%。住院分娩乙肝表面抗原阳性产妇数16例，16例均采取了干预阻断措施。查出梅毒感染孕妇6例，孕期免费苄星青霉素干预治疗4例；人工流产、中期引产检测发现梅毒各1例，已终止妊娠。完成50余名梅毒产妇所生儿童的定期随访工作。4月，将梅毒产妇所生儿童的随访工作移交市妇幼儿保科。

同年1月至6月，农村叶酸发放574人，完成率115%，各村孕妇增补叶酸知识的知晓率和叶酸服用率均达到90%以上。城市叶酸发放487人，完成率97.4%，共发放5049板叶酸。孕产妇活产数为3910人，其中本地户籍2216人，非本地户籍1694人，本地、非本地户籍孕产妇无死亡病例。全区9所具有分娩条件的医疗机构进行出生情况动态监测，半年全区共分娩围产儿

2239人，其中活产数2233人，出生缺陷发生19例，出生缺陷发生率为0.84%。（王霁喧）

【职业病防治】 2019年，万柏林区卫生健康和体育局开展职业病防治法宣传指导培训，职业病危害申报与备案工作，矿山、冶金、化工行业领域尘毒危害专项治理工作，强化职业健康防治法，促进企业健康管理主体责任落实。截至9月底，应告知权益的劳动者人数为9924人，实告知权益的劳动者人数为9921人（3人休假，休假后也已告知）。组织开展矿山、冶金、化工行业领域尘毒危害专项治理工作，制定专项治理工作方案，成立领导组，填写用人单位基本情况登记表。组织区疾控中心开展尘肺病病例随访和回顾性调查（太原重型机械集团公司、西峪煤矿），截至10月底，职业病报告（尘肺病）19例，职业性尘肺病随访与回顾性调查125例，重点职业病监测个案数0，职业健康检查上岗前1804人，在岗期间2.12万人，离岗时7人。（王霁喧）

【医政管理】 2019年，万柏林区卫生健康和体育局在全区范围内开展“5·12”护士节、“8·19”医师节系列庆典活动。实施不良执业行为积分管理，联合制定《万柏林区医疗乱象专项整治行动实施方案》，开展医疗机构感染防控排查整顿工作。“二青会”期间，组织全区医务人员473人参加抗菌药物的培训，23人参加麻醉药品的培训。审核传统医学师承和确有专长报名初审各一次，开展中药饮片采购验收专项检查（自查）工作一次，冬病夏治穴位贴敷技术首次备案管理工作，开展万柏林区中医药资源普查，培养中医优秀人才等工作。创建山西省中医药特色基层医疗机构，万柏林卫生服务中心参加创建并通过评选。

（王霁喧）

计划生育

【计划生育服务】 2019年，万柏林区卫生健康和体育局多措并举，有序落实人口计生工作。根据全面二孩政策及时调整成立以区长为组长、分管副区长为副组长、相关单位负责人为成员的计划生育工作领导小组，共18个成员单位，对计生工作进行组织协调。1月至9月，补贴金额102.6万元。对连续工作15年以上或累计20年以上60周岁符合条件的农村部分离岗计划生育服务员，每人每月给予160元补贴。万柏林区母婴设施配置31所。（王霁喧）

【生育服务证制度改革】 2019年，万柏林区卫生健康和体育局推进生育服务证制度改革，对2018年6月1日之后生育一孩、二孩的，不再办理生育服务证，生育第三个及以上子女的，生育前应先办理再生育服务证，在国家提倡一对夫妻只能生育一个子女期间，自愿终身只生育或者依法只收养一个子女的夫妻，可以领取独生子女父母光荣证。全区办理生育服务证4403本，再生育服务证15本，独生子女父母光荣证新办507本，补办464本。（王霁喧）

【生育奖励金发放】 2019年，万柏林区卫生健康和体育局为154位独生子女父母发放一次性退休奖励153.4万元；为6012位60岁以下的农村领证独生子女父母每人每月发放50元奖励金，共352.6万元。为622位60岁以上的农村领证独生子女父母每人每月发放80元奖励金，59.6万元；为农村双女绝育户发放一次性节育奖励金1.35万元；为农村退二孩指标发放奖励金9.75万元；为因领证独生子女发生意外伤残丧失劳动能力或死亡的发放一次性补助14.25万元。为机关、事业

2019年6月6日，万柏林区卫生健康和体育局开展计划生育特殊家庭端午节走访慰问活动
（王霁暄供图）

单位1473位已经领取独生子女证的父母，每人每月发放奖励金50元，85.3万元；为36户计生特殊困难家庭中患有大病的进行精准帮扶，每户3000元慰问金，10.8万元。春节期间为全区184户特殊（失独）家庭，每户送去600元的慰问金，10.77万元。中秋节为全区200户计生特殊家庭每户发放600元的慰问金，11.76万元。为每个失独人员办理了计生家庭住院护理保险。

以“会员心向党、建功新时代”为主题，在“5·29”“7·11”等重要纪念日和传统节庆日举办主题鲜明、形式多样的宣传教育活动。开展健康教育“五个一”活动，组织参与全省五大“暖心”系列活动，多形式、多角度地宣传卫生健康和计生协会工作。为计生特殊困难家庭组织“国色天香、锦绣太原”的赏花行活动、“不忘初心、牢记使命”“七一”党建活动、“礼赞共和国、共创新生活”爱在金秋户外行等活动。（王霁暄）

【流动人口服务】2019年，万柏林区卫生健康和体育局统筹协调，动态监测，开展流动人口计生服务工作。加快建立属地化管理、均等化服务、信息化支撑、综合治理的流动人口卫生计生服务管理新机制。创新流动人口卫生计生服务管理模式。保障流动人口合法权益，逐步推进流动人口基本公共服务的均等化。开展流动人口出生缺陷一级干预、孕前优生健康筛查、生殖健康检查等免费服务。调动社会力量做好流动人口服务管理工作。在流动人口集中的地方，根据人员聚集的特点，建立企业、行业、市场流动人口协会，开展多种多样的活动，引导流动人口育龄群众进行自我教育、自我服务、自我管理、自我监督。

（王霁暄）

体　育

【群众性体育活动】2019年，万柏林区卫生健康和体育局主办万柏林区“绿A杯”迎新春元旦健步走活动，春节、元宵节期间在全区组织开展全民健身大拜年活动。组织开展万柏林区体育场地统计调查工作，全区有体育场地925个，面积261.54万平方米，人均体育场地面积3.28平方米，超过《万柏林区全民健身计划（2016—2020年）》制定的工作目标。5月，在万柏林区体育场组织举办全国老年人太极拳健身推广展示大联动活动，来自全区19支代表队1000余名太极拳爱好者参加24式太极拳、鞭杆、32式太极剑、陈式太极拳、太极功夫扇等健身项目展演。组织各街办各社区开展庆祝中华人民共和国成立70周年文化体育艺术活动。（王霁暄）

【足球场地建设专项行动】2019年，万柏林区实施足球场地建设专项行动，草拟万柏林区2019年至2020年足球场地设施建设专项行动实施方案，成立由区长担任组长的领导组。确定太原市玉泉山公园、太原市长风城郊森林公园、太原市滨河体育中心负责万柏林区5个足球场地新建工作。（王霁暄）

社会生活

SHEHUISHENGHUO

民 政

【概况】 2019年，太原市万柏林区民政局以习近平新时代中国特色社会主义思想为指导，贯彻落实中共十九大精神、习近平总书记视察山西重要讲话精神和对民政工作的重要指示精神，牢固树立“民政为民、民政爱民”的工作理念，创新思路，强化措施，扎实推动，各项工作取得一定成效，为全区经济和社会发展做出贡献。（解伟明）

【社区建设】 2019年，万柏林区民政局联合区委组织部制定出台《万柏林区城市社区活动场所和公益性服务设施建设实施办法》，努力实现标准化社区全覆盖，推进社区养老服务设施建设。500平方米以上面积达标的城市社区有81个，占全区社区总数的95.29%，1000平方米以上的城市社区有49个，占全区社区总数的57.64%。建成国兴社区养老服务中心，康乐苑社区、迎泽南社区养老服务中心主体完工。建机巷社区、北二条社区、重院社区日间照料中心全部完工。全区建成29个社区养老服务中心，45个社区日间照料中心。（解伟明）

【社区队伍建设】 2019年，万柏林区民政局在理工大学迎西校区举办社会工作职业水平考试考前培训班，318名社区工作人员参加培训。全区有170人获得国家社会工作职业水平证书，其中87人获得助理社会工作师证书（初级），83人获得社会工作师证书（中级），发放社区持证工作人员职称津贴，社工师200元/月，助理社工师100元/月。（解伟明）

【社区服务】 2019年，万柏林区民政局出台《关于进一步加强社区服务能力建设的实施意见》，提出“党建引路、文化搭台、活动架桥、服务进门”的社区治理和服务创新发展思路。选取漪汾苑等4个社区开展社区社会工作室（试点）建设，签约2个专业社会工作服务机构，通过政府购买服务方式，提供专业化的社会工作服务。（解伟明）

【社会救助】 2019年，万柏林区在太原市率先开展社会救助综合改革试点，出台《万柏林区因病支出型贫困家庭纳入最低生活保障实施办法（试行）》，10户家庭成员纳入低保保障范围。出台《万柏林区困难群众临时救助办法》，将乡（街）临时救助审批权限由1000元调整至5000元。对于急难型事件，乡（街）可先行救助。区民政局通过电视台、广播电台、“爱在柏林、暖在身边”社会救助宣传周活动、召开座谈会等方式，向广大群众、困难企业职工宣传社会救助政策，提高群众知晓率。

同年，为解决基层社会救助经办服务能力薄弱问题，发挥社会救助的兜底保障作用，为15个乡（街）补录37名社区低保专职人员，全区111个社区均配备1名社区专职低保工作人员，通过政府购买服务方式为采煤沉陷区搬迁的27个村配备社会救助协理员20名。（解伟明）

【最低生活保障】 2019年，万柏林区城乡低保标准由600元/（人·月）提高至650元/（人·月），截至12月，全区城市低保对象有1646户、2114人，农村低保对象有1110户、1732人，全年累计发放低保金3163.68万元，为城乡低保户发放电费补贴23.13万元，发放冬季供热补贴187.95万元，发放价格临时补贴77.39万元。（解伟明）

【临时救助】 2019年，万柏林区为258户困难群众发放大额临时救助金301.6万元，发放1000元以内小额临时救助金174.56万元，为271名未参保集体企业人员发放临时救助金209.35万元，为161名生活困难人员（花炮厂、农机厂、40%救济人员、知青）发放生活补贴83.77万元。全年发放临时救助金769.28万元。（解伟明）

2019年4月30日，区民政局举行社会救助协理员劳动合同签订仪式（解伟明供图）

【社会组织管理】 2019年，万柏林区民政局印发《关于开展社会组织2018年度检查的通知》，重点检查各民间组织是否按照章程开展活动、财务规章制度是否健全、党建及换届工作是否完善等情况，并及时指出存在的问题，督促整改。共年检社会组织90余家。根据民政部《社会组织抽查暂行办法》，随机抽取20家社会组织进行检查，检查采取书面检查、现场检查等方式，委托会计事务所对列入抽检的社会组织财务状况进行审计。同年，万柏林区有社会组织136家，其中社会团体13家，民办非企业单位123家。（解伟明）

【婚姻登记】 2019年，万柏林区民政局婚姻登记处简化流程贴心服务，全力保障“5·20”、七夕等高峰日婚姻登记，通过形式多样的活动，向群众普及婚姻法律法规知识，引导年轻人树立正确的婚恋观，践行社会主义核心价值观。全年办理结婚登记4422对，离婚登记1698对，补领婚姻登记证1592对，全年实现婚姻登记率100%，婚姻档案完整率100%，无违法登记发生，无有效投诉，登记合格率达100%。（解伟明）

【殡葬管理】 2019年，万柏林区民政局在清明节期间，以“节地生态、绿色清明”为主题，利用宣传栏、标语等多种形式，宣传《太原市节地生态安葬奖补办法（试行）》《关于免除全市城乡群众殡葬基本服务费用的通知》等惠民殡葬、绿色殡葬政策。联合组织、财政、人社、社保等部门，理顺机关事业单位工作人员和离退休人员死亡丧抚费发放程序，方便死者家属办理手续，提高审批效率。专项摸排违法违规私建“住宅式”墓地等突出问题。规范安葬、公墓管理及殡葬服务市场。寒衣节（农历十月初一）期间制作环保焚烧袋集中放置箱，在每个社区设置投放点，组织社区干部和保安人员全程值守，引导群众投放，并

使用专用车统一拉运。（解伟明）

【社会保障事务】 2019年，万柏林区有特困供养对象103人，其中“五保户”49人，死亡2人，退出2人。分散供养28人，集中供养21人。“三无人员”54人，新增18人，死亡1人。分散供养53人，集中供养1人。孤儿24户25人，其中2019年8月新增1人。发放年重度残疾人护理补贴5170人；困难残疾人1746人。（解伟明）

【养老服务】 2019年，万柏林区民政局通过引入第三方养老服务机构在下元街道纺织苑西社区养老服务中心、兴华街道千峰北路社区养老服务中心、滨汾苑社区养老服务中心开展社区养老中心和社区日间照料中心试点运作，为辖区老年人提供助餐、助乐、助医、助行、助学、助洁等服务。开展区域化统筹养老服务试点，选取万柏林街道办事处7个社区开展区域化统筹养老服务试点。万柏林街道入围全国第三批智慧健康养老示范街道（乡镇）名单。（解伟明）

【志愿服务】 2019年，万柏林区民政局在“二青会”期间，开展14场志愿者面试，19场志愿服务培训。发放宣传资料近5000份，发放海报近万份。上报30余篇工作简报，报送133个志愿者风采素材和作品，并推荐多名优秀志愿者进行专题报道。在全区建立84个社会工作和志愿服务站、9个城市志愿服务u站，招募6209名城市志愿者，经面试、培训后实际录用3145名城市志愿者。（解伟明）

【界线与地名管理】 2019年，万柏林区民政局为驻地单位和住宅小区上报审批新门牌35个。对全区道路进行摸底排查，命名新道路48条。制作安装缺失的路名牌216块。明确部分管辖不明

2019年10月29日，区民政局在葡萄苑社区开展“爱在柏林　暖在身边”社会救助政策宣传活动（解伟明供图）

小区行政管理的归属。遵循“谁建设谁管理、谁受益谁管理”“人随地走、地随街办走”的原则，明确漫香堤小区、公园时代城小区、天泰玉泽园小区、金鼎花园小区、玉门花园小区5个争议小区的行政管理归属，后续同类问题均依照此原则，一次性解决此类问题。印制《万柏林区行政区划图》《万柏林区街巷地名图》，编撰印制《万柏林区街巷标准地名录》《万柏林区地名志》。印发《关于摸排万柏林区不规范地名的通知》，对全区范围内的居民区、大型建筑物和道路、街巷等地名摸底排查。确定拟清理整治的不规范地名清单，完成不规范地名标准化处理工作。完成古交市与万柏林区边界线的联合检查。（解伟明）

【换届选举“回头看”】 2019年，万柏林区民政局对全区69个村（居）委会60名人员进行全面排查和资格联审，共清理15名不符合条件的村（居）委会成员。针对部分村（居）委会成员出现缺额的情况，印发《关于村委会成员补选工作有关事项的通知》，指导各乡（街）及时组织村（居）委会开展补选工作。14个村（居）委会完成补选工作，资格联审29人。（解伟明）

【党风廉政建设】 2019年，万柏林区民政局党工委严格实行责任追究制度，确保党风廉政建设主

体责任落到实处。坚持把学习教育作为加强岗位廉政风险防控的基础工作来抓，开展“不忘初心、牢记使命”主题教育。组织全体干部职工集中学习习近平总书记系列重要讲话精神，中央和省、市、区纪委全会精神，集中观看《“四风”问题典型案例警示录》《警钟长鸣》《初心泯灭的歧路》《失守的底线》等警示教育片。专题学习违法违纪典型案例，参观王封乡圪垛村知青大院，通过开展系列警示教育活动，引导干部牢固树立理想信念，廉洁自律，干净干事。开展廉政谈心谈话，全年谈话6次60余人，明确党员领导干部、中层干部和一般干部廉政建设工作责任，将责任制落实情况与干部考核、评先选优挂钩，实行“一票否决制”，维护党风廉政建设责任制严肃性与有效性，强化党员干部职工工作作风，增强防腐拒变的能力。

强化“三务”公开，通过政府门户网站及宣传栏公开民政工作职能职责、年度工作重点要点、重大决策事项、上级重大决策部署等情况。开展“改变工作作风、提升工作水平”活动，推动全局上下转作风、强执行、优服务。修订完善财务管理、请销假等内部管理制度，加强制度建设，促进各项工作法制化、规范化、制度化，营造良好的党风廉政氛围。（解伟明）

人力资源和社会保障

【概况】 2019年，万柏林区人力资源和社会保障局围绕年工作目标，创新思路、突出重点、真抓实干，提高服务意识，完善服务手段，区城镇居民人均可支配收入增长7.3%，在就业、社保、监察、仲裁等涉及民生问题领域都取得较好成绩。获得太原市巾帼文明岗称号，万柏林区庆祝中华人民共和国成立70周年合唱比赛一等奖，连续6年获得市级文明单位称号。（温晓青）

【机构改革】 2019年，根据《太原市万柏林区机构改革方案》，太原市万柏林区人力资源和社会保障局为区人民政府工作部门，正科级。行政编制15名。设局长1名，副局长2名。按照《关于区人力资源和社会保障局机构编制有关事项调整的通知》，“编随事走、应划尽划”原则，划转行政编制1名。划转后，区人力资源和社会保障局行政编制为14名。

根据《关于太原市万柏林区事业单位规范调整意见的通知》，万柏林区劳动人事争议仲裁院（副科级）、万柏林区劳动保障监察综合行政执法队（副科级）、万柏林区城乡居民养老保险管理服务中心（副科级）、万柏林区社会保险中心（正科级）、万柏林区公共就业和人才交流服务中心（正科级）隶属于万柏林区人力资源和社会保障局。（温晓青）

【人员录用】 2019年，万柏林区人力资源和社会保障局实施人才强区战略，落实各项人才政策，抓住引进、培养、使用和考核四个环节，全面加强全区各类人才队伍建设。完善年终和平时相结合的考核体系，强化考核结果运用，加强动态管理。经报名、资格审查、笔试、面试、体检、考察、公示等环节，完成2018年度万柏林区79名‘两保”人员公开招聘的后续工作。其中，劳动保障人员44名，城镇低保机构工作人员35名，全部通过市就业指导中心组织的培训考核。（刘双海）

【高技能人才补贴】 2019年，万柏林区人力资源和社会保障局加强对高校毕业生（高技能人才）来区工作补助和本土人才能力素质提升补助工作。万柏林区有1223名高校毕业生及高技能人才通过审核。其中，符合申领高校毕业生生活补贴的116人，合计230.45万元；符合申领租房补助的939人，合计769.98万元；符合申领学费补贴的94人，合计169.2万元；符合申领能力素质提升补助的74人，合计183.5万元，全区拨付补贴合计1353万元。（刘双海）

【人才保障】 2019年，万柏林区加强街道平台建设，完善人员配置。在日常工作中通过网络培训、以会代训等形式提高基层工作人员整体业务服务水平，完善劳动保障平台建设。开展精准就业服务，利用社区公告栏、公众号等方式开展宣传，提高实名登记工作知晓率，将有就业意愿的离校未就业毕业生全部纳入实名登记服务范围。全年实名登记离校未就业高校毕业生1009人，在社区平台建立离校未就业高校毕业生实名信息数据库，同时进行信息校对，保证数据质量。在各类招聘活动中设立专门登记服务点，对求职的本年度未就业生现场办理登记。（刘双海）

【工资分配调控】 2019年，万柏林区人力资源和社会保障局执行国家和省、市规定的各项政策，落实全区事业单位人员各项工资待遇，加强工资管理。完成全区事业单位人员薪级工资的正常滚动晋升工作，完成事业单位人员职称、技术等级变动、岗位调整增降资及重新确定工资工作。核定全区事业单位2019年绩效总量，通过调剂，既保证绩效总量控制的合理性，也按照绩效改革的精神，赋予用人单位主动权，调动广大事业干部的工作积极性。执行退休政策，根据个人档案资料查询结果，严格审批退休工资待遇。（刘双海）

【就业创业】 2019年，万柏林区开展“春风行动”，为各类务工者搭建更好的服务平台。“春风行动”期间，各街道、社区设立专门的服务台，提供职业指导、技能培训、创业服务、合同签订、工作支付、社会保障、劳动争议等方面的咨询服务。发展线上服务，通过手机短信、微信推送等途径广泛发布岗位信息，帮助劳动者和用工单位有效对接。发放宣传资料8000余份，提供公共就业创业服务人数1236人，在招聘会现场向居民发布招聘信息和政策咨询。做好就业失业登记证的发放、使用和管理工作，建立健全就业和失业登记制度，规范就业和失业登记行为。同年，对符合条件的1.02万人发放就业创业证。全年城镇新增就业1.83万人，下岗失业人员再就业7710人，困难人员再就业2084人，创业就业人数4121人，转移农村劳动力635人，城镇登记失业人员10319人，全区城镇登记失业率为3.32%。（刘双海）

【就业援助】 2019年，万柏林区人力资源和社会保障局全面开展各类就业困难人员“就业帮扶，真情相助”援助月活动。活动期间，为有就业需求的援助对象搭建就业平台，提供30余个工种，400余个岗位信息，发放政策宣传资料7000余份，为有技能需求的援助对象进行培训意向登记，根据个人意愿组织免费的技能培训，提高居民就业能力。

规范做好就业困难人员认定和基础台账资料的完善工作，认定就业困难人员462人，全部建档存放。落实退役军人就业援助，提供“一对一”的重点帮扶，实行公益性岗位“托底”安

2019年4月19日，万柏林区举办民营企业招聘周专场招聘会（刘双海供图）

置。落实就业困难人员灵活就业享受社会保险补贴政策，促进困难人员就业。发放上年度就业困难人员灵活就业社保补贴人数为 1307 人，发放 720.86 万元。（刘双海）

【高校毕业生就业创业】2019 年，万柏林区人力资源和社会保障局落实就业优先政策，规范和高效使用就业补助资金，万柏林辖区内的中等专业学校、技工学校，在毕业学年有就业创业意愿并积极求职创业的符合文件要求的毕业生可以申报。万柏林区 13 所学校中有 6 所学校申报，156 名学生通过审核，补贴金额 15.6 万元。举办 4 次专场招聘会。招聘会有行政、管理、人力资源、运营、营销、教育、培训、娱乐、文化传媒、酒店餐饮等各类服务行业 233 家企业参会，提供 3050 个岗位，求职人数达 2791 个，发放宣传资料 6700 份，有意向登记人数 698 人。（刘双海）

【流动人员的档案管理】2019 年，万柏林区人力资源和社会保障局为流动人员提供高效便捷的服务，主要包括：档案的接收和转出、档案查借阅、依据档案记载出具相关证明、为相关单位提供政审和考察服务等。全年流动人员人事档案新接收 203 人，调出 101 人，共存放档案 4065 人，其中高校毕业生档案 2604 人，企业离岗人员档案 1461 人。（刘双海）

【就业见习】2019 年，万柏林区人力资源和社会保障局通过万柏林区就业人才服务平台微信公众号等途径向公众宣传就业见习政策，与创业孵化基地、山西医科大学第一医院等优质企事业见习单位对接，开发就业见习岗位 227 个，就业见习报名人数达 96 人。动员青年参与就业见习计划，联系辖区各乡（街），摸底统计 16 至 24 岁未就业青年情况并形成台账，通过宣传动员发现有参与就业见习意愿的青年，为见习期间的青年做好人事档案托管服务等后续服务工作。（刘双海）

【技能培训】2019 年，万柏林区人力资源和社会保障局就业中心按照全省“人人持证、技能社会”的总体思路，从创新宣传方式、创新培训方法和做好后续服务三个方面做好全民技能提升工程培训工作。从严格招投标、创新宣传方式、创新培训方法、严格过程监管，开展好全民技能提升工程。20 家入围培训机构开办全民技能提升工程培训班 212 个，累计培训 1.05 万人。规范创业培训工作流程，加强开班审核、培训过程监管和结业审核工作，进行补贴资金监管，确保政府补贴资金使用安全、规范、有效。创业培训共开办 12 个班次 354 人。（刘双海）

【劳动管理】2019 年，万柏林区劳动保障监察综合行政执法队推动“三区建设”与开展“不忘初心、牢记使命”主题教育结合，贯彻“撸起袖子加油干、扑下身子抓落实”的思想信念，推进创建“三个清零”“无欠薪”城市工作，完善全面治理拖欠农民工工资问题的工作机制，治理突出问题，巩固执法成果，加强执法能力培训和目标责任考核工作，提高服务水平，发挥劳动保障监察的职能作用，维护劳动者合法权益。（刘双海）

【制度建设】2019 年，万柏林区人力资源和社会保障局监察大队完善行政司法衔接，健全复杂、重大案件集体讨论制度，畅通案件移送渠道，完善欠薪黑名单公布制度。

区监察大队对复杂、争议案件采取集体协商的办法，集思广益，落实集体责任制，使依法行政责任得到落实。与万柏林区公安、检察院、法院、信访局、住建局、街办等部门召开 6 次部门联席会议，研究联合执法、职责分工、形式研判、办案经验交流等事宜，健全应对农民工工资类群体性突发事件应急预案，形成快速反应和处置工作合力，提高工作效率，在多起案件中取得突破性进展。移送大案要案6件。5家企业被列入拖欠农民工工资“黑名单”，1家企业被公布为拖欠工资的失信企业。有关部门在政府资金支持、招投标、生产许可、市场准入等方面依法依规予以限制，使失信企业“一处违法、处处受限”，提高企业失信违法成本。（刘双海）

【劳动权益保障】 2019年，万柏林区人力资源和社会保障局监察大队落实建筑施工领域工资保证金，全区113家在建工程项目全部按程序预存工资保证金约3.3亿元。建立并落实治欠保支工作问责制度。召开4次治欠保支专题会议，厘清职责分工，将责任压实到岗、传导到人。实地走访抽查在建项目61家，治欠保支六项制度基本全部落实到位。（刘双海）

【劳动人事争议仲裁】 2019年，万柏林区人力资源和社会保障局劳动人事争议仲裁院切实维护劳动者权益，完成各项目标任务。全年接仲裁争议案件323件，立案处理265件，结案261件，时限内结案率98.5%，调解率为72.4%，涉及金额1800余万元。（刘双海）

【调解仲裁标准化建设】 2019年，万柏林区人力资源和社会保障局劳动人事争议仲裁院推动实施调解仲裁标准化建设。率先使用仲裁专用EMS进行法律文书送达，规范送达程序。以市仲裁为标准规范统一法律文书格式。仲裁庭实行监控全覆盖，确保庭审公正、透明。在实际案件处理中严格遵循办案规则、准确把握办案程序，合理使用执法记录仪，提高调解仲裁标准化建设，同时强化仲裁队伍建设。（刘双海）

【社会保障】 2019年，万柏林区人力资源和社会保障局把保障和改善民生作为根本出发点和落脚点，抓好社保“全覆盖”工程，努力实现应保尽保。5项目标任务指标全部完成。基本养老保险参保人数11.74万人，完成任务的110.96%；城镇职工基本养老保险参保人数5.42万人，完成任务的102.95%；企业参保人数4.38万人，完成任务的103.03%；机关事业单位参保人数1.04万人，完成任务的102.61%；城乡居民基本养老保险参保6.32万人，完成任务的103.23%；失业保险参保3.53万人，完成任务的110.08%；工伤保险参保1.81万人，完成任务的125.03%；生育保险参保1.73万人，完成任务的119.39%。（温晓青）

【企业养老保险】 2019年，万柏林区有参保企业3971户，参保4.52万人。企业参保扩面新开户1530户，扩面人数7117人。办理企业职工养老、工伤、生育保险的转入、转出、跨省转移、停保及续保等3954人次，办理工伤、生育报销232人次。发放离退休养老金和遗属补助金282户1.2万人，金额3.89亿元，发放率和准确率100%。民生山西和民生太原App人脸识别通过认证1.18万人，完成认证率达99.3%。将“减税降费”的政策送到企业，与企业面对面进行社保相关政策宣传，解决政策落地过程中单位出现的困难和问题。在税务征缴社保费的政策支持下，强化部门联动，税务与社保开户登记工作一窗办理，缩短新开办企业开户时间。（温晓青）

【机关事业养老保险】 2019年，万柏林区机关养老重点解决养老保险制度改革中出现的问题，通过与税务、财政协调，负责抓好机关事业单位基本养老保险、职业年金征缴、养老待遇发放、“中人”养老待遇申领等工作。全区参保人数1.04万人，其中在职6553人，离退休3884人，离退休

人员启用社保卡率100%。基本养老保险费、职业年金征缴统一由税务部门代征收。（温晓青）

【城乡居民养老保险】 2019年，万柏林区出台《关于建立城乡居民基本养老保险待遇确定和基础养老金正常调整机制的实施意见》，城乡居民基本养老保险缴费档次调整为10档，缴纳金额从200元至5000元不等，方便居民按实际情况缴纳，有效提升居民参保率，全年城乡居民基本养老保险参保6.32万人。做好社保扶贫工作，对全区所有低保、重残人员进行摸底调查，在征求本人意愿之后给予参保登记，做到应保尽保。为全区2.29万名60周岁以上参保人员足额发放基础养老金5263万元，农村幼儿教师参保缴费83人，缴费9.43万元，待遇发放49人，发放27万元。查出重复领取、死亡冒领367人，追回冒领基金41.2万元。民生山西网上认证2万余人，认证率达98%。（温晓青）

【失业保险】 2019年，万柏林区失业保险参保单位3173户，参保人数3.68万人。领取失业保险1057人次，发放失业保险金174.54万元。为使“暂时性生产经营困难且恢复有望”“不裁员或少裁员”的参保企业享受到国家的“援企稳岗”扶持政策，区社保中心通过张贴稳岗宣传海报，在太原市万柏林区社会保险中心公众号、参保企业微信群、业务窗口进行政策宣传，深入大型企业主管部门召开座谈会等形式，了解企业困难，对于符合要求的给予稳岗补贴。全年办理“缴费稳岗补贴”195家，发放125.75万元。（温晓青）

【退役军人养老补缴和接续】 2019年，万柏林区人力资源和社会保障局社保中心主要负责辖区内退役军人养老补缴和接续工作，在整个过程中优化服务方式，开设绿色通道，专人办理，做到让数据多跑路，退役军人少跑腿。（温晓青）

【“无欠薪”市区创建】 2019年，万柏林区人力资源和社会保障局劳动保障监察综合行政执法队围绕“三个清零”的目标，规范企业劳动用工，提高结案率，推进“无欠薪”市区创建工作，维护全区社会和谐稳定。以建筑市政、交通运输、园林绿化等工程建设领域和劳动密集型加工制造、餐饮服务等易发生拖欠工资问题的行业为重点，综合治理，落实企业主体责任和劳动监察综合行政执法队监督责任，健全治理欠薪的各项工作机制。检查用人单位369家，立案782件，办结782件，为3709名劳动者追回工资5326余万元，结案率达100%，完成“三个清零”工作任务。（刘双海）

【基层党建】 2019年，万柏林区人力资源和社会保障局坚持全面从严治党，落实“两个责任”。明确责任范围和责任人，防止出现责任虚置、责任不清的现象，为全年党建工作的扎实开展奠定基础。以自学和参加中心组理论学习研讨相结合的形式，静下心来读原著、学原文、悟原理，学习《学习纲要》《论述摘编》等规定书目，跟进学习习近平总书记系列讲话，专题学习中共十九届四中全会精神，增强理论自信和政治素养。

10月，万柏林区人力资源和社会保障局党工委就全民技能提升培训工程的开展前往区千峰职业技术学校进行实地调研，组织召开调研成果交流会，对调研中查找出的问题提出对策，推动调研成果转化运用，着力化解人社服务工作中存在的难点堵点问题。

结合区委第七轮巡视巡察区人社局的反馈意见，围绕“8+5”专项整治整改，推进形式主义官僚主义突出问题专项整治，梳理问题清单、整改清单和责任清单，实行销号办结，确保整治整改工作有回音、有着落。结对帮建软弱涣散党组织杜儿坪街办河龙湾村党支部，选派党建业务骨干帮助梳理、归纳党建资料，讲解党支部达标创优的相关要求，助力河龙湾村党支部实现软弱涣散党组织摘帽。（温晓青）

【三基建设】 2019年，万柏林区人力资源和社会保障局强化“三基建设”，推进党支部政治、思想、组织、作风和制度等方面的标准化建设。创新“主题党日”活动方式，“七一”期间组织全体党员赴延安—梁家河参观学习，参观“壮丽70年奋斗新时代——山西省庆祝中华人民共和国成立70周年图片展”，运用微信、山西智慧党建等平台对党员进行规范化、常态化教育管理，下属5个党支部全部达到标准化要求，其中3个党支部达到先进党支部标准。严格党员发展和教育管理工作，转正2名预备党员。提升非公企业和社会组织“两个覆盖”质量。成立区人力资源行业党委，辖3个人力资源服务有限公司党支部，各党支部均配备专职党务工作者，发挥人力资源行业党委职能作用，形成人力资源企业党建工作新格局。（温晓青）

医疗保障

【概况】 2019年，太原市万柏林区医疗保障局挂牌成立，原区发展和改革局的药品和医疗服务价格管理职能、区人力资源和社会保障局的城乡居民基本医疗保险和生育保险职责、区民政局的医疗救助职责划入区医保局。区医保局贯彻全区经济工作会和省、市医保工作会议精神，全面提升医疗保障能力，保障人民群众医疗安全，推进全区“三医联动”工作向前发展。（赵　莉）

【医疗保险】 2019年，万柏林区医疗保险参保27.84万人，其中居民23.38万人，大学生4.46万人，共收缴基金5958.63万元。区医疗保障局向民政和财政申请补助，重残人数2900人，每人110元，申请31.9万元；低保4259人，每人220元，申请93.7万元。辖区内有102家定点医疗机构，其中首诊医疗机构94家（医院11所，社区卫生服务中心9所，卫生服务站50所，村卫生室24所）。参保人员医疗保障支付总人数7.1万人次，报销金额4855.13万元。支出城乡医疗救助金287.62万元，救助困难群众666人。

万柏林区政府为辖区参加城乡居民医疗保险的群众购买每人每年20元的意外伤害补充医疗保险。开展“一增一降一站式”服务业务，建立以城乡居民报销为基础，商业保险为补充的多层次医疗保障体系，完善城乡居民医疗保障制度，保障和改善民生问题。（赵　莉）

【打击欺诈骗保】 2019年，万柏林区医疗保障局在各乡（街）社区及大学校园等单位开展2020年城乡居民医疗保险征缴宣传工作，与定点医疗机构在医院、各大商业区通过各种方式开展“打击欺诈骗保、维护基金安全”大型宣传活动。引导全社会力量共同加强医保基金监管工作，增强公众对欺诈骗保的风险意识，营造全民关注维护医保基金安全的良好氛围。（赵　莉）

【城乡医疗救助整体交接】 2019年，万柏林区医疗保障局根据《太原市万柏林区机构改革方案》规定“区民政部门承担的城乡医疗救助工作整体划转到区医疗保障局”，按照省医疗保障局、省民政厅、省财政厅《关于切实做好机构改革期间城乡医疗救助工作的通知》以及市医保局、市民政局、市财政局《转发省医疗保障局等部门〈关于切实做好机构改革期间城乡医疗救助工作〉的通知》文件精神，与区民政局共同完成城乡医疗

救助整体移交接收工作。（赵　莉）

【城乡居民医疗保险费征管】2019年，万柏林区医疗保障局牵头，万柏林区社会保险中心与万柏林区税务局对接城乡居民医疗保险费征管职责划转工作，双方就做好城乡居民医保征管职责划转工作衔接进行交流探讨，建立健全工作联动机制，就医保缴费方式、缴费培训等问题进行沟通和工作安排。（赵　莉）

【城乡居民医保工作专题会议】2019年，万柏林区政府组织区医保局、区财政局、区税务局、区民政局、区退役军人事务局、区卫健体局、区残联及各街（乡）办等21家单位召开城乡居民医保工作专题会议，统一对2019年城乡居民基本医疗保障重点工作进行部署。坚持以人民为中心的发展思想，强化“四个意识”，对照党中央、国务院明确的改革任务，分解工作任务，明确职责，确保落实。与有关部门做好城乡居民医保个人缴费宣传动员和征收工作的配合衔接，确保按时足额征收，巩固参保覆盖面。在机构改革期间，保证工作的延续性，确保群众待遇不断档，遇到重大问题及时报告，切实提高人民群众的幸福感、获得感。（赵　莉）

【业务培训】2019年，万柏林区医疗保障局联合区教育局、区税务局共同举办万柏林区城乡居民基本医疗保障工作业务培训会。对城乡居民基本医疗保险有关政策和业务申报缴款操作规范进行全面讲解，让广大缴费人全面掌握政策内容、办理流程和操作规范，确保城乡居民基本医疗保险征收工作平稳有序开展。（赵　莉）

【城乡居民医疗保险缴费调研】2019年，万柏林区医疗保障局践行“不忘初心、牢记使命”主题教育，先后到兴华街道荔梅社区、竹杏社区，围绕深化“三服务”活动以及城乡居民医疗保险缴费情况进行调研，了解基层情况，解决实际问题。能解答的问题当场解答，不能解决的问题详细记录，及时和相关部门沟通协调，制定解决办法，切实做好医保征缴工作。（赵　莉）

【购销协议签署】2019年，万柏林区医疗保障局召开全区落实药品集中采购和使用试点扩面工作会暨药品集中采购中选品种购销协议签署仪式。区医疗集团中心医院等医疗机构和国药集团等药品配送企业分别签署购销协议。（赵　莉）

【医疗救助】2019年，万柏林区医疗保障局与区医疗集团中心医院签署《万柏林区困难群众门诊医疗救助协议》，对万柏林区城乡低保户中的困难对象、慢性疾患者、重大疾病患者以及特困人员、40%救济对象等3926名困难群众实施医疗救助，救助费用236.5万元。（赵　莉）

【意外伤害补充医疗保险】2019年，万柏林区医疗保障局为减轻万柏林区参保城乡居民的意外医疗费用负担，解决万柏林区居民因病致贫、因病返贫问题，申请为辖区参加2020年城乡居民基本医疗保险的居民购买6元/人的意外伤害补充医疗保险项目。万柏林区参保人数比上年增长6016人，达28.45万人。该项目切实解决参保城乡居民群众因意外伤害造成的经济负担和精神压力。（赵　莉）

【医保基金网格化监管】2019年，万柏林区医疗保障局根据国家及省、市医疗保障局关于加强医疗保障基金监管工作的精神，建立综合监管制度体系，实现医疗保障基金监管的全覆盖和常态化，以确保医保基金完整安全、维护人民群众长远的医保权益为目标，探索医疗保障基金网格化监管工作办法。

以区医疗保障局法规和综合监管股、区医保中心为监管责任单位，以万柏林区医疗集团为依托，将1个二级医院、4个卫生服务中心、24个村卫生所划分为四级监督管理网格。通过推行定格、定人、定责，构建“以块为主、条块结合，梯次管理、逐级负责”的工作格局。通过把责任单元划小，对网格内定点医疗机构实行全方位、全过程、全覆盖的动态监管。提高医保基金监管行政效能，杜绝欺诈骗取医保基金行为，促进定点医疗机构经营者学法守法意识和规范经营意识提高。（赵　莉）

【主题教育】2019年，万柏林区医疗保障局学习贯彻中共十九大和十九届四中全会精神，开展“不忘初心、牢记使命”主题教育活动，在学懂、弄通、做实上下功夫见成效。开展形式多样的纪律廉政警示教育，综合运用正反典型开展教育，既让党员干部学有榜样、行有示范，又让党员干部以案明纪、以案为鉴，警示全体党员干部汲取教训、防微杜渐。11月，召开“不忘初心、牢记使命”主题教育交流总结会，通过主题教育活动的开展，工作人员的工作热情和主动性普遍提升，干事创业的氛围进一步形成。（赵　莉）

防震减灾

【概况】2019年，太原市万柏林区防震减灾局贯彻落实中共十九大精神，以“不忘初心、牢记使命”主题教育活动为主线，坚持预防为主、防御与救助相结合的方针，加强地震监测预报、震灾预防和应急救援三大体系建设，贯彻实施《中华人民共和国防震减灾法》《山西省地震应急救援规定》，增强全民防震减灾意识，营造安全生存环境。（杨胜岐）

【防震减灾科普宣传】2019年，万柏林区防震减灾局以防震减灾法律、法规及避震避险知识为重点，围绕“5·12”汶川地震纪念日、“7·28”唐山大地震纪念日、安全生产宣传咨询日、“12·4”国家宪法日宣传活动等主题开展科普宣传。发放宣传资料10万余份，悬挂宣传横幅200余条，制作宣传版面300余块，粘贴防灾减灾知识挂图100幅，现场播放防灾减灾教育片20余次，LED大屏幕上播出防震减灾宣传知识80余条，举办知识讲座20余场，宣传教育进机关、进校园、进企业、进社区、进农村。（杨胜岐）

【地震科普知识示范学校建设】2019年，万柏林区40所学校成为防震减灾科普示范学校，占到全区中小学校的50%。在创建防震减灾科普示范学校活动中，将防震减灾科普教育列入学校教学计划，使学生们正确掌握地震的基本知识和避震的正确方法。建立地震科普展览室、地震科普专栏、地震知识墙报，将防震减灾科普知识宣传到位。每月组织学生开展应急疏散演练。采取地震知识竞赛、讲座、召开主题班会、红领巾广播站等形式，营造地震科普知识学习氛围。（杨胜岐）

【地震监测】2019年，万柏林区防震减灾局落实《太原市万柏林区强化震情跟踪工作方案》，安排部署全区的震情跟踪工作，规范地震监测预报工作，坚持震情值班制度，保证仪器设备运转正常，确保监测数据上报及时，按时参加全市的地震趋势会商会，认真准备会商报告。注重收集、汇总宏观点和市民反映的各类异常及时上报，并给予现场指导。（杨胜岐）

【群测群防网络建设】2019年，万柏林区15个乡（街）建立宏观点，每个村和社区有一名“三网一员”，逐步形成“横向到边、纵向到底”的群测群防网络体系。召开防震减灾助理员会议，培训助理员15名、宏观监测员17名。组织15个乡（街）联络员参加省、市、区防震减灾部门组织的地震应急演练。（杨胜岐）

【防震减灾示范社区建设】 2019年，万柏林区防震减灾局走进小井峪三益社区、红旗社区、滨河社区、九院小区、西沟村居（村）民家中，与大家面对面交流防震减灾宣传工作。深入杜儿坪街道办小虎峪村、西铭街道办小西铭村为村民宣传地震知识。在社区、村委会举办以“防震减灾知识进社区、进乡村”为主题的防震减灾知识座谈会。开展防震减灾知识有奖竞答活动。为防震减灾示范社区制作或更换40余块防震减灾科普宣传图片。利用“5・12”“7・28”宣传活动周，对社区志愿者进行培训。（杨胜岐）

【应急演练】 2019年，万柏林区防震减灾局开展不同类型地震应急联动演练。组织乡（街）助理员参加省、市组织的地震应急演练，组织全区中小学生在“5・12”宣传周期间开展一次地震应急避震演练，先后组织社区居民、志愿者、驻地单位进行地震应急演练。（杨胜岐）

【应急避难场所建设】 2019年，万柏林区防震减灾局将万柏林文体中心（场地面积4.57万平方米，可容纳2万人左右）确定为II类地震应急避难场所。该中心有应急停车场、应急消防设施、应急物资储备场所、应急供水供电设施等，具有开展防震减灾科普宣传、应急救援培训、演练等多种功能，做到与防震减灾整体工作有机结合，完善抗震设防审批。（杨胜岐）

退役军人事务

【概况】 2019年2月25日，太原市万柏林区退役军人事务局挂牌成立，主要承担退役军人服务管理、待遇保障、优抚安置、拥军优属等职能。成立区退役军人服务中心，负责部分退役军人社保接续、退役军人就业创业培训服务等工作。在全区各乡（街）建立退役军人服务站，全部配备事业副科建制站长，在村（社区）建立专人负责工作的退役军人服务站。加强退役军人服务体系建设，成立区委退役军人事务工作领导小组，区委副书记担任组长、副区长担任副组长。按照“五有”要求配齐工作人员、经费等，全力构建退役军人工作从政府牵头到乡（街）社区全覆盖的新格局。（李春梅）

【双拥工作】 2019年，万柏林区退役军人事务局拥军优属拥政爱民工作围绕改革、发展、稳定大局，坚持军地合力、军民同心，坚持服务备战、保障打赢，坚持贴近基层、注重实效，坚持改进创新、与时俱进，围绕创建全国双拥模范城的总体要求，以争创“九连冠”为目标，全面提高新时代双拥工作水平，不断密切军政军民关系，共

2019年9月30日，区退役军人事务局在黄坡革命烈士陵园举行各界向烈士纪念碑敬献花篮仪式（李春梅供图）

同把强国强军事业推向前进。

2019年，万柏林区全年发放双拥工作经费、优抚安置事业费。为年龄在60周岁以上（含60周岁）农村籍退役士兵发放老年生活补助，发放义务兵家庭优待金。

投资修缮黄坡烈士陵园纪念碑，投资建成国防教育展览馆。接待开展祭奠烈士、党性教育、红色教育等活动。（李春梅）

【双拥活动】 2019年7月，万柏林区退役军人事务局组织召开万柏林区双拥工作会议暨争创全国双拥模范城（县）工作推进会，完成双拥主题品牌建设。在万柏林区中心医院统一为军休退休职工进行免费健康体检，开展“礼赞新中国、奋进新时代”系列文化活动，举办“军民鱼水情深、共建双拥模范城”庆“八一”文艺演出活动。区四大班子“八一”走访慰问部队和重点优抚对象，解决驻军官兵所遇到的困难，购置慰问品、优先安排军人及消防子女入学。举办翰墨丹青颂祖国双拥书画摄影展。为中华人民共和国成立前后参加革命的老战士颁发中共中央、国务院、中央军委授予的“中华人民共和国成立70周年”纪念章。组织区退役军人事务局全体人员、部分乡（街）服务站站长及辖区“两参”老兵开展“不忘初心，牢记使命”重温入党誓词活动。

（李春梅）

【信息采集】 2019年，万柏林区退役军人事务局加大信息采集工作宣传力度，为退役军人信息采集提供便捷服务。对因年老体弱、残疾等行动不便的对象，采取上门采集的方式进行服务。推进烈士褒扬工作信息化进程，建立烈士褒扬管理信息系统，录入重要数据，实现全区烈士相关数据的信息化。（李春梅）

【走访慰问】 2019年7月31日，太原市委书记罗清宇慰问居住在下元街办迎泽桥西社区转业离休老干部王学诗，市委常委、秘书长，统战部部长刘鹓，市退役军人事务局局长崔燕，区委书记杨俊明，区长袁尔铭。罗清宇一行代表党和政府送上慰问金和慰问品，表达党和政府对老人的关怀和问候，祝愿老人生活幸福、健康长寿。

9月25日，太原市委常委、常务副市长王立刚、太原市退役军人事务局局长崔燕在万柏林区副区长李宏文、区退役军人事务局局长张俊峰等人的陪同下，慰问万柏林区千峰街道中华人民共和国成立前参战老兵李保义。王立刚和崔燕一行带着对中华人民共和国成立前参战老兵的崇高敬意和关切之情，为老人送去鲜花和慰问金，并送上真挚的关爱和祝福。（李春梅）

2019年9月19日，退役军人事务局为老战士颁发中共中央、国务院、中央军委授予的“中华人民共和国成立70周年”纪念章（李春梅供图）

【培训服务】 2019年，万柏林区退役军人事务局将退役军人自主创业就业作为一项重要工作，收集有意向参与技能培训的退役士兵进行适应性培训。开通微信公众号太原市万柏林区退役军人服务平台，提供学习、就业信息服务，获取各类政策信息。（李春梅）

乡（街道）概览

XIANG (JIEDAO) GAILAN

王封乡

【概况】王封乡地处万柏林区西北部，与石千峰山脉相连，是太原的天然屏障，是通往晋西北的重要通道。地理坐标北纬 37°52'50"～37°56'40"，东经 112°18'15"～112°22'20"。东与尖草坪区马头水乡和化客头街道山水相连，西与古交市东曲街道交界，南临石千峰林场与西铭街道、杜儿坪街道相接，北濒汾河，与古交市河口镇和阳曲县西凌进乡隔河相望。辖区东西最大距离 8.1 千米，南北最大距离 13 千米，总面积 103.6 平方千米。王封乡人民政府驻王封村 10 号。

村名由来。因境内有王封村而得名。相传元朝末年，该村以王氏为主，村居深山，山势阻隔，交通不便，故名王封。清道光二十三年（1843）《阳曲县志》载名王封镇。

历史沿革。历史上，王封一直是太原西山一带的经济文化中心集镇。清道光年间，为太原府阳曲县王封都，民国时期属阳曲县第三区管辖。1950 年 8 月，辖区归太原市第五区管辖。1953 年 7 月，王封乡人民政府成立。1954 年 6 月，划归太原市万柏林区管辖。1957 年 3 月，随万柏林区一并划归太原市郊区，分设为冀家沟乡和王封乡。1958 年 9 月，王封人民公社成立。1970 年 3 月，归太原市北郊区管辖。1996 年，因汾河修建二库，该乡小塔（含屋斜自然村）、寺头（含下槐自然村）2 个行政村归尖草坪区。1997 年 5 月，太原市区划调整，全乡划入万柏林区。王封乡辖王封、小卧龙、东河、城封、圪垛、上南山、榆树岸、冀家沟、前西岭、后西岭、马矢山、芦叶塔、堡山、周家山、碛厂等 15 个村民委员会。

自然环境。境内最高峰石千峰山海拔 1545 米，最低点海拔 921 米。境内有三道山梁、四条河沟，山梁连接主峰石千峰，河流之水汇入汾河，是典型的山区乡镇。境内河道属汾河流域，主要河道有汾河、王封、东河、冀家沟、碛厂 5 条河流，其中王封、东河、冀家沟、碛厂为时令河，雨季有水，遇旱干涸。汾河是王封乡与古交市、阳曲县的界河，流经堡山村、周家山村，至汾河二库，河流总长度 7.2 千米。河网密度 0.3 千米/平方千米，流域面积 2.3 平方千米。

境内探明的地下矿产有煤、铁、铝矾土、石膏、硫黄、白云石等，以煤炭资源最为丰富，素有“煤乡”之称，盛产优质工业用煤和焦煤，全乡均在西山煤田范围之内。

人口。2019 年年末，辖区总人口 7815 人，其中城镇常住人口 523 人。总人口中，男性 4153

人，占53%；女性3652人，占47%；60岁以上1125人，占总人口14.3%。全年新出生人口26人，死亡人口18人。（于海跃）

【经济发展】 2019年，王封乡有耕地6664亩，人均0.81亩，农业总产值130万元，比上年增加-10%，粮食作物以玉米、谷子、马铃薯为主。

畜牧业主要以养猪和家禽为主，2019年年末，有大小养殖场8个，生猪饲养量1250头，存栏420头，鸡存栏1.43万只，肉类产量41吨，禽蛋产量35吨。畜牧业总产值73万元，占农业总产值的56%。

由于过去国有和私营企业不断进行煤炭开采，造成全乡范围内的地质沉陷，土地无法耕种，均退耕还林。三北防护林带、太原西山生态绿化带均在王封乡实施，全乡80%的土地面积绿化，累计造林3100公顷，主要种植油松、柏树、杨树、槐树等树种。（于海跃）

【生态环境保护】 2019年，王封乡加强扬尘污染、裸露地面综合整治工作，摸底排查全乡各类施工工地扬尘污染情况，实施包联制度，定时监管与24小时流动巡查相结合，在主要公路入口处加装喷淋设施，对土地实施绿化、固化、硬化，苫盖绿网，消除裸露地面扬尘污染。全乡清除积存垃圾、土堆20余处，废弃石料厂裸露地面苫盖绿网2.3万平方米，王封煤业土堆料堆苫盖绿网3000平方米，辖区各施工工地裸露地面苫盖绿网3.5万平方米。（于海跃）

【乡村振兴】 2019年，王封乡建设王封一线天旅游景区，带动全乡经济转型。万柏林区人民政府投资新建王封一线天旅游公路13.9千米，并对道路两侧进行绿化美化以及景区出入口排险。擦亮“知青文化”红色教育品牌，完善圪垛村党性

2019年9月23日，王封乡圪垛村举办第二届“农民丰收节”活动（于海跃供图）

教育基地的建设，优化展馆布局，完成知青大院、知青广场、知青小道、知青田、知青林等景观建设，同时修缮知青宿舍、知青食堂等，再现当年“知青”工作、生活、学习场景。全年接待参观学习6000余人。推进农村人居环境整治，改善生产生活环境，推动乡村振兴，建设美丽乡村。全年治理河道3千米，清理杂草、垃圾60余立方米，对圪垛村党性教育基地周边继续进行环境建设，铺设防洪管道180米，彻底改善汛期排水问题。（于海跃）

【城乡建设】 2019年，王封乡按照区委、区政府的安排部署和工作要求，以迎接“二青会”和国际山地自行车赛事活动为契机，历经两个月对赛道小卧龙村段沿线进行环境综合治理，清理死角垃圾50余处，拆除不合理建筑2处，清运垃圾100余吨，垒堵墙面200余米，补栽树木1000余株，粉刷小卧龙新村周边墙面和小二楼56栋，立体面积10万余平方米。在赛道周边加派清扫保洁人员，持续巩固整治成果，为国际公路自行车赛提供优美环境。（于海跃）

【社会事业】 2019年末，王封乡有农村低保户472户、740人，涉及金额484.15万元。为244名困难残疾人发放生活补贴12.97万元，为232名重度残疾人发放护理补贴6.89万元，为80岁

以上高龄老人发放保障津贴96人、12.16万元，为失能老人发放失能津贴10人、2700元，临时救助1079人、75.53万元。红十字会发放米、面、油各130份。全乡城乡居民养老保险参保达到100%。医疗救助50人、16.39万元，12人还在审核中。通过一系列帮扶救助，实现困难人员全覆盖。 （于海跃）

【平安乡村创建】 2019年，王封乡与区矿业执法队、区国土局密切配合，进行全天候巡查，以“零容忍”的态度，查扣参与私挖盗采活动铲车2台、挖机1台和发电机2台，批评教育5人。强化地质灾害防治预警，全年对地质灾害监测点开展监测、巡查30余次，治理隐患7处，应急避险2人。对重点村地质安全隐患、林区接壤村封山设卡点、王封煤矿等进行专项督查、安全生产大检查。全年治理火区13处，达到预防为主的目的。对太原市属企业东山煤业集团下属王封煤矿检查中发现一般隐患2处，要求立即整改，确保生产安全，检查用气（甲醇）单位7家，责令整改3家。修建前、后西岭两村护林防火通道，在马矢山村建造王封乡西片区护林防火指挥部。在防火特险期间，多点布控、严密监测、加强值守，保障森林防火安全，科学合理管理村民祭祖活动，有效防范化解重大森林火灾风险。开展信访工作，构建矛盾全方位排查、多元化化解体系，发动妇联、村干部等多方力量，运用法律、教育、经济等多种政策手段解决诉求，把问题解决在基层、把矛盾化解在萌芽状态。 （于海跃）

【党建工作】 2019年，王封乡党委落实“三基建设”重点任务，坚持“三会一课”常规学，主题党日固定学，创新方式全员学等方式，做到党组织和党员全覆盖，将党员干部的思想和行动统一

2019年4月13日，中共万柏林区王封乡第四届代表大会第四次会议召开 （于海跃供图）

到党中央部署上来，增强“四个意识”、坚定‘四个自信”、做到“两个维护”。认真开展“改革创新、奋发有为”大讨论，召开各类学习30余次，梳理问题180余条，全部整改完毕。推动‘不忘初心、牢记使命”主题教育，按照“守初心、担使命，找差距、抓落实”总要求，把学习教育、调查研究、检视问题、整改落实贯穿始终，各支部组织学习60余次，撰写调研报告10余篇，整改落实问题150余条。

同年，开展党的建设工作专项自查，结合“扫黑除恶”专项斗争，强化基层党建责任，落实党内政治生活的要求。执行党代会年会制，召开中共万柏林区王封乡第四届代表大会第四次会议，树立“改革创新、奋发有为”的责任意识，对标对表，共谋王封发展大计。开展“三评一述”工作，发放征求意见表260余份，收集梳理6类23条意见建议，开展自查自纠，实事求是找出存在问题，并全部整改完毕。 （于海跃）

【党风廉政建设】 2019年，王封乡党委把落实党风廉政建设和反腐败工作纳入全乡经济社会发展和党的建设总体规划，制定工作目标考核体系，狠抓责任主体，细抓责任分解，长抓责任检查，力抓责任追究。加强纪律建设，开展廉政宣传教育，通过书记上党课、召开专题讲座、专题辅导报告会、组织参观学习、收看廉政教育和警示教

育专题片等形式开展廉政宣传教育，运用监督执纪“四种形态”，层层设置防线，推动党风政风全面好转。结合“不忘初心、牢记使命”主题教育，落实中央八项规定，开展漠视侵害群众利益问题等专项整治，加大监督执纪问责力度。收到问题线索12件，处置问题线索10件。初核立案审查5件，谈话函询5件，给予党纪处分4人，组织处理9人，配合区纪委查办案件给予党纪政务处分10人。（于海跃）

【文明创建】2019年，王封乡政府打造标准化文化站和活动室。推进乡村文明移风易俗工作，周家山村率先制定村规民约19条，按照村规民约提前向村红白理事会进行报告，烟酒、饭菜等严格按标准执行，婚礼既节俭又体面，逐步扭转村民陈旧观念。加大文明创城宣传力度，丰富宣传载体，制作宣传广告标语100余条，更换5幅大型主干道宣传墙内容，引导广大群众共创文明城。（于海跃）

千峰街道

【概况】2019年，太原市万柏林区千峰街道围绕区委、区政府的总体要求和部署，以改造、整治、绿化、服务、党建“五大行动”为统领，以“四大片区”为抓手，以实施“三化工程”为载体，以“改革创新、奋发有为”大讨论为牵引，结合“不忘初心、牢记使命”主题教育活动，落脚街道实际，对标一流，锐意进取，主动作为，全力以赴抓落实。累计完成固定资产投资3136万元，限上社会消费品零售额累计完成30亿元。（武　玥）

【项目建设】2019年，千峰街道坚持稳中求进总基调，以重点项目带动辖区服务业快速发展，经济运行形势良好。以迎泽西大街沿线为核心，信达国际金融中心标杆项目年底交付使用；缤纷时代广场项目基本竣工，正在与入驻商户企业进行前期对接（信达国际金融中心项目，总建筑面积约14.3万平方米，总建筑高度约266米，总投资约16亿元，是集金融商务、文化商务为一体的单体超高层商务写字楼）。协调解决科技馆3号拆迁梗阻问题，亚泰圣景项目顺利推进（总建筑面积18.5万平方米，总投资约20亿元）。恒大珺睿项目手续办理进度加快。与区楼宇办对接，推动辖区楼宇经济资源纳入区楼宇经济信息平台。发挥驻地高校太原理工大学的人才科研优势，配合区科技局引进环理工大创新创意园区项目。发挥国际能源中心、诚泰商务中心、千峰工贸、希望大厦等大型写字楼的商业聚集效应，加快引进现代金融企业和新兴服务业，为地区经济发展奠定坚实基础。（武　玥）

【环境治理】2019年，千峰街道以“二青会”召开为契机，全面打响创城双月攻坚战和污染防治攻坚战。围绕创建全国文明城市总体要求，深入推进“九乱”专项整治，以“第五立面”、场馆周边、火炬传递沿线为重点，紧盯悦宾酒店、前北屯、理工大和千峰游园等关键部位，主要领导一线指挥，全力以赴赶工期，严格按照时间节点完成整治任务。（武　玥）

2019年6月，千峰街道开展迎端午主题系列活动（武玥供图）

【城市精细化管理】 2019年，千峰街道在抓小抓细上持续发力，以老旧小区和背街小巷整治为主战场，在精细化上下功夫，按照“打造特色亮点，以点带面，整体提升”的思路，分类施策推进老旧小区整治。联合派出所、环保站、执法队组成夜查小组，督促施工单位严格按照工地扬尘治理“六个百分百”标准进行整改，街办24小时监督工地除尘洒水，形成工地管控高压态势，巩固辖区内扬尘污染治理成果。（武　玥）

【社会保障事业】 2019年，千峰街道社区建设稳步标准化，社会救助逐步精准化，计生服务更加均等化，劳动保障就业扎实推进，退役军人优抚安置稳步推进。3个社区老年日间照料中心基本完工，社区10个惠民项目完成。全年发放低保金71.08万元，实施各类救助156人，救助金额14.25万元。居民医疗保险参保人数达6864人，完成老旧小区整治28个。（武　玥）

【安全工作】 2019年，千峰街道加强安全“防护网”，维护社会和谐稳定。推动“扫黑除恶”专项斗争深入开展，落实安全生产“党政同责、一岗双责”，按照“三必管”要求，牢固树立“红线”意识，把安全生产纳入党政联席会议重要议题，落实“一线工作法”，对辖区安全隐患进行“地毯式”排查，坚决做到“三个不放过”。开展“三合一”场所和“九小场”所消防安全专项整治，不留盲区，不留死角。推进餐饮业“瓶改管”工作，对辖区93家使用液化气罐、甲醇的餐饮业进行实地查看，逐户宣传。社会管理综合治理稳步推进，加强矛盾纠纷联调中心建设，法律服务工作深得人心。街道将信访工作作为党政联席会常列议题，定期研究落实。（武　玥）

【主题教育】 2019年，千峰街办按照19个关键动作的规定、要求开展“不忘初心，牢记使命”主题教育，基层党支部按照8个关键动作组织普通党员参加主题教育。把“改”字贯穿始终，深入整治整改。聚焦民主生活会主题，广泛征求意见，深入开展谈心谈话。就巡察组反馈、走访调研、民主生活会查摆出的问题，剖析根源，提出改进，全部整改到位。全街道10个党支部630名党员干部“全覆盖”。（武　玥）

【党风廉政建设】 2019年，千峰街道制定党风廉政建设和反腐败工作责任清单和主要工作任务分解表，细化分解工作任务，谁主管、谁负责，一级抓一级，层层抓落实。坚持失责必问，问必从严，对巡查发现的问题从严落实整改。开展各种形式的廉政教育和警示教育，通报违法违纪典型案例，组织观看警示教育片，教育全体党员干部明规矩、守纪律，筑牢思想防线。（武　玥）

2019年11月　千峰街道召开农村集体产权制度改革工作推进会　（武玥供图）

【三基建设】 2019年，千峰街道以三基建设为抓手，推进全面从严治党向基层延伸，加快推进社区场所标准化建设，打造党建阵地，8个社区实现达标。建立健全街道、社区和驻地单位协调配合“资源共享、共驻共建”的城市党建联席会议党建工作机制，在整治老旧小区、背街小巷等创建文明城市工作中，推动城市治理各项重点任务的完成。（武　玥）

下元街道

【概况】 2019年，太原市万柏林区下元街道以习近平新时代中国特色社会主义思想为指导，贯彻落实中共十九大和十九届三中、四中全会精神，坚持以党建引领、创新转型、改造提升、文明创建、服务群众“五大行动”为统领，践行“不忘初心、牢记使命”，全力以赴强党建、促创新、抓改造、惠民生、防风险、保稳定，推进党的建设和党领导的各项事业取得明显成效。（罗丽国）

【经济发展】 2019年，下元街道全年固定资产投资完成8.36亿元，社会消费品零售额实际完成1.01亿元，比上年同期增长9.9%。中海国际、绿地中央广场、华润幸福里、万科紫郡、老站1907等一批重点项目陆续建成，增强街道的财税实力和发展后劲。对晋祠路沿线街道辖区范围内开展提档升级整治行动。结合大王、后王“城中村”改造的拆后重建，将大王、后王建成功能齐全、设施完善、交通便捷的现代文明社区，打造新建商业圈，掀起新的商业发展浪潮，将下元街道所辖打造成为太原城西城乡一体化协调发展的商业重地渐见雏形。（罗丽国）

【“城中村”改造】 2019年7月，下元街道对七美家具城和美特好超市、意洋公司等大王、后王集体土地上建筑物进行拆除，完成扫尾清零任务。农村集体产权制度改革扎实推进，完成清产核资和成员身份确认工作，明确集体资产的产权主体，确定股民资产及份额。12月，分别在后王社区、大王社区通过选举，成立股份经济合作联社，完成第一届监事会、理事会的选举工作。

（罗丽国）

【城市管理】 2019年，下元街道执法中队拆除辖区内违章建筑、违章搭建20余处，清理各类违法违规广告条幅2000余块，拆除违规LED电子屏60多块，整顿游商小贩占道经营900余处，整治店外经营500余处，宣传、检查并规范商户“门前三包”800余家，处理其他违章情况300多起，数字化平台举报件做到百分之百处理。在日常巡查中对辖区内商铺装修进行严格的监督管理，严防乱堆物料现象，提高精细化管理，建立长效管理机制。执法工作人员配合各社区老旧小区改造工作，完成摸排约200户，配合环保站对重点工地进行夜查以及冬季棚户区禁煤工作，执法队员对辖区内主次干道、背街小巷以及创城点位进行不间断巡查，确保整治效果不反弹，维护市容市貌，加强城市管理，为辖区居民提供良好的生产生活环境。（罗丽国）

【民主政治建设】 2019年，下元街道支持人大、政协依法照章履行职责开展工作，推进街道代表联络站、社区代表联络点建设，创新方式方法，促进人大、政协各项职责的履行和工作的开展与中心工作合心合力合拍。人大代表为民办实事解难事，慰问困难群众、一线环卫工和执法队员，作为驻地单位全力配合创城工作等。政协联络组设立政协委员工作室，为地区发展建言献策、出资出力。坚持党管武装，武装部参建参治，国防后备力量建设、国防教育等工作不断加强。加强和改进党对群团组织的领导，发挥工青妇、科教、老龄、残联等群团组织的桥梁和纽带作用，凝聚并肩协作、团结奋进的强大合力。（罗丽国）

【社会保障】 2019年，下元街道有低保户119户142人，城市低保累计支出127.54万元；办理困难残疾人生活补贴累计92人，发放5.06万元；大额救助12户，发放临时救助金6.3万元；小额救助9户，发放临时救助金2.19万元，其中“急难型”临时救助3户，发放救助金1.3万元。完成新增就业岗位1710人，下岗失业人员再就业人数971人，其中安置“4050”等就业困难人员就业233人，创业带动就业472人，灵活就业1238人。办理就业失业证73人，“4050”困难人员认证32人，办理就业困难人员从事灵活就业享受社保补贴122人。完成城乡居民基本养老保险缴费1712人，城乡居民基本医疗保险缴费1.3万人。 （罗丽国）

【环境保护】 2019年，下元街道不间断进行工地扬尘检查及夜查工作，多措并举，高度重视扬尘污染治理工作，严格落实“六个百分百”防尘措施，狠抓源头，对扬尘违法行为进行常态化治理，立行立改，完成督办清零任务，无一返单，工地环保问题直线下降。开展大气污染综合治理工作，在山纺、大众棚户区入户开展清煤、禁煤工作，按照要求，给居民发放禁煤补贴，将民生工作和环保措施综合应用，鼓励使用环保采暖炉，既保证居民温暖过冬，又推进大气污染防治工作。 （罗丽国）

2019年5月31日，区四大班子领导对绿地中央广场工地扬尘污染治情况理进行观摩（罗丽国供图）

【安全生产】 2019年，下元街道组织商贸企业和娱乐场所进行消防演练3次，邀请消防讲解员对社区居民进行消防安全知识宣传教育10次，制作安装单元门安全温馨提示版面1120块，对驻地1239家各类企业门店进行检查排查5000余次，并全部签订安全生产承诺书，对辖区3家在建工地进行日排查零报告，组织召开全地区安全生产工作会议3次，辖区内配备微型消防站78个，对辖区内棚户区冬季安全、防火工作开展专项治理，确保500余户居民安全过冬。在规范企业门店安全经营的同时，要求他们对消防安全进行自评自查自改，实行公开承诺书上墙公示，受到市消防队的肯定。对辖区3家在建工地进行日排查，确保安全生产。 （罗丽国）

【交通治理】 2019年，下元街道协调派出所、交警一大队、施工单位对10条街巷设置机动车停车泊位753个，非机动车停车区127处880平方米，安装非机动车停车架290米。对众纺路、大众街、纺织北街等10条6575米道路施划交通标线，施划标线面积8338平方米，安装完善阻车器515个、人行道护栏1061米、交通标志牌175块等交通设施。 （罗丽国）

【信访化解】 2019年，下元街道化解20多年的重点上访人员的信访问题，推进原上园业主集体上访问题的解决进度，帮助解决失独家庭马丽平的生活困难和孩子上学问题。全年接到上级交办案件11件，全部落实。安抚重点户4人。及时受理信访案件，按时办结。 （罗丽国）

【退役军人服务】 2019年，下元街道通过开展座谈会等形式营造“八一”宣传氛围，向辖区内烈士家属、伤残军人、无工作义务兵、重点人员等发放慰问金。9月，下元街办到退役老兵家中为他们佩戴国务院颁发的庆祝中华人民共和国成立70周年纪念章。 （罗丽国）

【社区建设】 2019年，下元街道所辖8个城市社区中纺织苑西社区、纺织苑东社区和南内环西街社区已达到500平方米以上。众纺路社区正在建设中，迎泽桥西社区和大众街社区完成选址。鸿苑社区已与鸿峰西区物业协调，基本完成扩建选址。气化街社区完成选址。 （罗丽国）

【平安街道创建】 2019年，下元街道举办“扫黑除恶”法治文化活动112场，村（居）法律顾问“扫黑除恶”主题宣讲36场，电子屏播放宣传标语300余条。街道调委会创新推出与派出所共同调处矛盾纠纷的联调机制。以下元街道调委会驻和平南路派出所工作室命名的联调工作室成立，调解80起案件，调解成功76起，调解成功率95%。 （罗丽国）

2019年11月13日，山西省司法厅厅长薛永辉（右四）等调研下元司法所标准化规范化建设 （罗丽国供图）

【文明城市创建】 2019年，下元街道老旧小区有54个，针对许多小区住户生活水平低、收入低，无物业管理，环境卫生无人问津的状况，街道成立20人的环卫应急队伍，配备垃圾车2台，负责对无人管理楼院小区的日常卫生清扫保洁、垃圾清运，使无人管理楼院基本做到干净、卫生、有序。对辖区内54个老旧小区进行重新摸底、分类，细化整治类目，理清整治思路，以清脏治乱为基础，分三批，逐步完成整治。开展“三大攻坚”行动，粉刷楼道，修换整单元门窗，清理辖区内小广告。对主次干道、背街小巷和创城点位周边，以落实“门前三包”责任为抓手，环卫工人、执法队员共同出击清理小广告、杂物，调动产权单位、物业、居民参与，发动门房、物业守住清理成果，促使创城各项要求落地见效。通过街道及10个社区综合文化服务站（中心）资料归档收集和实地对标建设的创城逆袭，在全区实现工作赶超。在全市第三方测评中，5号院位居第一，并与街办文化综合服务站和纺织苑西社区综合文化服务中心各获5万元的创城奖励金。按照背街小巷一街一特色的整治思路，对大众街、气化街、晋祠路西一巷、紫竹巷、大王路、后王南街分别进行中华传统文化、优秀青年文明榜、3D复兴号、现代工艺小品、普法教育打造，传递社会发展正能量。 （罗丽国）

【主题教育】 2019年，下元街道开展“不忘初心、牢记使命”主题教育，按照“四个到位”“四个注重”要求，围绕基层党组织八个关键动作，抓整体谋划、抓关键动作、抓督促指导、抓持续引深，带头在学习教育上“用真心”、调查研究上“下实功”、检视问题上“见思想”、整改落实上“重实效”。对离退休党员、流动党员等开展拉网式排查，采取《学习强国》线上学，“三会一课”集中学和微信、送书送学上门等形式，实现主题教育全覆盖。其中，“8+2+5”专项整治整改扎实推进，9项承诺整改服务事项全部整改完成，大王社区软弱涣散基层党组织完成整顿并进入转化提升阶段。 （罗丽国）

【党风廉政建设】 2019年，下元街道纪工委对问题线索坚持动态排查和台账管理，做到及时发现、及时登记、及时办理。全年立案审查6人，党纪政务处分6人，其中党内警告处分3人，开除党籍2人，行政警告处分1人。全年组织处理

6人，其中批评教育5人，诫勉谈话1人。通过严格把握运用监督执纪“四种形态”，对苗头性倾向性问题做到早发现、早提醒，抓早抓小的同时，加大案件查办力度。（罗丽国）

【三基建设】2019年，下元街道完成机关支部换届选举工作，成立机关离退休党支部。推进党支部建设标准化、规范化，建立和完善党内各项制度。全年开展12次主题党日活动，发展党员1名，5名预备党员按期转正。8个城市社区党群服务中心3个达标、1个正在建设、4个选址已确定，其中纺织苑西社区的现代化养老服务中心和老年餐厅成为社区“医养服务”新模式的典范；南内环西街社区搬入幸福里新址，全力打造科普品牌社区。运用“党建+”模式，提高基层社会治理水平。坚持党建引领创城工作、养老工作、“城中村”改造工作，推进农村集体产权制度改革，加强与金龟集团、昌陆集团等优秀非公党组织交流党建工作经验，共享党建工作信息，发挥区域党建优势。做好中海寰宇写字楼、方胜人力等楼宇经济和“两新”组织的前期调研沟通，为下一步楼宇和非公党建阵地建设打好基础。（罗丽国）

小井峪街道

【概况】2019年，太原市万柏林区小井峪街道落实重点工程，立足新常态，树立新形象，抢抓新机遇，强产业，优生态，重服务，实现社会民生各项事业全面统筹发展。街道各项经济指标增长平稳，固定资产投资完成41.35亿元，社会消费品零售额完成12.49亿元，规模以上工业总产值完成31亿元。与上年同期百分比分别为197%、104%、130%。发展楼宇经济，形成以公元时代城商业体和居然之家创客大厦为中心的新经济圈。推进农村集体产权制度改革工作，农村集体资产清产核资工作全部完成。（赵　燕）

【机构改革】2019年，根据万柏林区委办公室印发《关于印发太原市万柏林区王封乡等15个乡（街）职能配置、内设机构和人员编制规定（试行）的通知》，小井峪街道办事处原所属6个事业单位整合为党群服务中心、综合便民服务中心和退役军人服务保障站3个事业单位，内设党建、公共管理、公共服务、公共安全和公共服务等5个办公室。（赵　燕）

【城乡建设】2019年，小井峪街道整体规划循序渐进，城乡建设融合继续深化。推进街道“城中村”改造拆迁及回迁安置。大井峪城改项目稳步推进，取得规划意见同时，三大地块工作扎实开展。地块一、二完成土地出让手续，合作方龙湖地产全面进场施工。小井峪“城中村”改造村民回迁安置住宅总建筑面积84万平方米，除拟分配给村民的10万平方米福利房面积外，拆迁置换面积全部安置。合作商恒大集团共7个地块，一期两个地块7栋高层住宅楼交付使用；影城、综合楼投入使用；二期、三期7栋20万平方米住宅楼完成主体封顶。配套小井峪小学交付使用。天和福地住宅项目在区政府帮助下组织进场施工。与山西宸晨、华龙泰合作项目实质性推进。11.5万平方米住宅面积、3.7万平方米商业面积已交付。小井峪街道大煤气化片区土地收储项目，涉及市化轻公司仓库及38户住户的拆迁安置，拆除房屋3.5万平方米，办理住户回迁入住37户（剩余1户因家庭纠纷放弃安置）；涉及神威押运公司、省农资仓库土地收储，完成前期地面建筑物的摸底测量工作，神威押运公司全部腾空。对道路进行升级，方便居民出行。治理“九乱”，街巷治理实现街巷长制、精细化管理，

下元街、小井峪街等11条小街巷全面提档升级。西苑南路南延工程和前进路改造工程，测量、拆迁工作全面推进。（赵 燕）

【环境保护】 2019年，小井峪街道打响“蓝天保卫战”，推进扬尘污染防治攻坚战专项行动。夜查工地1210余次，严格按照“六个百分百”要求对施工工地进行整治，治理垃圾堆场7000余平方米，治理扬尘道路6条，垃圾清理2000余立方米，苫盖绿网270余万平方米，建立围挡800余平方米，路面硬化5000余平方米，修复破损路面两条，处理举报34余次，喷洒抑尘剂5吨。（赵 燕）

2019年8月，小井峪党建主题公园建成开放
（赵燕供图）

【民生保障】 2019年，小井峪街道落实就业再就业工程，提升医保、社保率。新增就业人数1050人，城镇医疗保险超额完成200%。实施低保提标工作，办理城市低保户631户、772人，农村低保44户、60人，帮扶救助困难残疾人302人，发放各类救助金近10万元。开展生育关怀活动，奖励扶助有独生子女父母805户、2237人。街道退役军人服务保障工作站成立以来，强化宣传发动，落实优抚政策。组织社会发布公告、张贴宣传画、微信、公示栏等方式宣传40余次。信息采集1000余条，做到全覆盖、无死角。为“两参”人员、志愿兵、义务兵等208人发放慰问金1.22万元，为辖区9名中华人民共和国成立前参战人员发放庆祝中华人民共和国成立70周年纪念章。开展光荣之家挂牌摸底统计工作，为省直机关6名退役军人上门悬挂光荣之家牌匾，为14个社区发放2157块光荣牌，并陆续悬挂。（赵 燕）

【社会事业】 2019年，小井峪街道举办各类文艺表演55场，综合文化站提档升级。六个功能室一应俱全，图书室、文化活动室全面开放。各社区建立室内外活动场所，配备健身器材、篮球架、乒乓球桌、音响、多媒体等活动器材，丰富居民的业余文化生活。小井峪党建主题公园突出党建引领、爱民服务，建立各类小游园5个，闫家沟和三益社区的大型室外活动场所门庭若市。打造大型公益宣传32处，小型公益宣传329处，打造各类文化墙26处，文化单元、文化亭、文化长廊等30余处，提升街道城市文明氛围，创城工作深入生活的每个角落。建立三级科协组织网络，形成由街道科协、社区分会和科普工作小组组成的工作体系，加强科普志愿者队伍的组织建设。利用区科协的组织声势，以科技、文化、卫生、法律四进社区活动为主线，开展丰富多彩的健康知识、普法宣传和文体等教育活动，发放科普资料1万余份，讲座9次，在区科协帮助下建设红旗、十二院城两个科普示范社区。（赵 燕）

【平安街道创建】 2019年，小井峪街道注重防微杜渐，强化安全责任制。重大节假日强化巡查检查，细化检查内容记录，“两节”“两会”期间对危险化学品、机械、轻工、商场、市场进行两次全面大检查，落实24小时值班制，值班人员随时到岗，保证安全工作顺利开展。开展打非治违工作，配合区级部门对无证无照、无安全保障、无合法场所、无环保措施的13处问题单位进行上报。开展餐饮行业专项整治行动，发现一

般隐患111处，全部整改。结合电气火灾综合治理和季节性火灾防控工作，开展电动自行车火灾隐患大排查，明确任务分工，细化整治措施，确定重点地区和重点环节，规范电动自行车集中停放充电管理。加大消防及防火工作部署落实，开展消除高坡边坡滑坡、森林消防、生产安全隐患专项行动。打造闫家沟社区“枫桥经验”试点，完善以基层党组织为核心、全社会共同参与的基层社会治理新格局，运用市场化、社会化机制，引导驻地单位、社会组织、群团组织等各类社会力量广泛参与，强化城乡社区服务管理职能。开展“群防群治”试点工作，组建平安志愿者队伍15支214人。通过加强领导、专题部署、制定方案，分解责任、部门联动、加大宣传等手段全方位开展“扫黑除恶”专项行动，逐步形成全员扫黑、全民除恶的工作态势。全年组织专题会议8次、方案及责任书20余个，发放宣传资料7万余份，张贴通告50余份，悬挂横幅60幅，设置LED宣传屏28个，设置举报箱，公开举报电话，营造和谐安全的社会秩序。（赵　燕）

【基层党建】 2019年，小井峪街道以城市基层党建推动城市治理工作。小井峪街道现有党群服务中心15个，全部成立党建协调委员会，通过各项工作旨在推动党的组织优势转化为社会治理优势、组织资源转化为社会治理资源、组织力量转化为社会治理力量。街道建设党建协调委员会，签订“三项清单”，发挥党建引领作用；摸底楼宇党建和非公党建，全面建成社区大党委；支部标准化建设，完成达标创优工作。全面建成小井峪社区党建主题公园并融合创城内容。公园以加强党的领导，加快“城中村”改造步伐，促进社区精神文明建设，实现经济社会又快又好发展为主题，设有宣传展示栏、中心湖，凉亭，花海，喷泉及儿童活动设施等，成为“城中村”改造后居民群众幸福生活的一个集中展示区。（赵　燕）

【文明创建】 2019年，小井峪街道建立健全街巷长巡查制度，11条小街巷全面提档升级，31条街巷竖起街路长责任指示牌，签订共建共管责任书1316份，张贴门前三包责任书1681份，悬挂门前三包星级牌1723个。涉及老旧小区改造项目36个，完成13个老旧小区。维修和粉饰房屋外墙及楼道墙面25.5万余平方米，实施道路硬化、破损修复500余处，整治路面5万余平方米。整治公共绿地，补栽花草树木，清理小区绿化带垃圾500余处。拆除背街小巷违建5800余平方米，整修路面33000余平方米，立面粉刷3.7万余平方米，更换门头牌匾800处。对辖区内老旧、无人管理小区清理乱堆乱放杂物300余处，清理积存垃圾约8500吨，铲除清理小广告20万余条。高标准打造沙沟中路、下元北二条、新义街三条文明示范街，义井西路东巷等画线1万平方米，制作悬挂标语600余条、LED显示屏80余块，发放宣传彩页4000余份，进行入户调查3000余人次，召开创城协调会15次，开展志愿服务活动50余次，发放创城倡议书和创城应知应会手册等宣传资料7000余份，安装烟头收集器80余个，张贴禁烟标志900余张，开展“烟头革命”专项行动8次。（赵　燕）

【党建工作】 2019年，小井峪街道党工委开展“不忘初心、牢记使命”主题教育，个人自学、集体研学、中心组学习、支部“三会一课”学习相结合，读原著、学原文、悟原理，研读《习近平关于“不忘初心、牢记使命”重要论述选编》《习近平新时代中国特色社会主义思想学习纲要》等，学习习近平总书记最新重要讲话精神等。送学、培训、远程教育、线上教育、智慧党建App平台学习相结合，提升主题教育全覆盖，加强全

2019 年 9 月 7 日，小井峪街道参加由区委举办的“奋进新时代，放歌万柏林”大合唱比赛，并获得一等奖　　（赵燕供图）

体党员和基层党组织干部能力素质提升。严格按照 19 个关键动作开展教育，基层党支部严格按照 8 个关键动作依托“三会一课”、主题党日等组织机关全体党员、社区主干等 50 余人开展爱国主义教育和革命传统教育，到黄坡烈士陵园瞻仰先烈、重温入党誓词，参观太原市美术馆举办的不忘初心、牢记使命、奋进新时代——庆祝中华人民共和国成立 70 周年展览。　（赵　燕）

【党风廉政建设】 2019 年，小井峪街道党工委、纪工委履行党风廉政建设“两个责任”，严格自查、检查和考核机制，定期上报“两个责任”履行情况，专题研究“两个责任”问题清单和整改清单，提出整改措施、整改时限、总责任人和相关责任人员，专题剖析典型案例 5 次以上。严格落实“一岗双责”，定期听取各社区党支部党风廉政建设主体责任人落实情况汇报工作，全面提高各社区主体责任人党性意识和工作能力。开展警示教育，组织街道党员干部和社区两委成员收看《初心泯灭的歧路》《失守的底线》，共同学习“四风”问题典型案例。中央和省、市环保督查工作开展期间对两批 15 人次进行谈话提醒，实行廉政课堂、纪工委专题板报制度化，组织开展重要节日专项检查及反“四风”、纪律作风专项检查，及时纠正不良问题。　（赵　燕）

和平街道

【概况】 2019 年，太原市万柏林区和平街道续建项目 8 个，新建项目 2 个，完成固定资产投资 18.11 亿元，完成规模以上消费品零售额 4.94 亿元，完成地区规模以上工业产值 43.85 亿元，同比增长 7.8%。　（潘万庆）

【城乡建设】 2019 年，和平街道对玉河北巷、玉河南巷、康乐巷等三条背街小巷进行综合整治。对康乐巷 1954 年建起的筒子楼进行整治，投资 114.73 万元对该楼 51 户群众的住房进行供水供暖管网、排水照明等多项改造，消除安全隐患，美化居住环境。整治南社街乱象，为改善南社街周边环境，在南社街两侧建围墙 2000 余米，美化科大周边和南社社区整体环境。　（潘万庆）

【农村集体产权制度改革】 2019 年，和平街道成立街道农村集体产权制度改革工作领导小组，广泛宣传动员，整体推进所辖窊流社区、南社社区农村集体产权制度改革工作。经过前期清产核资、组织成员身份认定，资产折股量化到人，落实到户，完成南社社区和窊流社区的农村股份经济合作社相关机构的选举工作，推进农村集体产权制度改革工作，壮大农村集体经济。（潘万庆）

【环境保护】 2019 年，和平街道对辖区内的小汽修、餐饮店内的油烟净化装置、驻地单位的 24 台锅炉情况和制冷剂的使用情况进行排查，整治“散乱污”企业 80 家，27 家存有污染源的企业按要求完成整改。巩固辖区道路环境整治成果，保持和提高地区道路环境卫生整体水平。（潘万庆）

【社会事业】 2019 年，和平街道组织各社区实施惠民项目，8个社区确定20个惠民项目。新建成的玉河社区养老服务中心投入使用，面积达1600平方米，设有各种功能活动室等，能为社区居民提供更优质的服务。为低保户179户、206人，发放低保金149.32万元。临时救助286户、295人，救助金额41.88万元。医疗救助15户。为24户低保户、困难户发放每户600元的慈善救助金1.44万元，为驻地单位太重集团6名困难职工申请困难救助每人600元共3600元。发放残疾人两项补贴，其中重度护理补贴442人，困难残疾人补贴127人。在“中华慈善日”捐款活动中，募集捐款8.69万元。

2019年，和平街道坚持就业创业优先战略，新增就业人数1715人，城镇失业人员再就业1268人，就业困难人员就业236人，创业带动就业450人，转移农村劳动力34人。办理就业创业证185本，认定就业困难人员53人。全民技能提升培训143人。（潘万庆）

【文化广场活动】2019年，和平街道深入开展“文化广场”活动，全面启动全民健身活动周。发挥社区居民体育文化骨干分子的力量，由社区牵头，通过万人健步走、太极拳、健身操舞、羽毛球、柔力球、登山、健身秧歌、乒乓球、篮球等市民喜爱的10多个健身项目，使文体活动走进千家万户，在社区范围内掀起锻炼身体增强体质热潮。（潘万庆）

【文明创建】2019年，和平街道坚持以活动为载体，以宣传为媒介，提升居民道德素质。开展“烟头不落地”“礼让斑马线”“问卷调查”等活动，引导市民养成文明健康的行为举止。开展“靓丽星期五”等志愿者活动，组织人大代表、包片干部、志愿者队伍义务劳动，号召市民参与文明城市的创建。规范城市公共秩序。整治“九乱”，

2019年9月，和平街道开展文化广场活动（潘万庆供图）

集中整治各项乱象问题。统一画车位线3万多米，拆除违规建筑50多处。强化环境综合整治。整治背街小巷11条，将西三巷打造为诚信经营一条街，整治破窗开店40余户。加大对弱物业或无物业老旧小区的管理力度，清理非法小广告5万余份，粉刷遮盖墙体面积6.5万余平方米，清运垃圾数量1000余吨。与临街单位签订责任书，发放“门前三包”管理牌累计905块。（潘万庆）

【平安街道创建】2019年，和平街道建立街道—社区—网格三级矛盾纠纷排查调处工作机构，接访58起，办结56起，办结率96.6%。网上信访转送件68起，无延期办结，办结率100%。集中处理红星天润、小米国际等群体上访事件。与辖区派出所协调，各社区、各部门加强片区排查，夯实责任，大力宣传，形成强大的“扫黑除恶”攻势。严格落实“党政同责，一岗双责”，坚持对地区各单位及经营场所进行“过筛子”般的安全检查，全年无安全事故发生。（潘万庆）

【软弱涣散党组织整顿】2019年，和平街道党工委对南社社区党支部和窊流社区党委两个软弱涣散党组织支部班子“瘫”、工作落实“难”、作用发挥“软”、战斗能力“弱”等问题，坚持“抓班子，促作风转变；解难题，办惠民实事；谋发展，优群众利益”的原则，及时与党员和居民代

表了解情况，找准症结、对症施策，推进南社、窊流社区软弱涣散党组织的整顿提升。两个党组织的软弱涣散现象明显改变，各项工作步入正轨。（潘万庆）

【党建工作】 2019年，和平街道坚持党员干部学习教育制度，强化理想信念教育，提高政治理论水平。组织召开中心组学习12次，党员集中学习48次。加强党支部建设。街道党工委严格执行“三会一课”制度、谈心谈话、民主评议党员等制度，推进全面从严治党向纵深发展。开展支部主题党日活动12次，把每个党支部都建设成为坚强战斗堡垒。加强党员教育培训。制定年度党员教育培训计划，将党员学习培训与业务学习紧密结合起来。通过“改革创新、奋发有为”大讨论和“不忘初心、牢记使命”主题教育活动，学习党章、习近平新时代中国特色社会主义思想等，提升党员干部的理论水平。

加强基层党组织队伍建设。贯彻落实中组部《发展党员细则》，做好党员发展工作，全年新增5名党员。街道党工委及时对村、社区“两委”主干及成员进行集中教育培训。推进挖掘本土人才工作，鼓励干事创业，加强对驻村“第一书记”的管理，完善工作机制及考核制度，确保“第一书记”下得去、待得住、干得好。（潘万庆）

【党风廉政建设】 2019年，和平街道专题会议研究部署党风廉政建设和反腐败工作，明确党风廉政建设“两个责任”清单，层层逐级签订党风廉政建设责任书，将主体责任、监督责任明确到人。严格落实反腐倡廉领导责任机制，形成党委统一领导，班子齐抓共管的局面。强化责任担当意识，防控廉政风险常态化。学习习近平总书记视察山西重要讲话精神、十九届中纪委三次全会精神、省市区纪委四次全会精神，严格“三重一大”事项决策制度。深入学习违反中央“八项规定”精神案例，开展案例学习50次，党员干部累计撰写心得体会20篇。制定《关于2019年元旦、春节及端午、“五一”、中秋、国庆期间加强作风建设》文件，开展工作纪律和文明办公情况专项检查、深入整治形式主义、官僚主义自查自纠等活动。强化动态监督，防止违法违纪行为的发生。（潘万庆）

万柏林街道

【概况】 2019年，太原市万柏林区万柏林街道以习近平新时代中国特色社会主义思想为指导，全面贯彻落实中共十九大和十九届二中、三中、四中全会精神，以“五大行动”为统领，强化街道党工委“龙头”带动，聚焦主责主业，抓党建、抓治理、抓服务，地区党的建设和党领导的各项事业取得新进展。重点工程项目4个，完成投资21.52亿元。固定资产投资累计完成1.53亿元，社会消费品零售总额完成1653万元。（耿继红）

【农村产权制度改革】 2019年，万柏林街道完成彭村社区农村集体产权制度改革清产核资工作，集体经济组织成员资格认定总户数769户，总人数2788人，股权量化及彭村社区成立股份经济合作社工作有序推进。（耿继红）

【城市建设】 2019年，万柏林街道街一体推进落实路长制和垃圾分类、“门前三包”、清扫保洁制度，组织开展靓丽星期五行动24次，签订“门前三包”责任书500余份，集中处置商户违法违规行为151处。以城管执法力量下沉为契机，推进“两下两进两拆”工作，重点围绕广告下墙展开行动，清理广告87项，316条，包括橱窗广告298条，LED电子屏1个，条幅广告4个，第五

立面墙体广告1个。餐饮业“瓶改管”工作有序推进，童乐双语小学和兴汾苑老年餐厅及15家商户完成安装。（耿继红）

【生态环境保护】2019年，万柏林街道9个在建工地全部落实“六个百分百”标准。严格落实“五包一”制度，日巡夜查不松懈，把工地监管责任分解到小组，落实到人头，不给扬尘污染留反弹空间。强化社区监管责任，成立联合执法环保专班，对辖区的土堆、土路等污染源进行拉网式排查、无死角苫盖，切实做到无漏洞、无缝隙、无盲区，做到扬尘污染“零容忍”。扬尘污染攻坚战以来，整治工地9处，8.3万平方米，密闭苫盖裸露地面12.18万平方米，硬化工地2.47万平方米，整改问题68条。（耿继红）

【民生保障事业】2019年，万柏林街道发放各类补助救助补贴176万余元，惠及群众1306人，其中计生奖扶补助322人53.3万元，办理低保134户166人，发放低保金49.86万元，大小额救助39人44.86万元，发放重度残疾人护理补贴360人21.6万元，发放高龄老人津贴148人1.95万元。办理廉租房25户，确立惠民项目18个，募集“慈善一日捐”款项20万元。为烈属、军属和退役军人等家庭悬挂光荣之家牌匾1306个，办理下岗失业退伍军人公益岗12个。（耿继红）

【互联网+养老】2019年，万柏林街道探索“互联网+养老”体系建设，打造依托社区、辐射居家的物联化、互联化、智能化的区域统筹养老服务新模式，被工信部、民政部、国家卫健委批准为国家智慧养老健康应用示范街道。区政府在万柏林街道社区智慧健康养老建设方面投入资金约3200万元，东风社区和新建社区作为街办整个辖区内智慧健康养老服务的指挥中心和服务保障

2019年1月18日，万柏林街道开展“文明创建 百日迎新”活动（耿继红供图）

站，发挥面积优势、集约养老服务功能，利用平台运营实现大数据管理和分析，统筹指导服务人员为全区域老年人面向居家、社区、机构甚至医院等场景提供精准服务，构建养老、孝老、敬老政策体系和社会环境，提升为民服务质量和水平。（耿继红）

【文明创建】2019年，万柏林街道党工委按照区委、区政府的总体要求，提高站位，立足全局，把创城工作当作一项重大的政治任务来抓，以“不忘初心、牢记使命”主题教育活动为契机，解决群众关心堵心的身边难题，着力解决西宫南二巷污水长期无法正常排放问题、完成原和平中巷便民市场的升级改造、万柏林路的违建拆除、“三供一业”改造后老旧小区的恢复整治等。加大“九乱”整治提档升级和13个专项整治攻坚行动的力度，完成4条背街小巷的整治，完成7个老旧小区的整治，打造示范小区2个，改造升级集贸市场1个，打造绿色游园1处。破墙开店封堵87家，拆除私搭乱建300余处，清理多年积存垃圾500余车，清理楼道杂物600余车，更换楼道门窗200余个，粉刷内外墙3万多平方米，增设300余个停车位和8个微型消防站，提升群众的幸福感和安全感。（耿继红）

【安全生产】2019年，万柏林街道落实“一岗双

责、党政同责、失责追责”的安全责任制，结合地区实际，调整安全工作思路，部署安全监管五个转变。加强动态安全监管，突出隐患排查治理，对辖区内430余家经营户在用电、用气和消防设施配备等方面进行重点检查整治，登记安全隐患114处并逐一复查验收，督改威马仓储部严重消防安全隐患，与长期失控的晋非机械厂取得联系并作出关停决定，完成南排洪渠的全线整治，筑牢地区的防洪抗汛堤坝。对区委安全大巡查反馈的问题高度重视，组织安监环保食药等部门深入25家行业场所进行责任传导，现场督办整改，杜绝隐患苗头，并组织辖区所有在建工地开展为期一周的安全隐患大排查，强化底线意识，实现“一个确保”“三个杜绝”“五个强化”的目标要求。（耿继红）

【信访化解】 2019年，万柏林街道坚持“三必问”“四必访”原则，为群众办实事解难题。针对喷灌厂惠民小区群访事件，发挥牵头联动作用，建立公安司法预警机制。协助完成“城中村”改造工程项目手续办理，完成土地确权登记，协调处理因遮光裂缝等问题导致的3起群访，确保彭村改造大局和谐。（耿继红）

【党组织建设】 2019年，万柏林街道开展“不忘初心、牢记使命”主题教育，将学习教育、调查研究、检视问题、落实整改贯穿始终，党政班子带头学、带头查、带头改，地区10个党支部536名党员经受思想淬炼、政治历练、实践锻炼，主题教育取得明显成效。开展调查研究和“三服务”活动，为社区、群众办实事4件。开展“改革创新、奋发有为”大讨论，聚焦“六个着力”“六个破除”“六个坚持”，开展对标一流述职评议，践行“一线工作法”。

学习贯彻中共十九届四中全会精神，重温习近平总书记视察山西重要讲话精神，推进思想建党理论建党。增强“四个意识”、坚定“四个自信”、做到“两个维护”，严肃党内政治生活，严格民主集中制、“三会一课”组织生活会等各项制度，营造风清气正的政治生态。加强党对意识形态工作的领导，推进“互联网+”党建，党组织普遍建立工作微信群，发挥网络引导舆论、反映民意的作用，营造健康的网络舆论生态。参与庆祝中华人民共和国成立70周年、“二青会”等系列活动，组织开展文艺会演、趣味运动会、主题图片展、“我和我的祖国”视频制作等群众文化活动，推动理想信念教育常态化。（耿继红）

2019年9月25日，万柏林街道组织召开解决惠民小区信访问题推进会（耿继红供图）

【三基建设】 2019年，万柏林街道结合全区党政机构改革，实施街道管理体制改革，规范设置“五办两中心一站”，对街道干部重新进行岗位调整，充实党群服务中心力量，将引进的高层次人才放在重要岗位上即时锻炼，重点规范便民服务中心运作，严格程序、严肃纪律、严谨作风，推进为民服务的规范化制度化和亲民化。发挥街道大工委、社区大党委制在社区治理、文明创建中的联创共建作用。推进东风及新建社区党群服务中心建设，打造全区面积最大、功能最全、品质最优的党群品牌工程，最大限度的拓展基层党组织服务群众、服务社会的功能。（耿继红）

兴华街道

【概况】 2019年，太原市万柏林区兴华街道以习近平新时代中国特色社会主义思想为指导，全面贯彻落实中共十九大和十九届二中、三中、四中全会精神，贯彻习近平总书记视察山西重要讲话精神，践行新发展理念，以人民为中心，推进“不忘实心、牢记使命”主题教育活动，开展“改革创新、奋发有为”大讨论，推动改造、整治、绿化、服务、党建“五大行动”，创建文明城市，引深拓展“组织生活规范年、区域化党建建设年、城市管理提质年、安全稳定巩固年、服务能力提升年”五大主题年活动，统筹做好强党建、抓创新、促转型、防风险、惠民生各项工作，各项事业持续向好发展。（吕海亮）

【项目建设】 2019年，兴华街道开展项目招引和产业培育。落实服务项目常态化工作机制，持续细化配套服务和环境管理，实施领导干部推进项目分包制度，做好各项配合服务工作，协调解决项目引进、实施过程中的困难和问题，涉及“城中村”改造、城市道路建设、文化产业、商业金融等多个领域的重点项目全面提速，项目引领辐射作用逐步彰显，发展活力有效释放。固定资产投资全年完成22.09亿元。恒大滨河左岸、新城吾悦首府、海尔广场、海尔学府等“城中村”改造项目加快推进，推动新漪汾商圈飞速发展。后北屯回迁安置项目，24万平方米回迁安置房建成，2500套安置房分配到拆迁户。玉河东街北侧18万平方米、南侧15万平方米、千峰北路西侧13万平方米回迁安置房正在建设当中。45万平方米商业综合体中30万平方米区商业综合体和人均20平方米总计15万平方米的商业综合体建设手续正在推进。随着漪汾街、文兴路、玉门河快

2019年7月，整治后的彭村路新屯巷（吕海亮供图）

速路、漪兴路、彭村路等路网建设及后北屯“城中村”改造的不断推进，兴华街道环境面貌、城市形象不断改善。（吕海亮）

【城乡建设】 2019年，兴华街道狠抓“城中村”环境整治，后北屯集中开展环境大清点、大整治行动，影响社区面貌的环境乱象得到根治，“城中村”改造范围内公共服务设施建设与改造区块同步建设，城乡融合发展进程加快推进。环保工作聚焦境内建设工地、裸露地面、扬尘道路，按照最严格的环保标准加强源头防控，全面落实“六个百分百”，靶向攻坚，精准降尘，坚决打好“蓝天保卫战”。整治城市黑臭水体，黑水河实施雨污分流，并建设河道景观。落实河长制，做好日常清洁、巡查、监管，辖区河道水环境质量进一步改善。落实“门前三包”，提升城市精细化管理水平，巩固扩大片区整治成果。城市管理联合执法常态化推进，街道执法、环保、安监、食药、环卫等部门统一调度，依法依责开展综合执法，有力打好城市管理组合拳，提升城市管理水平。数字城管实现无缝隙覆盖，城市精细化管理长效机制不断完善。（吕海亮）

【城建管理】 2019年，兴华街道彭村路新屯巷片区实施修复铺设道路、拆违拆乱拆破、整修建筑立面、封堵破墙开店、整治空中线缆、美化提升

环境、完善设施功能、文明交通治理、配套雨水管网、治理户外广告、规范店名招牌等综合整治改造。漪兴路片区全力推动“二青会”场馆周边道路交通、住宅建筑、绿化景观、公共建筑、配套设施等改造升级。玉园翠景被列为示范小区，投资150余万元进行综合整治。动员引导玉园翠景党小组、业委会带动群众集资安装小区安全监控和车辆识别系统，自发完成楼体节能保温以及院落亮化工程，开展粉饰楼体、铺设路面、规范划设停车位及修复，补种绿篱、绿地，建设休闲凉亭、长廊等营造文明氛围等一系列工作，小区面貌焕然一新，成为老旧小区整治的示范典型。

（吕海亮）

【社会保障事业】 2019年，兴华街道落实各项惠民政策。105户、146人城乡低保人员实现应保尽保。做好城乡居民医保参保工作，城乡居民养老保险参保1290人。各类救助款、补贴等全部足额发放到位，社会保障救助更加到位。完成全民技能提升工程培训100人，努力实现充分就业。计生工作以实施全面二孩政策、完善政策配套措施为主线，基层计划生育管理服务更加亲民。推进卫生计生服务大融合，家庭医生签约服务、孕前优生健康检查等扎实推进，卫生、健康和计划生育工作得到共同提高。一大批与百姓生活密切相关的社区惠民项目深入实施，涉及老年日间照料、设立老年餐桌、社区文化站建设、无物业管理小区治理等方面，各项民生事业在经济社会的发展中取得全面进步。（吕海亮）

【民主政治建设】 2019年，兴华街道推进街道人大代表活动室、社区代表联络站建设，创新方式方法，促进人大、政协各项职责的履行和工作的开展与中心工作合心合力合拍。人大代表为民办实事解难事，协调解决南小区地下管网维修、社区文化广场建设、“城中村”拆迁户子女入学问题等。政协开展“五个一”活动，支持地区教育事业，为兴华礼仪幼儿园捐赠图书，为市实验小学、市外国语学校特色社团发展建言献策、出资出力。坚持党管武装，民兵整组、征兵、国防教育等工作得到切实加强。加强和改进党对群团组织的领导，发挥工青妇、科教、老龄、残联等群团组织的桥梁和纽带作用，凝聚并肩协作、团结奋进的强大合力。

（吕海亮）

【平安街道创建】 2019年，兴华街道牢固树立安全发展理念，落细、落小、落实安全责任和安全措施。在辖区企业、市场、餐饮业、公共娱乐场所、工地等重点领域开展安全风险隐患大排查大整治行动，控制各类生产安全事故，确保安全生产大局稳定。落实信访矛盾隐患排查调处机制和信访案件“五包一”工作责任制，推进矛盾隐患大排查及突出问题大整治专项行动，解决好重点群体的合理诉求和群众反映强烈的问题。“扫黑除恶”专项斗争与兴华派出所密切配合，齐抓共管，通过深入宣传发动、全面摸排线索、集中整治乱源等系列举措，取得较大成效。开展“七五”普法，弘扬法治精神和法治文化，推进党政机关公职律师法律顾问制度，提升干部群众运用法治思维和法治方式解决问题能力，社会环境更加安定有序、和谐。（吕海亮）

2019年7月11日，万柏林区联合太原市妇联举行创建文明城市、喜迎二青盛会巾帼志愿服务活动仪式（吕海亮供图）

【文明创建】 2019年，兴华街道以社会主义核心价值观、“中国梦”、中华传统文化等内容为主题，利用户外LED电子屏、工地围挡、社区专栏等各类载体，发布“讲文明树新风”“图说价值观”等主题公益广告。常态化开展靓丽星期五活动，提高市民对创城的知晓率、支持率和参与度。建设五心好事墙、德善长廊、德馨广场、科普长廊等，推广德善文化教育。社区合唱团、摄影协会、书法协会、模特队、舞蹈队等文体活动队伍开展的各类文化活动丰富多彩，常态呈现。建立社区志愿服务站，成立时代新人志愿者服务联盟，打响志愿服务品牌，围绕喜迎“二青会”、创建文明城市等组织驻地文明单位开展的一系列志愿服务活动有声有色、扎实有效。 （吕海亮）

【思想政治建设】 2019年，兴华街道党工委推进“不忘初心、牢记使命”主题教育活动，用习近平新时代中国特色社会主义思想武装头脑、指导实践、推动工作，打造忠诚干净担当的干部队伍。开展“改革创新、奋发有为”大讨论，促进观念转变、境界提升、作风改进，增强创新驱动发展的理念和勇于担当作为的自觉。开展“班子领学、党员自学、专项促学”活动，班子成员领队牵头，带头宣讲，深入包联支部领学、导学，开展讲党课、交流会20余场。探索理论武装新途径，形成以党工委中心组学习带机关定期集中学、参加培训学、紧跟形势学、结合工作学、制度常态学、网络在线学的“一学牵引、六学互动”的理论学习方法，引导基层党组织和广大党员干部树牢“四个意识”、坚定“四个自信”，筑牢信仰之基、补足精神之钙、把稳思想之舵。（吕海亮）

【党风廉政建设】 2019年，兴华街道党工委落实党风廉政建设主体责任，支持纪委履行监督责任，在环保、安全、创城、“城中村”回迁建设等重点工作中，纪工委加大执纪监督力度，保证各项工作健康发展、落到实处。加大案件查办力度，全年函询4件，2件查否，1件转初核，1件诫勉谈话1人；立案4件，开除党籍1人，留党察看一年1人，党内警告1人，1件移送审理中。注重抓早抓小，深化廉政教育，开展班子成员、机关科室负责人、社区“两委”主干廉政提醒谈话32人次。引深廉政文化进社区活动，开展廉政书画展，打造社区楼宇廉政文化墙，筑牢拒腐防变的思想根基。紧盯形式主义、官僚主义10种新表现，边学边改，边查边改，促作风转变，促能力提升。深入推进整治群众身边腐败问题工作，持之以恒正风肃纪。 （吕海亮）

【三基建设】 2019年，兴华街道组织实施基层组织达标工程，对基层党建各项任务实行科学量化管理，推进党支部标准化、规范化建设，切实筑牢党和群众联系的前沿阵地。加强和规范党内政治生活，从严落实“三会一课”、民主生活会和组织生活会等党内政治生活制度，全面推行党支部主题党日活动，严肃政治生活纪律和政治规矩。推动社区活动场所提档升级，通过争取财政支持、协调驻地单位、开发商提供、租赁等途径有效解决社区办公用房及配套服务设施建设问题，9个城市社区、1个村改居社区的办公活动场所全部达标。建立党建工作协调委员会，分级分层与41个驻地单位签订“契约化”共建协议，以区域化党建引领区域化联动发展。在片区改造、创建文明城市等重点工作中，将“党建+”模式有机融入环境整治、志愿服务、文化宣传、文明提升中，驻地单位主动作为，积极参与，开展一系列联动共建活动，筑牢社区党支部与区域化党建成员单位之间的沟通桥梁，体现区域化党建工作的实际成果。 （吕海亮）

南寒街道

【概况】 2019年，太原市万柏林区南寒街道全力以赴稳增长、促改革、调结构、惠民生，深挖地区发展潜力，狠抓项目发展，把“改革创新、奋发有为”大讨论的成果转化为再出发的强大动力和生动实践。北寒中海项目、恒大金泽华府项目、海唐广场项目、中铁十二局棚户区改造项目等顺利推进。西山煤电在库项目有11个，多是涉及信息化及自动化改造项目，释放出转型创新的强大活力，固定资产投资完成20.1亿元，完成计划的154%。限额以上社会消费品零售额完成2876万元。规模以上工业总产值完成196.7亿元，增长1%。各项经济指标完成总额都位居全区前列。 （刘 昊）

【“城中村”改造】 2019年，南寒村南寒圣都12栋回迁楼全部回迁安置，配套设施进一步完善，按照“城中村”改造后的现代化小区进行高标准建设。西区开工建设，社区搬入新的办公场所。北寒村与中海地产的合作进展顺利，完成地下基础建设，拆得快、建得快，成为北寒村城改最大的特色。商品房一期6栋主体封顶，回迁楼7栋、商品房二期3栋，地库封顶。红沟村回迁楼6栋，5栋封顶。围绕农村集体产权制度改革，多次协商帮扶村集体开展工作，3个村成员身份确定，成立集体经济合作社，股权量化工作全部完成，农村产权制度改革工作结束。 （刘 昊）

【小区治理】 2019年，南寒街道着力打造小区治理“大家庭”。西苑北路35号建工小区探索自治模式，由数名退休干部自发担当起物业管理人员，经过小区业主委员会推选产生物业部，管理小区的日常工作。联合辖区单位召开共同创建文明社区协调会议，针对小区环境整治，召开业主委员会讨论如何整治小区乱象问题，对社区环境、卫生、治安周密计划，保证环境整洁，保障居民的正常生活。粉刷市建小区全部楼体外墙及围墙，修复破损路面，粉刷车库门，更换老年活动室大门，更换破损井盖，安装防盗门，更换垃圾桶，施划停车线。端午节开展“端午粽飘香，邻里一家亲”包粽子活动，增进邻里感情，创建和谐氛围。绘制文化墙，悬挂张贴公益广告。整治小区楼道内堆放杂物及电动车乱停放的问题。联系电信、联通等公司整治电线电缆。在中秋节、国庆节期间开展“我们的节日”“文明家庭”“身边好人”等评选活动，引导居民崇德向善，见贤思齐。开展居民自治、落实长效机制。坚持巡查机制，小区楼院长、街路长、文明巡访员及社区工作人员定期巡查，充分发挥街路长制管理功能。开展法律进小区活动，对居民进行法律、法规以及有关政策的宣传教育。 （刘 昊）

【老旧小区改造】 2019年，南寒街道将康乐小区列为重点改造小区之一，对社区环境、卫生、治安周密计划，保持环境整洁，保障居民正常生活。粉刷康乐小区30余栋楼，全部楼体外墙内墙及围墙，修复外围墙，修复破损路面，修复路牙石，修整树枝，更换垃圾桶，施划停车线。小区内制作公益广告。楼道内均张贴核心价值观宣传彩页，整治小区楼道内堆放杂物及电动车乱停放的问题。

2019年6月，康乐老旧小区完成改造（刘昊供图）

联系电信、联通等公司整治电线电缆。修建小区大门，安装门禁，划定消防通道。发动创城“五大员”作用，强化对占道经营乱象、垃圾清理运输、车辆出入停放的日常监管，引导居民共同维护小区环境，规范自身不文明行为，共创生活舒适、环境优美、功能完善的宜居小区。（刘 昊）

【环境整治】 2019 年，南寒街道与“三供一业”施工企业沟通协调达上百次，拆除小区内违法建筑 70 余处 5000 余平方米，清理小广告 10 万余条，粉刷楼体 500 余栋，清理生活垃圾和杂物万余吨，修补破损路面 6000 平方米。推进背街小巷整治工作，集中整治、拆除虎峪河沿线、千禧街、河南三巷、建筑中巷等街巷违建建筑 2650 余平方米，打造太白片区亮点街巷，金城公司商务楼、建设银行、工商银行等沿街单位、商户均高标准整治楼体，供应路等 3 条道路完成施工。集中开展虎峪河快速路及高速路周边环境卫生整治，拆除违建 500 平方米，处理沿线垃圾 30 吨，整治第五立面 3500 平方米，平整场地 1 万平方米。集贸市场、建筑工地、街道及社区文化站等整治项目也按标准扎实推进。（刘 昊）

【基层社会服务管理】 2019 年，南寒街道加强基层社会服务管理体系。强化“网格化”服务管理模式，完善组织架构、运行管理、信息支撑，组织保障“四大体系”，14 个社区中有 11 个社区建立综治中心和服务管理中心，配备网格长 89 名，实现街道社会服务管理体系全覆盖，提升基层社会管理水平和公共服务能力。开展以“平安家庭”“平安单位”等为主要内容的平安创建工作，取得明显成效。位于河南社区的社戒社康服务中心成为全市的服务标杆。（刘 昊）

【环境保护】 2019 年，南寒街道狠抓大气污染防治工作，根据扬尘污染防控要求，坚持每天早晚对工地进行检查并实行区领导、街道领导班子成员、派出所民警、环保人员、执法队员、社区干部的“工地六包一”责任制，对辖区内工地严格按照“六个百分百”要求进行排查，发现问题立即整改，督促整改问题 100 余条，下发停工整改通知书 3 份，绿化 3000 余平方米，硬化 600 余平方米。市区督察组督查环保问题 116 处，群众来信来访 97 件，全部整改完毕。推动“河长制”各项工作落实，狠抓河道常态化保洁、常规化巡查、长效化管理，守住生态底线，推进水环境治理，坚决打赢蓝天碧水保卫战。构建健康的河道保障管理机制，坚持定期巡河，开展河道垃圾“回头看”行动，实现管护工作不留盲区、不留死角、不出现反弹，力求早日达到“河畅、水清、岸绿、景美”的目标。（刘 昊）

【安全生产】 2019 年，南寒街道坚持“党政同责，一岗双责”，全面落实安全生产责任制。全年开展集中宣传活动 10 余次，强化地区群众的安全意识。加强安全监管，在辖区内全面排查安全隐患和薄弱环节，进行三轮安全督查，98 家企业排查隐患 260 余条，全部整改完毕。辖区内全年没有发生重大安全事故，安全态势平稳。食药监管方面，落实监管责任，检查餐饮企业 350 家次，查扣无证燃气罐 110 个，充气点 1 个。开展重大节假日餐饮服务食品安全检查，保障学校、幼儿园食堂及校园周边食品安全，人民健康安全得到有效保障。（刘 昊）

【文明创建】 2019 年，南寒街道定期召开创城工作推进会，集中协调解决创建工作中遇到的困难和问题，坚决做到创建工作任务、责任、人员、进度、时限、督导“六个落实”。充分利用“两微一端”、倡议书、宣传栏、标语、走家入户开展调查问卷等形式和各类宣传阵地宣传创城工作，全面提高创城知晓率、参与率和满意度。发挥驻地单位、物业、街路长和“五大员”的作用，真正使创建的过程成为群众共同参与、共享成果的过程，成为全体市民的“大合唱”。加快老旧小区整治工作，打造康乐小区、市建小区、龙城小区等示范小区。（刘　昊）

【民生保障】 2019 年，南寒街道注重解决民生实事，全年办理低保 212 户、282 人，总金额 20.95 万元。办理廉租住房补贴 75 户，困难群众临时救助 5000 元以上 21 户，金额 28.7 万元。5000 元以下 247 户，金额 28.6 万元。高龄补贴 179 人，金额 50.16 万元。新增就业 1850 人，创业带动就业 500 人，下岗失业人员再就业 950 人，就业困难对象再就业 240 人，转移农村劳动力 20 人，民生指标的完成率均达到 100%。居民养老参保目标人数为 3.96 万人，保费收入 133 万元；为 300 余名农民工讨薪 500 余万元。（刘　昊）

【“扫黑除恶”专项斗争】 2019 年，南寒街道开展“扫黑除恶”专项斗争，明确打防重点、工作目标，加强大案、要案的排查。发放宣传资料 1000 余份，张贴通告 50 余份。通过宣传，使“扫黑除恶”专项斗争工作家喻户晓。（刘　昊）

【社会治安】 2019 年，南寒街道建立矛盾纠纷大调解机制。深入开展法制宣传教育。通过开展中小学校法治教育课、开展“七五”普法、“国家安全日”“‘3·15’消费者权益日”“禁毒日”等主题日宣传活动，建设西环法制游园、社区法治长廊等多种形式，提高辖区群众的法制观念和法律意识。做好公共法律服务，推进“一村（社区）一法律顾问”工作，14 个社区全部与法律顾问签订工作协议，实现法律顾问全覆盖。发挥人民调解“第一道防线”的作用，把矛盾纠纷化解在基层、消除在萌芽状态，调解民间纠纷 63 件，成功率 100%。在信访工作中，加大排查、化解力度，做到诉求合理的解决问题到位、诉求无理的思想教育到位、生活困难的帮扶救助到位，成功化解个体访 20 余件。重点对 22 名涉军人员、3 名失独重点人员，5 名城乡建设领域重点人员，实行建档建卡动态管理疏导稳控，地区政治社会大局和谐。（刘　昊）

【党建工作】 2019 年，南寒街道党工委在 18 个基层党组织、731 名党员中开展“不忘初心、牢记使命”主题教育。通过“集中 + 自主”“规定 + 自选”“线上 + 线下”“领学 + 帮学”“查摆 + 整改”等多种途径，保证人员、内容、环节的全覆盖。围绕主题教育的总要求，坚持深学细研、融会贯通，确保政治上的清醒坚定；通过开展“三服务”活动，深入驻地企业、农村社区、基层群众身边，掌握第一手资料，形成调研报告 9 篇，解决问题 6 个；主动为民服务，一批困扰人民群众的操心事、烦心事、揪心事得到有效解决；履行党风廉政建设和反腐败斗争“两个责任”，党要管党、从严治党进一步落实，确保纪律规矩上的常态长效。

强基固本，全面推进“三基建设”。充分发挥党建引领作用，开展标准化支部建设和党建精品示范社区创建工作。确定“一社区一品牌”目

2019 年 10 月，南寒街道党群服务中心为民服务（刘昊供图）

标，“四点半阅览室”“开心沟通站”“帮困快递”等社区党建品牌，各社区党群服务中心成为地区鲜亮的名片。狠抓社区活动场所建设，河南街社区、西矿南社区搬入新址，南寒社区正按照市、区一流标准进行打造。落实“山西智慧党建”App推广试点工作，社区、非公和社会组织党组织普遍建立公众号、微信群等平台，构建高效、互动的工作体系。以纪念中国共产党成立98周年和庆祝中华人民共和国成立70周年为契机，组织开展“讴歌盛世、喜迎国庆”“同心共筑中国梦”等文艺晚会共5场，各社区开展“我与祖国同框”“我向祖国告白”等系列活动。党员志愿者开展“靓丽星期五”“共建文明城、喜迎二青会”“文明你我传递、创城大家努力”等活动。

2019年，南寒街道成立党建工作协调委员会，推行街道大工委、社区大党委制，初步构建起以街道党工委为龙头、社区党组织为战斗堡垒、社区网格为前沿阵地，驻地单位、非公企业、物业等辖区内所有领域党组织共同参与的党建协调委员会，“楼院+”“互联网+”、党建工作联席会等新兴党建模式方兴未艾，“共驻共建、学教齐抓、活动一体、和谐互帮”的区域化党建新格局逐步形成。（刘　昊）

【党风廉政建设】 2019年，南寒街道落实党风廉政建设和反腐败工作“两个责任”，严格执行中央“八项规定”精神，严守“六个纪律”。组织观看《初心泯灭的歧路》《失守的底线》，进行警示教育4次，剖析上年发生典型案例，开展自查自纠工作。加强春节、“五一”、中秋、国庆等关键节点的检查，组织对村、社区明察暗访26次。街道纪工委严格办案程序，处置案件线索9件，区纪委监委转办件5件，自查件3件，党纪处分3人，组织处理4人。（刘　昊）

【红色联盟构建】 2019年，南寒街道构建红色联盟，打造中海地产北寒项目党建品牌。规范建设党员活动室，浓厚党建工作氛围。定期召开联席会议，共抓基层党建，共商区域发展，共育先进文化，共同服务群众，共建美好家园。建立党员学习教育制度，每月集中学习不少于1次。利用共建各方的党建资源，优势互补、共融互通，通过上集体党课、互动式教学、分享式交流、体验式学习，开展党史、理想信念、党纪党规教育，组织党员认真学习习近平新时代中国特色社会主义思想，切实增强“四个意识”。运用“互联网+党建”模式，开展“e支部”“微课堂”“微故事”等，创新党员教育管理载体，开展形式多样的主题党日活动，提升服务水平，实现区域互动、数据共享、信息互通。加强纪律教育，围绕“七项纪律”组织警示教育。组织开展慰问困难群众结对共建活动。（刘　昊）

白家庄街道

【概况】 2019年，太原市万柏林区白家庄街道以发展为本，挖掘地区经济发展潜力动能。适应经济发展新常态，推进启动白家庄村整村拆除村民回迁安置、协调推动桃杏村村民安置小区二期工程顺利进行，帮助项目完善手续。开展金融小镇、

2019年12月31日，万柏林区补选第五届人大代表白家庄街道第一选区选举大会召开

（赵元新供图）

新旧动能转换示范区重点工程招商引资工作。配合相关企业部门通过增加狮子崖生态景区特色旅游等项目，完善配套设施，提高生态旅游品牌知名度，协调配合各方推进白家庄大道改造和西山国家矿山公园建设工程启动。（赵元新）

【环境治理】2019年，白家庄街道始终坚持环境治理，实施“三化”工程，开展创建文明城市活动，全力打好大气污染攻坚战。针对主街道路破损严重且道路大修工程迟迟未能启动的现状，组织全地区近千名党员干部拿起扫帚打扫灰尘，连续两天开展义务劳动，彻底扭转连续数日环保指标 PM_{10} 全区排名倒数的局面，在环保工作任务清单整治落实中，处置118单，综合得分100分，全区排名第一。取缔矸石山非法加工点15处，取缔小散乱污企业，整顿废品收购站，取缔秸秆焚烧，取缔露天集市。积极整治国际自行车赛道沿线环境，做好赛事安全秩序保障工作。完成二中小区10号楼、官地小广场、五三小区大门口、九院狼坡违建别墅及九院沙河、虎峪河西延涉及的临建、公建、民宅拆除任务，按要求全部拆除到位。拆除违法建设30处、清理拆除后的杂物80吨。清理卫生死角5000余处，清理混合垃圾1500余吨，清理积存垃圾121吨。整合城管队伍，对占道经营，户外广告等乱象严格管理，严厉打击，并形成常态化管理的良好机制。整治沿街门店市场150余次、清理乱设牌匾200余处、橱窗广告100余处、乱摆乱放300余处。结合“三供一业”改造工作，与物业公司、施工单位积极对接同向发力，促进小区环境面貌提档升级。街道社区党员干部持续开展“靓丽星期五”活动，累计清除小广告9000余条、清理垃圾死角800余处，持续改善地区环境面貌。（赵元新）

【民生保障】2019年，白家庄街道坚持关注民生，民生保障事业不断进步。全年办理城市低保162户236人。办理农村低保18户24人。办理小额临时救助366人，大额临时救助16户，低保户医疗救助18户18人。新办理残疾人证24个。实现下岗失业人员再就业97名，下岗失业人中安置“4050”就业困难人员为100名，创业带动就业人数200人。完成辖区2475人养老保险参保工作，234.26万元；办理各类计生证件161份，孕前优生检查完成11对。推进农村集体产权制度改革工作，白家庄、九院、桃杏3个村的清产核资、股权量化、股份经济合作社按要求按质监高质量完成，代表万柏林区接受国家农村集体产权制度改革督查组检查督导，得到肯定。（赵元新）

【法治建设】2019年，白家庄街道深化创建平安白家庄，弘扬法治精神普及法律知识，共建法治社会。白家庄司法所被司法部表彰为全国模范司法所。开展普法宣传，利用新媒体、开设法律咨询台、举办法律讲座等形式，组织法律宣传117次，讲座24场，受教育人数1万余人次。运用“枫桥经验”化解矛盾，累计调解50起，其中调解成功49起，成功率达98%，全部按照协议履行。安置帮教以人为本，教育优先，将心理疏导引入社区矫正日常工作中，累计接收社区矫正人员78人，解矫71人，无一人重新犯罪。（赵元新）

2019年5月26日，白家庄街办开展“2019环太原国际公路自行车赛”安保工作（赵元新供图）

【平安街道创建】 2019年，白家庄街道落实安全生产责任制，组建应急队伍，坚持值班巡查，开展安全隐患排查，开展安全生产宣传教育活动。对农村、社区居民楼层、院落的用火、用电、用气情况进行全面排查，发动居民清理小区楼道杂物。及时排除地质安全隐患，汛期来临之际，协调驻地单位及时清淤疏通河道，摸排调查危房转移安置群众。在清明节、中元节、春节防火期间，全民动员，宣传防范，卡口设防，完成护林防火阶段任务。 （赵元新）

【信访化解】 2019年，白家庄街道以稳定为要，有效化解各类社会矛盾。通过开展平安白家庄创建工作，创新信访工作思路，强化信访维稳工作措施，全年处理信访案件80余件，其中督办4件、交办2件、回复网上信访39件、回复区委大接访30件、回复区委日接访9件。特别是针对“三供一业”改造中群众反映的问题，深入居民逐户走访了解，在摸清问题的基础上与施工单位对接召开4次协调会议，居民反映的五大类问题绝大部分问题得到解决，成功化解“三供一业”改造中出现的供水、供暖、供电矛盾。在庆祝中华人民共和国成立70周年期间，街办、派出所、驻地企业、村（社区）上下联动，提高政治站位，完成保障任务。 （赵元新）

【文明创建】 2019年，白家庄街道以创建国家文明城市为契机，推动文明环境建设、道德引领、全民文明素质培育等环节，提升地区精神文明创建水平。培育和践行社会主义核心价值观，多层次、多角度宣传阐述习近平新时代中国特色社会主义思想、中华人民共和国成立史、党史教育，拓展道德讲堂、宣传身边好人、善行义举等宣传载体，推动全民文明素质提升，营造全社会向上向善浓厚氛围。开展社区文艺表演及文艺晚会活动9场，组织消防安全培训会6场、健康知识讲座9场、科技普及讲座4场。 （赵元新）

【党建工作】 2019年，白家庄街党工委狠抓学习，加强班子建设。定期召开党政联席会议，学习贯彻中央、省、市、区委有关党建工作的新要求，研究解决基层党建工作，分析推进重点工作。参加“改革开放、奋发有为”大讨论活动，扎实推进“不忘初心、牢记使命”主题教育，通过集体学习、查摆问题、调研研讨、专题讲党课，加深对群众路线的认识和把握，树牢为民情怀，坚守初心更加笃定，勇担使命更加自觉。通过观看《不忘初心、牢记使命——玉泉山公园十年建设历程》《榜样4》，现场观看壮丽70年奋进新时代“图片展”和“奋进山西彩车展”等形式，激发党员干部干事创业奉献实干的热情。九院村党支部代表太原市农村党支部接受中央“不忘初心、牢记使命”督导组检查督导，受到肯定。全年组织中心组学习12次。坚持用制度管权、管事、管人，建立行之有效的制度规范，真正让制度内化于心，外化于行，成为规范和约束班子成员履职尽责、干净干事、廉洁从政的行为准则。打牢基础，强化基层党组织建设。落实班子成员包村包社区制度，了解基层状况，发现和研究解决党建工作存在的问题。 （赵元新）

【党风廉政建设】 2019年，白家庄街道落实党风廉政建设党工委主体责任和纪工委监督责任，层层分解党风廉政建设责任目标，形成以党工委为核心，班子成员为主体的责任网络，确保党风廉政建设各项制度落到实处。突出问题导向，聚焦主责主业，通过节假日检查、日常督查，加大对村（社区）监督检查力度，巩固中央“八项规定”精神成果。定期召开基层支部书记述职述廉大会，听取基层党风廉政建设工作汇报，加强对街道机关干部、社区（村）党员干部廉洁从政教育。全年组织开展警示教育大会 4 次，集中组织观看专题警示教育片 3 次，开展廉政谈话 6 次。立案查处 4 件 6 人，形成有效震慑。（赵元新）

【双拥工作】 2019 年，白家庄街道把国防教育纳入党员干部日常教育体系，强化广大党员干部的国防观念。利用展板、LED 屏等形式，开展群众性的国防宣传教育，扩大国防宣传教育的影响面和效果。街道武装部门宣传征兵政策，适龄青年完成登记，征集优秀青年入伍，超额完成征兵任务，完成民兵集训任务。开展以爱国主义为核心，以热爱人民军队为主题的国防和双拥宣传教育，营造军爱民、民拥军的浓厚氛围。春节、“八一”期间走访慰问优抚对象，及时把政府的关心送至优抚对象家中。9 月，街道主要领导走进辖区 7 名老战士家中，为他们颁发佩戴庆祝中华人民共和国成立 70 周年纪念章。春节期间发放米、面、油慰问券 30 余张，“八一”期间发放慰问金 7500 元，为 478 名退役军人及军烈属悬挂“光荣之家”。（赵元新）

杜儿坪街道

【概况】 2019 年，太原市万柏林区杜儿坪街道按照万柏林区“四大片区”建设总体思路，推动生态修复样板区建设，以“二青会”和环太原自行车赛为契机，推进桃花沟、偏桥沟风景区建设，继续推进河龙湾村回迁安置和虎峪河西延工程。对虎峪河西延拆迁工作进行扫尾清零，182 户拆迁户过渡费 411 万余元及时全部到位，同时着力推进涉拆群众的安置问题，签订三方协议，全部置换安置。城镇固定资产投资 9058 万元。（郑　旭）

【乡村建设】 2019 年 4 月，杜儿坪街道大虎峪村农村环境综合整治开工，完成河道、道路整治，屋前屋后的绿化等配套设施建设，乡村环境卫生有了较大改观。按村庄建设规划实施，村内主干道硬化率达 100%，全村饮用水清洁卫生，饮用自来水的农户达 100%。建立污水处理系统，截污管连接各住户，生活污水收集处理率达 90%。建设 10 平方米垃圾收集池 1 个，可移动式垃圾桶 40 个，普通垃圾桶 15 个，化粪池 15 个，完成公共卫生厕所升级 2 座，完成全村农户改厕 90% 以上。

2019 年 3 月 24 日，杜儿坪街道河龙湾村召开补选第十一届村委会成员大会　（郑旭供图）

2019 年，杜儿坪街道辖区 3 个村的产权制度改革完成清产核资工作，并上报国家技术平台。两个村的“一减五增”补贴资金 3.12 万元（119 户、20.77 公顷）全部发放到位。在万名干部入企进村工作中，开展进村服务，梳理和解决问题 6 条。整治违规大棚房 4 处，完成整改。对 3 处非洲猪瘟掩埋点进行消毒。（郑　旭）

【环境治理】 2019 年，杜儿坪街道协调配合“三供一业”改造，为 6 个老旧小区 196 栋楼约 47 万平方米进行内外墙立面粉刷。整治背街小巷脏乱差的现象，对小街小巷进行路面硬化，清理绿化带及死角卫生，取缔占道经营。完成杜儿坪主街道的改造提升，解决长期存在的主路污水横流、道路破损等历史遗留问题。对标一流推进大虎峪村农村环境综合整治，从街巷道路硬化、统一门头牌匾、处理生活垃圾、开展“厕所革命”、营造宣传氛围、治理交通乱象等方面，提升村容村貌，打造生态宜居乡村。（郑　旭）

【城市精细化管理】2019年，杜儿坪街道严抓“门前三包”共建共管责任制落实，开展综合评比和星级评定，树立标杆。及时处理数字化平台案件和12319城建案卷，结案率100%。执行街（路）长制度，每周街（路）长对道路进行巡查，发现问题及时处理。开展垃圾分类、“烟头革命”“厕所革命”，对主干道立面粉饰和树木修剪，清理小广告、私搭乱建等。加大大气环境污染防治工作力度，严格落实全面禁烧散煤要求，杜绝散乱污企业死灰复燃，执行重污染天气应急预案，加强对在建工地监管，打好扬尘污染攻坚战，硬化扬尘土路2条约1000米。坚持日常环保巡查，完成对中央及省环保督察组反馈的5件环保问题整改，整改率100%。（郑　旭）

【环境保护】2019年，杜儿坪街道高度重视护林防火工作，保护地区森林资源，常备应急队伍36人，护林员63人。在春节、清明节、十月初一等森林防火特险期，严防死守，无火情发生。组织人员对护林防火通道进行维护修整，在护林防火通道西侧各2米进行除草。（郑　旭）

【民生保障】2019年，杜儿坪街道全面落实各项惠民政策。全年累计发放城市低保金180万余元，农村低保金120万余元。办理临时救助78万余元，医疗救助9万余元，各类高龄补贴12万余元，残疾补贴24万余元，廉租房补贴22万余元。严格落实国家奖励和扶助政策，落实奖扶资金7.8万余元。实现新增就业岗位1020人，城镇失业人员实现再就业565人，就业困难人员再就业190人，创业带动就业212人，转移农村劳动力40人，参加创业培训170人，城镇居（村）民养老保险2430人、199万余元。（郑　旭）

【文明创建】2019年，杜儿坪街道加大创城氛围的营造，利用各类公益广告、微信等平台，通过红马甲志愿者行动、靓丽星期五、主题党日活动等，带动周边群众以实际行动争当城市文明的服务兵，创城知晓度和参与度得到较大提升。开展“博爱一日捐”和“红十字博爱送万家”活动，捐资捐款1.5万余元。（郑　旭）

【平安街道创建】2019年，杜儿坪街道抓牢安全稳定工作，努力构建和谐辖区。全年进行安全生产大检查12次，涉及辖区企业1家，餐饮单位75家，排查安全隐患130条，现场整改100条，限期整改30条，整改率100%。摸排地质灾害隐患点12个，街道办制定防治方案和应急预案，下派专人负责隐患点监测，及时下发明白卡和避险卡，设立3个避险场所。无地质灾害事故发生。做好矛盾排查和化解工作，召开27次信访工作会议，加大责任专导力度和摸排力度，强化风险防控，妥善处理突发情况，确保辖区安全。加大食品安全宣传和检查监督力度，特别针对五小门店加大日常宣传和检查力度。加强流行病、慢性病的防控工作，开展专题宣传活动。（郑　旭）

【“扫黑除恶”专项斗争】2019年，杜儿坪街道召开11次“扫黑除恶”专项斗争工作会议，严格执行日报告制度，健全完善基础台账，24小时滚动播放扫黑除恶宣传标语，整合辖区内的社区网格员、社区民警、治安信息员等力量进行滚动式排查。（郑　旭）

【党建工作】2019年，杜儿坪街道党工委以“改革创新、奋发有为”大讨论为开局，以“不忘初心、牢记使命”主题教育为抓手，围绕党建工作目标，持续推进“三基建设”，强化落实“两个责任”，抓好党风廉政建设和反腐败工作，发挥党的领导核心作用，坚定不移推进全面从严治党。组织各支部做好“开展基层党组织书记轮训、组织开展学习、组织集体学习交流、召开找差距专题会、开展志愿服务、召开专题组织生活会、开展民主评议党员、开展承诺践诺”8个规定动作。通过个人自学、集中学习、送学上门、微信群、学习强国、智慧党建等形式，实现11个党支部339名党员100%全覆盖。通过总结和“回头看”，不断巩固主题教育工作成果，持续抓好学习教育和整改落实，做到理论学习常态化，问题整改件件有着落、事事有回音。（郑　旭）

【党风廉政建设】2019年，杜儿坪街道强化落实“两个责任”，抓好党风廉政建设和反腐败工作。加强组织领导，严明纪律规矩，强化警示教育，结合创城、环保、安全等重点工作，开展监督检查，加大问责力度。严格落实中央“八项规定”精神，驰而不息纠正“四风”，继续抓好节点，抓住重点，盯紧新特点开展专项督查。运用监督执纪“四种形态”，畅通举报平台，做好问题线索处置。配齐配强队伍，强化自身能力建设，加强政治素质和业务培训。（郑　旭）

【三基建设】2019年，杜儿坪街道按照加强三基建设要求，高度重视城市基层党建和农村党组织建设相关工作。在选优配强农村、社区带头人上下功夫，做好软弱涣散党组织整顿和提升。完成大虎峪村和河龙湾村的村委会主任补选工作。完成河龙湾村党支部软弱涣散整顿工作，11月初通过评估验收，进入巩固和提升阶段。加强社区活动场所建设，新建5个社区活动场所，建成后4个社区服务中心面积达1000平方米以上，

2019年12月3日，改建后的大虎峪村委会（郑旭供图）

3个社区服务中心面积达500平方米以上，全部达标。（郑　旭）

西铭街道

【概况】2019年，太原市万柏林区西铭街道坚持以习近平新时代中国特色社会主义思想为指导，贯彻中共十九大和十九届二中、三中、四中全会精神，开展“不忘初心、牢记使命”主题教育工作。落实省、市、区各项决策部署，贯彻在“两转”基础上全面拓展党的建设和党的事业新局面。以实施“三化工程”为载体，协调推进区委“五大行动”重要部署，切实做到改革创新、奋发有为，坚持稳中求进工作总基调，推动高质量发展，奠定西铭文旅小镇的建设与发展的新基石。4个重点建设项目进展正常，全年完成固定资产投资额10.73亿元。（王晋丽）

【农村建设】2019年，西铭街道引导农民发展农业、科学种植，有效保护水土不被流失，协助上级部门发放上年度粮食补助款和“一减五增”补助款，安排对2019年农户确权耕地种植面积的摸底，宣传并落实“一减五增”种植结构的调整政策和宣传安全使用农药的相关知识。落实农产品质量安全工作，继续宣传禁养政策，自上年非洲猪瘟在某些地区发生以来，持续对辖区内养殖户有无养猪情况进行摸排，每周对生猪掩埋区进

行喷洒消毒。（王晋丽）

【农村集体产权制度改革】 2019年，西铭街道贯彻落实中央和省、市委关于深化农村改革的决策部署，推进农村集体产权制度改革，坚持问题导向，强化思想认识，稳妥推进西铭地区农村集体产权制度改革工作，按时保质完成各阶段工作任务，维护村集体经济组织及其成员的合法权益，促进农村经济社会转型跨越发展。完成清产核资、身份确认、折股量化三个阶段任务，其中清产核资工作通过省、市、区的验收。（王晋丽）

2019年10月19日，太原市聘请的第三方清产核资验收组对农村集体产权制度改革清产核资工作进行考核验收（王晋丽供图）

【城市精细化管理】 2019年，西铭街道对辖区所有沿街门店印发“门前三包”责任书及“共建共管”责任书500余份，动员全街道沿街各门店、单位共同参与，落实共建共管责任，做到制度上墙、责任入心，辖区环境更加洁净、有序。加大对占道经营的检查执法力度，对辖区主次干道、街区违法占道进行全面清理，规范临时摊点，整治占道摊点200余起、取缔游商小贩2000余次，店外经营及门前堆物60余处。对辖区内道路两侧及重点部位、主要街道的各类门牌和橱窗广告开展全面整治行动，对陈旧、字迹不清、破损等不符合要求的门牌进行整改，整改门头牌匾130处、清理布标广告90余条、清理橱窗广告900余条。（王晋丽）

【市容市貌管理】 2019年，西铭街道高度重视创建全国文明城市工作，制定《西铭街道创城“三项攻坚”行动工作方案》，街道党工委每天早上8点组织召开创城工作例会，与村、社区及驻地单位共同研究解决工作中遇到的问题和困难，并提出下一步工作目标。协调调动狮头水泥厂人财物对其下辖的5个生活小区进行全面整治，粉刷楼道、清理小区内垃圾和小广告，对破旧道路进行全面修补。协调易安居、电石苑等相关单位投资180万元，对社区内部进行拆违治乱，拆除私搭乱建1000余平方米，对居民楼内外墙面全部进行粉刷。贯彻落实“三清理”要求，每天按时清理垃圾，铲除小广告等，不定时组织检查组到村社区检查，抓好督查落实。开展背街小巷整治，开城街硬化路面900米，马路、便道均铺设完毕。在各街巷安装灭烟器，为商铺增加自行车和电动车停车位。对开城街3号院、9号院、15号院、20号院、28号院进行深入清理，并做到日常保洁。组织各村社区对辖区卫生死角定期或不定期逐一排查和整治，形成长效管理机制。每周开展“靓丽星期五”活动，组织辖区居民进行“清洁家园、文明劝导”志愿服务，带动广大群众投身创城之中，营造全民共创的浓厚氛围。（王晋丽）

【环境治理】 2019年，西铭街道贯彻绿水青山就是金山银山的理念，全力以赴打好蓝天、碧水、净土三大攻坚战，提升城市环境管理水平，推进环境质量持续改善。严格施工扬尘监管，对9个施工工地建立管理清单，将工地扬尘污染防治纳入文明施工管理范畴，严格落实“六个百分之百”要求，达不到要求的工地一律不得开工建设。从严控制渣土运输污染，街道环保站配合区城管局、区交通局、区综合执法队、综合应急大队、

2019年5月31日，万柏林区四大班子成员及有关单位负责人，对西铭街道万科春和景明工地扬尘污染治理进行观摩　（王晋丽供图）

矿业执法大队、交警万柏林二大队在三岔口设点对渣土运输车辆联合执法。对S104省道增加机械化清扫、清洗、喷雾洒水等抑尘作业的频次，对小街小巷实施专人定期清扫保洁，提升道路清洁度。整治秸秆、垃圾焚烧污染，坚持疏堵结合，加大政策支持，建立完善秸秆还田，收集、储存、运输社会化服务体系，基本形成布局合理、多元利用、可持续运行的综合利用格局。加强"禁煤区"建设，加大燃煤小锅炉排查力度，一经发现，立即取缔。全面排查污水偷排漏排行为，推进水环境质量改善。做好玉门河沿岸排水口排查整治工作，推进水体持续改善。　（王晋丽）

【就业服务】2019年，西铭街道贯彻市、区经济工作会议精神，促进农村劳动力转移就业和农民工就业创业，开展以"促进转移就业，助力脱贫攻坚"为主题的春风行动，结合实际情况，创新活动方式方法，高标准完成目标任务。城镇新增就业人员350人，创业带动就业人员100人，失业人员再就业人员170人，就业困难人员再就业50人，农村劳动力转移就业人员40人，全年城镇登记失业率控制在4%以内。　（王晋丽）

【民生保障】2019年，西铭街道围绕"以人为本、为民解困、为民服务"的工作目标，贯彻落实党的惠民方针、政策，全年办理农村低保189户，月支出保障金19.12万元。城市低保户122户，月支出保障金12.58万元。临时救助345人次，发放救助金30.6万元。为3户困难群众办理慈善助学，为西铭敬老院残疾人送去辅助器具18件，对辖区内残疾人开展残疾人家庭签约医生服务，完善残疾人精准康复服务工作，完成残疾人基本服务和需求数据动态更新工作。　（王晋丽）

【安全生产】2019年，西铭街道组织各驻地企业，各村、社区工作人员开展119安全消防宣传月活动，为群众发放宣传资料，根据辖区农村的特点进入庙会现场为群众发放安全知识手册，组织各村、社区及企业相关人员学习《中华人民共和国安全生产法》《山西省安全生产条例》等法律法规。与辖区4个村、2个社区及驻地企业签订安全生产目标责任书和安全承诺书，加强对安全责任的量化考核，提升安全生产管理体系。全年检查企业238家次、排查出隐患238余条，对有隐患的企业下达隐患通知书，督促其进行整改，配合区督查组进行3轮督查。联合市场监管局、食药监站对辖区饭店、单位食堂进行多次全面排查，并对排查出使用甲醇燃料的13家单位进行登记。　（王晋丽）

【打非治违】2019年，针对西铭地区煤层浅、露头煤多的特点，西铭街道专门设立打击私挖滥采常备队伍，加强进行日常巡查，未在辖区发现私挖滥采行为。联合执法队及交警队对玉门河快速路非法占道经营进行取缔，配合区应急局、公安分局、环保局对原电石厂北侧发现5个液氯罐进行处置。　（王晋丽）

【护林防火】2019年，西铭街道在进入防火期后，及时在各村、各社区、各重要地段对群众进行宣传、张贴及发放宣传单，并在重要路口安排检查人员对入山的群众进行疏导和教育。建立24小时值班制度，保证通信畅通，在清明、“五一”“十一”、进入冬季等防火特险时段随车携带灭火物资，每日进行防火巡查，完成护林防火任务。（王晋丽）

【法治宣传教育】2019年，西铭街道以提高广大干部群众的法律知识水平为目标，结合创建平安和谐社会活动，开展法治宣传教育。全年培训人民调解员3期、120多人次，培训内容以人民调解法为主，并结合案例讲授有关调解业务知识和调解技巧，经过培训，提高人民调解员的业务能力，为维护基层社会稳定打下坚实基础。进行法治宣传8次，分发普法资料1200多份，现场解答法律咨询40人次。（王晋丽）

【矛盾化解】2019年，西铭街道坚持“预防为主、调防结合”的方针，对全街道的矛盾纠纷进行大排查、大调解，筑牢第一道防线，把矛盾纠纷化解在基层、消灭在萌芽状态。全年受理调解各类民间矛盾纠纷205件，其中婚姻家庭纠纷92件，邻里纠纷79件，损害赔偿纠纷5件，合同纠纷2件，房屋宅基地纠纷12件，其他纠纷15件，调解率、调解成功率均达100%。经调解的纠纷案件，当事人均能自觉履行调解协议。（王晋丽）

【党建工作】2019年2月，西铭街道贯彻中央和省、市、区委部署安排，在全街道各村、社区、非公企业及机关党支部开展“改革创新、奋发有为”大讨论，开展“不忘初心、牢记使命”主题教育活动，增强“四个意识”、坚定“四个自信”、做到“两个维护”。学习习近平新时代中国特色社会会主义思想，做到坚守理想信念、初心使命不动摇。严格要求全街道党员干部学原文、悟原理，坚持学用结合、知行合一，全年组织党员干部集中学习19次，领导班子成员讲党课16次，通过学习研讨、调查研究解决群众反映突出问题11条，深入基层开展“三服务”活动，为辖区百姓办实事21件。

西铭街道党工委通过开展支部建设提升年，围绕支部建设标准化、规范化目标，各支部按照党员活动室打造标准，基本完成“三会一课”“主题党日”制度上墙，围绕“喜迎‘二青会’、创建文明城”“不忘初心、牢记使命”“庆祝中华人民共和国成立70周年”等主题，开展主题党日活动60余次，参与人数达500余人次，为辖区党员提供交流学习、干事创业的良好氛围。通过设立整治干事创业精气神不够，患得患失，不担当不作为问题意见箱，配备1名政治过硬、作风过硬的党员干部担任意见箱专职管理人员，定期开箱查收信件，将干事创业、担当作为的工作作风落到实处。由于西铭街道风声河村是信教群众聚居村，信教人数占全村总人口数97%，存在党员教育管理不到位、党员人数少的问题，为全面提升农村基层党组织组织力，推动农村基层党组织全面进步全面过硬，街道党工委根据风声河村实际情况制定整顿方案，派出整顿工作组、第一书记，并由区级包联领导、结对部门给予帮扶与支持，通过两个月的整改提升，风声河村新增2名入党申请人，党员干部的个人素质、宗旨意识、党性修养、服务能力显著提高，工作作风转变，群众满意度明显提高。（王晋丽）

【党风廉政建设】2019年，西铭街道党工委严格落实“一岗双责”，将廉政教育的内容作为主题教育的重要内容，加强党风党纪教育，推动反腐倡廉建设。组织开展警示教育讨论活动，通报中央和省、市、区违法违纪典型问题，组织观看警示教育片《红色通缉》《初心泯灭的歧路》《失守的底线》等，为机关公职人员、在职党员和各村社区“两委”干部购买《漫说形式主义官僚主义》《公职人员廉政教育手册》等书籍207册，全年开展廉政教育19次，通过学习不断提高广大党员的廉洁自律自觉性。街道纪工委牢牢把握监督第一职责，形成常态化巡查检查机制，对发现的问题线索及时提出整改意见，对涉嫌违纪的问题线索进行核查。紧盯元旦、春节、中秋和国庆等时间节点，狠抓“四风”隐形变异、改头换面等新问题不放松，在反对形式主义、官僚主义上狠下功夫，深入各村、社区对落实中央“八项规定”精神的情况进行专项检查。对群众反映强烈的问题，深挖细查，全年受理举报件20件，问题线索12件，其中立案审查办结6件，党纪处分9人，政务处分1人，组织处理8人，使广大党员干部知敬畏、存戒惧、守底线，习惯在受监督和约束的环境中工作生活。（王晋丽）

东社街道

【概况】2019年，太原市万柏林区东社街道坚持改造提升，推进城乡融合发展。启动袁家庄、上庄、大岩村的回迁安置楼建设，上庄安置点3#、4#楼主体封顶，1#、2#、5#、6#完成二层主体工程，袁家庄安置点1#、2#完成正负零施工。启动石膏矿及周边棚户区改造，完成规划调整、编制可研报告，拆除原石膏矿厂区、办公区全部建筑2万平方米。启动圪獠沟村中唐市场搬迁、土地收储等工作。石膏厂街西延、玉兰大道全线通车。完成装备园中路、北排洪沟北街等道路建设摸底工作。完成西机路下穿工程招标、圪獠沟自来水加压站选址、20千米自行车赛道维修及两侧绿化美化整治工作。固定资产投资完成15.84亿元，工业产值完成22.56亿元。（裴魏伟）

2019年9月30日，东社街道党员群众举行升国旗仪式（裴魏伟供图）

【城乡建设】2019年，东社街道全面推进城市精细化管理。发放“门前三包”责任牌725份，全面提升城市管理效能。开展“两下、两进、两拆”城市风貌专项整治工作，拆除各类非法广告，规范LED电子屏，拆除违建5240平方米，修复围墙77万平方米，立面粉刷约2160平方米。接收处置各类城市管理案件2860件，清运建筑垃圾渣土5420立方米，清运生活垃圾、混合垃圾1.33万吨，拆除违法广告牌匾564块。加强对露天烧烤的综合整治，取缔占道经营、伸舌头经营、无证摊贩206处，营造整洁有序的经营环境。

实施城市“双修”战略工作。完成南寨村台湾地27.7万平方米渣土山治理，修建蓄水池一座，种植白三叶、灰灰菜、二月兰等地被植物27.7万平方米。完成南寨路、上庄北路两条1700米土路的扬尘治理。完成风声河下游玉泉东路至北排洪渠段2000米河道垃圾清理、污水改排等黑臭水体治理。完成上庄村近百亩基本农田治理，清理积存的垃圾1万多立方米。（裴魏伟）

【转型发展】2019年，东社街道围绕高端装备制造产业园区建设，做好园区范围内招商引资工作，助推高质量转型发展，新能源汽车制造产业园区项目、绿地科技小镇项目基本落地。58同城、

保利地产、万国汽贸、山西国信文旅项目或已签订框架协议或已缴纳保证金。（裴魏伟）

【农村集体产权制度改革】2019年，东社街道完成10个村级组织的农村集体产权制度改革清产核资、农村集体经济组织成员身份确认工作，出台各村级集体组织股权量化的实施方案，村集体经济股份合作社选举工作全部完成。完成近2000平方米的铝厂社区办公楼建设。（裴魏伟）

【生态环境保护】2019年，东社街道坚决打好污染防治攻坚战。对辖区43个工地按照“六个百分百”开展扬尘污染治理专项行动，对违反环保工作的个人和行为进行停工整改，完成拆迁工地沿线裸露地面绿网苫盖96.93万平方米，设置围挡2.33万平方米。开展“百日清零”专项行动，发现整改问题104处，取缔散乱污35处。对环保部督查组要求上报的73家散乱污企业逐一排查，全部取缔或进行整改。以“绿水青山就是金山银山”理念，推进玉泉山城郊森林公园建设，全年投资7000万元，完成废弃矿山治理、浮坡治理21公顷，停车场草坪换种15.73公顷，种植樱花、梅花等各类花木16万余株。完成“大棚房”问题专项清理整治，拆除设施农用地、疑似图斑违建面积9.84公顷，复垦9.84公顷。（裴魏伟）

【民生保障】2019年，东社街道持续扩大社保覆盖面，审核、审批办理城乡低保43户58人；办理医疗救助6人次，重度残疾人补贴354人，困难残疾人补贴31人，临时救助54人、9.09万元，审核审批廉租住房补贴14户，为7名“4050”大龄灵活就业人员办理社会保险补贴。完成城镇实名制就业登记517人，转移农村劳动力登记59人，完成全民技能提升培训600人，完成城乡居民养老保险缴费4366人，发放养老金1798人，完成城乡居民医疗保险缴纳1.3万余人、330余万元。（裴魏伟）

【文明创建】2019年，东社街道围绕创建全国文明城市总体要求，深入推进“九乱”专项整治，开展双月攻坚志愿者服务，实施“双月攻坚”13项攻坚行动和点位达标提升、环境综合整治、生活小区小广告整治“三项攻坚”行动，完成对铝厂巷、石膏厂街东段等6条背街小巷、铝厂小区等22个生活小区的综合整治。完善街道综合文化站、少年宫、12个村（社区）综合文化服务中心设施。开展农村环境综合整治，清理各类垃圾8354.8吨，规划停车位4560个，取缔占道经营965处，整修绿化带5.29万平方米，修复路面7578平方米。（裴魏伟）

【“扫黑除恶”专项斗争】2019年，东社街道深入推进“扫黑除恶”专项斗争。开展专项斗争摸底排查，全年排查6个行业4类重点人群累计50次，排查整治乱点2个，未发现黑恶线索。围绕中央“扫黑除恶”第二督导组反馈的6个方面19项问题和3条整改意见，制定落实整改措施，确保整改工作转化为深入推进“扫黑除恶”专项斗争的实际成效。（裴魏伟）

【平安街道创建】2019年，东社街道倾听群众诉求，对反映的事项进行调查核实化解，密切党群干群关系。按照安全生产“党政同责、一岗双责”“三必管”要求，累计排查企业70次，排查隐患108处，责令停业整顿2家，全年未发生重大安全生产事故。对学校、幼儿园、餐饮行业用餐环境日常监管，查封无证幼儿园18家，取缔无证小作坊11家。保持防火防汛、地质灾害防治高压态势，确保全区安全形势稳定向好。（裴魏伟）

【主题教育】 2019年，东社街道党工委多措并举，全覆盖推进“不忘初心、牢记使命”主题教育，围绕习近平新时代中国特色社会主义思想，武装头脑指导实践，开展集中学、错时学，充分利用微信群、送学上门等形式搭建学习平台，组织广大党员自觉学习新思想、自觉运用新思想、自觉践行新思想。党工委所属16个支部，488名党员全覆盖参加主题教育，围绕“找差距、抓落实”解决群众急难愁盼的南寨村煤改气补贴等8条困难。

开展“改革创新、奋发有为”大讨论。坚持以上率下，带头解放思想，带头查找问题，带头整改提升，结合工作实际，开展谈心谈话、征求意见建议，共查摆整改问题14个。坚持以大讨论对标一流促发展，对照“六个破除”找差距、明方向，对标一流，稳妥推动城边村改造提升、片区建设、污染防治、创城、精细化管理、安全生产、信访稳定、社会治理等工作。（裴魏伟）

【党建工作】 2019年，东社街道党工委以习近平新时代中国特色社会主义思想为指引，开展《中共中央关于加强党的政治建设的意见》等党内法规制度专题学习。开展“学条例、强堡垒、做表率”“深入进行党性分析、不断加强党性锻炼”“讲党课、话改革、鼓干劲、谋发展”“学习党内法规制度、严肃党内政治生活”等主题党日活动。培育和践行社会主义核心价值观，开展文明单位创建、与朝北社区结对共建活动，参加庆祝中华人民共和国成立70周年歌咏比赛，选树时代新人，引导广大党员干部增强“四个意识”、坚定“四个自信”、做到“两个维护”。

软弱涣散党组织专项整治。按照“四包一”帮扶工作机制，一村一策，强基固本，研究制定整治方案，强化问题导向，联村区级领导入村调研管总、包村街道班子成员包村推进、驻村第一

2019年9月，东社街道铝厂社区党群服务中心为民服务（裴魏伟供图）

书记驻村跟进、结对区直部门结对扶进，通过跟踪整治、扎实推进一系列整治措施，圪獠沟、枣尖梁、南寨、上庄、大岩等5个软弱涣散党组织11月底通过验收销号。

推进三基建设，调整优化基层党组织设置，完善中共太原市玉泉山管理有限公司委员会非公企业“两个全覆盖”工作，撤并2个无党员的非公党组织。扩大党组织的全覆盖，确保凡是有党员的地方就有党的组织，凡是有群众的地方就有党的工作。提升基层党组织工作质量，按照基层党组织建设三年行动方案，12个党支部基本实现达标。严肃党员教育管理，11个村（社区）党支部规范化、制度化开展“三会一课”，持续压实党建基础。（裴魏伟）

【党风廉政建设】 2019年，东社街道组织学习中纪委十九届三次全会、省纪委十一届四次全体会议、市纪委十一届四次全体会议、区纪委五届四次全会精神，提高机关全体党员干部和村（社区）“两委”干部的政治意识和纪律意识。开展监督检查、组织开展廉政教育、警示教育活动。节日期间重点就各村（社区）落实中央“八项规定”精神、采取措施整治“四风”问题等情况开展监督检查。通报省、市、区纪委的典型案例，组织班子成员、纪工委成员对市纪委内部通报的纪检干部违纪案例进行学习，切实增强村（社区）“两

委”主干、街道干部的纪律意识和规矩意识。针对查处的两起行政处罚案例，在街道大会和支部党员会议上对党员干部开展警示教育，教育党员干部树牢底线意识，增强法律意识和纪律意识，做好表率。开展监督执纪问责。综合运用“四种形态”，把谈话提醒、约谈、思想政治教育作为教育干部的主要手段和方法，严肃党内政治生活，推进从严治党。全年约谈干部15人次，收到问题线索47件，了结6件，立案审查3件6人（办结2件），组织处理3人，党纪处分2人，另有4人相关违纪问题移送审理。（裴魏伟）

化客头街道

【概况】 2019年，太原市万柏林区化客头街道学习贯彻习近平新时代中国特色社会主义思想和中共十九大，十九届二中、三中、四中全会精神，开展“不忘初心、牢记使命”主题教育，深入群众着力解决重点问题，完成全街117个单位和127个个体户普查工作，合格率100%。全年实现工业生产总值3.87亿元，完成固定生产投资3845万元，实现破零目标。（张永利）

【项目建设】 2019年，化客头街道的国际自行车赛道环境整治项目，完成赛道沿线内的建筑拆除、建筑外立面整治、垃圾清运、环境卫生、村

2019年5月，化客头村引进的新品种钙果首次种植成功（张永利供图）

庄风貌整治、绿化等工作。首创“两个一”，山体两侧景观均人工削坡打造，是万柏林区赛道整治中唯一一家削坡治理。建筑垃圾填埋治理工程项目，占地面积44.3万平方米，对垃圾堆进行削坡排险、筑坝砌石、挖填土方，完成工程量的63%。玉泉山新扩园绿化项目，总面积152.94万平方米，绿化面积177.33万平方米，在街道办配合下绿化率达50%，治理山体破坏面积17万平方米。西山枫情城郊森林公园项目，面积1720万平方米，与万柏林区政府正式签订西山枫情城郊森林公园建设项目协议，市政府正式将西山枫情城郊森林公园建设项目列入太原市西山综合治理建设城郊森林公园项目，化客头街道敬老院成功入驻。（张永利）

【农村建设】 2019年，化客头街道加强采煤沉陷区综合治理，完成9个村2388户村居民移民搬迁工作。化客头村杏树园、山楂树年年挂果、岁岁披红，引进新品种钙果，初次种植即成功。新道村20公顷核桃基地，挂果多年，满足内需的同时，推动做大做强。赛庄村以“农民丰收节”推特产、展成果、谈项目，推动农业农村经济发展。开展农村干部学历提升工程，将各村“两委”主干扩大到“两委”成员，纳入到学历提升计划中，50余人学历得到提升，培养造就一批用得上、有文化、懂经营的农村干部队伍。（张永利）

【环境保护】 2019年，化客头街道高标准、严细节打造“山上”“山下”两个功能齐全、内容各具特色的综合文化站，并全部开放，受益人群全覆盖。调动全街力量投身“创城”“蓝天保卫战”“两进、两拆、两下”活动中。与西铭矿、怡安居物业携手对老旧小区点位8栋楼，进行立面粉刷，粉刷面积3000余平方米，11栋楼前违规炭池集中拆除。更换破损门头19块，推行“街

路长制”“门前三包”责任制，与60户商户签订“门前三包”责任书，商户门前卫生有效改善，占道经营、伸舌头现象有效遏制。持续推进扬尘污染防治攻坚战，实行轮班夜查、洒水降尘，裸露地面排查苫盖，累计苫盖绿网12.91万平方米，动用人员力量2427人次，车辆587车次，清理垃圾1295处、948吨。对环保督查中的问题立行立改，强化对辖区内企业排查整治，环境质量显著改善。（张永利）

【政策惠民】2019年，化客头街道保障城乡低保393户595人得实惠，落实农委移民搬迁后60岁以上老人补贴政策，412名老人纳入保障范围，幼儿园大中专院校教育补贴持续跟进。坚持扶贫与扶智、扶济、扶志相结合，开展全民技能、素养提升工程。推荐农业人员248人参加技能培训，搭建百姓文化舞台，配合文体局开展文化、法律、科技下乡活动。（张永利）

【矛盾化解】2019年，化客头街道农村产权制度改革、农村清产合资工作，一度在最复杂最易引起群众矛盾的、争议的成员身份认定卡壳，引发回迁信访矛盾，村干部干群关系僵化、利益矛盾冲突，党工委、办事处，顶住压力做工作，多方协调成功化解矛盾，明确集体资产的产权主体，群众明白自己拥有的资产、资源份额，确保群众得实惠。（张永利）

【安全生产】2019年，化客头街道众志成城打好“护林防火牌”。会议常常开到田间地头，做到组织到位。发放告知卡、承诺书8000余份，宣传单万余份，流动广播宣传千余次。各村、社区各卡点标配灭火弹、水壶、铁锹，做到物资到位。护林员全员上岗，日巡夜查，有效降低火情的发生，全年无任何火情发生，做到预防到位。党政

2019年7月，化客头街道举办群众文艺会演（张永利供图）

同责从严、从实、从细抓好安全生产工作，私挖乱采有效遏制，趋少渐无。道路交通、燃气安全、食品药品领域专项整治，成效明显，全街道安全生产形势总体稳中向好。（张永利）

【基层党建】2019年，化客头街道党工委把思想政治工作、群众工作和从严教育管理党员工作落实到基层党支部，组织支部书记定期集中培训，规范“三会一课”等制度。增强支部学习主阵地建设，严肃党内政治生活，发现苗头性、倾向性问题及时“咬耳、扯袖”，把“红红脸、出出汗”作为工作的新常态，常抓不懈，建章立制，不断加强基层党支部建设。加强政治建设，严格规范党内政治生活制度，增强“四个意识”、坚定“四个自信”、做到“两个维护”，始终与党中央保持高度一致。强化意识形态工作，建立以党员为主体的网络舆情队伍，弘扬社会主旋律、凝聚正能量。履行党建“第一责任人”的职责，发挥纪工委的监督责任，狠抓党风廉政建设。适时开展集中谈心谈话警示教育和“以案促改”典型案例剖析会，用身边事教育身边人。落实三基建设，提升两委能力，整顿软弱涣散党支部，营造风清气正政治生态。

运用远程教育平台每周定期开展听课学习，利用微信群、智慧党建App等新媒体平台，定期发布学习内容，组织学习讨论，确保全街道党员干部按要求参加全部学习活动，接受组织教育。

“不忘初心、牢记使命”主题教育开展以来，班子成员下基层讲党课 11 次、受教育党员 341 人。街道突出主题教育的统筹谋划，采取机关党员集中学、外地党员线上学、老弱党员上门学、退休党员联络学等方式，确保每名党员都纳入学习范围，参加到主题教育中。（张永利）

【政企党建联动】 2019 年，化客头街道与驻地单位西铭矿签订区域化党建共创共建协议，政企联动，形成党建工作优势互补、资源共享、共驻共建、事情共商、活动共办的新格局。利用春节、端午节、“八一”建军节、国庆节等重大节日活动，借助西铭矿人员居住集中、场地便利的优势，组织大虎沟社区携手西铭矿开展一系列教育意义深刻、思想内涵丰富的文化交流活动，实现党建资源共享。在发展党员工作中，与西铭矿党支部及时沟通联系，以高效率、就近办公为企业工人与街道辖区居民入党提供便利条件。在创城攻坚阶段，大虎沟路存在占道经营、道路破损严重，经街道与西铭矿沟通，西铭矿出资 200 多万元完成原有道路改造。完成 1 处菜市场的整治，为居民生活提供便利。西铭矿废旧锅炉房年久并已停用，周边环境卫生脏乱差，多次组织会议研究，街道出资为其掩埋垃圾，进行环境整治；西铭矿老旧小区内，兴建于二十世纪五六十年代堆满杂物、污水横流、垃圾遍地的 3000 余个炭池，经过近一月的拆除，解决出门难的问题，实现治理和党建发展共赢。（张永利）

长风西街街道

【概况】 2019 年，太原市万柏林区长风西街街道立足新起点、抢抓新机遇，深入学习贯彻习近平新时代中国特色社会主义思想、中共十九大和十九届四中全会精神、习近平总书记视察山西重要讲话精神，落实省委十一届九次全会精神、市委第十一届七次全会和区委五届八次全会部署要求，围绕中心服务大局，开展“不忘初心、牢记使命”主题教育和“改革创新、奋发有为”大讨论。拓宽全新经济增长点，完成固定资产投资 56.9 亿元，完成规模以上工业企业总产值 5435 万元，社会商品零售额 47.9 亿元。（王一明）

【城乡建设】 2019 年，长风西街街道确定新庄北路、大王南路、大寨路等 24 条道路进行市政道路建设和改造，完成南上庄路网拆迁 2400 余平方米，完成区三馆建设项目摸底拆除 1 万多平方米，拆除河西中部污水处理厂门面房 1.75 万平方米，清理新庄北路（公园五号西侧）土方 1 万余立方米，完成对吴家堡北街、大王南路、新庄北路（南上庄西街至九院沙河南岸）、大寨路四条土路的申请修建上报工作，推进办理蘑菇棚户区改造工程 58 户拆迁户的安置手续。（王一明）

【义井集贸市场改造提升工程】 2019 年，长风西街街道结合文明城市创建工作，开展义井集贸市场改造提升工程。针对义井“小吃一条街”脏乱差，严重影响周边居民正常生活的问题，通过拆除义井北一条、义井北一巷两侧违建，升级改造保留下来的集贸市场，畅通消防通道，整治地区乱象，从而提高周边居民的幸福指数，打造令人民群众满意的民生工程。（王一明）

【环境保护】 2019 年，长风西街街道全面实施工地扬尘污染“五包一”，连续一个月开展 24 小时巡察，取缔复烧散煤单位 60 个，督导检查在建 27 个工地落实“六个百分百”情况 560 次，对 446 家企业开展污染源调查，发现及整改问题 480 余条，补充密网苫盖 3.5 万平方米，开展环保普法宣传 103 次，普法讲座 75 次，受教育人数达 2.6 万人次。开展社会绿化，新增绿地 1.59 万平方米，新增绿植 1750 株，建成市级绿化先进住宅小区 1 个，空气质量有效改善。（王一明）

【社区建设】 2019 年，长风西街街道狠抓服务设施和惠民项目建设，投资 112.26 万元建设实施 13 个惠民项目，包括智慧社区建设、社区设施维护等。运用大数据、互联网整合社区各项业务与服务资源，推广社区“全岗通”服务模式，推行“最多跑一次”基层便民体系建设，为居民提供快捷服务。发挥西岸社区首个老年大学作用，丰富授课内容，拓宽授课形式，扩大授课范围，探索社区养老服务新模式。丰富辖区文化生活，建立各类文化活动室 16 个、健身队伍 5 个，建成科普 E 站 1 个，各社区联合驻地单位组织庆祝中华人民共和国成立 70 周年主题文化活动 10 场，送戏下乡惠民演出 4 场，春节、元宵系列活动 11 场，弘扬时代主旋律。组织全民终身学习活动 350 次，全面整合无证幼儿园 29 家，关停取缔 4 家。开展志愿活动，“二青会”期间组织 311 名志愿者在双工服务站及阳光志愿服务 U 站提供保障服务。关注疾病预防，创建慢性病防治健康社区 3 个，防控幼儿园手足口疾病 1 起，开展健康知识培训 1 次。南屯、南上庄、新庄、小王 4 个村改居社区完成第一阶段清产核资工作，并通过市、区级验收。（王一明）

2019 年 6 月 12 日，长风西街街道丽华社区组织辖区老年人开展端午节主题活动（王一明供图）

【民生保障】 2019 年，长风西街街道扩大就业，新增就业人数 1705 人，创业带动就业人数 458 人，城镇失业人员再就业人数 1078 人，就业困难人员就业人数 233 人。加大社会救助，低保在保 71 户 91 人，累计发放低保金 68.79 万元。大额临时救助 9 户 18 人，发放救助金 10.1 万元。为 16 户提供廉租房住房保障。开展“慈善一日捐”和“博爱一日捐”活动，筹集善款 14.36 万元，开展“博爱送万家”活动惠及 70 人。丰富老年生活，开办老年大学 3 所，重阳节慰问老人 79 人。成立退役军人服务保障工作站，摸底统计退役军人 2400 人，在“八一”、春节等重大节日开展慰问，走访军属 121 户，发放慰问金 1.5 万元，悬挂光荣之家牌匾 1500 家，退役军人免费上大学资格认定 14 人。开展计生奖扶政策，发放奖励金 72.4 万元。开展计生特困家庭和失独家庭节日慰问，发放慰问金 1.07 万元。（王一明）

【文明创建】 2019 年，长风西街街道全面推进文明城市创建工作，抓重点、攻难点、强弱点、堵漏点、出亮点，定期召开创城晨会统筹部署工作，逐项攻破老旧小区疑难问题，拆除违建 7000 余平方米、菜地 5000 余平方米、消除城乡接合部环境脏乱差现象，整改完善第三方测评中发现的问题。率先推行街路长制，全面铺开门前三包和精细化管理工作，18 条背街小巷整治任务全部完成，24 个老旧小区基本达标，打造南上庄西街背街小巷示范街巷，开展义井集贸市场改造提升工程和汇锦花园小区环境提质工程。

强化“四化”工作理念，推进工作机制制度化、操作规范化、成果长效化、目标精细化，固化街路长制和“门前三包”责任制工作模式，完善数字平台处理案件标准和流程。引进蓝泰、鸿泰两家公司，完成环卫体制改革，提升环卫保洁和市容秩序标准，清理混合垃圾 4 万余立方米，铲除各类广告5000余处，清除卫生死角1500余处，清理花池1500余平方米，立面粉刷10万余平方米，为居民营造干净、整洁、有序的生活环境。（王一明）

【司法调解】2019年，长风西街街道充实人民调解员力量，建立人民调解委员会12个，增设人民调解员37人，成功调解纠纷70起。开展社区矫正对象监管教育帮扶工作，接收社区服刑人员22人，接收刑满释放人员24人，定期开展教育学习，有效维护社会稳定。注重普法教育，开展普法宣传103次，组织普法讲座75次，进行法律培训24次，受教育人数2.6万人。（王一明）

【安全生产】2019年，长风西街街道按照“党政同责、一岗双责、失职追责”的要求，坚持“安全第一，预防为主，综合治理”的方针，开展网格化管理，明确社区网格负责人和网格员。发放安全普法宣传材料4000余份，与企业、商铺、饭店签订消防承诺书2516份，组织安排培训54次、应急演练19次。开展安全生产排查，检查各类经营户900余家，发现隐患223条，辖区未发生较大的生产安全事故。（王一明）

【基层党建工作】2019年，长风西街街道结合长风西街地区党政机关多、楼宇商圈发展快等实际，着眼全域推进，整体提升，逐步构建区域统筹、条块协同、上下联动、共建共享的城市基层党建新格局。发挥街道党工委在城市基层党建工作中“龙头”作用，成立长风街道党建协调委员会，与成员单位签订共建共驻协议，建立需求清单、资源清单、项目清单18份，并对照清单双向认领、双向服务。吸纳非公经济组织，新成立房来房往党支部和山西第一物业党支部，为基层党建注入新鲜血液。落实区楼宇党建重点工作推进会精神，摸清辖区华润大厦、晋玦国际、海盛科技等楼宇内党支部，为发挥楼宇产权、物业单位“牵头带动”作用做实基础。引领各基层党组织立足实际、探索党建品牌特色，创建“一支部一品牌”活动。丽华社区党支部以党建为核心，以公益为亮点，并行社区居民衣食住行学说艺调8大特色服务，搭建“N”平台，探索出1+1+8+N服务模式。地矿社区党支部秉承‘抓党建促家建，正家风助党风’的理念，以家风文化为切入点，努力营造党风正、政风清、家风好、民风淳的社区生态环境。西岸社区党支部与山西省地震局等4家驻地单位通过“三个清单”进行资源整合，把社区党建工作打造成多方位、全覆盖的党建系统网。长兴南街社区党支部利用华润大厦党群服务中心年轻党员多、活力强的特点推进“社区＋企业”志愿服务常态化。小王社区党委联合万水澜庭小区物业通力打造小王社区党群服务中心，为辖区居民沟通交流提供便利的平台。（王一明）

【安全和谐】2019年，长风西街街道全力维护社会和谐，深入开展“扫黑除恶”专项斗争和社会稳定风险隐患排查大整治专项活动，全面构建街道—社区—网格三级服务管理体系，从源头上预防和减少社会矛盾。（王一明）

【党建工作】2019年，长风西街街道党工委探索党建品牌特色，建成长风西街街道党群服务中心，打造党建文化长廊，11个社区党群服务中心全部挂牌，并创建“一支部一品牌”活动。构建区域化党建工作格局，与太原市公安局特警支队、山西省地质工程勘察院、山西六建集团有限公司等34家成员单位签订共建共驻协议，成立非公经济组织房来房往党支部和山西第一物业党支部，打造“楼宇、商圈党建”特色示范点华润大厦党群服务中心，联合驻地单位建设党建工作示范点。签订党员承诺书700余份，推动党员知其责、做其事、扬其长，发挥党员先锋模范作用，完善基层党建，共同服务群众。精心组织活动，通过重温入党誓词、“不忘初心、牢记使命”主题党课、专题学习、过政治生日、向机关党员赠书及党务知识测试等一系列活动庆祝中国共产党成立98周年。（王一明）

【党风廉政建设】2019年，长风西街街道党工委严格落实监督责任，及时传达省、市、区纪委全会精神，结合实例开展警示教育活动9次，覆盖街道全体干部。开展违反中央“八项规定”精神和纠正“四风”问题监督检查，严抓日常作风，在重要时间节点对社区进行突击检查，力促党员干部守规矩、讲纪律。发挥延伸执纪监督职能，开展“漠视群众利益”专项整治活动，设立举报箱11个，对转办和收集的举报问题线索进行台账管理，依纪依规、从严从速办理审查调查工作，全年接收各类转办件和自收件21件，立案审查8件，党纪政务处分16人。（王一明）

神堂沟街道

【概况】2019年，太原市万柏林区神堂沟街道以习近平新时代中国特色社会主义思想为指导，全面贯彻中共十九大和十九届二中、三中、四中全会精神，习近平总书记视察山西重要讲话精神，稳中求进，以“五大行动”为统领进行片区建设，实施“三化”工程，建设文明、开放、富裕、美丽神堂沟，抢抓发展机遇，在建新建项目4个，开工率100%。完成社会消费品零售额450万元，同比增长21%。完成固定资产投资8.09亿元，完成规模以上工业总产值3817.3万元。（张　杰）

【城乡建设】2019年，神堂沟街道贯彻落实区“两会”精神，打造温泉产业链，做好片区整体规划，完善基础设施，优化周边环境，拓展发展思路，推进片区建设，着力发展建设开发旅游、教育、温泉、医疗、康养、村民安置及配套住宅建设项目。寨沟社区完成确权工作，神堂沟社区正在进行确权，完成万亩生态园黄坡村私搭乱建违法整治工作和神堂沟社区拆违治乱工作，对神堂沟社区土地进行重新规划。（张　杰）

【国兴社区服务站建设】2019年，神堂沟街道推进国兴社区服务站和养老中心建设项目，新建面积2300平方米的国兴社区服务站和养老中心，共4层，含养老中心、便民大厅、党群服务中心、社区居民活动中心、老年餐厅等场所。（张　杰）

【背街小巷整治】2019年，神堂沟街道加大辖区背街小巷整治力度，确定黄坡南街为重点改造背街小巷，按照背街小巷治理标准逐项整改，更换路牙，对围墙进行美化，拆除集装箱房10处，拆除废弃水泵房1座。清除养蜂点1处，并新建黄坡南街小游园，完善基础设施，规范公共秩序，对黄坡南街墙体进行美化，增设创城宣传版面，引导树立良好文明风尚，完成精细化整治，创建特色化示范街巷。（张　杰）

【特色文化站建设】2019年，神堂沟街道办与驻地企业西峪煤矿协商，在西峪综合服务楼二层原西峪社区职工俱乐部，设计并规划文化站各功能室，完善配套设施，以“一厅五室”的总体功能布局，高标准建成总建筑面积1300平方米的神堂沟街道综合文化站。设有党员教育等5个功能室，还设有极具特色的文体活动大厅，整合舞蹈排练、健身运动、电影放映、乒乓球活动等功能。文化站室外健身广场面积达500平方米，配备有完善的体育设施器材。文化站建成以来，围绕社区居民需要，组织开展各类活动60多场次，受益群众2000余人次，促进全街道经济文化事业健康协调发展。（张　杰）

【农村建设】2019年，神堂沟街道开展“大棚房”整治行动，全面排查整治辖区内农业用地非农化现象，巩固整治成果。推进农村集体产权制度改革，成立改革领导小组，制定工作方案，出台意见，对各村进行宣传动员和业务培训，开展农村集体资产清产核资、集体经济组织成员身份确认、折股量化、成立农村股份经济合作社等工作。清产核资工作结束，并通过市、区两级组织的验收。（张　杰）

【环境保护】2019年，神堂沟街道高度重视生态文明建设。加强辖区扬尘管控，辖区3个施工工地严格按照“六个百分百”进行施工，明确工地“六包一”责任人。加大巡查及整改力度，执行环保日巡夜查制度。为防治乡村土路扬尘，硬化神堂沟社区神泉北街西延道路1千米。裸露土堆及拆迁工地裸露地面全部苫盖，辖区绿网覆盖总面积150万平方米，扬尘治理工作取得成效。加强对已整改“散乱污”企业的检查监管，每日对辖区库房、企业进行巡查，防止“散乱污”企业死灰复燃，专项攻坚战以来，拆除、关停、整改影响环境的“散乱污”企业30余家。检查督促辖区内所有餐饮企业，按要求加装或及时更换油烟净化装置、污水净化装置，达到排放标准。开展生态环保宣传系列活动，通过发放宣传资料、悬挂条幅、电子标语、车辆播音等宣传手段进行环保宣传，提高辖区居民环境保护知晓率和参与率。整治燃煤、烧垃圾、烧落叶、烧秸秆等各类污染环境问题，加大查处力度，做好教育宣传，辖区环境明显好转。（张　杰）

【民生保障】2019年，神堂沟街道加大扶贫帮困救助力度。新增就业人数1200人，创业就业人数320人，失业再就业人数600人，就业困难再就业人数160人，转移农村劳动力人数20人，缴纳城镇养老保险913人，城镇居民医疗保险6500人。做好城镇，农村低保对象排查工作。对低保对象排查率100%。四季度城市低保符合条件的共68户79人，月需保障金6.86万元，其中新增1户1人，停保1户1人。未参保人员生活补贴1人，累计补贴金额7200元。临时救助221人次（其中低保对象39人次），累计救助金额18.71万元。廉租住房补贴15户，累计救助金额12.06万元。打造社区养老中心，加大养老中心场所建设，组织志愿者队伍开展与‘困难、空巢、孤寡、残疾”老人结对关爱多种形式的活动，形成人人关爱老年人的浓厚氛围。全年办理居家养老卡审批115人，高龄老人64人，发放补贴金额1.91万元。开展“慈善一日捐”活动，捐款7.85万元。组织红十字的“博爱一日捐”活动，捐款1130元，发放米、面、油等慰问品。开展“博爱送万家”救助物资发放活动，为85户贫困居民送米面和食用油，总金额1.25万元。（张　杰）

【武装部工作】2019年，神堂沟街道坚持党管武装，做好民兵整组、兵役登记和征兵工作。开展民兵政治教育、技能培训、军事训练等学习课目，组织民兵参与辖区护林防火、防汛防灾等应急任务。征兵工作通过宣传动员、初审初检、体格检查、政治审核、入户走访等程序严格筛选，为部队输送合格士兵。进行退役人员和其他优抚对象信息采集工作，建立台账，详细了解退役人员基本情况，登记参战参试人员、转业志愿兵（士官）、伤残军人等发放慰问金、慰问品、生活困难救助等资金。设立军队退役人员服务站，接待、受理退役军人诉求问题，发放退役军人光荣牌 10 块，采集退役军人信息，开展退役军人续接工作，发放相关信息宣传资料 100 余份。

（张　杰）

【文明创建】 2019 年，神堂沟街道推进创城工作，上下因点施策，合力突出重点、攻坚难点，发挥“五大员”作用，着力构建“五三三”合力攻坚模式，推动“九乱”整治提档升级，打响清理小广告、清理垃圾死角、点位达标提升“三个攻坚战”，以创城带动各项工作提升。街道多次征求党员代表、居民代表的意见建议，梳理问题清单，对症下药，逐步完成 10 个老旧小区，11 条背街小巷的整治工作。高标准打造总建筑面积 1300 平方米的神堂沟街道文化站，文化站建成以来，开展各类丰富多彩的群众性文化娱乐活动。经过全街道上下的共同努力，城市面貌大为改观，城市环境品质显著提升，形成人人参与、人人共建、人人共创的良好氛围。（张　杰）

【平安街道创建】 2019 年，神堂沟街道坚持打防结合、预防为主、专群结合、依靠群众，构建打击有力、防范有效、控制有方、管理有序的工作机制，逐步引深创建平安神堂沟活动。工作中及时发现和掌握群体性事件的苗头和动向，做到预警在先、措施得力，及时发现问题，把矛盾纠纷化解在萌芽状态。利用综治网格化平台，实施治安隐患大排查大整治、“打黑除恶”“禁毒严打”等专项活动，强化辖区治安管理，提供便民“一站式”服务。（张　杰）

【社会事业】 2019 年，神堂沟街道科教文卫群团事业实现全面发展。在万柏林区组织的“奋进新时代、美丽万柏林”锣鼓大赛中，该街道取得第五名的成绩。组织社区开展清明祭奠活动，辖区 3 家符合看护点的无证幼儿园设置为幼儿看护点并上报区教育局，校外培训机构排查巡查和专项治理“回头看”工作，开展第 22 届全国推广普通话宣传周活动，将“推广普通话，推行规范汉字”的国策宣传到位。组织各社区参加万柏林区体育场地的普查，各社区开展科普日宣传活动，投资兴建 1000 多平方米的街道和西峪社区文化站。开展校外办学机构的排查整治工作，为辖区 2 名民办教师办理退休补助，完成区文旅局对 3 个社区的基层群众文化培训，参加区卫生局组织的创建省级慢病综合防控区示范区工作。开展主题为“共推厕所革命、共促卫生健康”的卫生健康知识宣传活动，营造“人人参与、人人受益”的浓厚氛围。开展全国第四次经济普查培训，录入法人单位 407 个，个体户 4 个。（张　杰）

【司法工作】 2019 年，神堂沟街道加强普法宣传教育，司法工作扎实开展。开展纠纷调解工作，成功调解 50 余起纠纷。开展帮教安置工作，加强对邢释人员的教育管理，安置帮教人员无一脱管漏管。加强法治宣传工作，组织大型法治宣传活动 6 次，制定法治宣传版面 3 块，悬挂横幅标语 5 条，设咨询台 3 个，散发宣传资料 500 多份，受教育面达 95%，使辖区居民的法律意识、法制观念进一步增强。（张　杰）

【防火防汛】 2019 年，神堂沟街道与各村、社区及驻地单位签订《护林防火责任书》，实行班子成员包村、村干部包重点区域和山头地块，护林员包片责任制。街道、各村（社区）分别组建护林防火应急队伍，配备专用车辆、通信及扑火防护等工具。清明节、十月初一期间，街道主要领导每日两次深入各卡点检查、指导、督促防火工作，指导预防和扑救措施的落实，使辖区护林防火工作始终保持在安全状态，确保无重大火灾、火情发生。做好地质灾害点的防汛检查，组建 30

人的防汛抢险队伍，完善编织袋、铁锹、雨衣雨鞋等防汛抢险物资储备，进行排水管网的清障疏通，实施汛期24小时值班制度，做到汛前检查有底数，汛期抢险有预案。（张　杰）

【安全生产】2019年，神堂沟街道开展安全生产专项行动，消除安全隐患，实施“党政同责、一岗双责、失职追责”责任制，年初与7个社区签订《2019年度安全生产目标责任书》，开展老旧小区安全隐患检查、燃气安全专项整治工作，通过企业自查、社区全面大检查、街办重点检查等方式，抓好辖区库房、出租屋的安全隐患排查、夏季消防安全大检查、游泳场所消防安全和防溺水安全、汛期地质灾害隐患点排查及棚户区危房排查等。强化安全教育培训，开展安全生产月专题活动，接受群众咨询200余人次，发放宣传资料1000余份。（张　杰）

【信访化解】2019年，神堂沟街道畅通信访渠道，维护地区和谐稳定。落实一把手负总责的信访工作领导责任制，做好不稳定因素的排查和调解工作，将矛盾化解在萌芽状态。完善信访接待工作机制和程序，健全领导干部信访接待日制度，领导干部包村制度，实行人人接访、时时接访、处处接访，做到上下一体、统一部署、齐抓共管、形成合力。网上信访案件20余件，全部按要求办结，满意率100%。节假日重大节点严格落实“一对一”“五包一”制度，信访秩序规范，把矛盾化解在基层。（张　杰）

【“改革创新、奋发有为”大讨论】2019年，神堂沟街道党工委围绕“六个破除”“六个着力”“六个坚持”，掀起“改革创新、奋发有为”大讨论热潮。利用微信公众号等新媒体平台，通过LED电子屏、大型喷绘、悬挂横幅标语等方式，全力推进活动开展。召开基层党支部书记对标一流述职评议会、民主生活会、组织生活会。在大讨论活动中，全力打造亮点工作、特色工作，扎实办好40余件民生实事，推动扩大开放，招商引资、引才引智，打破封闭保守、自我循环的固化格局。（张　杰）

【主题教育】2019年，神堂沟街道党工委聚焦“不忘初心、牢记使命”主题，把握“守初心、担使命，找差距、抓落实”总要求，把学习教育、调查研究、检视问题、整改落实四项措施贯穿始终。强化组织领导，把握根本任务，围绕学习贯彻习近平新时代中国特色社会主义思想开展学习教育。对照习近平新时代中国特色社会主义思想和党中央决策部署，对照党章党规，对照初心使命，深刻反思剖析，列出初步问题清单和整改措施。解决农村（社区）基层党组织软弱涣散、党员教育管理宽松软、基层党建主体责任缺失问题，全面提升农村基层党组织战斗力。开展调查研究，真心诚意听取意见，认真检视问题，将“改”字贯穿始终。召开3次集中学习研讨会，结合主题教育所学和自身工作，交流学习和工作中的经验和体会。（张　杰）

【“扫黑除恶”专项斗争】2019年，神堂沟街道严密部署“扫黑除恶”专项斗争，召开领导组（及联席）会2次、推进会5次、工作例会4次、职能科室会议6次，村社区召开工作会8次，街道与各村社区签订“扫黑除恶”责任书，并由班子成员牵头，组织派出所干警、包社区干部、相关负责人对所包社区、分管领域、重点群体开展“问题”和“苗头”的双重梳理和摸排。街道党工委书记，办事处主任分别与村（社区）支部书记、村（社区）主任一对一逐个谈心谈话，强调政治站位，强化责任担当，并将“扫黑除恶”与基层组织建设相结合，根据“回头看”工作要求，对7个社区两委班子成员全面排查摸底，最终认定3名问题人员，将其清理出两委干部队伍，强化基层政权建设，筑牢防黑防恶堤坝。（张　杰）

【党建工作】 2019年，神堂沟街道党工委坚持把党的政治建设摆在首位，增强“四个意识”、坚定“四个自信”、做到“两个维护”，从政治上把大局、看问题、干工作、抓落实，以党的政治建设统领各项工作，确保街道发展稳定，确保各项工作始终沿着正确政治方向前进。落实管党治党主体责任，党工委书记带头上党课，并通过中心组学习、党支部集中学习等多种形式学习习近平总书记视察山西重要讲话精神、中共十九大和十九届四中全会精神、党章、宪法等，做到深学深悟、常学常新。全年街道中心组带头学习22次，专题学习8次，集体学习16次。各基层党支部进行专题学习50余次，推动学习贯彻中共十九大精神和习近平总书记讲话精神不断深入。

街道党工委注重加强领导班子自身建设，树立全局一盘棋思想。落实中心组学习和党政联席会等制度，完善落实党风廉政建设责任制、个人重大事项报告、约谈提醒等制度，贯彻民主集中制，抓好班子成员、社区党支部书记和全体党员干部学习。个人分工与集体领导结合，增强班子号召力，实行领导班子包社区制度，加强一线调研跟踪指导，领导班子调研50余次。（张　杰）

【党风廉政建设】 2019年，神堂沟街道党工委全面加强党风廉政建设，强化“两个责任”落实，制定“两个清单”，责任层层落实。党工委书记与班子成员、班子领导与分管部门、村（社区）负责人层层签订《党风廉政建设责任书》，并通过述职述责、签字背书、检查考核等方式向各社区、各部门传导压力，督促下级党组织制定落实党风廉政建设“两个责任”，并及时开展廉政教育谈话，实现谈心谈话经常化、全覆盖。全年累计开展集体廉政提醒谈话4次，个别谈话提醒50人次。收到行政违法转办案件2起，立案3人。收到信访举报新线索2条，组织作风纪律检查18次，累计受教育人员达400多人次。组织观看警示教育片，加强全街道党员干部对《中华人民共和国监察法》《中国共产党纪律处分条例》《中国共产党党内监督条例》等一系列关于廉洁自律各项规定的学习教育。（张　杰）

【群团工作】 2019年，神堂沟街道团委、工会、妇联、关工委、老龄工作稳步推进。加强团支部建设，开展学雷锋志愿服务、青年大讲堂、健康讲座和区域化团建等活动。工会将日常帮扶、专项资助和节日关爱结合起来，开展结对帮扶、节日慰问活动。妇联开展下基层、访妇情、办实事，儿童权利倡导和儿童保护等一系列丰富多彩的活动。开展老龄工作，通过走访慰问、举办健康知识讲座、发放爱心一键通手机等举措，营造敬老、爱老、助老氛围。关工委开展中华经典诵读、做时代新少年当“二青会”小号兵、“礼赞新中国、奋进新时代”庆祝中华人民共和国成立70周年文艺演出。（张　杰）

党政机关

·中共山西省委机构编制委员会办公室·

【概况】 2017年1月20日，中共山西省委机构编制委员会办公室机关及办属单位办公地点由长风街30号省政府行政办公中心搬迁至滨河西路山西焦煤集团双创基地。2019年，中共山西省委机构编制委员会办公室深入贯彻落实中央和省委决策部署，为持续完善党政机构职能体系、不断推进治理体系和治理能力现代化提供有力的体制机制保障。 （李建刚）

【主要工作】 2019年3月底，中共山西省委机构编制委员会办公室全面完成山西省党政机构改革。改革后，全省党的领导体系、政府治理体系得到重构性健全，党的领导力、政府执行力得到系统性增强，为全省在“两转”基础上全面拓展党的建设和党领导的事业新局面提供了有力制度保障。全面完成承担行政职能事业单位改革，积极推进从事生产经营活动事业单位改革，统筹谋划推进公益类事业单位重塑性改革，有效确保事业单位对机关支持保障作用的有效发挥。深化乡镇（街道）机构改革，努力构建简约高效的基层管理体制。清理规范厅级领导职数，在全国率先探索市级党政部门领导职数实行总量控制、动态调整的办法。充分发挥机构编制在管理全流程中的基础性作用。 （李建刚）

【领导名录】 2019年，中共山西省委机构编制委员会办公室领导班子成员：主任李建刚，副主任张吉祥，一级巡视员郭晋明、张立煌，二级巡视员吕双牛、任宏、宋保平（2019年9月退休）。 （李建刚）

2019年10月14日，山西省机构编制系统培训班开班 （李建刚供图）

·山西省自然资源厅·

【概况】 2019年10月27日，山西省自然资源厅正式挂牌成立。位于太原市万柏林区望景路3号。全系统坚持以习近平新时代中国特色社会主义思想为指导，开展“不忘初心、牢记使命”主题教育和“改革创新、奋发有为”大讨论，旗帜鲜明加强党的政治建设。积极保障全省转型发展，全力服务重大项目用地。加大煤层气管理体制改革力度，推进自然资源部委托试点向国家综合改革试点迈进。（苗国华）

【主要工作】2019年，山西省自然资源厅落实占补平衡政策，严守全省5757万亩耕地保护红线。坚持煤炭“减优绿”，依法关闭过剩产能矿井18座、退出产能1895万吨。开展京津冀周边及汾渭平原重点城市废弃露天矿山生态修复，推进国家山水林田湖草生态保护修复试点，开展56个矿山地质环境治理项目。办理不动产登记证书54.5万本(不含农村)。开展大棚房问题清理整治、打击非法违法用地用矿、违建别墅问题清查整治和扫黑除恶专项斗争。实施“两山”工程，完成造林521.04万亩。（苗国华）

【领导名录】山西省自然资源厅领导班子成员：党组书记、厅长周建春，党组副书记、副厅长省绿化委员会主持日常工作的副主任（正厅长级）任建中，党组成员、省纪委监委驻厅纪检监察组组长田永明，党组成员、副厅长武耀文、袁同锁，副厅长赵福义，一级巡视员王晓立，二级巡视员赵勤正、武国强。（苗国华）

·山西省人力资源和社会保障厅·

【概况】2019年，山西省人力资源和社会保障厅系统贯彻习近平总书记关于民生工作的重要指示批示，不忘初心、牢记使命，重大改革持续推进，政策体系日趋完善，保障水平稳步提升，民生基础更加稳固。（王振兴）

【主要工作】2019年，山西省人力资源和社会保障厅系统召开全省“人人持证、技能社会”推进会，举办首届全省技能大赛，人社部汤涛副部长给予高度评价，指出“山西提出的‘人人持证、技能社会’是职业培训工作的一大创新，山西的经验在全国范围可学习、可复制、可借鉴”。

就业局势总体稳定。全省城镇新增就业55.7万人，转移农村劳动力40.2万人，分别完成全年目标任务的121.1%、121.9%。社会保障制度改革推进。落实中央减税降费决策部署。养老、失业、工伤三项社会保险共为企业减负162.7亿元。人才人事工作加强。实施高技能人才开发工程，全省新增高技能人才培训基地8个、技能大师工作室21个，新增高技能人才4.49万人。

劳动关系和谐稳定。推进根治欠薪攻坚行动，欠薪案件、涉及人数、涉案金额同比下降82%、87%、85%，在国务院保障农民工工资支付工作考核中位列全国第一方阵。人社扶贫工作扎实推进。实施培训就业扶贫行动，支持劳务品牌培训和有组织劳务输出，培育发展63个劳务品牌，全省转移农村建档立卡贫困劳动力10.22万人，完成全年任务的128%。（王振兴）

2019年8月2日，山西省“人人持证、技能社会”推进会召开　（王振兴供图）

【领导名录】2019年，山西省人力资源和社会保障厅领导班子成员：党组书记、厅长卢建明，党组成员、省纪委监委驻厅纪检监察组组长李广禄，党组成员、副厅长贺德孝、吴海亮、师广卫，一级巡视员王建文、王荣，二级巡视员张永东、杜玉书、高芮星、鲍贵财。（王振兴）

·山西省文化和旅游厅·

【概况】2019 年，根据《中共山西省委办公厅、山西省人民政府办公厅关于印发〈山西省机构改革实施方案〉的通知》，省文化厅、省旅游发展委员会组建山西省文化和旅游厅，不再保留省文化厅、省旅游发展委员会。同年 10 月 28 日正式挂牌成立。其中，原省旅游发展委员会于 2017 年 2 月搬迁至万柏林区，省文化和旅游厅于 2018 年 10 月搬迁至万柏林区。（李　青）

【主要工作】2019 年，山西省共实现旅游总收入 8026.92 亿元，文化旅游战略性支柱产业地位进一步巩固。发展全域旅游，成功举办全省第五次旅游发展大会，成为全国第 8 家省级国家全域旅游示范区创建单位。丰富产品供给，新增 1 家 5A 级、7 家 4A 级旅游景区，评定 175 个"三个人家"。彰显文化自信，"奋进山西"国庆彩车获"华美奖"，成功举办第二届山西艺术节、全省群众文化系列活动，一批优秀作品获"五个一工程"奖、群星奖、文华奖提名。完善公共服务，完成县级文化馆、图书馆总分馆制建设任务共 171 个，基层综合性文化服务中心 17911 个，新建、改扩建旅游厕所 1077 座，免费送戏下乡完成 16628 场。强化综合监管，完成省、市、县级文化市场综合行政执法改革，开展 A 级景区服务质量和环境质量双提升行动。加强项目建设，全年重点推进建设项目 175 个，完成投资 124.33 亿元。助力脱贫攻坚，全面铺开 300 个乡村旅游扶贫示范村建设，联合制定《金融机构支持旅游扶贫示范村建设方案》，《山西省旅游扶贫地图》完成上线，推进农特产品进景区。（李　青）

【领导名录】2019 年，山西省文化和旅游厅领导班子成员：党组书记、厅长盛佃清，党组书记、副厅长（正厅长级）张健，党组成员、副厅长郑中夏、李贵、王琳、戎劲光，党组成员、省纪委监委驻厅纪检监察组组长张瑞，副厅长级干部陈少卿，一级巡视员李荣钢，二级巡视员李钢、张卫东，党组办主任、二级巡视员冀保胜。（李　青）

2019 年 2 月，山西省文化和旅游工作会议在太原召开　（李青供图）

·山西省审计厅·

【概况】2016 年 5 月，山西省审计厅迁入万柏林区。2019 年，山西省审计厅依法履行职责，完成政策落实跟踪审计、扶贫审计、民生审计、财政、财务收支审计、投资审计、外资项目审计、企业审计、金融审计、资源环境审计和经济责任审计

2019 年 2 月，全省审计工作会召开（秦旭供图）

10大类140项审计任务，报送各类审计报告、专题报告、信息等254篇，领导批示91篇次，提出建议645条，推动建立健全规章制度24项。截至2019年年底，设有省委审计委员会办公室秘书处和21个内设机构，22个派出机构，6个事业单位。编制403名，实有人员333人。（秦　旭）

【领导名录】 2019年，山西省审计厅领导班子成员：王亚、孙翔。（秦　旭）

·山西省医疗保障局·

【概况】 2019年，山西省医疗保障局始终坚持以习近平新时代中国特色社会主义思想为指导，以“保基本医疗、保基金安全、保可持续、防廉政风险”为主线，以“提高经办服务能力、提高人民群众获得感”为目标，努力开创医疗保障工作新局面。截至年底，全省医疗保险参保3266万人，其中职工医保702万人，城乡居民医保2564万人。2019年全省医保基金总收入472.4亿元，支出449.51亿元，统筹基金累计节余277.11亿元。（王任飞）

【主要工作】 2019年，山西省医疗保障局开展打击欺诈骗取医疗保障基金专项治理，全年检查定点医药机构38121家，检查覆盖率100%。加强医保定点协议管理和对医疗行为、费用的智能监控。深化医保支付方式改革。防范基金收支穿底风险。

同年，山西省医疗保障局开展药品耗材集中带量采购和使用试点工作，推动建立药品耗材全流程网上阳光采购新机制，推进医疗服务价格分类改革，推动药品耗材价格下降。（王任飞）

【领导名录】 2019年，山西省医疗保障局领导班子成员：党组书记、局长、一级巡视员刘中雨，党组成员、副局长李栋军、刘磊、冯智、康中南，二级巡视员王新民。（王任飞）

2019年4月3日，山西省“打击欺诈骗保维护基金安全”集中宣传月活动启动仪式举行
（王任飞供图）

·山西省扶贫开发办公室·

【概况】 2017年1月21日，山西省扶贫开发办公室搬迁入万柏林区。2019年，山西省扶贫工作紧盯攻坚深度贫困重点，集中解决“两不愁三保障”突出问题，强化巩固提升和风险防范两大支撑，高位推动、持续发力，分类指导、统筹推进，年度减贫任务顺利完成，“两不愁三保障”突出问题静态清零、动态保障，“十三五”易地扶贫搬迁建设任务全面完成，巩固提升取得新进展，实现脱贫攻坚决战决胜。（刘源源）

【主要工作】 2019年，中央和省市县各级投入153.21亿元，项目库储备项目8.8万个、837亿元。出台解决“两不愁三保障”突出问题、做好易地扶贫搬迁后续扶持工作及加强扶贫资产管理等重要文件，持续释放攻坚深度“一县一策”政策红利，推动八大工程二十个专项行动（即特色产业扶贫、易地扶贫搬迁、培训就业扶贫、生态补偿脱贫、社会保障兜底、基础设施改善、公共服务提升、社会力量帮扶工程），认定扶贫龙头企业426家，光伏扶贫收益惠及36.39万贫困户，

2019年6月26日，山西省扶贫办在武乡太行干部学院开展“不忘初心、牢记使命、脱贫攻坚、善做善成”主题党日活动　　（刘源源供图）

退耕还林48.1万亩，兑现补助7.1亿元，累计完成整村搬迁3345个，完成9.27万贫困人口转移就业培训、10602个贫困村提升项目。建立完善返贫防贫预警机制，狠抓问题整改，有效防范和化解各类风险隐患。同年，剩余17个贫困县（16个国家扶贫开发工作重点县、1个省级扶贫开发工作重点县）全部脱贫摘帽，918个贫困村全部退出，23.9万人脱贫，贫困发生率降到0.1%以下。贫困地区农村居民人均可支配收入为9379元，同比增长13.7%，高出全省3.9个百分点，高出全国2.2个百分点。　　（刘源源）

【领导名录】 2019年，山西省扶贫开发办公室领导班子成员：党组书记、主任刘志杰，党组成员、副主任张玉宏、张建成、龚孟建，二级巡视员张伟勤。　　（刘源源）

·太原海关·

【概况】 2018年4月，山西出入境检验检疫局划入太原海关，以太原海关名义对外办公。2019年，太原海关以习近平新时代中国特色社会主义思想为指导，落实海关总署工作部署和山西省委、省政府工作要求，服务山西开放型经济发展，各项工作平稳有序推进。　　（宋　阳）

【主要工作】 2019年，太原海关落实国务院稳外贸稳外资工作部署，对接省委、省政府提出的扩大开放新思路、新要求，出台稳外贸稳外资34项工作举措。全年山西省进出口总值1446.89亿元，同比增长5.7%。支持太原航空口岸新开国际航线，支持大同、运城、五台山航空口岸临时开放，助力大同云岗机场获批正式对外开放，促推太原国际邮件互换局（交换站）正式运营，监管中欧班列102列。扶持进出口企业做大做强，帮助山西进出口企业享受税收优惠政策，减免税款1.18亿元。支持富士康各公司开展苹果手机和主板模组全球维修业务，助推跨境电商新业态发展，支持太原获批设立跨境电子商务综合试验区。　　（宋　阳）

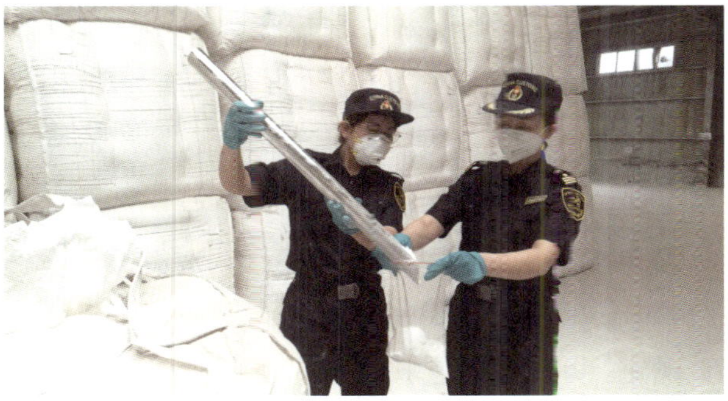

2019年5月15日，太原海关关员查验出口化工产品　　（宋阳供图）

【领导名录】 2019年10月25日，经海关总署党委研究决定，太原海关党组改设党委。调整后的领导班子成员：党委书记、关长高继科，党委成员、党委纪检组组长张军，党委成员、政治部主任赵锦芳，党委成员、缉私局局长单恒，党委成员、副关长林跃飞、丁三寅、单恒、丁传民（12月任职）。　　（宋　阳）

·中共太原市纪委监委·

【概况】 中国共产党太原市纪律检查委员会、太原市监察委员会于2017年3月10日由市委、市政府大院迁入万柏林区新晋祠路111号。2019年，太原市纪委监委深入贯彻中央纪委、省纪委和市委全会精神，牢记初心使命，认真履行协助职责，突出强化政治监督，督促全市党员干部切实做到“两个维护”。落实政治过硬、本领高强要求，打造忠诚干净担当纪检监察铁军，努力推动全市纪检监察工作高质量发展。（饶文波）

【主要工作】2019年，太原市纪委监委协助市委制定《太原市党员干部不作为慢作为问题监督问责办法》，问责党组织45个，党内问责104人。深化拓展纪检监察体制改革，促进制度优势转化为治理效能。制定《太原市纪委监委派驻机构日常监督实施办法（试行）》，29个派出机构立案数、处分人数同比分别增长141.9%、135.1%。制定《太原市处置诬告陷害行为暂行办法》，为敢担当的干部担当、为敢负责的干部负责。聚焦监督第一职责、首要职责，做实做细日常监督，发现问题线索183个，同比增长394.6%。持续强化正风肃纪，党风政风稳步向好。查处违反中央“八项规定”精神问题104起，处理党员干部146人、处分127人，同比分别增长11.8%、15.9%和29.6%。紧扣脱贫攻坚，坚决整治群众身边腐败和作风问题，牵头抓好漠视侵害群众利益问题专项整治，查处问题77个，处理123人，群众

2019年9月12日，太原市纪委监委召开“不忘初心、牢记使命”主题教育部署会暨专题党课
（饶文波供图）

整体满意度达97.2%。查处党员干部涉黑涉恶腐败和“保护伞”问题16个，处理72人次，处分100人次。持续巩固发展反腐败斗争压倒性胜利，立案1939件、处分1616人、留置48人、移送司法机关85人，同比分别增长40.1%、24.4%、37.1%和73.5%。（饶文波）

【领导名录】2019年，中国共产党太原市纪律检查委员会书记李吉山，副书记杨万生、杨天玉、魏福臣，太原市监察委员会主任李吉山，副主任杨万生、杨天玉、魏福臣。（饶文波）

·太原市人民检察院·

【概况】太原市人民检察院于2017年3月12日由万柏林区望景路10号搬迁至万柏林区新晋祠路111号。2019年，全市检察机关坚持以习近平新时代中国特色社会主义思想为指导，持续践行讲政治、顾大局、谋发展、重自强的检察工作总体要求，各项法律监督工作稳步推进。（李爱军）

【主要工作】2019年，太原市检察机关受理审查逮捕案件4134件5629人、移送审查起诉案件6380件8606人，依法批准逮捕4646人、提起公诉8214人，办理刑事执行监督案件2606件。受理审查各类民事行政监督案件813件。立案办理公益诉讼案件394件。办案总量及人均办案数均居全省首位。履行检察职能，推进“扫黑除恶”专项斗争，参与反渗透、反邪教、反恐怖专项斗争和社会综合治理，维护国家安全和社会稳定。主动服务全市经济发展大局，严惩涉众型金融犯罪和影响金融安全犯罪，以及侵犯知识产权、商业贿赂、生产销售假冒伪劣产品类犯罪。守护民生幸福，开展弱势群体多元司法救助，做好未成年人检察工作。提升法律监督实效，确保犯罪者

受到打击，防止无辜者被错误追究。做实民事行政检察工作，对认为确有错误的民事行政生效裁判依法提出抗诉和再审检察建议。推进检察改革创新，落实认罪认罚从宽制度，配合深化国家监察体制改革，加强智慧检务建设。强化过硬队伍建设，开展“改革创新、奋发有为”大讨论和“不忘初心、牢记使命”主题教育，完成新一轮内设机构改革。加强对司法办案和作风纪律的监督检查，筑牢廉洁防线。全年有17个集体、46名个人获省级以上表彰奖励，各项法律监督业务工作走在全省前列。（李爱军）

【领导名录】2019年，太原市人民检察院领导班子成员：党组书记、检察长宁建新，党组成员、副检察长江晨，党组成员、常务副检察长李南明，党组成员、市纪委监委驻院纪检监察组组长、二级巡视员尚阿涛，党组成员、检委会专职委员任萍，党组成员、二级调研员祝积岐，党组成员、副检察长韩少峰，副检察长路效国、王金华，市检察院检委会专职委员王宏亮。（李爱军）

2019年9月12日，太原市人民检察院召开“不忘初心、牢记使命”主题教育动员会

（李爱军供图）

·太原市中级人民法院·

【概况】2019年，太原全市法院共受理各类案件97733件，同比增长18.37%。结案94355件，结案率96.54%，同比增长21.77%。员额法官人均结案232.4件，居全省法院之首。市中院受理各类案件16503件，同比增长12.05%。结案16021件，同比增长13.54%。员额法官人均结案145.65件，居全省中级人民法院之首。（张晓华）

【主要工作】2019年，太原市中级人民法院依法从重从快审理涉黑恶势力犯罪案件，受理涉黑恶案件163件，审结86件，涉黑案件重刑率73.08%，涉恶案件重刑率41.30%。审理危害国家安全、危害公共安全犯罪案件1819件，确保国家政治安全和社会稳定。审理集资诈骗、合同诈骗、走私、非法吸收公众存款等破坏金融管理秩序罪案件279件，审结242件。重拳打击“黄赌毒”犯罪，在已审结案件中重刑率达100%。

同年，发挥企业破产制度在推动产能出清、结构转型、动能转换方面的功能作用，有效化解产能过剩、清理僵尸企业。保障民营经济健康发展，审慎使用强制措施，禁止超范围查封扣押冻结涉案财物，坚决防止将经济纠纷当作犯罪处理，营造更加公平、透明、可预期的法治营商环境。服务创新驱动发展，不断提升知识产权“三审合一”的能力和水平，审理涉知识产权民事类案件737件，办结690件，审理涉知识产权刑事类案件50件。依托法院执行信息系统，公布失信被执行人和限制高消费人员名单，将11610人纳入失信被执行人名单，对17745人采取限制高

2019年1月18日，太原市中级人民法院执行战前动员（张晓华供图）

消费措施，对126人采取司法拘留措施。（张晓华）

【领导名录】2019年，太原中级人民法院领导班子成员：党组书记、院长侯晓东，党组副书记、常务副院长段培林，党组成员、副院长任有会、王利生、周雪松、李雄飞，党组成员、纪检组长赵文江，党组成员、政治部主任吕征平，党组成员、副调研员王效林，党组成员、办公室主任郭更生，审委会专职委员韩利民、王润树。（张晓华）

·太原市公安局·

【概况】2019年，全市公安机关和全体民警以习近平新时代中国特色社会主义思想为指导，贯彻全国公安工作会议精神，围绕不断提升人民群众获得感、幸福感、安全感总目标，牢牢把握对党忠诚、服务人民、执法公正、纪律严明总要求，打赢一场又一场硬仗。连续3年未发生死亡3人以上的刑事命案，连续2年实现现行命案全破。省城政治安全、社会安定、人民安宁。（董　莉）

【主要工作】2019年，太原市公安局坚持"零容忍""零懈怠""零差错"工作目标，全警动员、全力以赴，高标准、高规格、高质量地完成中华人民共和国成立70周年、中共十九届四中全会、第二届全国青年运动会、能源低碳发展论坛等一系列重大会议、重要活动的安保任务，实现"零失误""零瑕疵"，省城人民群众幸福感、满意度明显提升。在群众安全感满意度测评和平安建设（综治）考核中夺得全省双第一。（董　莉）

·太原市卫生健康委员会·

【概况】2005年，太原市卫生健康委员会迁入太原市万柏林区。2019年，全市卫健系统坚持以习近平新时代中国特色社会主义思想为指导，按照国家和省、市的决策部署，以"不忘初心、牢记使命"主题教育为牵引，聚焦聚力提高人民健康水平，谋改革、促发展、办实事、解难题，统筹推进党的建设和党领导的卫健事业全面拓展新局面。（宋晨曦）

【主要工作】2019年，太原市卫生健康委员会全面深化县域综合医改，"阳曲样板""清徐经验"在全国推广。城六区医疗集团全部实现"六统一"管理，为全省提供"太原方案"。率先在全省完成县乡医防融合改革任务，跟进实施县级医院服务能力提升工程，实现县级综合医院二级甲等全覆盖。慢病患者药品供应"PBM"项目试点形成可推广模式。

2019年3月，太原市召开卫生健康工作会议
（宋晨曦供图）

同年，实施"百院兴医"工程，市中心医院、市妇幼保健院新院区建成投用。推行"1+1+X"家庭医生签约服务模式，完善村卫生室管理方案，提档升级"千医千村牵手"工程。推进改善医疗服务行动计划，以二级医院和县医疗集团为重点，实现预约诊疗、优质护理、运营评价全覆盖。千人口献血率达到24.6‰，居全国省会及直辖市第一名。0岁至6岁儿童接种率持续保持95.5%，6种地方病动态监测实现全覆盖。健康扶贫精准到户、到人、到病，累计救治34种大病1194人、"双签约"管理慢病7235人、"三保险""三救助"兜底保障重病41人，贫困患者报

销比例达到92%。（宋晨曦）

【领导名录】 2019年12月，太原市卫生健康委员会领导班子成员：党工委书记、主任宫殿元，党工委委员、副主任、三级调研员孙慧生，党工委委员、副主任张泽、王建平、赵宏英，副主任黄建宏，党工委委员、市纪委监委驻市卫健委纪检监察组组长李彬，二级调研员安鲜萍、米跃亮，三级调研员张永杰。（宋晨曦）

·太原市医疗保障局·

【概况】 2019年2月21日，太原市医疗保障局挂牌成立。面对新形势、新任务，太原市医疗保障局坚持“保基金安全、保基本医疗、保可持续”的工作基调，按照“1234”发展思路，即围绕一个目标（打造人民满意的“太原医保”），突出两条主线（确保基金安全、确保提质增效），创新三项改革事项（创新基金监管机制、深化医保支付方式改革、完善医疗服务价格动态管理机制），抓好四个方面工作（医保经办基础工作、基金安全监管工作、医保扶贫工作、改革创新工作），开创全市医保事业发展新局面，参保群众获得感不断增强。太原市成为山西省唯一入选首批全国医保基金智能监控示范点城市。（李向勇）

【主要工作】 2019年，太原市基本医疗保险参保366.66万人（职工参保167.62万人，居民参保199.04万人），基本实现全员参保、应保尽保。全市医保基金总收入80.04亿元，支出62.85亿元。城乡居民基本医疗保险财政补助标准人均提高30元。全面落实“三保险、三救助”和住院费用“136”兜底政策，确保新增农村贫困人口应保尽保。

同年，全面推行复合式医保付费模式。打击

2019年2月21日，太原市医疗保障局挂牌成立（李向勇供图）

欺诈骗保行为，落实国家组织药品集中采购和使用试点扩围工作。出台太原医保“12345”智能医保建设方案，推出三项智能便民服务举措，为参保人提供“数字领跑”“群众零跑”的服务渠道。（李向勇）

【领导名录】 2019年，太原市医疗保障局领导班子成员：党组书记、局长郝淑贞，党组成员、副局长强培东、范利，四级调研员武润德、周峰。（李向勇）

·太原市住房公积金管理中心·

【概况】 太原市住房公积金管理中心成立于2003年6月，正县级建制，市政府直属事业机构，主管太原地区住房公积金和其他政策性住房资金，内设12个处室、1个稽查队、12个分理处、3个分中心和机关党委。2013年10月27日中心机关正式搬迁至万柏林区办公。（苏　琦）

【主要工作】 2019年，太原市住房公积金管理中心归集住房公积金134.24亿元，办理各类住房公积金提取81.33亿元，发放个人住房公积金贷款22736笔，金额113.13亿元。截至年底，中心实有住房公积金建制单位11993个、实缴单位11333个，建制职工132.44万人、实缴职工

2019年6月，太原市住房公积金管理暨廉政建设工作会议 （苏琦供图）

90.56万人。累计归集住房公积金1040.29亿元，提取615.62亿元，提取率59.18%，归集余额424.67亿元。累计为159613户家庭发放个人住房公积金贷款554.86亿元，贷款余额398.31亿元，个贷率93.79%。累计上缴城市廉租住房补充资金26.37亿元。 （苏 琦）

【领导名录】 2019年，太原市住房公积金管理中心领导班子成员：主任王晋章、副主任相似锦。

（苏 琦）

院校科研机构

·太原理工大学·

【概况】 太原理工大学是一所历史悠久、底蕴深厚、特色鲜明的世纪学府。其前身是创立于清光绪二十八年（1902）的山西大学堂西学专斋，为中国创办最早的三所国立大学之一。1953年，学校独立建校，定名太原工学院，直属高教部。1962年划归山西省管理。1984年更名为太原工业大学。1997年，太原工业大学与直属于煤炭工业部的山西矿业学院（始建于1958年）合并，组建太原理工大学，同年跻身国家“211工程”重点建设大学行列，开启改革发展的新篇章。2017年，学校入选国家“双一流”重点建设高校，迎来了崭新的发展时期。

学校以工为主、理工结合、多学科协调发展，涵盖理学、工学、经济学、法学、教育学、文学、管理学、艺术学等8个门类，设有24个专业学院、1个中外合作办学学院。有明向、迎西、虎峪、柏林等4个校区，占地面积213.69万平方米，校舍总建筑面积149万平方米。2019年，学校有全日制学生38664名、国际学生588名、教职工3591名。有中国科学院院士1名、中国工程院院士3名、双聘院士10名、教育部“长江学者奖励计划”特聘（讲座）教授5名、国家杰出青年科学基金获得者7名、“新世纪百千万人才工程”国家级人选13名。学校入选全国“三全育人”综合改革试点高校和创新创业50强高校，获得首批全国文明校园称号。 （袁国政）

【专业设置】 2019年，太原理工大学实际招生7963人，完成计划的99.8%。实施专业动态调整机制，出台《专业调整实施方案》《专业评价指标体系》，撤销2个专业，停招4个专业，间招2个专业，新增3个专业。增加机械电子工程（飞机机电系统方向）、材料科学与工程（先进航空材料方向）、物流管理（航空物流管理方向）、体育教育（赛马方向）4个专业方向。组织完成6个新专业申报工作。在机械电子工程、化学工程与工艺、采矿工程3个专业开设工科试验班，创新人才培养新模式。 （袁国政）

【科研发展】 2019年，太原理工大学在科研平台建设方面取得新突破，获批省部共建协同创新中心1个，实现国家级协同创新中心零的突破。获批教育部工程研究中心1个，新增3个省级工程研究中心。煤科学与技术教育部重点实验室在教育部重点实验室综合评估为优秀，是唯一的一个地方高校实验室。煤科学与技术省部共建国家重点实验室培育基地“脱培”方案通过专家论证，并报送科技部。完善《横向科研项目及经费管理办法》《知识产权保护与管理办法（草案）》。动员组织申请国家自然科学基金项目797项，获批120项，获批直接经费6387.50万元。获教育部高等学校科学研究优秀成果奖（科学技术）发明二等奖1项，获山西省第八届高等学校科学研究优秀成果奖（人文社会科学）5项。（袁国政）

【创新创业就业教育】 2019年，太原理工大学获“2019年度全国创新创业典型经验示范高校”。组织第五届“互联网+”大学生创新创业大赛学校、省及国赛项目的评审、培训及参赛工作。开展“2019年助梦工程——创意市集”活动，组织近200个摊位、4000余件创意作品进行现场展示、销售、体验和预定。组织6名教师参加创业培训（SYB）新师资培训班和提高班。实施创新创业项目扶持计划，评选14个项目给予10万元资助。开展创新创业定点机构调整认定工作。

（袁国政）

【领导名录】 2019年，太原理工大学党委成员有：书记吴玉程，副书记黄庆学、李晋平、刘润祥。（袁国政）

·山西广播电视大学·

【概况】 2019年，山西广播电视大学各类学历教育招生41463人，成人教育、合作办学、中专教育等共招生3671人，其中农村干部学历提升工程覆盖到全省11个地市116个县。“好干部在线”以服务全省干部教育为目标，在线学员人数超30万人。（常杰凯）

【领导名录】 2019年，山西广播电视大学领导班子成员：党委书记张耀斌，党委副书记、校长产利平，党委副书记、副校长姜海，党委委员、纪委书记杨红梅，党委委员、副校长牛巨琳、吴斌。

（常杰凯）

2019年6月30日，山西广播电视大学举办为祖国歌唱活动（常杰凯供图）

·山西经济管理干部学院·

【概况】 山西经济管理干部学院（山西经贸职业学院）于1984年6月7日经省政府第14次常务会议研究决定成立，地址在晋祠路一段35号，1985年9月正式搬迁至南内环西街1号。

2008年1月经省政府批准，学院整合山西电子高级技工学校资源，在经济管理干部学院基础上增设经贸职业学院。（徐向上）

【主要工作】 2019年，山西经济管理干部学院（山西经贸职业学院）举办全省纪检监察干部、国企中青年经营管理人才、融资性贸易风险防控等培训班77期，培训干部11385人次，为晋能、晋煤集团等单位选拔干部提供人才测评服务2055人次。共招录新生3380人，其中“百万扩招计划”招录730人，毕业生年底就业率为87.63%，招生计划完成率、录取率、报到率和毕业生就业率位居省内同类院校前列。学院入选教育部第三批现代学徒制试点校，教师获得全国高校思政课教学展示二等奖1项，山西省职业教育教学成果奖

6项；学生参加第五届中国“互联网+”大学生创新创业大赛获得全国总决赛银奖。艺术系教工学生联合党支部获得第一批全国党建工作样板支部称号，机电工程系教工学生联合党支部获得全省党建工作样板支部称号，艺术系“艺栖老”志愿服务项目被中宣部等16个单位联合评为学雷锋志愿服务“最佳项目”。（徐向上）

【领导名录】2019年，山西经济管理干部学院领导班子成员：党委书记丁怀民，党委副书记、院长武东升，党委副书记彭月兰，党委委员、纪委书记、监察专员田春林，党委委员、副院长高建军。（徐向上）

2020年9月12日，山西经济管理干部学院召开“不忘初心、牢记使命”主题教育动员部署会（徐向上供图）

·山西省畜牧兽医学校·

【概况】山西省畜牧兽医学校于1992年12月迁入太原市万柏林区汇锦街12号。2019年，围绕强责任、严管理、求发展、上台阶的目标，完成各项工作任务：全年招收全日制学生439人，职业中专班学生1871人。新增生态环境保护、电子商务、农产品营销与储运3个专业。综合楼开工建设，示范校项目推进，成功申报中等职业教育畜牧兽医高水平实训基地建设项目，财政支持建设资金200万元。开展教师培训、“青蓝工程”等活动，实现教学质量提升，1名教师获得全国模范教师称号。（郭晓芳）

2019年1月16日，山西省畜牧兽医学校校长郝松华（左一）慰问临县结对帮扶贫困户（郭晓芳供图）

【领导名录】2019年，山西省畜牧兽医学校领导班子成员：校长郝松华，党委书记梁晓娟，副校长董凯安、赵益荣、隋志文。（郭晓芳）

·山西省地质工程勘察院·

【概况】山西省地质工程勘察院成立于1958年，隶属于山西省地质勘查局，1961年年初搬迁至万柏林区和平南路160号。

该院拥有工程勘察综合类、液体矿产勘察、固体矿产勘察、水文地质、工程地质、环境地质调查、地质钻探、地质灾害危险性评估、地质灾害治理工程勘察、地质灾害治理工程设计、地质灾害治理工程施工11个甲级资质，地基与基础施工壹级资质和测绘、土地规划、水资源论证、地球物理勘察、岩土试验、岩矿鉴定6个乙级资质，以及人工地基监测专项资质和对外承包经营资格证书。（杨　婧）

【主要工作】2019年，山西省地质工程勘察院坚持“支撑服务，项目为王”工作主线和“十六字”工作思路，稳妥推进各项工作。成立山西省地勘局太原市地质技术服务中心，先后与太原市

2019年4月，山西省地质工程勘察院完成山西省地质勘查局2019年贫困县打井工作（杨婧供图）

万柏林区自然资源局等8个县市自然资源局签订地质灾害防治技术支撑协议，先后参与地质灾害排查28次，应急处置7次，为太原市区域内各级规划和自然资源局提供地质技术服务及工作建议。成立地热探测与开发山西省院士工作站，围绕地热资源调查勘察重要关键技术，开展联合攻关，为在山西地区的地热资源勘察提供理论技术支持。开展公益无偿找水打井工作，宁武县化北屯乡崔家沟村供水井、偏关县窑头乡阳坡泉村供水井均能满足当地村民用水需求。（杨　婧）

【领导名录】2019年，山西省地质工程勘察院领导班子成员：院长阎世龙，党委书记卢文义，副院长刘向荣、郭红党、施红政。（杨　婧）

·太原科技大学·

【概况】2019年，太原科技大学开展学科建设、教学改革、师资队伍建设、新校区建设、内部治理改革"五大攻坚行动"，重型机械装备协同创新中心获批国家级协同创新中心，获得"1331工程"奖补经费2600万元。机械电子工程和自动化2个专业通过认证，9个专业获批国家级和省级一流本科专业。新校区投入使用，增加10万平方米的教育教学场地和5万平方米学生宿舍等

2019年3月27日，太原科技大学召开博士点学科建设专家会诊会（梁雅琦供图）

基础设施。获得国家项目基金30余项，获批国家基金联合基金重点项目2项，学校科研经费创历史新高。（梁雅琦）

【人才引进】2019年，太原科技大学引进优秀博士及以上高层次人才65人，全职引进长江学者特聘教授1人，学术骨干层次及以上的人员27人；柔性引进"双聘"院士2人，山西省百人计划特聘专家4人，杰青、长江学者特聘教授10人。太原科技大学1人入选国家百千万人才计划，1人入选山西省青年拔尖人才支持计划。（梁雅琦）

【领导名录】2019年，太原科技大学领导班子成员：党委书记王志连，党委副书记、校长卫英慧，党委副书记刘翠荣、师东海，纪委书记萧芬芬，副校长王枝茂、李俊林、邓学成、谢刚、靳秀荣。（梁雅琦）

·太原广播电视大学·

【概况】2019年，太原广播电视大学的学历教育由校本部、教学点（小店区、晋源区、万柏林区、杏花岭区、教育培训、清徐县、阳曲县、古交市、娄烦县）和学习中心（清徐、新东方烹饪、新华培训学校、正诚伟业）承担。有高中起点专科18个专业，专科起点本科16个专业，在校生

2019年8月，太原广播电视大学校貌（办公室供图）

3500人。学校还组织实施“农村干部学历提升工程”“一村一名大学生”和“太原舰官兵学历提升”项目。（办公室）

【主要工作】2019年，太原社区学院在全市建成以1所社区大学，10所县（市、区）社区学院，104所街道（乡镇）社区学校，969所社区分校为网络的4级社区教育体系。开展老年开放教育，开设舞蹈、国画、模特、摄影、钢琴等30多个老年教育专业。与山西省中华职教社、山西省茶叶学会、太原市养老产业促进会等开展战略合作，探索高校与行业携手、教育与产业整合，资源共享、协同发展的新型合作模式。（办公室）

【领导名录】2019年，太原广播电视大学领导班子成员：党总支书记白宏武，校长时耐敏，副校长郭建勇、景建明。（办公室）

·太原市高级技工学校·

【概况】太原市高级技工学校（太原技师学院）成立于1976年11月，由太原市人民政府创办，隶属于太原市人力资源和社会保障局系全额拨款事业单位，于1988年12月27日经市政府批准同意迁移至北郊区小井峪乡南屯村建校。2005年经省人社厅批准成为山西省六所技师学院之一，2006年经市编办批准增挂太原技师学院牌子。学校占地面积52.7亩，2019年，有教职工200余人，单位领导职数5名（正县级2名、副县级3名）、中层领导职数46名、内设机构20个。在校生近4000人，设有23个常设专业，每年开展各类技能培训3000人以上，毕业生初次就业率达97%以上。学校是国家首批中等职业教育改革发展示范学校、国家级高技能人才培训基地、人社部一体化课改试点院校、国家高技能人才培育突出贡献单位、全国职业教育先进单位、全国创建平安校园示范校、省市高技能人才培训基地、省市巾帼创业就业培训基地、省文明校园、省职业教育先进单位、省创业就业工作先进集体、市拥军优属模范单位、市再就业培训先进单位。（吴虞畯）

2019年4月，首届全省职业技能大赛举办（吴虞畯供图）

【领导名录】2019年，太原市高级技工学校（太原技师学院）领导班子成员：市人社局党组成员、市高级技工学校校长李德彪，书记、副校长徐雪梅，副校长张宏、张建农，校领导行政助理、工会主席、党政办公室主任曹波，校领导业务助理、教务教研处处长陈吉文。（吴虞畯）

·太原市外国语学校·

【概况】太原市外国语学校于1995年7月迁入万柏林区漪汾苑槐荫院17号。2019年，学校强

2019 年 4 月 30 日，德国驻华大使葛策一行访问太原市外国语学校　　　（高海霞供图）

化校园建设和环境综合治理，形成各有特色的楼层文化和整洁有序的校园环境，制定环境治理五大方案，完成校园美化七大工程。基层支部完成换届工作，由 5 个党支部增加为 7 个党支部。制定并推行《太原市外国语学校教师积分制管理办法》，形成对教师教学工作的量化评价，激发教师的责任意识，形成在合作中竞争、在竞争中共进的良好风气。教育教学工作扎实推进，教学成绩突出，中高考均取得良好成绩。　（高海霞）

【领导名录】 2019 年，太原市外国语学校领导班子成员：校长武翻旺，党委书记姚培吉，副校长冯娟、刘伟波，纪检书记袁万银，党委副书记吕政。　（高海霞）

·太原市第十三中学校·

【概况】 太原市第十三中学校于 1984 年迁入万柏林区域。2019 年，该校坚持“以生为本，立德树人”的办学理念，以“办好人民满意学校”为奋斗目标，完成各项教育教学任务。　（陈晓琮）

【主要工作】 2019 年，太原市第十三中学校全面推进基层党建工程。扎实开展“不忘初心，牢记使命”主题教育，全面规范办学行为，提升师德素养。提升教育教学质量，2019 年职高新生达到 379 名，新建美术专业画室 5 个，与城市学院、旅游学院分别签订“3+2”培养协议，选聘职高专业首席教师。推进“时代新人”思政课改革，把习近平中国特色社会主义思想入脑、入心、入课堂。加强科研引领，举办首届“树人杯”论文交流大赛，有 6 名青年教师论文获一等奖；在各项技能大赛中，有 49 人次获奖；5 位教师的教学研究课题获准“太原市第五届个人课题”立项；白华峰获得山西省教学能手称号。　（陈晓琮）

【领导名录】 2019 年，太原市第十三中学校领导班子成员：校长、党总支副书记王怀敬，党总支书记齐越峰，副校长张建军。　（陈晓琮）

文化机构

·山西博物院·

【概况】 山西博物院创建于民国 8 年（1919），是中国最早设立的博物馆之一，是山西省最大的文物收藏、保护、展示、教育和研究中心。新馆位于山西省会太原市汾河西岸，2004 年落成，2005 年对外开放，2008 年向公众免费开放，同年入选首批国家一级博物馆，2009 年成为 11 个中央地方共建国家级博物馆之一。山西博物院占地面积 11.2 公顷，建筑面积 5.2 万平方米，展厅面积 1.3 万平方米，是山西省最大的文物收藏、保护、研究、展示和教育机构。馆藏文物 40 余万件，凝聚山西，乃至黄河中游、中国北方百万年历史发展与文化积淀之精华。“晋魂”陈列，荟萃全省文物精华，循历史脉络，聚文明亮点。史前陶寺遗址文物、商代方国青铜器、两周时期晋国文物、北朝石刻造像、宋金元戏曲砖雕、明清晋商文物等颇具特色。山西博物院获得“2019 年度文博十大创新力官微”奖项。　（李　凌）

【汉唐墓葬壁画艺术国际学术研讨会】 2019年12月16日，由山西博物院、中国考古学会三国至隋唐考古专业委员会和山西省考古研究所主办的汉唐墓葬壁画艺术国际学术研讨会在太原举办。来自意大利、日本及国内河北、陕西、宁夏、甘肃、河南、山西等地文博单位和高校的40多位知名专家、学者出席此次研讨会。会上，与会专家学者就墓葬壁画最新研究进展、学术成果等进行深入研讨，提出很多古代壁画研究的新证据、新观点，推动图像证史、图像补史工作，涌现出一批敢于、善于提出新观点的中青年学者，使汉唐墓葬壁画的研究迈上新台阶。（李　凌）

【“壁上乾坤——山西北朝墓葬壁画艺术展”开展】 2019年12月12日，“壁上乾坤——山西北朝墓葬壁画艺术展”在山西博物院主馆一层临展厅开展。此次展览是山西博物院院藏北朝壁画的首次大规模集中亮相，选取娄睿墓、九原岗墓、水泉梁墓3个墓葬的壁画精品，为公众鲜活呈现了北朝高超的绘画艺术和真实的社会面貌。本次展览所有展品均为“裸展”，观众可近距离感受千年壁画的艺术魅力。（李　凌）

【山西青铜博物馆正式开馆】 2019年7月27日，山西博物院分馆、中国规模最大的青铜专题博物馆——山西青铜博物馆正式开馆，开馆仪式在太原市长风商务区举行。山西省文物局局长雷建国主持开幕仪式，山西省副省长张复明、国家文物局副局长关强、科学出版社副总编兼文物考古分社社长闫向东参加开幕式。山西青铜博物馆立足于山西发现的青铜器，以全新的文化视角、设计理念和展示方式，讲述中国青铜时代的故事。其展览服务体系包括基本陈列、教育互动、数字青铜、临时展览和文创空间5个部分，展示面积1.1万平方米。（李　凌）

【山西古代陶瓷特展】 2019年5月18日，“陶冶三晋——山西古代陶瓷特展”在山西博物院主馆一层临展厅开展。展览以山西陶瓷的考古发现为基础，展出了国内馆藏山西古代陶瓷代表作品共200余件。展览共分为锋芒初显、融合创新、别开新貌3个主要部分，结合大量考古发现文物，勾勒出从北朝至明清之际山西陶瓷发展的工艺特点与历史概貌，展示山西陶瓷取得的非凡成就、独特的文化传统和艺术之美，还原出古人社会生活中的若干珍贵片段。（李　凌）

【鸟尊形象亮相外交部】 2019年2月25日，以“新时代的中国：山西新转型共享新未来”为主题的外交部山西全球推介活动在外交部蓝厅举行，来自134个国家和国际组织的230多位外交使节和代表，以及120多名中外记者，53名国际知名中外企业代表，中央和地方有关部门代表500多人出席活动。山西博物院镇馆之宝晋侯鸟尊（复制品）亮相推介活动展区，折射出悠久而灿烂的三晋文明的魅力。此次展览文创产品“手撕钢剪纸艺术书签——晋侯鸟尊”也备受中外与会嘉宾的喜爱。（李　凌）

2019年6月26日，山西博物院开展“不忘初心、牢记使命”主题教育（李凌供图）

【领导名录】 2019年，山西博物院领导班子成员：党委书记、院长张元成，党委副书记、副院长张慧国，副院长王晓明（2019年6月退休）、张春生。（李　凌）

·山西地质博物馆·

【概况】 2019年，山西地质博物馆砥砺奋进、创新实干。全年累计接待参观公众57余万人次，社会团体559批次；与《山西晚报》联合举办“地博科普讲堂·山西文博讲坛”讲座7期，线上线下参与人数达300万人次；与FM97.5合作开展“听得见的博物馆”项目，并登录学习强国平台，社会反响良好；与中国古动物馆夜宿品牌共同开启“古生物博物馆奇妙夜”等活动，取得较好的社会效益。同时，开展道德讲堂、科普下乡等一系列精神文明活动，并被评为2019年省直文明单位标兵。 （王亚军）

【地学科研项目】 2019年，山西地质博物馆完成《高岭土、叶蜡石、耐火黏土矿产地质勘察规范》和《铁、锰、铬矿地质勘察规范修订研究》2项国家规范的编制及修订工作，完成《山西省矿产地质志普及版》初稿，在《CretaceousResearch》等国际重要期刊发表学术论文3篇，新发现、命名的王氏晋北龙填补省内空白。 （王亚军）

【举办特色展览】 2019年，山西地质博物馆举办“飞向蓝天的恐龙”“天外来客——2019世界精品陨石展”等4次系列专题展览，与中国地质大学（武汉）等重点院校签订研学基地及人才培养协议。 （王亚军）

【“晋地宝藏”标本园建成】 2019年，山西地质博物馆基本建成面积约6000平方米的集“科普、休闲、景观”于一体化的晋地宝藏标本园，成为全省乃至国内面积较大、自然资源类型较丰富的室外地学科普场所。 （王亚军）

【领导名录】 2019年，山西地质博物馆领导班子成员：馆长史建儒，副馆长王锁柱、康志帅。 （王亚军）

·山西省展览馆·

【概况】 山西省展览馆始建于1958年，是山西省最早的综合性展览基地，具有策划、组织、承办各类大中型展览等功能，是宣传服务于山西经济、政治、文化和科技的重要窗口和转型跨越发展的平台。建馆60多年来，成功举办各类展会上千余次。 （韩一平）

【主要工作】 2019年，山西省展览馆以开展“不忘初心、牢记使命”主题教育为依托，以“改革创新、奋发有为”大讨论和“对标一流”活动为契机，坚持“党建为中心，展览为主业，规范为准则，文化为内涵，发展为方向”的战略思路，多渠道拓展业务，打造展馆新形象，全年举办大中型政府类展览、推介会、展销会、企业活动、艺术展等各种类型展览51场。 （韩一平）

2019年5月，山西省展览馆布置展陈（韩一平供图）

【领导名录】 2019年，山西省展览馆领导班子成员：党委书记、馆长李正峰，党委委员、副馆长王五喜、樊有贵、赵琪，副馆长刘雅君。（韩一平）

·太原广播电视台·

【概况】 2019年，太原广播电视台坚持以习近平新时代中国特色社会主义思想为指引，承担举旗帜、聚民心、育新人、兴文化、展形象的使命任务，在新闻宣传、节目创新、文化演艺、事业建设、产业发展各项工作中都取得可喜成绩。全台在国家、省、市各项新闻作品评奖活动中，获奖80件，包括国家级奖4件、省级奖34件、市级奖42件。获得中华人民共和国第二届青年运动会组织筹办工作先进集体荣誉称号。（赵　亮）

【主要工作】 2019年，太原广播电视台在党的建设方面，紧抓开展“不忘初心、牢记使命”主题教育的有利契机，以“规范运营提质增效”为全台整年发展战略目标，以“讲程序提效率讲标准提效能”主题活动为全员素质提升载体，全面提升党建工作质量。在新闻宣传方面，围绕中心、服务大局，开设《壮丽七十年、奋斗新时代》《不忘初心、牢记使命》《筑梦辉煌40年》《举全市之力、创文明城市》《迎接二青会、奋斗新时代》等专栏，全年在中央广播电视总台发稿41条次，在省台发稿近500条，掀起多次宣传报道高潮，营造良好的舆论氛围。在节目活动方面，守正创新、激发活力，通过举办首届创新大会，打造《107公众号》《整点快报》《1930看这里》《国防教育广角》等一批有个性、能互动、受欢迎的新节目，举办“中华人民共和国成立70周年文艺晚会”“2019太原春晚”“二青会”开闭幕式、跨年晚会等有影响力的活动。在文化演艺方面，紧贴时代、狠抓精品，将话剧《北魏风飚》送上国家话剧院的舞台，央视栏目《朝闻天下》着重报道该剧的演出盛况。推出原创歌舞杂技剧《换了人间》，其表演形式被剧评家赞为“开一派之先河”。（赵　亮）

2019年9月，太原广播电视台承办的“我和我的祖国”太原市庆祝中华人民共和国成立70周年文艺晚会现场（赵亮供图）

【领导名录】2019年，太原广播电视台领导班子成员：党组书记、台长陈晓红，党组副书记、总编辑姬发军，党组成员、副台长王俊伟、赵欣（2019年7月退休）、申根成。（赵　亮）

医疗机构

·山西省心血管病医院·

【党建工作】 1980年，山西省心血管疾病研究所成立。1986年，山西省心血管疾病研究所党支部成立，有党员3名。2000年8月1日，中共山西省心血管疾病研究所党总支委员会成立，有党员50名。2002年3月成立行政支部、新楼医技支部、旧楼医技支部、儿医筹备支部4个党支部。2004年3月，对基层各党支部进行调整和支委会换届，基层党支部由4个增加为5个，分别是行政党支部、临床党支部、医技党支部、筹备党支部、离退休党支部。2009年12月，党支部调整为6个，分别是临床一支部、临床二支部、医技支部、行政支部、后勤支部、离退休支部。2010年4月，经山西省卫生厅党组批准，院（所）成立党委，有党员100名。同年5月7日召开首次党员代表大会，选举产生了新一届党的委员会和纪律检查委员会。2016年9月，院党委决定调整党支部的设置，保留退休党支部，撤销原有5个在职党支部，新设9个在职党支部。2016年12月29日，

召开第二次党员代表大会，选举产生了新一届党的委员会和纪律检查委员会。（刘小梅）

【党风廉政建设和行风建设】 医院先后制定和完善党风廉政建设制度和医德医风建设有关的各项制度和措施，建立健全医德医风考评机制，如《党风廉政建设责任制度》《党员干部职工廉政谈话、诫勉谈话和函询工作制度》《党员干部职工约谈工作制度》《重点岗位和重点人员轮岗制度》《医务人员廉洁自律工作规范》《医院职业道德行为规范》《医药购销及工程建设项目廉洁协议制度》《医药购销领域商业贿赂不良记录制度》《关于严禁收受红包、礼品的规定》《严禁收受和索要红包的监控管理规定》《医德医风建设考评制度》等。逐渐形成一套集党风廉政建设、廉洁防控建设、党员干部职工教育、行风建设、医德考评、患者回访等于一体的独具特色的监察室工作模式。（刘小梅）

·太原市第四人民医院·

【概况】 太原市第四人民医院（山西医科大学附属肺科医院）始建于1952年，建院地点位于万柏林区西矿街231号，是集医疗、教学、科研、预防、公共卫生应急为一体的三级甲等专科医

2019年3月30日，太原市第四人民医院承办的山西省医学会结核病专委会学术会议召开（吴丰供图）

院。至2019年，先后获得全国医疗服务价格成本监测与研究网络填报工作先进集体、全国结核病健康宣讲团评比一等奖等称号。该院着力提升技术水平，强化人才学科建设，特聘首都医科大学附属北京胸科医院唐神结、丁卫民教授，北京协和医院李太生团队，指导开展临床和科研工作。成立3个院外专家、2个院内专家“名医工作室”。按照现代医院管理制度要求，制定医院章程，成立预算管理委员会，建立医院公平竞争审查工作机制，并加强合同履约监督管理。在基本建设、医院管理、专科引领、医疗服务水平等方面取得显著成效。（吴　丰）

【领导名录】 2019年，太原市第四人民医院（山西医科大学附属肺科医院）领导班子成员：院长董永康、党委书记郭永芳、党委委员范梦柏、副院长董钰柱、纪检书记张燕、工会主席吴丰。（吴　丰）

·山西省军区太原第二干休所·

【概况】 山西省军区太原第二干休所于1987年7月迁入万柏林区。2019年，山西省军区太原第二干休所坚持以习近平总书记新时代中国特色社会主义思想和习近平强军思想为指导，按照“政

2019年9月，“庆祝中华人民共和国成立70周年”纪念章颁发仪式暨“不忘初心、牢记使命”三晋老兵风采宣传活动启动仪式（冯乃照供图）

治建所、服务强所、规范治所、本色兴所”的思路和习近平总书记“三个不降”的要求，高起点谋划工作，高质量狠抓落实，干休所的建设呈现向上向好局面。（冯乃照）

【领导名录】 2019年，所领导班子成员：所长冯乃照、政委王耐虎。（冯乃照）

工商企业

·太原重型机械集团有限公司·

【概况】 2019年，太原重型机械集团有限公司党委以习近平新时代中国特色社会主义思想为指导，深入学习贯彻中共十九大和十九届二中、三中、四中全会精神，充分发挥党委的领导核心和政治核心作用，带领广大干部职工锐意进取、攻坚克难，有力推动公司高质量发展，主要指标位居行业前列。（董朝慧）

【产品结构优化】 2019年，太原重型机械集团有限公司厚植传统领域优势，加强重大项目整体策划，传统产品订货实现较大增长；加快转型步伐，转型产品市场推广取得新进展，成为推动持续发展的强大引擎；坚持国际化发展路线，应对中美贸易战，拓展“一带一路”沿线市场，海外市场培育与开发取得显著成效。同年，签订大型冶金铸造起重机，55立方米、35立方米挖掘机，235兆牛挤压机等一系列重大合同。太重榆液签订1580热轧、1700热轧改造及加热炉等重大项目。山西煤机超额完成全年指标，“再制造”占比达20%以上。太原重工签订6台420吨智能化铸造起重机改造项目、6.25米捣固焦炉、7.55米顶装焦炉等重大合同，7米顶装焦炉成功交付用户。太重煤机智能化采煤机实现订货12台。太重榆液节能加热炉实现订货3000万元。（董朝慧）

【技术创新推进】 2019年，太原重型机械集团有限公司完成新产品开发68项、新产品试制39项、授权专利101项。获省部级以上科技成果奖17项，其中科学技术奖14项，山西省首届专利奖3项。1300吨桥式起重机研制获得山西省科技进步一等奖，冶金起重机技术条件系列标准获得山西省首届标准创新贡献一等奖。（董朝慧）

【企业改革深化】 2019年，太原重型机械集团有限公司贯彻国资国企改革精神，编制《落实2019年山西省深化国资国企改革42项重点工作任务分解表》，省委主要领导太重现场办公会后，公司制定印发《深化改革、提升运行质量任务责任清单》，扎实稳健推进各项改革工作，促进公司转机制、增活力、提效益。完善经销项目经理责任制、合同终身负责制、重大新产品承包责任制等制度，以效益为中心的激励与约束机制逐步建立；以机械企业公司为试点，签订《任期经营业绩考核目标责任书》。推进剥离企业办社会职能和厂办大集体改革工作。（董朝慧）

【“三降一清”推进】 2019年，太原重型机械集团有限公司推进以“降存货、降应收、降坏账、清理历史遗留问题”为主要内容的“三降一清”工作，开展“三降一清、百人百万”劳动竞赛。应收账款较年初下降10%，其中存量应收下降46.7%。历史遗留问题完成清户94项，其中，滨海锻压设备分公司南京迪威尔项目顺利运往天津滨海基地，创造山西省大件运输记录。（董朝慧）

·山西焦煤集团公司·

【概况】 2019年，山西焦煤集团有限责任公司

（以下简称山西焦煤）是全国最大的炼焦煤生产加工企业和全国最大的炼焦煤市场供应商。按照以煤为主、循环发展的产业定位，以炼焦煤的生产、加工及销售为核心主导产业，焦化、电力、民爆化工为辅业，推进金融投资管理、现代物流贸易等新兴产业。有6大主力生产和建设矿区，主要矿厂分布在太原、晋中、临汾、运城、吕梁、长治、忻州7个地市29个县区。全年原煤产量1.05亿吨，炼焦精煤产量4946万吨，商品煤总销量1.51亿吨，焦炭产量1001万吨，发电量220亿千瓦时。（王　振）

【焦煤产品】 2019年，山西焦煤主导产品有焦煤、肥煤、1/3焦煤、瘦煤、气肥煤、贫煤等全系列煤种，其中，强黏焦煤和肥煤均为世界稀缺资源，具有低灰、低硫、低磷、黏结性强、结焦性好等特性，是大型钢厂大高炉不可或缺的骨架炉料；化工产品主要有冶金焦、铸造焦及各类煤化、盐化、日化产品，主要产品市场覆盖国内20多个省市和地区，并远销日本、韩国、印度尼西亚等国家。（王　振）

【煤炭产业】 2019年，山西焦煤淘汰落后产能570万吨，关闭退出矿井2座；优化生产系统67处、大工作面设计25个，减少采区10个，减少采掘队伍27支，32座矿井实现“一井一面”，单班入井人数控制在700人以下。建成智能化工作面7个，19座选煤厂完成46项智能化改造项目；累计改造完成无人值守变电所155个、水泵房50个、压风机房15个、架空乘人装置40部。建成标杆矿井4座，国家级绿色矿山8座，煤炭先进产能占比达到77%。（王　振）

【焦化辅业】 2019年，山西焦煤焦炭负荷率84%，完成焦炭产量1001万吨，甲醇39万吨。焦炭实物劳动生产率2090吨/人。成立山西省焦化产业联盟，搭建交流合作平台。电力辅业。开展煤电一体化项目试点，山西省首家35千伏厂用电直供试点落户山西焦煤。新增清洁能源发电装机容量25.8兆瓦。（王　振）

【企业改革】 2019年，山西焦煤推进扁平化改造，注销法人公司44户，十大信息平台基本建成投运。3个混改项目全面完成，山焦人力在二级公司层面率先完成混改，成为省内人力资源领域第一家混改企业。深化“三项制度改革”，先后公开选聘14名宣传和纪检人员充实到机关岗位；薪酬改革步伐加快，分配继续向一线倾斜；加快市场化人员流动，职工总数、在岗人数、干部职数连续六年保持“三下降”。推进“两办”改革，“三供一业”移交基本完成，医疗机构改革实现突破；厂办大集体改革完成78户，人员安置5704名。（王　振）

【技术创新】 2019年，山西焦煤围绕产业发展方向，开展重点技术攻关，集团技术中心获得2019年度优秀国家企业技术中心称号。全年承担上级科技重大专项7项，其中国家级3项，省级4项。受理国家专利211项；获省部级以上科技进步奖48项，其中“离柳矿区中厚煤层复合顶板无煤柱自成巷开采技术”获山西省科技进步一等奖，“矿用防爆纯电动无轨胶轮车研制”“矿用大功率单轨辅助运输系列装备研发”获中煤协会科技进步一等奖，“高瓦斯煤层群智能开采与安全保障关键技术及应用”获中国安全生产协会科技进步一等奖，均为第一完成单位。100余项科技成果在全集团推广应用。“五小”创新成果丰硕，创造经济效益3亿余元。（王　振）

·山西省省级机关物业管理中心·

【概况】山西省省级机关物业管理中心成立于2011年9月，是原省机关事务局住宅中心划分后重组的单位之一，办公地址位于万柏林区长风西街1号丽华大厦B座，隶属于山西省直属机关事务管理局，为正处级建制的自收自支事业单位，负责省直机关住宅区、公共机构、高等院校和行政办公区及5A写字楼等的物业管理服务工作，万柏林区丽华苑小区属中心物业管理项目。

山西丽华物业管理有限公司，成立于2004年10月，是省级机关物业管理中心下属企业，注册资金500万元，具有国家二级物业管理资质，有员工300余人。（李万元）

【主要工作】2019年，山西省省级机关物业管理中心聚焦省直机关物业集中统一管理主业，彰显服务保障职能，以担当作为的充足干劲推进各项重点工作，取得良好的政治效益和社会效益。人防物防技防结合，紧抓安全生产工作。充分发挥职能，做好民生工作。坚持党建引领，厚植企业、社区文化，中心连续8年被评为省直机关精神文明标兵单位。（李万元）

2019年6月，丽华苑鸟瞰图（李万元供图）

【领导名录】2019年，山西省省级机关物业管理中心领导班子成员：主任、丽华物业总经理张铁，副主任、丽华物业副总经理李万元、石建国。

（李万元）

·山西地方铁路集团有限责任公司·

【概况】山西地方铁路集团有限责任公司于2003年由原山西省地方铁路局改制成立，是华远国际陆港集团有限责任公司全资子公司，也是全省唯一一家地方铁路运营管理公司。1998年5月迁入万柏林区，注册资本7.2亿元，2019年年底资产总额68.59亿元。经营管理孝柳、武左、沁沁、宁静、静静5条地方铁路，正线里程356千米；联合运营、社会化共用专用线99条，里程合计628.671千米。获得山西能源交通投资有限公司2019年度标兵单位、安全生产先进单位和先进基层党组织等称号。（卫武君）

【主要经济指标】2019年，山西地方铁路集团有限责任公司实现营业收入39.82亿元，同比增长19.15%；利润总额2.83亿元，同比增长295.45%；增加值9.37亿元，同比增长23.71%。铁路运输企业完成货运量2994.15万吨，同比增长29.25%。行业管理专用线完成货物发运12163万吨。（卫武君）

【领导名录】2019年，山西地方铁路集团有限责任公司班子成员：党委书记、董事长杜振国，党委副书记、工会主席张建平，党委委员、副总经理何承楼、刘耀，党委委员、纪委书记张格生，副总经理宋艳萍，总经济师闫仙平。（卫武君）

·山西省烟草专卖局（公司）·

【概况】山西省烟草专卖局成立于1983年7月，山西省烟草公司成立于1982年4月。1984年6月，山西省烟草公司上划中国烟草总公司，改制更名为中国烟草总公司山西省公司。2019年，山西省烟草专卖局（公司）下辖太原、大同、阳泉、长

2019年3月15日，山西省烟草专卖局（公司）机关第三党支部开展“3·15”国际消费者权益日宣传主题党日活动　　（朱永胜供图）

治、晋城、朔州、忻州、吕梁、晋中、临汾、运城等11个市级烟草专卖局（公司），116个县级烟草专卖局（营销部）。省局（公司）机关2009年9月搬迁至万柏林区长风西街7号，下设14个职能处室、8个专业部门。截至2019年年底，总资产195.32亿元，从业人员7055人。（朱永胜）

【领导名录】 2019年，山西省烟草专卖局（公司）领导班子成员：党组书记、局长、总经理王文忠，党组成员、副局长张亚林，党组成员、副总经理周武庆，党组成员、副局长杨新民，党组成员、纪检组长李捍红，副巡视员赵新秋。　（朱永胜）

·中车太原机车车辆有限公司·

【概况】 中车太原机车车辆有限公司是中国中车股份有限公司重要骨干企业。始建于清光绪二十四年（1898），是山西省早期机械工业的发源地，也是中国较早的铁路工厂之一。公司坐落于太原铁路装备工业园新区，占地面积1680余亩，建筑面积26万多平方米，固定资产投入近30亿元，建设有国内领先、技术一流的工艺生产线，具备年检修和谐系列电力机车400台、韶山系列电力机车350台，新造货车7000辆、检修货车8000辆的生产能力。2019年，公司注册资本9.88亿元，资产总额43.74亿元，拥有各类设备2451台（套）。下设生产单位17个，分公司1个、子公司1个、合资公司2个。年末在册职工2877人，各类在岗专业技术人员709人，其中高级及以上技术职称人员161人，中级技术职称人员319人。全年累计实现营业收入21.06亿元，实现归母净利润382.76万元。　（苏晓伟）

【规划发展】 2019年，中车太原机车车辆有限公司发挥机车检修专业优势，以HXD3系列为突破口布局开展全系列和谐机车C6修业务，巩固机车检修引领地位。强化项目支撑，打造拳头产品，以新产品引领新市场，巩固漏斗车技术主导地位。集中优势资源，加快培育新产业，推动工程机械业务和城轨地铁项目快速发展。响应用户需求，开展原材料采购、仓储、加工、配送等增值服务，建设现代物流基地。编制《中车太原公司创一流示范企业实施方案》。　（苏晓伟）

【改革改制】 2019年，中车太原机车车辆有限公司深化三项制度改革，优化组织架构体系，精减10个组织机构。优化干部基础管理，开展中层正职竞聘上岗，启动后备干部选拔。加快剥离国有企业办社会职能，宿舍区“三供一业”完成移交。厂办大集体改革取得突破性进展，达到预定目标。低效无效固定资产和股权处置按计划有序推进。职工家属区早期人防工程纳入太原市人防办统一管理。　（苏晓伟）

【科技创新】 2019年，中车太原机车车辆有限公司研发了组合式多功能石砟漏斗车、KF62型单侧卸自动倾翻车、25t轴重煤炭漏斗车、多式联运自翻敞顶集装箱、卷钢多式联运平台等产品车型。设计23t轴重及以上石灰石和铁矿石漏

2019年10月，中车太原机车车辆有限公司生产的18吨轴重1067毫米轨距煤炭漏斗车（苏晓伟供图）

斗车以及30t轴重侧卸式煤炭漏斗车。研制载重70t熟料漏斗车、煤炭漏斗车底门开闭状态监测系统。取得HXD3、HXD3C型电力机车C6修维修许可证及相应车型轮对、轮轴驱动装置高级修维修资质。全年申请专利30件，其中发明专利17件，期末有效专利278件。全年取得各车型产品资质许可6项，期末有效产品资质159项。“出口澳大利亚40英尺集装箱平车”“莫桑比克窄轨石砟漏斗车”项目获得山西省科学技术奖三等奖；“22t轴重米轨石砟漏斗车”“22t轴重米轨通用敞车”项目获得中国中车科学技术三等奖；“KH70型粉煤灰漏斗车研制”项目完成中车科技成果评价，技术水平达到国际领先。企业技术中心被认定为国家级企业技术中心。（苏晓伟）

【领导名录】 2019年，中车太原机车车辆有限公司领导班子成员：党委书记、董事长史洪斌（8月19日任）、秦忠义（8月19日免），党委副书记、总经理段云龙（9月28日任）、史洪斌（9月28日免），党委副书记、纪委书记、工会主席赵向东，副总经理李兴钊（6月25日免）、梁建平、段云龙（9月28日免）、杨景林、张海玲、苏晓伟（11月19日任）、柳广军（11月19日任），总工程师李兴钊（6月25日免）、财务总监张海玲。（苏晓伟）

·中铁十二局集团有限公司·

【概况】 1978年8月，因修建太岚铁路需要，铁道兵第二师师部移驻山西省太原市河西区闫家沟大队。1984年，铁道兵第二师集体转工改编为铁道部第十二工程局。1998年，改制更名为中铁十二局集团有限公司，公司机关驻山西省太原市万柏林区西矿街130号。（唐晓明）

【主要工作】 2019年，企业中铁十二局集团有限公司承揽任务合同总额1150.8亿元，完成总产值807.7亿元，实现利润总额14.57亿元，净利润13.09亿元，在岗职工年平均工资105175元。完成的主要实物工程量：土石方8140万立方米，隧道183941折合米，桥梁189787延米，完成房屋折合6668662平方米，公路路面1145万平方米，供电线路486千米，通信线路466千米，接触网155千米。（唐晓明）

【领导名录】 2019年，中铁十二局集团有限公司领导班子成员：党委书记、董事长宋津喜，总经理、党委副书记支卫清，副总经理祁玺剑、向远华、谭雷平、何国民、梁彬彬、王红伟。副总经理、总会计师宋志宏，党委副书记、工会主席张凤华，纪委书记黄卫远，副总经理、总工程师胡建国。（唐晓明）

2019年7月，中铁十二局集团有限公司党委开展“不忘初心、牢记使命”主题教育（唐晓明供图）

劳动模范

郭世江

郭世江，55岁，高中学历，中共党员，1980年参加工作，中车太原机车车辆有限公司钢二车间铆工，兼车间工会主席，高级技师，省、市两级工会命名的“郭世江创新工作室”带头人。工作39年来，一直从事铆工工作，在铁路装备设计制造及培养优秀人才上取得优异成绩。2019年，获得山西省劳动模范称号。

郭世江工作中不计时间不计报酬，经常加班加点，刻苦钻研埋头苦干。多年来，他凭借学无止境的精神和心灵手巧的禀赋，熟练掌握铆工、木工、无线电、金属工艺、CAD工程制图、SolidWorks三维建模、3DD打印技术等多项技能，成为集高超实作技能和突出设计能力于一身的双料人才。面对大量的新车试制和频繁的转产任务，以小革新解决大问题，用小发明创造大价值。他先后构思、设计、制作上百套个性化、高效实用的工装或工具，为C70、C70E、C80B、C80E、KZ70、KM70、GF70、U70、GQ70、GQ80、澳大利亚平车和阿根廷砟车、德国车等几十种铁路车辆产品的试制和生产突破瓶颈，节约费用2000余万元。他编制《铆工操作技能》PPT教材，把铆工组装“三要素”、画线、放样的基本方法和气割下料的操作要领及技能毫无保留的传授给自己的徒弟，其中有3人在2018年取得技师证书。他本人先后被省、市总干校聘请为客座教师。

朱少辉

朱少辉，河北省定州市人。1980年11月13日出生，中共党员。1999年7月，在河北省张家口市宣化区第一中学毕业，考入吉林大学机械学院学习。2003年7月毕业，获工学学士学位。2003年9月至2006年7月，在吉林大学机械学院学习，获工学硕士学位。2006年8月后晋升高级工程师。多年来，他刻苦钻研技术，工作兢兢业业，先后获得多项荣誉称号。2012年获山西省科学技术奖二等奖，2016年获山西省科学技术奖一等奖，2018年获山西省“五一劳动奖章”，2019年获“全国五一劳动奖章”、山西省劳动模范。

孙 键

孙键，44岁，大专学历，中共党员，1993

年参加工作，中车太原机车车辆有限公司转向架车间调度组长，创新工作室主要成员。2015 年，获得山西省“五一劳动奖章”。2019 年，获得山西省劳动模范称号。

2018 年，车间承揽作业车转向架生产任务，他临时受命，负责作业车生产总调度，由于作业车属于新造车型，工艺要求及作业方法生产职工未接触过，一切得从零做起，但生产进度要求严格，孙键作为总调度压力巨大，他在保证生产配件准时到位的基础上，督促工艺员与操作工熟悉作业车工艺卡片，为保证作业车转向架部分符合工艺要求及生产进度，他常常与班组人员加班至凌晨，一干就是半年，周末从未休息过。

王昭辉

王昭辉，49 岁，中共党员，是山西汾西重工有限责任公司机械工具车间钳铣组组长，公司首席技师、国家级钳工裁判、山西省享受政府津贴高级技师，其所带班组多次获得“山西省军工行业质量信得过班组称号”“中国船舶重工集团公司质量信得过班组”，个人先后获得“山西省拔尖骨干人才”“中国船舶重工集团公司技术能手”“山西省国防科技工业劳动模范”“山西省国防科技工业技术能手”、山西省国防工办“王昭辉职工创新工作室”带头人等称号。2019 年，获得山西省劳动模范称号。

王昭辉年均累计加班达 1200 余小时，其所带班组每月生产周计划完成率都保持在 98% 以上，产品一次交验合格率达 99.86%。在公司 8 型重点项目中提出新型加工方案及解决措施 137 项，直接产生经济效益 580 多万元，年均完成 1000 多项考核品种，16000 余个零件，工时累计 64000 多小时。其中利用手电钻加复合钻模加工内腔孔的工艺改进方法，每年可为公司节约费用近 20 万元，据此总结的“制孔高效加工方法”获山西省国防工办五小成果一等奖。同时他还负责设计组装数控设备使用的组合夹具，完成 700 余套，使整个加工效率提升 40%。特别是在高新产品加工过程中，利用回转分度头制作壳体划线找正工装，实践证明该装置在保证质量的前提下，生产效率提高 5 倍，针对该项成果撰写的论文《带鳍板异形铸造壳体划线工艺研究》在国家级刊物《军民两用技术与产品》上发表，该工装同时获专利授权。截至目前，获授权专利 6 项。

王昭辉积极培养徒弟，共带徒弟 42 人，其中高级技师 8 人，技师 12 人，其余全部为高级工，为公司的高质量发展注入了强劲动力。

邵高波

邵高波，1983 年 8 月出生，山西运城人，毕业于太原理工大学机械设计制造及其自动化专业，本科学历，中共党员，2007 年 7 月参加工作。是中铁十二局集团第四工程有限公司武广客专 8 项目部技术员、深圳地铁盾构项目部副部长、长沙地铁 1 号线 8 标盾构项目部总工程师、天津地铁 6 号线 19 标盾构项目部总工程师、广州地铁知识城线 4 标盾构项目部总工程师，现任中铁十二局集团第四工程有限公司盾构公司总工程师。2017 年，邵高波获山西省“五一劳动奖章”。2019 年，获“全国五一劳动奖章”。

他主持的南宁地铁 3 号线工程，获得由南宁市建设工程质量安全协会颁发的 2018 年南宁市建设工程质量优质结构奖。

在深圳地铁 2 号线施工中，邵高波针对施工条件复杂、技术难度大，工法工序多，盾构短距离双竖井始发、盾构机站内调头、盾构上下重叠隧道、穿越既有桥桩盾构隧道及矿山法下穿既有地铁、220 平方米大断面折返线隧道施工等重大难点，提出解决方案，圆满完成任务。2017 年 4 月 14 日，在北京召开的第十四届中国土木工程詹天佑大奖颁奖大会上，深圳地铁 2 号线获得的詹天佑奖。

在徐州地铁 2 号线 09 标施工中，作为全线唯一单台盾构机穿越三个区间的盾构机，经历 6 次始发、6 次接收和 5 次转场最终独自贯通 5.4 千米区间工程，创造全线盾构机掘进速度最高记录，受中铁建总承包部的通报嘉奖。

在成都地铁 5 号线和 6 号线施工中，邵高波针对施工中遇到的大粒径卵石地层，采用彭润土、泡沫相结合的方法解决大粒径卵石地层渣土改良困难的难题；用长顶撑轨轮式过站方式新工法代替托架顶升式过站，提前 10 天使盾构机通过车站框架区；所在项目部被成都市总工会授予“工人先锋号”称号。

2017 年 5 月，邵高波职工创新工作室成立。

2019 年，改进盾构刀具的锁紧装置；总结了特殊地层中盾构脱困技术；解决了富水岩层中掘进喷涌等技术难点。

科技成果获得中国铁建股份公司科技成果二等奖 1 项，中铁十二局集团公司科技成果一等奖 1 项、二等奖 1 项；7 项工法获中铁十二局集团公司三级工法，8 项工法获山西省省级工法；4 项工法获得中国铁建股份公司优秀工法；1 项成果获得国家实用新型专利并获得中国铁建股份公司优秀专利；公开发表论文 15 篇。

张俊平

1959 年出生，河北元氏人，本科学历，中共党员，1976 年，参军入伍。1998 年转业后，他带领退伍军人创立山西晋峰供热有限公司，从事锅炉供热业务，曾经服务数十万人，是省市供热行业节能减排标兵。2009 年，带领公司转型，参与太原西山废弃矿山治理工作。把积攒的 10 亿多元全部投在太原玉泉山的治理上，先后处理大型垃圾场 5 个，总容量约 1500 万立方米；治理破坏面 75 万平方米。累计栽树 550 万棵，修路 105 千米，安装喷灌钢管 420 千米。2019 年，完成石槽沟废弃矿山生态修复工程 17.33 公顷，自然资源部在公园召开全国义务植树现场会，该工程被自然资源部认定为示范工程。园区内常年有 1000 余名员工参加生态环境治理。

山西晋峰供热有限公司中，有副师职转业干部 1 人，正团职转业干部 2 人，正营职转业干部 4 人。近 20 年来，为退役军人创业就业、国防教育、生态文明建设作出了突出贡献。2013 年，张俊平创建的玉泉山城郊森林公园被评定为 3A 级景区，他本人获得全国绿化先进个人、山西绿化标兵、山西“三晋英才”等称号。2018 年 1 月，张俊平被太原市委、市政府表彰为“创新转型深化改革”先进典型。2019 年 12 月，获得全国最美退役军人称号。

优秀教师

杜生奎

杜生奎，山西省平遥县人。1963 年生。中共党员，中学语文高级教师，现任太原市万柏林区第三中学校校长、万柏林区教育总监、万柏林区教育强区战略领导小组办公室主任。1985 年 7 月在西山矿务局高级中学参加工作。2001 年 7 月，任西山煤电第四中学校校长。上任伊始，改革分配制度，建立激励机制，实行“自由组阁 竞争上岗”人事制度改革，2002 年中考，这所原来在西山煤电集团 13 所中学排名第 11 名的普通中学，奇迹般夺得西山集团教育系统第一名，此后，中考成绩，年年第一。2006 年 3 月，杜生奎调任西山煤电第五中学校（万柏林第九中学校前身）校长，这所中考成绩连续三年在西山煤电集团13所中学中排名倒数第一的学校，在杜校长手里凤凰涅槃，从2007年开始，中考成绩一举进入西山煤电集团13所中学前三名。2011年10月，区教育局任命杜生奎为万柏林区第三中学校校长，他带领万柏林区第三中学校的团队创立“学＋导＋练主体性课堂教学模式”，改变教师的“教”；打造“学、问、思、辨、行深度学习课堂”，改变学生的“学”。从2012年开始，万柏林区第三中学校中考总均分，连续8年在汾河以西划片招生的中学中排名第一，其中2017年、2018年中考总均分排名太原市公立中学第九名，2019年排名全市公立中学第八名，万柏林区第三中学校一跃成为河西地区学子心之向往的名校。杜生奎先后被评为“太原市劳动模范”“三晋名校长”等称号。

李翠莲

李翠莲，女，1971年6月出生。本科学历，1995年7月加入中国共产党。1986年9月参加工作，2011年3月任万柏林区红星巷小学校副校长，2016年4月任万柏林区北寒小学校党支部书记。作为党支部书记，她始终坚持以党性为后盾，带领全校教工围绕“不忘初心、牢记使命”主题教育扎实工作、积极履职。她引导教师立足课堂，通过课题引领、培训研究努力打造“有尊重、有思想、有质量、有快乐”的“四有”好课堂。她先后获得山西省模范教师、山西省骨干教师、太原市优秀教师、太原市优秀骨干教师、太原市课堂教学技能赛先进个人等称号。

赵　治

赵治，女，中共党员，学前教育硕士，任职于太原市万柏林区华峪幼儿园。23年间，她践行“一块砖”的精神，将她的教育情怀奉献给了幼儿教育。2016年4月，她主动肩负起村办园“太原市万柏林区华峪幼儿园”的开园创设及园所管理工作。150多天的日日夜夜，奔波于新园初始的各项筹备工作中。2018年，她再次担起开拓华峪南区幼儿园的重任，又是近200个日日夜夜，带领团队一砖一瓦的打造园所，使小井峪村里近1000名孩子享受到优质的幼儿教育资源。她先后获得山西省模范教师、山西省保教能手等称号。

李小燕

李小燕，山西省新绛县人。1977年2月出生。中共党员，中小学一级教师。在工作中，他坚持“学高为师，身正为范”的教育理念，以人为本，爱岗敬业，深受学生和家长的好评。他积极参与教育教学改革，不断探索新的课堂教学理念，优化教学方法，切实提高课堂教学效率，多次承担各级公开示范课教学和讲座。先后获得山西省特级教师、山西省教学名师、山西省模范教师、太原市优秀教师等称号。2019年被评为“三晋英才拔尖骨干人才”。

时俊萍

时俊萍，女，山西省太原市清徐县人。1974年8月出生。中小学高级教师。1995年参加工作，先后任教于清徐县城中学、万柏林区第五中学校。2010年9月在万柏林区第三中学校任教，现为学校的语文教师、班主任、教科研中心主任。工作中，她忠于职守、爱岗敬业，不断进取、追求卓越。她深厚的语文功底、精湛的课堂教学艺术深受同行好评；她先进的教育理念、人性化的管理深受学生家长的喜爱。她先后被评为万柏林区师德先进教师、万柏林区名教师、太原市骨干教师、山西省信息技术与学科整合教学能手、山西省优秀班主任，还曾荣获山西省语文“金钥匙”奖。2007年被评为全国优秀教师、全国优秀班主任。2018年入选山西省“三晋英才”支持计划拔尖骨干人才。

史晓丽

史晓丽，女，山西省武乡县人。1972年4月出生。中共党员，中小学一级教师，2019年3月获得山西省“三晋英才”称号。她从教30年，先后荣获省模范教师、省教学能手、省学科带头人、省首批教学名师、市名教师等称号。市“升华杯”教学大赛中获一等奖荣立一等功。她坚持教学与课题结合，让语文课堂能做到知行合一。在2019年两次区质量调研中，所带班语文成绩均名列全区前茅。2019年两次在区智慧云平台为区语文教师、学生进行试卷分析；她发挥区名师工作室作用，培养青年教师，2019年与成员编写《乐学一起练》教辅。她有多篇论文发表。

优秀警察

张荔楠

张荔楠，女，1980年11月28日出生，山西省太原市人，中共党员。2001年6月参加工作。2001年至2009年，在万柏林分局小井峪派出所工作，2010年至2019年，在万柏林长风派出所工作。2018年，获得反恐维稳能手称号，2019年6月，获得山西省优秀人民警察称号。

卢 静

卢静，女，34岁，中共党员，任太原市公安局万柏林分局情报指挥合成作战中心指挥长。2017年被授予中共十九大安保“个人一等功”称号；2018年被省人社厅、省公安厅授予“山西省优秀女警”称号。

卢静虽然是一名女民警，但多年的公安工作生涯中，她敢于吃苦、勇于担当。2017年5月，公安万柏林分局情报指挥合成作战中心成立后，她被分局党委从基层派出所抽调到中心综合指挥室工作。这里是全局的核心部门、中坚部门、引领部门，她发挥自己在组织协调能力和文字功底方面的优势，将上级党委和领导安排的各种工作类指令进行编辑整理下发，将基层所队的各种反馈类信息进行搜集整合上报，为领导决策和基层实战提供快速服务，真正建立起了“快速反应、快速指令、扁平化运作”的动态用警模式；同时，她充分发挥自己在语言表达方面的优势，先后接待全国、全省以及各地市到情报指挥合成作战中心视察指导和学习交流团队百余次并现场解说。

卢静是情报指挥合成作战中心一名综合指挥民警，在“二青会”安保和中华人民共和国成立70周年大庆安保期间，她放弃休息，先后下发、反馈各类稳控指令862条，预警稳控人员1262人次；先后参与各项安保勤务活动34次，值班备勤86次，能够完成领导交办的各项工作，受到领导和同事的一致好评。

调研报告

69个村的变迁

——万柏林区城乡融合发展的实践和启示

中共太原市万柏林区委书记 杨俊民

党的十九大提出，要实施乡村振兴战略，建立健全城乡融合发展体制机制和政策体系，推动形成产业兴旺、生态宜居、乡风文明、治理有效、生活富裕的农业农村发展新格局。近年来特别是党的十八大以来，万柏林区坚持以习近平新时代中国特色社会主义思想为指导，坚持城乡融合发展不动摇，把城中（边）村改造作为全区一号工程，汇集全区智慧和力量，因地制宜、有的放矢、稳扎稳打、久久为功，69个村落后的旧村形态已基本消失，12万余群众迈过了城、村“两重天”这道坎，村民变市民、危房变楼房，水电气暖、教育等公共基础设施和公共服务蓬勃发展，集体经济空前壮大，就业途径不断拓展，幸福指数节节攀升，取得群众得实惠、城市得提升、产业得发展、政府得民心的多重成效。

一、发展实践

万柏林区由1998年全市行政区划调整成立，总面积304.8平方千米，常住人口78.6万（1998年44万人）。辖1个乡14个街道，84个城市社区、69个行政村。其中有27个“城中村”（中环路以东17个、中环路与西外环路之间6个、西外环路以西4个），总人口75915人（截至2007年5月31日前），土地总面积26048.28亩，旧村建筑总面积1200万平方米；有27个采煤沉陷区综合治理移民搬迁村，涉及王封、化客头、杜儿坪、白家庄、西铭五个乡街，6000余户居民、2万余人；有15个城边村，总人口约1.9万人，总户数约6400户，土地总面积约4.5万亩（建设用地面积约1万亩），各类建筑总面积约343万平方米。一是从“脏乱差”到“清新美”的历史嬗变。始终把城中（边）村改造作为增强城市功能的重大战略工程，高速度拆迁、高标准设计、高质量建设、高水平管理，城市整体形象全面改善，土平房变高楼大厦，垃圾堆变街心花园，黑烟囱变集中供暖，治理难变和谐稳定。二是从村民到居民的华丽转身。始终把城中（边）村改造作为造福群众的重大民生工程，引导“新市民”形成新的生活习惯、新的行为方式，融入新的社会群体，从缺气少暖到配套齐全，村民真正找到市民的归属感；从自给自足到保障齐备，村民真正找到市民的安全感；从就业无门到就业创业两相宜，村民真正找到市民的幸福感。三是从单一到多元的产业升级。始终把城中（边）村改造作为推进富民强区的重大发展工程，充分释放空间活力，优化产业布局，激发内生动力，全区产业结构进一步优化，发展质效进一步提升，城区老工业基地浴火重生，现代服务业蓬勃发展，生态文化旅游产业初具雏形，汾河西岸成为省城太原最靓丽的“风景线”。四是从中游水平到奋发有为的作风提升。始终把城中（边）村改造作为干部干事创业的主战场、加强作风建设的重大固基工程，改革创新、干事创业、担当奉献、善作善为已成为各级干部的代名词，“新时代新担当新作为”已成为建设文明、开放、富裕、美丽万柏林的自觉行动。全区城乡融合发展的经验启示我们：坚持党的领导不动摇是推进城乡融合发展的根本保证；坚持弘扬“右玉精神”是推进城乡融合发展的力量源泉；坚持把群众利益放在首位是推进城乡融合发展的必然要求；坚持敢担当勇作为的作风是推进城乡融合发展的坚实基础；坚持全方位多角度的广泛宣传是推进城乡融合发展的有力支撑。

二、存在问题

万柏林区在推进城乡融合发展进程中，彻底改变了村民通过土地获取经济收益赖以生存的传统模式，村民生产生活方式发生了质的变化。但是制约全区城乡高度一体化发展的一些不平衡不充分的问题依然存在。

一是“城中村”改造项目手续办理缓慢。有的因为政策的变更导致手续办理慢，比如万柏林区北寒、窊流等改造村进行土地确权时，遇到国土部门要求的变更，改造村与合作企业已签订了补偿合作协议，谁都不想负担增加的成本，影响了土地手续的办理。有的是因为土地出让金逐年上涨，导致个别改造村无法达到盈亏平衡，比如，黄坡村 2014 年 6 月底就完成整村拆除，该村若按 2007 年 5 月 30 日前的人口计算改造用地无法达到盈亏平衡；2015 年 9 月同意增加配套用地，按土地出让金约 250 万元 / 亩进行测算，勉强达到盈亏平衡；2018 年土地出让金预估价在 500 万元 / 亩以上，而黄坡村相邻房价相对较低，该村的建设成本价与周边市场均价几乎等同，导致手续停滞不前。有的是因为在规划审批时，退距不足、日照影响、容积率以及公共配套不足等问题，影响规划手续办理进程。

二是“城中村”改造历史遗留问题亟待解决。城改过程中，因各“城中村”与开发企业合作失败、新成立的集体经济组织无法正常运行、“城中村”内部利益分配不均等原因产生各类历史遗留问题，成为社会不稳定因素。比如，新庄、小王社区在改造初期没有相关政策支持，以自主改造为主，边拆除边建设滚动发展，建设用地大量被占用，土地利用率低，村民曾多次上访，要求解决回迁安置、过渡费等各类问题。有的改造村宣传公开透明度不高，由多个小开发企业进行开发，局面混乱。有的改造村存在开发企业资金链断裂等问题，导致村民不能如期回迁、手续办理滞后等情况，比如，沙沟“城中村”改造项目天和福地，因开发企业资金链断裂，村民无法回迁，部分购房户多次聚集上访，造成不良影响。

三是城边村改造相关的规划国土政策有待破解。2017年，按照市委、市政府要求，万柏林区在全市率先启动城边村改造提升，遵循“宜农则农、宜工则工、宜商则商”的原则进行改造，现在路径是有了，但是缺乏市级层面的政策支持，城边村改造还不能享受“城中村”改造的拆迁补偿、安置等相关政策，导致土地、规划等相关手续办理难，比如，西铭街道西铭村，东社街道除圪獠沟的7个村，因手续办理难现在没有项目落地。同时，缺乏对城边村发展的合理规划。引入西铭文旅小镇、九润现代都市农业园等农业、房地产项目的多，引入带动性强的制造业和大型商业综合体项目少，在推动产业与生态、城市与农村协调发展方面还有很大不足。

四是城边村改造拆迁资金筹措难。把精力放在用净地引入开发企业上，在广泛引入社会资金参与城边村改造方面统筹考虑不够，以致很多村已经拆完了还没有开发商参与建设，村民的过渡费等拆迁资金不能保证。比如，东社街道2017年整村拆除的6个村2019至2020年的过渡费不能按时发放；南寨村因没有开发商参与改造，至今没有启动。同时，回迁安置房建设缓慢，比如，东社街道除上庄村、大岩村、袁家庄3个村的回迁安置楼开工建设外，其余5个村还没有启动，辖区3000余户10000余人在外租房等待回迁。

五是改造提升保障配套措施亟待跟进。虽然不断加大就业、医疗、教育等生活保障和文体活动、水电暖供应、物业维修、环卫管理等公共服务设施建设力度，也出台一系列相关配套政策，但整体跟进速度不够，系统性、协调性不强，村民对城改后的公共服务尤其是基础设施建设、社会保障等方面要求难以得到满足。比如，黄坡村回迁安置房已建成，但水、电、气、暖等城市基础设施配套还未完成。虽不断加大对村民的教育培训，但缺乏针对性强、行之有效的措施和手段，培训没有得到预期效果，村民就业能力不强。

六是融合发展内生动力不强。改造中更多注重的是整村拆除、招商引资、项目建设、回迁安置等短期性工作，在处理改造、提升、发展三者关系上缺乏全局性、系统性考量，对于如何充分发挥“城中村”地理位置、人文特色及历史底蕴等优势缺乏理性谋划，对已拆城中（边）村的区域功能定位和科学发展规划缺乏深入研究，产生城中（边）村改造后与城市只融合、难发展的问题。改造在给村民们带来财富的同时，并没有实质地改变他们的思想观念、风俗习惯、生活方式和价值追求，部分村民安于现状、目光短浅，缺乏主动寻求自身发展的意识和能力，就业创业的愿望不太强烈。

七是采煤沉陷区移民搬迁后续问题需要破解。一是村民下山后的增收问题。搬迁后村集体发展受条件制约，村里正常活动无经费支出，有的村支两委正常运行和工作人员的工资、村民福利得不到保障。村民生活成本上升，主要以发展“一村一品”、打工及退耕还林补助为生。如今，“一村一品”发展效果不佳，比如，化客头街道赛庄村现有5个农村合作社，属个人自发组织，主要是中药材和蓝莓种植，因水源无法充足供应，目前发展前景不容乐观；北头村因数百亩油菜花田被称为“西山小婺源”，成为网红景点，但还没有产生经济效益，等等。超过半数的村民在市民化后虽通过自谋职业的方式实现就业，但多从事驾驶、保洁、保安、保姆、超市理货等技术含量较低的行业，收入较低，还有一大部分年龄大的村民就业困难。二是产业上山后的项目推进问题。万柏林区立足王封一线天、桃花沟等自身生态资源禀赋，在西山布局了一些产业项目，但是进展缓慢，没有形成一定的效应。比如，西山枫情城郊森林公园虽完成项目建设的整体规划和设计，但涉及化客头街道5个村的土地流转还没有完成、绿化还没有开始；王封一线天旅游区6月份就签订合作框架协议，因与生态保护红线冲突，现在还在做景区规划，等等。三是集中居住九院村后的社会管理问题。27个村6000余户居民、2万余人集中到九院小区，虽能保障水、电、路、网、房等基本居住生活条件，但供电、供排水、道路硬化、路灯亮化等公用设施的建设和管护机制还不健全，便民生活超市、综合服务社、餐饮服务、社区活动服务中心、文化体育设施等公共服务场所还不能满足群众基本生活需求。比如，每个村为村民办理服务的场地受限，大多2—3个村一间办公室，严重影响了村支两委开展工作；小区就近的中小学校资源紧缺，没有大型的群众文体活动广场和健身娱乐场所等，居民对安置区的认同感和归属感不强。

三、对策建议

（一）加强党的建设，把正城乡融合发展方向。一是要旗帜鲜明讲政治。坚持以党的政治建设为统领，结合“不忘初心、牢记使命”主题教育，持续引深对习近平新时代中国特色社会主义思想、党的十九大精神和习近平总书记视察山西重要讲话精神的学习贯彻，不断增强“四个意识”、坚定“四个自信”、践行“两个维护”，坚决把党中央和省市委的决策部署不折不扣落到实处。二是要从严要求强队伍。结合各乡街、各部门新任干部比较多的现状，强化学习培训，推动干部精神状态和能力素质“双提升”；突出政治标准，大力选拔使用心中有责、眼里有活、手上有招的干部；坚持严管和厚爱结合、激励和约束并重，加强对领导干部的全方位管理；建立健全崇尚实干、关爱激励、容错纠错的体制机制，激发广大干部干事创业的积极性、主动性、创造性。三是要立足发展夯基础。牢固树立大抓基层的鲜明导向，认真贯彻落实省委《关于深化“三基建设”进一步加强基层工作的若干意见》和市委“新时代堡垒工程”三年行动方案，聚焦提升基层党建组织力、打牢做实基础工作、提升基本能力，扎实推进城市基层党建、支部规范化达标建设和软弱涣散党组织整顿提升行动等重点工作，不断推动三基建设全面进步。四是要坚持不懈正风纪。认真落实中央“八项规定”精神，坚决破除形式主义、官僚主义，不折不扣把党中央为基层减负的精神和省委相关措施落实到位。坚持无禁区、全覆盖、零容忍，加大警示教育力度，选好用好典型案例，精准运用监督执纪“四种形态”，有力削减存量、有效遏制增量，持续巩固发展反腐败斗争压倒性胜利。

（二）加快改造提升，拓宽城乡融合发展空间。一是持续发挥“城中村”改造示范引领作用。按照“一村一策”原则，吃透各村情况，逐村制定化解方案，从强化基层党组织建设入手，分类施策；加快回迁安置房建设，确保村民全部回迁到位；强化党建引领，加强基层社会治理，确保村民安居乐业；积极与市相关部门对接，加快手续办理进度，确保城改项目全面建设；加强帮扶引导，找准问题症结，多措并举、化繁为简，确保将城改历史遗留问题全部化解到位。二是稳妥推动城边村改造提升。全力做好土地、规划等相关手续办理，同步解决好拆迁资金问题，开工建设村民回迁安置房。积极推进万科西铭文旅小镇、新能源汽车等重点项目建设，为全区经济转型升级注入新动力。三是扎实推进棚户区改造和安居工程建设。积极创新棚改模式，强力推动大众等重点片区棚改有实质性进展。加快保障性住房建设，完成年度目标任务。做好西山采煤沉陷区综合治理移民搬迁扫尾清零工作。

（三）推动产业转型，夯实城乡融合发展基础。一是要明确发展定位。聚焦建设文明、开放、富裕、美丽万柏林奋斗目标，充分利用山下建成区企业和行业集中度高、区位和交通优势明显、人才和科技支撑有力、政治和文化功能增强的优势，通过传统产业改造升级、“政校企”务实合作、现代服务业提质增效“三向发力”，将万柏林区打造成为太原新型商业商务中心；充分利用山上农村和城边村腾退出的土地资源，着力打造“产业转型示范区”“生态修复样板区”“文化旅游特色区”“温泉旅游休闲度假区”“四大片区”，加快新兴产业集聚。二要加强招商引资。围绕发展定位扩总量、提速度，瞄准国内大企业、名企业、强企业，积极挖掘招商资源，捕捉招商信息，精心做好项目策划、包装和储备，实施“一对一”“点对点”精准招商、园区招商，着力解决好项目不多、项目不优、项目落地难、项目建设慢等问题。三要优化营商环境。持续深化“放管服效”改革，健全项目建设要素支撑体系，营造“六最”营商环境；认真落实区级领导对接重点项目、包联服务企业等各项制度，扎实做好项目入统、手续办理等跟踪服务，推动项目尽快落地、开工、投产、达效。

（四）加快文明创建，改善城乡融合发展环境。要以集中整治倒逼城市管理，以整治成效赢得群众信任。一要凝心聚力加快创城。坚定“示范带动、领先领跑”目标不动摇，克服疲劳厌战、麻痹大意心理和畏难情绪，严格对照创城测评体系和标准，围绕文化站建设滞后、老旧小区改造难等问题短板，坚持硬件与软件、建设与管理全方位结合、立体化推进，齐心协力完成今年创城迎测各项工作。二要持续引深“三化工程”。坚持靶向发力、重点突破，以点带面、逐步扩围，狠抓城市管理顽疾治理；大力推进综合行政执法体制改革和环卫体制改革，全面提升城市精细化管理水平。三要加强扬尘污染防治。结合秋冬季大气污染防治任务艰巨等特点，突出“治污、控煤、管车、降尘”，聚焦建设工地、渣土清运、裸露地面、道路扬尘等治理重点，靶向攻坚、精准治污，坚决打好扬尘污染防治攻坚战。

（五）提升服务水平，激发城乡融合发展活力。一是持续深化规划指引。坚持将城中（边）村改造规划与城市总体规划和各专项规划相衔接，科学合理布局现代服务产业、新兴产业，同步配套城市基础设施和公共服务设施，实现“硬环境”的融合。加强发展意识的引导，积极为有意向的城中（边）村和企业牵线搭桥，引入更多商业化运作元素；引导城中（边）村进行集体经济股份制改造后，大力发展壮大集体经济；加大对村民的教育培训力度，解决好自主发展内生动力不足的问题。二是持续强化民生保障。牢固树立以人民为中心的发展思想，持续加大对农民的服务保障力度，加强城乡设施改造，完善乡村饮水、道路、通信、文体等公共设施；强化城乡环境治理，从垃圾、污水治理到畜禽粪便、农业废弃物的回收实现全覆盖；落实就业扶持政策，以创业带动就业；深化医药卫生体制改革，为广大群众提供优质便捷的医疗服务；推动养老事业多元化、多样化发展；切实做好搬迁村民的就业、创业、生活保障等工作。三是持续创新社会治理。牢固树立总体国家安全观，坚持底线思维，建立健全党组织领导的自治、法治、德治相结合的基层治理体系，进一步防范化解政治、社会、意识形态、安全生产等领域重大风险，坚守“三个坚决防止”和“三个不发生”底线，持续维护全区大局稳定。

习近平总书记在中共中央政治局第八次集体学习时强调，“40年前，我们通过农村改革拉开了改革开放大幕。40年后的今天，我们应该通过振兴乡村，开启城乡融合发展和现代化建设新局面”。近年来，万柏林区认真贯彻落实党中央实施乡村振兴战略、加快城乡融合发展的决策部署，举全区之力推动城乡融合发展取得初步成效，但是在推进过程中也存在以上一些发展不平衡不充分的问题需要尽快解决，我们将大力弘扬右玉精神，一以贯之，久久为功，通过城乡融合发展，不断推进产业转型升级、优化生态环境、提升城市品质、改善人居环境，彻底打破传统的城乡二元机制，实现城市与乡村的一体化联动。

加强与人民群众联系　发挥人大代表主体作用

万柏林区人大常委会主任　侯　安

党的十九大报告指出："更好发挥人大代表作用，使地方人大及其常委会成为全面担负起宪法法律赋予的各项职责的工作机关，成为同人民群众保持密切联系的代表机关。"代表是人大工作的主体，也是贯彻党的决策部署、反映社会民意的中坚力量。把人民当家做主落到实处，就是要充分发挥代表主体作用，为做好新时代人大工作夯实基础。

"不忘初心、牢记使命"主题教育开展以来，我通过梳理学习研讨、听取意见建议时发现的问题，认为自身还存在深入基层调查研究较少，走访联系人大代表不够经常，与人民群众联系不够紧密等问题。根据区委《关于开展"不忘初心、牢记使命"主题教育工作方案》的要求，坚持把学习教育、调查研究、检视问题、整改落实四项重点措施贯彻全过程，突出问题导向，立足工作职责，我就如何加强与人民群众联系、发挥人大代表主体作用，深入到联系点神堂沟街道和部分街道人大工委及人大代表中进行调查研究，了解"双联"制度的落实和人大代表的履职情况及存在的一些问题，提出相应对策，现将有关调研情况报告如下：

一、基本情况

万柏林区人大代表名额为 203 名，因工作变动等原因现有代表 201 名，代表分属 15 个代表团。王封乡有乡人大代表 45 名。万柏林区出席市人民代表大会代表 53 名，分 4 个活动小组，市人大代表在闭会期间与区、乡人大代表共同参加学习、视察、专题调研、联系选民等活动。编入万柏林区人大代表联络站开展联系群众活动的省人大代表 12 名。

全省人大代表工作会和全市县乡人大代表工作推进会后，区人大常委会高度重视，及时将会议精神进行传达学习，并报经区委同意，下发《关于推进"人大代表联络站"和"人大代表联络点"建设和实施意见》，对代表联络站、点的建设作出部署和安排，全面推进代表活动阵地建设。全区共投资 360 万元，建设区代表活动室 1 个、乡（街）代表联络站 15 个、村（社区）代表联络点 31 个。现省、市、区、乡各级人大代表，已按照"因地制宜、便于活动"的原则，分别编入 46 个代表联络站、点开展活动。

二、存在的问题

如何做好新时代人大代表工作，一直是我认真思考的问题。区人大常委会在 2014 年就出台常委会组成人员联系人大代表、人大代表联系群众的"双联"制度，要求建立代表接待日制度，深入到所联系的乡街、原选举单位与代表和群众保持联系，每季度至少联系一次，走访联系 3 名以上选民，为所在社区（村）和选民服务，帮助解决生产生活中的实际困难。总的来讲，近年来，人大代表有效发挥作用，采取代表接访、主动下访、电话联系等形式，坚持民有所呼我有所应。积极参与"慈善一日捐"、与困难群众结对子等活动，力所能及为人民群众办实事、解难事，搭建起党和人民之间的"连心桥"。积极服务万柏林区经济社会发展，参加各种调研视察、执法检查等活动，提出较高质量的建议意见，为万柏林区的民主法治建设做出了积极贡献。但在调研中，也发现存在以下几方面的问题：

一是履职时间不能保证。除了部分常委会组成人员属于专职的代表外，其余代表皆为兼职，有各自的岗位和事业，参加调研视察等履职活动摆不上应有的位置。有的代表一年只参加一次人代会，闭会期间，代表履职都是无偿的，一些代表可能会因履职而承受经济上的损失，客观上造成在人代会闭会后，很多代表的履职活动会相继停止。

二是履职能力还欠缺。人大代表是政治职务，更是一种责任。有的人大代表并不完全具备与代表职务相适应的素质，尤其缺乏履职能力及其与选民联系、提出高质量的意见建议的能力，懂得相关法律法规、熟悉“一府一委两院”及相关职能部门的工作的代表较少。也有的代表由于缺少履职能力，在职几年中，成为“陪开会、陪视察”的“陪衬代表”。

三是与群众联系不够。虽然实行代表向选民公示制度，也发放与选民联系卡，制定代表接待选民日制度，但在实际工作中有的代表参加联系选民的活动较少，坚持不够，存在时紧时松的现象。有的代表把其职务看成是待遇、荣誉，把其职责看成是“软任务”，把不直接处理问题变成了不直接了解和反映问题。与群众密切联系的积极性不高，仅限于参加安排的调研视察活动，主动与选民联系不够。代表提出的建议意见办理质量不高，办理单位重答复、轻办理，导致代表履职热情不高。

四是联络站点建设和管理不够规范完善。按照省、市人大常委会的有关要求，乡人大、街道人大工委建立代表联络站，村（社区）建立代表联络点，要在今年10月底完成建设任务。但就目前万柏林区建设的情况看，联络站点建设速度较慢、参差不齐；建成的联络站点配置和活动的开展不均衡，软、硬件设施配备不全；组织代表活动形式单一，活动次数较少，形式大多为组织代表进行学习，有的代表借口忙于业务工作而不能按时参加所在联络站点的学习、联系选民、视察调研等活动，代表作用发挥不够。

三、几点粗浅的认识和思考

面对新时代新使命，坚持以人民为中心，密切同人民群众的联系，发挥好代表主体作用，就要着眼代表想履职、能履职、会履职，进一步健全制度、搭建平台、丰富活动，充分激发代表活力，更好展现人大工作生机与活力。

一是坚持新思想引领，坚定人大制度自信。提高政治站位，必须牢牢坚持党的集中统一领导，以习近平新时代中国特色社会主义思想为指导，特别是认真学习贯彻习近平总书记关于坚持和完善人民代表大会制度的重要思想，自觉把人大履职行权置于党的坚强领导之下，坚持人大工作正确政治方向。突出代表主体地位，创新工作举措。当前，代表工作的重要性日益凸显，站在新的历史起点上，要准确把握新时代赋予人大工作的新任务，进一步解放思想，开拓创新，激活代表履职新动能，更好地助力经济社会发展。

二是坚守初心，勇担使命。人民选出的代表，就要为人民坚守初心。要深入基层，深入选民，倾听群众呼声，把握人民意愿。人大代表要想群众所想，急群众所急，帮群众所需。认真执行好“双联”制度。要通过各种有效形式，密切与群众的联系，善于把握群众的愿望，汲取群众的经验和智慧，并且把这些愿望、经验和智慧带到人代会上，通过依法履行代表职务，促进经济和社会发展，维护好、实现好广大人民的根本利益。人民选出的代表，就要为人民勇担使命。要牢固树立主人翁意识、群众意识，以高度政治责任感和使命感，认真履行代表职责，加强与人民群众的联系，听取和反映人民群众的意愿，以扎实有效的工作取信于民。积极开展闭会期间的各种活动，全面履行法律赋予的权利和义务。要把议大事和为人民群众办实事结合起来，通过各种渠道，加强与选民的联系，经常了解人民群众的意见和呼声，敢于和善于对各方面工作提出建议、批评和意见。同时要把做好本职工作与做好人大工作结合起来，在做好本职工作的同时，要牢记自己是一名人大代表，把履行好人大代表职务当成重要任务，积极向广大群众宣传党的路线方针政策和国家的法律法规，切实履行好代表职责，充分发挥代表作用。

三是抓好培训，提高能力。注重增强代表的履职意识和法律素养。积极组织代表参加各种培训，使代表正确树立人大意识、职务意识、履职意识。重点组织代表深入学习宪法、代表法、监督法、选举法、物权法等相关法律法规知识，提升法律素养。注重围绕中心工作进行培训，如污染防治攻坚战正在进行，可邀请环保部门及司法部门专业人员，为代表讲授环保法，指导代表有效监督工作更有针对性。通过组织代表开展多形式的履职培训，激发代表履职活力，不断提高代表依法履职的能力和水平。

四是完善机制，搭建平台。坚持代表主体地位，完善和创新代表服务机制。切实做好代表履职的服务保障工作，支持代表持证视察、约见行政负责人，支持代表主动围绕人民关心的热点问题开展调查研究，写出调查报告，提交有关方面或人代会。落实好常委会组成人员联系、走访代表制度。坚持代表列席常委会会议，搭建代表履职平台。全面推进人大代表联络站点的规范化建设，加快人大代表联络站点的建设步伐，完善管理，促进联络站点运行更加制度化、常态化。加强代表建议办理及督办工作，强化办理责任，提高代表建议办理实效。

五是坚持以人民为中心，加强监督。进入新时代，人民对美好生活的向往更加强烈，我们要永远保持对人民的赤子之心，始终把人民利益摆在至高无上的地位。坚持党的领导、人民当家做主、依法治国有机统一，认真履行宪法和法律赋予人大的职权，加强监督，不断提高监督实效。进一步强化宗旨意识，奋发有为，依法履职。增强责任担当，振奋精神，切实增强做好人大工作的责任感和使命感。始终保持"些小吾曹州县吏，一枝一叶总关情"的情怀与境界，坚持以人民为中心思想，加强对教育、科技、文化、卫生、社会保障等工作的监督检查，重点对新建示范性学校项目建设、医疗卫生体制改革情况等方面进行调研，继续关注"底线民生"，重点对劳动就业、社会救助等进行跟踪监督，推动社会民生事业改善，让人民群众更多地分享改革发展成果，增强人民群众的幸福感、获得感。

关于万柏林区加快发展养老服务事业的调研报告

中共太原市万柏林区委副书记、区长　袁尔铭

"不忘初心、牢记使命"主题教育活动开展以来，我认真贯彻区委在主题教育中开展专题调研的部署要求，认真梳理了当前政府系统各项工作，聚焦民生领域重点、难点和堵点，从改善学前教育、促进转型发展、加力创城攻坚、发展养老事业、优化营商环境等多个选题中，重点确定了"深化医养融合加快万柏林区养老服务事业发展"这一专题进行为期半个多月的深入调查研究。

调研中，我先后深入山西汾西重工有限责任公司职工医院、下元街道纺织苑西社区等地实地走访，并主持召开区政府相关领导，区卫体局、民政局及相关街办、社区、医院、企业负责人等参加的座谈交流会，全方位地了解情况、触摸问题，并与大家碰撞思想、分析研讨，逐步明确了方向，完善思路，达成共识，基本达到了摸实清、找症结、明方向、解难题的目的。现将调研情况报告如下：

一、万柏林区养老问题形势严峻

（一）万柏林区老龄化程度处于全省高位

根据1956年联合国《人口老龄化及其社会经济后果》确定的划分标准，当一个国家或地区65岁及以上老年人口数量占总人口比例超过7%时，则意味着这个国家或地区进入老龄化。1982年维也纳老龄问题世界大会，确定60岁及以上老年人口占总人口比例超过10%，意味着这个国家或地区进入严重老龄化。按照这一标准，从1998年开始，太原市就已进入老龄化社会。而万柏林区是全市乃至全省老龄化程度最高的城区之一，截至9月底，全区60岁以上老年人口达11.9万人，占全区59.06万户籍总人口的20.2%，已超过老龄化国际标准10.2个百分点，老年人口占总人口的比例高出全省3.9个百分点，高出全市1个百分点，80周岁以上高龄老人约占老年人口17.64%，约2.1万人；失能、半失能老人占老年人口16%，约1.9万人，与全国平均水平基本相同。老龄化问题总体呈现出基数大、增速快、寿龄高、空巢比例高、失能失智多五个特征，且有不断加剧的趋势。

（二）养老服务供需矛盾日益突出

随着老龄人口的快速增长，社会对养老服务的需求也日益增长，但有效供给严重不足。市委、市政府《关于加快发展养老服务业的实施意见》（并发〔2015〕10号）文件要求，“到2020年全市每千名老人拥有床位40张，城六区各建成1所床位不少于200张的区级老年福利院”，其中区级老年福利院建设纳入市委、市政府考核指标。目前，万柏林区11.9万老人需养老服务床位4800张，考虑到老年人口在不断增长，到2020年至少需要5000张养老床位。特别是特困人员集中供养人数逐年增加，而万柏林区目前各类养老机构只有8所，其中农村敬老院2所，民办养老机构6所，共有养老床位590张；城市社区目前建成养老服务中心27个、城乡老年日间照料中心43个，设计养老床位970张。区级养老福利中心建设尚未开展。距离市委、市政府2020年每千名老人拥有养老床位40张，总数达4800张床位的要求差距甚远，供需矛盾还十分突出。全区特困人员92人，低保家庭60岁以上老年人1600余人，而公办养老机构床位只有50张，针对这些特殊群体，目前还难以实现政府托底保障作用。

（三）全区养老事业尚处于起步发展阶段

近年来，万柏林区从养老服务供给侧结构性改革发力，通过进一步加大城乡基层养老服务的投入，统筹发展社区养老、居家养老、机构养老和医养结合等养老模式，着力保障城市“三无”老人、农村“五保”老人和城乡特殊困难老人的基本养老服务需求，发挥政府的兜底保障作用，努力为全区老年人提供符合消费需求、方便可及的养老服务，取得初步的成效。全区共建成27个社区养老服务中心和43个社区日间照料中心，但多数与社区办公场所改造整合在一起，受资金、人员、专业等客观因素的制约，开展运营服务工作仍不具备充分条件。6家民办养老机构拥有床位共540张，目前入住老年人227人，入住率42%，存在设施设备陈旧，安全管理缺失，服务质量不高等问题，整体运行情况不尽人意。

（四）社会力量参与养老服务事业的积极性不够

市委、市政府2015年《关于加快发展养老服务业的实施意见》要求，市县两级要配套专项资金，用于扶持养老机构建设、运营，万柏林区也相应出台实施方案，对万柏林区养老机构建设、运营给予补贴，并实行护理员入职奖励和职业激励补助等，但是一直没有落实。目前养老机构建设、运营主要依靠向上级争取资金运行，区级扶持作用发挥不明显。民营养老机构数量少、规模小、条件差、标准低。多数仅仅提供最基本最低端的养老服务项目，其服务的对象都是收入低下、家庭困难但又无人照料的失能老人，收费较低，服务较差，运营困难。另外，受资金、规划、土地、消防、经济效益等条件限制，社会力量参与养老服务的热情不高。

（五）社会购买养老服务开展不充分

万柏林区应对老龄化、建设社会养老服务体系时间不长，对养老服务过程中的专业内涵研究不够。受资金、人员、专业等客观因素的制约，社区靠自身力量无法开展日间照料中心运营服务工作，而第三方公司由于受运营成本和企业经济效益影响，承接此项工作的积极性不高；老年餐桌、文化娱乐等服务项目开展顺利，但失能老年人的社区居家照护服务项目还很少。同时，受经济条件限制，大多数失能、半失能老年人只要求提供最基本的生活照料，对一些康复护理、医疗保健、精神慰藉等专业化的养老服务经济上难以承受，急需通过社会购买养老服务，采取老年餐桌、上门服务等形式，帮助和大力发展老年人急需的助餐、助浴、助急、助医、助行、助洁等服务，改善养老服务质量，提升养老服务水平。

二、万柏林区加快发展养老事业面临难得机遇

（一）中央加快发展养老服务事业的政策导向十分明确

2016年5月27日下午，中共中央政治局就我国人口老龄化的形势和对策举行第三十二次集体学习。习近平总书记在主持学习时强调，满足数量庞大的老年群众多方面需求、妥善解决人口老龄化带来的社会问题，事关国家发展全局，事关百姓福祉，需要我们下大气力来应对。其后，总书记又在不同场合多次强调要推动养老事业多元化、多样化发展，让所有老年人都能老有所养、老有所依、老有所乐、老有所安。梳理近几年来的国务院常务会议，不难发现，医养结合推进养老服务业发展始终是中央政府关注的重大问题。2015年11月11日的国务院常务会指出，要推进医疗卫生与养老服务结合，更好保障老有所医、老有所养；2017年8月30日的国务院常务会要求，确定促进健康服务业发展的措施，满足群众需求提高健康水平；2018年11月28日的国务院常务会指出，进一步发展养老产业，推进医养结合提高老有所养质量；今年9月11日的国务院常务会要求，深入推进医养结合发展，更好满足老年人健康和养老需求。一系列高层动作表明，养老服务业发展正在成为国家和各级政府重点发力的方向，医养结合政策已经进入深化完善的具体可操作阶段。

（二）省市对于加快发展养老服务业推出多项政策和扶助资金

2015年，山西省人民政府出台《关于支持社会力量发展养老服务业若干措施的通知》；同年，太原市政府出台《关于加快发展养老服务业的实施意见》。2017年12月，省人民政府办公厅出台《关于全面放开养老服务市场提升养老服务质量的实施意见》；今年7月，省民政厅对山西省近年来出台的养老服务有关政策进行梳理，编制并公布了《山西省养老服务扶持政策措施清单》《山西省养老服务机构

供给目录（第一批 314 家）》，就民办非营利性养老机构一次性建设补贴、民办非营利性养老机构运营补贴、以奖代补、公建民营、税费优惠、用地、贷款贴息、医养结合等方面的政策予以了进一步明确。今年以来，省民政厅分别下拨万柏林区省级福彩公益金 250 万元和 30 万元，用于化客头、西铭两所敬老院基础设施改造和颐康养老院安全设施改造。省民政厅还将投入专项资金，支持万柏林区区级老年福利中心建设。各项政策的有序实施，必将有力推动万柏林区养老服务业健康发展。

（三）医养结合养老服务模式逐步开展

目前，全区建成 31 个以社区卫生服务中心为试点的医养融合单位，南寨村、九院村、神堂沟村、寨沟村 4 个村级老年人日间照料中心与村卫生室的融合共建单位，为辖区的老年人建立健康档案，并纳入重点人群签约服务范围，签约率达到 60%；每年为其中 65 周岁以上的老年人提供免费的健康体检和健康评估；开展个性化签约服务，根据老年人健康需求设计个性化服务包，开展上门护理服务和健康监测服务。建成了以和平社区卫生服务中心为试点的医养融合单位，开放了 60 张医养融合床位，依托医疗机构的医护资源，针对失能、失智、半失能老年人提供养老医护服务。卫生健康部门发挥中心桥梁纽带作用，聘请社区联络员、监督员，发现问题及时解决，贯彻落实国家医养融合政策。在社区养老机构派驻医务人员定期对老年人进行体检、健康教育、用药指导和健康评估，对需要住院治疗的老年人开通绿色通道，实现无缝衔接，保障老年人的就医。

（四）社会养老服务行业发展呈现良好势头

山西凯森集团是一家太原本土健康管理企业，在养老服务方面，该公司创新服务模式采用互联网＋线上线下相结合的套餐式服务方式，为社会提供健康管理、医养陪护、营养配餐、康复理疗、助浴助洁等养老全产业链服务，目前已在全市三个社区开设养老服务中心，其中万柏林区两个，分别是丽华苑社区和纺织苑西社区，在居家、社区和机构三位一体的养老服务体系建设方面，具有较大的发展潜力和市场竞争力。筹建于 2000 年的颐康养老院是万柏林区首家民办养老机构，秉持“为政府分忧，为老人尽孝，为子女减负”的宗旨，与官地矿职工医院资源共享，在医养结合方面发展步伐稳健，目前收住老人 76 人，管理规范，运行良好。山西春蕾实业有限公司在“四大片区”之一的西铭片区风声河村规划建设总用地约 550 亩，总建筑面积约 46 万平方米的春蕾康养小镇，致力于打造居家养老、机构养老、医养等功能相结合的，为老年人提供自理、介助和介护一体化居住和护理服务的新型社区。

三、促进万柏林区养老事业高质量发展的思路和建议

从调研的情况来看，社会和市场需求大而优质有效资源供给不足的矛盾，是制约万柏林区养老服务事业高质量发展的最大瓶颈。立足于当前实际，我们应该找准定位、明确思路、突出特色，及时把握国家大力发展老龄事业和养老服务业的宏观导向，充分用好用活上级政策和现有资源，补考与赶考同步进行，以医养结合为重点方向，长远规划，分步实施，加快万柏林区养老服务业高质量发展。

（一）找准定位，科学规划

进一步明晰政府、市场和社会的角色边界，统筹推进全区养老服务体系建设。政府及相关职能部门要统揽全局，把握工作的时、度、效，注意处理好主与次、先与后、有所为有所不为的关系，有序调度各方演好自身角色，发挥应有作用：政府是养老服务体系建设的主体，主要负责兜底特殊老年群体的养老服务和保障社会大众基本养老服务，支持各类主体平等参与并提供养老服务。市场和社会则是养老服务生产供给的主体，鼓励市场和社会充分发挥各自优长，激活丰富养老服务市场，提供多样化的服务供给，满足广大老年人及其家庭不断增长的多元化、多层次的养老服务需求。

（二）整合资源，提升质量

区中心医院要充分借助山医大一院的管理、运营、技术等方面的优势，对各社区卫生服务中心的发展定位、基础建设、人员培训、管理运营等进行统筹谋划，科学摆布。区民政、卫健等职能部门要在社区卫生服务中心和社区养老服务中心的资源整合、建设运营、业务协作等方面形成工作合力，实现基层医疗卫生机构与社区养老服务机构的无缝对接。加强公办养老机构建设，确保政府兜底保障作用不缺位，要加快区级老年社会福利中心建设步伐，加大农村敬老院升级改造力度，建好建实社区养老服务中心，按照民政部《关于进一步扩大养老服务供给促进养老服务消费的实施意见》（民发〔2019〕88 号）要求，到 2022 年，力争所有街道至少建有一个具备综合功能的社区养老服务机构，实现老年人“住在家里，养在社区”。

（三）重点突破，典型示范

以汾西医院整体移交万柏林区为契机，用好上级政策性资金支持，在汾西医院现址规划建设以医养结合为特色的现代化的万柏林区老年福利中心；整合汾西医院、区中医院、区精神病医院、区口腔医院医护人员技术力量，加大基础设施建设投入，加强学科能力和人才队伍建设，将现在的汾西医院纳入全区医共体建设内容，升档打造为二级医疗机构，更好地为区养老服务中心和周边居民群众提供医疗服务。在万柏林街道东风社区建立区级养老数字指挥平台，创建线上信息交互共享、线下综合服务供需平台，打造万柏林区“互联网 + 养老”新格局。积极推进纺织苑西社区老年餐厅运营模式，推进万柏林街道社区养老服务区域化连片运营试点，探索完善以街道为单位，将本区域内规模大小不同、设施条件各异的社区养老服务中心进行有效整合，统一由第三方专业养老服务机构运营，达到资源集约利用，实现多种功能，满足不同需求，降低运营成本，提升服务质量的目的，并适时在全区推广。

（四）落实政策，促进发展

认真落实国家、省、市关于加快养老服务业发展的一系列优惠政策，深化简政放权，加大对民办养老服务机构的扶持力度，鼓励支持社会力量兴办养老机构，重点扶持发展连锁化、品牌化的护理型养老机构，支持其取得合理回报和持续发展，探索多样化的经营模式，引导社会力量根据市场需要，兴办面向中高收入家庭的养老机构，构建全方位、多层次、立体化的养老服务体系，满足多元化、便利化、个性化服务需求。加大政府购买养老服务力度，将政府购买养老服务资金纳入财政预算，重点安排与老年人生活照料、康复护理等密切相关的项目，优先保障经济困难的孤寡、失能、高龄等老年人的服务需求。同时，加强对民办养老服务机构的监督管理，探索建立养老服务绩效评估和奖惩补贴制度，有效促进民办养老机构服务质量的提升。

关于万柏林区政协系统党建情况的调研报告

中国人民政治协商会议太原市万柏林区委员会主席　马金安

万柏林区政协党组认真贯彻落实习近平总书记关于加强和改进人民政协重要思想，习近平在中央政协工作会议暨庆祝中国人民政治协商会议成立70周年大会上的讲话精神，始终把抓好政协系统党建工作作为第一责任，充分发挥党组在政协工作中的领导核心作用、基层党组织的战斗堡垒作用、政协组织中的共产党员的先锋模范作用，以党的建设的创新实践，推动人民政协工作全面提质增效，形成以党建促工作、带队伍的良好局面。为切实担负起抓党建工作的重大政治责任，推动党建引领政协工作取得新进步新成效，按照中央、省、市、区委在“不忘初心、牢记使命”主题教育中深入开展调查研究的要求，我对政协系统党的建设情况进行调研。

一、万柏林区政协系统党建工作推进情况

政协万柏林区委员会现有中共党员委员77人，占委员总数的38.3%，其中常委会组成人员中有党员14人，占组成人员的37%。在界别分布上，中共界12人，特邀界36人，经济界26人，农林界13人，教育界14人，文化艺术界9人，科学技术界17人，医药卫生界11人，无党派民主人士、工会、妇女、科协、体育、社会福利团体、少数民族、侨联各4人，宗教界5人，共青团、台胞台属界各3人，工商业联合会20人。

万柏林区政协党组织设有政协党组、政协机关党支部，党组设书记1人，党组成员3人；机关党支部设书记1人，副书记1人，委员3人；政协机关现有党员16人，占干部职工总数的80%。

政协系统党的建设是党进行伟大自我革命的重要组成部分，关系人民政协制度优势和政治体制整体效能的发挥。党的十八大以来，区政协党组织高度重视党建工作，将党建工作作为首要的政治任务，深入学习贯彻习近平总书记关于人民政协工作的重要思想，深刻理解和把握《关于加强新时代人民政协党的建设工作的若干意见》，全面贯彻党的十九大精神和习近平新时代中国特色社会主义思想，以党章为根本遵循，按照新时代党的建设总要求，坚持和加强党的全面领导，按照党要管党、从严治党的原则，以党的建设为统领，始终坚持党建工作和中心工作同谋划、同部署、同推进，紧紧围绕“抓党建、促发展、保稳定”的工作思路，以坚持党的领导为根本政治原则，全面推进政协党的建设，团结带领党员干部，打基础、带队伍、谋发展，真正做到一心一意谋发展、聚精会神抓党建，在坚持党对一切工作的领导，推动政协工作全面发展；深入开展学习，强化政协党的建设理论武装；加强机关建设，提高政协党的建设工作水平；坚持全面从严治党，压实政协党建工作责任；以党建工作为统领，以政协新作为服务全区大局等五方面得到充分体现。落实和完善党建工作制度，开展具有政协特色点的组织建设和活动，党的全面领导在政协得到加强。政协党组切实担负起了党的建设重大政治责任，营造了政协系统加强党的建设的良好氛围。

二、万柏林区政协系统党建工作存在的问题

（一）对政协党的建设思想认识不够到位

对中央《关于加强新时代人民政协党的建设工作的若干意见》和省委《实施意见》认识不够深入、理解不够透彻、行动不够积极，贯彻落实上仍有等待思想。有的把人民政协党的建设片面理解为政协机关党的建设，对人民政协党的建设的内涵和外延把握不准，理解不深，缺乏深入思考；有的认为人民政协是统一战线组织，是多党合作组织，是专门协商机构，对政协系统加强党的建设还存在一些模糊认识；有的认为“思想政治是虚功，参政议政是实做”，对加强新时代人民政协党的建设工作思想上重视不够。

（二）党员干部对党的理论知识体系的学习还存在差距

加强思想政治建设是人民政协始终坚持正确政治方向的根本保证，区政协党组始终坚持思想政治建设的主体地位，把政治理论学习摆在首要位置，以学习活动常态化制度化为抓手，切实推动全体党员干部和广大政协委员“学懂弄通做实”。组织机关党员干部深入学习领会习近平新时代中国特色社会主义思想，习近平总书记关于加强和改进人民政协工作的重要思想，教育广大共产党员、全体政协委员、政协机关干部职工和各民主党派、工商联坚决维护习近平总书记党中央的核心、全党的核心，坚决维护党中央权威和集中统一领导，始终在政治上思想上行动上与以习近平为核心的党中央保持高度一致，但在理论武装头脑指导实践上普遍存在差距，还需坚持原汁原味、原原本本通读原著，牢牢把握精神实质和内涵，提高理论水平和政治素养，切实做到用习近平新时代中国特色社会主义思想武装头脑，树立“四个意识”，坚定“四个自信”，真正统一思想行动，把思想精髓转化为广大党员和政协委员的共同行动。

（三）党员委员双重组织生活会机制尚未建立

今年《政协太原市万柏林区委员会专门委员会通则》已经区委同意和区政协常委会议通过，通则中提出党员委员在履职过程中探索实行党员委员组织关系一方隶属、参加双重组织生活会的办法，目前因条件不成熟，党员委员双重组织生活会机制还未建立，还需积极创造条件，努力探索，不断推进。

（四）部分乡街政协联络组需尽快挂牌

按照中央、省、市、区《关于加强新时代人民政协党的建设工作的实施意见》精神和区政协下发的2019年重点工作安排及责任分工的通知，明确提出要召开乡街政协联络组工作座谈会，围绕区政协各项会议精神，研究解决共性问题，增强工作协同性、针对性、实效性。但目前乡街联络组尚未挂牌，政协联络组职责、人员、工作等无法真正到位，区政协党组对乡街贯彻执行区委《关于加强新时代人民政协党的建设工作的实施意见》情况指导督查得不到有效落实，影响工作的整体推进和全年任务的顺利完成。

（五）委员履职表面化，政协工作未沉下去

人民群众是社会主义协商民主的重点，涉及人民群众利益的大量决策和工作发生在基层。政协工作如何“不浮在上面”，委员履职如何“沉得下去”需要在乡街打造双向发力的坚实平台，否则委员服务群众，了解社情民意，了解群众所思所想就是一句空话，就不接地气。双向发力的这一平台是政协工作真正深入基层、深入群众，有效发挥作用的基础和前提，需加大力度加以落实。

（六）政协党的建设工作整体水平有待进一步提高

区政协党组全面贯彻落实《关于加强新时代人民政协党的建设工作的若干意见》和省市区《实施意见》，积极探索创新，以党的建设引领和推动政协事业发展。能够按照《中国共产党党组工作条例》履行政治领导责任，全面贯彻落实中央和省市委的重大决策部署和对政协工作的要求，定期向区委报告工作，政协年度协商计划、常委会工作报告、提案工作情况、涉及全体会议和常委会议、党组会议等重要工作及时向区委请示报告。能够定期听取机关党支部工作情况汇报，但在进一步发挥政协党组作用方面还有待改进，党员阵地建设需尽快落实，年度协商计划完成上还有差距，政协党的建设工作整体水平有待进一步提高。

三、加强和改进政协系统党建工作的措施

（一）切实落实党对人民政协工作的全面领导和绝对领导

抓好加强党的建设的责任意识，深入学习和贯彻落实中央《若干意见》、省委《实施意见》精神，把区委加强人民政协党的建设各项决策部署落到实处。要全面担负起实现党对人民政协领导的重大政治责任，切实发挥好把方向、管大局、保落实的作用，确保党的决策部署不折不扣贯彻落实到政协全部工作中，做到与区委在思想上同心、目标上同向、工作上同步，推动政协系统党的建设工作深入开展。

（二）充分发挥政协党组示范引领作用

加强理论学习，系统掌握党的基本理论、基本路线、基本方略，把握核心要义、精神实质、实践要求，切实做到学思用贯通知信行统一，完善学习制度体系，形成以政协党组中心组学习为引领，主席会议、常委会会议、专委会会议集体学习和委员、机关干部学习培训相配套、相促进，形成内容丰富、形式多样的制度体系，构建以领导干部为重点、全员参与、整体提升的学习格局，把学习教育同视察考察、专题调研等履职实践结合起来，感受新成就、领悟新思想，筑牢同以习近平为核心的党中央保持高度一致的思想根基，推动广大党员干部把忠诚核心、拥戴核心、维护核心的要求转化为思想自觉、党性观念、纪律要求、行为规范。认真开展“不忘初心、牢记使命”主题教育，用党的创新理论武装头脑，引导政协组织中的共产党员牢记党的宗旨，坚定对马克思主义的信仰、对社会主义和共产主义的信念，解决好世界观、人生观、价值观这个“总开关”问题。以加强委员学习培训和发挥文史工作“存史、资政、团结、育人”的独特功能为抓手，把加强思想政治引领、广泛凝聚共识作为一切履职工作的中心环节，引导党外人士不忘多党合作初心，夯实共同理想政治基础。

（三）健全万柏林区政协系统党的组织体系和工作机制

加强政协党的组织建设，做到哪里有政协委员哪里就有党的工作，哪里有党员哪里就有党组织，哪里有党的组织哪里就有健全的组织生活和党的组织作用的充分发挥。区政协党组要按照《中国共产党章程》《中国共产党党组工作条例》等有关规定，明确职责，开展工作。

一是实现党的组织对党员委员全覆盖。坚持区政协党组、机关党支部的组织体系，完善区政协党组织设置，条件成熟时，适时成立专门委员会党小组，在履行职责过程中接受区政协党组和机关党支部的领导。政协重要会议、视察考察调研、集中学习培训等活动，必要时设立临时党组织。加强政协党组织与党员委员所在单位党组织的信息沟通，探索实行党员委员组织关系一方隶属、参加双重组织生活的办法，引导党员委员自觉接受政协党组织教育管理、参加政协党组织活动、进行党性锻炼。

二是实现党的工作对政协委员全覆盖。建立政协委员全员参加专委会制度，充分发挥专门委员会在工作中的基础性作用，并以专门委员会为依托开展党的工作。探索建立政协党组成员联系党员委员、党员委员联系党外委员制度，探索建立联系无党派人士界、宗教界委员机制，充分发挥党员委员特别是党员领导干部在政治引领、发扬民主、合作共事、廉洁奉公等方面的模范作用。完善区政协委员联络服务机制，建议区委尽快挂牌成立乡街政协联络组，确保联络组人员、职责、工作等落实到位，同时，在各村、社区设立委员工作室，将其定位为宣传党的路线方针政策的窗口、开展基层协商的载体、收集社情民意的平台、协调矛盾纠纷的纽带，依托工作室探索建立党员委员特设支部，在区政协党组领导下开展党建工作，实现对政协委员联络服务管理“全覆盖”。

（四）强化委员责任担当，展现新时代政协委员风采

政协委员作为各党派团体和各族各界代表人士，代表各界群众参与国事、履行职责，这既是荣誉更是责任。要坚持政治立场不含糊、政治原则不动摇，增进对中国共产党和中国特色社会主义的政治认同、思想认同、理论认同、情感认同。要深入开展委员进社区活动，按照属地管理、就近方便原则，结合委员履职情况和兴趣爱好、专业特长，组织开展委员进社区活动，积极开展便民服务、社情民意信息收集、基层矛盾调处、社会治理等工作，通过进社区了解基层、熟悉群众，让所提提案、社情民意和大会发言更接地气、更用力用据、可行可用。要广泛学习各方面知识，深入调查研究，积极建言献策，全面增强履职本领，发挥桥梁纽带作用，在界别群众中多做雪中送炭、扶贫济困的工作，多做春风化雨、解疑释惑的工作，多做理解情绪、化解矛盾的工作，展现新时代政协委员的风采。要围绕构建基层协商民主框架下的多元善治现代社区治理体系和社区良性社会生态，以协商平台层级化、协商群体多元化、协商形式制度化、协商思维社会化，搭建社区居民普遍参与的“协商新平台”，让不同利益诉求都能找到表达渠道，不同利益群体都能参与协商活动。

（五）加强自身建设，提高政协党的建设整体水平

政协党组要切实加强自身建设，加强阵地建设，树立“抓好党建是本职，不抓党建是失职、抓不好党建是不称职”的观念，做到党的建设和政协履职互促共进，建立健全党建工作，政协党组书记履行第一责任人职责。把激发活力作为重要举措，围绕“有为、智慧、活力”政协建设，强化抓好政协委员与机关干部“两支队伍”建设的责任，完善委员履职服务和教育管理制度体系，引导激励委员增强履职尽责的责任感，提高政治把握、调查研究、联系群众、合作共事“四种能力”，做到懂政协、会协商、善议政、守纪律、讲规矩、重品行，积极担当作为，提高政协党的建设整体水平。

（六）加强部门合作，推动政协党的建设形成工作合力

政协党组要主动加强与纪检机关和组织、宣传、统战、政法等党委工作部门的联系配合，协调区委党校将人民政协理论列入学习计划。建立政协、界别、参加单位协调工作机制，注重形势分析，加强问题研究，推动改革创新，共同做好政协党的工作，形成推动政协系统党的建设工作的强大合力和良好氛围。

在创城中如何发挥基层党组织战斗堡垒作用

中共太原市万柏林区委副书记　张振鹏

全国文明城市称号是反映一个城市整体文明水平的综合性荣誉称号，2018 —2020 年是第六届全国文明城市创建周期，为此太原市委、市政府将创建全国文明城市作为一项非办不可、必须办成的大事来抓，举全市之力、以非常之举，全力推进，力度前所未有、举措前所未有、成效也前所未有。创城工作开展以来，万柏林区按照市委、市政府的部署要求，以“五大行动”为统领，以“四大片区”为抓手，以“三化工程”为载体，通过“五三三”工作机制的落实，充分调动全区各领域创城工作的积极性，特别是发挥党员在创城中的先锋模范作用，凝心聚力、众志成城，按照“严、细、实、常、长、特、优”七字标准，加强精细化管理，加强基层党组织建设，致力领先领跑，推动创城工作不断深入。就在创城工作中如何更好地发挥基层党组织的战斗堡垒和党员的先锋模范作用，我先后到御德苑、坡道楼、兴龙苑等三十多个社区进行调研，并召开了五次社区干部座谈会深入了解情况。通过调研，进一步了解存在的问题，并与大家一起积极研究对策，彻底解决问题。

一、基本情况

万柏林区在创城工作中积极创新，着力构建“五三三”工作机制，充分调动全区各领域创城工作的积极性，掀起创城工作新高潮。“五三三”工作机制，即以开展“争做创城急先锋、我是创城主人翁、时代新人在创城”三项活动引领，在创城一线体现党员干部的先锋模范作用；以发挥创城工作指导员、督导员、文明巡访员、宣传员、联创员“五大员”推进作用为手段，彰显创城工作的政治和组织优势，争做创城工作践行者；以建立周通报、考核、奖罚“三项制度”为保障，调动市民参与创城工作积极性，拓展先进典型在创城一线的

影响力。在“五三三”工作机制的推动下，党员在创城中的先锋模范作用得到比较充分的发挥，我区的创城工作取得了显著成效。

（一）在创城中，各乡街、社区充分发挥党员的示范作用，形成了党员带头、群众紧跟的工作局面，在党员的示范和影响下，群众积极响应党支部的号召，积极参与到创城中。如：万柏林街道兴龙苑小区原来是一个纯社会化小区，无物业管理、无集中供暖，有一年冬天，施工单位在小区门口挖开沟后就搁置不管，群众出门绕道走，居民天天上访告状、堵马路。创城工作开展以来，万柏林街道党工委的领导坚持深入调研，听取群众意见，了解问题症结所在，了解到群众都有成立“居民自治委员会”、实行小区居民自治的强烈愿望，并一致推选责任心强、敢于担当的居民为“业委会”主任。之后，“业委会”反复征求群众的意见和建议，出台了小区相关的整治措施，大张旗鼓地进行改造，得到居民群众的一致好评。这样的事例，其他小区“业委会”成员还做过很多，充分体现了社区党组织的正确引导、党员先锋模范作用的发挥、选好一个好的“当家人”都非常重要。

（二）在创城中，各乡街、社区充分发挥楼院党组织的战斗堡垒作用和党员的先锋模范作用，使基层党的各项工作更贴近居民、贴近生活，凝聚了党员、带动了群众。如：兴华街道坡道楼小区，于

2018 年 4 月开始改造，竹杏社区党支部书记召集居民代表召开“坡道楼居民代表动员会”，选举成立了业主委员会，小区业委会开启了自我管理新模式。业委会广泛动员居民代表以顾大局、识大体、高标准、高境界的思想意识参与到小区美化、靓化的工作中来，提出来“坡道楼是我家，环境整治靠大家”的宣传口号，号召为自己的家园更加美好而共同努力。随后，又对坡道楼违建住户逐户进行上门走访动员，经耐心细致地做居民工作，极大地提高了居民参与创城工作的积极性。面对坡道楼改造的资金问题，社区班子成员带领业委会成员三番五次跑产权单位，与太钢矿业公司进行协调和沟通，社区的真诚和锲而不舍的精神感动了单位领导，在他们资金也比较困难的情况下，做出了承诺，出资高标准打造坡道楼，实现了政府、企业、居民携手对坡道楼实施整治工作，在创建充分发挥基层党组织的战斗堡垒作用。

（三）在创城中，各乡街、社区坚持以人为本、问题导向和需求导向，坚持多元参与、共建共享，充分发挥基层党组织的引领作用。如：千峰街道的煤博小区党支部与煤博公司主要领导共同研究协商小区整治方案，聘请煤博、公交等小区党员为我社区兼职委员，将文明城市创新有机融入党建工作中。一个党员一面旗，让党旗在楼宇间飘扬。社区注重整合共建单位力量，引导煤博在职党员和退休老党员积极服务群众，构建“一院一楼一制”（即一个院长、一栋楼一个楼长、统一管理制度）的管理格局，真正实现社区与单位共筑、与党员群众共建、与小区居民共享的创城目标，同时突出我区创城特色，着力构建“五三三”合力攻坚模式，深入推进“五大员”队伍建设，加强社区网格化管理，紧紧围绕“社情全摸清、矛盾全掌握、服务全方位”的工作目标开展工作。通过党建引领、统一管理、加强监督等一系列工作方法的运用，煤博整体改造工作收到了良好的效果。

二、存在的突出问题

创城工作是一项复杂的系统性工作，涉及的点多面广，尽管在创建中注重发挥基层党组织的战斗堡垒作用，但在实际创建中仍存在一些突出的问题。

*一是政治站位不高、思想认识不到位。*创城工作开展以来，尽管我们通过多种方式营造宣传氛围，努力动员全社会成员积极参与到创建中来，但创城工作时间已过去 1 年 10 个月了，一些干部群众，尤其是党员干部，在思想上还存在政治站位不高、认识不到位问题，没有真正用习近平新时代中国特色社会主义思想武装头脑、指导实践、推进工作，没有深刻意识到创城的重要性和紧迫性，没有真正把创城工作作为首要任务来抓，表现在工作中缺少主动动性，对创城工作中出现的困难找主观原因少，找客观原因多，以驻地单位或驻地单位物业不配合、“三供一业”改造、基础条件差等为由，推动工作不扎实。

*二是基层党组织的凝聚力、战斗力发挥的不强。*党的基层组织是党在社会基层组织中的战斗堡垒，是党的全部工作和战斗力的基础。在创城工作中，有些街办、社区没有很好发挥基层党组织的凝聚力和战斗力。创城为全城创城、全域创城，而在实际中，整体创城工作抓的不全面，如新建立的小区，基础条件好，重点应该在环境保洁、居民宣传上；而老旧小区，从基础设施上存在楼体较旧破损、小区道路坑洼、私搭乱建、公共消防设施数量不足等问题，还存在管理不到位、原产权单位倒闭、物业收费较低只够维持打扫卫生、甚至有些小区根本无物业管理等问题，是城市基础设施建设的薄弱环节。面对较多、较复杂的创城工作中遇到的问题，我们的基层党组织，特别是有些党员领导干部没有做到

“十个指头弹钢琴”，抓的不全面；没有很好的宣传发动群众，让全民积极参与到创建中来。

三是党员干部同人民群众联系的不紧密。乡街、社区的党员干部与小区的业主委员会、与小区的居民联系的不紧密，导致有些问题没有第一时间向社区、街道办事处反映，在拉近居民与社区、与街道办事处、与政府的联系方面做的不够。使居民商讨问题很难找到组织，导致问题不能及时的反应出来，解决问题很难找到正确途径，没有做到及时了解群众所想所需，了解群众在创城中遇到的问题，没有做到及时向群众宣传区委、区政府的政策，导致居民不能够更好了解政府政策、积极响应政府号召，一定程度上影响群众对创城工作的支持度和参与度。

三、对策措施

创建全国文明城市是为人民谋福祉、为百姓办实事的工程，通过创建要让城市更文明、让生活更美好、让人民更幸福。为确保实现创建全国文明城市，在创建活动中，要充分发挥基层党组织的战斗堡垒作用、充分发挥党员的先锋模范作用，积极宣传发动群众，让广大居民群众以主人翁的态度积极投入到“创建文明城市、争做文明市民”的活动中。

（一）进一步提高政治站位、加强思想认识

要结合当前“不忘初心、牢记使命”主题教育加强基层组织建设、加强党员干部队伍建设，进一步提高政治站位、加强思想认识。在创城工作中，党员干部要用习近平新时代中国特色社会主义思想武装头脑、指导实践、推进工作；要率先垂范，树立创城是一场非做不可、做要做成的攻坚战、持久战意识，明确创城工作只有起点、没有终点，以开局就是决战、起跑就是冲刺的决心做好创城工作。

（二）进一步创新工作机制、加强凝聚力

在创城中，要进一步创新工作机制，充分发挥党员的先锋模范作用，通过党员领导干部带头、社区工作人员参与等多种形式，共同推进创建工作。一是乡街领导干部要率先垂范作表率。乡街党工委要高度重视创建工作，加强对创建工作重要性和紧迫性的认识。同时，街道工作人员分别下到各挂点社区，认真对照《全国文明城市测评标准》，检查社区迎检工作准备情况，并现场指导、协调，深入小区、每栋楼院、每个单元、每个楼道、每层楼梯进行耐心细致的检查，不放过一处死角。二是乡街党员干部要以身作则当先锋。深入社区，协助配合社区工作人员深入小区楼院、辖区单位、门店等，对照考评标准，进行认真细致的检查，并针对辖区内存在的问题，迅速组织力量进行整治，党员干部要以身作则，与社区干部共同奋战在创建工作的第一线。三是社区党组织要发动社区的党员亮明身份树形象，积极投身创建工作。安排社区工作人员协助小区工作人员，采用入户宣传，各小区内张贴创城宣传海报、倡议书、微视频、抖音等方式，不断扩大创建宣传面，营造良好的宣传氛围，不断提高居民群众对创建工作的知晓率、参与率、支持率。

（三）进一步发扬钉钉子精神、加强战斗力

创建文明城市的过程，就是为人民群众办实事、办好事的过程，我们的真正创建文明城市目标就是要改善群众生活环境、构建和谐家园、创造文明新生活，实实在在地服务群众、方便群众、为群众谋利益。为此，这是一项实打实、硬碰硬的工作，无任何捷径可走，只有通过我们的实干，从群众身边的具体事情入手，抓住细微之处，满腔热情地为群众办实事、解难事、做好事，一个问题一个问题的解决，完成一项销号一项的决心，围绕“创城攻坚任务”，制定时间表、路线图、任务书，进一步发

扬钉钉子的精神，一一化解和破除，以实实在在的成效，使人民群众在参与中得到实惠，提高市民素质，增强人民群众的获得感和幸福感，从而全面提升创城工作水平。目前，创建全国文明城市工作已经到了关键性阶段，我们要从思想上高度重视，坚定信心、迎难而上、攻坚克难、锐意进取，把创城工作作为当前的头等大事来抓。把基层党组织建设融入到创城工作中，在创城工作中加强党的基层组织建设，充分发挥党员的先锋模范作用，动员全社会力量积极主动的参与到创城工作中来！

创新村（居）务监督工作　夯实基层党风廉政建设

中共太原市万柏林区委常委、区纪委书记、区监委主任　刘贵江

近年来，在市纪委监委和区委的坚强领导下，万柏林区纪委监委忠实履行党章和宪法赋予的职责，坚持稳中求进工作总基调，驰而不息纠正“四风”，坚定不移惩治腐败，不断取得党风廉政建设和反腐败工作新成效。但同时也应看到，腐败行为越来越具有隐蔽性、多样性、复杂性，这就要求我们纪检监察机关必须坚持与时俱进，不断研究新情况，采取新措施，充分调动和发挥各方面的力量，更加有效地惩治和预防腐败。

村（居）务监督委员会作为推进党风廉政建设和反腐败工作的重要力量，为调动村（居）民参与民主管理搭建了有效平台，对于巩固党的执政基础、发挥村（居）民监督主体作用、进一步做到取信于民具有重要意义。村（居）务监督委员会能不能切实履行职责、发挥作用，直接关系到党风廉政建设各项工作的有效落实，关系到村（居）党员干部的队伍建设和社会稳定。为进一步加强对村（居）党员干部的教育、监督和管理，建立健全村（居）务监督委员会履职长效常态化机制，着力遏制发生在群众身边的“四风”和腐败问题，推动村（居）党风廉政建设再上新台阶，主题教育开展以来，我通过召开座谈会、进行个别访谈、深入实地考察等方式，深入基层一线，针对村（居）务监督委员会工作运行情况进行专题调研，具体情况如下：

一、基本情况

万柏林区现有行政村（村改居）69 个，均设立有村（居）务监督委员会。按照中央《关于建立健全村务监督委员会的指导意见》和万柏林区《关于建立村务监督委员会工作的意见（试行）》，万柏林区村（居）务监督委员会自产生运行以来，形成对村（居）务公开、村（居）务决策、村（居）务执行工作的监督制约机制，全区大部分村（居）务监督委员能依照制度规定，履行监督职责，促进村（居）党风廉政建设，主动参与村（居）两委重大决策监督，参与重大建设项目监督，参与村（居）民、党员代表大会，收集群众意见，转达群众诉求、解决群众误会，积极发挥出宣传员、监督员、信息员和调解员的作用，村（居）务监督委员会的“沟通、协调、监督”作用得到较好的发挥。

（一）村（居）务管理方面

经过调研，目前，万柏林区乡镇（街道）党（工）委都做出了村（居）重大决策必须有村（居）监督委员会的参与、重大开支必须有监督委员会成员签字、村（居）务公开过程必须有监督委员会监督的规定。例如，闫家沟社区“两委”严格落实主体责任，把居务公开作为监督居务的有效手段，将

每年“3·15”“7·15”定为公开日，按时将社区居务情况进行公开。居务监督委员会严格履职尽责，强化督促检查，完善公开内容，把群众需要了解知晓的内容全面公开，提高透明度和群众知晓率，并把居务公开与社区建设、党风廉政建设“三级联创”活动结合起来，进一步促进各项工作的开展。

（二）财务监督方面

村（居）财务是村（居）矛盾的焦点，村（居）务监督委员会严格落实“四议两公开”工作制度，通过对村（居）财务的监督和公开，在督促广大村（居）基层干部严格自律、协调利益关系、化解社会矛盾，改善党群干群关系等方面发挥重要作用。例如，瓦窑社区居务监督委员会通过整合民主理财小组、居务公开监督小组等工作力量，对居级事务，尤其是重大工程项目实行全方位、全过程监督，真正做到对社区内的每一笔业务支出进行审核、登记。同时，对居务公开的内容是否全面真实、公开时间是否及时、公开程序是否规范等事项进行事先审查，经审查符合要求的，在公开内容上签署意见或盖章，充分发挥居务监委会的综合监督职能。

（三）沟通联系、协作配合方面

通过村（居）监委会收集归纳群众的合理化建议，在向乡街党（工）委和纪（工）委汇报工作情况时一并上报，有利于上级及时准确地掌握村（居）务监督委员会的工作动态，在有效指导和促进工作深入开展的同时，加强了与群众的联系，增强村（居）的凝聚力、向心力和公信力。

二、工作中存在的问题

2017年，万柏林区纪检监察机关共受理村（居）信访举报706件，涉及38个村、6个社区，占全区信访总量的22.95%。其中：共立案21件，涉及13个村，结案21件，处分20人，重处分7人，移送司法机关1人，挽回经济损失86.45万元。2018年，全区纪检监察机关共受理村（居）信访举报659件，涉及52个村、6个社区，占全区信访总量的53.88%。其中：共立案67件，涉及32个村，结案66件，处分66人，重处分21人，移送司法机关4人，挽回经济损失213.48万元。从近年来信访受理情况及近期调查的几起典型问题看，涉及万柏林区村（居）基层干部的信访举报和案件数量一直居高不下，村（居）集体“三资”管理也存在家底不清、管理混乱、资产流失等问题，违规违纪甚至违法问题时有发生。

建立健全村（居）务监督委员会，是对村（居）民自治制度的有效完善和补充，能够把村（居）民意志诉求和党的宗旨目标有机结合，形成村（居）党支部、村（居）委会、村（居）务监督委员会“三驾马车”相互促进、相互制约的政治生态链。作为依法民主选举产生、使民主监督权的村（居）监督机构，村（居）务监督委员会在实际履职过程中取得一定的成效，基层党风廉政建设工作得到不断改善和加强，但是由于体制机制等多方面原因，仍存在一些问题和困难：

（一）年龄结构老化、文化水平不高

村（居）人才储存不足，后继乏人，村（居）监委会成员年龄结构老化、文化水平不高、作用发挥不好的问题较为突出。有的监委会成员学习、掌握政策的能力不强，对村（居）监委会性质、职能、权力等了解得不够，对村经济财务、政策精神、村（居）集体项目等重大事项不了解，对监督的重点和容易出现问题的环节不明确，不能系统完备、积极主动地开展监督工作。

（二）重视力度不够、思想认识不到位

一些村（居）干部，甚至包括监督委员会成员在思想上对村（居）务监督委员会工作的重要性缺乏足够深刻的认识，关注不多，支持不力，导致监督作用发挥不充分。个别村（居）务监督委员没有认同感、荣誉感，缺乏自信，工作主动性不强。有的监委会成员对党风廉政建设重视不够，认为工作以服务为主，对监督工作存在在上级来检查时“临时抱佛脚”、突击性准备资料的问题。

（三）监督机制不健全、担当意识不够强

村（居）务监督制度和方式不健全，缺乏创新意识，未能通过完善的监督机制和制度来强化监督职能。村（居）监委会与村（居）“两委”工作关系尚未完全理顺，大部分村（居）并未将“两委”之外的“第三委”纳入村（居）级权力运行之中，村（居）监委会“被冷落”的现象普遍存在。甚至部分村（居）的村（居）务监督委员会主任由村（居）党支部书记或主任担任，村（居）务监督委员会蜕变成了村（居）决策、管理机构的附庸。此外，因监督委员会成员均是本村村民中选出的，受制于自身文化程度、思想认识、工作环境等因素的制约，有些村（居）监委会成员干事创业的激情不够，责任和担当意识不强，在工作中存在“老好人”思想，不敢动真碰硬。

（四）缺乏指导性依据、职责定位存在偏差

少数村（居）务监督委员会没有厘清工作关系，对于监督职责的定位把握不准，对于自身“该干什么”认识模糊，存在履职上的缺位，监督职能虚化弱化。现有的几部法规对村（居）务监督委员会的职责规定在实际运行层面上还缺乏可操作性，出现权责不清、监督不力的问题，还需要结合村（居）实际来制定更加细化的配套制度。

三、措施与建议

为使村（居）务监督委员会不流于形式，担负起监督责任，真正为人民群众“代言”，树立起基层组织廉洁奉公、执政为民的良好形象，结合此次主题教育开展的调查研究，现就创新村（居）务监督工作，夯实基层党风廉政建设提出以下几点建议：

（一）突出主体责任，创新考核机制

围绕党的十九大精神及全面从严治党主体责任重点任务，按照“实事求是、突出重点、科学量化”的原则，进一步创新完善考核机制，发挥好以考核压实村（居）党组织全面从严治党主体责任的作用。强化“两个责任”落实，对反馈的突出问题，建立“一个问题、一个方案、一套班子、一名领导、一抓到底”的整改机制，健全落实管理干部的系列制度，推动村（居）党员管理精细化、党建考核常态化、党内活动规范化的“三化”建设。

（二）制定完善制度程序，选优配强监督力量

村（居）监委会零距离接触群众，既有可以及时发现问题的优势，也有容易陷入人情世故困扰的短板。因此，要制定和完善村监会的组织机构、监督内容和程序、工作制度和实施、管理考核、奖惩、议事、监督、学习、信访、报告等事项，让其有章可循、有规可依，制度化、常态化、规范化履职，真正实现村“三委”决策权、执行权、监督权相互协调又相互制约的工作格局。同时，要出台加强村（居）务监督委员会规范化建设的意见，对村（居）务监督委员会成员的任职条件、机构设置、推选程序进行严格规范，严把候选人资格条件，将有一定文化功底、公道正派、富有责任心的村（居）党员、

村（居）民代表推选为村（居）务监督委员会成员，将有知识、有技能、积极履职、服务群众的青年后备干部充实到村（居）务监督委员会队伍，增强村（居）务监督委员会的生机与活力，不断优化结构、配强队伍。

（三）拓宽监督渠道，试点建立微信监督群

在建立健全工作机制和创新监督方式上，探索运用“互联网+”、手机App、微信等现代信息技术，把监督的平台延伸到群众指尖，不断拓宽各方监督的参与渠道，打通基层权力监督“最后一千米”。建立完善村（居）监督信息快速反应和处理机制，对发现的问题及时上报、跟进整改。建议创新性地启动微信监督群试点建设工作。选择具有代表性的若干个村（居），以村（居）监委会的名义建立微信监督群，选取村（居）代表入群，乡街纪（工）委负责对辖区内的村（居）微信监督群进行统一调度与管理。建群目的就是为了通过微信平台，发布村（居）集体资金、各类民生资金的管理与使用情况和涉及村（居）务的其他信息，及时、完整、真实和规范地公示村（居）务有关事项，让群众足不出户便能对民生资金等的拨付、发放和使用情况进行实时监督，倒逼纪检监察机关及时发现、纠正问题，斩断伸向群众切身利益的“黑手”，增强人民群众的获得感、幸福感、安全感。

（四）加大培训力度，积极投身学习

为积极适应监督职能向基层延伸的新形势，进一步提升村（居）务监督委员会成员的综合素质和履职能力，建议从当前实际需要出发，围绕村（居）务监督工作职责，采取集中培训的方式，对村（居）务监督委员会成员进行思想政治和业务能力的培训，内容涉及党的路线、方针和政策、法律法规、村（居）级制度和事务、财务管理的有关知识，着力提升培训的针对性和实效性，不断提高村（居）务监督委员会的监督水平和能力，为实现有效监督打牢基础。同时，村（居）务监督委员会成员要自加压力，积极投身学习，不断学习党风廉政建设和反腐败工作各项规定，强化责任意识，针对履职过程中遇到的问题，积极主动研究探索，采取有效措施加以解决，逐步提高履职尽责的能力水平。

（五）强化支持保障，释放监督强大力量

要引导“两委”成员特别是党支部书记和村（居）主任充分认识到村（居）务监督委员会的重要作用，积极支持村（居）务监督委员会工作，主动接受监督。乡街党（工）委、政府、纪（工）委要站在促进乡街经济社会高质量发展的高度，对村（居）务监督委员会的工作给予大力支持。建议通过村（居）级组织运转经费保障机制等渠道，给予村（居）级监督充足的经费保障，为村（居）务监督委员会开展工作创造良好条件。同时，要统筹协调好村（居）务监督委员会与村（居）“两委”的关系，及时化解因村（居）“两委”的不理解不支持而导致的监督障碍问题，帮助解决好工作中遇到的其他实际问题，推动村（居）务监督委员会工作正常开展，使村（居）“三委”在工作中做到相互配合不拆台、履行职责不越位、支持协作抓落实，健全完善“三委”共同管理村（居）级事务的工作格局，充分释放监督的强大力量。

（六）立足长远发展，推动监督长效化常态化规范化

推进全面从严治党向基层延伸是一项长期而艰巨的工作。加强村（居）务监督委员会队伍建设也应立足当前，谋划长远，要建立健全选拔任用、培训教育、日常管理、创新考核等各项机制，为村（居）务监督工作高质量发展提供有力支撑。要不断强化村（居）务监督委员会与上级纪检监察机关的联系，

保持密切沟通与日常交流，督促村（居）务监委会切实担负起应当、该当、必当之责，促进村务监督委员会健康、有序、持续发展。

万柏林区新时代党外知识分子和新的社会阶层人士统战工作调研报告

中共太原市万柏林区委常委、统战部部长 岳元春

调查研究是谋事之基、成事之道。“不忘初心、牢记使命”主题教育开展以来，为了加强党外知识分子和新的社会阶层人士统战工作，我先后走访了太原理工大学、太原科技大学统战部，深入太原市万柏林区新的社会阶层人士联谊会所在地——山西龙诚青春创客村孵化器有限公司以及汪氏整合营销传播集团山西公司、山西华炬律师事务所、省火锅店行业协会等10余家民营企业、中介组织开展调研，其中在汪氏集团、火锅店行业协会召开了座谈会，与新的社会阶层人士进行深度沟通，并征求了他们对区委统战部及我个人的意见、建议。同时，以约谈的形式，邀请10余名新的社会阶层人士谈心谈话，了解他们的思想状况，征求对区委统战部和我个人的意见、建议。通过调研，大致了解了我区党外知识分子和新的社会阶层人士的所思所想所盼，发现了一些当前工作中存在的问题。对此，我作了认真的检视反思，进行初步的归纳和分析，形成本调研报告。

一、我区新时代党外知识分子和新的社会阶层人士统战工作现状

一方面，我区作为老工业区，辖区内拥有太重、汾西、晋机、西山煤电以及大众机械厂等重工业企业，同时也是太原理工大学、太原科技大学等高校以及山西省心血管病医院、山西中医药大学附属医院、太原电视台、市卫生局等国有企事业单位、政府机关所在地，集聚了一批高水平的党外知识分子。另一方面，近年来我区持续以改造、整治、绿化、服务、党建“五大行动”为统领，以建设“四大片区”为抓手，以实施“三化工程”为载体，随着调整城区功能定位、打造我市新型商业商务中心的步伐加快，辖区内新经济组织、新社会组织迅猛发展，这些组织中新的社会阶层人士大幅增加，他们普遍具有较新的经营管理理念、扎实的专业知识，活跃在各行各业，成为我区经济社会发展繁荣的重要力量。

区委、区政府深刻认识到，“知识经济”是新时代的重要特征，大力实施人才强区战略，为包括党外知识分子在内的各类人才脱颖而出、建功立业创造优良环境，近两年来出台了《万柏林区支持服务大型企业、高校、科研院所发展行动方案》《万柏林区优秀教育人才引进和奖励办法》，修订完善了《万柏林区科技创新项目和经费管理使用办法》等相关政策，围绕区域转型发展，建立了与高校、科研院所、驻区大企业及双创企业负责人座谈机制。在区委、区政府高度重视知识、重视人才的大背景下，区委统战部把党外知识分子统战工作列为工作重点，积极做好学习教育、参政议政、建言献策等各项工作，为全区发展提供广泛的人才智力支撑。

为了扎实做好党外知识分子和新的社会阶层人士统战工作，我区贯彻落实习近平总书记提出的“组织起来是个好办法”精神，于2012年金秋十月，在太原市10个县（市、区）中率先成立了万柏林区党外知识分子联谊会，并召开了第一届理事会，共有68名理事，全部具有大学以上学历，其中博士7名，中级职称以上36名。区知联会成立后，在学习教育、培养人才、建言献策、服务社会、合作交流方面

发挥积极作用。2019 年 8 月，我区成立了太原市万柏林区新的社会阶层人士联谊会，并召开了第一次会员大会，选举产生了第一届理事会理事 63 人，第一届监事会监事 5 人。第一届新联会班子成员政治素质好、社会影响大、群众基础也不错，具有较强的代表性。新联会成立后，建立了微信群，召开了常务理事会，正在着手建立相关工作制度，研究活动事宜。

二、当前我区党外知识分子和新的社会阶层人士统战工作中存在的问题

在调研过程中，发现了我区党外知识分子和新的社会阶层人士统战工作中存在的一些问题，主要有以下几个方面。

（一）组织依托不够健全完善

一是统战工作的组织机构设置不够统一。太原理工大学、太原科技大学等高校设有党委统战部，统战工作力量较强。大型国企当中，有的在党委工作部设立宣传统战科（如太重），有的在党委宣传部设置统战科（如西山煤电），有的在党群工作部内专设统战干部（如汾西），有的由党委宣传部直接负责开展统战工作（如晋西）。近年来，“两新”组织党组织的覆盖率虽然大幅提升，但我们在调研中发现，“两新”组织没有设置统战工作机构，没有专人负责统战工作，没有针对组织内的党外人士开展统战工作。二是部分单位对党外知识分子思想政治工作重视不够。部分驻地单位党组织特别是“两新”组织中的党组织，对新时代党外代表人士的政治引领工作认识不到位，具体表现为对本单位党外知识分子、新阶层人士底数不清，思想状况不明，缺乏针对党外代表人士的平台和载体，没有抓住新时代党外知识分子、新阶层人士作为“观念人”“社会自我批判力量”等特点来开展思想政治工作，不能让他们感受到充分的尊重和包容，使得党外知识分子、新阶层人士对党组织开展的教育引领活动兴趣低、接受度不高，思想教育工作难以抵达灵魂深处。

（二）工作载体尚需健全完善

党外知识分子和新的社会阶层人士当中，除了党外干部（属于党外知识分子）联络较为方便之外，其余的人员在地理分布上极为分散，只能单独联系，两个联谊会的成员之间由于跨行业、跨单位居多，相互联系也较少，这些无疑给党外知识分子、新的社会阶层人士统战工作的开展增加了运行成本，加大了管理难度，所以必须强化载体建设，创新组织体系。

区知联会早已成立，但随着时间的推移，党外知识分子的构成以及知联会理事都有了一些新变化，为了适应新时代的党外知识分子统战工作，需要对知联会进行必要的调整，并进行换届。目前，经有关单位推荐，已有 105 名符合条件的人员自愿填报会员人选推荐表，换届工作正在积极筹备中。区新联会由于刚成立不久，班子成员之间互不熟悉，班子成员与普通会员间还没有形成有效的联系，所以目前新联会仅是形式上“组织”了起来，实质上还是处于分散的状态，成员之间亟需磨合。

（三）党外知识分子和新的社会阶层人士认识上存在偏差

我在与驻地单位党委统战部的同志交谈中了解到，一部分学术精湛、业务精通、在社会上有一定影响力的专家学者既不愿加入中国共产党，也不加入民主党派。他们中有些人只关心教学和科研，关注自身的工作和生活状况，对政治学习主观上不感兴趣。他们大都认同中国特色社会主义制度，有时也能够提出见解独到的建设性建议。由于他们有较大的社会影响力，业务工作又非常繁忙，如何针对这类人群开展好思想政治工作，也是摆在我们面前的一个课题。

我在与新的社会阶层人士交往过程中，几乎所有人员对“新的社会阶层”茫然不知，新联会的知晓度接近于零，会员吸引力与人大代表、政协委员更是无法比拟。一些单位和个人对加入新联会组织不感兴趣，吸纳优秀单位、优秀会员的进程非常缓慢。即使已经入会的，有不少也是在我们大力宣传下抱着试试看的心态勉强加入的，所以参加新联会各种活动的表现不够积极，会员归属感不强，活跃度不高。

三、进一步做好党外知识分子和新的社会阶层人士统战工作的对策

知联会、新联会成立以后，并不是万事大吉，还需要建立相应的工作体系，确保联谊组织能够发挥出应有作用。

（一）组织设计方面

要在成立联谊组织之后，采取建群、分片、设组、定点的方式，迅速把工作开展起来，把联谊会的品牌树立起来。建群，就是两个联谊会都要开通会员微信群，为了便于产学研交流合作，还要建立完善广义上的党外知识分子微信群，即既包括知联会成员，也包括新联会成员，形成全区统一、信息互通、资源共享的党外知识分子（广义）“网上之家”。分片，就是根据党外知识分子和新的社会阶层人士的工作单位、居住地址，划分为若干活动区域。划分活动区域的目的是细化组织管理、方便就近活动。考虑到党外分子和新的社会阶层人士资源在各街道分布不平衡，所以活动区域尽可能，但不完全能够与行政区划相吻合。设组，就是将党外知识分子和新阶层代表人士纳入“建言献策小组”等专项工作小组，鼓励支持他们发挥专业特长，关心国家大事和地区建设，建诤言献良策，提出真知灼见。定点，就是借鉴我省去年设立新的社会阶层人士活动站的经验，在全区设立若干党外知识分子活动站，并增加新的社会阶层人士活动站的数量，通过各具特色的站点开展联谊交友、思想交流、互助合作等工作，提高党外知识分子的参与率、归属感。

（二）制度建设方面

要尽快建立沟通联系、学习培训、情况通报等一系列的制度。为了体现党外知识分子和新的社会阶层人士统战工作“全区一盘棋”，盘活全区党外知识分子，汇聚智慧和力量办大事，要积极与市委统战部联系，由市委统战部指导我区知联会、新联会制定完整严密、切合实际的制度体系。

（三）开展活动方面

首先，要按照联谊交友类活动、合作交流类活动、学习教育类活动和发挥作用类活动进行细致归类，缕清开展各类活动的总体思路，即：联谊交友构成开展活动的基本内容，在联谊交友基础上，要鼓励支持联谊会成员之间、组织之间、成员与政府公共建设项目之间进行交流合作；达成政治共识是根本目标，达成政治共识后，要动员统战组织成员为国家和地方经济社会发展贡献智慧和力量。其次，要充分考察成员的思想状况和所需所盼，针对不同人群精心设计活动内容，通过有效活动，切实提高统战的社会化组织能力，在新时代彰显统一战线的重要法宝作用。

（四）加强宣传方面

由于新媒体和传统媒体掌握着宣传媒介，新媒体从业人员擅长活动策划、活动执行、内容宣传、效果评估等专业领域，建议吸纳他们参与进来，参考他们的意见，精心设计好统战性质的主题活动，使我们的活动更有针对性、更有吸引力，达到更好的效果。同时，通过与新媒体从业人员的接触和交流，

引导他们把准方向、健康发展。目前，我区已经在汪氏整合营销传播集团建立了“喜马拉雅新阶层人士活动站”。喜马拉雅FM平台在山西拥有200万用户，在太原有30万用户，准备全省新的社会阶层人士打造具有互联网音频特色的新的社会阶层人士活动站。我区作为该公司办公所在地，具有得天独厚的优势，我部正在积极与该公司联系沟通，借助网络平台，向全社会宣传有关党外知识分子和新的社会阶层人士的知识，宣传我区优秀的党外知识分子和新的社会阶层代表人士。

关于优化基层服务环境的调研报告

中共太原市万柏林区委常委、副区长　李　蓉

调查研究是谋事之基、成事之道。没有调查，就没有发言权，更没有决策权。作为基层县区的党员领导干部，调查研究是必不可少的一项工作。“不忘初心，牢记使命”主题教育开展以来，根据区委要求，我结合平时调研所掌握的基本情况和分管工作，就全区营商环境整体现状、存在问题等进行再次专项走访调研，走访了2个街道、10个村、社区，先后深入20多家企业，广泛征求了多方面的意见。通过“学习—调研—再学习—再调研”，深化了对习近平新时代中国特色社会主义思想的认识，特别是加深了对习近平总书记视察山西讲话的理解，增强落实习近平总书记重要指示批示精神的高度自觉性，党性修养得到进一步升华。

当前，万柏林区为努力建设文明、开放、富裕、美丽万柏林，积极融入党和国家的工作大局，以“党建引领、创新转型、改造提升、文明创建、服务群众”五大行动为引领，以“产业转型示范区、文化旅游特色区、生态修复样板区、温泉休闲度假区”四大片区为抓手，以“美化、亮化、精细化”三化工程为切入点，围绕山上山下两个主战场，砥砺奋战，全区人民幸福感、获得感、安全感不断提升。2019年上半年地区生产总值194亿元，一般公共预算收入完成12.7亿元，继续保持全市10县区第二的水平，稳居全省“第一方阵”。区域内在“两转”的基础上，稳增长、促改革、调结构、惠民生、防风险，各项工作统筹推进，基层服务环境取得骄人成绩。同时也要看到，万柏林区目前处于改革发展的关键时期，不进则退，慢进亦退。服务环境的优、劣，直接关系到万柏林事业的兴衰成败。

一、基本情况

今年以来，全区上下坚持目标导向、问题导向，简政放权、放管结合、优化服务，无论是基础设施建设、交通路网、生态绿化，还是电子政务、审批流程再造等等，区委、区政府在软硬环境方面都下了力气、做了工作。以提升行政效能为核心，“五个一，十个最”为突破口，“五个一”即，一套规范审批标准、一个简化办理流程、一面利企服务窗口、一张数据互联网络、一批优质项目引进。“十个最”即，政府诚信最优、窗口服务最好、办理流程最短、审批时间最少、兴业成本最低、企业收益最大、发展空间最广、投资效果最实、政企联系最密、工作环境最佳。理顺管理体制、优化运行机制、创新审批模式，在放权限权、减少市场主体负担、促进就业创业、方便群众办事等方面推出许多务实见效的具体举措。

一是精简流程，实现企业开办“三最”。实现企业开办、新办数量上半年全市最多，截至目前，全

区新登记企业 3282 户，同比增长 51%；企业注销实行简易注销程序全市最快，对申请注销的企业，凡符合简易注销条件的只需在国家企业信用信息网上公示，提交申请书、承诺书、营业执照即可办理。对办理一般注销的企业，只需网上公示清算备案及债权人公告，提交申请便可“即来即办”，市场退出机制更加便捷有序。企业退税实现全市最快，施行免填单，简化涉税事项办理流程，推行“容缺受理”最多一次。在受理资料时，对符合条件的申请人，实行先行受理，加快办理退税。二是实现注册企业“三免”，推出新办企业“套餐式”审批服务，按照“减时间、减材料、减流程”的原则，在服务办理流程中，实现全程免填单，打印复印全免费，刻章全免费。同时配备帮办、代办人员为企业服务，并推行多项审批事项“一窗通办”，实现“一窗收件、按责转办、一窗出件、评价反馈”的闭环流程。三是实现三个全市第一家，食品餐饮连锁企业申请食品经营许可，省去实地验收环节，当场发证，实现全市第一家；离退休人员档案存放，全市第一家；在服务办理流程中，打印复印刻章全免费，全市第一家。

截至目前，万柏林区依旧积极探索具有万柏林特色的行政审批服务管理模式。在“互联网＋监管”上求实效，共认领监管事项 905 项，报送监管数据近八万条，入库率 98.64%。在“互联网－政务服务”上出实招，以微信公众平台为载体，推出“网上预约”“在线取号”“排队查询”等便捷化的信息服务，提升服务水平，让企业和群众获得“幸福感”。

二、问题和原因

基层服务环境虽然取得一定的成绩，但是离人民群众的期望还有一定的差距。按照这次“不忘初心，牢记使命”专题调研要求，我结合调研实际，找出差距和问题，并分析原因和症结。

一是服务群众最后一千米有差距。万柏林区辖 1 个乡，14 个街道，多数街道办事处为老旧建筑，乡街政务服务大厅基础建设还没有完全达到相关标准，部分老旧社区硬件设施不能满足人民群众办理社保、救助等事项的服务要求，打通服务群众最后一千米，甚至是最后一米还需努力，让改革成果更多更公平惠及广大人民群众还有很长很远的路要走。

二是机构改革不彻底。今年以来，党和国家机构改革任务层层推进，部分涉及机构整合、职能划转的部门在推进改革的同时，也存在相互衔接不畅、职责边界不清等问题，为企业和群众办事带来诸多不便，一定程度上也影响了全区的发展环境。总书记强调，全面深化改革必须以促进社会公平正义、增进人民福祉为出发点和落脚点，如果不能给老百姓带来实实在在的利益，改革就失去意义，也不可能持续，万柏林区机构改革带来的政务环境改善提升仍需持续发力。

三是电子政务推进不够。当今社会是信息时代，电子政务的发展势不可挡，尽管万柏林区在全市电子政务服务方面领先领跑，但对标杭州、上海等发达地区，电子政务的投入和运行都有很大差距，让数据多跑路、企业少跑腿、最多跑一次在万柏林区还难以实现。

四是资金支持不够有力。当前，万柏林区上市企业不超过 5 家，对标沿海地区，上市企业数量还不如东莞的一个街办多。2019 年区财政设立“助保贷”专项资金 1000 万元，这对于众多驻地企业来说还是远远不够。

三、思路与举措

今后，我要把“不忘初心，牢记使命”的教育内容始终贯穿于工作中，始终坚持为人民谋幸福，以人民为中心的原则，牢固树立群众观点、责任意识，坚持在实践中解决问题，切实改善服务环境，其成效让人民群众看得到、摸得着、得实惠。

一是持续提升政务环境。在政务服务中心全面推行“五个一、十个最”工程，落实“前台综合受理、后台分类审批、综合窗口出件”工作模式，实现现场办理事项“最多跑一次”。将“13710”信息督办系统引入政务服务，建立电子台账管理，实时跟进、及时催办，推动各项工作见人见事、见根见果。

二是持续扩大电子政务服务范围。建立数据资源目录和数据共享机制，完善区级政务信息共享交换平台功能市级互联互通。推动互联网、自助终端、移动终端的政务服务入口全面向基层延伸，推动政务服务向智能化、自助化、移动化发展。

三是持续加强政府诚信建设。严格履行政府向社会作出的服务承诺，认真履行和兑现依法作出的政策承诺和签订的各类合同。建立健全政务信用信息主动公开和依申请公开制度。试行企业信用风险分类管理，加强市场主体信用信息应用，建立健全守信联合激励和失信联合惩戒机制。

四是持续改革创新。自觉把人民群众的切身利益作为工作的根本出发点和落脚点，强化服务意识，对标一流，大胆先行先试，把改革创新作为工作的原动力，将江浙和发达地区优化政务服务的经验与万柏林区区情区志相结合，摸索一条领先、领跑全市乃至全省的创优政务服务的工作方法，积极推动文明、开放、富裕、美丽万柏林建设。

发展西山旅游　助推乡村振兴

中共太原市万柏林区委常委、宣传部部长　赵晓红

为了扎实推动“不忘初心、牢记使命”主题教育活动深入开展，根据区委统一要求和安排，对包联乡街、农村（社区）进行专题调研。现将调研情况报告如下：

一、基本情况

本次调研主要采取召开座谈会、实地考察、调查问卷和个别访谈等方式，先后到包联乡街化客头街道、包联农村（社区）化客头村、北头村开展走访调研。共组织召开座谈会 4 次，访谈街道班子成员、村“两委”主干、党员代表、村民代表等 100 人次，发放调查问卷 30 份。王封乡、化客头街道共有 4300 余户 1.3 万人通过移民搬迁安置在九院住宅小区，其中，50 岁以上的劳动力约为 2200 人，由于文化程度较低、缺乏劳动技能，就业就成了问题。化客头村，全村现有 298 户 741 人，“两委”班子成员 6 人，中共党员 30 名，现有耕地 930 亩，其中退耕还林 870 亩，可用耕地面积 60 亩，现在钙果种植 30 亩。化客头村已有千年的历史，由于地下煤、硫黄、铁等矿产资源丰富，成为兵家必争之地，村名也有“化铁头”逐渐演变为今天的化客头。北头村，全村 396 户 1110 人，“两委”班子成员 6 人，中共党员 34 名，村民代表 31 人。耕地面积 1912.8 亩，其中退耕还林 1647.3 亩。两个村都呈现出村里几乎无后续产业支撑，移民搬迁后村集体经济落后、村民就业困难、村民文化活动单一匮乏等问题。通过对基层党组织建设工作整体状态的梳理，针对现实存在的问题进行认真梳理、深度思考。面对面、心贴心向广大基层党员询计问策，形成对万柏林区西山文化旅游产业发展初步建议的调研报告，对下一步工作的推进有了更加清晰的认识。

二、调研中发现的问题及原因分析

一是发展思路不清。多数党员干部因文化层次较低、对“都市农业”“现代农业”，特别是对田园综合体的认识不足，普遍存在发展经济的思想不清，知道需要发展产业、需要招商引资，但需要搞什么方面的没有具体思路。面对困难时，办法不多、信心不足，工作思路不宽。移民搬迁下来的村民城镇化后，对自身能从事什么工作认识定位不足，融入城市的思想观念转变还需要时间。

二是规划体系不完善。从构建全域旅游规划体系角度讲，王封一线天景区、古村落古建筑修复、西山枫情城郊森林公园、九院狼坡生态园、长风城郊森林公园等资源的大组合、大融合发展的总体连片布局还不完善。对“山、水、农、田、林”有机融合发展的综合认识还有不足，对本地域的自然山水、民俗风情、厚重文化定位还不够准确。把旅游与生态农业、美丽乡村建设相结合，策划具有当地特点的全域旅游发展模式结合程度还不够。

三是招商引资困难。投资者往往都是一“考”了之、一“看”了之，真正投资的少。主要原因表现在对外宣传力度不够，知名度不高；交通、通信、水利等基础设施不完善；停车场、厕所等必要配置欠缺；沿线村庄产权界限不清；资金投资大、周期长、见效慢。

四是产业发展困难。配套建设不足，目前辖区内还没有像样的农家乐、民宿、客栈，游乐设施，接待水平低。产品开发不足，休闲游、康养游等新兴旅游业态还没形成，民俗文化挖掘、节庆品牌打造刚刚起步。信息技术落后，加之后续发展资金缺口较大，想招商引资，有想法、没办法。部分村干部政策把握能力较差，诸如土地流转需要什么手续等问题难以把握。

三、对西山全域旅游发展的思考

随着太原市城市转型发展和城市能级提升战略，西山必将成为太原市的文脉。未来的西山应该坚持开发与保护并重，总体规划、全面推进，产业布局应该为集旅游、餐饮、娱乐和康养等为一体“山、水、农、田、林”高效融合的“都市农业”“观光农业”为主的田园综合体，让人看得见山，望得见水，记得住乡愁，令人向往、流连忘返。

一是提升干部素养。强化村干部及党员思想观念，增强抓党建工作的责任感和紧迫感。紧紧抓住当前正在开展的“不忘初心、牢记使命”主题教育，用好用足“学习强国”学习平台，如北头村一位退休教师所言：“学习强国”学习平台，内容丰富，形式多样，通过网言网语、视频、图表等多媒体手段，让我们每一名学员能够各取所需、各有所获，是我们现在贴身的精神“加油站”。利用“三会一课”、主题党日等活动，强化支部战斗堡垒作用，发挥党员干部的先锋模范作用。同时要把致富能手、高学历青年吸收进党组织和“两委”班子，不断改善村“两委”班子队伍结构，起到致富带头人的表率引领作用。

二是理清发展思路。利用移民搬迁腾退的土地资源与周边形成连片开发，盘活土地资源优势。立足于现在能做什么，发展上下游产业链条，如北头村，可以利用现有“网红打卡地”油菜花种植基地，发展婚纱摄影、民宿、农家乐、草坪婚礼、民俗游、红色游等上下游产业，增加就业，带动经济发展；如化客头村，新道村及沿线村庄，依托王封一线天旅游景区、西铭文旅小镇和西山枫情城郊森林公园，有效利用现有耕地、村庄腾退土地，配套建设钙果采摘园、精品小杂粮种植园等，大力发展“旅游+”“观光农业”“都市农业”，进而实现乡村振兴，建设美丽宜居乡村。

三是壮大实体经济。做好钙果、核桃等农特优产品种植面积的扩容和建立线上线下同步销售模式，逐步建立农产品深加工和仓储基地，形成“产—供—销”一条龙服务模式，提升市场竞争力，让更多附加值在本地留存，增加就业岗位，促进农民增收，带动村里集体经济发展，让“绿水青山就是金山银山”在这里得以体现，为农业产业兴旺、农村设施完善、农民生活富足奠定坚实的经济基础。

四是强化文化阵地。目前九院移民搬迁安置小区共涉及5个乡街27个村2万居民，活动场地仅有一处3层（含1层地下室）不足800平方米的活动中心，加之，55岁以上人群理论政治素质普遍较低，读书读报少、文化活动单一，缺乏正确的信仰和追求。政府要拿出一定的资金用于发展农村（社区），特别是九院移民搬迁安置小区的公共文化设施建设和，为基层群众开展文化活动提供必要的场所阵地，确保专项资金及时足额到位，合理分布。把新时代文明实践中心（站、所）建设与现有的乡街文化站、社区（村）文化活动室等有机融合推进，抓住端午、“七一”、国庆、中秋等重要节点，开展颂党恩、升国旗、话团圆等弘扬社会主义核心价值观活动。开展文化惠民工程，组织文艺工作者送文艺下乡，组织美术、摄影等专门协会开展摄影、写生等创作活动，把奋进中的新人新事创作编排成群众喜闻乐见、参与性强的文艺作品，深入街道、村（社区）巡回演出，变文化“下”乡为文化“留”乡，变“送”文化为“种”文化，解决像北头村“凤凰之声”合唱队的“无米之炊”，丰富农民文化生活，提高文化素质，展现新时代新农民健康向上的精神风貌。

五是加大宣传力度。加强对涵盖王封、化客头的西山旅游优势资源的重新认识和宣传推荐，秉承大招商、招大商的原则，发挥微信、抖音、H5等融媒体宣传优势，加大宣传力度，做好万亩生态园、王封一线天、狼坡生态园、桃花沟和玉泉山城郊森林公园等U型生态旅游带的对外宣传推荐，让更多的优质涉旅企业和民间资本知晓、了解，并积极参与到山区旅游开发建设中来。

密切军地协同　加强统筹规范

——着力提高党管武装工作质效

中共太原市万柏林区委常委、万柏林区人武部政委　刘仍雁

近年来，万柏林区委坚持认真学习贯彻习主席关于加强国防和军队建设的一系列重要论述，把武装工作摆上重要位置谋划，作为重大任务落实，形成武装工作与经济社会建设同步提升、互促共赢的发展格局。但从当前实际看，有的乡（街、企业）党（工）委主要领导对武装工作重视程度不高，重经济效益轻国防效益；有的表态好，落实差；有的工作统筹不够，党管武装质量不高。针对这些问题，在这次主题教育中，我深入南寒、小井峪、兴华、长风西、王封乡和晋机、重机、西山煤电等乡（街、企业）进行深入调研，围绕密切军地协同，加强统筹规范，着力提高党管武装工作质效进行认真思考。

一、在提升政治站位、强化大局观念中履行管武之责

要始终坚持把党管武装作为巩固党执政地位的基础工程，把管武装、建武装摆到工作全局的重要位置。一是要抓理论武装强认识。深入学习习近平强军思想，切实打牢党管武装的思想根基。坚持把党管武装理论纳入各级党委中心组理论学习，列入干部培训计划，定期邀请专家作国防形势报告，西

山煤电集团硬性规定国防报纸杂志征订任务，不断强化各级干部的政治意识、国防意识。二是要抓国防教育浓氛围。大力推进国防知识进企业、进学校、进社区，利用电视台、报纸、网站等媒体开设国防教育专栏。组织“全民国防教育日”系列活动，举办国防建设知识讲座，邀请专家教授为地方党政领导授课。长风西街街办组织国防知识竞赛和专题晚会，开展国防教育宣传，营造了深厚的国防教育氛围。三是要抓制度落实促规范。严格落实现场办公、工作述职、军事日等制度，要组织签订《国防后备力量建设目标责任书》，明晰职责、细化任务、定期考评、量化计分，党管武装工作抓有载体、评有办法、考有依据。定期召开地方党委议军会，专题研究部署党管武装工作任务，研究重大事项，解决瓶颈问题，确保党管武装各项工作落到实处。

二、在紧跟改革强军、积蓄发展后劲中汇聚兴武之力

紧密结合深化国防和军队改革大势，突出重点，扭住关键，努力推动国防建设与经济建设同步发展。一是要精准精细做实双应准备。按照“一专多能、一队多用”模式加强民兵应急分队建设，为民兵重点分队授旗配装。组织专武干部、民兵教练员集训，扎实抓好民兵专业训练，密切关注形势任务发展变化，加强对对口支援保障作战方向任务分队的情况调研，适时召开军地情报协作联席会议，组织民兵与军队挂钩联训，切实提升应对突发事件能力。二是要保质保量完成征兵任务。强化政府征兵工作主体责任，出台《征兵工作规范流程》，建立常态化征兵宣传机制，全面推行网络版征兵体检信息化管理，抓好预定对象入营前适应性教育训练，圆满完成本地区士兵征集任务，大学生士兵征集比例达到规定要求，无责任退兵。到目前为止，无退兵问题。三是要全心全意帮助抓建基层。制定《关于进一步加强人武部正规化建设的意见》，投入专项资金狠抓县（区）人武部正规化建设，企业单位武装部要力求全部达标。对条件相对落后的地区武装部建设，军地要齐抓共管，在划拨建设用地、投入经费上大力支持，确保如期完成新建搬迁。同时，要注重解决专武干部身份问题和待遇问题，不断激发精武爱武的工作热情。

三、在强化服务保障、注重解难帮困中融注爱武之情

始终把“为武装工作排忧解难”作为衡量政治站位、领导能力的“试金石”，把政策规定的实事办好，把武装工作的具体困难解决好。一是要在强化统筹上下真功。坚持把国防后备力量建设纳入党委政府工作计划统一部署，把武装工作经费纳入政府财政预算统一管理，把专武干部选拔纳入干部考察任用机制统一安排，把征兵工作纳入目标管理考核“一票否决”范畴，形成“党委统一领导、政府全力保障、军地齐抓共管、逐级履职尽责”运行机制。二是要在拥军优属上注真情。广泛动员军地一体积极参与全国双拥模范城评选活动，严格落实义务兵家庭优待金发放、大学生入伍奖励等政策，妥善安置军转干部，积极解决随军家属就业难、子女入学难等问题。积极组建军人法律援助站，切实维护国防利益和军人军属合法权益。三是要在军地共建上用真心。国动委要牵头开展“科技、图书、法律进军营”活动，适时召开联席座谈会，定期走访慰问军警部队、离退休老干部和军烈属，评选表彰“情系国防好家庭”“好军嫂”，对本地区荣立三等功以上军人优秀代表进行表彰奖励，大力营造浓厚的共建氛围。

四、在加强任务磨砺、发挥功能作用中拓展用武之地

坚持建武装、用武装结合，着力提升部队战斗力和服务群众本领。一是要在急难险重任务中发挥

突击作用。围绕应急维稳、抢险救灾、动员支前等任务，整合军队指挥系统和地方应急指挥系统，构建军地兼容、平战一体、互联互通的军地联合指挥机制，要在抗震救援、泥石流、洪涝灾害抢险救灾中，摔打锤炼民兵队伍，不断提高后备力量建设水平。二是要在精神文明建设中发挥示范作用。依托青年民兵之家平台，大力宣传党的惠民政策，传播社会主义核心价值观，倡导文明新风，弘扬优秀传统文化，组织民兵积极投身争创文明城市实践，主动参与志愿服务，彰显威武之师、文明之师良好形象。三是在经济社会发展中发挥骨干作用。组织民兵参与脱贫攻坚，坚持结对帮扶引领、示范典型带动，筹措资金、结对帮扶贫困学生，开展培育“民兵养殖专业户”“民兵致富模范”等活动，实现部队资源与精准扶贫的有效对接，实现军民融合发展的最大经济社会效益。

万柏林区文明交通综合治理调研报告

中共太原市万柏林区委常委、政法委书记　杨宏林

城市道路交通问题是关系百姓出行、直接影响群众生产生活的一个民生问题。随着经济社会的快速发展和城镇化建设步伐的加快，基础交通建设落后、道路拥挤、文明交通意识淡薄等城市顽疾越发凸显，成为影响百姓出行的难点、痛点问题。从去年开始，万柏林区积极开展文明交通综合治理工作，采取了一系列行之有效的措施，也取得不错的成效，但是在工作推进中也逐渐凸显出了一些短板和不足。为了补齐工作短板，切实改善全区道路交通出行环境，结合“不忘初心、牢记使命”主题教育，按照将“学习教育、调查研究、检视问题、整改落实”贯穿始终的要求，坚持问题导向，聚焦群众关切，走到一些问题突出的背街小巷上，深入到附近居民院落中，深入到乡街、部门中，通过实地查看、走访座谈、查阅资料等多种形式全面调查研究万柏林区文明交通综合治理情况，经过梳理分析形成本份调研报告。

一、基本情况

开展文明交通综合治理工作，是优化城市交通环境，提升城市文明形象，推进文明城市创建的一项重要举措，既是民生工程，也是民心工程。万柏林区共有318条标准名称街巷，其中主、次干道34条，各乡街道所属街巷284条，创城工作开展以来，小街巷的治理成为城市管理的顽疾与难点，道路交通拥堵状况时有发生，这与全区经济社会的快速发展格格不入，成为了亟待解决的重要问题。

文明交通综合治理开展以来，万柏林区科学谋划、综合施策，取得阶段性成效。一是已通过市级验收的小街巷共88条，治理总长度47841米，设置标志标牌732块，责任公告牌225块，施划交通标线50491.38平方米，施划机动车位4361个，施划非机动车停车366处，安装隔离设施4511米、阻车桩664个、自行车车架1075米，初步实现中环以内连片整治的目标，形成完整的路网，全面提高道路通行能力。二是组织相关执法单位开展联合执法，共取缔马路市场1867处，清除占道摊位7363家，规范门头牌匾标志4532处，清理私设地锁62处，拖移僵尸车45辆，设立便民市场7处。三是积极开放党政机关、企事业单位停车场18处，居民小区4处，开放错时停车位共1698个。四是对基础条件较好的6条街（公园路、双拥路、翡翠路、气化街、南上庄西街、后北屯街）进行重点打造，在全市

率先推出“智慧 e 路通”智能道路信息显示屏，以科技带动管理。通过一年多的治理，有效改善了道路交通出行环境，切实提升了人民群众的幸福感、获得感、满足感。

二、存在的问题及原因分析

万柏林区的文明交通综合治理工作尽管取得一定的成绩，但和群众的期望相比还存在着差距，在调查研究过程中也发现了一些问题。一是在未完成治理工作的片区和街巷中，交通标志标线设置不合理、不规范或未设置。二是部分街道仍然存在交通堵点，占道经营、乱摆摊点、游商小贩影响交通秩序的问题突出。三是“停车难”问题仍然突出，部分路段没有规划设置停车位，公共停车场数量不足，存在停车资源分布不均衡和对现有停车资源盘活利用力度不够的问题，部分街区存在明显的“车多位少”情况。四是“乱停车”“僵尸车”现象仍然存在，对非机动车道、便道及商户门前停车乱象的整治和日常巡查监管还有待加强。五是辖区内部分小街巷还未进行全面摸底排查，有的小街巷仍未命名。六是机动车随意抢道、变道、调头、违规超车、超速行驶、逆向行驶、不礼让行人等现象时有发生，非机动车和行人闯红灯、乱穿马路等问题突出。七是总体工作进展不均衡，有的单位工作还停留在去年的基础上，延续力度不大。八是部分单位不够重视，参与管理意识较差，未根据方案制定工作计划、时间表和路线图，未建立工作台账，信息报送不及时，存在工作脱节的现象。九是部门之间联动不足，协作能力还待进一步提高，各部门之间还未形成强大合力。

问题存在的原因具有多样化的特点，一是与基础交通建设有关，部分小街巷道路没有名称，路面破损情况严重、通行条件差，不具备交通整治条件。二是与经济社会的快速发展有关，随着城镇化建设步伐的加快，车流量、物流量和人流量日益增大，导致有限的道路资源日益拥挤，各类交通乱象问题复杂，治理难度较大。三是城市规划与建设的最初设计存在一定滞后性，道路与交通设施的预期承载量与城市的高速发展不匹配，导致目前很多交通问题一时难以解决。四是交通违法成本低，执法力度还不够，尤其是针对非机动车违法违规行为，缺乏有效的惩戒手段。五是文明交通宣传和交通安全教育还不够深入，群众对文明交通的理解仍有偏差，部分群众认为文明交通只是机动车的事，对自身应该遵守的法律法规了解不够。六是源头管理力度欠缺，交通治理联动性不足，治理工作发展不均衡，部门之间联合整治机制缺失，整体推进难度较大。

三、解决对策

针对调研中发现的问题和不足，始终坚持问题导向，坚持实事求是抓整改，坚持“什么问题突出就集中解决什么问题”的思路，积极研究对策，想办法、找思路，着力破解工作难题。

1. 从规划设计层面解决道路管理问题

在城市建设规划中，要建立交通管理者参与机制，加强城市和交通系统发展规律的研究，编制适合万柏林区实际及发展需求的城市道路交通综合规划，实现城市和交通系统协调发展。同时，要配套做好城市路网规划、公共交通、非机动车、步行交通系统规划、停车场规划、交通安全管理规划等交通专项规划的编制工作，全力保证整体协调运行，使管理中的难题在规划和设计源头得到解决。

2. 提高治理标准，强化治理责任，对辖区交通总体情况进行再排查、再梳理和再评估

要在思想上高度重视文明交通综合治理，高标准设定治理目标，在组织机构和资金投入上给予重点保障；要召开专题推进会研究本次调查研究中发现的问题，坚持问题导向和目标导向；要针对调研

发现的问题，制定合理的工作计划，各责任单位要树立大局意识和全局观念，既要立足当前，又要着眼长远，结合职责任务，对全区交通共性问题深入研究，开拓思路，通盘考虑，整体布局，拿出科学的任务书、时间表和路线图；要综合考虑道路与生活区域的连片改造，统筹谋划、合理安排；要摸清实际情况和发展态势，进行实地调研，针对每条小街巷的特点和突出的乱象问题，开展再排查、再评估；要持续加大工作力度，整合各方治理力量，持续营造“人人想参与、人人能参与”的良好治理氛围。

3. 完善工作机制，创新工作思路

一是建立交通综合治理协调机制，要在区文明交通综合治理领导组统一领导下，明确各成员单位的责任，采取“乡街为主，部门协同”的工作模式，齐抓共管、综合治理，切实做到问题有人问、有人管，将各种交通问题解决在萌芽状态。二是严格落实“街路长负责制”，实现一路一台班、一日双巡查，对重点问题，要加大集中整治力度，对难点问题，要召开专题研究会议研究解决，对无法当下解决的问题要及时向主管部门进行报告，确保问题被及时发现、协调和解决。三是积极构建综合治理长效管理机制，充分利用云计算、大数据科技优势，全面提升道路交通监控力度和智能化管理水平，解决交通拥堵、违规停车、占路经营、环境脏乱等顽疾，切实将万柏林区打造成一流的城市管理先进城区。

4. 聚焦治理难点，制定具体措施

一是聚焦城市拥堵问题，将整治小街小巷作为治理城市拥堵的重要切入点，针对调查研究中发现的具有突出问题的区域，根据实际情况，因地施策，制定整治方案，发挥交警主力军作用，动员交通、环卫、城乡管理、派出所等各方力量，加大对占路经营、遮挡交通设施、停车设施挪用、私自圈占道路资源等影响道路交通秩序和安全的综合执法力度。要按照“一路一策”的要求，找准每条街巷的特点、重点和难点，因地制宜，分类治理，综合施策，确保完成一个、长久固化一个。二是聚焦“停车难”问题，要运用价格杠杆调节停车需求，提高停车泊位利用率，按照“中心高于外围、路内高于路外、地面高于地下”的原则，对停车供求较大的区域，实施特殊价格调控机制，平衡静态交通供求矛盾，要开展非机动车道、便道及商户门前停车位的摸排及规划设置工作，规范停车秩序，要积极开放党政机关、企事业单位停车场，在重点路面规划设置停车位，切实增加停车位数量。三是聚焦交通乱象问题，要对辖区内未命名小街巷进行全面排查摸底，将未命名道路及时上报，要强化日常路面巡查，发现问题，跟踪问题，解决问题，确保各类交通乱象的治理工作顺利完成，要加大对机动车变道加塞、乱鸣喇叭、向车外抛洒杂物、占用非机动车道等交通陋习的处罚力度，要组织开展行人、非机动车专项整治行动，加大对行人、非机动车违法曝光和处罚力度，并逐步将非机动车和行人路口违法行为纳入个人征信系统，要加大对路口乞讨、兜售物品、散发小广告等乱象的治理力度，不断净化路口环境，通过在落细、落小上下足工夫，向社会持续释放交通严管信号，真正管出秩序、管出习惯、管出平安、管出文明。

5. 强化督导检查，量化考核标准，确保问题整改落到实处，治理工作取得实效

督导检查是解决突出问题的有效武器，也是促进全区文明交通综合治理工作稳步推进的重要抓手，领导组要针对本次调查研究和再排查、再梳理过程中发现的问题，开展督导检查，确保整改到位，对重大问题，要强化督办，对整治不力的单位和个人，要约谈、通报和问责。要研究制定出台全区统一的治理评测标准，根据治理标准进行量化评分排名，以考促干，全面推进问题整改和治理工作深入开展。

6. 坚持问题导向，加强统筹协调

领导小组办公室要畅通问题反映渠道，发挥参谋助手作用，针对调查研究中发现的问题，以及交通管理者在路面执勤执法中发现的问题，要重点关注，对涉及需要相关部门协同完成的，要加强统筹协调，及时分类、分解，确保问题落地、及时解决。在工作中，要建立电子工作台账，做实收集问题、分解问题、解决问题等环节，实现问题化解全程留痕。各责任单位要注重信息反馈，及时向领导小组报送相关问题整治进展情况，对成员单位在工作中遇到的困难和需要帮助解决的问题，领导小组办公室要列出清单，排好日程，通过召开部门座谈会、问题研讨会、现场办公会等形式，积极协调解决。

7. 发挥政法综治部门在文明交通综合治理中的作用

要坚持以人民为中心的发展思想开展文明交通综合治理，真正把群众的事看在眼里、放在心上、抓在手中。要将文明交通综合治理作为创城工作和社会治安综合治理的重要抓手，充分发挥综治成员单位职能作用，统筹协调辖区文明交通综合治理工作。工作中，要抓住主要矛盾，突出整治重点，加大对医院、学校、商圈、居民区等重点区域、拥堵点段的常态化交通整治，发挥群防群治的优势，主动领任务，自觉担责任，认真干工作，着重抓好非机动车包括共享单车乱停乱放、占道经营、私设地锁、占道违建等侵占城市道路的行为。

8. 加大宣传力度，加强安全教育，在全区积极树立文明交通观

要广泛动员和组织各单位利用新型媒体和传统媒体相结合的方式，以主题活动为载体，通过人民群众喜闻乐见的形式，及时宣传文明交通综合治理的工作进展和成果；要发动全区党政机关、企事业单位及各类场所开展“门前清”治理工作，签订“交通安全文明行车”承诺书；要积极开展文明交通安全教育进机关、进校园、进社区，积极组织志愿者服务队伍开展文明交通宣传活动，向市民发放《文明交通倡议书》，在重点路段引导市民文明过马路，倡导市民树立文明交通意识、参与文明交通综合治理行动，共同维护文明交通秩序，使文明交通综合治理工作家喻户晓、深入人心。

关于加强组织部门党内政治文化建设的调研报告

中共太原市万柏林区委常委、组织部部长　常　青

党的十九大提出，要注重加强党内政治文化建设。组织部门作为党的政治部门，要带头履行政治责任，争做政治文化建设的先锋，不断提升管党治党的能力和水平，积极营造风清气正的政治生态。

一、组织部门需要涵养政治文化

一是对党忠诚、信念坚定的信仰文化。组织部门作为管党治党的重要职能部门，对党忠诚是组工干部的首要政治品质，是组织部门政治文化建设的核心基因。理想信念则是厚植组织部门政治文化的沃土。组织部门是管干部的部门，应做理想信念最坚定的部门；组工干部是管干部的干部，应做理想信念最坚定的干部。组织部门必须立足职能职责，坚决履行好管党治党的政治责任，自觉把对党忠诚、信念坚定贯穿于组织工作全过程。

二是公道正派、甘为人梯的品格文化。重公道是组织部门政治文化建设的价值取向，是组工干部

履职之要、正气之源、立身之本，是最重要的职业操守。公道正派历来是组工干部的“生命线”，组织部门必须以公道正派为核心理念，以甘作嫁衣、甘当绿叶的人梯精神，推进选人用人公平公正、风清气正。

三是围绕中心、服务大局的实干文化。组织路线要为党的政治路线服务，要服务于党的政治大局。组织部门必须自觉地把牢政治方向、紧贴中心工作，充分发挥管党治党职能优势，为经济社会加快发展选好干部、配强班子、凝聚人才、固本强基。

四是严谨细致、精益求精的专业文化。业务精湛是组织部门政治文化的根，组工干部只有自觉培养严谨细致的态度、坚守实事求是的做事原则，做到对党的理论路线方针政策学深悟透、对基层情况了然于胸、对干部队伍知根知底，才能提高组工干部知人善任、做群众工作和破解难题的能力，为党的建设新的伟大工程凝聚磅礴力量。

五是从严守纪、谨言慎行的廉政文化。组织部门作为选干部、管人才、管党员的部门，既要要求别人做到守纪律，更要带头示范，做得更好。组工干部必须树立正确的权力观、价值观和政绩观，严以修身、严以用权，防微杜渐，不断纯洁净化“三圈”，坚守纪律底线和道德准则，维护好组织部门的权威，树立起组工干部的良好形象。

二、当前组织部门政治文化建设存在的问题

一是对党忠诚信念彰显不足。组织部门作为管干部的部门，组工干部作为管干部的干部，应当带头提高政治站位，加强党性修养，牢固树立“四个意识”。但个别部门信念教育不够经常，落实政治规矩和政治纪律不够严格。少数组工干部理想信念淡化，在大是大非面前政治立场不够坚定，对一些错误言论不能坚决抵制。极少数组工干部政治担当不够，存在放松原则、跑风漏气、搞江湖义气、不作为等问题，违反了政治纪律，扰乱了政治生态。

二是公道正派理念树立不牢。少数组工干部在工作中过不了人情关，不能严格遵守选人用人程序，习惯于根据个人好恶选人，在少数人中选少数人。特别是在干部考察中，有的组工干部因为考察任务重，仅满足于走程序、走过场，深入考察把关不够。有的奉行好人主义，选人用人工作原则性不强，八面玲珑，不讲党性讲私情、不讲公道讲官道。

三是精益求精精神发扬不够。组织部门应大力发扬淡泊名利、任劳任怨、精益求精的专业文化精神，但少数组工干部受物质文化、金钱文化的侵蚀，不能安心工作，在工作中应付差事，缺乏“钉钉子”精神，特别是学习不精、研究不深、落实不力、亮点不多的现象比较突出，没有真正形成“讲认真、强本领、创精品”的干事氛围。

四是廉洁清正底线守得不严。组织部门作为选用管理监督干部的重要部门，在组工干部监管上还存在一定程度的“灯下黑”现象，有的没有建立刚性权力约束机制，有的对出现的苗头性倾向没有早发现、早提醒，监管不力、不到位，造成少数组工干部把制度建设当摆设，不按规矩办事，利用职权谋取私利，没有树立起从严律己、从严守纪的工作权威和自身正、自身净、自身硬的良好形象。

三、积极探索组织部门政治文化建设的方法路径

一是突出政治引领，塑造更加坚定的信仰文化。推进组织部门政治文化建设，强化思想政治教育是首要任务。一是加强政治理论学习。引导组工干部积极参加党内集中教育活动，建立政治理论“周

学月讲年考评”制度，采取中心组学习、研讨交流、轮流讲党课、“走出去请进来”等方式，引导广大组工干部学习贯彻习近平新时代中国特色社会主义思想和党的十九大精神，提升政治能力水平。二是加强优良传统教育。要开展“道德讲堂”“国学课堂”、演讲比赛等活动，不断强化文化熏陶，坚定文化自信。大力开展“知党史、学党史、讲党史”学习活动。积极采取重走革命教育基地，邀请革命老兵、退休老干部讲述革命故事等方式，重温党的光荣历史，引导组工干部坚定理想信念，筑牢思想防线，永葆组工干部的政治本色。三是加强政治素质考评。要把讲政治作为选拔考核组工干部的第一要求，细化指标，认真落实到方方面面。开展组工干部讲政治民主评议，每季度组织一次政治理论知识测试，倒逼组工干部主动加强政治学习，提升政治素质。

*二是突出科学选人用人，塑造更加鲜明的人梯文化。*选人用人是组织部门重要的职能，要大力彰显选贤任能、公道正派的政治文化。一是强化制度约束。完善工作机制，推进干部工作公开，强化痕迹管理和过程监督，防止徇私舞弊。用发放征求意见表、专项调查、直接面谈等方式拓展干部考察范围，客观真实掌握情况。在组工干部的选拔任用上，严把政治关、廉政关、道德关、作风关，确保组工干部队伍的先进性和纯洁性。二是注重精准识别。坚持好干部标准，精准科学考察识别干部。采取公开招考、择优选调、借调试用、横向交流、跟班学习等方式，多渠道识别、考验干部，注重在推动改革发展、应对复杂局面、促进创新创业、维护群众利益等方面识别干部，对作风过硬、实绩突出、群众公认的干部要及时提拔重用。三是坚持人岗相适。积极探索建立人岗相适选配机制，精准选任干部，增强人岗相适度和专业匹配度。制定干部交流轮岗办法，建立重要岗位定期交流、同一职位任职时间长的轮岗交流用人机制。通过推进干部轮岗交流、多岗位锻炼，提高干部的实践能力和工作水平。

*三是突出能力提升，塑造更加过硬的专业文化。*业务精湛是加强组织部门政治文化建设的有形抓手。一是注重素质提升。每月举行组工干部应知应会知识考试，成绩公示上墙，激发组工干部加强学习，提升综合素质。定期举办业务交流研讨会，提升分析问题、综合协调和系统思维能力。每月制定调研宣传撰写计划，每周点题作文，对每个文字材料进行点评，使文字能力成为每个组工干部的“硬功夫”。二是注重能力培养。采取集训轮训、跟班学习、在线学习等方式，对组工干部开展精准培训，着力提高组工干部选人用人、破解难题、联系群众、服务发展的能力。紧紧围绕服务经济社会发展大局想问题、出思路、提举措，建立破解难题工作机制，梳理工作难点和问题清单，鼓励组工干部在解决重点难点工作中积极担当、勇于创新、提升能力。三是注重实践锻炼。以中心工作为引领，通过驻扎基层、交流锻炼、上派下挂等方式，积极选派组工干部参与创城、信访、招商、城改等重大任务，让干部在实践锻炼中提高履职担当的能力和水平。

*四是突出规范管理，塑造更加严谨的干事文化。*要培养“讲认真、零差错”的组工干部干事文化。一是抓规范管理。推行规范的项目管理制度，对需要承办的工作细化责任、明确到人，严格首问负责制、限时办结制。梳理并规范重要事务办理流程，对日常各项工作程序及环节进行细化，确保依法依规依程序，严谨细致零差错。二是抓考核督办。坚持正反向考核相结合，实施科学的量化考核。对工作表现突出的组工干部，予以通报表扬、考核加分、纳入年底评优范围等奖励。在反向考核上，实行“月考”，依据完成数量、质量与效率，每月对组工干部赋分。对工作执行不力的，按考核标准减分，责任人做深刻书面检查并开展整改。三是抓机制完善。健全各项管理制度，建立完善组织系统工作通报制

度、工作督办制度，加强工作沟通，及时掌握相关工作动态，推进组织工作制度化。

五是突出严教严管，塑造更加清正的廉洁文化。突出严教严管，一是严抓纪律教育。定期组织组工干部学习党章党规和系列讲话，开展廉政知识竞赛、廉政文化教育活动，增强组工干部纪律意识和法纪观念。二是严格日常管理。坚持日常教育与日常监督相结合，将从严管理融入日常、抓在经常。落实层层谈话制度，早发现、早提醒，打好“预防针”，引导组工干部严以自律、严以用权。三是严肃问责追究。坚持从严治部，严格组工干部监督管理，强化纪律规矩意识。对工作拖沓、出现失误或不遵守政治纪律和规矩的，进行约谈告诫、通报批评、调整岗位、党纪政纪处理，追究政治责任。

文件选登

万柏林区“街巷长”“小巷管家”工作方案

（2019 年 1 月 11 日）

为加快推进全区社会治理体系和治理能力现代化，持续提升城市精细化管理水平，根据太原市委办公厅《关于深化街道管理体制改革进一步加强城市基层党建工作的实施方案》（并办发〔2018〕40 号）精神，特制定万柏林区“街巷长”“小巷管家”工作方案。

一、指导思想

以习近平新时代中国特色社会主义思想为指导，全面贯彻党的十九大精神，按照全国、全省、全市组织工作会议精神，不断强化党组织领导基层治理的职责，通过推行“街巷长”“小巷管家”制度，将基层党建同基层治理结合起来，树立服务意识，创新城市管理，为创建全国文明城市、建设文明、开放、富裕、美丽万柏林提供坚强有力的组织保障。

二、工作目标

强化属地管理意识，围绕市容市貌、市容秩序、环境卫生和市政设施四个方面，全面提升街巷环境和功能品质，着力打造制度健全、责任清晰、管理到位、衔接有序的整体联动管理机制，确保快速准确发现、报告和处置各类问题，使“街巷长”“小巷管家”制度的管理优势得到充分发挥。

三、工作内容

集中开展主次干道、背街小巷整治提升。每条主次干道、背街小巷做到“十有”：有“街巷长”、有“小巷管家”、有责任公示牌、有自治共建理事会、有居民公约、有环卫负责人、有志愿服务团队、有配套设施、有绿化景观、有文化内涵。做到“十无”：无车辆乱停乱放、无违章建筑（私搭乱建）、无违规“开墙打洞”、无店外经营、无堆物堆料及暴露垃圾、无道路破损、无私设锁桩、无乱贴乱挂乱画、无违规广告牌匾、无凌乱架空线。

四、“街巷长”和“小巷管家”的设置

按照“一街一长、条块结合、党员带头、责任到人”的原则，在全区所有道路、街巷设置“街巷长”和“小巷管家”。“街巷长”由包社区副科以上干部担任，“小巷管家”一般由热心社区公益事业的市民

或社区"网格长"担任，每条街巷都要划分出明确责任区，实现无缝衔接、无死角管理。

五、工作职责

一是定期检查责任路段，指导帮助工作、发现存在问题、督促问题整改；对小问题现场解决，难点问题收集上报协调处置；对失职、渎职情况进行收集反映。二是针对存在问题，组织一线保洁和执法人员现场解决处置，督促各项工作要求日常性落实到位。三是对沿街门店、单位宣传"门前三包"政策和相关管理规定，并随时纠正各种违规行为。

六、管理流程

"街巷长""小巷管家"实施公示制度。要在街巷设立公示牌，亮明"街巷长""小巷管家"姓名、电话等信息，按照"巡查→反馈→协调→处置→督查→考核"6步法管理流程进行管理。

1. 巡查："街巷长"每周定期巡查，"小巷管家"每天巡查。

2. 反馈：对群众反映或巡查发现的问题，及时处理并做好记录；对涉及街巷违章以及其他需要协调的事项，及时反馈处理。

3. 协调：对需要协助处理的事件应及时与有关部门联系处理，并落实相关责任人。

4. 处置：按照属地管理原则，及时处置所负责区域内发现的各类问题。

5. 督查：加大督查力度，对工作中发现的和群众反映的问题，做到责任明确、落实到人，及时跟踪落实情况。

6. 考核：按照月检查、季通报、半年考核的要求，每月由街道党工委组织检查评比，每季度综合通报，考核结果与年终目标考核及个人评优评先挂钩。

七、工作要求

一是加强领导，精心组织。各党（工）委要提高政治站位，高度重视此项工作，将其作为一项全局性、中心性工作纳入重要议事日程，全力以赴，抓紧抓好。各党（工）委书记要深入一线，检查指导，协调解决"街巷长""小巷管家"工作中的实际问题。

二是明确任务，落实责任。各党（工）委要结合区域实际情况，结合文明城市创建，进一步明确工作任务，压实工作责任，认真做好"街巷长""小巷管家"工作，努力创建一批示范街巷。

三是党员带头，率先垂范。广大党员要进一步强化党员宗旨意识、担当意识和服务意识，站在服务群众的最前线，发挥好党员的先锋模范作用，积极参与"街巷长""小巷管家"工作，彰显"一个党员、一面旗帜，一个岗位、一份奉献"的带头、示范、辐射作用。

四是加强宣传，营造氛围。充分利用公告栏、微信平台等多种途径常态化宣传"街巷长""小巷管家"工作性质和职责，引导、发动群众积极参与，自觉监督，不断营造环境整治人人参与、美好环境大家共创的新风正气。

万柏林区优秀教育人才引进和奖励办法

（2019 年 2 月 2 日）

为深入贯彻习近平新时代中国特色社会主义思想和党的十九大精神，全面落实中央《关于深化人才发展体制机制改革的意见》（中发〔2016〕9 号）、山西省委《关于深化人才发展体制机制改革的实施意见》（晋发〔2017〕14 号）、太原市委《关于深化人才发展体制机制改革加快推进创新驱动转型升级的实施意见》（并发〔2018〕2 号）精神，深入实施人才强教战略，大力引进和培育一批高层次教育人才，全面提升万柏林区教师队伍综合素质，提高教育教学质量，结合万柏林区实际，现制定万柏林区优秀教育人才引进和奖励办法。

一、基本原则

（一）按需引进。坚持以国家和省、市、区重大战略需求为导向，结合各学校学科建设规划和师资队伍建设规划，根据实际需求，确定引进计划及人选。

（二）统筹推进。充分发挥区教育局主管作用，整合教育资源，合理调配教师，统筹推进短缺学科教师和优秀教育人才引进工作。

二、引进方式

公开招聘：由区人社局牵头，区教育局进行业务审核，从 2019 年开始，面向社会公开选拔国家及省内外特级教师、省学科带头人、省教学能手、省级名师、省保教能手等领航教育人才；面向全国知名师范院校招聘博士研究生、硕士研究生。

三、引才政策

一类人才：全国知名校长、全国模范教师、全国优秀教师、全国优秀教育工作者、全国优秀班主任、省级名校长等荣誉的本区外的在职教师，年龄在 45 周岁以下，特别优秀的可放宽至 50 周岁；

二类人才：省级特级教师、省级学科带头人、省级名师、省级骨干教师、省级教学能手、省级保教能手等荣誉的本区外的在职教师，年龄在 45 周岁以下；

三类人才：地市级名校（园）长、特级教师、名师、保教标兵、教学标兵等荣誉的本区外的在职教师，年龄在 40 周岁以下。

其他紧缺特需人才，如全国知名师范院校的全日制博士研究生、硕士研究生来万柏林区任教，可通过直接选聘的方式引进。

四、引才待遇

对新引进万柏林区中小学校、幼儿园的人才（事业单位在编人员工作关系调动应在编制员额内），试用期为一年，试用期满考核合格者报区人力资源社会保障局备案，签订 5 年及以上工作合同者，同时给予引才奖励金；考核不合格者，解除聘用。

具体标准为：

一类人才：给予引才奖励金 30 万元；

二类人才：给予引才奖励金 20 万元；

三类人才：给予引才奖励金 5 万元；

引才奖励金按 6:2:2 比例分 3 年发放。

五、工作要求

（一）高度重视。优秀教育人才引进工作事关教育事业健康持续发展，各部门要提高认识、统一思想，把引进高层次教育人才作为一项重大而紧迫的任务，营造有利于高层次人才引进的良好环境，在舆论宣传和实际工作中发挥积极作用。

（二）明确职责。区教育局、区编办、区人社局、区财政局等部门负责引进计划的审定和统筹工作，制定和落实政策，协调并解决引才工作中存在的问题。

（三）健全机制。区编办、区人社局做好编制调配和人事岗位设置工作，对引进的人才，实行专用编制、动态调整、周转使用的编制"周转池"制度，用人单位有空编，优先使用空编，如无空编可使用周转编制补充。凡是本次公开招聘引进的人才，设立特设岗位，不受岗位总量、最高等级和结构比例的限制。实施人才服务"绿卡"制度，凭卡可优先办理落户、社保缴纳、子女入学等业务。

太原市万柏林区机构改革方案

（2019 年 2 月 14 日）

根据《中共中央关于深化党和国家机构改革的决定》《深化党和国家机构改革方案》《山西省机构改革实施方案》《山西省关于市县机构改革的总体意见》和《太原市机构改革方案》，结合实际，制定本方案。

一、机构改革的总体部署

深化机构改革，要坚持以习近平新时代中国特色社会主义思想为指导，全面贯彻党的十九大和十九届二中、三中全会精神，牢固树立"四个意识"，牢牢坚持"两个维护"，坚决贯彻落实习近平总书记关于深化党和国家机构改革的重要论述和视察山西重要讲话精神，按照省委统一部署要求，着力改革机构设置，优化职能配置，创新体制机制，合理划分事权，理顺权责关系，深化转职能、转方式、转作风，提高效率效能，构建系统完备、科学规范、运行高效的机构职能体系和简约高效的基层管理体制，促进各方面改革有机衔接、协调联动，发挥改革整体效应，要紧紧围绕以"五大行动"为统领、以建设"四大片区"为抓手、以实施"三化工程"为载体，推进文明、开放、富裕、美丽万柏林建设新篇章的目标，进一步理顺职责关系、优化组织结构、规范机构设置，完善运行机制，为实现全区更高质量、更可持续发展提供有力的体制机制保障。

深化机构改革，要把坚持加强党的全面领导，坚持以人民为中心的发展思想，坚持社会主义市场经济改革方向，坚持优化协同高效，坚持以法治方式推进改革，坚持在中央统一领导下充分发挥地方积极性贯穿改革全过程，牢牢把握改革的正确方向。要坚决维护党中央集中统一领导和国家法制统一、政令统一、市场统一，主要机构及其职能同省级保持基本对应、与市级机构改革有效衔接，确保上下贯通、执行有力。要立足实际，坚持问题导向，着力破除体制机制制约，切实解决长期想解决而一直没有解决的问题。

深化机构改革，要在党中央集中统一领导下，按照省委和市委部署要求，不折不扣落实好各项改革任务。

二、调整优化区级党政机构设置和职能配置

（一）建立健全党对重大工作的领导体制机制，加强区委职能部门的统一归口协调管理职能

1. 组建区监察委员会。落实党中央关于深化监察体制改革的部署，将区监察局的职责，以及区人民检察院查处贪污贿赂、失职渎职及预防职务犯罪等反腐败相关职责整合，组建区监察委员会，同区纪律检查委员会合署办公，履行纪检、监察两项职责，实行一套工作机构、两个机关名称。

不再保留区监察局。

2. 将区委法治建设领导小组改为区委全面依法治区委员会，作为区委议事协调机构。区委全面依法治区委员会办公室设在区司法局。

组建区委审计委员会，作为区委议事协调机构。区委审计委员会办公室设在区审计局。

将区委全面深化改革领导小组改为区委全面深化改革委员会，作为区委议事协调机构。区委全面深化改革委员会办公室设在区委政策研究室。

组建区委网络安全和信息化委员会，作为区委议事协调机构。区委网络安全和信息化委员会办公室设在区委宣传部。

组建区委财经委员会，作为区委议事协调机构。区委财经委员会办公室设在区发展和改革局。

组建区委外事工作委员会，作为区委议事协调机构。区委外事工作委员会办公室设在区政府办公室（区政府外事办公室）。

组建区委教育工作领导小组，作为区委议事协调机构。区委教育工作领导小组办公室设在区教育局。

将区国家安全工作领导小组改为区委国家安全委员会，作为区委议事协调机构。区委国家安全委员会办公室设在区委政法委员会。

3. 区委组织部统一管理区委机构编制委员会办公室。将区机构编制委员会改为区委机构编制委员会，作为区委议事协调机构。调整优化区委机构编制委员会领导体制。区委机构编制委员会办公室作为区委机构编制委员会的办事机构，承担区委机构编制委员会日常工作，作为区委工作机关，归口区委组织部管理。

4. 区委组织部统一管理公务员工作。将区人力资源和社会保障局的公务员管理职责（含公务员调配、工资福利职责）划入区委组织部，对外加挂区公务员局牌子。

5. 区委宣传部统一管理新闻出版、电影工作。将区文化局（区版权局）的新闻出版、电影管理职责划入区委宣传部，对外加挂区新闻出版局牌子。

6. 区委统一战线工作部统一管理民族宗教、侨务工作。将区民族宗教事务局的职责，区政府办公室的侨务方面职责划入区委统一战线工作部，对外加挂区民族宗教事务局牌子。

不再保留单设的区民族宗教事务局。

（二）对应省、市机构改革，新组建和优化职责的机构

1. 组建区自然资源局。将太原市国土资源局万柏林分局的职责，区林业局承担的行政职能，以及

区发展和改革局的组织编制并实施主体功能区规划职责，区水务局、区农业委员会的资源调查和确权登记管理职责，区农业委员会的草原（地）监督管理职责，相关机构的风景名胜区管理职责等整合，组建区自然资源局，作为区政府工作部门，加挂区林业局牌子。

不再保留事业性质的区林业局。

2. 调整生态环境机构管理体制。将太原市环境保护局万柏林分局的职责，以及区发展和改革局的应对气候变化和减排职责，太原市国土资源局万柏林分局的监督防止地下水污染职责，区水务局的编制水功能区划、排污口设置管理、流域水环境保护职责，区农业委员会的监督指导农业面源污染治理职责等整合，组建市生态环境局万柏林分局，作为市生态环境局的派出机构，不计入机构限额。

3. 组建区农业农村局。将区农业委员会的职责，以及区发展和改革局的农业投资项目、区财政局的农业综合开发项目、太原市国土资源局万柏林分局的农田整治项目、区水务局的农田水利建设项目和相关机构的渔业渔政管理职责等整合，组建区农业农村局，作为区政府工作部门。区委农村工作领导小组办公室设在区农业农村局。

不再保留区农业委员会。

4. 组建区卫生健康和体育局。将区卫生和计划生育局的职责，区老龄工作委员会办公室的职责，以及区文化局的体育方面职责，区安全生产监督管理局（区煤炭工业局）的职业安全健康监督管理职责等整合，组建区卫生健康和体育局，作为区政府工作部门。区老龄工作委员会、区深化医药卫生体制改革领导小组的日常工作由区卫生健康和体育局承担。

不再保留区卫生和计划生育局、区老龄工作委员会办公室。

5. 组建区退役军人事务局。将区民政局的退役军人优抚安置、拥军优属职责，区人力资源和社会保障局的军队转业干部安置、管理服务职责等整合，组建区退役军人事务局，作为区政府工作部门，按中央和省委有关改革部署实施。

6. 组建区应急管理局。将区安全生产监督管理局（区煤炭工业局）的安全生产监督管理、煤矿安全监督管理职责，以及区政府办公室的应急管理职责，太原市公安局万柏林分局的消防管理职责，区民政局的救灾职责，太原市国土资源局万柏林分局的地质灾害防治、区水务局的水旱灾害防治、区农业委员会的草原（地）防火、区林业局承担的森林防火，区防震减灾局承担的震灾应急救援等相关职责，区防汛抗旱、减灾、抗震救灾、森林防火等指挥部（委员会）的职责等整合，组建区应急管理局，作为区政府工作部门，按中央和省委有关改革部署实施。

不再保留区安全生产监督管理局（区煤炭工业局）。

7. 重新组建区司法局。将区司法局、区政府法制办公室的职责整合，重新组建区司法局，作为区政府工作部门。

不再保留区政府法制办公室。

8. 优化区审计局职责。将区发展和改革局的重大项目稽查职责，区财政局的区级预算执行情况和其他财政收支情况的监督检查职责，相关机构承担的国有企业领导干部经济责任审计和国有企业监事会的职责划入区审计局。

9. 组建区市场监督管理局。将太原市工商行政管理局万柏林分局、太原市质量技术监督局万柏林分局、区食品药品监督管理局的职责，以及区发展和改革局的价格监督检查职责，区商务粮食局的酒类商品监督管理职责，区科学技术局的专利管理职责等整合，组建区市场监督管理局，作为区政府工作部门。区食品安全委员会的日常工作由区市场监督管理局承担。

不再保留区食品药品监督管理局、区价格监督检查所。

10. 组建区医疗保障局。将区人力资源和社会保障局的基本医疗保险、生育保险职责，区发展和改革局的药品和医疗服务价格管理职责，区民政局的医疗救助职责等整合，组建区医疗保障局，作为区政府工作部门。

11. 组建区工业和信息化局。将区经济和信息化局的经济运行相关职责划入区发展和改革局、信息化统筹推进和网络安全协调等职责划入区委宣传部（区委网络安全和信息化委员会办公室），在区经济和信息化局基础上整合相关机构职责，组建区工业和信息化局，作为区政府工作部门，加挂区民营经济发展促进局牌子。

不再保留区经济和信息化局。

12. 组建区行政审批服务管理局。将区政府办公室的政务改革和管理职责，相关机构承担的行政审批制度改革、行政审批服务管理、政务信息管理职责等整合，组建区行政审批服务管理局，加挂区政务信息管理局牌子，作为区政府工作部门，承担区政府优化营商环境相关职责。

13. 优化能源管理职责。将区安全生产监督管理局（区煤炭工业局）的煤炭方面职责，区经济和信息化局的节能降耗、能源管理职责等划入区发展和改革局，加挂区能源局牌子。

14. 优化粮食和物资储备职责。将区商务粮食局的粮食方面的职责，以及区经济和信息化局、区民政局、区商务粮食局等部门组织实施重要物资和应急储备物资收储、轮换和日常管理职责等划入区发展和改革局，加挂区粮食局牌子。

15. 调整相关职责。将相关机构的外国专家管理职责划入区科学技术局；将相关机构的渔船检验和监督管理职责划入区交通运输局。

（三）因地制宜设立和调整的机构

1. 将区档案局（区档案馆）承担的行政职能划归区委办公室，加挂区档案局牌子。

区档案馆调整为区委直属事业单位。

2. 区直属机关工作委员会并入区委组织部，加挂区直属机关工作委员会牌子。

3. 将相关机构承担的对外宣传方面职责划入区委宣传部，加挂区委网络安全和信息化委员会办公室（区互联网信息办公室）、区政府新闻办公室牌子。

4. 组建区委政策研究室。将区发展和改革局的转型综改方面职责，相关机构的政策研究职责等整合，组建区委政策研究室，作为区委工作机关，加挂区委全面深化改革委员会办公室、区国家资源型经济转型综合配套改革试验区工作委员会办公室牌子。

区发展和改革局不再挂区国家资源型经济转型综合配套改革试验区工作领导组办公室牌子。

5. 将区委巡察工作领导小组办公室更名为区委巡察工作办公室。

6. 将区委老干部局由区委组织部管理的机关调整为区委工作机关，归口区委组织部管理。

7. 将相关机构的台湾事务职责、港澳事务职责划入区政府办公室，加挂区政府外事办公室、区政府台港澳事务办公室牌子。区委台湾工作办公室设在区政府办公室（区政府外事办公室），区委对台工作领导小组日常工作由区政府外事办公室承担。

不再保留区委台湾工作办公室。

8. 区财政局加挂区政府国有资产监督管理局牌子。

9. 将区住房和城乡建设管理局更名为区住房和城乡建设局。将区人民防空办公室（区民防局）的职责，区防震减灾局承担的建设工程抗震设防审查行政职能等划入区住房和城乡建设局，加挂区人民防空办公室牌子。

不再保留单设的区人民防空办公室（区民防局）。

10. 组建区城乡管理局。将区住房和城乡建设管理局的城乡管理职责，相关机构承担的城乡管理行政职能等整合，组建区城乡管理局，作为区政府工作部门。

11. 将区商务粮食局更名为区商务局，加挂区促进外来投资局牌子。

12. 将区文化局（区版权局）更名为区文化和旅游局，加挂区文物局牌子。

13. 将区委、区政府信访局更名为区信访局，由区委办公室管理的机关调整为区政府工作部门。

（四）不再设立的机构

1. 不再设立区社会治安综合治理委员会及其办公室、区维护稳定工作领导小组及其办公室，有关职责交由区委政法委员会承担。

2. 不再设立区委防范和处理邪教问题领导小组及其办公室，有关职责交由区委政法委员会、太原市公安局万柏林分局承担。区委政法委员会主要负责协调指导各相关部门做好反邪教工作，协调处理重大突发事件等。太原市公安局万柏林分局主要负责依法打击邪教组织的违法犯罪活动等。

机构改革后，共设置党政机构 36 个。其中，纪检监察机关 1 个，区委工作机关 9 个，政府工作部门 26 个。

三、构建简约高效的基层管理体制

全面加强基层组织、基础工作、基本能力建设，推动基层治理体系和治理能力现代化，夯实党在基层的执政基础。加强乡（街道）、村（社区）党的建设，完善乡（街道）监察员派驻机制。下放经济社会管理权限。夯实基层基础，推动治理重心下移，尽可能把资源、服务、管理放到乡（街道），强化基层政府经济发展、社会管理和公共服务职能。

贯彻落实中共山西省委办公厅、山西省人民政府办公厅《关于加强乡镇政府服务能力建设的实施意见》和《关于深入推进经济发达镇行政管理体制改革的实施意见》，依据《山西省赋予经济发达镇部分县级经济社会管理权限指导目录》和中共太原市委办公厅、太原市人民政府办公厅《关于深化街道管理体制改革进一步加强城市基层党建工作的实施方案》，除法律法规有明确规定外，对直接面向人民群众、量大面广、由乡（街道）服务管理更方便有效的各类事项依法下放乡（街道），确保下放权力接得住、用得好。

整合优化乡（街道）党政机构和事业站所，归并相近职能，设立综合性办事机构和事业单位，统筹各类编制资源，实行扁平化和网格化管理。按照精简统一效能的要求，王封乡综合设置 5 个办公室和 2 个事业单位：党政综合办公室、经济发展办公室、社会事务办公室、公共安全办公室、综合执法办公室和综合便民服务中心、退役军人服务保障工作站。综合执法办公室加挂乡镇综合行政执法队牌子，承担相关执法职责。

千峰街道等14个街道均综合设置5个办公室和3个事业单位：党建办公室、公共管理办公室、公共服务办公室、公共安全办公室、综合执法办公室和党群服务中心、综合便民服务中心、退役军人服务保障工作站。

区级部门派驻在乡（街道）的机构，按照依法下放、宜放则放的原则，下放乡（街道）实行属地管理，对外保留牌子，接受上级有关部门业务指导。继续实行派驻体制的，党的组织关系纳入乡（街道）统一管理，工作考核以乡（街道）为主，干部任免应当听取所在乡（街道）党委、政府意见。

理顺区级部门与乡（街道）关系。把条的管理和块的治理协同起来。区级部门要依法履职，强化专业性管理，乡（街道）工作重心要转到加强党的建设和公共服务、公共管理、公共安全建设上来。

四、深化综合行政执法改革

按照中央和省委有关部署稳妥推进综合行政执法改革。推进相对集中行政处罚权、行政强制权改革，落实属地监管责任。从源头上全面梳理、规范和精简行政处罚、行政强制等事项，制定执法事项清单并实行动态调整。统筹配置行政执法职能和执法资源，大幅减少执法队伍种类，减少执法层级，市与市辖区原则上只设一个执法层级，市级承担行政执法职责、设立执法队伍的领域，区级不再承担相应执法职责，现有执法队伍不再保留。

万柏林区承担行政执法职责的领域，一般实行“局队合一”体制。探索建立体现综合行政执法特点的编制和人员管理办法，锁定执法人员编制底数，暂保持现状不变，待中央统一明确政策后逐步规范。全面清理清退临时人员和聘用人员，严禁使用辅助人员执法。完善执法程序，严格执法责任，加强执法监督，不断提高执法队伍综合素质和执法能力。根据中央和省委关于深化综合行政执法改革的精神和要求，研究制定具体措施，落实改革任务。

积极推进执法力量下沉，乡镇在建立综合执法平台基础上，整合相关行政执法职责和队伍，组建乡镇综合行政执法队伍，实行一支队伍管执法。

五、统筹推进其他各项改革

（一）深化人大、政协机构改革和群团组织改革

1. 深化区人大机构改革。加强人大对预算决算、国有资产管理等的监督职能，健全人大组织制度和工作制度，完善人大专门委员会设置，更好发挥其职能作用。区人大财政经济委员会加挂区人大社会建设委员会牌子；将区人大法制委员会更名为区人大监察和司法委员会。

2. 深化区政协机构改革。优化政协专门委员会设置，更好发挥其作为专门协商机构的作用。将区政协农村工作委员会更名为区政协农业和农村委员会；区政协经济科技工作委员会更名为区政协经济社会工作委员会；区政协文史提案工作委员会更名为区政协提案工作委员会；区政协学习宣传工作委员会更名为区政协文化文史和学习委员会；区政协文教工作委员会更名为区政协教科卫体委员会。

3. 深化群团组织机构改革。贯彻落实党中央和省委关于群团改革的决策部署，继续推进群团组织改革创新。推动群团组织增强政治性、先进性、群众性，着力解决“机关化、行政化、贵族化、娱乐化”等问题，优化机构设置，完善管理模式，创新运行机制。促进党政机构同群团组织功能有机衔接。

支持和鼓励群团组织承接适合其承担的公共服务职能，增强群团组织团结教育、维护权益、服务群众功能，充分发挥群团组织作为党和政府联系人民群众的桥梁纽带作用。

（二）深化事业单位改革

1. 区委党校挂区行政学校牌子，作为区委直属事业单位。

2. 将区地方志办公室承担的行政职能划归区委宣传部，区地方志办公室更名为区委党史研究室，加挂区地方志研究室牌子，由区政府办管理的事业单位调整为区委直属事业单位，正科级。

3. 将区政府采购中心由区政府直属事业单位调整为区行政审批服务管理局管理的事业单位，副科级。

不再保留区公共资源交易中心牌子。

4. 将区政务服务中心由区政府直属事业单位调整为区行政审批服务管理局管理的事业单位，副科级。

5. 将区机关后勤服务中心更名为区直属机关事务服务中心，由区政府直属事业单位调整为区委直属事业单位，正科级。

承担行政职能的事业单位改革纳入党政机构改革，统筹推进、同步实施。全面清理事业单位承担的行政职能，将行政职能划归行政机关。对主要或部分承担行政职能的事业单位，将行政职能划归主管部门或职能相近的党政机构，原有事业单位调整为从事公益服务事业单位或并入相关事业单位。对完全承担行政职能的事业单位，原则上并入相关党政机构。改革后保留设置的事业单位，名称不再称“委、办、局”。今后，除行政执法机构外，不再保留或新设承担行政职能的事业单位。

（三）统筹推进审批服务便民化改革

把机构改革同深化简政放权、放管结合、优化服务改革有机结合起来。加强权责清单管理，有效规范和约束行政权力运行。认真贯彻中央和山西省关于深入推进审批服务便民化，加快营造“六最”营商环境的有关部署和要求，持续开展“减证便民”行动，减少盖章、审核、备案、确认等各种烦琐环节和手续，着力打造“宽进、快办、严管、便民、公开”的审批服务模式，加快推进部门政务信息联通共享，提升“互联网＋政务服务”水平，在更深层次、更高水平上推进万柏林区“放管服效”改革。推进供水、供电、供气等人民群众经常打交道的公共事业部门便民化改革，最大限度方便企业群众办事。

大力推进政务服务向基层延伸，切实加强乡（街道）、社区便民服务站点建设。建立和完善适应基层实际的办事指南和工作规程，实行“马上办、网上办、就近办、一次办”。聚焦乡村振兴、精准扶贫、新型城市化等重点工作以及医疗医保、不动产登记、社保缴纳、民政救助、低保申请、户口迁移、危（旧）房改造、古村（屋）修缮、改水改厕等基层群众关心关注的重点事项，探索实行“一枚印章管审批（服务）”。

六、强化机构编制管理刚性约束

（一）实行党政机构限额管理

区级党政机构实行总量控制和限额管理，党政机构统一计算机构限额。机构限额范围包括：纪检监察机关、区委工作机关、政府工作部门。区委不设工作机关管理的机关，政府不设部门管理机构；

不设行政编制少于6名的机构。区级党政机构均为正科级。

（二）严格规范机构编制管理

强化党对机构编制工作的集中统一领导，加快推进机构、职能、权限、程序、责任法定化，增强“三定”规定严肃性和权威性。继续深入推进和完善权责清单制度，实现权责清单同“三定”规定有机衔接。按照中央的部署要求，在中央核定的编制总额内，统筹使用各类编制资源，加大部门间编制统筹调配力度。健全完善机构编制同组织人事、财政预算管理共享的信息平台，全面推行机构编制实名制管理，充分发挥机构编制在管理全流程中的基础性作用。

全面清理限额外行政机构，规范管理挂牌机构、临时机构、派出机构、议事协调机构及其办事机构。从严从紧控制党政机构加挂牌子的数量，挂牌机构不单独核定编制和领导职数，根除挂牌机构实体化和“事业局”。临时机构要在任务完成后及时撤销。精简整合各类派出机构。全面清理规范议事协调机构，切实精简数量和调整组成人员，议事协调机构一般不单设办事机构，具体工作由相关部门承担，确需单设的纳入机构限额管理。全面清理取消擅自设置的机构和岗位、擅自配备的职务。严格机构编制管理权限和程序、规范领导职数职级管理、严禁越权审批、超限额设置机构、擅自增加编制种类、超编进人、超职数配备领导干部。严格控制编外聘用人员，从严规范适用岗位、职责权限和各项管理制度。

七、抓好组织实施

（一）加强组织领导

省委统一领导市县机构改革。按照市委对机构改革的部署要求，区委要把机构改革摆在突出位置，切实履行主体责任，周密部署，统筹安排，扎实推进。区委建立深化党政机构改革领导小组，组建工作专班，认真做好机构改革各项任务的推进落实。区委主要负责要当好改革的“施工队长”，及时研究解决改革中遇到的突出问题，协调解决重大事项，督促改革有序推进。

（二）细化工作进度

区委要认真研究制定机构改革方案，做好改革的组织实施。区级改革方案报市委初核，经省委审核批准后组织实施。党委职能部门和政府工作部门“三定”规定，报市委机构编制委员会办公室核准备案。区级机构改革于2019年3月底前基本完成。

（三）稳妥有序推进

全面贯彻先立后破、不立不破原则，有组织、有步骤、有纪律推进改革。要把思想政治工作贯穿改革全过程，把握好改革发展稳定关系，确保思想不乱、工作不断、队伍不散、干劲不减，保证改革期间各项工作连续稳定。对新组建和整合调整较大的部门出现超编、超领导职数的情况，给予3—5年过渡期。要加强宣传和舆论引导，凝聚改革共识，为改革顺利开展营造良好环境。

（四）严肃机构改革纪律

严肃机构改革政治纪律、组织纪律、机构编制纪律、干部人事纪律、财经纪律、保密纪律，从严控制提拔和调整干部，严肃查处机构改革过程中的违规违纪问题。对党中央和省委明确的改革任务要坚决落实到位，涉及机构变动、职责调整的部门，要服从大局，严格执行机构限额和编制总量“两个不突破”要求，坚持“编随事走，人随编走”的原则，确保机构、职责、人员等按要求、按时限调整到位，不允许迟滞拖延。区委、区政府要将机构改革实施情况纳入重大决策部署督察任务和巡察范围，进行督促检查。

附件一：中共太原市万柏林区委机构设置表

区委老干部局

区委巡察工作办公室

区委农村工作领导小组办公室（设在区农业农村局）

区委教育工作领导小组办公室（设在区教育局）

区委审计委员会办公室（设在区审计局）

区委机构编制委员会办公室

区委外事委员会办公室（设在区政府办公室）

区委财经委员会办公室（设在区发展和改革局）

区委网络安全和信息化委员会办公室（设在区委宣传部）

区委国家安全委员会办公室（设在区委政法委员会）

区委全面依法治区委员会办公室（设在区司法局）

区委全面深化改革委员会办公室（设在区委政策研究室）

区委政策研究室

区委政法委员会

区委统一战线工作部

区委宣传部

区委组织部

区委办公室

区纪律检查委员会监察委员会机关

附件二：太原市万柏林区人民政府机构设置表

区信访局

区行政审批服务管理局

区医疗保障局

区统计局

区市场监督管理局

区审计局

区应急管理局

区退役军人事务局

区卫生健康和体育局

区文化和旅游局

区商务局
区农业农村局
区水务局
区交通运输局
区城乡管理局
区住房和城乡建设局
区自然资源局
区人力资源和社会保障局
区财政局
区司法局
区民政局
区工业和信息化局
区科学技术局
区教育局
区发展和改革局
区政府办公室

万柏林区促进楼宇经济发展实施方案

（2019 年 5 月 22 日）

为推动全区产业结构转型升级，大力发展现代服务业，提升全区楼宇经济发展水平，结合万柏林区实际，制定本实施方案。

一、指导思想

以习近平新时代中国特色社会主义思想为指导，深入贯彻党的十九大精神，以供给侧结构性改革为主线，牢牢把握高质量发展根本要求，坚持以“五大行动”为统领，全面推进“四大片区”建设，深入实施“三化工程”，进一步解放思想、创新机制、强化落实，大力促进全区楼宇经济实现大发展，进一步增强内生动力、加快产业集聚、推动转型发展、促进财政增收，打造万柏林区经济高质量发展新的增长点。

二、总体目标

大力发展现代服务业，加快建成一批区域性楼宇平台，积极支持、服务好华润万象城、绿地中央广场、公园时代城、中海寰宇天下、远大购物广场、新城吾悦广场、海尔中心等城市商业综合体项目，快速推进信达国际金融中心等项目建设，“以点带面”整体提升周边服务功能，强力带动会展经济、金融服务、体验消费、智慧物流、电子商务等业态向高品质延伸，将现代服务业打造成为推动万柏林区经济增长的新动能。

三、组织领导

为加强对全区促进楼宇经济发展工作组织领导和统筹协调，成立万柏林区促进楼宇经济发展领导组，组成人员名单如下：

组长：袁尔铭（区委副书记、区长）

副组长：陈俊峰（区政府副区长）

成员：陈卉（区委组织部副部长）、高海琴（区文联主席）、孙文红（区工商联常务副主席）、何利斌（区政府办副主任）、陆萍（区发改局局长）、倪育兵（区财政局局长、区金融办主任）、厍小明（区税务局局长）、王辉（区工信局局长）、张立奇（区商务局局长）、樊俊文（区自然资源局局长）、鲁宝栋（区市场监督管理局局长）、王惠宏（区行政审批服务管理局局长）、武中全（区住建局局长）、乐丽梅（区科技局局长）、王志勇（区应急管理局局长）、庞锋（区民政局局长）、常宇欣（区人社局局长）、王建明（区卫体局局长）、张月亮（区城乡管理局局长）、李波（区教育局局长）、王有军（区文旅局局长）、胡滨（区统计局局长）、冯志宏（生态环境万柏林分局局长）、陶利君（规划万柏林分局局长）、李晓触（区招商办主任）和各乡（街）行政主要负责人

领导组下设办公室，办公室主任：高海琴（兼），副主任：蔚宝春。办公室负责全区促进楼宇经济发展工作日常事务。

四、工作任务

（一）加快楼宇载体建设

1. 加强规划引领。立足全区楼宇空间布局和业态分布现状，开展楼宇经济发展专项研究，统一布局楼宇经济功能区域，合理确定产业定位、整体设计，力争引进一个项目，带来一个产业，培育一个经济增长点，促进一方发展，达到产业相对集聚、业态相对完备的招商入驻效果。

2. 提升承载功能。坚持政府扶持与企业配套相结合、消化库存与培育产业相结合、资金引导与资源整合相结合，通过政企联手、专班推进，鼓励产权方包装策划、改造提升，实行联合招商，降低楼宇“空置率”，优化转型小微企业，积极招引优质企业，提升楼宇硬件水平和载体功能。

（二）强化楼宇专项招商

3. 增强招商实效。把楼宇专项招商作为发展楼宇经济的重要抓手，深化以商引商、产业链招商、精准招商，努力引入与“四大片区”产业发展、产业布局一致的科技含量高、带动能力强的大项目好项目，努力引进高品质企业入驻。

4. 探索专业招商。对条件成熟、特定产业的楼宇，探索采用市场化、专业化和社会化招商运作方式，通过购买服务、税收奖励等措施，实行专业招商，实现“以楼招商”“以产招商”。

（三）培育特色高产楼宇

5. 培育特色楼宇。按照“一楼一产业”“一楼一特色”原则，吸引一批支柱产业和优质项目落地，形成楼宇经济产业集聚和规模化效益。强化全区统筹，精准培育，实施“以楼聚产”，瞄准楼宇产业方向，利用市场、招商和政策等手段，重点打造高端服务业、“互联网+”、类金融、总部经济、文化创意等重点业态集聚，形成特色楼宇。

6. 提高产出效益。企业入驻必须要做到企业注册、在地统计、属地纳税，提高企业属地化率。完

善重点税源企业跟踪制度，强化纳税服务，确保楼宇税收应收尽收，提高企业产出率。加强成长型小微企业培育力度，努力扩大税源后续储备。

（四）提升楼宇内生功能

7. 实施分类管理。实现楼宇基本信息、入驻动态、招商信息和工作进展等网络化、信息化、动态化管理。实行区、乡（街）分级管理，根据楼宇具体情况确定分级管理范围，为楼宇业主提供有效的全方位管理。

8. 完善楼宇服务。从提升政府服务入手，优化服务模式，实现政府服务企业“零距离”，为楼宇入驻企业提供“一站式、绿色通道”服务。提高物业管理精细化、智能化、信息化水平。鼓励楼宇开发商和运营商提高楼宇自持比例，引导投资建设楼宇配套服务专用设施，如员工餐厅、一站式服务中心、会议及商务活动中心等，开展专业化、个性化增值服务。

9. 优化周边环境。加强楼宇周边环境整治，着力解决楼宇周边交通拥堵、停车难等问题。加快楼宇周边基础设施配套建设，满足楼宇企业员工日常需求。

五、保障机制

（一）坚持党建引领

10. 做好党建工作。积极推进组织覆盖，不断延伸党建触角。围绕党务服务、政务服务、社务服务“打包进楼宇”，加强楼宇经济党群服务中心建设，丰富活动载体，为楼宇经济健康快速发展提供坚强组织保证。

（二）提供政策支持

11. 出台招商政策。根据楼宇产业规划，对全区楼宇分门别类甄别遴选，确定楼宇经济建设的承载平台，研究制定万柏林区楼宇经济招商促进政策。区财政每年安排专项资金支持楼宇经济发展。

12. 制定奖励政策。认真落实省、市支持企业发展的优惠政策，结合区域实际，研究出台万柏林区的相关政策，有效提升政策供给。研究制定具体奖励办法，奖励为万柏林区楼宇经济发展作出贡献的优秀企业、优秀运营团队、先进个人。

（三）强化工作落实

13. 建立长效机制。建立楼宇工作例会、研判会议、业主联席会议制度，确保楼宇经济各项工作有序推进。坚持问题导向，对重大政策落实、重大项目跟进、重大事项研究，促进楼宇经济发展领导组全程介入、跟踪问效。

14. 形成联动合力。各乡（街）、各部门要充分发挥自身职能作用，多方联动，形成合力，作好相关服务保障工作，共同调动楼宇业主、物业管理单位及入驻企业的积极性，形成区、乡（街）、楼“三位一体”整体推进工作机制。

15. 加大考核力度。研究制定全区促进楼宇经济发展工作专项考核方案。通过考核楼宇建设改造、招商推进等情况，调动各乡（街）、各部门发展楼宇产业的积极性，对贡献突出的单位和个人，实行资金奖励和政策倾斜。同时，将楼宇经济目标任务完成情况及楼宇企业服务质量纳入全区经济目标考核评价体系。

万柏林区建立现代医院管理制度实施方案

（2019 年 7 月 16 日）

为加快推进万柏林区公立医院现代医院管理制度建设，根据中共山西省委办公厅、山西省人民政府办公厅《关于印发〈山西省建立现代医院管理制度实施方案〉的通知》（晋办发〔2018〕46 号）和中共太原市委办公室、太原市人民政府办公室《关于印发〈太原市建立现代医院管理制度实施方案〉的通知》（并办发〔2019〕13 号），结合万柏林区实际，制定本实施方案。

一、指导思想和主要目标

（一）指导思想

以习近平新时代中国特色社会主义思想为指导，深入贯彻党的十九大精神，全面落实新时代党的卫生与健康工作方针，坚持公立医院的公益性，坚持政事分开、管办分开、所有权和经营权分开，不断提高医疗服务质量，努力为谱写文明、开放、富裕、美丽万柏林新篇章奠定坚实的健康基础。

（二）主要目标

2019 年，逐步完成区公立医院章程制定工作。现代医院管理制度框架初步建立，医院党建工作显著加强，法人治理机制更加健全，规范化管理水平和运行效率不断提高，初步建立维护公益性、调动积极性、保障可持续性的公立医院运行新机制。

2020 年，基本建立权责清晰、管理科学、治理完善、运行高效、监督有力的现代医院管理制度，公立医院医疗服务质量水平、医务人员积极性、社会满意度有效提高，医疗费用增长幅度稳定在相对合理水平，实现健康可持续发展。

二、工作任务

（一）完善公立医院治理体系

1. 理顺政府办医体制。成立和完善区公立医院管理委员会，由政府负责牵头，编办、发改、财政、人社、卫健体、医保、市场监管等有关部门负责人组成，统筹协调和履行政府办医职能。委员会办公室设在区卫健体局，承担管理委员会日常工作。

完善公立医院管理委员会及其办公室工作制度，公立医院管理委员会要按规定行使政府对公立医院的举办权、发展权、重大事项决策权、资产受益权等，落实党委和政府的领导、保障、管理、监督等责任，审议公立医院章程、发展规划、重大项目实施、收支预算等。履行政府任命公立医院院长、副院长职责，与院长、党委书记签订任期目标责任书，授权院长与副院长签订任期目标责任书。定期对公立医院进行绩效考核以及院长年度和任期目标责任考核，考核结果与财政补助、医保支付、绩效工资总量以及院长薪酬、任免、奖惩等挂钩，评价结果在一定范围内公开。委员会在决策过程中，要定期听取人大代表、政协委员以及其他利益相关方意见。

区政府应按照省编办、省卫生计生委《关于建立完善县级医疗集团法人治理结构的指导意见》建立健全区级医疗集团治理体系。要结合县乡医疗卫生机构一体化改革探索公立医院管办分开更加有效的组织实现形式。

责任单位：区委编办、区卫健体局、区发改局、区财政局、区人社局、区市场监管局、区医保局

2. 落实政府对公立医院的举办职能。落实医疗卫生服务体系规划和医疗机构设置规划。落实对符合规划的公立医院基本建设和大型设备购置、重点学科发展、高端人才引进、符合国家规定的离退休人员费用、信息化建设、政策性亏损补贴、公共卫生专项补助等投入政策，逐步偿还和化解符合条件的公立医院长期债务。加强年度财政预算工作，健全财政补助与公立医院绩效考核结果挂钩的补助机制。逐步建立以成本和收入结构变化为基础的医疗服务价格动态调整机制。充分发挥基本医保的基础性作用，强化医保基金总额预算管理。对完成法人登记，具备独立法人资格，集团内各医疗机构的人员、资金、医疗服务等实行统一管理，实行医保总额打包费。逐步取消公立医院的行政级别，卫生健康行政部门负责人一律不得兼任公立医院领导职务。积极推进取消县乡医疗卫生机构行政级别；医疗集团及其内设机构和分支机构不再确定机构规格。完善公立医院绩效评价指标体系。建立适应医疗行业特点的薪酬制度，着力体现医务人员技术劳务价值。

责任单位：区委组织部、区委编办、区发改局、区财政局、区医保局、区人社局、区卫健体局

3. 落实政府对公立医院的监管职能。建立综合监管制度和“黑名单”制度，重点加强对医院医疗质量安全医疗费用以及大处方、欺诈骗保、药品回扣等行为的监管。建立问责机制，对造成重大社会影响的乱收费、不良执业等行为，造成重大医疗、安全事故等行为，严重违法违纪案件，严重违反行风建设等行为，要严肃问责。强化卫生健康行政部门医疗服务监管职能，完善机构、人员、技术、装备准入和退出机制。充分发挥医保对医疗服务行为和费用的调控引导与监督制约作用，逐步将医保对医疗机构服务的监管延伸到对医务人员医疗服务等行为的监管。强化依法对公立医院经济运行和财务活动的会计监督和审计监督。在医疗集团设置监督专员，由区政府医院管理委员会聘任、派出、向其负责和报告工作。从严控制公立医院床位规模、建设标准和大型医用设备。控制公立医院特需服务规模，提供特需服务的比例不超过10%。

责任单位：区卫健体局、区医保局、区财政局、区审计局

4. 落实公立医院经营管理自主权。公立医院要依法依规进行经营管理和提供医疗服务，行使内部人事管理、机构设置、中层干部聘任，人员招聘和人才引进、内部绩效考核与薪酬分配、年度预算执行等经营管理自主权。

责任单位：区委编办、区人社局、区卫健体局

5. 强化行业和社会监督。加强医院信息公开，发挥行业协会、学会等社会组织行业和第三方专业机构外部监督作用。完善医疗质量、技术、安全和服务评估认证制度，探索建立第三方评价机制。通过专项监管、监督，提升运行效率，控制服务成本。

责任单位：区卫健体局

（二）健全公立医院管理制度

1. 推动公立医院章程制定。依据相关法律法规，从历史、现状和实际出发，科学制定章程。制定章程时，要明确党组织在医院内部治理结构中的地位和作用。章程草案由区公立医院管理委员会审核通过，按照有关规定备案，并向社会公开。

责任单位：区卫健体局

2. 健全医院科学决策和民主管理制度。明确院长办公会议、医院党组织会议议事决策规则。院长办公会议是公立医院行政、业务议事决策机构，由院长召集并主持，在广泛听取意见的基础上，对讨论研究事项作出决定。在决策程序上，公立医院发展规划、“三重一大”等重要事项及涉及医务人员切身利益的重要问题，要经医院党组织会议研究讨论同意，保证党组织意图在决策中得到充分体现。充分发挥医疗质量安全管理、药事管理等专业委员会在决策中的作用。区医疗集团或医疗联合体单位根据情况可在医院层面成立理事会。把党的领导融入公立医院治理结构，医院党组织领导班子成员应当按章程进入医院管理层或通过法定程序进入理事会，医院管理层或理事会内部理事中的党员成员一般应当进入医院党组织领导班子。

责任单位：区委组织部、区卫健体局、区总工会

3. 健全医疗质量安全管理制度。建设涵盖临床、护理、行政、后勤各个环节的质量安全保障体系。落实医疗质量安全医院、科室两级责任制，院长是医院依法执业和医疗质量安全的第一责任人，临床科室以及医务、护理、医技、药学等部门主要负责人是本科室医疗质量安全管理的第一责任人。建立全员参与、覆盖临床诊疗服务全过程的医疗质量管理与控制工作制度。推进院内调解、人民调解、司法调解、医疗责任保险有机结合的“三调解一保险”机制建设，妥善化解医疗纠纷，构建和谐医患关系。

责任单位：区卫健体局、区人社局、区司法局

4. 健全人力资源管理和绩效考核制度。建立健全人员聘用管理、岗位管理、职称管理、执业医师管理、护理人员管理，收入分配管理等制度。在岗位设置、收入分配、职称评定、管理使用等方面，对编制内外人员统筹考虑。公立医院在核定的薪酬总量内进行自主分配，体现岗位差异，兼顾学科平衡，做到多劳多得、优绩优酬。医院可以探索实行目标年薪制和协议薪酬，探索高层次人才协议工资、项目工资和年薪制等灵活多样的分配方式。建立绩效考核制度。严禁给医务人员设定创收指标。

责任单位：区委编办、区卫健体局、区人社局

5. 健全财务资产管理制度。建立“统一领导、集中管理”的财务管理模式，科学设置财务内部机构。涉及医院财务收支、预决算、会计核算、成本、价格、绩效、资产等必须纳入医院财务部门统一管理。医院药品、耗材、基建维修及设备购置等涉及资金使用的会议需有财务及内部审计负责人列席。建立全面预算管理、内控和信息公开机制，完善审计制度，引入第三方审计，强化监督职能、通过内控审计堵塞漏洞。强化成本核算与控制，逐步实行医院全成本核算。

责任单位：区卫健体局

6. 健全信息管理制度。强化医院信息系统标准化和规范化建设，与医保、预算管理、药品电子监管等系统有效对接，加强医院网络和信息安全建设管理，完善患者个人信息保护制度和技术措施。

责任单位：区卫健体局、区医保局

7. 健全后勤管理制度。强化后勤工作服务临床工作的责任意识，通过购买服务等方式推进后勤服务专业化和社会化，在物业管理、环境管理、消耗性物资采购供应、设备维修等环节节能降耗，提供优质高效服务。合理配置适宜医学装备，建立采购、使用、维护、保养、处置全生命周期管理制度。

责任单位：区卫健体局

8. 加强医疗服务能力建设。公立医院要制定中长期发展规划和医疗服务能力年度提升工作计划，

并抓好落实。要加强临床医学研究，加快诊疗技术创新突破和应用，大力开展适宜技术推广普及，加强和规范药物临床试验研究，提升医疗技术水平。要按照功能定位和群众健康需求，进一步提升医疗服务水平，加大人才、技术、先进管理模式的引进力度，探索建立以需求为导向，以医德、能力、业绩为重点的人才评价体系。加强骨干医生培养和临床重点专科建设，推进院长职业化建设，提升医院整体服务水平和核心竞争力。

责任单位：区委组织部、区卫健体局、区人社局

9. 全面开展便民惠民服务。公立医院要优化就医流程，合理布局诊区设施，科学实施预约诊疗，推行日间手术、远程医疗、多学科联合诊疗模式等。加强急诊急救力量，畅通院前院内绿色通道。开展就医引导、检查检验结果互认、异地就医结算等信息化便民服务。开展优质护理服务，加强志愿者服务。

责任单位：区卫健体局、区医保局

（三）加强公立医院党的建设

1. 充分发挥公立医院党委领导核心作用。公立医院实行党委领导下的院长负责制。院级党组织发挥把方向、管大局、作决策、促改革、保落实的领导作用。院长在医院党委领导下，全面负责医院医疗、教学、科研、行政管理工作。坚持党建与医院改革发展同谋划、同落实、同考核，把党的领导融入医院治理各环节，使党建工作要求得到充分体现。

责任单位：区委组织部、区卫健体局党工委

2. 全面加强公立医院层党组织建设。坚持应建尽建和“党支部建在科室上”的原则，坚持党支部按期换届制度，确保党组织全面覆盖医院各内设机构。健全组织体系，严格党员管理，严肃组织生活，促进作用发挥，确保公立医院党组织成为宣传党的主张、贯彻党的决定、团结动员群众、推动改革发展的坚强战斗堡垒。

责任单位：区卫健体局党工委

3. 加强公立医院党员队伍建设。抓好发展党员工作，注重发展医疗专家、学科带头人、优秀青年医务人员入党。健全常态化联系培养机制，在严格标准和程序的基础上，优化、改进考察办法，及时把符合党员条件的“高知”和优秀青年吸收入党。加强党员的教育管理。

责任单位：区卫健体局党工委

三、工作要求

（一）强化组织领导。各部门要将建立现代医院管理制度作为深化医改的重要内容，明确目标任务和责任分工，形成工作推进合力。现代医院管理制度完成情况将列入区委年度综合考核。

（二）做好总结推广。区卫健体局要会同有关部门密切跟踪工作进展，及时研究解决改革中出现的新情况、新问题。挖掘、总结、提炼、推广建立现代医院管理制度的典型经验，推动现代医院管理制度不断完善。

（三）加强督导评估。区卫健体局要会同区委组织部、区委编办、区发改局、区财政局、区人社局、区医保局等部门和单位建立督办制度，及时反馈进展情况和存在问题，督促推进落实。

关于开展“不忘初心、牢记使命”主题教育工作方案

（2019年9月12日）

为贯彻落实习近平总书记在“不忘初心、牢记使命”主题教育工作会议上的重要讲话和有关重要指示精神，根据《中共中央关于在全党开展“不忘初心、牢记使命”主题教育的意见》（中发〔2019〕19号）、中央主题教育领导小组《关于开展第二批“不忘初心、牢记使命”主题教育的指导意见》、省委《关于开展第二批“不忘初心、牢记使命”主题教育的实施意见》及市委《关于开展“不忘初心、牢记使命”主题教育实施方案》精神，现就万柏林区开展“不忘初心、牢记使命”主题教育制定如下工作方案。

一、深刻领会重大意义

为中国人民谋幸福，为中华民族谋复兴，是中国共产党人的初心和使命。开展“不忘初心、牢记使命”主题教育，是用习近平新时代中国特色社会主义思想武装全党、推进新时代党的建设、保持党同人民群众血肉联系、实现党的十九大确定的目标任务的迫切需要，对我们党不断进行自我革命，团结带领人民在新时代把坚持和发展中国特色社会主义这场伟大社会革命推向前进，对统筹推进“五位一体”总体布局、协调推进“四个全面”战略布局，实现“两个一百年”奋斗目标、实现中华民族伟大复兴的中国梦，落实省委“一个指引、两手硬”思路和要求，坚持以“五大行动”为统领，在“两转”基础上全面拓展新局面、奋力谱写文明、开放、富裕、美丽万柏林新篇章，具有十分重大的意义。

二、全面把握总体要求

开展主题教育，要认真学习贯彻习近平总书记重要指示批示精神，坚持把深入学习贯彻习近平新时代中国特色社会主义思想作为根本任务，全面把握“守初心、担使命，找差距、抓落实”总要求，坚持抓思想认识到位、抓检视问题到位、抓整改落实到位、抓组织领导到位，充分借鉴运用第一批主题教育成功经验，以彻底的自我革命精神解决违背初心和使命的各种问题，努力实现理论学习有收获、思想政治受洗礼、干事创业敢担当、为民服务解难题、清正廉洁作表率的目标。

聚焦主题主线，紧紧围绕学习贯彻习近平新时代中国特色社会主义思想，紧扣习近平总书记关于“不忘初心、牢记使命”重要论述，开展学习教育、调查研究、检视问题、整改落实，教育引导党员、干部以理论滋养初心、以理论引领使命，增强“四个意识”、坚定“四个自信”、做到“两个维护”。统筹推进四项重点措施，坚决打破划阶段、分环节的惯性思维和路径依赖，把学和做结合起来，把查和改贯通起来，推动学习教育、调查研究、检视问题、整改落实有机融合、贯穿始终，确保取得整体效果。突出问题导向，既着力解决党员、干部自身存在的问题特别是思想根子问题，坚守理想信念、初心使命不动摇，又着力解决群众最关心、最直接、最现实的利益问题，以为民谋利、为民尽责的实际成效取信于民。坚持以上率下，区委常委会带头开展主题教育，区人大常委会党组、区政府党组、区政协党组结合各自实际开展主题教育，为全区作出表率；区级领导班子和领导干部先学先改、即知即改，带动广大党员、干部积极投身主题教育。增强斗争精神，教育全区广大党员、干部不忘历史、不忘初心，始终保持奋斗精神和革命精神，敢于斗争、善于斗争，勇于战胜各种艰难险阻、风险挑战，奋力谱写

新时代中国特色社会主义万柏林篇章。

三、参加范围及时间安排

这次主题教育，参加范围为区级机关及其直属单位和企事业单位，各乡街，村、社区，非公有制经济组织、社会组织和其他基层组织。开展主题教育，要突出抓好区级领导班子和领导干部以及乡街、区直机关等领导班子和领导干部两个重点对象；要全面抓实基层党组织普通党员参加主题教育。时间从 2019 年 9 月开始，11 月底基本结束。

四、关键动作和主要内容

这次主题教育不划阶段、不分环节，要把学习教育、调查研究、检视问题、整改落实贯穿主题教育全过程。

（一）区级领导班子和领导干部及乡街、区直机关等领导班子和领导干部做好以下 19 个关键动作

1. 个人自学。党员领导干部以自学为主，静下心、坐下来，读原著、学原文、悟原理，原原本本学习中央及省委规定的内容，自觉对标对表，及时校准偏差。通读《习近平关于“不忘初心、牢记使命”重要论述选编》，认真学习党章、《习近平新时代中国特色社会主义思想学习纲要》，学习习近平总书记在“不忘初心、牢记使命”主题教育工作会议、中央政治局第十五次集体学习会议、中央和国家机关党的建设工作会议、在内蒙古考察并指导开展主题教育时和中央党校中青年干部培训班开班式上的重要讲话等。跟进学习习近平总书记在庆祝中华人民共和国成立 70 周年大会、中共十九届四中全会上的重要讲话等，深入学习习近平总书记视察山西重要讲话、在推动中部地区崛起工作座谈会上的重要讲话、关于能源革命重要论述和习近平总书记对本领域工作的重要指示批示精神。认真学习党史和中华人民共和国成立史。巡回指导组采取座谈交流、随机抽查、个别提问等方式，对学习成效进行评估。

2. 集中学习研讨。各级领导班子集中 3 天时间举行第 1 次学习研讨。采取党委（党组）理论学习中心组学习等方式，用 2 天时间学习、1 天时间交流研讨，内容主要为党章、《习近平关于“不忘初心、牢记使命”重要论述选编》《习近平新时代中国特色社会主义思想学习纲要》，以及习近平总书记在“不忘初心、牢记使命”主题教育工作会议、中央政治局第十五次集体学习、中央和国家机关党的建设工作会议、在内蒙古考察并指导开展主题教育时和中央党校中青年干部培训班开班式上的重要讲话。巡回指导组列席交流研讨会。

各级领导班子集中 3 天时间举行第 2 次学习研讨。采取党委（党组）理论学习中心组学习等方式，用 1 天时间学习、2 天时间交流研讨，内容主要为中共十九届四中全会精神，习近平总书记在庆祝中华人民共和国成立 70 周年大会、推动中部地区崛起工作座谈会、视察山西重要讲话和关于能源革命的重要论述，习近平总书记最新重要讲话文章，习近平总书记对本领域工作的重要指示批示精神，党史和中华人民共和国成立史。巡回指导组列席交流研讨会。

具体要求：一是参加人员主要为单位领导班子成员，人数较少的单位可扩大到其他党员领导干部。二是每个领导班子集中学习研讨时间不少于 6 天。三是交流研讨紧紧围绕党的政治建设、全面从严治党、理想信念、宗旨意识、担当作为、政治纪律和政治规矩、党性修养、廉洁自律等 8 个专题，联系习近平总书记对山西工作的重要指示批示、联系党中央决策部署在山西贯彻落实情况、联系个人工作思想实际，谈认识、讲体会，摆问题、找差距。

3. 举办读书班。区委举办区级领导和副科以上领导干部“不忘初心、牢记使命”读书班。专题学

习习近平总书记视察山西重要讲话、在中央和国家机关党的建设工作会议、在中央党校中青年干部培训班开班式上的重要讲话，以及《选编》中关于履行管党治党政治责任的重要篇目；区委主要领导讲党课。

4. 开展革命传统教育、形势教育、先进典型教育。“十一”前后，各单位结合庆祝中华人民共和国成立70周年，充分利用我市丰富的红色资源，采取灵活多样的方式开展革命传统教育。通过解读中美贸易摩擦等热点问题开展形势教育。开展全省选树的“不忘初心、牢记使命”先进典型教育。

5. 开展警示教育。各单位运用张茂才违纪违法案件，违反中央“八项规定”精神、“四风”问题典型案例，《初心泯灭的歧路》《失守的底线》专题片等开展警示教育。

6. 召开学用交流会。区委组织召开学用习近平新时代中国特色社会主义思想经验交流会，深化学习效果。各单位也要召开学用交流会。

7. 开展调查研究。各级领导班子和党员领导干部着眼查找自身问题和解决实际问题，立足职能职责和当前主要工作，有针对性地开展调查研究。

具体要求：一是突出问题导向，调研内容要紧盯问题，哪些方面问题突出就聚焦到哪些方面调研，问题出在哪个环节就重点在哪个环节调研，群众期盼解决哪些突出问题就着力调研解决哪些问题。二是坚持实事求是，调研题目要具体，从小处着手蹲点“解剖麻雀”，围绕1至2个具体问题重点调查研究，防止把主题教育调研变成业务调研。三是执行“六不”规定，倡导“四不两直”方法，力戒形式主义、官僚主义。调查研究必须深入实际、深入基层、深入群众，工作方法灵活掌握。调研中要注重查摆工作短板和自身不足，检视自己对群众的感情和态度。四是撰写调研报告，及时梳理汇总学习研讨、调查研究、听取意见建议和“三服务”等过程中发现的问题，调研完成后要自动手撰写高质量的调研报告，调研成果要抓住思想工作实际最突出的问题，言之有物、见事见人，既要有情况有分析、也要有解决问题的思路和举措。班子成员调研报告要提交巡回指导组。

8. 开展“三服务”。各单位按照省、市、区三级联动的要求，认真开展服务地方、服务基层、服务群众，重点解决一批影响和制约发展的问题，群众最急最忧最怨的问题。着眼解决制约高质量转型发展的突出矛盾和问题，在推动改革发展稳定和党的建设上搞好服务。着眼解决群众身边的实际问题，在保障和改善民生上搞好服务。围绕更好促进高质量就业，推动开展全民技能提升培训工程等服务行动；围绕更好稳定物价，推动开展落实价格补贴和支持生猪生产政策等服务行动；围绕更好保障群众舌尖上的安全，推动开展彻查农村市场过期食品等服务行动；围绕更好减轻学生家长负担、关爱儿童健康成长，推动开展公办小学校内托管等服务行动；围绕让人民群众享受优质医疗技术，推动开展打造区域医疗中心等服务行动；围绕更好破解群众“看病难”“看病贵”，推动开展298个病种日间手术患者享受医保等服务行动；围绕更好保证人民群众老有所养、老有所依，推动开展提升农村特困老人养老照护水平等服务行动；围绕更好增强群众安全感，推动开展政法干警进农村、进社区、进家庭、进学校、进单位、进企业等服务行动。可按照“切口小、发力准、效果好”标准，通过实现征询意见、充分掌握情况、集体研究决策，结合自身实际，深入服务、务求实效。可采取发放“明白卡”等方式及时向党员群众公布服务项目，通报服务成效。

9. 讲专题党课。各级领导班子成员在深入学习教育、扎实开展调研基础上讲好专题党课。班子主要负责人带头在本部门本单位讲，其他班子成员在分管领域或基层单位讲。巡回指导组列席主要领导和部分班子成员专题党课。

具体要求：党课内容要做到“三个联系、三个讲清楚”，即联系万柏林区实现“两个转变”的重大历程，联系“改革创新、奋发有为”大讨论确定的整改清单和此次调研收获，联系本地本部门本单位肩负的职责使命，讲清楚运用习近平新时代中国特色社会主义思想武装头脑、指导实践、推动工作的收获及存在的差距和改进的措施，讲清楚贯彻落实中央及省、市、区委重大决策部署取得的成效、存在的差距和改进的措施，讲清楚加强本地本部门本单位领导班子和干部队伍建设的收获、存在的差距和改进的措施。

10. 召开调研成果交流会。各级领导班子成员围绕职责分工和调研情况进行交流发言，调研中查找的问题和形成的对策建议要作为整改内容和整改措施，推动调研成果转化运用。巡回指导组列席调研成果交流会。

11. 深刻检视反思。各级领导班子成员对照习近平新时代中国特色社会主义思想和党中央决策部署，对照党章党规，对照初心使命，深刻反思剖析。

具体要求：一是从一开始就列出问题清单，在集中学习研讨、深入调查研究、听取群众意见、讲授专题党课、调研成果交流过程中，动态增补，不断完善。问题清单主要包括存在问题、具体表现、剖析原因、整改措施和完成时限等要点。二是采取自己找、群众提、集体议、上级点等方式，重点查找在增强“四个意识”、坚定“四个自信”、做到“两个维护”，做到“不忘初心、牢记使命”，群众观点、群众立场、群众感情、服务群众，知敬畏、存戒惧、守底线，思想觉悟、能力素质、担当作为、道德修养、作风形象方面的差距，从思想、政治、作风、能力、廉政方面特别是从主观上、思想上进行剖析，并形成检视剖析材料。领导班子和班子成员问题清单和检视剖析材料，经党（工）委、党组书记审核，提交巡回指导组审阅。

12. 召开找差距专题会。各级领导班子成员对照党章、《关于新形势下党内政治生活的若干准则》《中国共产党纪律处分条例》，聚焦 18 个“是否”，实实在在地回答有没有问题，有问题的逐条讲清楚，没有问题的也要报告。查摆出的问题要纳入整改清单，有关情况应在专题民主生活会上进一步作出说明。巡回指导组列席找差距专题会。

13. 广泛听取意见建议。各级领导班子成员结合调查研究广泛征求意见。按照知情性、相关性原则，采取个别访谈、召开座谈会、设立意见箱、发放征求意见表、新媒体留言等务实管用的方式，充分听取基层党员群众、工作服务对象反映的领导班子、领导干部存在的突出问题，对改进作风、改进工作的意见建议。上级党组织结合巡视巡察、干部考察、工作考核等情况，对下级单位领导班子和班子成员指出问题。

14. 专项整治整改。各单位认真贯彻落实中央及省、市委 8 个专项整治部署要求，按照万柏林区专项整治工作方案，统筹安排、合理制定各项措施和工作任务，重点整治落实党中央决策部署阳奉阴违，不担当不作为，违反中央“八项规定”精神，形式主义、官僚主义，领导干部配偶、子女及其配偶违规经商办企业行为，侵害群众利益，基层党组织软弱涣散，黄赌毒和黑恶势力保护伞等问题等。一体推进 5 个方面整改工作。对照中央督查反馈意见和省、市整改方案，继续推进脱贫攻坚、生态环境保护、宗教工作、扫黑除恶专项斗争及落实“改革创新、奋发有为”大讨论“对标一流整改提升清单”等方面的整改落实工作，推动各领域整改工作11月底取得明显成效。

具体要求：要结合实际，采取项目化管理方式，逐项推进。对需要一、二批单位联动整治的问题，要主动配合，主动承接，抓好落实，做到前后衔接、上下贯通，整体推进。各级党组织要扛起主体责任，承担落实好上下联动的整治整改任务，既抓好自身，又抓好基层。各牵头单位要加强统筹协调和推进落实，把职责履行到位，问题解决到位。

15. 问题整改。各单位要坚持边学边查边改，对学习研讨中查摆的问题、对照党章党规找出的问题、调研中发现的问题、群众反映的问题，上级党组织在巡视巡察、干部考察、工作考核中反馈的问题和所指出的问题，制定整改措施，明确整改时限，落实整改责任，防止说归说、做归做，只出题、不答题。可采取会议通报、网站公示、书面告知等方式，向群众通报整改落实情况，作出整改承诺，开通留言渠道，请群众全程监督。

16. 开展谈心谈话。召开专题民主生活会前，各级领导班子成员之间深入开展谈心谈话。

具体要求：一是主要负责与班子成员必谈，班子成员与班子成员必谈，班子成员与分管单位主要负责人必谈。二是重点谈参加主题教育的收获体会，谈守初心、担使命方面的差距不足，谈对整改落实的具体措施和意见建议。三是既要谈自身差距，又要谈对方不足，通过对学习研讨、调查研究、对照党章党规找差距、群众反映、上级指出等方面问题的全面梳理，把问题找准找实找具体，把问题谈开、把道理谈透、把思想谈通，消除隔阂、凝聚共识。四是防止泛泛而谈不聚焦，防止只谈工作不触及思想，防止把谈心谈话变成简单交换会上批评意见。

17. 召开专题民主生活会。主题教育结束前，各级领导班子以“不忘初心、牢记使命”为主题，召开主题教育专题民主生活会。

具体要求：一是以自我革命的勇气和斗争精神，严肃开展批评和自我批评。二是及时形成民主生活会情况报告，经巡回指导组审阅后，报区委主题教育领导小组办公室，同时按程序报区纪委监委和区委组织部。三是及时在一定范围内通报专题民主生活会情况和整改情况。巡回指导组列席专题民主生活会。

18. 开展成果评估。主题教育结束时，各单位开展自查评估，形成自查自评报告，报告要涵盖下属单位和基层党组织的评估情况。巡回指导组通过召开座谈会、个别访谈、电话调查、发放测评表等方式，广泛听取意见，开展随机测评，组织党员干部群众对主题教育开展情况、采取措施和取得成效进行定量定性评估。

19. 做好总结。各单位坚持边实践边总结，瞄准主题教育过程中形成的广泛共识和解决的现实问题，分区域、分领域系统梳理和全面总结，将主题教育中形成的共识性成果及好经验好做法，及时转化为指导和推动实际工作的政策、制度和机制，整体带动全区工作迈上新台阶。

（二）各基层党委、党总支、党支部要结合“两学一做”学习教育常态化制度化，依托“三会一课”、主题党日等，组织普通党员参加主题教育。做好以下8个关键动作

1. 开展基层党组织书记轮训。围绕基层党组织如何开展主题教育和基层党组织书记如何履行抓主题教育第一责任人职责两方面内容，以学习习近平新时代中国特色社会主义思想、中央及省、市、区

关于开展主题教育的部署要求为重点。依托区委党校，结合实际，对全区农村、社区、机关、事业单位、非公经济组织和社会组织等领域基层党组织书记开展一次集中轮训。

2. 组织开展学习。党员以个人自学为主，原原本本通读《习近平关于“不忘初心、牢记使命”论述摘编》，学习党章、《习近平新时代中国特色社会主义思想学习纲要》，深入学习习近平总书记在“不忘初心、牢记使命”主题教育工作会议、中央政治局第十五次集体学习时的重要讲话等，认真学习党史和中华人民共和国成立史。用好“学习强国”“好干部在线”“山西智慧党建”“太原红 e”“万柏林党建”“万柏林宣传”等载体，组织党员在线学习。针对不同群体党员的实际，采取生动鲜活、喜闻乐见的方式，用好案例教育、微信公众号、微视频等，增强主题教育的吸引力和感染力。对流动党员、年老体弱党员、不在本地的老党员，可采取送学上门、邮寄学习资料等方式组织参加学习。有条件的地方，可利用本地红色资源，开展革命传统教育。

3. 组织集体学习交流。组织党员通过党员大会、支委会、党小组会开展 1 次集体学习，静下心来读原著、悟原理。基层党组织书记要带头交流学习体会或讲 1 次专题党课，重点讲运用习近平新时代中国特色社会主义思想武装头脑、指导实践、推动工作的做法、经验、差距和改进工作的思路措施。普通党员要交流学习体会，相互启发提高，有针对性地查找思想认识上的差距。不规定发言时长。

4. 召开找差距专题会。组织党员对照党章规定的党员条件和义务权利，对照《中国共产党廉洁自律准则》《关于新形势下党内政治生活的若干准则》《中国共产党纪律处分条例》，对照党员群众提出的意见建议等，查找党员意识、担当作为、服务群众、遵守纪律、作用发挥等方面的差距和不足，逐条列出问题，列入整改内容。

5. 开展志愿服务。通过主题党日，组织党员结合自身实际，至少参加 1 次志愿服务，为身边群众至少办 1 件实事好事，以实际行动践行初心使命。

6. 召开专题组织生活会。主题教育结束前，以“不忘初心、牢记使命”为主题，召开一次专题组织生活会。对党员发言材料不作硬性规定。党员领导干部要以普通党员身份参加所在党支部的专题组织生活会。

7. 开展民主评议党员。在学习、谈心谈话、开展批评和自我批评的基础上，以党支部为单位开展民主评议党员，被评议党员对照党章规定的党员标准、对照入党誓词、联系个人实际进行党性分析，重点报告履行党员责任义务情况及存在的差距，其他党员提出点评意见，并通过投票等方式进行评议。要邀请党外群众代表参与民主评议。对民主评议出的优秀党员进行表扬，对党员模范作用不突出的党员进行帮助教育，限期整改。对明显不具备党员条件的，经支部党员大会讨论通过给予除名，并报上级党委备案。

8. 开展承诺践诺。通过党员先锋岗、党员责任区，组织党员设岗定责、作出承诺，立足岗位，履职践诺；督促党员聚焦检视出的问题，逐项整改到位，对没有按时完成承诺事项的及时提醒和帮助。

五、切实加强组织保障

（一）压实主体责任。各级党组织要切实提高思想认识，把开展主题教育作为重大政治任务，坚决扛起主体责任，既要抓自身，又要抓基层，还要承担落实上下联动的整改任务，要集中精力、统筹安排，充分发挥示范带动和承上启下作用。各级党组织书记要带头学、带头改、带头抓，切实担负第一责任人责任，当好“施工队长”，把主题教育抓紧抓实抓出成效。要坚决反对形式主义、官僚主义，对主题教育中可能出现的各种问题，要提前预判、有效防范。对搞形式、走过场的，要严肃批评，通报曝光，促其改正；对走形变样、问题严重的要给予组织处理。

（二）注重分类指导。主题教育涉及的单位和人员范围广、数量大、领域宽、层次多，情况复杂。区委派出 7 个巡回指导组开展工作指导。巡回指导组要坚持从实际出发，根据不同层级、不同领域、不同对象特点，有针对性地加强和改进指导，既要确保全覆盖，又要增强针对性和实效性，不能搞一刀切、一锅煮，上下一般粗、左右一个样。要坚持原则，从严从实加强督促指导，及时发现和解决问题，推动中央精神和省市区委要求落地见效。要注意听取群众评价，坚持过程评估与结果评估相结合，对主题教育开展情况、采取措施和取得成效进行定量定性评估。

（三）坚持开门搞教育。要坚持真开门、大开门，充分调动领导干部和广大群众两个积极性，请群众参与、受群众监督、让群众评判。畅通民意反映渠道。通过调查研究、开展“三服务”活动、接待来信来访等方式，近距离听取群众的意见和建议，了解基层急难愁盼问题；在区委组织部、纪委监委等门户网站公布征求意见建议热线电话和电子邮箱，在区政府门户网站开设主题教育征求意见建议专栏，在各单位设立征求意见箱、张贴巡回指导组联系电话，广泛收集群众意见建议。主动邀请群众参与。及时请工作服务对象、“两代表一委员”、基层群众参与主题教育有关活动，让群众了解进展情况，请群众帮助查摆问题。自觉接受群众监督。除涉密事项外，涉及就业、物价、食品、教育、医疗、住房、社保、养老、治安等民生领域的单位，要通过不同形式，向群众公布问题清单，通报整改方案及落实情况，请群众全过程监督。主题教育结束时，采取召开座谈会、个别访谈、电话调查、发放测评表等方式，组织党员、干部、群众对本单位主题教育开展情况及取得成效进行评价，把群众满意度作为衡量主题教育成效的重要标准。

（四）做到有机结合。要把主题教育同落实当前改革发展稳定各项任务结合起来，同贯彻落实省委十一届八次全会、市委十一届七次全会和区委五届八次全会精神结合起来，同抓好本单位的中心工作结合起来，防止“两张皮”，做到“两不误、两促进”。区级机关及其直属单位着眼推动解决本地改革发展稳定突出问题、党的建设面临紧迫问题、群众和企业急难愁盼问题等开展主题教育。聚焦精神不振、能力不足、作风不实等问题检视整改。要结合本部门本单位实际，深入贯彻落实省委《关于深化“三基建设”进一步加强基层工作的若干意见》。中小学校着力整改解决发挥党组织政治核心作用、“五育并举”、师德师风建设、学生减负和课后服务工作中存在的突出问题。卫生系统着力整改解决党组织领导下的院长负责制、医药卫生体制改革、医德医风建设、“看病难、看病贵”等方面存在的突出问题。乡街重点解决贯彻落实党中央决策部署和服务群众“最后一千米”问题。村和社区聚焦乡村振兴、脱贫攻坚、基层治理、服务群众等找差距、抓落实。非公有制经济组织和社会组织下大力气把党员组织起来、把党的工作开展起来、把职工群众凝聚起来。

（五）强化舆论宣传。加强宣传领导和舆论引导，运用主流媒体和新兴媒体，发挥新闻报道、言论评论、典型宣传作用，深入宣传习近平总书记关于主题教育的重要讲话和重要指示批示精神，深入宣传党中央决策部署和主题教育重大意义、实际成效，推广一批可复制可借鉴的好经验。大力宣传优秀共产党员的先进事迹、山西省选树的 100 名“不忘初心、牢记使命”先进典型，用身边事教育身边人。

及时宣传解决问题的进展和成效，用实际成效增强人民群众的获得感、幸福感、安全感。深刻剖析反面典型，以案例明法纪、促整改，发挥警示作用。广大党员干部要在调查研究、“三服务”、志愿服务等过程中，面对面向群众开展宣传，提高群众知晓度，为主题教育营造浓厚氛围。

关于深化“三基建设”进一步加强基层工作的二十条措施

（2019年12月16日）

为认真贯彻习近平总书记关于抓基层打基础的重要论述，全面落实省委和市委关于大抓基层的部署要求，切实解决制约基层发展的突出问题，推动万柏林区“三基建设”全面提升，根据省委《关于深化“三基建设”进一步加强基层工作的若干意见》（晋发〔2019〕25号）和市委《关于深化“三基建设”进一步加强基层工作的十八条措施》（并发〔2019〕14号）精神，结合万柏林区实际，制定如下工作措施。

一、探索村党组织书记职业化建设。推行村党组织书记职业化管理，以9个信教群众聚居村为试点，从机关事业单位干部职工中选派政治立场坚定、群众公认度高、工作业绩突出、热爱农村事业、善于做群众工作的党员干部担任村党组织书记，参照农村“两委”主干报酬待遇标准发放工作补贴，村改社区参照执行。信教群众聚居村运转经费按每年33万元的标准予以保障，其他村（村改居）运转经费按照原标准执行。

牵头单位：区委组织部；配合单位：区财政局党组、区民政局党工委

二、推行村党组织书记“一肩三挑”。实行村党组织书记通过法定程序担任村民委员会主任和村级集体经济组织负责人，村“两委”班子实行交叉任职，村改社区参照执行。

牵头单位：区委组织部；配合单位：区农业农村局党工委、区民政局党工委

三、建立村（社区）干部调整常态化联审备案机制。凡是村（社区）“两委”换届和干部日常调整，由乡（街道）党（工）委初审，报区委组织部门会同纪委监委、政法、法院、检察院、公安、民政、卫健体、信访等部门进行复审。建立村（含村改居社区）“两委”班子成员备案机制，为每名村（村改居社区）干部建立个人档案，由区委组织部牵头管理。

牵头单位：区委组织部；配合单位：区纪委监委、区委政法委、区法院、区检察院、公安万柏林分局、区卫健体局、区信访局、区民政局、区农业农村局、各乡（街道）党（工）委

四、加强村党组织书记管理。对拟任村（村改居社区）党组织书记人选按照乡（街道）党（工）委考察、区级有关部门资格联审、区委组织部部务会研究、区委常委会会议审议等程序确定，并在一定范围内公示后，由各乡（街道）党（工）委根据选举程序或管理权限进行任免，考核管理由乡（街道）党（工）委负责，考核结果报区委组织部备案。

牵头单位：区委组织部；配合单位：区纪委监委、区委政法委、区法院、区检察院、公安万柏林分局、区卫健体局、区信访局、各乡（街道）党（工）委

五、注重从村（社区）干部中选拔乡（街）领导干部。乡领导班子成员届中调整，可采取召开乡党代会、人代会选举方式，从乡事业编制人员、优秀村干部等人员中，特别是优秀村党组织书记中选拔配备乡领导班子成员，在国家行政编制限额内依规进行公务员登记，人选具体标准条件和相关程序

由区委根据实际情况提出，报市委组织部审批后确定。街道参照执行。

牵头单位：区委组织部；配合单位：各乡（街道）党（工）委

六、建立村级集体经济法人治理机制。发展壮大村级集体经济与推进农村集体产权制度改革相结合，依法确立村集体经济组织的特殊法人地位，充分利用农村集体产权制度改革成果，明确其代表村集体行使所有权和作为村集体资产的管理主体。

牵头单位：区农业农村局党工委；配合单位：各乡（街道）党（工）委

七、常态化集中整顿软弱涣散基层党组织。村（含村改居）重点聚焦全面清理受过刑事处罚、存在“村霸”和涉黑涉恶等问题的村干部，整治黑恶势力、宗教势力渗透蔓延和信访、矛盾突出，调整不胜任不尽职的村党组织书记等方面；城市社区重点解决党组织不健全、服务资源和能力不足、居民与物业矛盾突出等问题，要应定尽定、应整尽整，常态化集中整顿软弱涣散村（社区）党组织，一体推进机关、国企、教育、卫健体等各领域基层党组织整顿工作，实现全覆盖。

牵头单位：区委组织部；配合单位：各乡（街道）党（工）委、区直各党工委

八、推动六项权力下沉基层。认真落实《中共太原市委办公厅、太原市人民政府办公厅印发〈关于深化街道管理体制改革进一步加强城市基层党建工作的实施方案〉的通知》（并办发〔2018〕40号），推动赋予街道的规划综合管理等六项权力落地落实。责任主体单位根据管理权限，按照规定要求，尽快出台相关配套措施，完善工作流程，确保有关权力下放到位。街道党工委抓紧制定承接工作方案，做到责任明确、措施具体，确保下放的各项权力接得住，在运行中不打折、不走样。

牵头单位：区委办、区政府办；配合单位：各街道党工委、各有关职能部门

九、提高村（社区）干部待遇。村（村改居社区）“两委”主干报酬待遇标准，按照不低于当地上年度农村居民人均可支配收入的2.5倍标准执行，“一肩挑”的按照不低于3倍标准执行。符合条件的离任两委主干按照不低于300元/月的标准予以保障。落实市《关于加强社区工作者职业薪酬建设的实施意见》的文件要求，建立社区工作者职业薪酬体系，参照全额事业单位管理人员工资水平，按照不低于上年度当地城镇居民人均可支配收入的1.5倍标准，为社区工作者发放岗位报酬，适当提高社区退养人员生活补贴。

牵头单位：区民政局党工委、区财政局党组

十、提高乡（街道）干部待遇。落实市委书记罗清宇对《关于推进街道管理体制改革的8点意见》的批示，建立乡（街道）干部待遇正常增长机制，为街道公务员和事业单位人员增加岗位补贴，“山上”乡和街道（王封乡、化客头街道、东社街道、杜儿坪街道、白家庄街道、西铭街道、南寒街道、神堂沟街道）按照正职600元/月、副职500元/月、一般人员400元/月的标准予以保障，“山下”街道（长风西街街道、万柏林街道、兴华街道、小井峪街道、千峰街道、和平街道、下元街道）按照正职500元/月、副职400元/月、一般人员300元/月的标准予以保障。岗位补贴结合年度考核一次性发放，评定为称职以上全额发放；基本称职发放60%；不定等次和不称职不予发放，由区级财政负担。

牵头单位：区财政局党组；配合单位：区委组织部

十一、强化基层工作力量。进一步充实乡（街道）力量，年底前实现全区乡（街道）事业编制平均达到40个以上。持续加大引进高层次人才和选调生招录工作，选调生招录占到年度公务员招录比例

50% 以上。配齐配强基层党务干部力量。加大政府购买服务力度，发挥社会力量协同作用，引导专业社会团队服务基层工作。

牵头单位：区委组织部、区委编办；配合单位：各乡（街道）党（工）委

十二、在全区退休干部中遴选储备村党组织书记力量。充分发挥机关事业单位退休干部作用，建立市委组织部全面指导、区委统一领导、区委组织部组织实施的联动机制，按照自愿服务、公开择优、地域就近、人岗相适原则，通过个人报名、组织推荐、资格审查、公示备案等程序，从全区机关事业单位已退休或已退出领导岗位尚未达到退休年龄的党员干部中，遴选优秀人员，纳入村党组织书记储备库，为推行村党组织书记职业化储备力量。

牵头单位：区委组织部；配合单位：区委老干局、区人社局党工委

十三、扎实推进合并行政村工作。坚持便民利民、因地制宜、依法有序、确保稳定的原则，按照《太原市行政村合并工作实施方案》的要求，到 2020 年 3 月完成东社街道石马村的合并工作，深入推进九院小区搬迁村改居社区撤村建居简干后续工作，被合并的行政村原有各项经费保持 3 年不变。合并后的村党组织根据党员人数、工作需要，及时调整党组织设置。稳步推进合并村“三资”融合工作，建立以中心村为基础的城乡经济社会一体化发展格局，促进乡村全面振兴。

牵头单位：区民政局党工委；配合单位：区委组织部、区财政局党组、区农业农村局党工委、王封乡党委、各有关街道党工委

十四、全面实施农村（社区）干部能力素质提升工程。持续推进“农村干部学历提升工程”，通过三年时间，实现每个行政村至少有 1 名大专以上学历村干部。定期开展干部政治素质提升培训，多渠道多形式开展专业化培训，按照分级分类原则，每年对村（社区）党组织书记集中培训一次，每次培训不少于 5 天；乡（街道）每年对村（社区）其他干部集中培训一次，每次培训不少于 3 天。

牵头单位：区委组织部；配合单位：区委党校、区教育局党工委、区财政局党组、各乡（街道）党（工）委

十五、全面提升非公和社会组织“两个覆盖”。以园区、商务楼宇、商圈市场等领域为重点，通过单列计划发展党员、引进党员职工、联建派建带建、建立联系点等办法，集中攻坚非公“两个覆盖”。实施社会组织党建空白点“清零行动”，对实体性社会组织进行系统摸排，开展党组织集中组建，选派优秀人员担任党建工作指导员，不断提升党的组织和党的工作覆盖质量。

牵头单位：区市场监督管理局党工委、区民政局党工委；配合单位：各街道党工委、区非公和社会组织工委各委员单位

十六、选优配强民办学校、民办医院党组织书记。从党政机关、企事业单位中选拔一批政治坚定、能力突出、作风过硬、熟悉党建工作的优秀党员干部，特别是优秀年轻党员干部，下派到民办学校、民办医院担任党组织书记，任期不少于 3 年。将选派工作作为历练干部、识别干部、提拔使用干部的重要渠道。原则上，下派书记不享受派驻单位福利待遇、不领取工作补贴。

牵头单位：区教育局党工委、区卫健体局党工委

十七、从严加强党费收缴使用管理。放宽党费专户设立权限，区委直属党（工）委，根据工作需要，可向区委申请开设党费专户，实行收支分离制度。强化党费使用对流动党员管理的支持力度，每年从

区管党费拨付不少于10万元，支持、指导各乡（街道）和区人才交流中心党支部加强流动党员教育管理工作。

牵头单位：区委组织部；配合单位：区财政局党组

十八、强化党建引领整合基层治理力量。整合基层网格，将上级部门在基层设置的多个网格整合为一个综合网格，依托村（社区）合理划分基本网格单元，统筹网格内党的建设、社会保障、综合治理、应急管理、社会救助等工作，实现“多网合一”。强化党建引领，将党支部或党小组建在网格上，选优配强党支部书记或党小组组长。推进行政执法权限和力量向基层延伸下沉，强化乡和街道的统一指挥和统筹协调职责，整合现有执法力量和资源，以乡和街道名义开展执法工作，逐步实现基层一支队伍管执法。

牵头单位：区委政法委；配合单位：各乡（街道）党（工）委、区人社局党工委、区市场监督管理局党工委、区民政局党工委、区应急管理局党工委、区司法局党组、各相关单位。

十九、提升机关事业单位工作效率。树立系统化、立体化思维，对本部门本单位决策、落实、督导等工作进行流程再造，坚持务实管用、高效便捷原则，加强以提高工作质量为重点的运行机制建设，通过机制上的优化，建立科学合理、系统规范、便于操作的内部制度，规范党务、人事、业务、财务、应急、考核奖惩等制度，打破条块分割的工作模式，防止“中梗阻”“灯下黑”，做到每项工作时限要求具体、责任明确到人、流程规范公开、问责及时有力。

牵头单位：区委编办、区行政审批局党组；配合单位：各党（工）委、党组

二十、整顿规范村（社区）标志挂牌。基层组织活动场所建设要紧扣树牢“四个意识”、坚定“四个自信”、坚决做到“两个维护”，营造浓厚政治氛围。农村（社区）标志挂牌要实现规范化标准化，统一悬挂“一横两竖”。“一横”为农村（社区）党群服务中心，“两竖”为农村（社区）党组织和村（居）民委员会挂牌。

牵头单位：区民政局党工委；配合单位：各乡（街道）党（工）委

各党（工）委、党组要高度重视，切实扛起政治责任，强化使命担当，主动认领任务，细化工作举措以改革创新、自我革命的精神，推动中央和省市区委部署要求全面落实，真正破解难题、夯实基础。区直各单位、行业系统主管部门要认真履职尽责，在抓好本单位本系统重点任务的同时，切实加强对所属单位所属行业的督促指导，确保各项任务措施落地见效。

2019年万柏林区国民经济主要指标

指标	计量单位	数值
一、基本情况		
行政区域面积	平方千米	305
乡	个	1
街道办事处	个	14
二、人口与就业		
户籍户数	户	177510
户籍人口	人	592184
三、综合经济		
（一）地区生产总值	万元	4760105
第一产业增加值	万元	3240
第二产业增加值	万元	2484074
第三产业增加值	万元	2272791
（二）财政、金融		
一般公共预算收入	万元	232645
一般公共预算支出	万元	388678
四、农业		
（一）生产条件		
耕地面积	公顷	1709
耕地灌溉面积	公顷	500
（二）农作物播种面积	公顷	281.9
粮食作物播种面积	公顷	265.8
玉米	公顷	80.4
大豆	公顷	34.9
蔬菜播种面积	公顷	14.1
（三）农产品产量		
粮食总产量	吨	551.8
玉米	吨	212.8

续　表

指标	计量单位	数值
大豆	吨	55.1
园林水果产量	吨	273.1
肉类总产量	吨	8.4
牛肉	吨	2.7
羊肉	吨	1.4
禽肉	吨	4.4
禽蛋产量	吨	125.8
奶类产量	吨	96.6
蔬菜产量	吨	270.4
水产品产量	吨	15.0
（四）农产品质量		
“三品一标”农产品	个	4
“三品一标”农产品基地面积	公顷	143.3
五、工业		
规模以上工业企业	个	26
规模以上工业总产值	万元	2720085.7
六、交通、通信		
公路里程	公里	190
七、贸易、外经		
社会消费品零售总额	万元	2223309.8
其中：限额以上消费品零售额	万元	978812.7
亿元及以上商品交易市场	个	3
出口总额	万元	45655
八、固定资产投资		
固定资产投资	万元	2229803
房地产开发投资	万元	1765369
九、教育、科技、文化、卫生		
普通中学	所	25

续　表

指标	计量单位	数值
小学校	所	68
普通中学专任教师	人	2521
小学专任教师	人	4108
普通中学在校学生	人	25656
小学在校学生	人	55458
全年专利授权	件	1400
公共图书馆图书藏量	千册	55.0
剧场、影剧院	个	2
体育场馆	个	13
医疗卫生机构床位	床	5243
医疗卫生机构技术人员	人	9677
其中：执业（助理）医师	人	3802
十、居民生活		
城镇居民人均可支配收入	元	36171
十一、社会保障		
提供住宿的社会工作机构	个	3
提供住宿的社会工作机构床位	床	190
城镇职工基本养老保险参保人数	人	58764
城乡居民基本养老保险参保人数	人	63159
城乡居民基本医疗保险参保人数	人	278425
失业保险参保人数	人	36822
城镇居民最低生活保障人数	人	2114
农村居民最低生活保障人数	人	1732
十二、附记指标		
森林面积	公顷	10961
污水处理厂	座	1
垃圾处理站	个	28
农村义务教育专任教师本科及以上学历比例	%	100.0

索 引

SUO YIN

说明：本索引采用内容分析法编制，按索引款目汉字的拼音字母顺序（后面数字为正文页码，a表示左栏，b表示右栏）；特载、大事记、机构设置和负责人名录、附录以及图表、照片未作索引；数字起头的条目入“其他”。

A

B

C

D

E

F

G

H

J

K

L

M

N

P

Q

R

S

T

W

X

Y

Z

其　他